本成果受到中央民族大学“985 工程”
新闻传播学科建设项目的资助

PEOPLE MEDIA SOCIETY

INTERACTION AND DEVELOPMENT

Research on Social Life, Regional Culture and Human Communication in the Contemporary Media Environment

人·媒介·社会

互动与发展

当代媒介环境下的社会生活
地域文化与人类传播考察

张　志　王晓英◎主编

中央民族大学出版社
China Minzu University Press

图书在版编目(CIP)数据

人·媒介·社会:互动与发展/张志,王晓英主编. —北京:中央民族大学出版社,2012.10

ISBN 978-7-5660-0291-4

Ⅰ.人… Ⅱ.①张… ②王… Ⅲ.①民族地区—社会发展—研究—中国 ②民族地区—民族文化—研究—中国 Ⅳ.①D633②K28

中国版本图书馆 CIP 数据核字(2012)第 231511 号

人·媒介·社会:互动与发展

主　　编　张　志　王晓英
责任编辑　杨爱新
封面设计　汤建军
出 版 者　中央民族大学出版社
　　　　　北京市海淀区中关村南大街 27 号　邮编:100081
　　　　　电话:68472815(发行部)　传真:68932751(发行部)
　　　　　　　　68932218(总编室)　　　　68932447(办公室)
发 行 者　全国各地新华书店
印 刷 厂　北京宏伟双华印刷有限公司
开　　本　787×1092(毫米)　1/16　印张:47.25
字　　数　770 千字
版　　次　2012 年 10 月第 1 版　2012 年 10 月第 1 次印刷
书　　号　ISBN 978-7-5660-0291-4
定　　价　118.00 元

前　言

本书是中央民族大学新闻传播学专业获得硕士学位授权一级学科点之后取得的一项重要研究成果。本书在结构上遵从了新的分析范式，即“媒介—人—社会”分析范式。这是因为进入媒介化社会以后，媒介、人、社会三个系统之间相互开放、相互作用、相互渗透的趋势日益明显，打破了原本各自独立运行的格局。新范式将三者的关系结构视为由三个主控变量相互作用的磁场。在这一磁场中，媒介经过技术变革的历程，以相对独立于人类的方式逐渐形成了自己的体系。与此同时，媒介在“媒介—人—社会”这三者相互作用的磁场中，形成了可以统称为“媒介性”的媒介传播的基本特征。在这一磁场中，媒介·传播作为一种社会层面上的相互作用过程不断持续展开，其具体传播形态涵盖了个人传播、组织传播、群体传播和大众传播。媒介、人、社会之间相互作用的过程，也是大众传播、组织传播、群体传播、个人传播相互渗透、相互叠加的过程，在这一复杂互动过程中，媒介性（文本性、互文性、中介性、超中介性）始终发挥着主导作用。

媒介与人、社会之间的基本关系是相互制约又相互支撑。一方面媒介被置于其他两者的语境中，同时又影响其他两者的语境，这种关系就像俄罗斯套娃一样：媒介被置于社会的语境之中，另一方面社会又处在媒介的语境之中，相互渗透、相互作用；你中有我，我中有你，相互嵌套。即作为环境的媒介与作为媒介的环境同时存在着。

人与社会的相互作用体现在人的社会化过程、人际交往、人参与社会互动、人维系和发展自己的社会关系、人扮演自己的社会角色、履行自己的社会责任以及人与社会的意义共享等方面。在媒介化社会中，人越来越多地通过媒介性实现上述互动，表现在人通过媒介了解社会环境的变化，人参与媒介文本的意义建构，人在媒介消费中获得快感，人通过媒介学习获得知识，人的生活与媒介紧密结合等方面。

社会与媒介的互动关系体现为社会与媒介互为语境,民主政治体制通过媒介反映民意诉求,维系社会过程、社会关系、社会结构的良性互动需要媒介的参与,维系社会伦理价值、社会秩序需要媒介的参与,社会危机治理需要媒介的参与,国际社会与全球传播的关系越来越紧密。

文化在"媒介—人—社会"分析范式中发挥着关键作用。首先,人、社会与媒介的互动一般都是在一定的文化结构中进行的,既受其约束,也是其组成部分,又为文化结构的演变提供动力。其次,人与社会的互动也是在一定的文化结构中进行的,受其制约;与此同时,互动的方式和内容成为文化结构的一部分,为文化结构的演变提供动力。

基于以上认识,本书在结构上确定了四个相互关联的层次:媒介层次主要考察民族地区或特定地域中各类媒体及其所提供的服务状况;社会层次主要考察地域社会或区域社会变迁中的媒介影响;人的层次主要考察现代社会信息环境、媒介环境对人的发展的影响状况;文化层次主要考察与媒介及其传播有关的民族文化、地域文化形态。

正如本书的书名所显示的,多数调研成果在研究取向、分析视角、关注问题以及研究方法上,有了不同程度的创新与超越。这种创新与超越也反映出近几年我们在学科培育、学科建设上的一种新思考、新认识。

本学科自 2009 年以来先后得到中央民族大学"211 工程"和"985 工程"学科培育和建设项目的资助,本着"主流、特色、前沿、可持续发展"的学科建设理念,在人才培养、队伍建设、科研成果、社会服务以及国际交流与合作等方面都取得了新进展。

高等院校的学科建设应紧紧围绕人才培养、知识创新、队伍建设、学科发展、服务社会这五个基点来进行,本学科的培育和建设也不例外。在学科培育与建设的初期,由于存在着各种不确定性,需要"摸着石头过河",从现实条件出发,试探各种可能的路径,在摸索中使学科培育和学科建设的思路逐步清晰起来。但是如果长期缺少"顶层设计"的意识和理念,埋头于各种技术性、策略性、方法性的探讨,不仅不利于学科的发展,更有可能出现战略性、方向性偏差。我们认为,在学科建设与学科培育的初期,较为清晰的"顶层设计"理念十分必要,同时也需要在路径、方法、手段上采取"摸着石头过河"的办法,大胆尝试,勇于创新。

学科培育和学科建设不仅需要"顶层设计"的意识和理念,更需要在"知己知彼”的基础上进行战略性谋划，在学科建设的实践中逐步凝练出真正适合自己的学科建设方向和路径。目前，全国已有数百所高校设立了新闻传播学专业或相近专业，在培养方向、课程设置、学科建设思路上出现了同质化趋向。这种局面既不利于学科发展，也不利学生就业，更是对教育资源的浪费。因此，学科建设在“走正道、入主流”的同时，更要体现出特色。

进入21世纪以来，在信息技术革命的推动下，社会信息化、社会媒介化、媒介融合化、传播全球化趋势已成为有目共睹的事实，新闻传播学科的研究视野、研究领域不断拓展，其社会应用研究的广度、深度也不断增加。在这一背景下，学科培育和建设更应着眼于未来，在未来发展的大势中找准自己的定位。具体来说，就是学科建设思路在体现“主流”和“特色”的同时，还要具有“前沿性”、“前瞻性”，要使本学科在即将到来的专业竞争、学科竞争、人才竞争中依然保持“可持续发展”。而要落实这些思考，关键是要尽早地选好、培育好学科发展的“生长点”、“交叉点”和“聚合点”。

学科培育的生长点是指学科建设起步阶段或学科发展过程中，根据需要选定的一批符合学科发展方向、具有生长潜力和带动效应的研究领域、研究方向或研究课题。生长点具有基础性、成长性、衔接性特征，生长点也是提升科学研究、人才培养、队伍建设、社会服务水平的基础，在学科建设和学科发展中能够发挥支撑作用。立足现有的学科基础和专业优势，适时地选好学科发展的生长点并加以培育，这关系到学科未来发展方向是否正确、发展空间是否广阔。

学科培育的交叉点是指本学科与相关学科之间、传统学科与新兴学科之间、理论创新与实际应用之间的最佳结合点。好的交叉点可以成为学科发展的新生长点，也是提升科学研究、人才培养、队伍建设、社会服务水平的基础平台。选择、培育交叉点是学科发展中必然要遇到的问题，学科建设首先要确定本学科的定位，其次要确定本学科的发展路径，这必然涉及本学科与相关学科的关系。选好交叉点，就是根据“主流、特色、前沿、可持续发展”的学科建设原则，尊重学科之间的自然联系和融合规律，在主要条件基本成熟时，从现有的研究资源和社会需求出发，适时地确定若干个学科结合点并加以培育。总之，生长点是学科发展的基础，交叉点是学科发展的路径，选好交叉点，关系到学科建设的整体布局，也关系到学科发展的质量和效率。

学科培育的聚合点是指参与学科建设和学科培育项目的团队成员之间，在研究领域、研究方向、研究课题层面上形成的内部交叉与融合点。选好聚合点，需要在尊重、支持每位创新团队成员的研究兴趣、研究方向的基础上,促进成员之间的相互关注、相互交流、相互合作,适时、合理地引导团队成员围绕交叉领域、共同课题、共同难点,凝聚集体智慧、形成学术创新的合力,从而在重要领域、重要方向、重要课题上实现突破。适时、恰当地选好聚合点,是确保学科培育与建设取得战略性突破的关键。

选好、培育好生长点、交叉点和聚合点,并处理好三者之间的关系,是学科建设、学科发展过程中始终要面对的问题。相对而言,在学科建设的前期,对生长点的选择和培育尤为重要;在学科建设的中后期,对交叉点、聚合点的选择和培育尤为重要。学科建设有了以上策略还不够,还需要在战略层面进行思考。

经过近几年来学科培育与建设的实践,我们深刻认识到,科学地确立和培育研究方向、研究项目和研究课题,是提升科学研究、人才培养、队伍建设、社会服务整体水平的关键。在确立和培育研究方向、研究项目和研究课题的过程中,我们从"顶层设计"角度对学科培育与学科建设又有了进一步思考。

第一,本学科应从单一的新闻学研究,向主流的、有特色的当代新闻学研究转变。当代新闻学研究面临的全球化挑战、新技术革命挑战和社会整体转型挑战,也为新闻理论的创新和发展提供了机遇。全球化挑战促使新闻学研究开辟了跨文化新闻传播等一批新的研究领域;新技术革命挑战促使新闻学研究开辟了全媒体新闻传播、网络新闻实务等一批新研究领域;社会整体转型挑战促使新闻学研究开辟了新闻社会学、新闻法与新闻伦理、新闻文化学、专业新闻报道等新研究领域。

上述新领域对于培育新闻学研究的生长点、交叉点、聚合点具有重要意义。从本学科自身的比较优势出发,我们认为应从跨文化新闻传播研究、全媒体新闻传播实务、新闻法与新闻伦理研究、专业新闻报道研究等领域,确立学科培育的生长点、交叉点,带动新闻学的整体研究。

第二,从新闻传播学本体研究,向以新闻传播学为中心、辐射信息传播相关领域的研究转变。众所周知,信息革命推动了知识社会和信息社会的到来,信息革命既是技术革命也是一场社会革命。一方面,当今社会已经高度信息化,在信息泛在化、媒体平台化的今天,新闻的生产主体、生产方式、生产过程、传播路径以及受众对新闻的认知、解读方式都日益多样化、多元化。另一方面,专业新闻媒体与社会性媒体之间的互动日益频繁,新闻传播在融入信息传播洪流过程中也使自身的内涵、外延和价值发生改变。当今的新闻价值只有在信息传播中才能完整地得到体现，当代新闻传播的规律也只有在信息传播研究中才能完整地被揭示出来。因此，在信息传播研究中拓展新闻传播研究的视野和领域是深化新闻传播研究的一个重要途径。信息传播研究可立足现有基础，培育生长点、交叉点和聚合点。

第三，将社会信息传播作为新闻传播研究的延伸和拓展，有意识地培育生长点。首先，媒介化社会崛起后，信息对社会各个领域的广泛性渗透日益显著，社会政治、经济、文化生活对信息传播的依赖性与信息传播的交融性都日益增强，各类媒体的社会功能只有在与社会系统的互动关系中、在多元的社会语境下才能准确定位、客观评估。其次，新闻传播融入信息传播洪流后，使其更加广泛、深度地融入社会互动、社会关系、社会结构、文化结构的演变中，在其中发挥着新功能，扮演着新角色。社会信息传播研究更重视新闻媒体、社会性媒体在社会大系统中的地位和作用，更重视新闻媒体、社会性媒体在主流社会、民族区域社会的政治建设（民主政治建设、公民社会建设）、文化建设（社会核心价值构建、多元文化社会建设）、社会建设（社会结构的优化、社会治理结构、公共治理结构的优化）中的功能与作用。因此，开辟社会信息传播研究，可以拓宽新闻传播学研究的视野和空间。再次，随着以微博、社交网站为代表的社会性媒体的崛起，作为社会传播的雏形，社会成员对信息传播的参与更加广泛，围绕社会热点、公共议题而展开的社会互动日益频繁，并且进一步影响到社会关系、社会结构的演变。新闻生产的公众参与、新闻文本的社会化建构不断涌现，并与专业新闻媒体的新闻报道形成复杂互动。这预示着真正的社会传播时代已经到来，需要对其展开专门研究。第四，社会性媒体出现以前，政治信息、经济信息、法律信息、文化信息、军事信息、政策信息、生活信息、环境信息等专门信息的生产、流通，大多依附于特定行业、特定领域、特定媒体，公众对社会信息的共享大多限于主流媒体的新闻报道，新闻舆论对社会的引导作用巨大。社会性媒体崛起后，信息生产、流通的固有空间被打破，社会成员对各类信息的共享成为可能。各类信息在碰撞、交汇、融合中形成巨大的社会信息空间，其内在的传播规律也不同于已往，社会信息传播作为新兴的独立研究范畴即将得到确立。为此，应有意识地为社会信息传播研究选好生长点，以便为今后的学科交叉研究、聚合研究打好基础。

第四，从媒体本位的研究取向，向媒体与人并重的研究取向转变，有意识地培育生长点、交叉点。首先，当今社会，人类作为信息传播的主体地位日益增强,人与媒介环境、信息环境之间的能动性互动日益频繁,人对媒体和信息的选择权日益扩大。其次,人作为社会学、人类学、政治学、经济学意义上的多维度复合主体,面对不同的媒介环境,其信息行为既有差异性、多样性,同时也具有普遍性、一般性,可作为一个专门领域展开研究。再次,人体及人的行为本身是一个由生理、心理、文化、社会等多种因素决定的复杂系统,这使得人类信息传播区别于社会信息传播、大众传播、网络传播,有必要将其作为一个相对独立的研究领域,而且需要特殊的理论支撑和方法论。第四,在当今社会转型期,人的发展已成为制约经济社会发展、政治经济文化体制改革的主要"瓶颈",人的媒介素养、信息素养在人的公民素养培育中的作用日益凸显,人的信息行为与人的社会生存、全面发展的关系越来越紧密。加强对人类信息传播规律的研究,可直接服务于社会发展与社会重建。第五,人类信息传播研究与中央民族大学的人类学、社会学、法学、经济学等学科有着广泛的交叉点,存在着形成重大理论创新的潜力和可能。综上,人类信息传播研究作为新闻传播学科建设的一个学术分支,已到了培育生长点的机遇期。

第五,重新认识媒体与民族文化传播的复杂关系,培育生长点、交叉点。从表层上看,媒体与民族文化传播之间是传播载体与传播内容的关系。这种关系在很大程度上要受到社会信息环境(包括信息技术、信息经济、信息法制、信息文化等环境)的制约,而社会信息环境的改进和优化,也会提升媒体传播民族文化的广度、深度和效率。从深层看,媒体与民族文化传播之间是建构与被建构的关系,其中,传播是实现这种建构和被建构的前提。民族文化在通过媒体实现传播之前,需要在信息编码基础上实现文本化,而文本化就是一个建构(编码)的过程,其中既有媒体的作用,也有文本生产者的作用;当媒介文本经过传输网络抵达受众或用户时,受众或用户还会参照特定的语境和其他文本,对文本的意义进行解读(解码),这种解读也是一种社会化的建构;当承载着文化信息的媒介文本抵达不同民族或不同地域的受众或用户时,后者对文本的解读就具有了跨文化建构的作用。媒体与民族文化传播之间还存在着两种不同性质的建构关系。一种是纪实性建构与被建构的关系。这种建构旨在客观、真实、完整地反映民族文化的原生状态和本来面貌,基于这种建构的传播过程是一种文化扩散、文化流传过程。文化人类学、媒介人类学较为关注此类建构,写实类、纪实类文本的传播属于此类。另一种是创造性建构或创意性建构与被建构的关系。这种建构是将民族文化的元素融入新的文本框架,实现民族文化在内容和形式上的创新，基于这种建构的传播过程是一种文化创新、文化创意的传播过程。文化创意学、创意传播学较为关注此类建构，虚构类、艺术类文本的传播属于此类。二者对民族文化传播都具有意义，应选好生长点、交叉点，并给予培育。此外，媒体与民族文化传播之间是相互渗透、相互交融的关系。媒体对民族文化的传播可以丰富这一文化的形态和结构，从而进一步促进这一文化的传播与发展；与此同时，也可以丰富媒体文化自身的形态和结构，促进媒体文化的传播与发展。媒体对民族文化的传播是价值生成、价值转换的过程。由此生成的文化艺术价值、产业经济价值既可以促进社会政治、经济、文化的发展，也可以使大众获得精神文化上的享受。

上述五个层面之间存在着复杂的互动关系，其中既有可能出现积极、良性的互动，也有可能出现消极、恶性的互动。揭示这种复杂关系的本质特征需要在多学科语境下，选好生长点和交叉点，组织团队展开研究。

第六，重视当代大众传播研究，有意识地培育生长点、交叉点。首先，在网络时代，以广播、电影、电视、报纸为代表的大众传播媒介在传播主体、传播方式、传播形态、传播功能、传播效果等方面，都出现了新的变化，大众传播的内涵和外延不断扩展，大众传播深度融入网络空间的趋势日益明显，迫切需要在媒介融合发展、数字内容经济、微时代等多重语境下重新考察大众传播，揭示其在主体上、结构上、功能上、效果上的本质变化；其次，大众传播理论在当今媒介化社会、网络化社会中遇到了许多新挑战，这也为理论发展提供了新机遇。迫切需要通过实证的、规范的研究，揭示其最新发展和最新应用；再次，大众传播仍是当今社会的主流传播形态，其社会影响力借助新媒体、新平台、新服务仍有继续扩大的空间。特别是在当今的社会转型期，大众传播对于传播主流价值观、主流文化，对于民主政治建设、公民社会建设、多元文化社会建设、法制社会建设，都具有不可替代的作用。因此，研究当代大众传播的最新变革和大众传播理论的最新发展，既是学科发展自身的需要，也是服务社会特别是服务于民族地区社会发展的需要。

以上思考只是初步的，还需要在今后学科建设的实践中，在不同观点、不同视角的碰撞中，不断修正以至完善。一个好的“顶层设计”需要时间和过程，但这不会妨碍我们从实际出发，立足现有条件，以“摸着石头过河”的精神探索前行。目前我们已经初步确定了一批学科发展的生长点，并根据本学科与相关学科的自然联系和现实需要，初步确定了若干交叉研究领域及课题作为学科发展的交叉点。通过实际组织课题研究,加强对课题的引导,推动课题间的交流等措施,使学科培育有了一个良好开端。

本书汇集的十几篇调研报告分别在四个层次上进行了考察,其中有很多新发现、新思考,也反映出思路调整后,在研究视角、研究方向、研究选题、研究对象、研究方法上做出的一种新尝试。其中有些调研报告反映了独立生长点所取得的成果,有些调研报告则反映了交叉点所取得的成果。应当看到,各个调研报告所代表的研究视野是开阔的,研究取向是多元的,这正是学科培育与建设的生命力所在。随着研究的进一步深入,会在新的层面上形成互动与交叉,其中一部分研究项目可能会形成天然的聚合点,而另一部分研究项目则可能继续独立生长。无论哪种结果,在正确的组织和引导下,都是对学科培育与学科建设的有力推动。相信随着研究成果的不断问世,本专业的科学研究、人才培养、队伍建设、社会服务水平也将得到提升。

编　者

2012年5月

目　录

第一部分　地域主流媒体与政治文化生态

第二部分　当代媒介环境与人类信息传播

第三部分　新媒体发展与社会生活变迁

第四部分 跨文化语境下的民族文化传播

第一部分

地域主流媒体与政治文化生态

广播电视与多元文化社会建设

——内蒙古兴安盟地区广电媒体及其社会服务考察报告

课题组组长　张　志

课题组成员　李　光　海耀霞　包　扬

汪　丽　刘海燕　姚　旭

孔大为　翟　慧　薛　蕾

张雪薇　马立德　刘　娟

安娜丽

一、前言

多元化是当代欧美重要的哲学思潮，这种多元主义的发展趋势，象征着一元论的文化霸权逐渐没落。20世纪末的传播科技发展一日千里，信息得以快速、大量地扩散，在信息传播全球化的同时，也出现了“本土意识”、“地域意识”和弱势群体意识的醒觉，在印度、澳大利亚、加拿大等国家，外来族群与原住民的权益冲突就是弱势族群或社群冲突的实例。与这一背景相呼应，“多元文化主义”（multiculturalism）的观点逐渐成为当代社会科学之显学。

多元文化主义旨在讨论：在一个多民族的社会里，不同文化的族群团体，应该建立一个平等和互相尊重的社会，以避免激烈的族群纷争。多元文化主义不仅描述多元族群存在的现象，更重要的是主张发展“多元文化政策”，以有效维护弱势族群的文化权益。因此多元文化论者强调在传播资源分配不平衡的情况下，为促进有效、平等的传播参与，应更加强调少数团体接近使用权的重要性。

《中共中央关于深化文化体制改革、推动社会主义文化大发展大繁荣若干重大问题的决定》提出：建立面向现代化、面向世界、面向未来的，民族的、科学的、大众的、社会主义文化，培养高度的文化自觉和文化自信。这一战略决策告诉我们：文化自觉和文化自信对于我国社会转型期的文化建设越来越重要。作为多民族国家的文化建设，首先要维护和发展多种民族文化的共生环境，培养多种民族文化的自觉和自信，在此基础上形成多元文化相互交融、和谐发展的局面。其次，多民族国家的社会和谐稳定离不开多元文化社会的建设；国家认同的基础是民族认同、文化认同；构建社会主义核心价值体系离不开多元异质文化的基本元素；广播电视作为现代大众传播和公共文化服务的主渠道，也应在多元文化社会建设中发挥核心作用。

多元文化社会建设并不排斥主流文化建设和主流意识形态的建构，而是以主流文化、主流意识形态为中心，形成多种文化和谐共生、相互交融的稳定状态。这种状态有利于社会和谐，有利于社会发展和社会重建。这就是本次调研的意义和目的所在。

二、研究背景、问题及方法

（一）研究的背景和目的

与多元文化社会建设相背离的是民族地区的社会整体同化趋势。近30年来，引起社会同化趋势的原因是复杂的，既有社会转型、经济高速发展导致的社会断裂、文化断裂等因素，也有在外部强势文化冲击下地域文化自然萎缩、民族文化自然退化等因素，还有以媒介化社会为标志的高度信息社会的冲击等因素，以及全球化社会信息系统对地域信息社会、地域文化的影响等因素。对于这种社会同化趋势如何评价？社会各界有着不同看法，我们认为与民族地区社会同化趋势并存的还有社会异化所带来的社会分化和社会分裂趋势。同化趋势主要是指文化层面上地域的民族文化向主流文化的靠近和趋同，分化趋势主要是指原有社会阶层、社会结构的崩溃和新的社会分层、社会结构的形成趋势，二者是在不同层面上发生的异质过程，但又是同时发生、相互影响的社会变迁过程。

我们认为，两种趋势对社会健康发展都是不利的，特别是在社会经济建设持续发展，文化建设、政治建设严重滞后的今天，亟需一个与时俱进、结构均衡的制度设计。首先应该深刻认识这种社会同化与社会分化可能带来的社会恶果，深刻认识只有推动多元文化社会的建设才能阻止恶性的社会同化趋势，推动民族文化走向“和谐共生、相互交融”。这一目标只有通过社会重建来实现。随着我国经济发展方式的根本转变，社会重建已经成为重要社会议程。社会重建的重要内容是政治重建和文化重建。它包括政治体制、文化体制、文化结构、文化发展方式的变革。多元文化社会建设涉及政治重建和文化重建两个方面，关系到社会重建的根本方向和长远效益，意义十分重大。

我们认为，作为大众传播主渠道的广播电视及其服务在社会重建中应该发挥核心作用，尤其在高度信息化的社会中，网络的跨国跨地域性、无中心性特征无时无刻不在消解着地域文化、民族文化的疆域，只有发挥广播电视作为主流公共服务平台所应承担的社会多元文化建设的职能，才能顺利实现社会重建。

本课题根据中国现阶段对社会重建的客观要求，具体设计了本次调研的目标和考察项目，旨在全面反映当前民族地区广播电视服务的现状与问题，以及在履行多元文化社会建设使命过程中遇到的障碍和难点。

（二）考察项目及方法

本次调研选择内蒙古兴安盟、乌兰浩特市、科右前旗及其所属的三个村屯作为广播电视视听调查的对象，试图从盟、市、旗、村屯四个层面为考察内蒙古地区广播电视的信息服务状况提供一套完整的数据。当然，这只是一个地域的调查，能在多大程度上反映整个内蒙古地区的情况，还需要进一步的实证研究。本次调研的主要目的是在实际调查数据的基础上，研究广播电视媒体及其信息服务在民族地区的多元文化社会建设中究竟发挥着怎样的作用。为此，我们将这一总目标分解为四个子目标来实施调查：一是当地广播电视媒体及其信息服务状况的调查；二是居民所处的媒介环境调查；三是居民的信息行为调查；四是广播电视文本再现及其与文化认同的关系调查。围绕这四个子目标又进一步设定了一系列考察项目。力求从整体层面反映、评价广播电视在民族地区的多元文化社会建设中的作用。

本次调研的时间：2011 年 7 月 3 日～7 月 17 日。

第一，对当地广播电视媒体及其服务的考察，主要选择兴安盟、乌兰浩特市、科右前旗三个层级的广播、电视媒体展开调查，考察项目有两种：一种是量化考察，包括播出节目的数量和结构；蒙语频道、蒙语节目的数量。另一种是质化考察，也是重点考察的项目。包括：1. 广电媒体客观公正地反映少数民族的生活现实和价值体系的情况；2. 广电媒体保障少数民族受众接近权、知情权、表达权的情况；3. 广电媒体及其新闻报道在主流社会信息与地域社会信息的平衡报道方面的情况；4. 民语节目在充实、提高方面面临的问题。质化考察主要通过深度访谈、座谈会、问卷、焦点组访谈方式进行。以上考察项目可以比较完整地回答当地广电媒体在多元文化社会建设中是否发挥了应有的作用、如何发挥这些作用等问题。

第二，对居民所处媒介环境的考察，主要选择科右前旗的三个村屯作为考察对象，主要考察居民能够接触到的媒介环境，考察项目有：1. 家庭拥有电视机、收音机的情况；2. 家庭、个人拥有手机的情况；3. 家庭拥有上网条件的情况；4. 广播、电视的使用情况；5. 手机的使用情况；6. 互联网的使用情况；7. 居民所处的蒙语环境：广播、电视、互联网；8. 居民所处的汉语环境：广播、电视、互联网；9. 居民所处的新闻环境：广播、电视、互联网；10. 居民所处的文化环境：广播、电视、互联网；11. 居民所处的娱乐环境：广播、电视、互联网。

第三，对居民信息行为的考察，选择与媒介环境考察同样的村屯来进行，以便进行对照分析。重点考察乡村居民日常从何种渠道获得何种信息，包括从各类媒介获得基本生活信息、社会信息、政治信息、文化信息的情况。具体考察项目有：1. 衣食住行医等生活信息；2. 由自治体（包括村落、社区、县、乡、镇、自治区）发布的有关政治性、社会性公民权利的信息；3. 国内媒体传播的主流社会信息的充分程度；4. 国内民语媒体和境外媒体的信息传播情况；5. 从互联网等新媒体获得的信息。媒介环境考察主要通过问卷、深度访谈进行，焦点组访谈则根据具体情境适时地组织实施。

第四，对广播电视文本再现及其与文化认同的关系的考察，随机抽选了科右前旗的三个村屯的二十多个家庭，分别进行问卷调查和深访调查。主要通过受众问卷、受众访谈了解受众特别是少数民族受众对广电节目（文本）的以下感受：1. 广电文本存在的“差别化”倾向；2. 广电文本存在的“他者化”倾向；3. 广电文本存在的“边缘化”倾向；4. 受众的文化认同感和文化适应的现状。

三、兴安盟地区的社会结构、文化结构

（一）兴安盟地区的社会基本情况

兴安盟，位于内蒙古自治区的东北部，因地处大兴安岭山脉中段而得名。兴安盟东北与黑龙江省相连，东南与吉林省毗邻，南部、西部、北部分别与内蒙古的通辽市、锡林郭勒盟和呼伦贝尔市相连。西北部与蒙古国接壤，边境线长126公里。兴安盟总面积近6万平方公里，总人口168万，是一个以蒙古族为主体，汉族居多数的多民族聚居地区。在我国处于东北经济区，在国际上处于东北亚经济圈。

1. 生产情况："农业稳盟　工业立盟　旅游兴盟"

（1）以第一、第二产业为基础产业

在传统产业方面，第一产业以农业、牧业兼并发展为主，还有待开发宜农地200多万亩，兴安盟现有耕地面积100多万公顷，人均占有耕地是全区的2.3倍，全国的5.4倍，土质优异，具有发展生态、绿色现代优势农牧业的条件，主要农经作物有玉米、水稻、小麦、油菜等。畜牧业主要在科尔沁右翼前旗和科尔沁右翼中旗，兴安盟是科尔沁草原的重要组成部分，面积4000多万亩，可利用草场3000多万亩。牲畜总头数496万头（只），其中大小牲畜392万头（只），是全区重要畜牧业基地之一。

在兴安盟发展中把工业作为立盟之本，主要包括钢铁、粮食加工、烟草以及畜牧加工。主要的企业有蒙牛、乌钢、烟厂、中蒙制药、突泉恒泰粮油等。兴安盟是大型龙头加工企业首选发展农畜产品加工的理想地区。

（2）以旅游业为主的第三产业

兴安盟旅游资源丰富，当地以旅游业为主发展第三产业，兴安盟境内有成吉思汗庙、葛根庙以及红色纪念五一会址等旅游景点，有国家级科尔沁湿地珍禽自然保护区，风情浓郁的民族旅游村和景色宜人的草原风光，有天成独秀的石塘林、天池、杜鹃湖等天然景观，有被誉为"圣水神泉"的阿尔山温泉群，不仅山川秀丽，而且气候凉爽，是旅游观光，疗养度假的圣地。全盟现有AAAA级景区两个，AAA级景区3个，AA级景区11个，两个国家级自然保护区和5个自治区级自然保护区，3个国家森林公园和1个国家地质公

园，1个国家湿地公园，一座中国优秀旅游城市，一个国家冰雪训练基地。以旅游业带动第三产业发展，使兴安盟在近十年来发展很快。

2. 居民生活及收入情况

兴安盟居民主要包括城镇居民、农民、牧民三类。兴安盟城镇居民人均可支配收入为7000元以上，工薪性收入仍然是居民收入的主要来源，全年人均工薪性收入为4583.0元。全年农牧民人均纯收入为2375元，其中工薪性收入280.0元；家庭经营纯收入1870元，在家庭经营纯收入中，农产品收入2125元；其中，出售粮食收入1814元；牧业纯收入819元。

3. 辖区组织

兴安盟面积近6万平方公里，总人口168万，是一个以蒙古族为主体，汉族居多数的多民族聚居地区。少数民族人口占47%，其中蒙古族人口占42.1%，是全国蒙古族人口比例较高地区。1980年兴安盟恢复盟建制，现辖两市（乌兰浩特市、阿尔山市）三旗（科尔沁右翼前旗、科尔沁右翼中旗、扎赉特旗）一县（突泉县），其中，阿尔山市和科右前旗为边境旗市，乌兰浩特市为盟委行署所在地，也是全盟政治、经济、文化中心。全盟共有39个苏木乡镇、21个工作部、18个办事处、11个街道办事处、10个国有农牧场、848个嘎查（村）。

4. 地域文化

（1）兴安红色文化

1947年5月1日，内蒙古首届人代会在王爷庙（今兴安盟乌兰浩特市）隆重举行，会议选举产生了以乌兰夫为主席的内蒙古自治政府，内蒙古自治区成为新中国第一个成立的少数民族自治政权。

兴安红色文化可以概括为：（一）特指东北“九·一八”事变爆发后至新中国成立前这个阶段，在中国共产党的影响和领导下形成与产生的兴安地方的历史文化；（二）兴安红色文化起源于大革命后期，经过抗日战争，形成于解放战争初期，成熟于内蒙古自治政府的成立和兴安盟党政组织的健全完善，并统一于内蒙古民族民主革命之中，统属中国新民主主义革命的历史文化。

（2）草原文化

兴安盟总人口168万，是以蒙古族为主体，汉族占多数，由蒙古、汉、朝鲜、满、鄂伦春、回等22个民族组成的大家庭，少数民族人口占47%，其中蒙古族人口占42.1%，是全国蒙古族人口比例较高的地区。其中，科右中旗蒙古族人口占该旗总人口的85%，是全区蒙古族人口比例最高的少数民族聚居旗。

蒙古族传统节日主要有旧历新年，蒙古语为“查干萨仁”，即白色的月。此外，还有那达慕、马奶节、文化艺术节等。蒙古族的传统食品大致可分三大类，即肉食、奶食、粮食。在牧区，以牛奶为上品，牧民用烤全羊、手把肉招待远道而来的客人。每年7月，那达慕大会、草原摄影节、走马大赛以及各式各样的草原文化节都会在兴安盟科尔沁右翼前旗、科尔沁右翼中旗举行，来自全国各地的蒙古族选手以及蒙古族文化爱好者都参与其中。各个旗县乌兰牧骑以文艺节目的形式为各类文化活动助兴。

（二）乌兰浩特、科右前旗的社会基本情况

1. 乌兰浩特市社会基本情况

乌兰浩特市，位于内蒙古自治区东北部、科尔沁草原腹地，大兴安岭南麓，处于大兴安岭山脉与松辽平原接合处。东南与吉林省接壤，东北与黑龙江省接壤，北部、南部、西部分别与内蒙古自治区呼伦贝尔市、通辽市、锡林郭勒盟，西北部与蒙古国毗邻。1980年，被确定为甲级开放城市，现为兴安盟委、行署，乌兰浩特市委、政府所在地，是全盟政治、经济、文化中心。

乌兰浩特市总面积865.15平方公里，建成区面积23.2平方公里，城市化率达71.8%。辖7个街道办事处（爱国街道、和平街道、兴安街道、胜利街道、铁西街道、都林街道、五一街道）、3个镇（乌兰哈达镇、义勒力特镇、葛根庙镇）、3个办事处（卫东办事处、太本站办事处、城郊办事处）。全市总人口317416人（2009年末），共有蒙古、汉、满、朝鲜、回等17个民族，蒙古族人口占总人口数的25.9%。

乌兰浩特市北部为山地，南部为冲积平原，东、西、南三面环水，平均海拔263.6米，属温带大陆性季风气候。其土地资源、水资源、矿产资源较为丰富，全市有耕地27万亩，林地面积1.1万公顷，林木覆盖率达到41%，水资源可利用总量达到3.9亿立方米。萤石、建筑用砂石、砂质黏土、建筑用岩石分布广泛，储量十分可观。铜产量居内蒙古自治区第二位。

乌兰浩特市基础设施完善，建有乌兰浩特机场，铁路纵贯市区南北，全市56个嘎查（村）中80%通柏油路。道路总长度91公里，道路面积122.8

万平方米。其经济发展迅速，2009 年全市地区生产总值为 696644 万元，实现财政收入 100692 万元，城镇登记失业率控制在 4.4%以内。

乌兰浩特市媒体发展迅速，截至 2009 年底建有调频转播发射台 1 座，调频发射机 5 部，广播综合人口覆盖率 97.01%；电视转播发射台两座，电视发射机 7 部，电视综合人口覆盖率 97.96%；有线广播电视用户 5.69 万户，其中数字电视用户 5.65 万户。

2. 科右前旗社会基本情况

科右前旗全称科尔沁右翼前旗，位于内蒙古自治区东北部，大兴安岭南麓。东与本盟扎赉特旗毗邻，南和吉林省白城市相接，西同锡林郭勒盟东乌珠穆沁旗相连，北靠边陲重镇阿尔山市，西北与蒙古国接壤。有国境线长 32.5 公里，是自治区 19 个边境旗县之一。

全旗总面积 1.7 万平方公里，辖 9 个镇，3 个苏木，两个乡，5 个国有农牧场，10 个国有林场、站，1 个种畜场，241 个嘎查（村）。旗政府所在地为科尔沁镇。全旗总人口 337641 人（2010 年统计资料），其中非农人口 43245 人，占总人口的 12.81%；农业人口 294396 人，占总人口的 87.19%。总人口中蒙古族人口 154181 人，少数民族人口 171579 人，少数民族占总人口 50.82%。

科右前旗是一个以蒙古族为主体，汉族为多数的少数民族聚居区。由蒙古、汉、回、满、朝鲜、达斡尔、鄂温克、鄂伦春、壮族、锡伯、苗、土家、维吾尔族等 15 个民族构成。

其地势自西北向东南渐低，以显著的低山、浅山、丘陵、河谷冲积平原四种地貌类型组成。属温带大陆性季风气候，四季分明，温差较大。其农牧林水资源、矿产资源、生物资源、旅游资源等都十分丰富。水资源总量达 16.2 亿立方米，有大小河流 100 多条。主要矿产资源有 19 种，矿产的总储量 200 亿立方米（吨），年开采量 15 万立方米（吨）。现有林地面积 687 万亩，森林覆盖率 19.65%。

科右前旗近年来经济发展迅速，基础设施日趋完善。2010 年，全旗实现地区生产总值 480539 万元，比上年增长 12.7%。全年实现财政总收入（新口径计算）22328 万元。全旗现有公路总里程 2633.198 公里（其中农村公路里程 2042.063 公里），公路密度 14.6 公里/平方公里。

（三）三个村屯的基本情况

1. 科尔沁镇平安村

平安村共107户，401口人（2009年7月数据）。科尔沁镇是科右前旗政府的所在地，全镇4463户，16230口人。蒙古、满、朝鲜、回、壮、鄂伦春、汉等7个民族在这里聚居。主导产业是种植业。全镇以农为主，农牧林结合，属于多种经济协调发展的城郊经济类型区。其设施农业建设一方面推动了科尔沁镇特色优势产业的形成，另一方面加快了传统农业向现代农业的转变，对新农村建设产生了深层次的影响作用。

科尔沁狂欢文化由来已久。科尔沁享有“歌舞之乡”、“史诗中心”等美誉。原因之一就在于游牧民族拥有淳朴豪爽的性格和独特的审美方式。舞蹈是狂欢的一种直接表现形式。安代歌舞和那达慕篝火是科尔沁狂欢文化之最。

平安村作为全盟新农村建设的典型村，不仅在生产发展、村屯建设方面一路领跑，更致力于“农家乐”旅游发展模式，已经完成了60亩采摘葡萄园建设，建成了168栋冷棚和80栋暖棚，村内主街道全部硬化，住宅区安装了路灯，发展的基础已经完成。

在媒体接收方面，当地的农民说，他们更喜欢从媒体获得农业生产生活方面的信息，看娱乐节目较多。据村干部家庭反映，他们看央视的新闻联播是要了解发生的大事，了解相关政策，看教育法制频道较多，喜欢看那达慕的转播。被调查的拥有较高学历的年轻一代说，当地新闻传播的条件比较好，有互联网和有线电视，基本的生活信息从互联网获取，对本地区的了解主要以电视为主，感觉当地电视台的信息量不够大，更偏向于看央视的节目。

2. 察尔森镇察尔森嘎查

所辖3个自然屯，村人口270户。全镇辖有15个嘎查，56个自然屯，全镇4986户，常住人口17809人。蒙古、汉、朝鲜、满、回、锡伯等民族，其中蒙古族占总人口的94%，是一个以蒙古族为主体的多民族聚居镇。该镇为半农半牧区，地处大兴安岭南麓余脉，属浅山丘陵地带。耕地面积188000亩，有效灌溉面积8410亩。主要产大豆、葵花、土豆、甜菜。全镇有草牧场284000万亩，牲畜总数9万头。1996年启动中澳技术合作内蒙古草原保护区项目，投资110万元，建设草场6000亩，绵羊改良率80%。全镇有林面积28

万亩，森林覆盖率28%。乡镇企业以旅游、建材、商业为主。

察尔森嘎查已实现通信、电视无缝隙覆盖。但是有的蒙古族被调查者认为，电视对蒙古族的报道不太符合事实，现在并没有那么多草原进行整体放牧，也不像电视报道的那样住蒙古包骑大马，整体载歌载舞。还有的蒙古族群众指出，电视上关于蒙古族的节目太少，对蒙古族平时不报道，出了事才报道。有的蒙古族家庭说，对于老百姓的权利，电视上应该多反映，应多报道政策、法制方面的信息。

境内旅游资源丰富，建有蒙古包等旅游景点，有亚洲库容最大的察尔森水库，有国家森林公园。有着鲜明的民族特色和浓郁的风土人情，以歌舞、射箭为主的民族文化独树一帜。具有自然条件优势，总耕地面积5043亩，人均占有耕地5.5亩。

具有交通优势，紧挨202省道，境内有白阿线铁路穿过，交通便利。具有地域优势，离城市近，为农副产品的加工销售提供了广阔的市场空间。由于生产生活的便利，与汉族接触的频繁，据有的蒙古族被调查者说，自己家庭的生活包括子女在语言、习俗以及结婚仪式方面几乎已经与汉族没有差别了。

3. 满族屯

位于在建乌一阿一级公路150公里处，共1112户，4798人。其中蒙古族人口占62%，满族人口占36%，是以满族为主体，蒙古族为多数的少数民族边境乡。满族屯的满族人属于北京正白旗，姓王，系一个宗族。在漫长的社会生活和不断交往中，满族屯的满族与当地的蒙古族结下了深厚的友谊，有的还结为儿女亲家。这种习俗一直保持到今天，他们的风俗习惯与当地的蒙古族风俗习惯逐渐融为一体。具体有以下四个特点：

（1）全国唯一以畜牧业为主的满族乡。据被调查者说，有的牧民家羊三千，牛三百，一年能挣十多万，当地生态好，牧羊多。

（2）兴安盟面积最大的乡。

（3）满族文化底蕴深厚，满蒙文化有机融合。有的家庭说在屯里表演节目时，唱的是蒙古族的歌，表演时穿的是满族的服饰，在满族屯两种文化已经结合在了一起。

（4）境内边境线长达32公里。满族屯满族乡保有完好的原生态草原，丘陵、河谷、湿地、乔灌木丛生，杂处其间，层次感强，草原上星罗棋布大大小小的泉眼，滋养着这片神奇肥沃的草原。具备较高的旅游观赏价值。

满族屯满族乡 1990 年通电，1991 年安装程控电话和有线电视，2002 年安装了无线接入电话，在草原深处，高山茂林中的放牧点也过上了现代化的生活。据有的村民反映，虽然能收到蒙语新闻，可是蒙语频道很多都是直接翻译中央台的，看这新闻台还不如直接看中央台。

近年来，满族屯为了大力发展旅游业，在乡政府所在地建设了小型宾馆和文体广场，娱乐、食宿十分方便。每年八月举办的传统那达慕吸引了八方游客。传统的“安代舞”也在满族屯满族乡得到了很好的延续和发展，焕发出现代“安代”气息，安代舞是蒙古族特有的舞蹈种类，然而满族人来到乌兰毛都大草原以后，与蒙古族人民一同繁衍生息，形成了特色鲜明的民族文化。

四、兴安盟地区的广播电视媒体和服务

（一）兴安盟电视媒体及服务的总体情况

1. 兴安电视台

1980 年 10 月，兴安电视台随着兴安盟的复建而建立。兴安电视台的发展分为三个阶段：第一阶段是一处两台（盟广播电视处、兴安人民广播电台、兴安电视台）合署办公阶段；第二阶段是 1991 年 6 月，台处分设，兴安人民广播电台和兴安电视台人、财、物相对独立，两台隶属盟广播电视处领导；第三阶段是 2001 年 1 月，同在乌兰浩特市的盟市旗三家电视台进行了合并。同年 8 月份，原兴安有线电视台部分人员又划归兴安电视台，合并后的兴安电视台隶属盟文化体育广播电视局（现更名为兴安盟广播电视局）领导。兴安电视台经过多年的努力不断发展壮大，现有职工 160 人，很多设备已达到省级标准。兴安电视台现有 4 部 1000 瓦发射机，转播中央电视台一套节目、内蒙古电视台蒙语节目、内蒙古电视台汉语节目，同时，还自办三个频道：新闻综合频道、文化旅游频道和影视剧频道。

目前，兴安电视台下设办公室、总编室、新闻中心、策划部、对外部、蒙语部、评论部、专题部、社会部、栏目中心、制作部、创编室、广告中心、技术部、播控中心、调研室、文艺中心、经济部等十八个部（科）室。

兴安电视台自办节目有：《兴安新闻》、《民生百分百》、《蒙语兴安新闻》、《记者观察》、《对话兴安》、《关注900秒》、《情理法》、《故事》、《旅游时间》、《科尔沁部落》、《兴安影视》、《兴安党建》等。另外还有和外地电视台合办的节目如《天下兴安人》。当地《兴安新闻》属于时政类节目，传达党委和政府的声音，始终和党保持一致，和政府的口径一致。目前，乌兰浩特和科右前旗的新闻也在盟电视台播出。民众的心声主要是在《民生百分百》中得到体现，受到老百姓的普遍欢迎。在少数民族新闻方面，目前的选题较小，新闻源较少。目前看来，《兴安新闻》和《民生百分百》还无法充分满足老百姓对当地新闻的需求，因此设置了《记者观察》这样的深度报道作为补充。旅游文化频道分为旅游类和文化类，旅游类如《旅游时间》，主要涉及本地的旅游资源和产品，文化类如《科尔沁部落》，主要涉及当地的少数民族文化、民族风情。

为配合兴安电视台的发展，该电视台还创办有自己的网站。2011年8月5日，内蒙古兴安电视台经过半年时间的准备，于盟新闻综合频道开播了蒙古语新闻节目，兴安电视台蒙古语新闻节目进入兴安有线电视网，扩大了蒙古语新闻节目的覆盖面，有力地促进了少数民族语言和文化的传播。以下各表为兴安电视台三个频道的节目播出单：

表1：兴安电视台新闻综合频道节目播出单

2011年12月5日　星期一	
时间	节目内容
6：00	转中央一套
6：25	开始曲　《荧屏导视1》《多彩兴安》1
6：50	《盛世收藏》156　《魅力兴安》宣传片
7：00	转播 新华社《今日新闻》
7：30	重播《记者观察》　《让生活更美好》
7：48	重播《兴安影视》　兴安电视台形象片
8：03	电视剧：《乡村名流》（2集）　《科尔沁部落》宣传片
	电视剧：《乡村名流》（3集）　《文化兴安》宣传片
	电视剧：《乡村名流》（4集）　《记者观察》宣传片

续表

2011年12月5日　星期一	
	电视剧：《乡村名流》(5集)
11：45	《奋斗》314
12：15	重播《故事》　　《魅力兴安》宣传片
12：30	重播《记者观察》　　《多彩兴安》2
13：00	电视剧：《师傅》(20集)　　《科尔沁部落》宣传片
13：45	电视剧：《师傅》(21集)　　《情理法》宣传片
14：10	定点转播 新华社《新华纵横》
14：40	电视剧：《师傅》(22集)　　《科尔沁部落》宣传片
15：25	电视剧：《师傅》(23集)　《民生》宣传片
16：10	电视剧：《师傅》(24集)　《记者观察》宣传片
16：55	电视剧：《师傅》(25集)　《民生》宣传片
17：25	重播《兴安党建》
17：40	《荧屏导视2》　　《养生堂》20
18：00	首播 蒙语《兴安新闻》
18：10	《天气预报》
18：15	《民生百分百》
18：30	转播《内蒙古新闻》(掐到天气预报前)
	《荧屏导视3》(20秒)
19：00	转播中央台《新闻联播》
19：31	转播中央台《天气预报》
19：38	《兴安新闻》《民生》改版宣传片　《美丽富饶的兴安》　《魅力兴安》宣传片
19：55	《天气预报》(2分钟)
	《荧屏导视4》(40秒)
20：00	重播《兴安影视》　兴安电视台形象片　《文化兴安》宣传片
20：15	《民生》改版宣传片
20：20	电视剧：《神圣使命》(15集)
21：08	《荧屏导视5》　20秒

续表

2011年12月5日　星期一	
21：15	重播《兴安新闻》《民生》改版宣传片　《美丽富饶的兴安》　《天气预报》
21：35	河套酒业冠名　重播《民生百分百》
21：45	《多彩兴安》3
21：55	重播 蒙语《兴安新闻》
22：05	电视剧：《神圣使命》（16集）
	健康导航
	电视剧：《神圣使命》（17集）
	转中央一套
01：00	祝您晚安（保持节目完整）

表2：兴安电视台文化旅游频道节目播出单

2011年12月5日　星期一	
时间	节目内容
6：30	开始曲《导视1》《多彩兴安》2　八毫米栏目电影：《像萨士比亚一样恋爱》5
6：45	《印度养生瑜伽》1
7：05	电视剧：《夜半歌声》（15集）　《旅游时间》宣传片
	电视剧：《夜半歌声》（16集）　《故事》宣传片
	电视剧：《夜半歌声》（17集）　《关注900秒》宣传片
9：20	电视剧：《裸婚时代》（27集）　《魅力兴安》宣传片
	电视剧：《裸婚时代》（28集）　《民生》宣传片
	电视剧：《裸婚时代》（29集）　《旅游时间》宣传片
11：40	电视剧：《金婚风雨情》（18—20集）
13：55	电视剧：《拿什么拯救你我的爱人》（29集）　《情理法》宣传片
	电视剧：《能人冯天贵》（1集）　《记者观察》宣传片
	电视剧：《能人冯天贵》（2集）　《多彩兴安》3
16：10	电视剧：《情陷巴塞罗那》（2集）　《故事宣》传片
	电视剧：《情陷巴塞罗那》（3集）　《关注900秒》宣传片

续表

<table>
<tr><td colspan="3">2011 年 12 月 5 日　星期一</td></tr>
<tr><td>时间</td><td colspan="2">节目内容</td></tr>
<tr><td></td><td colspan="2">电视剧：《情陷巴塞罗那》(4 集)</td></tr>
<tr><td></td><td colspan="2">广告 5 分钟</td></tr>
<tr><td rowspan="6">18：25</td><td rowspan="6">栏目《兴安影视》《让生活更美好》</td><td>周二《兴安影视》《让生活更美好》</td></tr>
<tr><td>周三《科尔沁部落》《让生活更美好》</td></tr>
<tr><td>周四《关注 900 秒》《让生活更美好》</td></tr>
<tr><td>周五《旅游时间》《让生活更美好》</td></tr>
<tr><td>周六《故事》《让生活更美好》</td></tr>
<tr><td>周日《兴安党建》《让生活更美好》</td></tr>
<tr><td>18：45</td><td colspan="2">河套酒业冠名　重播《民生百分百》</td></tr>
<tr><td></td><td colspan="2">《导视 2》</td></tr>
<tr><td>19：05</td><td colspan="2">《时尚汇》312</td></tr>
<tr><td>19：35</td><td colspan="2">《文化兴安》宣传片</td></tr>
<tr><td>19：42</td><td colspan="2">《兴安美食》(5 分钟) 兴安电视台形象片</td></tr>
<tr><td>19：47</td><td colspan="2">《导视 3》　广告部形象片 10 秒　《情理法》宣传片</td></tr>
<tr><td>19：48</td><td colspan="2">电视剧：《下海》(19 集)　《记者观察》宣传片</td></tr>
<tr><td></td><td colspan="2">《魅力兴安》宣传片</td></tr>
<tr><td>20：40</td><td colspan="2">《盛世收藏》312</td></tr>
<tr><td>21：00</td><td colspan="2">《导视 4》　首播《旅游时间》《多彩兴安》1　《让生活更美好》</td></tr>
<tr><td>21：20</td><td colspan="2">电视剧：《下海》(20 集)</td></tr>
<tr><td>22：22</td><td colspan="2">电视剧：《下海》(21—22 集)</td></tr>
<tr><td></td><td colspan="2">祝您晚安</td></tr>
</table>

表3：兴安电视台影视剧频道节目播出单

2011年12月5日　星期一	
时间	节目内容
6：30	开始曲台标　《导视1》　《兴安影视》　重播《乌兰浩特新闻》
	《让生活更美好》
6：58	电视剧：《大爱无声》（1集）　《科尔沁部落》宣传片
	电视剧：《大爱无声》（2集）
	电视剧：《大爱无声》（3集）　《记者观察》宣传片
	电视剧：《萍踪侠影》（31集）
	电视剧：《萍踪侠影》（32集）　《魅力兴安》宣传片
10：45	电视剧：《永远的忠诚》（4～6集）　《故事宣》传片
13：00	电影：《新中国成立大业》上、中、下　《关注900秒》宣传片
	电影：《大马戏团》上、下　《民生》宣传片
16：20	电视剧：《奇志》（30集）　《旅游时间》宣传片
	电视剧：《奇志》（31集）　《情理法》宣传片
	电视剧：《奇志》（32集）　《记者观察》宣传片
18：40	国学经典动画-五子说：《中国勤学故事》（40集）　广告部形象片10秒
18：50	广告部形象片10秒
19：00	《导视2》　《让生活更美好》　《魅力兴安》宣传片
19：07	电视剧：《海狼行动》（33集）
	《导视3》
20：00	《乌兰浩特新闻》　《天气预报》　《美丽有约》　《科右前旗新闻》
20：25	《兴安电视台形象片》
20：42	电视剧：《海狼行动》（34集）　《文化兴安》宣传片
21：30	重播《乌兰浩特新闻》《天气预报》《美丽有约》《科右前旗新闻》广告部形象片10秒
21：57	经典剧场片头
	电影：《十全十美》上集、下集　《魅力兴安》宣传片
	祝您晚安

2. 兴安人民广播电台

1980年7月，随着兴安盟复建，兴安人民广播电台也开始筹建，1982年6月1日正式开始播音。兴安人民广播电台走过了将近三十年的历程，成为兴安盟当地具有浓郁民族特色和地域特色的地方广播电台。兴安人民广播电台现有职工66名，其中党员36名，中高级职称编、采、播、技术人员31名，招聘人员33名。目前办有891千赫汉语新闻综合《兴安之声》广播、1152千赫蒙语新闻综合《阿拉腾兴安之声》广播、99兆赫《交通之声》广播、106.8兆赫《都市之声》等四套广播，全天播音72.05小时。兴安人民广播电台蒙汉语新闻综合广播坚持突出新闻，以新闻时政为主体，走新闻立台之路；调频立体声广播《交通之声》、《都市之声》突出交通信息资讯和为百姓生活服务的特点，注意节目的服务性、参与性、知识性、娱乐性。兴安广播信号覆盖130万人口，采用光缆传送的方式、固态发射、数字编播，同时开通了自己的电台网站，实现节目上网，扩大了受众群。

《兴安之声》汉语新闻综合频率是兴安人民广播电台覆盖最广、影响最大的核心频率。作为兴安电台汉语新闻传播的主渠道，《兴安之声》实行总监负责制，下设新闻部、专题部、文艺部。《兴安之声》目前采用双频播出。中波频率：AM 891千赫，发射功率：10千瓦，调频频率：FM 89.1兆赫，发射功率：1千瓦。每天播出18小时零5分，早上5：25开播，《全盟新闻联播》即兴安新闻，首播每晚7点钟，时长15分钟，次日8点重播，该节目投入骨干力量进行制作，采用录播的形式。除此之外，主要节目还有《891新闻直播间》、《时尚任我行》、《正午快车》、《今晚有约》。

《阿拉腾兴安之声》蒙古语新闻综合频率是兴安盟唯一一家使用蒙古语进行新闻宣传，集新闻、社教、文艺于一体的综合性盟级广播媒体，采用蒙语播音、面向蒙语听众，播音时段为早5点半到晚10点半，共17个小时。人员20多人，全部为少数民族，能够使用蒙语与汉语。节目类型分为新闻节目、专题节目、文艺节目、自播节目。《阿拉腾兴安之声》设有新闻部、专题部、文艺部，实行总监负责制，下设蒙古语新闻部、蒙古语专题部、蒙古语文艺部，中波频率：AM 1152千赫、发射频率：10千瓦 ，科右中旗调频频率：FM 90.5兆赫、发射功率：1千瓦。主要节目有《全盟蒙古新闻联播》、《新闻快车》、《阿拉腾兴安》、《相约今晚》、《乌日丽嘎瀚海》、《乌力格尔》等。

《交通之声》开播于1996年6月，是兴安广播第一套交通专业调频广播，以移动人群为主要服务对象。《交通之声》基本定位在城市人群，细化对受众的服务。全天播音18小时，其中自办节目10小时。信号覆盖乌兰浩特地区、阿尔山地区和伊尔施景区。节目设置遵循“服务随时随地，娱乐轻轻松松”的宗旨，包含新闻资讯、信息查询、评书曲艺、文学艺术、娱乐互动等五大类，注重对地方新闻、资讯、信息的吸纳和传播，在交通业界、出租车行业、移动人群、商铺门店、大中学校、军警部队中拥有大量听众。播出频率：乌兰浩特地区 FM 99.0，阿尔山地区 FM 91.5，伊尔施景区 FM 93.7，发射功率：1千瓦。精品节目主要有《99音乐起航》、《99快乐出行》、《99天天静听》、《99信息港》、《99汽车天天汇》。

《都市之声》调频频率：FM106.8兆赫，该套广播更多为百姓服务，体现娱乐性、参与性、互动性的特点。主要节目有《城市恋曲》、《金蝶不老歌》、《蓝色流行派》、《快乐直通车》等。

以下为兴安人民广播电台各频率节目播出安排：

表4:《兴安之声》节目时间

时间	节目	时间	节目
05：25	开始曲，预告节目	13：00	服务热线
05：30	兴安晨曲	13：30	小说联播
06：00	服务热线	14：30	服务热线
06：30	转播中央台《新闻与报纸摘要》	15：00	音乐欣赏
07：00	《全区新闻联播》	16：00	服务热线
07：20	专题节目	16：20	891信息服务台
07：35	891新闻直播间	16：40	健康讲座
08：00	《全区新闻联播》	17：00	小说评书联播
08：15	天气预报	18：00	健康热线
08：20	每周一歌	18：30	转播内蒙古台《全区新闻联播》
08：30	健康讲座	19：00	《全盟新闻联播》
09：00	小说评书联播	19：15	专题节目
10：00	健康讲座	19：30	891新闻直播间
10：30	891信息服务台	20：00	今晚有约
10：40	健康讲座	21：00	音乐欣赏
11：00	时尚任我行	22：00	小说评书
11：30	广告节目	22：30	音乐欣赏
11：40	服务热线	22：30	全天播音结束
12：00	正午快车		

表 5:《交通之声》节目时间

星期（一、三、四、五、六、日）全天播音	周二版第一次播音
05：25　开始曲，预告节目	05：25　开始曲，预告节目
05：30　99 音乐起航	05：30　99 音乐起航
06：30　乌兰浩特新闻	06：30　乌兰浩特新闻
06：45　99 天天静听	06：45　99 天天静听
07：00　转播央广《新闻报摘》	07：00　转播央广《新闻报摘》
07：35　891 新闻直播间	07：35　891 新闻直播间
全盟联播	全盟联播
08：20　广播体操	08：20　广播体操
08：30　阿尔山新闻	08：30　阿尔山新闻
08：40　99 信息港	08：40　99 信息港
09：30　99 汽车天天汇	09：30　99 汽车天天汇
10：00　99 信息港	10：00　99 信息港
11：00　99 广播剧场	11：00　99 广播剧场
11：30　99 天天美食	11：30　99 天天美食
12：00　正午快车	12：00　正午快车
13：00　99 广播书场	13：00　99 广播书场
14：00　阿尔山新闻	14：00　第一次播音结束
14：10　99 信息港	
15：00　99 广播书场	周二版　第二次播音
16：00　99 随身听	16：00　99 随身听
17：00　健康讲座	17：00　健康讲座
17：30　99 天天美食	17：30　99 天天美食
18：00　99 广播书场	18：00　99 广播书场
19：00　转播央视《新闻联播》	19：00　转播央视《新闻联播》
19：30　99 往日情怀	19：30　99 往日情怀
20：00　乌兰浩特新闻	20：00　99 快乐夜航
20：10　99 快乐夜航	22：00　99 平安夜韵
22：00　99 平安夜韵	23：00　全天播音结束
23：00　全天播音结束	

表 6：《阿拉腾兴安之声》节目时间

时间	节目	时长/播出日	时间	节目	时长/播出日
05：30	开始曲，预告节目	（5 分钟）		少儿节目	（周日）
05：35	草原晨曲	（20 分钟）	11：45	民歌欣赏	（15 分钟）
05：55	广告音乐	（5 分钟）	12：00	全盟联播	（15 分钟）
06：00	全盟联播	（15 分钟）	12：15	蒙语讲座	（20 分钟）
06：15	乌日丽嘎瀚海	（30 分钟）	12：35	乌力格尔	（60 分钟）
06：45	社教节目：	（15 分钟）	13：35	转播内蒙古台节目	
	农牧天地	（周一，周四）	16：00	蒙语讲座	（30 分钟）
	法制与社会	（周二，周六）	16：30	重播《阿拉腾兴安》	
	为您服务	（周三，周五）	17：30	蒙语讲座	（30 分钟）
	少儿节目	（周日）	18：00	全盟联播	（15 分钟）
07：00	转播内蒙古新闻	（20 分钟）	18：15	社教节目：	（15 分钟）
07：20	天气预报			农牧天地	（周一周四）
07：25	蒙语讲座	（35 分钟）		法制与社会	（周一周六）
08：00	重播直播节目《相约今晚》	（60 分钟）		为您服务	（周三周五）
09：00	新闻快车	（15 分钟）		少儿节目	（周日）
09：15	民歌欣赏	（15 分钟）	18：30	转播内蒙台	（20 分钟）
09：30	乌日丽嘎瀚海	（30 分钟）	18：50	乌日丽嘎瀚海	（30 分钟）
10：00	《阿拉腾兴安》直播节目	（60 分钟）	19：20	民歌欣赏	（15 分钟）
11：00	蒙语讲座	（25 分钟）	19：35	蒙语讲座	（20 分钟）
11：25	广告音乐	（5 分钟）	19：55	广告音乐	（5 分钟）
11：30	社教节目：	（15 分钟）	20：00	直播《相约今晚》	
	农牧天地	（周一周四）	21：00	乌力格尔	（60 分钟）
	法制与社会	（周二周六）	22：00	蒙语讲座	（25 分钟）
	为您服务	（周三周五）	22：30	全天播音结束	

表 7：《都市之声》节目时间

时间	节目	时间	节目
06：00	红动中国	17：00	轻车逍遥
09：00	城市恋曲	19：00	蓝色流行派
12：00	金蝶不老歌	21：00	快乐直通车
14：00	阳光绿茶坊	22：00	快乐正前方
		23：00	全天播音结束

注：节目表 1、2、3 来源于：兴安电视台网站 http：//www.xingantv.com/

节目表 4、5、6、7 来源于：兴安人民广播电台网站 http：//dt.xam.gov.cn/

（二）科右前旗、乌兰浩特电视媒体服务的总体情况

1. 科右前旗电视台

2010年7月5日，国家广播电影电视总局批准同意科右前旗设立广播电视台，名称为“科尔沁右翼前旗广播电视台”，批文同意科尔沁右翼前旗广播电视台开办一套广播节目，采用调频方式传输，发射频率为89.9兆赫；开办一套电视频道，发射频道为DS—39，发射功率为1千瓦，以转播兴安盟电视台节目为主，自办当地新闻和经济类、科技类、地方文艺节目等，采用有线、无线两种方式传输。两套节目播出时均称“科尔沁右翼前旗广播电视台”。

科右前旗电视台、广播电台的成立，结束了科右前旗十几年没有自己电视台、广播电台的历史，对于宣传贯彻党和国家的方针、政策，丰富群众文化生活，促进和谐前旗建设等都具有重要的意义。

2009年开始，科右前旗广播电视“村村通”工程针对各自然村地理特点采取有线、卫星、微波三种方式进行。2009年科右前旗地方台节目采取微波转输方式，覆盖率已达到80%以上。有线电视方面，通过招商引资引进哈尔滨能通网络公司建设。到2010年6月，有线电视主光缆覆盖了以城关镇科尔镇为中心的周边各乡镇办事处，已推进300公里，进行入户安装500户。

按照国家、自治区广电总局的安排部署，开展第二批“村村通”卫星电视接收器发放工作。经调查统计，全旗共有已通电20户以下广播电视盲村480个，7943户。为切实解决盲村以及广大农牧民收听、收看广播电视难的问题，按照每个卫星电视接收器50元的标准，提供配套资金40万元，发放8000台第二批“村村通”卫星电视接收器。

2009年8月，广电局在前旗中心地区大石寨镇建立一座广播电视发射台，转播兴安台节目和播出科右前旗新闻。

科右前旗大石寨发射台地址选在大石寨镇金店后山，经纬度分别是121E23、46N18，海拔高度701米，塔高50米；天线型式为双层双偶；发射功率是1千瓦；频道为DS—6；覆盖半径达50公里；覆盖人口约32万。

目前科右前旗电视台主要节目是《科右前旗新闻》，一期时长为10分钟，晚上8点20分首播，9点50分重播，通过兴安电视台影视剧频道播出，时政新闻、民生新闻各占一半。10分钟新闻节目含新闻4～5条。前两条为时政新闻，后两条为农牧业新闻，最后一条为民生新闻（各科局新变化、交通、教

育新政策、高考等)。节目设置里转三级新闻（兴安、内蒙、中央)。中午12点到下午6点30全部转播兴安台节目，6点半到7点转内蒙古卫视内蒙古新闻，晚上7点到7点半转中央电视台《新闻联播》，之后播放连续剧或电影等，转播比例大，节目覆盖率达85%。

2. 乌兰浩特电视媒体服务的总体情况

2009年，乌兰浩特市新闻中心与内蒙古三人行广告有限责任公司开展合作。三人行广告有限责任公司负责给乌兰浩特市新闻中心制作新闻节目和专题节目的后期制作。由于乌兰浩特市电视台需要不断发展壮大，现在合作关系已经结束。目前乌兰浩特市电视台主要节目有《乌兰浩特新闻》与《聚焦工程》，由于没有播出权，因此在兴安电视台3套播出。

（三）各台蒙语频道、蒙语节目分析

科右前旗电视台转播内蒙台的蒙语节目，乌兰浩特电视台没有蒙语节目，兴安盟电视台有蒙语版的《兴安新闻》在兴安一套新闻综合频道播出，兴安人民广播电台有一个专门的频道播放蒙语节目。

民族地区由于地域辽阔、交通不便、社会经济文化发展相对滞后，各种媒体的传播途径、传播范围、传播效果受到一定影响。而广播不受地域限制，民族地区的广大群众可收听广播的民语节目。和电视相比，广播在民语节目方面做得比较好。由于节目制作成本低，普及率高，节目的内容和形式多样化，因此收听广播民语节目的少数民族听众较多。因蒙古族听众较多，相比于电视，受众在广播方面的互动也较多。在少数民族文化传承方面，广播做得也比较好，转播的蒙语评书、蒙古族歌曲较多。

阿拉腾兴安之声蒙古语新闻综合频率是兴安盟唯一一家使用蒙古语进行新闻宣传，集新闻、社教、文艺于一体的综合性盟级广播媒体。阿拉腾兴安之声实行总监负责制，下设蒙古语新闻部、蒙古语专题部、蒙古语文艺部，中波频率AM 1152千赫，发射频率10千瓦，中旗调频频率FM 90.5兆赫，发射功率1千瓦。以下为主要节目形式：

新闻节目——《全盟蒙古语新闻联播》；

文艺节目——《乌力格尔》评书节目；

专题节目——《乌日丽嘎瀚海》专访人物、《阿拉腾兴安》做2011年建党90周年的特别节目；

受众互动——第一届是兴安人民广播电台出资创办蒙古族听众联谊会、第二届是蒙古族受众集资自己操办的听众联谊会、全盟中小学生蒙古语诗歌朗诵会、蒙古语的卡拉OK赛、校园歌手大赛等。

蒙语节目为蒙语播音员主持节目，蒙古族听众收听。广播从早上5点半开始到晚上10点半结束一共17个小时。人员20多人，全部是少数民族，会两种语言。节目类型分为新闻节目、专题节目、文艺节目、自播节目。具体如下：

自办节目：转播40分钟的内蒙古新闻，其余全部都是自办节目；

文艺节目：《民歌欣赏》15分钟、《兴安晨曲》、蒙语《乌力格尔》评书；

新闻节目：全盟《新闻联播》15分钟、《新闻快车》15分钟；

专题节目：《农村直通车》、《科技生活》、《法治与社会》、《为您服务》、周日《少儿节目》。

蒙语节目大部分都是正面报道，一般不涉及负面报道。节目主题以民族团结为主，民生类新闻较少。节目直播多，录播新闻节目少。听众的知情权多，但是表达权少。现已与辽宁省阜新蒙语广播电台、吉林松原市前郭尔罗斯蒙语台、呼伦贝尔赤峰通辽兴安盟内蒙东四盟6台协作。协作三年来，新闻每周必须有三篇稿件互相传，除了会议以外，文艺节目、专题节目年底交换。

（四）各台之间的关系：分工、合作、互补、协作

乌兰浩特市目前没有独立的电视台，只成立了乌兰浩特新闻中心电视部，仅仅承担着电视新闻和专题节目的采编。乌兰浩特新闻中心没有播出权，目前把节目制作好以后送到兴安电视台，在兴安电视台的三套播出。科右前旗电视台自办10分钟新闻节目借助盟电视台播出。兴安人民广播台每天要转播兴安盟电视台的新闻节目《兴安新闻》。

受众覆盖方面，盟电视台和乌兰浩特电视台覆盖不到科右前旗部分地方，只能覆盖小部分，科右前旗电视台的信号塔可以覆盖科右前旗地区。

（五）广播电视媒体存在的问题

通过对内蒙古自治区兴安电视台、兴安人民广播电台、乌兰浩特市三人行新闻部、科右前旗电视台的走访调研，我们对少数民族地区基层媒体的发

展现状及存在问题进行了总结归纳，主要内容如下：

1. 民语节目特点及存在问题

在对兴安电视台、兴安人民广播电台、乌兰浩特市三人行新闻部、科右前旗电视台调研之后，总结四家媒体的民语节目现状如下：

表 8　四家媒体的民语节目

媒　体	民语节目情况	覆盖范围	未来拟发展目标
兴安电视台	开播《兴安新闻》蒙语版，已进入有线网，综合频道日播节目，10～15分钟	有线网覆盖全盟主要城市、无线覆盖范围内的农村、牧区	蒙语频道申请已报送国务院，未来拟建立专门的蒙语频道，发展多种类型节目
兴安人民广播电台	开播蒙语新闻综合 1152 频率，中波，全天播音 17 个小时，包括新闻节目、专题节目、文艺节目、自播节目、转播节目	覆盖全盟各城市及农区牧区各乡镇嘎查苏木，部分地区受地形影响接收不到（科右前旗北部、科右中旗南部）	节目专业化、与内蒙古东部四盟市形成广播联盟，加强融入东北广播圈
乌兰浩特三人行新闻部	无民语节目		无
科右前旗电视台	无民语节目		设立蒙语部，开播民语节目，之后会申请专门民语频道

（1）兴安盟地区广播电视民语节目的特点

兴安电视台与兴安人民广播电台有民语节目，由于刚建立不久或播出制作权等原因，科右前旗电视台和乌兰浩特三人行新闻部没有开播民语节目。关于兴安电视台与兴安人民广播电台民语节目的具体安排，在本章第一部分已经陈述，这里不再赘述。下面就兴安盟地区基层广播电视民语节目的特点做如下陈述：

①电视民语节目较少，覆盖范围可达所辖区域

兴安电视台设有蒙语部，无蒙语频道，民语节目为蒙语《兴安新闻》，电视民语节目少，只有此一档新闻节目，民语节目的丰富性较弱。蒙语版《兴安新闻》为日播节目，通过有线网与无线网两种方式播出，覆盖乌兰浩特市、各旗县主要城市以及主要公路沿线。

②广播民语节目形式多样，注重弘扬民族文化

广播民语节目主要包括新闻类、专题类、文艺类三类节目。除转播内蒙古人民广播电台内蒙古新闻联播和中国之声新闻联播之外，其余都为自办节目。专题节目和文艺节目内容丰富，包括蒙古族文化类节目、生活服务类节目、农业节目、儿童节目等，并注重弘扬民族文化，邀请民间老艺人录播蒙古族乐器四胡，播放蒙古长调，这些节目的受欢迎度都非常高。另外，广播电台民语节目还承办各种活动，如蒙古语诗朗诵比赛、蒙语民歌大赛、校园歌手大赛，这些都对弘扬蒙古族文化起到了非常重要的作用。

③受众：以农牧民为主，广播优于电视，娱乐类互动性节目优于新闻类节目

民语节目受众主要以农牧民为主，城市居民占少数。通过对兴安盟科右前旗半农半牧区的察尔森镇和农区的满族屯受众的调查，牧民在放牧时，由于收音机的便携性，多听广播节目，所以在受众选择上，广播要优于电视。在受众调查中，我们了解到，牧民多喜爱听民语节目中的文艺节目（蒙古族歌曲、蒙古长调、蒙语评书等），或打电话与电台主播互动，或喜爱听关于农牧业生产的科技服务类节目。蒙语节目都是针对蒙古族地区文化，兴安盟人民广播电台曾主办蒙语听众联谊会和蒙语春节联欢晚会，受众参与性、互动性很强。娱乐类节目的互动远远大于新闻类，但是对于新闻类节目，受众仍表示需要。

（2）基层少数民族地区广播电视民语节目存在的问题

通过此次调研，我们针对四家媒体在民语节目上的特点与不足进行讨论，总结出基层少数民族地区广播电视民语节目存在的问题，从民语节目形式上来说，存在问题主要如下：

①民语节目开办程度与电视台级别成反比

通过调研我们发现，有民语节目或民语节目较好地为兴安电视台和兴安人民广播电台，均为地级市的电视台与广播电台，而属于县级的科右前旗与

乌兰浩特媒体的民语节目稀少或没有。据了解，在兴安盟的其他旗县电视台也有民语节目，但是数量非常少。究其原因，都是办节目资源有限，无法扩充更多的民语节目。

②人才缺乏，人员流失严重

在与兴安盟人民广播电台蒙语新闻综合部主任巴根交谈过程中我们了解到，基层民语节目的人才队伍建设极为艰难，这主要有两个方面原因：一是人才缺乏，没有双语人才，由高校培养的双语新闻人才不能到达基层工作；由于人才缺乏，民语节目的播音员、记者、编辑三者合为一体，采编播合一；二是人员流失非常严重，素质较好的主播、记者、编辑都会继续深造或申请到发达地区的媒体工作。新闻队伍的发展跟不上民语新闻的需求，民语新闻发展困难。

③经费主要靠财政拨款，广告量不及汉语节目

在经费上，基层媒体主要依靠财政拨款，广告收入很少，不作为主要收入。由于民语节目的受众主要为农牧民，广告多为药品与农作物广告，而药品广告已经被限制播出，民语节目的广告量少之又少。经费不足，是制约民语节目发展的主要问题。在调研的过程中我们了解到，相比于内蒙古东部其他三盟市（呼伦贝尔市、通辽市、赤峰市），兴安盟地区经济落后，民语节目发展也不及其他三盟市。

④技术落后，节目覆盖受地形影响严重

民语节目设备落后、陈旧，与内蒙古东部其他两盟市（呼伦贝尔市、通辽市）相比，兴安盟地区媒体设备落后，尤其是民语节目。以广播为例，通辽人民广播电台 50 千瓦、呼伦贝尔人民广播电台 100 千瓦，而兴安盟人民广播电台仅仅 10 千瓦，在节目质量上也不及这两市。另外，由于少数民族地区往往地形复杂，广播电视无线信号受地形的干扰较大，影响覆盖率，当然这也和技术的不完善有关。

以上为少数民族地区基层媒体民语节目形式上的问题，在节目内容上也存在着一些问题，主要有：

①节目内容：体现知情权多，体现表达权的少

节目内容上，节目多为歌舞或娱乐互动节目，体现少数民族受众表达权的内容不如知情权，少数民族受众很少能够反映问题，或表达自己观点，未能满足受众的表达权。

②新闻节目：时政新闻多，民生新闻少

新闻节目中时政新闻仍占主体，民生新闻少之又少，当然，这与民语节目人力资源不足也有关系。但是基层媒体时政新闻多于民生新闻的特点一直明显，民生新闻也不例外。

③语言上的困难

内蒙古地形狭长，东西部方言差距大，在蒙古语上，内蒙古各地也不尽相同，各有方言，基层媒体民语节目都存在民语标准话与方言的差距问题，播出的普通话民语能否让当地的农牧民听懂是衡量民语节目是否成功的一个标准。民语节目存在语言方言上的困难。

④部分基层民语节目仍停留在“翻译本位”的阶段

民语节目是否成熟，要看它是否实现了从“翻译本位”到“采编本位”的改变，做到自采自编。[①] 从调研情况来，广播在“采编本位”上做得比电视好，电视还处于素材通用、只翻译语言的阶段。而在基层媒体，“翻译本位”的民语节目非常常见。

在对基层少数民族地区四家媒体整体进行调研中我们发现，基层少数民族地区在有限条件下顽强地担负着传播信息、弘扬少数民族文化的重担，针对问题，积极改善民语节目质量，为少数民族受众提供更加全面的信息和优质的服务。

2. 媒体在保障少数民族受众接近权、知情权、表达权方面的情况

地理位置较远的少数民族地区，相比我国政治、经济、文化发展中心已经“落后”一截，而以新闻传播技术与新闻传播能力差距为核心的信息鸿沟，使得落后地区和发达地区的社会发展差距再次拉大。如何消除信息鸿沟带来的影响并弥合信息鸿沟，推进社会主义政治民主进程，保障公民的知情权和表达权是关键性环节，而政府和媒体在这方面扮演了重要角色，承担了重要责任。本文通过调研试从接近权、知情权、表达权三方面来考察兴安盟地区的主要媒体做得如何。

（1）“接近权”或者“受众传媒接近权”（The right of access to mass media）

“大众即社会的每一个成员皆应有接近、利用媒介发表意见的自由。”这

① 白润生主编：《当代中国少数民族新闻事业调查报告》，北京：中央民族大学出版社，2010，第10页。

一理论的首倡者美国学者巴隆认为，一般社会成员有利用传播媒介阐述主张、发表言论以及开展各种社会和文化活动的权利，同时，这项权利也赋予传媒应该向受众开放的义务和责任。“为确保大众的言论自由，也必须由宪法确认大众‘接近’媒介的权利”。

“接近权”是指社会公众有自由接近并利用新闻媒介阐述主张和发表自己意见的权利。要恢复普通公众作为发言者的地位，必须保障普通公众对于媒体的“接近权”，这项权利赋予传媒向社会公众开放的义务和责任。

一般的方媒体的党政宣传成分很浓，如何保证在讲政治的高度上把握主流价值导向，又保证当地民众的媒介接近权是一件不容易的事情。少数民族地区的媒体更要保证少数民族群众对媒体的接近权，这是少数民族地区媒体工作的重中之重。

首先，兴安盟的蒙古族人口比例比较大，大概有48%，80多万人。根据调查，在兴安1套新闻综合频道播出有蒙语新闻。目前正申请新的频道，用来播出蒙语节目。

其次，兴安盟电视台有两档栏目解决两大类受众的新闻需求，《兴安新闻》属于时政节目，传达党委政府的声音，要把兴安盟的大事、时政的东西传达给观众。而民生，普通老百姓的需求主要在《民生百分百》里体现。《民生百分百》的效应很不错，在当地的反映很好。2011年以来有一档主题报道，也是深度报道，根据当地盟委的中心工作，促进社会发展的领导活动占三分之一，其他反映全盟的政治经济文化等大事。涉及文化体育类的也有一部分，还有突发事件报道等。

信息的发布不再成为一种特权，少数民族地区受众的话语权才能得到保障。我们应该以强有力的法律手段如政府信息公开制度、媒体联合监督制度等来切实保护公民对媒体的“接近权”，受众接近权也是实现现代民主制度的重要途径，我们应充分意识到公众的自由表达与讨论并不会导致群体和社会分裂，反而会成为促进社会稳定的重要力量，这也是社会发展稳定与和谐的基础。

（2）知情权

知情权的概念由19世纪40年代美国记者肯特·库伯首先提出，主要指公众有权通过新闻媒体了解国家的立法、司法、行政、军事机构的活动情况，公权力机构有义务对公众公开政务信息。在新闻传播领域，特指受众通过媒介获取上述信息特别是公共生活信息的权利。随着现代民主政治的发展，知情权对于社会公共生活的重要意义日益凸显，而新闻媒介作为职业化、专门性的大众信息传媒，有权利亦有责任及义务保障和实现公民的知情权，开拓公共信息资源。

少数民族受众的知情权表现在三个方面：一是了解外界的信息。从技术层面看，2009 年开始，科右前旗广播电视“村村通”工程针对各自然村地理特点采取有线、卫星、微波三种方式进行。2009 年科右前旗地方台节目采取微波转输方式，覆盖率已达到 80%以上。有线电视方面，通过招商引资引进哈尔滨能通网络公司建设。到 2010 年 6 月，有线电视主光缆覆盖了以城关镇科尔镇为中心的周边各乡镇办事处，已推进 300 公里，进行入户安装 500 户。基本上兴安盟地区均能收到外界节目的信号。二是从软实力层面看，当地媒体负责人之一表示：“不管是时政新闻还是民生新闻，毕竟是党的喉舌，电视的平台就是为广大受众服务的，涉及党的方针政策的必须第一时间传播。”“在知情权方面一视同仁，不管是谁，都是一视同仁的。”三是从民族文化的展示层面看，兴安盟电视台的旅游文化频道有两档节目反映本民族的文化，为《旅游时间》、《科尔沁部落》。一个是旅游类，一个是文化类，这两档节目反映当地的科尔沁民歌和当地的文化成就，现在收视率比较高。兴安盟电台除了单独有个蒙语频率外，汉语新闻和中央媒体保持紧密联系。

（3）表达权

从一般意义上说，表达权又称表达自由，是指“公民通过口头或书面以及特定行为表达自己意见的自由，包括言论自由、著作自由、出版自由、新闻自由、集会自由、结社自由、游行示威自由等”[①]。在新闻传播领域，主要是指新闻媒介的表达自由和受众通过新闻媒介表达自己意见的权利和自由，对于受众而言，则可进一步细化为受众在媒介上的表达权。

应当说，表达自由作为现代公民最基本的民主权利在世界各国的法律中都有较明确的规定，我国宪法即规定：“中华人民共和国公民有言论、出版、集会、结社、游行、示威的自由”。

中新社的文章称，六十年来，更多的中国人从不会说、不能说、不敢说到珍视表达权，勇敢并越发熟练地发出声音；汶川地震、北京奥运让 2008 年

① 谢鹏程：《公民的基本权利》，中国社会科学出版社，1999 年，第 224 页。

被命名为中国“公民元年”，中国人在积极投身社会、国家事务中重新认知生命的尊严与价值，唤醒公民热情，为社会增添了无尽的活力；越来越多的中国人用自己的眼睛注视国家、社会的各个角落，它们汇聚成一股空前的参与、建设和监督的力量，让中国走到阳光与目光下，不断探寻各方的良性互动，以求形成社会向上的合力。在满足公民表达权方面做得较好的有：

①兴安盟人民广播电台：根据政府主导的民族文化建设开设很多民族文化类节目或者联谊会。听众的参与度很高。其中有一档听众参与节目，听众参与度非常高，每一个蒙古族听众都能参与其中。甚至附近地区的呼盟，通辽、白城的听众都来参加。

②兴安电视台民生百分百：通过新闻热线，为百姓和媒体搭建了一个很好的沟通平台，每天关注的都是大家身边的事情。老百姓的诉求有时候在相关单位找不到解决路径，就会打电话反映给媒体。

(4) 结语

大众传媒是满足少数民族群众信息权利的主要途径。过去的经验表明，没有经济、社会、文化的协调发展，仅仅重视少数民族地区的经济发展是不够的。经济成长越快，人们对自身的文化权利就越关注。作为一项重要的文化权利，少数民族群众信息权利的满足在少数民族地区和谐社会建设过程中必将发挥着越来越重要的作用。我国少数民族地区自然条件较差，在很大程度上制约着各民族的心理和行为。特殊的环境和突出的现实问题构成了现阶段少数民族地区社会和谐发展的时空背景和客观条件。民族构成与分布的多样性，区域在国家地理空间上的边缘性，政治、经济、文化发展的特殊性，决定了大众传媒对于少数民族地区社会稳定与和谐发展具有重要意义。

3. 广电媒体对主流社会信息与地域社会信息的报道

所谓主流社会通常由一个社会在经济、政治和文化上占主导地位的中上层人群组成，这些人群通常掌握社会权力、财富、公众舆论，具有比较接近的价值观、政治理念和社会情趣。鉴于我国的特殊国情，主流社会可以看作是由官方文化主导的社会，同样的，主流社会的文化也有鲜明的官方文化特征。

主流文化是一个社会、一个时代被倡导的、发挥主要影响的文化。每个时期都有当时的主流文化，我国封建社会的主流文化曾是儒家文化，我国现阶段正处在社会主义建设之中，国家提倡的是有中国特色的社会主义文化，这种文化无疑是主流文化。

在本调研报告中，与“主流社会”相对应的概念是“地域社会”，所谓地域社会，即由调研目的地（民族地区）的不同人群所构成，其地域的种种文化表现即是少数民族当地的地域文化。

衡量地域广电媒体发挥社会功能的一个重要指标是报道的平衡性，即主流社会信息报道和地域社会信息报道在数量和质量上是否存在较大差别，也就是信息平衡问题。考察当地信息平衡问题，我们主要是依据深度访问、焦点组、调查问卷等形式采集到的一手资料，对兴安盟地区在媒体（广播电视）的信息输入和输出方面进行对比分析。以下是对信息平衡的分析结果：

（1）外来节目占主导地位

兴安盟是一个地市级的地区，兴安盟的电视台即兴安电视台一共有6套电视节目，其中有3套固定转播其他电视台的节目，一个转播中央电视台综合频道，另两个分别转播内蒙古自治区电视台的汉语和蒙语频道。而在剩余的自办节目中，节目相对单一，收视率低，广告效益差。兴安盟电视台有员工100人，所在城市乌兰浩特市有30万人口，广告收入每年只有400万元，事业经费主要依靠政府拨款。

据兴安盟电视台台长介绍，电视台除有一个频道专门转播内蒙古自治区的文艺节目之外，还有一个专门播出当地文化类节目的文化旅游频道。其中《旅游时间》和《科尔沁部落》两档节目集中反映当地的民族文化和风土人情。《旅游时间》主要涉及本地的旅游资源和产品，反映当地的少数民族文化；《科尔沁部落》则主要偏向于对科尔沁文化、蒙古族文化的发掘等。

在我们所调研的科尔沁右翼前旗的三个乡镇中，央视的文化类节目以及各省级卫视的节目在当地居民日常收看的文化类节目中也占到很大比重。如央视7套的农业类节目和1套的法制类节目等。根据调查和深访，当地居民更喜欢收看中央电视台和省级卫视的节目，尤其是娱乐节目，如央视3套的《欢乐中国行》、湖南卫视的《快乐大本营》、江苏卫视的《非诚勿扰》等等。

由于电视台主要靠政府拨款，自制节目能力有限，以外来节目为代表的内地主流文化自然占据了主导地位，在民族地区居民中影响突出，深入人心。

（2）当地媒体对报道本地信息、传播本地文化较少作为

为了维护政府的形象，当地广电媒体在报道中受到很多限制。在报道突发公共事件时常会遇到角色扮演上的困惑，一方面要为政府提供危机公关服务，另一方面还要替老百姓发声，此外还有媒体自身的考量。

针对这种问题，当地的媒体负责人表示，媒体首先要为党和政府分忧，做到“分忧而不添乱”，地方电视台要始终与党和政府的口径保持一致。

在调研中不难发现，其背后是当地媒体从业者“多一事不如少一事”、“不求有功但求无过”的心态。兴安电视台一位记者说，毕竟电视台是党的喉舌，因此，不管是时政新闻还是民生新闻，都要首先为党服务好。另一位记者则认为，在采访过程中很难把握度的问题，因为有些相关部门怕曝光，常常与记者兜圈子，使得采访难度增大，也让媒体在中间扮演的角色很尴尬。

科右前旗和乌兰浩特市作为两个县级的行政单位，没有自己的电视台，科右前旗和乌兰浩特市各有一档10分钟的新闻节目，但乌兰浩特市的新闻节目需要借助兴安电视台的平台往外输出，科右前旗电视台虽然有一个频道，但是每天播出时间很短，自办节目只有一档（10分钟的新闻），仅有的一个频道每天还要转播中央、自治区和兴安盟的节目。其中，每天中午12点到下午6点30分全部转播兴安台，下午6点半到7点转播内蒙古自治区新闻，晚上7点转播央视新闻联播。其余时间播放电视连续剧或电影。

这样的现状，固然有诸多政治和经济因素，但当地广电媒体及其从业者的心态也是因素之一。

（3）当地媒体向外传播本地信息、本地文化的意识和尝试

通常，民族地区的群众对本民族语言文化是有感情的，对振兴民族文化、传播地域信息是有兴趣的。这一点，我们在调研中也有切身的感受。据兴安盟人民广播电台蒙语新闻综合频率总监关其格介绍，在兴安盟广播电台蒙语频道中，有一档每天直播的《阿拉腾兴安》，时长一小时，内设点歌台、新歌欣赏、猜谜、才艺展示、服务热线、开心一刻等板块。此档节目和听众的互动性很强。另外，在对三个乡镇的深访过程中我们发现，听广播的听众多处于偏远的农牧地区和半农半牧区，这类地区的听众多为放牧的人，对广播中有关当地文化和蒙族文化类的节目比较感兴趣。

兴安电视台一名副台长说，兴安电视台偶尔也会跟其他电视台合作，

之前参加了全国地级城市电视台的联合体，也跟中央电视台、大连、齐齐哈尔等电视台有过合作。合作的前提在于是否有彼此感兴趣的内容，以及合作是否产生收益。比较成功的合作案例是有关阿尔山温泉群和盛世金牌的节目。因为两个选题都有一定的科考价值。然而这种合作成功的案例比较少。而且合作仅仅限于短期合作，没有长期的合作。兴安电视台记者朱鸿飞认为，双方的合作往往不在一个对等的平台上，本地媒体的节目质量常常达不到对方的标准，比如与中央电视台的合作都是以协助、配合的身份进行的。

兴安电视台一位副台长认为，生活的发展必然会与时俱进，本地居民特别是城镇居民受到经济发展的影响，也会接受外来文化的价值理念。兴安电视台记者朱鸿飞介绍说，当地关注文化类的收视群体还是中高端的，当地电视媒体平台对当地文化的传播是对自己文化的自觉继承，但对抵御外来文化冲击的力量很小，外来文化的渗透是大趋势，文化交流、局部融合势不可挡。由于台里财力等方面的原因，兴安电视台的节目制作受器材、资金等客观条件的限制，很难形成对本地文化的有效传播及保护。

五、科右前旗居民所处的媒介环境及其信息行为

传媒所营造的信息环境作为人们了解世界的重要“窗口”和行为决策的重要参照体系已经成为一个重要变量而引起广泛关注。为此，我们对调研地科右前旗居民所处的媒介环境（主要是广播电视环境）及其当地居民的信息行为做了相关调查。

（一）科右前旗居民所处的广播电视环境

1. 家庭拥有电视机、收音机的情况

（1）家庭拥有收音机的情况

如表9所示，在所发放的350份问卷中，有效问卷为304份，家庭拥有收音机的有180户，占总人数的59.2%；没有收音机的家庭有170户，占总人数的35.4%。

表 9　家庭使用收音机情况调查表

		人数	百分比（%）	有效百分比（%）	累积百分比（%）
有效值	每天	50	14.3	16.4	16.4
	每周 2～3 次	31	8.9	10.2	26.6
	每周一次	13	3.7	4.3	30.9
	偶尔	86	24.6	28.3	59.2
	从不	124	35.4	40.8	100.0
	小计	304	86.9	100.0	

在所有拥有收音机的用户中，属于农区的平安村的有 20 人，半农半牧区的察尔森镇有 83 人，而属于纯牧区的满族屯有 77 人。相比较农区的平安村而言，听广播的人群主要集中在半农半牧区的察尔森镇和纯牧区的满族屯。

表 10　各村镇使用收音机情况调查表

	每天	每周 1～2 次	每周 1 次	偶尔	从不	缺失值	总数
平安村	3	2	4	11	33	13	66
察尔森镇	27	12	2	42	45	45	141
满族屯	20	17	7	33	46	20	143

（2）家庭使用电视机的情况

如表 11 所示，在发放的 350 份问卷中，有效问卷 349 份。其中，从不看电视的只有 3 人，家庭拥有电视的有 346 户，没有电视机的家庭只有 3 户。而且每天看电视的人有 252 人，占到总人数的 72%。在所调研的三个乡镇，电视是家庭普及率最高的媒介。

表 11　家庭使用电视机情况调查表

		Frequency 人数	Percent 百分比（%）	Valid Percent 累积百分比（%）
Valid 有效值	每天	252	72.0	72.2
	每周 2～3 次	36	10.3	10.3
	每周一次	7	2.0	2.0
	偶尔	51	14.6	14.6
	从不	3	0.9	0.9
	合计	349	99.7	100.0

2. 家庭、个人拥有手机的情况

在发放的 350 份问卷中，拥有手机的人有 312 人，没有手机的 38 人。拥有手机的用户占到了总人数的 89.1%。无论是在农区还是牧区，手机在人们的生活中已经起到了很重要的作用。

3. 家庭使用互联网的情况

在发放的 350 份问卷中，在家庭是否拥有上网条件的调查中，有效问卷 176 分，其中，每天使用的有 101 人，每周 4～6 天使用的有 26 人，每周 1～3 天的有 32 人，每周仅上网几小时的有 17 人。在上网的人中，每天使用互联网的人数占到 57.4%。

表 12　家庭使用互联网情况调查表

		Frequency 人数	Percent 百分比（%）	Valid Percent 有效百分比（%）	Cumulative Percent 累积百分比（%）
Valid 有效值	每天使用	101	28.9	57.4	57.4
	每周 4～6 天	26	7.4	14.8	72.2
	每周 1～3 天	32	9.1	18.2	90.3
	每周仅几个小时	17	4.9	9.7	100.0
	合计	176	50.3	100.0	

4. 广播、电视的详细使用情况

（1）广播的使用情况

如前表所示，在统计的350份问卷当中，选择每天听广播的有50人，每周2～3次的有31人，每周1次的13人，偶尔听广播的有86人，从不看的有124人，缺失值46人。下面是详细使用情况。

表13　收音机的收听情况调查表

		Frequency 人数	Percent 百分比（%）	Valid Percent 有效百分比（%）	Cumulative Percent 累积百分比（%）
Valid 有效值	30分钟以下	114	32.6	59.1	59.1
	30～60分钟	52	14.9	26.9	86.0
	60～90分钟	13	3.7	6.7	92.7
	90～120分钟	5	1.4	2.6	95.3
	120分钟以上	9	2.6	4.7	100.0
	合计	193	55.1	100.0	

如上表所示，在发放的350份问卷当中，有效问卷193份，选择每天听广播30分钟以下的有114人，占总人数的32.6%，并且在听收音机的人数中的比重占59.1%；每天听广播30～60分钟的有52人，占总人数的14.9%；每天听广播60～90分钟的有13人，占总人数的3.7%；每天听广播90～120分钟的有5人，占总人数的1.4%；每天听广播120分钟以上的有9人，占总人数的2.6%。

（2）电视的使用情况

如前表所示，在调查的问卷当中，选择每天看电视的有252人，每周2～3次的有36人，每周1次的有7人，偶尔看电视的有51人，从不看的有3人，缺失值1人。下面是进一步调查的详细数据。

如下表所示，在发放的350份问卷当中，缺失3份。在其余的347份中，选择每天看电视30分钟以下的有48人，占总人数的13.7%；每天30～60分钟的有95人，占总人数的27.1%；每天60～90分钟的有89人，占总人数的25.4%；每天90～120分钟的有29人，占总人数的8.3%；每天120分钟以上的有85人，占总人数的24.3%。

表 14　电视的收看情况调查表

		Frequency 人数	Percent 百分比（%）	Valid Percent 有效百分比（%）	Cumulative Percent 累积百分比（%）
Valid 有效值	30 分钟以下	48	13.7	13.8	13.8
	30～60 分钟	95	27.1	27.4	41.2
	60～90 分钟	89	25.4	25.6	66.9
	90～120 分钟	29	8.3	8.4	75.2
	120 分钟以上	85	24.3	24.5	99.7
	35	1	0.3	0.3	100.0
	Total	347	99.1	100.0	
Missing 缺失值	999	3	3.9		
Total	总计	350	100.0		

5. 手机的详细使用情况

在我们所调查的 350 份问卷中，拥有手机的 312 人，没有手机的 38 人。如下表所示，在拥有手机的用户中，使用手机联系工作/业务的占 25.1%，联系亲友的占 49.9%，看手机报的占 6.2%，上网聊天的占 15.8%，满足其他需求的占 3.1%。

表 15　手机的使用情况调查表

		Responses	
		N 人数	Percent 百分比（%）
手机使用	使用手机联系工作/业务	114	25.1
	使用手机联系亲友	227	49.9
	使用手机看手机报	28	6.2
	使用手机上网聊天	72	15.8
	使用手机来满足其他需求	14	3.1
总计		455（人次）	100.0

6. 互联网的详细使用情况

如前表所示，在使用互联网的 176 人中，每天使用的有 101 人，占总人数的 28.9%，每周使用 4～6 天的有 26 人，占总人数的 7.4%，每周使用 1～3 天的有 32 人，占总人数的 9.1%，每周仅使用几小时的有 17 人，占总人数的 4.9%。

从使用目的来看，在使用互联网的 176 人中，关注网络上的常规新闻的有 81 人，占总人数的 29.6%，关注网络上的生产信息的有 23 人，占总人数的 8.4%，关注网络上的生活信息的有 61 人，占总人数的 22.3%，关注网络上的文化娱乐信息的有 84 人，占总人数的 30.7%，关注网络上的其他信息的有 25 人，占总人数的 9.1%。

表 16 互联网使用频率情况调查表

		Responses	
		N 人数	Percent 百分比（%）
网上信息[a]	关注网络上的常规新闻	81	29.6
	关注网络上的生产信息	23	8.4
	关注网络上的生活信息	61	22.3
	关注网络上的文化娱乐信息	84	30.7
	关注网络上的其他信息	25	9.1
Total 总计		274	100.0

7. 居民所处的蒙语环境：广播、电视

（1）广播：目前兴安盟共有一套蒙语广播，即兴安电台蒙语综合频率，全天播出 17 小时，频率现有工作人员 20 多人，全部是少数民族，熟练掌握蒙语和汉语。该频率分为新闻部、专题部、文艺部三个部门，每天除转播 40 分钟的内蒙新闻外，其他全部都是自办节目。自办节目中大多为文艺类节目。蒙语节目都是针对蒙古族地区的文化，收听情况非常火爆。每年电台都会组织听众和电台蒙语频道的工作人员一起举办蒙语听众联谊会。其节目参与性、互动性很强。兴安人民广播电台的网站里面有很多联谊会的材料。每年还搞一次春晚节目。

（2）电视：在此次调研中，科右前旗的电视观众一般情况下都能收到兴安电视台的节目，在兴安电视台的6个频道中，只有一档自办的蒙语新闻类节目《兴安新闻》，在兴安1套新闻综合频道播出。目前，兴安电视台正在申请新的频道，用来整个播出蒙语节目。

8. 居民所处的汉语环境：广播、电视

（1）广播：据兴安人民广播电台蒙语新闻综合频率总监关其格介绍，科右前旗能收到的广播频率有中央、内蒙各两个频率，科右前旗的4个频率都能收到。广播的整体覆盖率可以达到97%。但科右前旗为丘陵地区，由于地理条件的限制，很多偏远山区目前还无法收到当地的广播信号。

（2）电视：据兴安盟电视台某台长介绍，兴安盟电视台一共有6个频道。一套专门转播中央一套的节目，一套专门转播内蒙古汉语节目，一套转播内蒙古的文艺节目，其他三个频道是自办节目，节目有：新闻综合频道、影视频道和文化旅游频道。据兴安盟科右前旗广播电视局白局长介绍，科右前旗能看到来自中央的（台）约有85%，盟里面的约有50%，前旗自己的节目可以看到70%～75%。但是由于科右前旗电视台目前处于初级发展阶段，其科尔沁右翼前旗广播电视局和前旗电视台“局台合一”，人力资源短缺，现在只有一档自办的十分钟新闻节目《前旗新闻》，节目做完之后送到盟电视台播出。

9. 居民所处的新闻环境：广播、电视

（1）广播：据兴安人民广播电台某副台长介绍，目前兴安盟的广播综合覆盖率达到90%以上，实现了中央、内蒙古自治区和兴安盟三级广播的综合覆盖，中央台的节目有《经济之声》，内蒙台有新闻综合频率和交通频率，另外还有兴安盟电台的4个频率。科右前旗目前还没有自办的广播节目。

（2）电视：据科右前旗广播电视局负责人介绍，科右前旗广播电视局于2008年成立，目前仅有一档自办新闻节目，每期10分钟，晚上8点20分首播，9点50分重播。通过兴安电视台影视剧频道播出。科右前旗居民能收到中央台节目的85%，盟里电视节目的50%，前旗自办节目的70%～75%。中央台的新闻节目以《新闻联播》为最多。兴安盟的新闻类节目主要集中在新闻综合频道。盟台的综合频道每天都会转播中央台的《新闻联播》和内蒙古自治区的《晚间新闻报道》。

10. 居民所处的文化、娱乐环境：广播、电视

（1）广播：据兴安盟人民广播电台蒙语新闻综合频率负责人介绍，蒙语频道的文艺节目有：民歌欣赏、文学天地、兴安晨曲、乌日丽嘎瀚海等，另外兴安盟还有一个专门的文艺唱书频率。在兴安盟广播电台蒙语频道中，有一档每天都播出的《阿拉腾兴安》，此档节目每天直播，时长一小时，内设点歌台、新歌欣赏、猜谜、才艺展示、服务热线、开心一刻等板块。此档节目和听众的互动性很强。另外，在对三个乡镇的深访过程中我们发现，听广播的听众多处于偏远的农牧地区和半农半牧区，这类地区的听众多为放牧的人，对广播中有关当地文化和蒙古族文化的节目比较感兴趣。

（2）电视：据兴安盟电视台负责人介绍，盟电视台除有一个频道专门转播内蒙古自治区的文艺节目外，盟电视台还有一个专门播出当地文化节目的文化旅游频道。其中的《旅游时间》和《科尔沁部落》两档节目集中反映了当地的民族文化和风土人情。由于经济基础有限，《旅游时间》主要涉及本地的旅游资源和产品及当地的少数民族的文化。《科尔沁部落》则主要偏向于对科尔沁文化、蒙古族文化的发掘等。另外，在我们所调研的科尔沁右翼前旗的三个乡镇中，央视的文化类节目以及各个省级卫视的节目在当地居民日常收看的文化类节目中也占一定比重。如央视7套的农业类节目和1套的法制类节目等，根据调查和深访，我们发现有很多人喜欢看省级卫视的电视剧和文艺节目。

在对三个乡镇的深访过程中，观众除收看本地区的娱乐节目以外，更喜欢收看中央级电视台和省级卫视的娱乐节目，如央视3套的《欢乐中国行》、湖南卫视的《快乐大本营》、江苏卫视的《非诚勿扰》等等。

（二）科右前旗居民的信息行为：从哪些渠道获得哪些信息

为考察当地居民的信息行为，首先，我们把信息需求按照医衣食住行等基本生活信息、由自治体发布的有关政治性、社会性公民权利的信息、国内主流社会信息、国内民语媒体和境外（蒙古）媒体的信息分成六类；其次，以问卷为主，辅之以深访和焦点组，通过多种调研结合的方式来考察内蒙古科右前旗居民获取以上信息的渠道及获取上述信息时所用的语言；最后，我

们围绕上述信息的传递是否充分进行了调研，以下是调研结果。

1. 医衣食住行等基本生活信息

在信息社会里，医衣食住行作为重要的基础性生活信息是人们所必需的[①]，通过对调查问卷的统计，我们发现，在对“医衣食住行等基本生活信息”的获取渠道这一问题的回答中，有效问卷为 342 份，缺失问卷为 8 份。其中，选择广播电视为获取信息渠道的为 156 人，有效百分比为 45.6%，可见，广播电视是当地人获取基本生活信息的主要渠道；选择亲朋好友和邻里间口口相传这两个渠道获取基本生活信息的人数都是 36 人，有效百分比均为 10.5%。科右前旗居民的医衣食住行等基本生活信息获取渠道及各渠道所占百分比详见下表。

表 17 基本生活信息的获取渠道及其所占比重

渠道类别			Frequency 人数	Percent 百分比（%）	Valid Percent 有效百分比（%）
Valid	报纸杂志		26	7.4	7.6
	广播电视		156	44.6	45.6
	互联网		53	15.1	15.5
	手机		28	8.0	8.2
	村务活动		7	2.0	2.0
	亲朋好友		36	10.3	10.5
	邻里间的口口相传		36	10.3	10.5
	Total 总计		342	97.7	100.0
Missing		999	8	2.3	
	合计		350	100.0	

在此基础上，我们对通过不同渠道获取基本生活信息时所用的语言进行了调查，其中有效问卷为 345 份，缺失问卷为 5 份。在对有效问卷的调查中我们发现，使用汉语为获取基本生活信息的语言的有效百分比为 46.7%，使用蒙语和蒙汉双语的分别为 21.7%和 30.4%，详见下表。

① 本研究中我们把基本生活信息定义为“医衣食住行”这五项

表 18　获取基本生活信息时使用的语言及其所占比重

语言类别		Frequency 人数	Percent 百分比（%）	Valid Percent 有效百分比（%）
Valid	汉语	161	46.0	46.7
	蒙语	75	21.4	21.7
	蒙汉双语	105	30.0	30.4
	其他语言	2	0.6	0.6
	7	2	0.6	0.6
	合计	345	98.6	100.0

我们试图进一步考察当地基本生活信息的获取渠道与性别、民族、学历等因素之间的关系，有效问卷的统计数据显示：

(1)“性别”与“基本生活信息的获取渠道”变量的关系，其显著水平在卡方检验的各方法检验下均小于 0.05，说明以上两个变量具有相关性，见表 19，Lambda 系数的值分别为 0.072 和 0.120，这表明，“性别”与“基本生活信息的获取渠道”的相关性较弱，仅体现为弱相关。而体现较为明显的为互联网、手机、村务活动和邻里间的口口相传，我们从表 20 中可以看出，被调查的男性中选择互联网为基本生活信息获取渠道的比例为 19.5%，女性为 11.9%；男性选择手机的 5.5%，女性为 10.7%；男性选择村务活动的为 1.2%，女性为 2.8%；男性选择邻里间的口口相传的为 4.9%，女性为 15.3%。据此能看出，男性和女性在选择基本生活信息的获取渠道上存在一定差别。

表 19　性别·基本生活信息的获取渠道的交叉列联表（Cross-tabulation）

调查考察			基本生活信息的获取渠道							Total 总数
			报纸杂志	广播电视	互联网	手机	村务活动	亲朋好友	邻里间的口口相传	
性别	男	Count 数量	14	84	32	9	2	15	8	164
		Expected Count	12.5	75.0	25.5	13.5	3.4	17.3	16.8	164.0
		% within 性别	8.5%	51.2%	19.5%	5.5%	1.2%	9.1%	4.9%	100.0%
	女	Count 数量	12	72	21	19	5	21	27	177
		Expected Count	13.5	81.0	27.5	14.5	3.6	18.7	18.2	177.0
		% within 性别	6.8%	40.7%	11.9%	10.7%	2.8%	11.9%	15.3%	100.0%
Total		Count 数量	26	156	53	28	7	36	35	341
		Expected Count	26.0	156.0	53.0	28.0	7.0	36.0	35.0	341.0
		% within 性别	7.6%	45.7%	15.5%	8.2%	2.1%	10.6%	10.3%	100.0%

性别·基本生活信息的获取渠道卡方检验结果（Chi－Square Tests）

	Value 检验统计量	Df 自由度	Asymp. Sig.（2－sided）双尾检测近似概率
Pearson Chi－Square	19.063[a]	6	0.004
Likelihood Ratio	19.759	6	0.003
Linear－by－Linear Association	12.773	1	0.000
N of Valid Cases	341		

a. 2 cells (14.3%) have expected count less than 5. The minimum expected count is 3.37.

（2）"年龄"与"基本生活信息的获取渠道"的关系，其显著水平在卡方检验的各方法检验下均小于 0.05，说明以上两个变量具有相关性，见表 20。我们以基本生活信息获取渠道中选取最多的"广播电视"为例，以"广播电视"为基本生活信息获取渠道的在各年龄段中所占的比例依次是：15 岁以下为 12%，15～30 岁的 38.4%，31～45 岁的 45.9%，46～60 岁的 63.6%，60

岁以上的70%。可见，随着年龄的增长，选取广播电视作为基本生活信息获取渠道的比例逐渐增加。

表20　年龄·基本生活信息的获取渠道的交叉列联表（Crosstabulation）

调查对象			基本生活信息的获取渠道：报纸杂志	广播电视	互联网	手机	村务活动	亲朋好友	邻里间的口口相传	Total 总数
年龄	15岁以下	Count 数量	2	3	7	3	1	8	1	25
		Expected Count	1.9	11.4	3.9	2.0	0.5	2.6	2.6	25.0
		% within 年龄	8.0%	12.0%	28.0%	12.0%	4.0%	32.0%	4.0%	100.0%
	15～30岁	Count 数量	8	43	24	15	2	10	7	109
		Expected Count	8.3	49.7	16.9	8.9	2.2	11.5	11.5	109.0
		% within 年龄	7.3%	39.4%	22.0%	13.8%	1.8%	9.2%	6.4%	100.0%
年龄	31～45岁	Count 数量	7	61	21	5	2	18	19	133
		Expected Count	10.1	60.7	20.6	10.9	2.7	14.0	14.0	133.0
		% within 年龄	5.3%	45.9%	15.8%	3.8%	1.5%	13.5%	14.3%	100.0%
	46～60岁	Count 熟练	6	35	1	4	2	0	7	55
		Expected Count	4.2	25.1	8.5	4.5	1.1	5.8	5.8	55.0
		% within 年龄	10.9%	63.6%	1.8%	7.3%	3.6%	0.0%	12.7%	100.0%
	60岁以上	Count 数量	3	14	0	1	0	0	2	20
		Expected Count	1.5	9.1	3.1	1.6	0.4	2.1	2.1	20.0
		% within 年龄	15.0%	70.0%	0	5.0%	0	0	10.0%	100.0%
Total		Count 数量	26	156	53	28	7	36	36	342
		Expected Count	26.0	156.0	53.0	28.0	7.0	36.0	36.0	342.0
		% within 年龄	7.6%	45.6%	15.5%	8.2%	2.0%	10.5%	10.5%	100.0%

年龄·基本生活信息的获取渠道卡方检验结果（Chi－Square Tests）

	Value 检验统计量	Df 自由度	Asymp. Sig.（2－sided）双尾检测近似概率
Pearson Chi－Square	66.908a	24	0.000
Likelihood Ratio	79.431	24	0.000
Linear－by－Linear Association	6.495	1	0.011
N of Valid Cases	342		

a. 17 cells（48.6%）have expected count less than 5. The minimum expected count is .41.

（3）“民族”与“基本生活信息的获取渠道”变量的关系，其显著水平在卡方检验的各方法检验下均大于0.05，说明以上两个变量不具有显著的相关性，见表21。

表21　民族·基本生活信息的获取渠道的交叉列联表（Crosstabulation）

调查对象			基本生活信息的获取渠道							Total 总数
			报纸杂志	广播电视	互联网	手机	村务活动	亲朋好友	邻里间的口口相传	
民族	汉族	Count 数量	5	50	16	6	2	4	6	89
		Expected Count	6.8	40.6	13.8	7.3	1.8	9.4	9.4	89.0
		% within 民族	5.6%	56.2%	18.0%	6.7%	2.2%	4.5%	6.7%	100.0%
	蒙古族	Count 数量	20	92	33	20	3	28	28	224
		Expected Count	17.0	102.2	34.7	18.3	4.6	23.6	23.6	224.0
		% within 民族	8.9%	41.1%	14.7%	8.9%	1.3%	12.5%	12.5%	100.0%
	满族	Count 数量	1	11	4	2	2	4	2	26
		Expected Count	2.0	11.9	4.0	2.1	0.5	2.7	2.7	26.0
		% within 民族	3.8%	42.3%	15.4%	7.7%	7.7%	15.4%	7.7%	100.0%

续表

调查对象			基本生活信息的获取渠道							Total 总数
			报纸杂志	广播电视	互联网	手机	村务活动	亲朋好友	邻里间的口口相传	
民族	Total	Count 数量	26	156	53	28	7	36	36	342
		Expected Count	26.0	156.0	53.0	28.0	7.0	36.0	36.0	342.0
		% within 民族	7.6%	45.6%	15.5%	8.2%	2.0%	10.5%	10.5%	100.0%

民族·基本生活信息的获取渠道卡方检验结果（Chi—Square Tests）

	Value 检验统计量	Df 自由度	Asymp. Sig.（2—sided）双尾检测近似概率
Pearson Chi—Square	20.457a	18	0.308
Likelihood Ratio	20.867	18	0.286
Linear—by—Linear Association	3.034	1	0.082
N of Valid Cases	342		

a. 15 cells（53.6%）have expected count less than 5. The minimum expected count is .06.

（4）"学历"与"基本生活信息的获取渠道"的关系，各种检验方法检验的显著水平均小于0.05，所以有理由认为两者具有相关性，见表22。

表22　学历·基本生活信息的获取渠道交叉列联表（Crosstabulation）

调查对象			基本生活信息的获取渠道							Total 总数
			报纸杂志	广播电视	互联网	手机	村务活动	亲朋好友	邻里间的口口相传	
学历	小学及以下	Count 数量	2	39	2	3	3	7	18	74
		Expected Count	5.5	33.7	11.2	6.2	1.5	7.9	7.9	74.0
		% within 学历	2.7%	52.7%	2.7%	4.1%	4.1%	9.5%	24.3%	100.0%

续表

调查对象			基本生活信息的获取渠道							Total 总数
			报纸杂志	广播电视	互联网	手机	村务活动	亲朋好友	邻里间的口口相传	
学历	初中	Count 数量	10	62	21	16	3	23	11	146
		Expected Count	10.9	66.5	22.2	12.2	3.0	15.6	15.6	146.0
		% within 学历	6.8%	42.5%	14.4%	11.0%	2.1%	15.8%	7.5%	100.0%
	高中	Count 数量	6	36	13	8	0	4	6	73
		Expected Count	5.4	33.2	11.1	6.1	1.5	7.8	7.8	73.0
		% within 学历	8.2%	49.3%	17.8%	11.0%	0.0%	5.5%	8.2%	100.0%
	本科及以上	Count 数量	7	16	15	1	1	2	1	43
		Expected Count	3.2	19.6	6.5	3.6	0.9	4.6	4.6	43.0
		% within 学历	16.3%	37.2%	34.9%	2.3%	2.3%	4.7%	2.3%	100.0%
Total 总数		Count 数量	25	153	51	28	7	36	36	336
		Expected Count	25.0	153.0	51.0	28.0	7.0	36.0	36.0	336.0
		% within 学历	7.4%	45.5%	15.2%	8.3%	2.1%	10.7%	10.7%	100.0%

学历· 基本生活信息的获取渠道的卡方检验结果（Chi－Square Tests）

	Value 检验统计量	Df 自由度	Asymp. Sig.（2－sided）、双尾检测近似概率
Pearson Chi－Square	60.422a	18	0.000
Likelihood Ratio	61.652	18	0.000
Linear－by－Linear Association	13.696	1	0.000
N of Valid Cases	336		

a. 8 cells (28.6%) have expected count less than 5. The minimum expected count is .90.

2. 由自治体发布的有关政治性、社会性公民权利的信息

本次调研对“自治体”的定义不同于行政区划上的“自治地方”，即不特指特别行政区和民族自治地方，我们所提到的自治体指的是包括村落、社区、县、乡、镇、自治区等区划，由于本次调研主要是以内蒙古科右前旗的科尔沁平安村、察尔森镇察尔森嘎查、满族屯为调研地，所以我们主要将自治体分为村落和内蒙古两个级别来了解当地人对本村落信息和内蒙古自治区的地域信息的获取渠道。本次调研中的“自治体发布的信息”涵盖信息的各种类型，但主要指的是有关政治性、社会性公民权利的信息。有关政治性的信息包括公民的知情权和选举权、“两会”信息、社论、新闻联播等时政新闻信息，有关社会性公民权利的信息包括民生新闻、社会关系、民族关系、文化、教育、科技等方面的信息。

（1）本村落信息的获取渠道。

通过调查我们发现，在 341 份有效调查问卷中选择邻里间口口相传为获取本村落信息的主要渠道的有 94 人，其有效百分比为 27.6%，其余依次为通过亲朋好友的有 69 人，有效百分比 20.2%；通过广播电视的有 54 人，有效百分比为 15.8%；通过村务活动的有 43 人，有效百分比为 12.6%；通过手机的有 39 人，有效百分比为 11.4%；通过报纸杂志的为 24 人，有效百分比为 7%；最少的是通过互联网的，有 18 人，有效百分比为 5.3%。通过不同的渠道获取本村落信息所占百分比的对比如图。

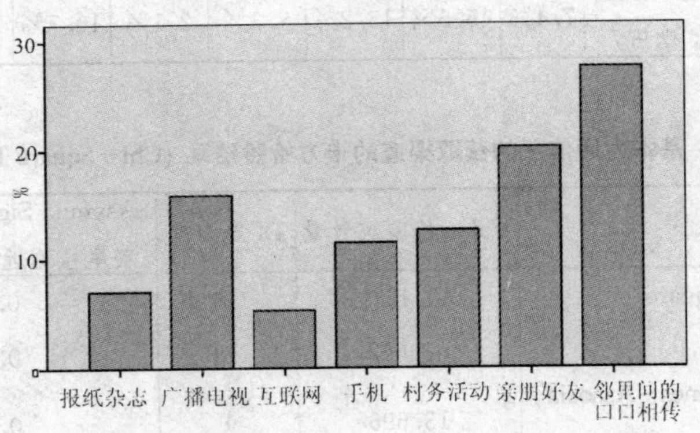

图 1　本村落信息的获取渠道及其所占比重

（2）有关内蒙古地区的地域信息的获取渠道。

通过调查我们发现，在343份有效调查问卷中选择广播电视为内蒙古地区的地域信息获取渠道的有217份，有效百分比为63.3%，所占比例较大。除了选择互联网的所占有效百分比为11.1%，其他获取信息渠道所占百分比均在10%以下，其中最少的为通过村务活动获取内蒙古地区信息，343个有效受调查者中仅有4个人，有效百分比仅为1.2%，详见表23。由此可以看出，当地人在获取本村落信息和有关内蒙古地区信息时有明显的差异，村落信息主要靠邻里间口口相传，而有关内蒙古地区信息则主要依靠广播电视。

表23　有关内蒙古地区的地域信息的获取渠道及所占比重

渠道类别		Frequency 频次	Percent 百分比（%）	Valid Percent 有效百分比（%）	Cumulative Percent 累积百分比（%）
Valid	报纸杂志	32	9.1	9.3	9.3
	广播电视	217	62.0	63.3	72.6
	互联网	38	10.9	11.1	83.7
	手机	18	5.1	5.2	88.9
	村务活动	4	1.1	1.2	90.1
	亲朋好友	15	4.3	4.4	94.5
	邻里间的口口相传	19	5.4	5.5	100.0
	Total	343	98.0	100.0	
Missing	999	7	2.0		
	Total	350	100.0		

（3）电视媒体传达信息的充分程度。

为了进一步研究电视媒体传达信息的充分程度，我们对内蒙古地区的电视媒体传达人们的心声、诉求以及现实处境的充分性进行了调查，对该问题的110份有效问卷中，分别有17人（15.5%）、61人（55.5%）、21人（19.1%）、11人（10.0%）选择了“非常充分”、“比较充分”、“不太充分”、“几乎未传达”四个选项（见图2）。从图中可见，受访者对内蒙古地区的电视媒体传达人们的心声、诉求以及现实处境的充分性的态度分布，与正态分布相比略向左偏。这在一定程度上表明，作为信息传播的重要手段之一，内蒙古地区的电视媒体在传达百姓心声方面还是较为充分且受到认同的，电视媒体相对有效地构筑起了一个信息传递平台，对满足不同群体的信息需求及政府与当地群众的沟通起到了一定作用。

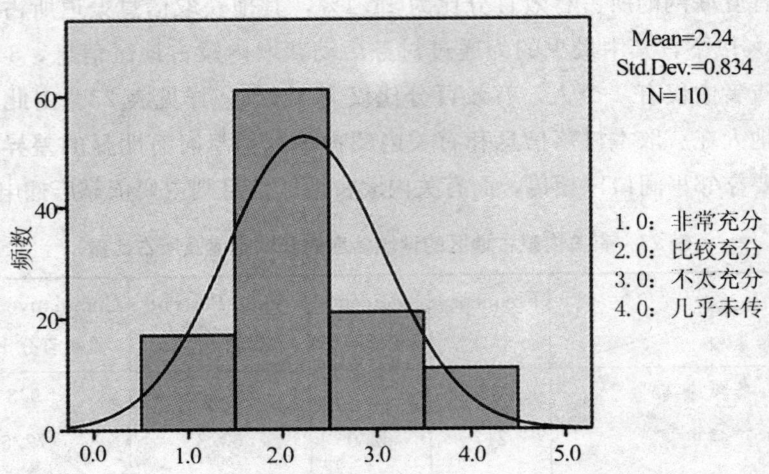

图 2 “电视媒体传达人们的心声、诉求以及现实处境的充分程度”的直方图及正态分布曲线

但在各地进行的深度访谈中，绝大多数受访者对有关公民自身权利的信息大多回答不知晓，当调查者问及公民的选举权、土地经营权等基本的公民权利时，当地居民的回答也是含糊不清，表示很少从电视媒体中看到。

(4) 我们试图进一步考察内蒙古地区的电视媒体传达底层民众、诉求以及现实处境的充分程度与性别、民族、学历等因素之间的关系，从 110 余份有效问卷获得以下数据：

①在“性别”与“内蒙古地区的电视媒体传达人们心声、诉求以及现实处境的充分程度”的关系方面，显著水平在卡方检验的各方法下小于 0.05，Eta 系数的值分别 0.296 和 0.274。这表明，以上两者具有相关性，但两者间的关联程度较弱，仅体现为弱相关（详见表 24）。

表 24 性别·电视媒体传达人们心声、诉求以及现实处境的充分程度的交叉列联表（Cross－tabulation)

调查对象			非常充分	比较充分	不太充分	几乎未传达	Total 总数
性别	男	Count 数量	13	29	9	2	53
		Expected Count	8.2	29.4	10.1	5.3	53.0
		% within 性别	24.5%	54.7%	17.0%	3.8%	100.0%
	女	Count 数量	4	32	12	9	57
		Expected Count	8.8	31.6	10.9	5.7	57.0
		% within 性别	7.0%	56.1%	21.1%	15.8%	100.0%
Total		Count 数量	17	61	21	11	110
		Expected Count	17.0	61.0	21.0	11.0	110.0
		% within 性别	15.5%	55.5%	19.1%	10.0%	100.0%

卡方检验结果（Chi－square Tests)

	Value 检验统计量	Df 自由度	Asymp. Sig.（2－sided）双尾检测近似概率
Pearson Chi－Square	9.663a	3	0.022
Likelihood Ratio	10.267	3	0.016
Linear－by－Linear Association	8.211	1	0.004
N of Valid Cases	110		

a. 0 cells（.0%）have expected count less than 5. The minimum expected count is 5.30.

②在“年龄”与“内蒙古地区的电视媒体传达人们的心声、诉求以及现实处境的充分程度”的关系方面，显著水平在卡方检验的各方法下小于0.05，这表明，我们应接受两者的相关性假设，认为上述两个变量是显著相关的（详见表25)。

表 25　年龄·电视媒体传达人们心声、诉求以及现实处境的充分程度的交叉列联表（Cross－tabulation）

调查对象			内蒙古地区的电视媒体是否充分传达了百姓心声、诉求及现实处境？				合计
			非常充分	比较充分	不太充分	几乎未传达	
年龄	15 岁以下	Count 数量	4	3	0	0	7
		Expected Count	1.1	3.9	1.3	0.7	7.0
		% within 年龄	57.1%	42.9%	0.0%	0.0%	100.0%
	15～30 岁	Count 数量	5	19	7	1	32
		Expected Count	4.9	17.7	6.1	3.2	32.0
		% within 年龄	15.6%	59.4%	21.9%	3.1%	100.0%
	31～45 岁	Count 数量	5	20	11	7	43
		Expected Count	6.6	23.8	8.2	4.3	43.0
		% within 年龄	11.6%	46.5%	25.6%	16.3%	100.0%
	46～60 岁	Count 数量	1	14	0	2	17
		Expected Count	2.6	9.4	3.2	1.7	17.0
		% within 年龄	5.9%	82.4%	0.0%	11.8%	100.0%
	60 岁以上	Count 数量	2	5	3	1	11
		Expected Count	1.7	6.1	2.1	1.1	11.0
		% within 年龄	18.2%	45.5%	27.3%	9.1%	100.0%
Total		Count 数量	17	61	21	11	110
		Expected Count	17.0	61.0	21.0	11.0	110.0
		% within 年龄	15.5%	55.5%	19.1%	10.0%	100.0%

卡方检验结果（Chi－Square Tests）

	Value 检验统计量	Df 自由度	Asymp. Sig.（2－sided）双尾检测近似概率
Pearson Chi－Square	22.682a	12	0.031
Likelihood Ratio	24.983	12	0.015
Linear—by—Linear Association	2.560	1	0.110
N of Valid Cases	110		

a. 13 cells（65.0%）have expected count less than 5. The minimum expected count is .70.

③在“民族”、“学历”、“职业”与“内蒙古地区的电视媒体传达人们的心声、诉求以及现实处境的充分程度”之间的关系方面，在卡方检验的各种方法下，其双尾检测近似概率（Asymp. Sig. －2sided）均大于0.05（详见表26、表27、表28），这表明，变量之间不具有显著的相关性。也就是说，科右前旗居民的民族属性、学历水平、职业性质对内蒙古地区的电视媒体是否充分传达人们的心声、诉求以及现实处境的认识几乎不产生影响。

表26　民族·电视媒体传达人们心声、诉求以及现实处境的充分程度的卡方检验结果（Chi－square Tests）

	Value 检验统计量	Df 自由度	Asymp. Sig.（2－sided） 双尾检测近似概率
Pearson Chi－Square	10.426a	9	0.317
Likelihood Ratio	12.116	9	0.207
Linear－by－Linear Association	0.678	1	0.410
N of Valid Cases	110		

a. 9 cells (56.3%) have expected count less than 5. The minimum expected count is .10.

表27　学历·电视媒体传达人们心声、诉求以及现实处境的充分程度的卡方检验结果（Chi－square Tests）

	Value 检验统计量	Df 自由度	Asymp. Sig.（2－sided） 双尾检测近似概率
Pearson Chi－Square	11.379a	9	0.251
Likelihood Ratio	11.616	9	0.236
Linear－by－Linear Association	0.461	1	0.497
N of Valid Cases	108		

a. 9 cells（56.3%）have expected count less than 5. The minimum expected count is .92.

表 28　职业·电视媒体传达人们心声、诉求以及现实处境的充分程度的卡方检验结果（Chi－square Tests）

	Value 检验统计量	Df 自由度	Asymp. Sig.（2－sided） 双尾检测近似概率
Pearson Chi－Square	13.623a	15	0.554
Likelihood Ratio	16.857	15	0.328
Linear－by－Linear Association	2.646	1	0.104
N of Valid Cases	109		

a. 18 cells (75.0%) have expected count less than 5. The minimum expected count is .20.

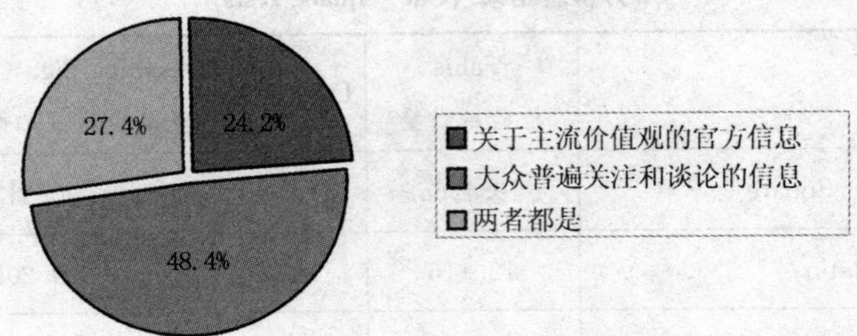

图 3　受访者对“主流社会信息”的理解

3. 国内主流社会信息

有鉴于“主流社会”、“主流文化”等相关概念在中国尚未达成共识，我们将主流社会信息分解为“关于主流价值观的官方信息”、“大众普遍关注和谈论的信息”、“两者都是”三类，以此考察科右前旗居民对这一概念的理解。调查问卷的统计数据显示，在有关这一问题的 95 份有效问卷中，选择上述三种理解的受访者分别有 23 人、46 人、26 人，有效百分比分别为 24.2%、48.4%、27.4%（见图 3）。可见，约一半受访者均认为“大众普遍关注和谈论的信息”属主流社会信息。

在此基础上，我们对国内广播电视媒体传播主流社会信息的充分程度进行了调查，在有关这一问题的 95 份有效问卷中，分别有 19 人（20.0%）、52 人（54.7%）、21 人（22.1%）、3 人（3.2%）选择了“非常充分”、“比较充分”、“不太充分”、“几乎未传达”四个选项（见图 4）。由图 4 可见，受访者对国内主流社会信息传播充分程度的态度分布与正态分布相比略向左偏。这在一定程度上表明，作为主流文化建构的重要手段和重要内涵，国内广播电视媒体对主流社会信息在该地区的传播还是较为充分且较受认可的，它（们）

在地域社会自组织的信息系统及地域文化与主流社会他组织的信息系统及主流文化之间搭建起包容共生的桥梁和纽带，进而在促进当地居民适应主流社会、促进地域文化融入主流社会等方面发挥了重要作用。

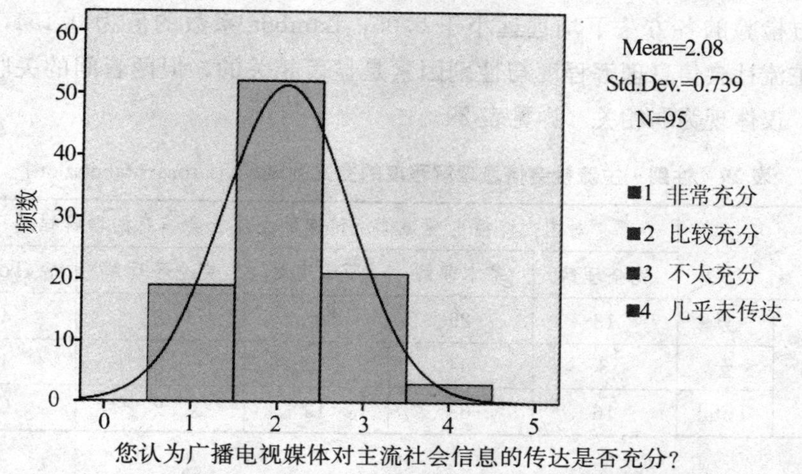

图 4 "主流社会信息传达充分程度"变量的直方图及正态分布曲线

在地域社会，受众对主流社会信息的理解程度在很大程度上影响着主流文化建构的实际效果。在有关该问题的 94 份有效问卷中，有 16 人对国内广播电视媒体所传达的主流社会信息能够完全理解，63 人能够基本理解，13 人不太理解，另有两人选择“完全不理解”，有效百分比分别为 17.0%、67.0%、13.8%、2.1%（见图 5）。

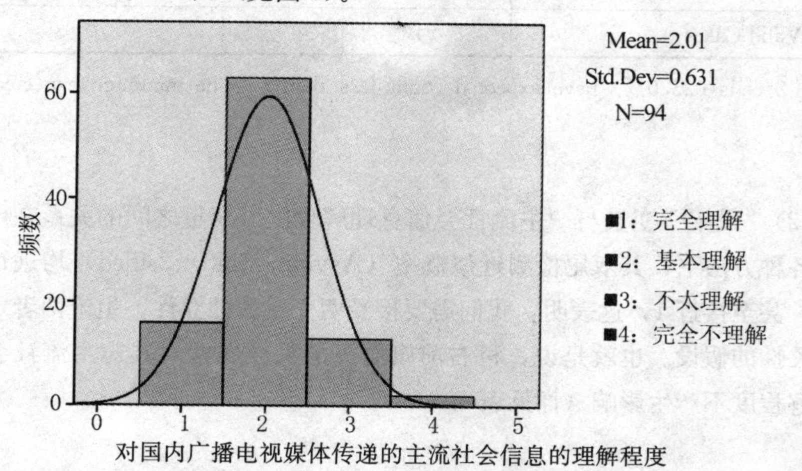

图 5 "主流社会信息理解程度"变量的直方图及正态分布曲线

我们试图进一步考察主流社会信息理解程度与性别、民族、学历等因素之间的关系，90余份有效问卷的统计数据显示：

（1）“性别”变量与“主流社会信息理解程度”变量之间的关系显著水平在卡方检验的各方法下均远远小于0.05，Lambda系数的值为0.154，这表明，主流社会信息理解程度与性别因素是显著相关的，但两者间的关联程度很弱，仅体现为弱相关（详见表29）。

表29 性别·主流社会信息理解程度的交叉列联表（Cross－tabulation）

调查对象		对国内广播电视媒体所传递的主流社会信息的理解程度				
		完全理解	基本理解	不太理解	完全不理解	Total
性别	男	13	29	3	2	47
	女	3	34	10	0	47
	Total	16	63	13	2	94

卡方检验结果（Chi－square Tests）

	Value（检验统计量）	df（自由度）	Asymp. Sig.（2－sided）（双尾检测近似概率）
Pearson Chi－Square	12.416a	3	0.006
Likelihood Ratio	13.885	3	0.003
Linear－by－Linear Association	4.520	1	0.033
N of Valid Cases	94		

a. 2 cells（25.0%）have expected count less than 5. The minimum expected count is 1.00.

（2）“民族”变量与“主流社会信息理解程度”变量之间的关系在卡方检验的各种方法下，其双尾检测近似概率（Asymp. Sig. －2sided）均远远大于0.05，甚至接近1，这表明，我们需要接受两变量的独立性，拒绝两者之间具有相关性的假设。也就是说，科右前旗居民的民族属性对其对主流社会信息的理解程度不产生影响（详见表30）。

表 30　民族·主流社会信息理解程度的交叉列联表 (Cross－tabulation)

调查对象		对国内广播电视媒体所传递的主流社会信息的理解程度				
		完全理解	基本理解	不太理解	完全不理解	Total
民族	汉族	7	41	9	1	58
	蒙古族	8	18	3	1	30
	满族	1	3	1	0	5
	其他	0	1	0	0	1
	Total	16	63	13	2	94

卡方检验结果 (Chi－square Tests)

	Value (检验统计量)	df (自由度)	Asymp. Sig. (2－sided) (双尾检测近似概率)
Pearson Chi－Square	4.298a	9	0.891
Likelihood Ratio	4.556	9	0.871
Linear－by－Linear Association	0.764	1	0.382
N of Valid Cases	94		

a. 11 cells (68.8%) have expected count less than 5. The minimum expected count is .02.

(3)"学历"变量与"主流社会信息理解程度"变量两者之间同样具有较强的独立性，关系显著性极不明显（详见表 31），关联系数 Gamma 值仅为 0.022。这意味着我们的假设并不成立，在一定程度上，科右前旗居民对主流社会信息理解与否及理解程度并不受学历因素的影响。

表 31　学历·主流社会信息理解程度的交叉列联表 (Cross－tabulation)

调查对象		对广播电视媒体所传递的主流社会信息的理解程度				
		完全理解	基本理解	不太理解	完全不理解	Total
学历	小学及以下	5	15	3	1	24
	初中	8	25	8	0	41
	高中	1	16	1	1	19
	本科及以上	2	6	1	0	9
	Total	16	62	13	2	93

卡方检验结果（Chi－square Tests）

	Value（检验统计量）	df（自由度）	Asymp. Sig.（2－sided）（双尾检测近似概率）
Pearson Chi－Square	7.562a	9	0.579
Likelihood Ratio	9.027	9	0.435
Linear－by－Linear Association	0.001	1	0.980
N of Valid Cases	93		

a. 10 cells（62.5%）have expected count less than 5. The minimum expected count is .19.

除调查问卷的统计数据分析外，根据课题组成员在平安村、察尔森镇、满族屯三地进行的十余个深访及其质化研究，我们发现，当地居民由于日常多忙于农牧业生产劳动，收听、收看广播电视节目的时间十分有限，收听、收看的节目内容也大多以娱乐节目、新闻节目、农业节目为主，或为缓解身心疲惫，或为增长农牧业生产知识。而对于主流社会信息，除央视的《新闻联播》和其他新闻节目外，主动性的关注意识和获取行为较为少见。

4. 国内民语媒体和境外（蒙古）媒体的信息

除基本生活信息、地域社会信息、主流社会信息外，本次调研还考察了科右前旗居民对国内民语媒体和境外①媒体信息的接触和获取行为，以此来全面分析其在多元文化社会中的信息行为。284 份该题有效的调查问卷显示，受访者中有 59 人对国内民语媒体和境外媒体的信息均有接触；有 149 人只接触国内民语媒体信息，但不关注境外媒体；15 人选择了“接触境外媒体信息，但不关注国内民语媒体”；另有 61 人对这两方面的信息都不接触、不关注。各数据有效百分比分别为 20.8%、52.5%、5.3%及 21.5%（如图 6 所示）。

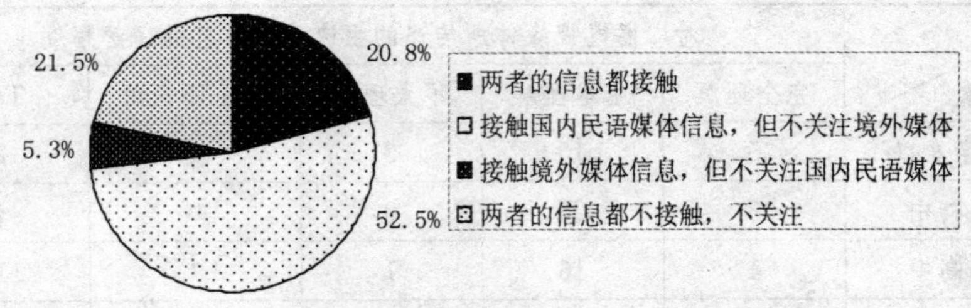

图 6　受访者对国内民语媒体和境外媒体的信息接触情况

① 主要指外蒙古国。

在接触、获取此类信息时，71.0%的受访者最常通过广播电视媒体，13.8%的受访者最常通过互联网，另有8.6%和6.7%的受访者分别通过手机、报纸杂志得以实现其信息行为（见图7）。就此信息行为所处语言环境而言，有42.4%的受访者是在汉语环境中获取此类信息的，使用蒙语的受访者占27.3%，在蒙汉双语环境下均能获取此类信息的受访者占30.2%（见图8）。有效数据在一定程度上表明，广播电视媒体是科右前旗居民获取多元文化社会信息的最主要渠道，这彰显出广播电视媒体在构建多元文化社会过程中的重要地位和影响。而当地居民在获取国内民语①媒体信息和境外媒体信息时的语言环境总体上较为平衡。

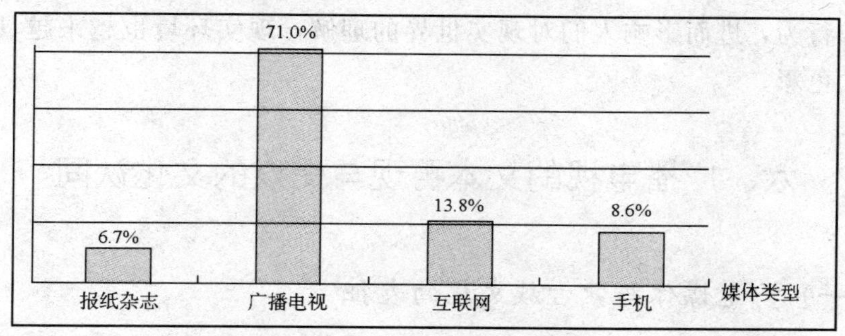

图7　受访者在获取国内民语媒体和境外媒体上的信息时最常选择的媒介类型对比图

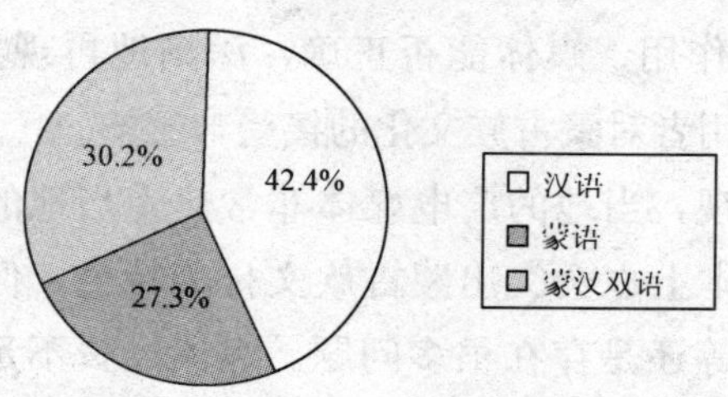

图8　受访者在获取国内民语媒体和境外媒体上的信息时所使用的语言

但在各地进行的深度访谈中，根据绝大多数受访者对国内民语媒体和境外媒体信息的接触与获取情况的回答，因不允许私自使用卫星电视地面接收设施（俗称“小锅”），因此，当地居民无法接收蒙古国的广播电视信号，也就无法接触境外媒体信息。而对于国内民语媒体信息，受访者大多

① 调查结果显示，科右前旗居民所关注的民语媒体实为蒙语媒体，而不涉及其他民族语言、其他民族地区的新闻媒体。

只关注内蒙古卫视蒙语频道和兴安盟电视台蒙语频道的相关信息。

通过以上分析不难发现，人们广泛接触大众媒介，媒介所建构的信息环境已经成为人们了解外部环境的主要渠道。人们通过不同的大众媒介获取不同类型的信息，其中，广播电视仍然是人们获取各类信息的主要渠道。媒介除了为人们提供信息外，还可以代替现实环境帮助人们进行日常决策，可以表达人们的心声、诉求。从调查来看，作为信息传播的重要手段之一，国内广播电视媒体在主流社会信息在该地区的传播及传达百姓心声方面还是较为充分且较受认可的，这使得媒介“地球村”的现实功能更强。信息环境越来越具有环境化的趋势，媒介信息深度介入人们的生活，影响人们的认知行为，进而影响人们对现实世界的理解，现实环境也越来越具有信息化的色彩。

六、广播电视的文本再现与受众的文化认同

（一）广电媒体与蒙古族文化的表征

1. 对广电媒体的考察

广电媒体对蒙古族文化的再现与表征对当地的民族文化建设与民族精神传承具有极其重要的作用。媒体能否正确、深刻地再现蒙古族的文化特征，直接影响着媒介的使用者对蒙古族文化的接受与感知。

在调查中我们发现，当地的广电媒体非常热爱当地的蒙古族文化，在节目的选材和制作上基本上也会突出蒙古族文化的特色。但是对文化中深层次的、核心内容的展现等还是存在很多问题。媒体经费不足、工作人员的素养以及当地媒体普遍存在的媒体本位优于受众体位的思想，都是挖掘蒙古族文化内涵的动力与能力不足的原因。

总体来说，广播媒体在保护和传播民族文化、挖掘民族文化的精髓上要优于电视媒体。下面我们从当地的蒙古族文化是否被边缘化、他者化、差别化三个维度分别考察当地广电媒体的表现。

(1) 边缘化维度。

兴安盟地区生活着大量的蒙古族人，当地广电媒体在民族文化建设上也充分意识到打造“蒙元文化”的重要性。我们在调研中了解到，当地的广电媒体在人员编制、频道设置以及节目内容上都考虑到了突出当地民族特色。然而，从实际播出的内容上看，能够突出当地蒙古族文化的节目还是很少。

首先，由于频道资源以及经费等条件的限制，蒙语频道和充分反映当地蒙古族文化的节目在数量上仍然比较少（见表 32～35①）。据兴安盟电视台的负责人介绍，蒙语部制作的节目主要是《兴安新闻》的蒙语版，而与蒙古族相关的影视剧类节目几乎没有。兴安盟电视台自办的文教类节目《科尔沁部落》算是一个着力于当地蒙古族人生活的节目，前几年的收视率比较低，但是近年来有所增长。

其次，广电节目在突出蒙古族文化核心内涵方面还有较大差距。从目前来看，像兴安盟这样的民族地区，当地广电媒体在表现民族文化时往往将民族文化表征为简单的文化符号。当地电视台的工作人员在座谈中也对这种倾向有所认识，他们承认对蒙古族文化的宣传不够，而且有失偏颇，过分看重“蒙古包”等传统文化元素而忽视了蒙古族文化的精神内涵，其深层的价值观没有得到体现。客观上使蒙古族文化趋于凝固，受众因此无法充分了解随着时代进步而发展着的活的蒙古族文化，而仅仅停留在蒙古包、蒙古袍的表象上。

再次，经过对比分析可知，广播媒介在对蒙古族文化的表现上要优于电视媒介。我们在对兴安盟广播电台的采访中了解到，兴安盟广播电台设有专门的蒙语频道，而且有丰富多彩的蒙语自办节目。除了新闻之外，他们在民族歌曲、民族习俗介绍等方面也有非常丰富的内容。兴安盟广播电台的工作人员向我们介绍说：“广播还是有优势的，特别是长调、音乐这些形式，我们经常下去找上年纪的蒙古族说唱艺人，然后在这待一个月，天天录，又说又唱，听故事一样。我觉得电视这样做成本就很高，评书是广播特别经典的方式，各个年龄层都可以听。特别像蒙古族音乐的这些东西特别适合广播。”

① 表 33～35 由兴安盟电视台提供。

表32　兴安电视台新闻综合频道节目播出单

2011年11月22日　星期二	
时间	节目内容
6：00	转中央一套
6：25	开始曲　《荧屏导视1》《多彩兴安》1
6：50	《盛世收藏》143　《魅力兴安》宣传片
7：00	定点转播 新华社《今日新闻》
7：30	重播《兴安新闻》《让生活更美好》
7：48	河套酒业冠名 重播《民生百分百》　兴安电视台形象片
8：00	重播 蒙语《兴安新闻》
8：13	电视剧：《非常90后》(20集)　《科尔沁部落》宣传片
	电视剧：《非常90后》(21集)　《魅力兴安》宣传片
	电视剧：《非常90后》(22集)　《记者观察》宣传片
	电视剧：《非常90后》(23集)
时间	节目内容
11：15	《新华社传奇》8
11：45	《奋斗》301
12：15	河套酒业冠名 重播《民生百分百》《魅力兴安》宣传片
12：30	重播《兴安新闻》
12：45	重播 蒙语《兴安新闻》
	检机
17：35	《荧屏导视2》　《养生堂》7
18：00	首播 蒙语《兴安新闻》
18：10	《天气预报》
18：15	《民生百分百》
18：30	转播《内蒙古新闻》(转到天气预报前)
	《荧屏导视3》(20秒)
19：00	转播中央《新闻联播》
19：31	转播中央《天气预报》

续表

2011 年 11 月 22 日　星期二	
19：38	《兴安新闻》　《民生》改版宣传片　《魅力兴安》宣传片
19：53	《天气预报》
	《荧屏导视 4》(40 秒)
20：00	首播《天下兴安人》43　兴安电视台形象片
20：15	《民生》改版宣传片
20：20	电视剧：《蚁族的奋斗》(9 集)《文化兴安》宣传片
21：08	《荧屏导视 5》　20 秒
21：15	重播《兴安新闻》天气预报
	河套酒业冠名 重播《民生百分百》
	《多彩兴安》3
	重播 蒙语《兴安新闻》
	电视剧：《蚁族的奋斗》(10 集)
时间	节目内容
	健康导航《魅力兴安》宣传片
	电视剧：蚁族的奋斗 (11 集)
	转中央电视台一套节目
01：00	祝您晚安 (保持节目完整)

表 33　兴安电视台文化旅游频道节目播出单

2011 年 11 月 22 日　星期二	
时间	节目内容
6：30	开始曲《导视 1》《多彩兴安》2　《奋斗》181
6：45	《中医推拿根治疾病》1
7：05	电视剧：《苦咖啡》(4 集)《旅游时间》宣传片
	电视剧：《苦咖啡》(5 集)《故事》宣传片
	电视剧：《苦咖啡》(6 集)《关注 900 秒》宣传片
9：20	电视剧：《百媚千娇》(24 集)《魅力兴安》宣传片

续表

2011年11月22日　星期二	
	电视剧：《百媚千娇》(25集)《民生》宣传片
	电视剧：《百媚千娇》(26集)
11：38	八毫米栏目电影：《出租车》
	检机
18：20	《导视2》
18：30	栏目《兴安影视》《让生活更美好》
18：45	河套酒业冠名 重播《民生百分百》
19：05	《时尚汇》300
19：35	《文化兴安》宣传片
19：42	《兴安美食》(5分钟) 兴安电视台形象片
19：47	《导视3》　广告部形象片10秒　《情理法》宣传片
19：48	电视剧：老版《红楼梦》(4集)
	《魅力兴安》宣传片
时间	节目内容
20：40	《盛世收藏》300
	《导视4》重播《故事》《多彩兴安》1《让生活更美好》
21：20	电视剧：老版《红楼梦》(5集)
22：22	电视剧：老版《红楼梦》(6集)
	祝您晚安

表34　兴安电视台文化旅游频道节目播出单

2011年11月22日　星期二	
时间	节目内容
6：30	开始曲《导视1》《多彩兴安》2　《奋斗》181
6：45	《中医推拿根治疾病》1
7：05	电视剧：《苦咖啡》(4集)《旅游时间》宣传片
	电视剧：《苦咖啡》(5集)《故事》宣传片

续表

2011 年 11 月 22 日　星期二	
	电视剧：《苦咖啡》(6 集)《关注 900 秒》宣传片
9：20	电视剧：《百媚千娇》(24 集)《魅力兴安》宣传片
	电视剧：《百媚千娇》(25 集)《民生》宣传片
	电视剧：《百媚千娇》(26 集)
11：38	八毫米栏目电影：《出租车》
	检机
18：20	《导视 2》
18：30	栏目《兴安影视》《让生活更美好》
18：45	河套酒业冠名 重播《民生百分百》
19：05	《时尚汇》300
19：35	《文化兴安》宣传片
19：42	《兴安美食》(5 分钟) 兴安电视台形象片
19：47	《导视 3》广告部形象片 10 秒《情理法》宣传片
时间	节目内容
19：48	电视剧：《老版红楼梦》(4 集)
	《魅力兴安》宣传片
20：40	《盛世收藏》300
	《导视 4》重播《故事 》《多彩兴安》1《让生活更美好》
21：20	电视剧：老版《红楼梦》(5 集)
22：22	电视剧：老版《红楼梦》(6 集)
	祝您晚安

表 35　兴安电视台影视剧频道节目播出单

2011 年 11 月 22 日　星期二	
时间	节目内容
6：30	开始曲 台标《导视 1》《多彩兴安》3《兴安影视》重播《乌兰浩特新闻》
	《让生活更美好》

续表

2011年11月22日　星期二	
6：58	电视剧：《远去的飞鹰》(30集)
	电视剧：《甜蜜蜜》(1集)《故事》宣传片
	电视剧：《甜蜜蜜》(2集)《关注900秒》宣传片
9：11	电视剧：《萍踪侠影》(13集)《魅力兴安》宣传片
	电视剧：《萍踪侠影》(14集)《让生活更美好》
10：42	小电影《百老汇小姐》《多彩兴安》1　《情理法》宣传片
	检机
17：50	开机《导视2》《魅力兴安》宣传片
	电视剧：《奇志》(7集)《民生》宣传片
18：50	动画片：国学经典动画一五子说：《中国勤学故事》(28集)广告部形象片10秒
19：00	《多彩兴安》2《让生活更美好》
19：07	电视剧：《海狼行动》(9集)《旅游时间》宣传片
时间	节目内容
	《导视3》
20：00	《乌兰浩特新闻》《天气预报》《美丽有约》《科右前旗新闻》
20：25	《健康导航》兴安电视台形象片
20：35	《文化兴安》宣传片
20：42	电视剧：《海狼行动》(10集)
21：30	重播《乌兰浩特新闻》《天气预报》《美丽有约》《科右前旗新闻》广告部形象片10秒
21：55	经典剧场片头
22：04	电影《刀客外传》上集《让生活更美好》
	电影：《刀客外传》下集《记者观察》宣传片
	祝您晚安

（2）差别化维度①。

总体上看，在蒙古族文化的表现上，当地广电媒体不存在明显的差别化现象。调研中我们发现，虽然蒙古族是少数民族，但是兴安盟地区的蒙汉混居特点以及当地的蒙元文化使得蒙古族文化在当地广电媒体上被差别化对待的现象并不严重。我们在科右前旗电视台采访时，该台记者表示，在节目内容不涉及民族敏感问题的时候并不在意表现对象是蒙古族还是汉族。当地的媒体与其说是在文化传播上有差别化的做法，倒不如说当地媒体将蒙古族文化当作特色进行传播，一方面在能力范围内传播具有当地鲜明特色的少数民族文化，另一方面这些文化形式也赢得了当地蒙古族人的喜爱，唤起了他们的亲切感。我们在当地的调研中得知，虽然当地的广电媒体在财力、人力上不能满足发扬蒙古族文化的需要，但是他们还是在努力地寻找一些可能的途径来丰富自办栏目，突出民族特色。

（3）他者化维度。

“他者”（Other）是西方人类学的重要概念，即他群体、非我所属的社会群体，同“我们”相对。“他者化”（Othernization）即将某类社会群体或文化形态视为“他者”的语言表达、意义建构过程。广电媒体在表现蒙古族文化时是否存在“他者化”倾向，这也是我们考察的重要维度。经调查我们发现，当地广电媒体在表现蒙古族文化时确实存在一些问题。

近些年随着民族融合的不断加深，蒙古族人的汉化现象已经非常普遍了。当地广电媒体中虽然有不少从业者是蒙古族，但是他们对于蒙古族文化的理解受主流文化影响，也慢慢淡化了蒙古族本身的立场和视角，不自觉地以“他者化”的视角来审视自己的文化。所以在表现民族文化的时候往往以“蒙古袍”、“勒勒车”、“大草原”作为蒙古族文化的标签，这种做法是以其他民族的眼光去看待蒙古族文化，虽然具有代表性，但是无法触及文化的精神实质。其实当地的媒体从业者对此也有反省，他们表示，自己非常热爱当地的蒙古族文化，尤其是蒙古族的媒体工作者，他们也意识到媒体在传播中应避免以他者的眼光去诠释本民族的核心价值观，避免给受众以刻板的、陈旧的、模式化的印象。我们在兴安盟电视台的采访中有过这样一段对话：

① 在此“差别化”的含义是指由于不恰当的原因给予被阐释的对象以不公正的、具有消极意义的对待。

采访人：媒体是否追求形式化偏多，内在的价值传播得少？

受访人：我们的媒体做不到反映传统的文化，只是传播现在真实的现实情况。

采访人：媒体对蒙古族作为少数民族其内在的精神追求和价值追求是否反映得比较少？是否是考虑到社会和谐原因？

受访人：主要是为了表现形式化的东西。追求形式上的民族大团结，但是给外地的观众传递的就是民族大团结的现状。这种表现方式给外地人传递的信息就是现在的蒙族地区还是媒体上反映的那种形势。

实际上，究竟应该怎样准确、生动、原汁原味地表现当地的文化内涵，已经引起当地广电媒体从业者的关注。在谈到挖掘当地的深层次文化以及保护那些即将消亡的特色文化这一问题时，盟电视台的负责人说："从责任和使命的高度来讲有责任做。但是由于经历条件限制，心有余力不足。一方面没有足够的精力和资金支撑，另一方面又没有相关的权威专家来指导。"

而从我们在广播媒体获知的情况来看，广播媒体在保留蒙古族文化的精神内涵、防止以他者化的视角审视蒙古族文化、传播蒙古族文化方面，取得的客观效果依旧要好过电视媒体，他们在节目的形式上、节目内容的编排上有着非常丰富的经验，通过蒙古族很擅长的"声音"——包括民族歌曲、长调、呼麦等艺术形式，很好地利用广播媒介特有的传播优势来加以展示和表现，使蒙古族文化的精髓得到体现和传播。

2. 对受众感受的考察

受众作为传播的对象，是传播效果的检验者和评价者。对于广电媒体所提供的节目内容，受众是最具发言权的群体。

本部分主要从受众角度，以内蒙古兴安盟当地受众对广播电视内容的直接感受为出发点，采用问卷调查、深访调查与焦点组调查相结合的方式，对科尔沁镇平安村、察尔森镇察尔森嘎查以及满族屯满族乡的受众进行了分层随机抽样调查。

结果显示，在受众眼中，当地广播电视媒体中呈现的以蒙古族为主的少数民族文化[①]自身内容丰富、信息基本客观真实、民族文化展现比较充分，但与汉族文化内容横向比较，其“边缘化”倾向、“差别化”选择、“他者化”视角依然存在。

（1）民族文化内容丰富，但“边缘化”倾向依然明显。

调查发现，超过八成的受众都表示能在当地广播电视媒体中听到或看到与本民族相关的节目内容。其中，认为经常能听到或看到的分别占有效样本数的52.50%、49.20%；认为有时能听到或看到的占有效样本数的30.40%、37.90%（见图9）。调查还发现，在263份有效问卷中，过百人认为无论在正统严肃的新闻谈话类节目中还是在轻松休闲的综艺娱乐类节目中，都能看到有关蒙古族文化的内容（见图10）。

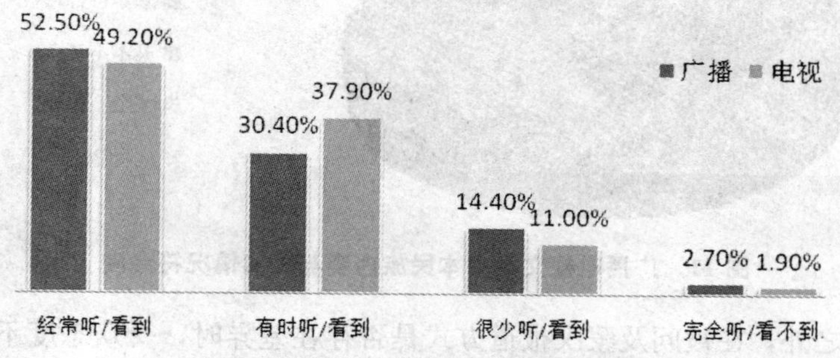

图9　广播电视对本民族信息反映情况

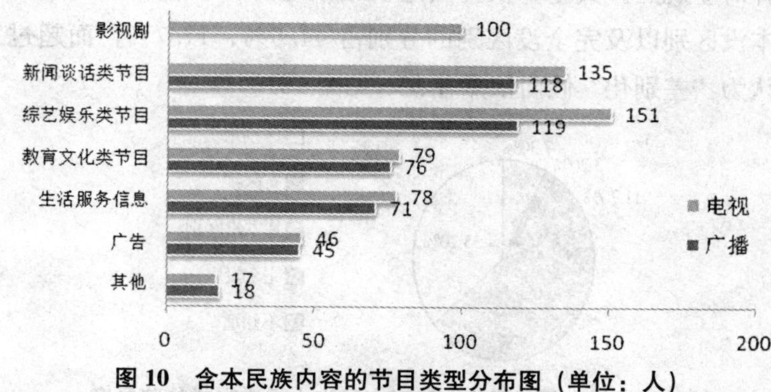

图10　含本民族内容的节目类型分布图（单位：人）

然而，通过深入调查发现，当地广电媒体中蒙古族文化的报道与汉族文化相比依然存在被“边缘化”倾向。汉族文化在广电节目中占据压倒优势，

① 兴安盟地区作为蒙古族聚居地，其少数民族文化主要是以蒙古族文化为主，同时包含少量满族文化。在未做具体说明的情况下，下文所说的蒙古族文化均指这种以蒙古族文化为主的满蒙文化。

具体表现为蒙古族文化题材总量偏少，节目内容不丰富，难以满足受众需求。察尔森嘎查四队的村民认为："汉语内容多，丰富。但（蒙语频道）对蒙古族文化、比赛之类的报道很少，系统化介绍蒙古族的传统文化也很少。"

（2）民族信息基本真实，但仍存在"差别化"倾向。

问卷调查结果显示，高达77.4%的受众认为当地广播电视媒体对蒙古族文化的相关报道基本属实，仅17.3%的受众认为广电内容不符合其真实情况（见图11）。但需指出，受访者中多数人均表示本地区汉化情况较严重，许多蒙古族的习俗已经消失，电视上有关蒙古族文化的介绍更多反映的是纯牧区的真实状况。

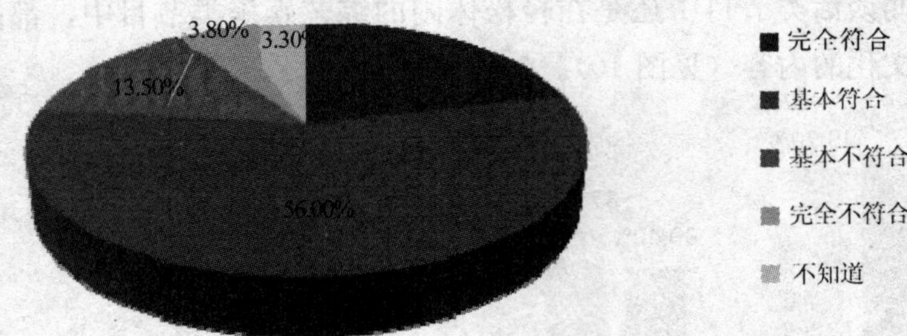

图11　广播电视文本中本民族内容与现实情况符合度

除此之外，在被问及蒙汉报道方式是否存在差异时，受众态度不再趋同，显现出两种对立观点。其中，认为当地汉语广电媒体在报道方式上对汉族和蒙古族基本没区别以及完全没区别的分别占44.6%、11.7%，而超过三分之一的受众认为"差别化"倾向依然存在（见图12）。

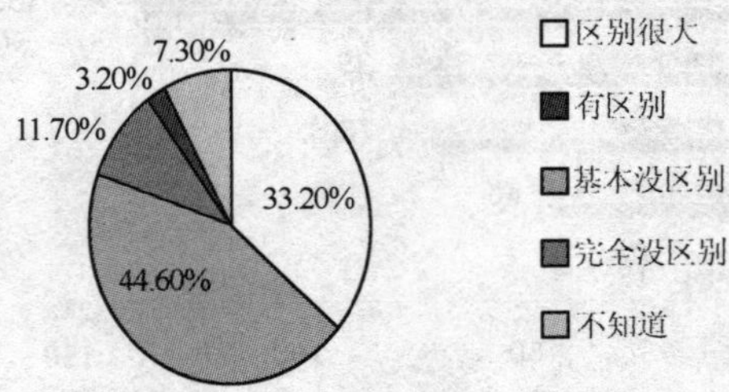

图12　广播电视对汉族人和对本民族人报道方式的差异度

经过深访调查发现，受众对"差别化"有两种不同认识。一种是消极的认识，他们认为广电媒体更多反映的是汉族人的活动，而对当地少数民族的报道则有选择偏向，存在信息传递不对等的情况。察尔森好田嘎查的一位牧民说："有关蒙古族的事件非大事不报，一出大事肯定报"，"除了地震等受灾情况外，其余的只报好的，不报坏的”。另一种是积极的认识，他们认为这种“差别化”倾向主要表现在文化内容的呈现上，具体表现为语言表达、衣着穿戴、风俗习惯的差异。他们对这种“差别化”的存在更多的是认同与鼓励，认为这才能体现出蒙古族文化的特色。受众不光乐于在广电媒体上看到这种具有浓厚文化气息的特色节目，而且对广电媒体还提出了更高的要求，即希望媒体能介绍并播出更多有关本民族文化的内容。

(3) 民族文化展现充分，但“他者化”视角依然可见。

调查结果显示，78%的受众认为当地汉语媒体能够充分或较充分地反映当地文化（见图 13）。然而在深访中我们发现，当地蒙语频道播放的大多是汉语节目的译制版本，缺乏本民族视角，很难做到民族文化再现。满族乡满族屯的负责人表示：“（蒙语）电影等等都是翻译过来的。蒙语频道一般翻译别的台的节目，包括新闻和广告。”

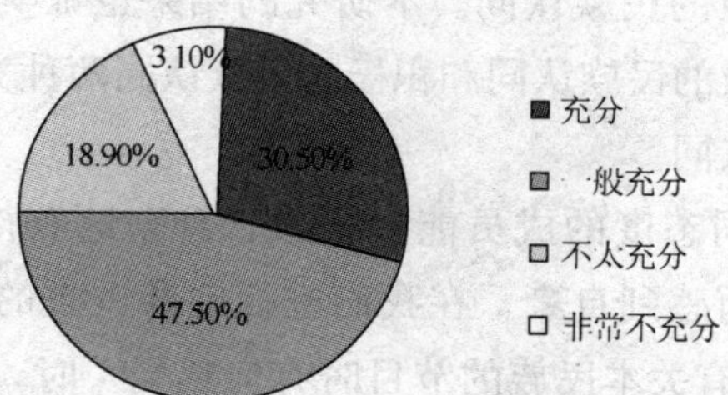

图 13　汉语媒体对本民族文化再现情况

受众之所以会认为“译制汉语节目能够充分展现蒙古族文化”，主要是因其媒介素养不高，对媒介传播内容缺乏深入思考。在主流文化面前，蒙古族人在本民族文化的选择和重构上，有意无意地养成了自我克服和自我消抹的习惯，认为只要是用蒙语播放的节目，无论其内容是什么都是对蒙古族文化的展现。

应当指出，在这种话语环境下，像这样的以汉族人视角制作的有关蒙古族文化的节目很难体现真实纯正的蒙古族文化的内涵与精髓。它是以汉族人的视角构建的“蒙古族文化”，其对蒙古族文化的展现难免会脱离它真实的存在，成为汉族人认知中的蒙古族文化。在这一过程中，蒙古族文化便会使受众面临认同上的困境，不知不觉地被“他者化”了。

（二）民族认同和文化适应的现状分析

调查结果显示，一方面，当地的广播电视媒体对蒙古族文化的表征存在不同程度的"边缘化"、"差别化"、"他者化"等倾向；另一方面，当地的蒙古族居民也对本民族文化表现出不同程度的认同，在面临主流文化的影响时，分别采取了不同的文化适应策略。下面从民族认同、民族认同和文化认同的关系以及文化适应三方面进行分析。

1. 民族认同：群体成员对本民族的信念与态度

如何界定"民族认同"这一概念，在当前的民族学、人类学理论界说法不一，仁者见仁、智者见智。从众多的定义中可以看出，民族认同是一个包含认知、情感、行为的动态过程。根据我们研究的特定对象，我们将民族认同定义为"蒙古族群体对本民族的信念与态度以及由此而产生的对本民族的归属感"。

一般而言，由于多民族社会中各民族的强弱程度不同，再加上个体对本族和他族的态度与信念的差异，一般就会出现两种不同的民族认同态度，即积极的民族认同和消极的民族认同。本研究的结果也证实，蒙古族的民族认同在取向上也包含消极的民族认同和积极的民族认同两种类型。

（1）积极的民族认同。

持积极的民族认同态度的成员能够积极、自豪地看待自己的民族身份，并且以身为民族一员而感到自豪。在我们进行问卷调查的过程中，当被问及"你在电视媒体上看到有关本民族的节目时有何感受"时，77.7%的被访者回答"有亲切感"，85%的被访者认为观看有关本民族的电视节目能够激发他们的自豪感和自信心。此外，当地的蒙古族也表现出强烈的民族归属感，作为典型案例，深度访问对象陈春谈道："我让我的小孩从小就学蒙语，平时在家里也都说蒙语。学校还给开了汉语和英语，蒙语毕竟是自己的民族语言，任何时候都不能丢。我平时喜欢听蒙古族歌曲，就觉得它好听，我们家的墙壁上还挂着成吉思汗的画像，他是我们民族的英雄，我们都很崇敬他。"①

（2）消极的民族认同。

持消极的民族认同态度的个体以一种悲观、无可奈何的心态看待本民族的文化，他们对本民族的语言、文化、习俗等充满了自卑感。我们在走访察尔森好田嘎查时，深度访谈对象陈胜利谈道："现在蒙古族的地方都是汉语授课，不说汉语也不行，上大学，或者大学毕业找工作，都和汉族人打交道，你说蒙语就到蒙古族地方去找工作，汉族聚居的内地很难接收你，我姑娘就

① 陈春，男，蒙古族，36岁，农民，2011年7月10日访谈。

是蒙古族，找工作的时候人家嫌她说蒙语，表示不愿意要……所以还是让孩子从小学点汉语，要不然以后光靠说蒙语没有多大前途。”①

此外，在调查走访中我们还发现，当地的蒙古族对本民族自我认同表现出不同的样态。

对于那些长期生活在牧区的蒙古族而言，由于他们在语言使用（说蒙语）、饮食偏好（喜欢喝奶茶、吃手把肉）、生活方式等方面的文化特征保存比较完整，与主流文化（汉族）形成鲜明对比。因而他们的文化标志往往比较简单。相比之下，长期生活在半农半牧区、和汉族杂居的蒙古族，他们在语言使用（大多数只会说汉语，很少会说蒙语）、饮食偏好（不喝奶茶，不吃手把肉，饮食和汉族人没有区别）、生活方式等方面的文化特征不太明显，与主流文化（汉族）差别比较小，他们的文化标志往往会出现变异。此外在调查中我们发现，父母是否属于同一民族，对个体的民族自我认同也有显著的影响。对于双亲属于同一民族的成员而言，他们的民族标志实际上就是对父母身份的一种简单沿袭，因而相对简单一些。对于那些双亲分属不同民族的民族成员而言，他们的民族标志相对来说复杂一些，同时考虑的因素也更多一些。一般而言，个体能否正确地获得民族认同感，主要受其认知发展水平的影响，此外个体对民族标签的选择还受许多外在因素的影响。

2. 民族认同和文化认同的关系

民族和文化是相互关联、不可分割的两个概念。民族是指对某些社会文化要素认同而自觉为我的一种社会实体。大多数人类学家认为，文化包含了后天获得的、作为特定社会或民族的一切行为、观念和态度。在此，我们认为，文化的界定也应包括民族这一概念。

民族认同（National Identity）与文化认同既有区别又有联系。由前文可知，民族认同是指个体对民族的信念与态度，以及由此而产生的对本民族的归属感。而文化认同包含有两个水平上的认同。一个是民族水平上的，一个是国家水平上的，文化认同可以超越民族认同的界限。但是正如前文所说，民族与文化是密不可分的，一种文化体系需要以民族为载体并作为它的传承者，而民族也是以文化为基础的聚合者。因此，在谈论民族认同时也就是在谈论对民族文化的认同。民族的发展只有凭借文化认同，才能主动地、自觉

① 陈胜利，男，蒙古族，52岁，农民，2012年7月10日访谈。

地且有选择地与其他文化交流，以维持自己的主体性地位。反之，若一个民族失去了自身文化认同，外来强势文化的冲击对于一个民族的发展将是致命的。①

3. 文化适应的现状

文化适应（Acculturation）是人类学的一个研究范畴。里德菲尔德等认为，文化适应指两种具有不同文化的群体在连续接触的过程中所导致的两种文化模式的变化。从理论上讲，这种文化模式的变化是双向的，即接触的两个群体的文化模式都要发生变化。但是就实际情况而言，群体接触的过程中更多的变化往往发生在弱势群体一边。文化适应是一种文化要求，即要求个体去适应新的文化模式。

在适应异文化的过程中，少数民族成员或其他弱势文化群体的成员可以选择不同文化适应模式或适应策略。文化适应策略，是个体在文化适应过程中所选择的同主流文化的互动模式。拜瑞认为，少数民族在文化适应的过程中主要使用整合、同化、分离和边缘化等四种文化适应模式。整合是个体在维持本民族文化的同时又寻求同主流文化互动的文化策略。同化是一种拒绝民族文化而接纳主流文化的文化适应策略。分离是接纳民族文化而拒绝主流文化的一种文化适应策略。边缘化是指个体对维持本民族文化没有太大的兴趣，同时又不想同主流文化互动的文化策略。

在调研过程中，我们走访的目的地有牧区，也有半农半牧区，我们发现，生活在不同环境里的蒙古族人在文化适应过程中采取了不同的文化适应策略。通过研究发现，蒙古族在文化适应的过程中确实运用了整合、同化和分离这三种文化适应策略。

长期生活在牧区的蒙古族，他们大多数在生活习惯上保持着蒙古族人的传统，如居住方式（蒙古包），服饰传统（蒙古袍），饮食习惯（吃手把肉，喝奶茶）、交通（信息通信主要靠邻里间的交流，马匹依然充当交通工具）、语言（讲蒙语，很多人不会讲汉语）、节日习俗（举办那达慕大会，人们的参与度高），外部文化对他们的民族文化影响较小。当问到“你看电视或者听广播最想获取什么信息”时，回答是“关注农牧生产相关的信息和身边的事

① 邵宗海、杨逢泰、洪泉湖编撰：《民族问题与民族关系》，幼狮文化事业有限公司出版，1995年，第82～83页。

情"，当问到"你觉得什么是主流文化"时，他们对这个概念的理解程度较低并且回答很模糊。可以看出他们对于主流信息和其他民族的关注度小。他们的现状表现出在牧区大部分蒙古族人主要采用分离的文化适宜策略。

相反，在半农半牧区，和汉族杂居的蒙古族，他们在生活习惯上和汉族等其他民族没有太大的差别。居住方式（房屋），服饰传统（只有在节日时才会穿蒙袍，平日很少有人穿，穿了甚至会被同族人笑话，蒙袍的保暖等实用功能更多被代替，甚至服饰只成为一种表现蒙古族特色的形式），饮食习惯（和汉族差别不大，比如在问到"你觉得电视上反映的和现实是否一样"的时候，他们表示在吃的方面不是那样天天肉啊奶啊，而是和汉族吃的差不多，甚至有人不爱吃奶制品和牛羊肉），交通（信息交流大家开始使用现代化的方式，如听广播，看电视，使用手机甚至网络来获得自己需求的信事息，马匹不再是交通工具），语言（有些人会双语，但大多数人只会说汉语，对浅一点的蒙古语可以听懂，尤其年轻人很少会说蒙古语），节日习俗（那达慕大会不是每年都会举办，很多人因为距离等原因没有参加过，参与度较低，对本民族的节日习俗了解较少）。人们关注的信息更加广泛，如看新闻联播关心国家大事、关注主流信息，看当地的民生节目关心身边的大事小情，关注农民权利的、低保、医保、孩子升学享受的优惠政策等，他们也关注流行的文艺节目，如《非诚勿扰》、《快乐大本营》。可见他们受到的外来文化的影响较大，对外来文化的接纳程度高。在半农半牧地区，有的人拥有积极的民族认同，同时也有人拥有消极的民族认同，民族认同既包含了对本民族的态度，也包含了对民族文化的态度。因此有的积极接受外来的主流文化，他们认为风俗习惯、生活习惯等变化是符合社会形势和时代发展的，不应该故步自封因循守旧，在保护本民族文化的同时要发展蒙古族文化，这部分人采取的是整合的文化适应策略。但也有的人觉得自己的民族和汉族存在很大的差距，出现一种自卑的心理，对于本民族文化持一种消极的态度。如在语言方面这个问题体现最为明显，他们为了孩子更加适应主流社会，让孩子从小接受汉语教育，不学蒙语。这部分人采取了同化的文化适应策略。

七、总体评价和今后的课题

根据我们事先设定的考察指标，通过调研可以看出，兴安盟、乌兰浩特市、科右前旗本地村屯在广播电视媒体及其服务、居民所处的媒介环境、居民的信息行为、广播电视文本再现和受众的文化认同几个方面，都显露出一些鲜明的特征以及一些突出问题。

其中，广播电视媒体从业人员的自我认知或自我反省与实际状况之间尚存在较大差距，这里既有体制机制的原因，也有个人的原因。从调查数据来看，当地居民所处的媒介环境特别是由各类媒介提供的蒙语环境、汉语环境、新闻环境、文化娱乐环境，还存在着很大的改进空间，这当然需要各方面资源的持续投入，但更重要的是广播电视服务理念、服务观念的提升。

针对当地居民信息行为所做的调查显露出各种主要社会学变量与调查统计变量之间存在着一些相关关系，这种关系是在当地少数民族居民的特性、当地的媒介环境特性、当地广播电视媒体及其文本的特性、当地的社会语境、文化语境特性等多种因素的影响下，长期形成的，如果没有参照系或者某种评价标准，很难对这些关系做出客观的评价。尽管如此，我们认为，这次调查仍给了我们很多启发，调查结果对于今后内蒙古地区的广播电视视听调研活动具有宝贵的参考价值。

本次调查对广播电视文本再现和受众的文化认同所做的分析，主要是基于质化研究方法。一些分析结论是在调查者回忆当时的现场体验、亲身感受的基础上，经过梳理和分析而获得的，因而是较为客观、准确的。

经过本次调研活动，课题组感到定期或不定期地针对民族地区、地域进行媒介环境、居民的信息行为、广播电视服务、广播电视文本再现、受众的文化认同感等方面的调查，对于提升民族地区广播电视服务质量十分必要。数年持续开展民族地区的此类调研或每年开展回访式调研，不仅可以从纵向角度考察我国民族地区广播电视媒体在发挥多元文化社会建设功能方面的趋势变化，还可以为当地广播电视媒体改进新闻节目、文化娱乐节目、信息服务节目的质量，提供一种标准、一种思路。本次调研在这方面进行了尝试，今后将不断优化调研思路，改进调研方法，更加科学地反映实际情况，为我国的多元文化社会建设探索出一种优化广电媒体服务的路径。

附 1　科右前旗电视台《科右前旗新闻》实录

一、节目时长：8 分 57 秒

二、主播：男女主播各一名

三、时间：2011 年 7 月 4 日

四、主要内容

第一条：

1. 口导：7 月 2 日，自治区人大常委会副主任×××一行来我旗就经济社会发展情况进行调研，盟委书记、盟人大工委主任×××、盟人大工委副主任×××、旗人大常委主任×××、旗人大常委副主任×××、副旗长×××、旗长助理、发改委主任×××等陪同调研。

2. 标题：自治区人大常委会副主任×××一行来我旗调研。

3. 记者：2 名

4. 是否有记者出镜：否

5. 是否采访个人：否

6. 时长：2 分 16 秒

第二条：

1. 口导：为了增强凝聚力，弘扬民族文化，打造黑羊山旅游品牌，促进地方经济发展，在中国共产党成立 90 周年之际，科右前旗首届德伯思“黑羊山”民间文化艺术节隆重举行。

2. 标题：我旗举办德伯斯黑羊山首届民间文化艺术节。

3. 记者：4 名

4. 是否有记者出镜：有

5. 是否采访个人：是（摔跤比赛的蒙古族选手，蒙语采访，汉语画外音播出）

6. 时长：2 分 47 秒

第三条：

1. 口导：“七一”前夕，索伦镇为迎接中国共产党建党 90 周年，开展了丰富多彩的系列活动。

2. 标题：索伦镇开展以庆祝中国共产党建党 90 周年为主题的庆祝活动。

内容包括文艺会演、慰问老党员。

3. 记者：3名

4. 是否有记者出镜：否

5. 是否采访个人：有（1. 索伦镇党委书记×× 2. 索伦镇老党员×××）

6. 时长：2分11秒

附2 兴安电视台文化类节目、旅游类节目实录

一、《科尔沁部落》(文化类节目)

1. 时间：10月17日

2. 时长：11分16秒

3. 开场曲目 蒙古族传统民歌

4. 主持人：高婷婷

5. 内容：

第一部分 天籁草原

主持人简单介绍《达古拉》。

播出库仑草原的系列歌曲之二：《达古拉》是一首爱情歌曲，生动表达了一位草原姑娘对爱情的渴望与矛盾心情。同时采用配乐诗：《露之珠》，作者：敕勒川。配乐诗朗诵，伴随短片讲述草原男女爱情故事。

在欣赏完这首表现爱情的诗歌后，再次完整地播放这首风格独特的草原库伦民歌《达古拉》，演唱者：牧兰，配以短片（没有诗朗诵作为背景）。

第二部分 心灵牧场

主持人简单介绍散文《琴缘》。

安排电视散文《琴缘》，作者是宫燮。主要介绍工艺美术工作者马长林的故事，配以短片介绍马头琴乐器制作的特点，同时讲述了马长林的民族乐器制作之路。

二、《旅游时间》(旅游类节目)

1. 时间：10月17日

2. 时长：13分钟

3. 片头：观千山万水 赏无限风光

4. 主持人：宋妍

5. 内容：

第一部分　旅游风向标

第一条消息，主持人播报：国庆假期过去一周了，故宫博物院日限流 8 万政策失守，日游客量不断被刷新，最高达到 13 万人，专家建议设皇城景区联票来缓冲客流。

配以短片，进行详细介绍。

第二条消息，主持人播报：日前吉林开通了首条赴朝旅游列车旅游线路。

配以短片，详细介绍此条路线，列举此条路线的观光景点。

第三条消息，主持人播报：让我们来看看侗族的“多耶节”有什么好玩的节目上演。

配以短片，详细介绍广西三江侗族多姿多彩“多耶节”。

第二部分：旅游小常识

通过短片，向观众介绍到庐山时的交通攻略。

第三部分：风光无限

通过短片，介绍中国十大名山之一的雁荡山。介绍其形成及丰富的旅游资源。

附 3　兴安电视台民生节目《民生百分百》实录

一、播出时间：周一至周五，首播时间 18：15，重播时间 21：33

二、时长：12 分 30 秒

三、栏目宗旨：百分百民生内容，百分百民本追求

四、主持：刘波

五、内容：5～6 条民生新闻

六、节目时间：2011 年 8 月 2 日

1. 关注城市牛皮癣，打击乱贴小广告。记者注意到小区里，都贴满了各种小广告，如办证、修理厕所等，影响了小区的容貌。记者史红学、陈龙。记者采访了居民，首先采访的是老小区，张德欣采访的是新小区，进行了对比，发现新小区也有不少的广告、办证字样。工作人员对办证字样进行了涂抹，但是痕迹还是能看得出来。

2. 军企鱼水情、共庆八一节。内蒙古海神集团阿尔山分公司为了迎接八一建军节，请驻地战士及其家属免费泡温泉。记者李宏波、张隆琦、张德欣

采访了张元生（内蒙古海神集团阿尔山分公司副总经理）。

3. 部队与共建单位共庆八一建军节。为了迎接八一建军节，部队与共建单位一起举办歌舞表演。记者陈龙、崔建民采访了演员、吴爱民（五一街办事处党工委书记）、杨理（65043部队某分队指导员）。

4. 难忘战友情、花展迎八一。专门为建军节准备的花卉展，花展主办者就是退伍老兵张金江，为了纪念当兵岁月。记者包天骄、崔建民采访了张金江和他的战友。

5. 乌兰浩特市一地下室起火。记者包天骄、崔建民采访了刘长征（乌兰浩特市消防大队副大队长）、小吃部老板。记者探寻原因，电话采访胡长坤（乌市供电局机修班长），原因是楼层老化、电路设计不合理导致频频短路。为了保证附近居民的安全，供电局关闭了附近电的总闸，500户停电，胡长坤联系了施工队，尽快恢复供电。

6. 兴安人民广播电台交通之声99红城车队今天成立。记者史红学、赵强采访了桑全德（99红城车队代理队长）、出租车司机姜洪瑞。红城建立公益车队的目的：把出租车团结到一起，互相帮忙，为社会作贡献。

附4　兴安人民广播电台《交通之声》实录

一、和谐盛世，辉煌中国

1. 内蒙古——兴安台《兴安之恋》
2. 广东韶关台节目
3. 湖北黄石台节目（戏曲）
4. 兰州台节目
5. 青岛台联播节目
6. 咸阳台节目
7. 新疆石河子台节目
8. 云南德宏台节目
9. 庆新中国成立60周年全国地市州盟广播电台文艺大联播

二、60年风雨路，草原连四方

1. 阿拉善
2. 满洲里
3. 乌海

4. 兴安盟

5. 赤峰

6. 全区交通广播迎庆新中国成立60周年大联播

三、99平安夜韵

1.27平安夜韵（蒙古心弦）

2.28平安夜韵（马头琴声）

四、99音乐起航

1.28音乐起航（阿拉腾乌拉 八百击）

2.29音乐起航（我从草原来）

五、大东北经济联播

1.1月30日白城台

2.2月20日锦州台

3.2月27日呼伦贝尔台

4.3月6日齐齐哈尔台

5.4月3日兴安台

6.5月15日阜新台

六、鄂尔多斯台庆

1. 多彩兴安——鄂尔多斯50周年台庆同贺节目

2. 鄂尔多斯

七、和谐5加3，吉祥大拜年

1. 和谐5加3，吉祥大拜年，内蒙古，兴安

2. 吉林　白城

3. 吉林　松原

4. 辽宁　阜新

5. 内蒙古　赤峰

6. 内蒙古　呼伦贝尔

7. 内蒙古　通辽

8. 内蒙古　锡林郭勒

9. 内蒙古　兴安

八、交流互访

1.2011春晚

2. 广播春晚
3. 合影
4. 黑龙江台
5. 辽西蒙东万里行
6. 青岛互访
7. 锡盟春晚
8. 兴安盟台朋友在锦州

九、节目头　片花

1. 交警面对面节目头
2. 交通书场
3. 快乐出行
4. 随身听
5. 天天静听节目头
6. 天天静听节目尾
7. 天天美食
8. 往日情怀
9. 短信平台宣传语
10. 节目宣传语
11. 看电视，听广播宣传语
12. 频率宣传语
13. 热线电话宣传语

十、盛世欢歌　吉祥大东北

1. 赤峰
2. 阜新
3. 联欢上
4. 联欢下
5. 通辽
6. 兴安
7. 兴安台

十一、兴安之恋

1. 第一乐章

2. 第二乐章

3. 第三乐章

4. 第四乐章

5. 同贺录音

6. 兴安之恋

附5 《民生百分百》新闻跟访实录

一、《民生百分百》节目介绍

二、采访人员：一名记者、一名摄像、一名实习生跟随

三、采访时间：2011年7月5日

四、播出时间：2011年7月12日

五、新闻线索形式：观众热线反映

六、采访形式：实地采访、新闻矛盾双方采访

七、采访内容：多方伸手帮助两劳出狱人员。记者 包天娇 潘宏瑞 实习记者李邵一

【口导】6月28号，一名身体特别虚弱、走路都有些打晃的人来到了乌市铁西派出所，当时说话都有些费劲的他只是想让民警给他两块钱。

【解说】6月28号上午，铁西派出所的民警闫富今正在值班，这时，一名看起来也就三十岁出头的男子找到了他。

【同期】乌市铁西派出所民警闫富今：他当时穿得非常破，向我要两块钱，说他饿得不行了。

【解说】民警闫富今觉得蹊跷，就多了解了一些情况。

【同期】乌市铁西派出所民警闫富今：他说他是两劳出狱人员，父母不在了，无家可归。

【解说】闫富今说的这个人名叫杨利，当时刚刚出狱的他身无分文，家里的老房子已经拆迁了。

【同期】杨利：我就住在桥洞里，到饭店要饭吃，可是总要也不好意思。

【解说】杨利也想找份工作，可实在是太难了。

【同期】杨利：我把北面的工地都找遍了，可没有身份证，都不行。

【解说】万般无奈之下，饥肠辘辘的杨利找到了铁西派出所。

【同期】记者：这种情况多吗？

乌市铁西派出所民警闫富今：也有，但是不多。

【解说】派出所民警给杨利买了点吃的，可是一顿饭也只能解决燃眉之急，得知杨利本身也想找工作，民警们立刻帮他联系铁西辖区的企业，不到一个小时，杨利的工作就有了着落。

【同期】乌市铁西派出所民警闫富今：很快就帮他联系上一家冷饮厂，老板当天就过来接他了。

【解说】看到杨利穿的是拖鞋，冷饮厂老板立刻把自己的鞋脱下来给杨利穿，紧接着又给他买了新的衣服、被褥。现在，杨利已经是这家冷饮厂的搬运工人，厂里不仅包吃包住，还给他交了工伤保险。

【同期】杨利：非常高兴，有吃有住，现在一天平均能赚七八十块钱。

【同期】冷饮厂经理包国才：他工作特别能干，表现很好。

【解说】如今，穿上工作服的杨利显得特别精神，干起活来也是精神头十足。

【同期】杨利：我肯定好好干，肯定不再犯罪了，那种日子太难过了，我要好好活着。

【尾导】我们也替杨利谢谢这么多的好心人。

新闻传播与西藏地区的国家认同

课题组组长　刘立刚
课题组成员　张　喆　段豪杰　李沐霖
王艳蕊　佳　欣　寇才加

一、调研的目的、意义及实施情况

（一）调研目的

通过对西藏媒体和受众进行深入调查研究，试图掌握西藏媒体发展现状、受众基本情况以及媒体对西藏地区受众国家认同、民族认同的作用机制，进而发现西藏媒体在对国家形象、西藏形象建构过程中所遇到的问题，并结合西藏地区的特殊情况，从新闻传播学角度提出对策和建议，从而提高西藏地区民众的国家认同感和民族认同感。

（二）调研意义

信息传播的方式影响甚至制约着人类的文明程度，现有理论证明，新闻传播对社会的影响不仅仅体现在信息的快速传递上，更重要的是通过“意义”的建构和赋予来实现对社会的塑造。媒介即是权力。信息传递本质上是观念传递、意识形态传播。

“三一四”凸显了“西藏问题”，也掩盖了“西藏问题”，我国媒体往往把“三一四”看成是达赖及其分裂势力以及西方反华势力针对崛起中国的一次阴谋对抗，而忽略了在全球化语境和中国发展逻辑下西藏社会面临的深刻危机。国家认同感、民族认同感的消解和民众个体身份的迷失正是这种在东西方媒体对西藏的错误建构下所产生的危机的表现。

因此，研究关于“西藏问题”的传播、涉藏新闻的报道乃至新闻媒体对西藏地区特别是藏族同胞的民族认同、国家认同的影响程度、影响的作用方式，针对性地提出西藏新闻传播的改进策略，对改善和加强西藏地区以及涉藏新闻的传播，对优化西藏发展环境、建构西藏和谐社会具有非常重要的意义。

（三）调研实施情况

此次课题的实地调研从2011年7月10日起到7月29日止，共计19天。在这19天中，课题主要分两个部分开展，即媒体部分和受众部分，开展的主要形式是深度访谈、座谈、问卷调查和基本资料收集。

媒体方面，考虑到西藏媒体的类别和级别，主要走访了《西藏日报》社、《西藏商报》、《人民日报》藏文版、西藏人民广播电台、西藏新闻网和林芝电视台等媒体。此间，与《西藏日报》社副总编辑益西加措、《西藏商报》主编陈军、《人民日报》藏文版主任穷达、西藏人民广播电台新闻总监贾丽娟、主持人王媛媛、西藏新闻网藏文版主任德吉卓嘎和林芝地区文化广播电影电视新闻出版文物局局长崔晓东、林芝电视台台长王君进行了深度访谈。此外，我们还针对以上媒体的一线采编播人员进行了问卷调查，共发放问卷200份，回收问卷163份（值“大庆”期间，部分记者在外有采访任务），其中有效问卷157份（报纸88份、电台电视台44份、网络25份）。

受众方面，由于正值“大庆”期间，各社区基本处于受限状态。根据当地的实际情况和受众调查中受众分布分层的基本要求，主要走访了西藏大学、拉萨师范高等专科学校、纳金路北社区、中国联通西藏分公司、林芝地区第一、第二中学、林芝地区教育体育局、林芝地区文工团家属区，共在上述社区、单位、学校发放受众问卷近300份，回收问卷263份，其中有效问卷237份。此外还在部分单位、学校对个别受众进行了深度访谈，在纳金路北社区与社区书记和住户进行了座谈。

除了对媒体、受众的调查和访谈，调研组进行了大量的基础材料收集，涵盖《西藏日报》、《西藏商报》、《西藏日报》藏文版、《人民日报》藏文版四家报纸7月1日到7月25日的样报；《西藏日报》社、西藏新闻网、林芝电视台等媒体最新的基本情况介绍；走访媒体的主要报道方案；西藏地区“十一五”、“十二五”期间的发展规划和纲要以及有关西藏地区60年媒体发展和宗教问题的相关资料。

通过在西藏近二十天的实地调研及后期的资料整理和分析，有关新闻传播和西藏地区国家认同和民族认同的一些问题也得以浮出水面。这些问题有些是原来已经有所了解的，通过调研使我们对这些问题有了更为直观、深刻的认识；还有一些问题是在实地调研后才发现和认识到的。

课题组本着严谨、求实、科学的态度，力求对调研取得的阶段性成果进行阐释和反思，为后来者学习或研究作参考之用。同时，对于调研中所发现的问题，课题组也试图从不同角度给出解决的意见和建议，以期对现实操作和未来改进有所裨益。

二、调研内容和发现

（一）经济社会发展与媒体发展

自1949年新中国成立以来，西藏发生了翻天覆地的变化。尤其是改革开放以来，随着国家扶持力度的加大和西藏各族人民的艰苦奋斗，西藏地区在政治、经济、文化建设方面取得了前所未有的成绩，社会面貌更是焕然一新。

1994年，中央第三次西藏工作座谈会确立了“以经济建设为中心，紧紧抓住发展经济和稳定局势两件大事，确保西藏经济加快发展，确保社会全面进步和长治久安，确保人民生活水平不断提高的新时期西藏工作指导方针”；2001年，中央第四次西藏工作座谈会提出进一步加大对西藏的支持力度，全面推进西藏经济社会的发展与稳定；2010年1月，中央第五次西藏工作座谈会在全面总结西藏经济社会取得的成绩和经验的同时，也提出当前及今后一段时期内做好西藏工作的要求及战略部署。中共中央的这些重大决策以及一系列加快西藏发展的特殊优惠政策和有力措施的制定，全面推动了西藏经济社会各项事业的发展。

相关数据显示，“1951年西藏地区生产总值仅有1.29亿元，2010年达到507.46亿元，年均增长8.3%。其中，1994年以来，西藏地区生产总值连续18年达到两位数增长，年均增速达12%。‘十一五’期间（2006～2010年），西藏地区生产总值先后跨上300亿元、400亿元、500亿元三大台阶。2010

年，西藏自治区人均生产总值为17319元，地方财政一般预算收入达到36.65亿元，连续8年保持20%以上的增长。”① 在国家的政策支持和各族人民的共同努力下，西藏地区经济发展方式发生深刻变革，交通条件和基础设施不断完善。人民生产生活条件得到巨大的改善。

伴随着西藏经济社会的全面发展，西藏新闻传播事业也在不断进步，在报纸、出版、广播、电视、互联网等多个领域取得了可喜的成就。

西藏新闻传播事业起步较晚，但发展迅速。改革开放之前，受传播手段、媒介技术等条件限制，新闻传播业发展滞后。但从20世纪80年代开始，报纸、广播、电视进入较快发展期。至20世纪初，西藏地区逐步形成了一个渐具区域规模的，包括报纸、广播、电视、期刊等多种媒介的新闻传播网络。

新闻及出版行业，从2005年开始连续5年保持12%以上的发展速度，至2010年，实现总产值6.2亿元，占全区GDP的1.2%。5年来，西藏自治区正式出版报纸达到23种（藏文报10种），年发行量达5300万份、9.6万千印张。目前，西藏地区发行量前三位的报纸有：《西藏日报》、《西藏商报》、《拉萨晚报》。一个兼具党报、晚报、都市报等多种报纸形态的，多层次、多种类、多地区、多种文字、覆盖全区的报刊体系渐具规模。

《西藏日报》是中共西藏自治区委员会机关报，于1956年4月22日创刊，是西藏和平解放后的第一张日报，秉承着“正确导向，扩大信息，贴近群众，突出特色”的办报宗旨，充分发挥党和人民喉舌的作用，在传播信息、引导舆论方面发挥了重要作用。目前，《西藏日报》有藏文版和汉文版两种版式。汉文版主要面向城市受众，以机关、学校、军队和企事业单位等为主，发行量约每期2.6万份；藏文版则针对农牧区发行，重点反映农牧区生活，报纸开设“文明新风”、“科技知识”、“农牧产品信息汇总”等栏目，包括了本地新闻、国际新闻、财经新闻、社会新闻、文体新闻等，内容丰富，形式多样。目前，藏文版已经覆盖了西藏所有的牧区和寺庙，发行3.6万份。② 除西藏各地外，《西藏日报》还覆盖到四川、青海、甘肃等省区，影响范围较大。经过几次改版之后，该报现已形成了自己独特的风格。

《西藏商报》是《西藏日报》的第一张子报。作为西藏自治区唯一一份区级都市类报纸，其办报宗旨是：“追随时代步伐，传递社会信息，把握经济命

① 《西藏和平解放60年白皮书》，新华网，2011年07月11日。
② 孙聚成、孟晓林：《与〈西藏日报〉共成长》，中国共产党新闻网，2011年06月17日。

脉，服务百姓大众。”从2005年开始，《西藏商报》实行自办发行和邮发双线并举模式，建立了西藏报业市场上有史以来第一支专业发行队伍，发行范围以拉萨为中心，辐射全区七地市。在报业市场的竞争中，《西藏商报》已经确立自己牢固的地位，市场份额及广告量逐年递增，成为除《西藏日报》之外发行量最大的报纸。[①]《西藏商报》的创办，给西藏传媒市场带来了生机与活力，开创了西藏新闻业崭新的历史。

《拉萨晚报》于1985年7月1日创刊，是中共拉萨市委机关报。它既强调党报的权威性和指导性，又注重晚报的可读性、服务性，“短、新、快、活、博”是《拉萨晚报》的办报特色。它以藏、汉两种文字面向全国发行。2000年12月29日正式推出网络版，是西藏首家推出网络版的媒体。[②] 2009年7月6日《拉萨晚报》全新改版。作为一份自办发行报纸，是西藏地区最有影响力的报纸之一。

广播电视方面，西藏人民广播电台于1959年1月1日开播，现开办有藏语新闻综合频率、汉语新闻综合频率、藏语康巴（方言）频率、都市生活频率4套广播节目和中国西藏之声网站。藏语新闻综合频率每天播音达21小时15分钟，康巴语广播频率每天播音17小时50分钟，4套节目使用藏、汉、英三种语言播音，每天总播音80小时15分钟。西藏电视台于1985年8月20日正式成立，经过数十年的发展，目前西藏电视台藏汉语卫视全部实现了24小时滚动播出。另外，广播、电视网络建设逐步加快。截止2010年，西藏已有广播电台4座、电视台5座，中波广播转播台27座，县级广播电视转播台68座，乡（镇）村级广播电视收转站9371座。中国第一个少数民族语广播影视节目译制中心——中国西藏藏语广播影视节目译制中心也已建成，38万多户农牧民群众通过直播卫星可以收听收看到55套数字广播电视节目。广播、电视人口综合覆盖率分别达到90.28%和91.4%。[③]

网络媒体方面，2002年10月《西藏日报》社创办了西藏本土第一个专业的新闻门户网站——“中国西藏新闻网”。2008年6月，“中国西藏新闻网”开通了电子报，如今读者每天都可通过网络电子报来阅览《西藏日报》、《西藏日报》藏文报、《西藏商报》。目前中国西藏新闻网境内外日点击量为300

① 孙聚成、孟晓林：《与〈西藏日报〉共成长》，中国西藏新闻网，2011年06月21日。
② 《〈拉萨晚报〉今天推出网络版》，人民网，2000年12月29日。
③ 《西藏和平解放60年白皮书》，新华网，2011年07月11日。

万次左右。[①] 除此之外，西藏其他地区今年也纷纷建立门户网站（以新闻为主），如山南地区的山南网，那曲地区的西藏那曲新闻网等。

（二）西藏地区受众特点及国家认同现状

此次调研采用了问卷的方式对西藏地区受众的基本特点、媒介接触行为、民族认同和国家认同进行了调查，回收的问卷经由 SPSS 软件频数和相关分析，并结合深度访问，得出结果。在问卷调查中，我们抽取了拉萨地区和林芝地区的一些单位作为样本，发放问卷。受访人群主要分布在拉萨市纳金路北社区、拉萨师范高等专科学校、西藏大学、联通公司西藏分公司、林芝第一、第二中学、林芝地区教育局等，这些地区的受众代表了不同的年龄阶段，包括中学、大学、事业单位和较为成熟的藏族群众聚居的社区，从性别比例、民族权重等指标上比较符合西藏地区受众基本情况，具有一定的代表性。

1. 西藏地区受众基本特点

（1）受众民族成分众多，以藏族和汉族受众为主。

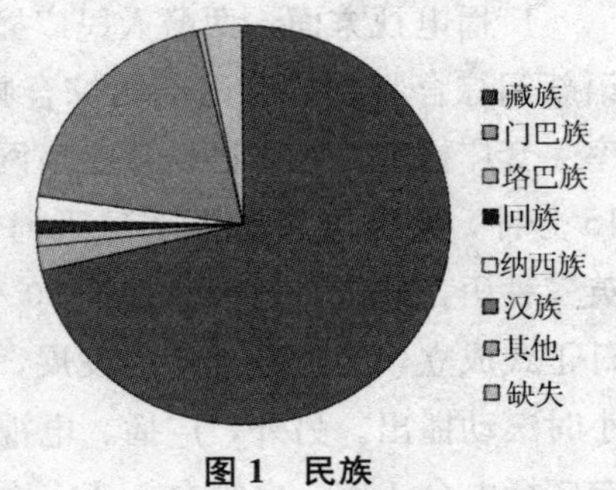

图 1　民族

西藏是以藏族为主的民族自治区，同时包含了汉族、门巴族、珞巴族、回族、纳西族等多个少数民族的群众。因此媒体的受众来自不同的民族，有着不同的文化背景和民族特色。其中藏族受众最多，约为 71.4%，汉族受众居次，约为 19.2%，门巴族、珞巴族、回族、纳西族分别占 2.0%、1.0%、1.0%、2.0%，这与西藏地区的各民族人口数量比例相一致（见图 1）。

（2）中青年受众为主，儿童、老年人较少。

西藏地区的中青年人是媒体的主要受众和目标群体，相较于儿童、老年人，这类人群有着较高的文化程度，对汉语的运用比较熟练，更有条件接触到各种媒体，再加上我们调研的主体对象是学生，所以 20～35 周岁的学生占了 56.2%，35～50 周岁的中年人占了 23.6%，未成年人和老人分别为 19.7%和 0.5%（见图 2）。

---

① 孙聚成、孟晓林：《与〈西藏日报〉共成长》，2011 年 06 月 17 日，中国共产党新闻网。

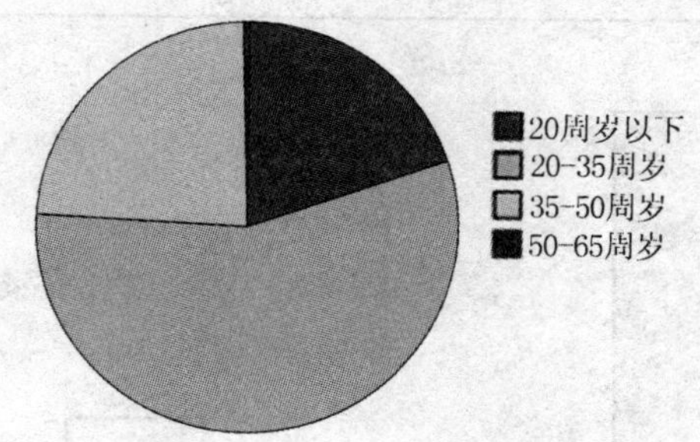

图 2　年龄

（3）文化程度有所提高，但总体水平偏低。

国家重视西藏地区的教育文化事业，加大财政扶持力度，所以相较于以往，西藏地区受众的文化水平有了很大的提高，许多青年人有条件接受高等教育。但是，就整个西藏地区而言，受众的总体文化程度，尤其是中年人和老年人的受教育程度仍然偏低，一些少数民族和边远地区的受众只有初中、小学的文化水平（见图 3）。

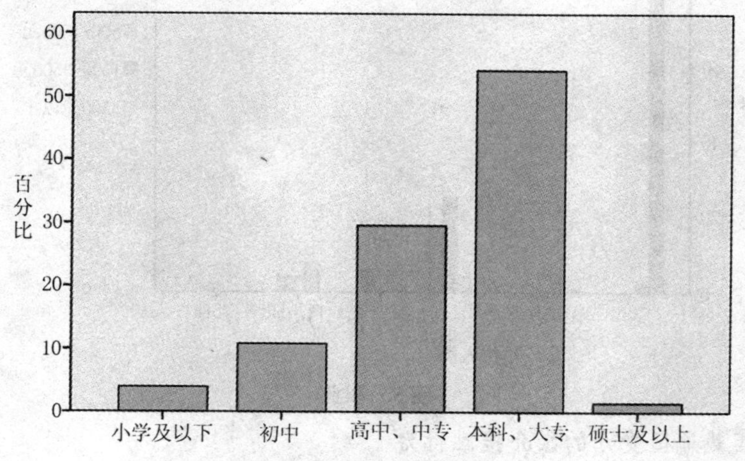

图 3　文化程度

（4）受众收入不高，购买力水平低。

受西藏社会经济发展水平的制约，西藏地区的受众月收入较低，约 85%的受众的月收入在 3500 元以下，藏族的老人、牧区的牧民以及学生没有任何收入，私企工作人员和自由工作者的平均月收入也大都在 1500 左右，只有少数公务员、事业单位工作人员的月收入超过 3500 元。西藏地区受众整体的购买力水平较低（见图 4、图 5）。

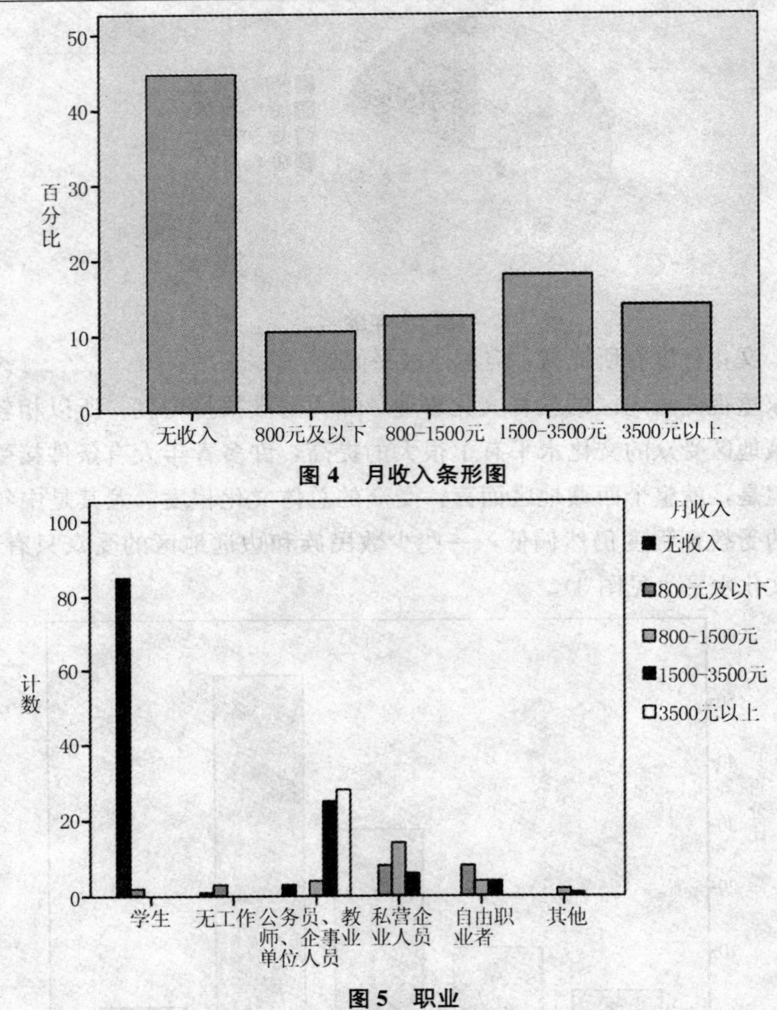

图4　月收入条形图

图5　职业

2. 西藏地区受众的媒介接触行为

(1) 电视和互联网是西藏地区受众的最爱。

伴随着西藏地区新闻事业的发展，各类报纸、杂志、广播、电视、互联网的到达率有了明显的提高，各地市、乡村的受众能够接触到的媒体日益丰富，阅读报纸杂志、收听广播、收看电视、登录互联网已经成为藏族地区受众日常生活中重要的组成部分。在上述5种媒体中，电视、互联网成为受众的最爱，84.7%和57.1%的受访人员表示经常使用电视和网络，其次是杂志(35.0%)、报纸(29.6%)，广播的使用率最低，只有20.7%(见表1)。

表 1　经常使用的媒体种类

媒体种类	经常使用此种媒体的人占受访者的比例（%）
报纸	29.6
杂志	35.0
电视	84.7
广播	20.7
网络	57.1
其他	2.5

（2）省级以上媒体受众占有率高，地市级媒体影响力弱。

受访者经常使用全国性的媒体和西藏自治区的省级媒体，如收看中央电视台和西藏电视台各频道的节目，而对地市级媒体的关注度明显偏低，只有23.6%的受访者表示经常阅读当地报纸、收听收看当地电视台的节目，另外值得注意的是，有14.3%的受访者经常通过外国媒体获取信息，满足自己的需求（见表2）。

表 2　经常使用的媒体级别

媒体类型	经常使用此类媒体的人占受访者的比例（%）
全国性媒体	63.1
西藏自治区省级媒体	38.9
所在地的地市级媒体	23.6
其他省的媒体	13.8
外国媒体	14.3

（3）受众选择性地接受、理解媒体的报道内容。

受众对于媒体报道内容真实性的评价较为保守，认为“基本真实”的占46.3%，“一般”的占24.6%，只有16.3%的受访者认为“真实”，“不是很真实”的占11.8%，这说明大部分受众还是愿意相信媒体报道的，但是仍有一部分受众认为媒体报道与真实情况不符，新闻报道并没有反映出真实的西藏。同时，当新闻媒体对藏民族的报道与自己的理解不一致时，49.3%的受访者不会盲目相信媒体，而是根据自己的理解，选择性地接受媒体内容；完全不信任媒体、只相信自己理解的人占到5.9%。这说明受众对媒体的信任不足，媒体在真实性和公信力上还有待提高（见图6、图7）。

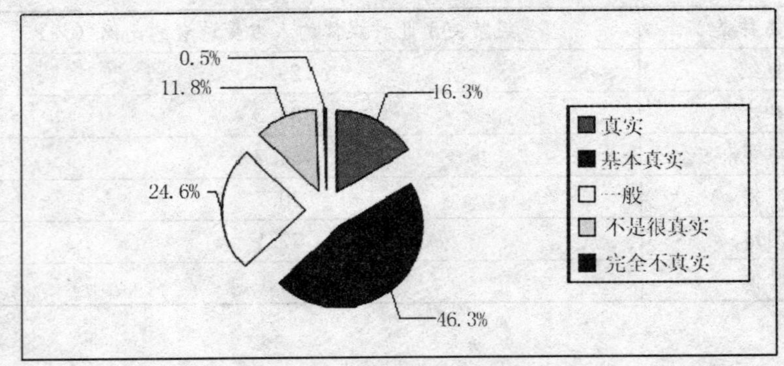

图6　您认为媒体报道的内容真实吗？

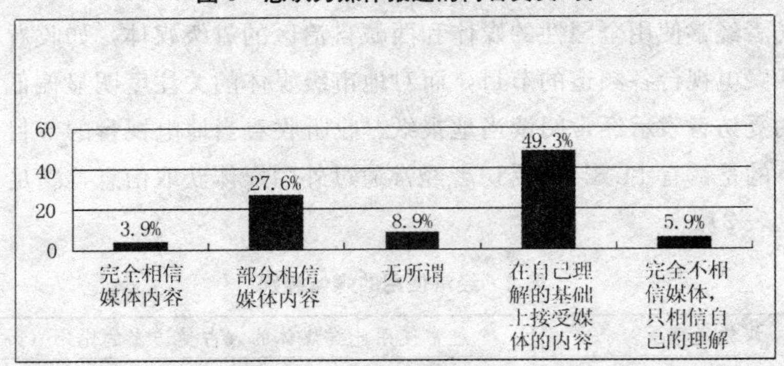

图7　当新闻媒体对藏民族报道与您的理解不一致时，您会？

3. 西藏地区受众民族认同、国家认同现状

（1）民族认同、国家认同的概念界定与测量。

“认同”是社会研究的基本概念之一，用以表述个人与他人、群体或模仿人物在感情上、心理上趋同的过程，也是在与他者的比较中形成的一种自我认知和自我界定。

民族认同（National Identity）就是指个体对本民族的历史、文化、信念、态度以及对其民族身份的承认。西方学者对民族认同的研究多以“族群认同”的面貌出现。安东尼·史密斯总结的“民族认同”的基本特征有：（1）历史形成的领土，（2）共同的神话传说和历史记忆，（3）共同的大众文化，（4）所有成员所具有的法律权利和义务，（5）共同的经济。著名美国社会学家戈登（Milton Gordon）在他1964年出版的《美国人生活中的同化》这本书中提出了衡量民族关系的7个变量，这是在社会学这个领域中第一次比较系

统地提出的衡量民族关系的指标体系。

①文化或行为的同化（Acculturation，也译作“涵化”）

②社会结构的同化（Structural Assimilation，即实质性的社会结构的相互渗入）

③婚姻的同化（Amalgamation，族际通婚）

④身份认同的同化（Identificational Assimilation，族群意识的认同）

⑤意识中族群偏见的消除（Absence of Prejudice）

⑥族群间歧视行为的消除（Absence of Discrimination）

⑦社会的同化（Civic Assimilation）

所以，在对族群关系以及民族认同的实际调查中，我们采取以下变量指标进行测量：(1) 语言使用；(2) 宗教与生活习俗的差异；(3) 人口迁移；(4) 居住格局；(5) 交友情况；(6) 族群分层；(7) 族际通婚；(8) 族群意识。

国家认同是指人民对自己所属国家的认知状态和情感归属，以及对自己国家成员身份的知悉和接受，包括三个层面：(1) 认知层面，即对国家的地理区域、历史传统、人口分布以及国民性格的了解和接受；(2) 情感层面，即对自己国家和人民的情感、情绪和评价等，包括对自己国家成员身份的主观突显性、对自己国家和人民的依赖程度、归属感、民族自豪感和自尊心等；(3) 政治认同层面，即政治信仰、政治立场和态度以及对国家主权的认同。

需要说明的是，由于涉及敏感话题，所以有些测量指标未能在问卷中体现，而只能在对受众的深访中进行。

(2) 西藏地区受众民族认同度很高。

从问卷调查和深访的结果可以看出，西藏地区受众有着很高的民族认同感，尤其是藏族受众，对于自己本民族的历史传统、文化风俗有着很深刻的了解和完整的传承，至今仍保留着民族特色，对自己的民族身份极为自豪，对本民族有着高度信仰和无限热爱。

例如，在藏语使用程度上，“经常使用”和“完全使用”的受访者约占49.7%，“偶尔使用”和“视情况而定”的受访者占34%，“完全不使用”的受访者占14.8%，这部分人多为汉族，完全不会藏语。象征着古代西藏文化和宗教最高成就的《格萨尔王传》和《米拉日巴传》，“知道得很详细而且经常向别人讲述”的人有6.9%，“读过其中一部分”的人有13.3%，“常听别人提起，知道大概内容”的有31.5%，“知道一点点”的有32.5%，也就是说将近90%的藏族受访者知晓或者深刻了解这两部著作，而“没听说过”的人只有11.8%。关于唐朝时期入藏公主是谁的问题，几乎89.6%的受访者选择了正确答案“文成公主”，说明藏族地区人民对藏民族的重大历史事件有着正确的认识，即使是儿童和老人都能做出正确判断。藏历新年和春节分别代表着藏民族和汉族的传统风俗，“只过藏历新年”（14.8%）、“比较重视藏历新年”（30.5%）和“同样重视”（36.5%）的藏民占绝大多数，“比较重视春节”（10.3%）和“只过春节”（5.4%）的人多是汉族（见图8～11）。

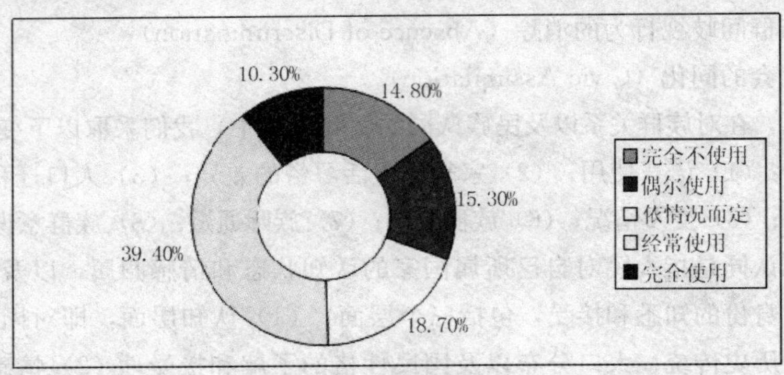

图8　您平常使用藏语吗

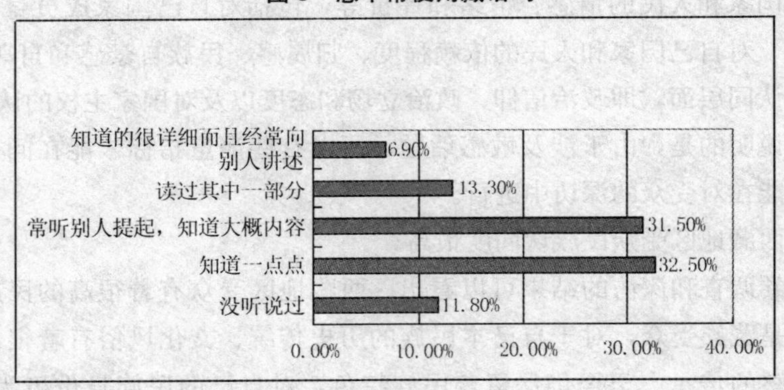

图9　您知道《米拉日巴传》和《格萨尔王传》吗

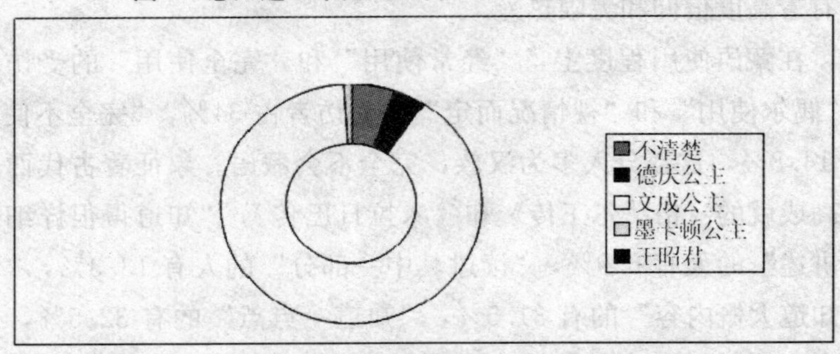

图10　您知道唐朝时期入藏的公主是谁吗

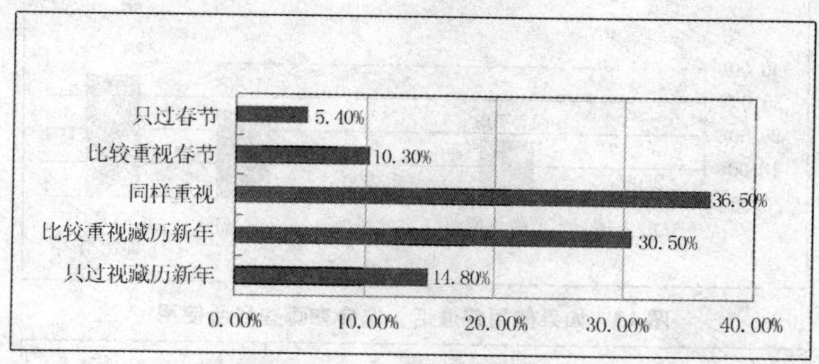

图 11　就节日而言，您更重视藏历新年还是春节

（3）西藏地区受众的国家认同集中体现在认知层面，情感认同和政治认同度较低。

西藏地区受众对于我国的基本情况，如地理区域、人口特点以及常识性的文化知识有较为全面的了解，城市地区受众的普通话水平和使用频率都比较高，藏族人民在一定程度上已经接受了民族融合的现实，在形成国家认同的第一个层面有了明显的进步。比如，在普通话的使用方面，只有 1.5%的受访者“完全不使用”、“偶尔使用”、“依情况而定”、“经常使用”、“完全使用”的人分别为 13.8%、20.7%、48.8%、12.3%。在普通话使用场合上，“所有场所都使用”、“公共场所”使用的人数占了总体人数的 61.6%，“家庭内部”和“宗教场所”使用率较低。对于中国的“四大名著”，6.9%的人“知道得很详细而且常常向别人讲述”，13.3%的人“读过其中一部分”，31.5%的人“常听别人提起、知道大概内容”，32.5%的人“知道一点点”，只有 11.8%的人“没听说过”。可见“四大名著”在西藏地区的被知晓程度还是很高的（见图 12～14）。

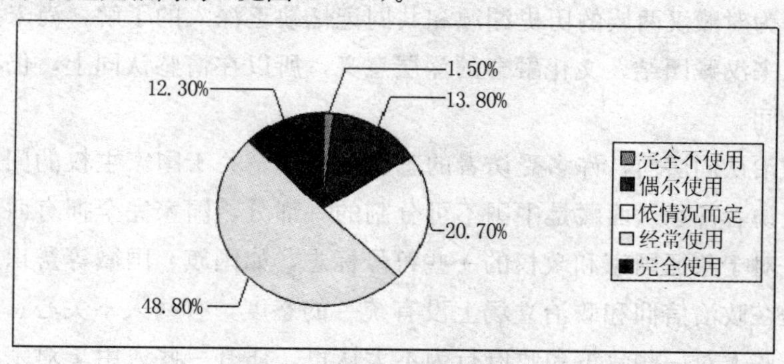

图 12　您平常经常使用普通话吗

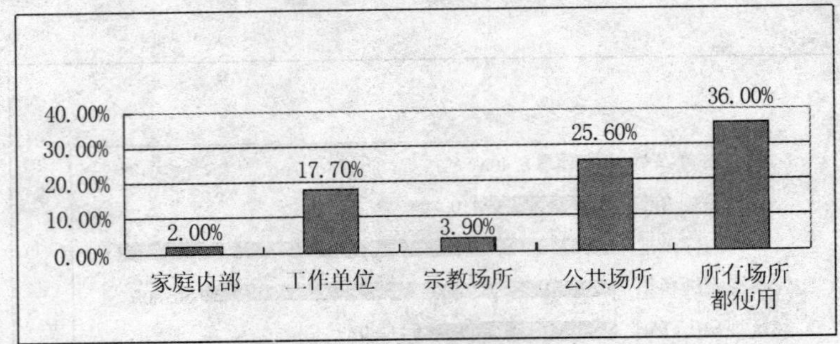

图 13　如果使用普通话，您会在哪些场所使用

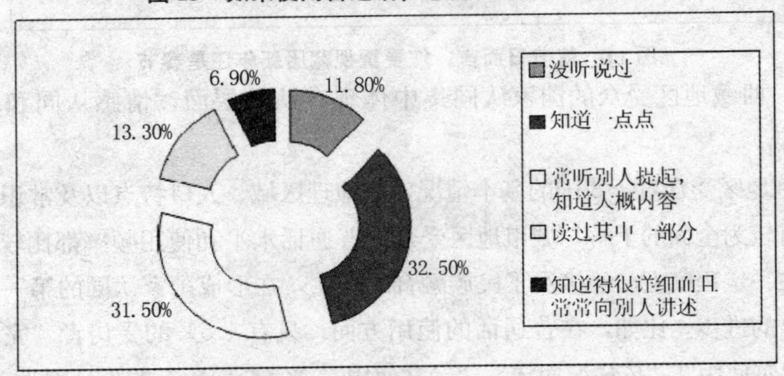

图 14　您知道中国“四大名著”吗

与认知层面国家认同度较高形成鲜明对比的是情感认同和政治认同度相对较低，这一结论主要从对受众的深访得来。在深访中，许多藏族群众对本民族的认同度远远高于对中华民族的认同度，更愿意承认自己的藏民身份，而不是公民身份，能够接纳本民族的同胞，对其他民族尤其是汉族人民存在一定的心理距离，对于本民族的依赖度要高于对国家的依赖。造成这种现状主要是因为对藏汉两族的历史渊源和共同记忆缺乏深入的了解，尚未真正明白自古以来汉藏团结、文化融合的深层意义，所以在情感认同上，仍有很大的提升空间。

在政治认同层面，许多受访者的态度不明晰。关于国家主权的问题，几乎所有受访者都承认西藏是中国不可分割的一部分，国家完全拥有西藏的领土主权，对于象征国家和政权的一些符号标志，如国旗、国徽等辨识度也很高。但是在政治信仰和政治立场上没有统一的态度，有些人不关心、不了解政治，有些人对一些政策和政府行为不太认可，还有一些人由于对宗教的极度信仰而与主流价值观相左。总体来看，西藏地区人民的政治认同度还比较低，还停留在表面，这也是需要继续改善的地方。

（4）媒体报道对民族认同和国家认同有较大影响。

媒体能否通过新闻报道作用于受众的民族认同和国家认同呢？经过我们的调查发现这两者之间是有联系的。如下表所示，49.3%的受访者希望通过媒体了解国家政策和政府的工作动向，说明受众对政治有一定的热情，希望了解和参与；57.6%的受访者接触媒体是为了了解国内外的新闻，说明受众对新闻信息的需求比较大，并且渴望通过媒体来满足自己的需求，这也反映了媒体的功能与作用，即通过新闻报道来引导受众，帮助受众提高自身的政治认同感。

表 3　接触媒体的目的

接触媒体的目的	选择此项目的的人占受访者的比例（%）
了解国家政策、政府工作动向	49.3
了解国内外新闻	57.6
获得本民族地区的文化、生活等服务性信息	36.0
休闲娱乐、放松身心	32.5
打发时间	5.9

另外，媒体的报道还能够诉诸受众的情感，拉近藏族人民与国家的心理距离，从本民族的自豪感上升为中华民族自豪感，从而增强情感认同。如图 15 所示，分别有 52.7%和 32.5%的受访者认为媒体的报道在很大程度上或一定程度上有助于提高国家自豪感，只有极少数人认为媒体在这方面起到反作用。这说明媒体在受众情感层面有着积极的作用，是提升国家认同的一种重要方式。

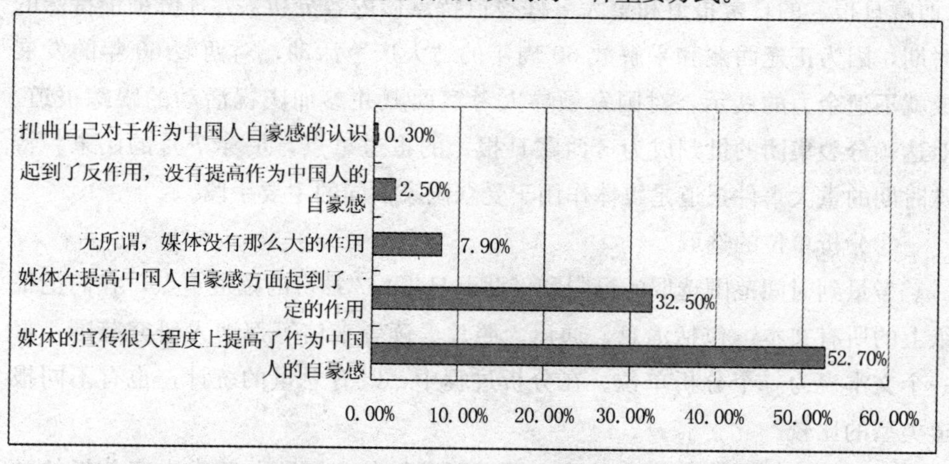

图 15　您认为媒体对于中国的宣传报道是否有助于提高您的国家自豪感

（三）《西藏日报》日常报道与重大事件报道的内容分析与话语分析

基于对西藏媒体情况的实地调查并结合本研究课题，作者提出《西藏日报》的研究框架：通过内容分析法对《西藏日报》日常报道和重大事件报道进行类目构建，描述其报道特点；引入话语理论对目标样本深入阐释，揭示这一话语背后的意义和生成规则。

1.《西藏日报》新闻报道的宏观内容分析

（1）样本采集。

①目标媒体的选取

本研究选取《西藏日报》为目标媒体，主要是基于以下原因：

首先，相较于广播、电视和互联网，西藏纸质媒体传播事业起步早且发展日趋成熟，受众接触报纸的历史比较长，对报纸的信任度也较高。

其次，《西藏日报》作为西藏自治区的党报，是西藏最为重要和最有影响力的报纸，也是党和国家政策的传播窗口，能够直接体现媒体对西藏受众民族认同、国家认同的建构作用，是西藏的代表性媒体。

再次，相较于其他省级报纸和地市级报纸，《西藏日报》的发行范围覆盖整个西藏地区，包括边境地区和条件艰苦的牧区，报纸到达率高，是民众最重要的新闻来源，更是提升西藏地区受众国家认同感的主要媒介。

②时间范围的选取

本研究选取2011年7月1日～7月25日为研究时段，旨在对整个7月份《西藏日报》的日常报道和重大事件报道特点做内容分析。7月份是个特殊的时期，因为正逢西藏和平解放60周年的“大庆”活动，对西藏60年的发展成就不遗余力的展示，对国家领导人考察西藏并参加庆祝活动的跟踪报道、对达赖分裂集团的批判成为《西藏日报》的报道重点，贯穿7月的始末。特殊时期的重大事件报道是媒体作用于受众国家认同的主要手段。

③分析单位的选取

考量到时间范围选取的局限和《西藏日报》7月份的报道重点，我们把报纸上的所有文本，包括消息、通讯、照片、读者来信等都纳入研究范围，每一个文本视为一个分析单位。在分析过程中，既有总量的统计，也有不同报道类型的比较。

④在参考相关文献的基础上，根据研究目的和需要，此次内容分析的类

目包括：一般资料类目、报道内容、报道方式和版面编排，具体内容编码表附后。在编码工作完成后，将编码结果输入 SPSS 软件系统，进行数据分析。

（2）资料分析。

①样本概况

7 月 1 日～25 日的《西藏日报》文本总量为 1186 篇，包括消息、通讯、评论、图片报道、政策文件原文、领导人讲话实录、读者来论等除了广告之外的所有出现在《西藏日报》上的各类文本。其中，7 月 19 日的西藏和平解放 60 周年“大庆”专刊文本数量最多，为 111 篇（见图 16）。

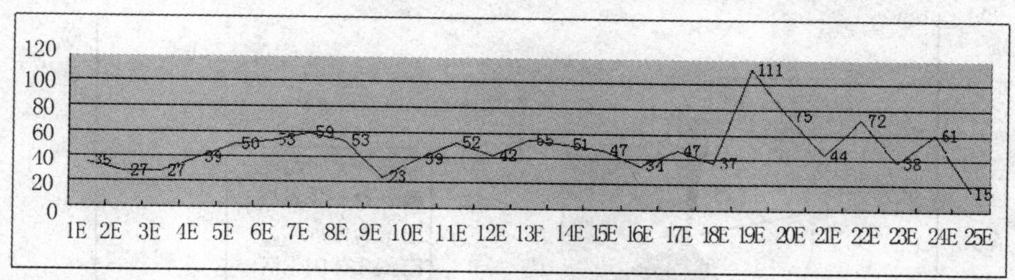

图 16　《西藏日报》7 月 1 日～7 月 25 日报道文本总量走势图

②报道内容：以政治、经济、文化、社会建设成就内容为主，社会新闻数量少，突出藏文化和藏民的新闻比重极小

就报道内容而言，《西藏日报》以政治、经济、文化、社会建设等各方面取得成就为报道重点，宏观的严肃新闻报道居多，而风格较为轻松、形式较为多样的社会新闻数量偏少。如下图所示：

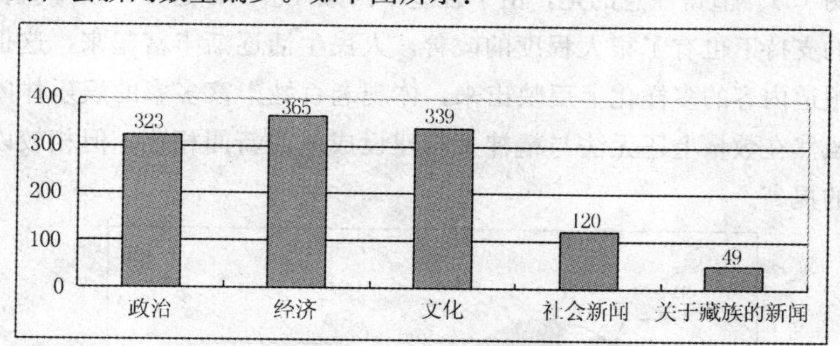

图 17　各类报道内容数量对比

政治新闻方面，主要为领导人的行动报道、政治会议的召开、党和国家政策的解读、政策原文转载、领导人讲话实录或者国际社会对我国的积极评价等，其中领导人的行动报道和政策解读分别为 82 篇和 80 篇，是政治新闻的报道重点，约占政治新闻总量的 50％。作为党和政府喉舌的《西藏日报》，

将领导和政府工作的最新动态传达给受众、对关系国计民生的政策做出解读是其主要任务，这一点毋庸置疑，也是我国党报的共性特征。

经济新闻方面，如下图所示，经济成就和产业发展、工程建设的内容占了很大比重，援建工作的报道居其次，经济政策和经济会议的较少，而关系到民生、贴近百姓生活的经济新闻几乎没有。经济新闻呈现出这种格局，一方面是因为这些年西藏地区经济发展取得了突出成就，有很大的新闻价值，另一方面媒体对经济成就的报道能够使民众直接感受到国家对西藏的关心与重视，从而拉近国家与西藏地区、汉族与藏族人民的距离。

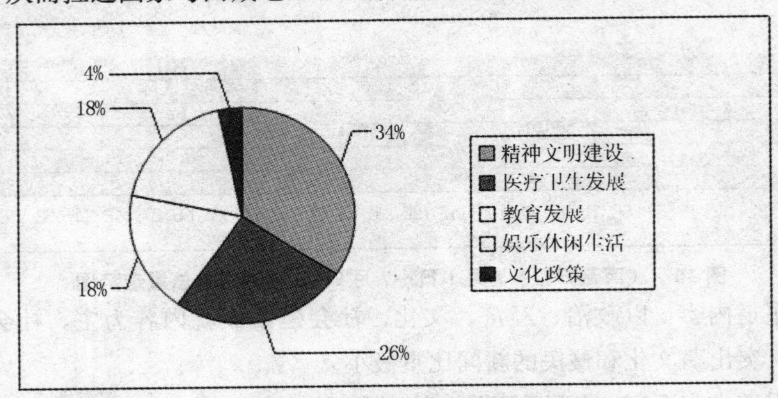

图 18　各类文化报道所占比重一览图

与经济新闻相同，科教文卫新闻也主要集中在精神文明建设的成就宣传上（见图 19）。值得注意的是，由于近些年西藏社会不断进步，医疗教育条件在国家的支持下也有了很大程度的改善，人民生活逐渐丰富起来，这也从文化新闻报道内容的多样化上反映出来，体现老百姓丰富多彩的娱乐休闲生活的新闻虽然在数量上还无法与精神文明建设成就的新闻相比，但相较以往有了很大的提高。

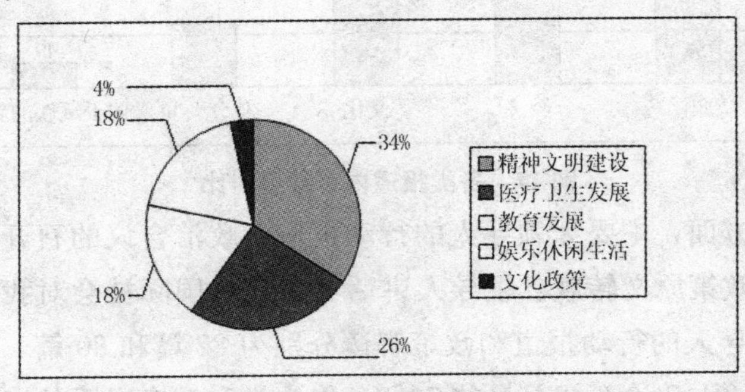

图 19　各类文化报道所占比重一览图

社会新闻数量极少且主要集中在城市的社区建设上，其他关于老百姓衣食住行的软新闻比重较小，几乎没有本地区社会突发事件和农村生活的报道（见图 20）。

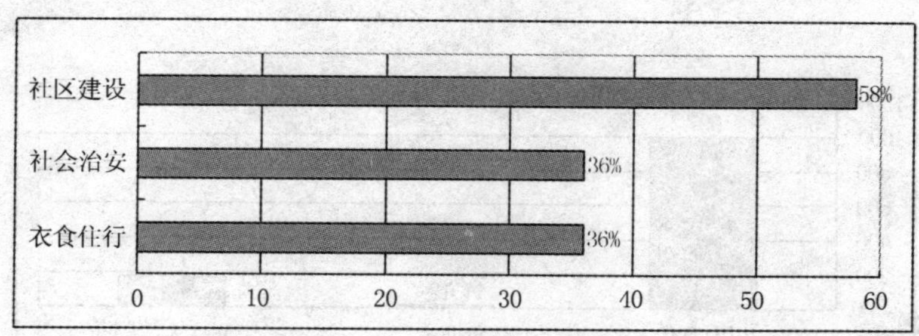

图 20 各类社会新闻所占比重一览图

关于藏族文化和藏民的新闻数量也很少，共 49 篇，其中报道藏族历史文化的有 8 篇，民风民俗的 12 篇，藏区美景的 7 篇，其余 23 篇也主要是藏族干部报道，突出普通藏民的文本很少。这就导致普通民众尤其是藏族民众的声音和形象无法向受众传达和展示，一定程度上削弱了民众的主体性地位。

③报道方式：正面宣传的报道模式，多样化的报道体裁

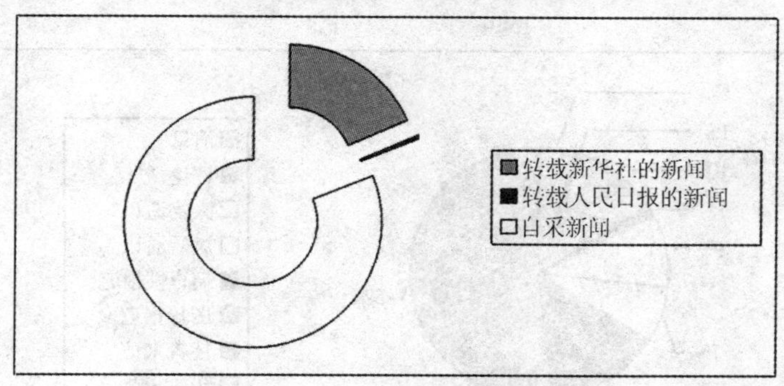

图 21 消息来源

《西藏日报》严格遵守党和政府关于新闻工作的指示，以正面宣传为主，同时注意报道体裁的多样化。

从消息来源来看，自采新闻数量有了明显提高，转载方面，仍以新华社通告和《人民日报》社论的形式出现。但值得注意的是，自采新闻的消息来源多集中在政府官员和社会精英上，来自普通大众的新闻线索仍旧较少。独立挖掘和采写新闻的能力仍有待提高。

从报道倾向来看，正面宣传占绝大多数，包括宣传政策、赞美西藏社会、肯定发展成就等积极新闻，这就奠定了《西藏日报》的报道基调。相反，负

面新闻的数量很少且集中在国际新闻上，批评、否定、质疑的声音更是很少出现在报纸上。7月份一系列的批评报道则是谴责达赖集团分裂活动、揭露其本质的评论文章，这是由“大庆”时期的特殊情况决定的（见图22）。

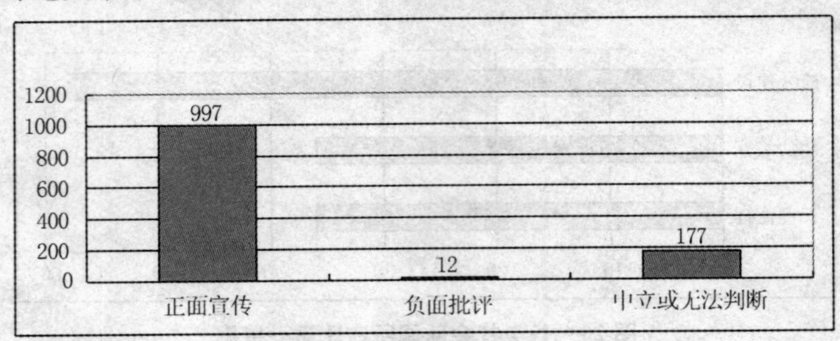

图22　报道倾向

从报道体裁来看，《西藏日报》运用了消息、评论、人物通讯、风貌通讯、调查性报道、图片报道等多种体裁，报道形式逐渐多样化。但是，相较于传统的消息和评论，图片报道、调查性报道仍处于边缘地位，直接反映读者声音的读者来信则只有11篇，说明《西藏日报》的互动性相对较差（见图23）。

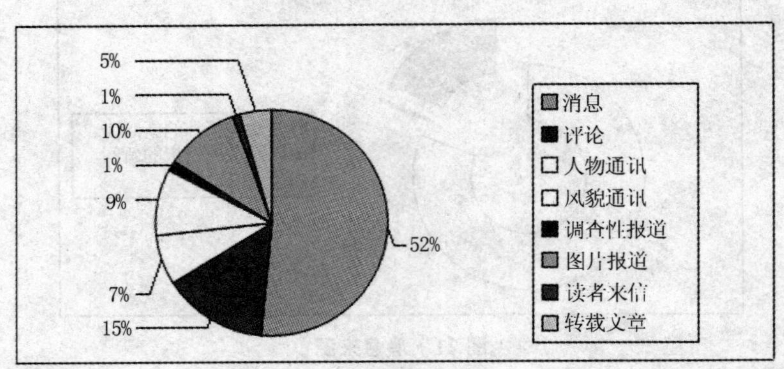

图23　各类报道体裁数量对比

在地区新闻选择上，报道拉萨地区的新闻占主要位置，其他地区依次为：山南地区、林芝地区、日喀则地区、那曲地区、昌都地区和阿里地区。这可能与这些地方的交通、通信条件相对落后有关，也说明受技术手段和自然条件等的影响，媒体对偏远地区、边境地区未能进行大量的、深入的报道（见图24）。

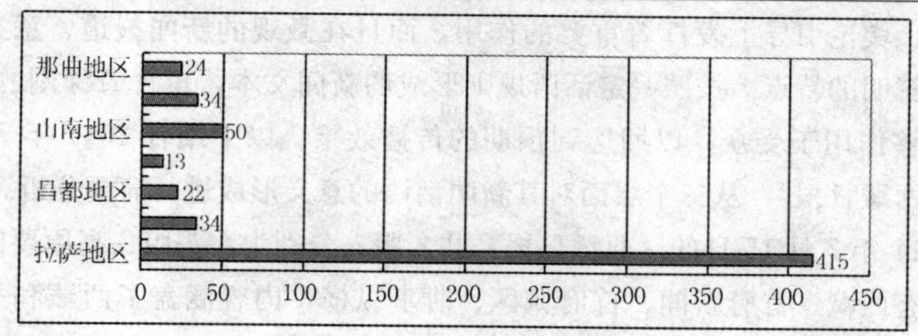

图 24　报道地区数量对比

④版面编排：文本篇幅较长，配图较少，版面较为严肃

《西藏日报》的版面风格较为严肃，这从篇幅长、信息量大的政治、经济报道中可以看出。这类硬新闻多采用传统的编排方式，缺乏视觉冲击力，而软新闻的编排较为多样化，各类图表、照片的运用也很灵活，为报纸的版面增加了一抹亮色。政策解读类报道和评论文章的篇幅较长，有的甚至覆盖整个版面，消息类文章则短小精悍。另外，在稿件的选取和配置上，《西藏日报》采取了模块化的方法，既能突出宣传的中心内容，又能将读者的视线锁定，产生简纯而规整的美感。这是值得肯定和学习的地方（见图 25）。

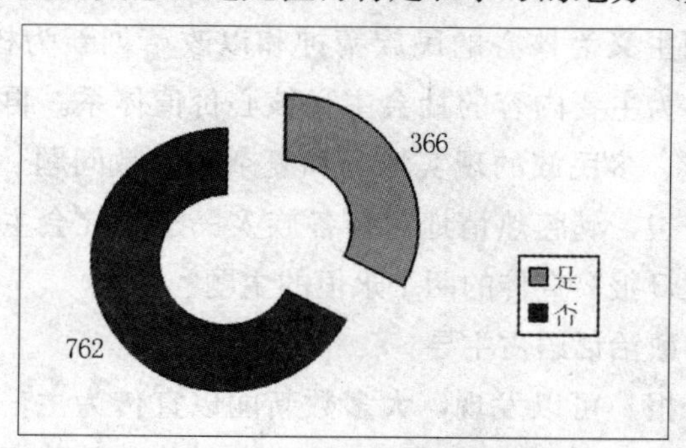

图 25　报道是否配图

2.《西藏日报》新闻报道的微观话语分析

“话语”来自拉丁语“discursus”，是指在特定的历史、文化、社会环境下的具体的语言交流活动。话语分析（discourse analysis）研究语言与实践、语言与权力的关系，并探讨语言的潜在制约机制。语言已不再如人们想象的那样镜子般地反映世界，而是主动地构建外部世界。新闻文本也并非全是对现实的客观反映，而是通过对语言的选择和组合或迷思化（即神化化）的过程来塑造意义，打造认同。作为党和人民喉舌的《西藏日报》不仅在宏观议

程设置、舆论引导上发挥着重要的作用，而且在微观的新闻报道、意义呈现上有着鲜明的特点。按照一定话语规则形成的新闻文本，蕴含着深刻的意义，从而能够作用于受众，以期达到预期的传播效果。以下结合 2011 年 7 月 15 日的《西藏日报》，从三个层面对其新闻话语的意义形成进行简要分析。

2011 年 7 月 15 日的《西藏日报》共 8 版，分别为：头版、高原要闻、要闻、动态西藏、首府新闻、首府城区、时事纵横，内容涵盖了西藏和平解放 60 周年特别报道、全国新闻、自治区政府动态、经济建设、教育文化新闻、民生新闻、国际新闻、人物报道、历史回顾等多个方面，无论从新闻内容、报道题材还是文本写作上，充分体现了《西藏日报》的话语规则。

(1) 宏观意识形态的建构：正面宣传主流价值观。

现代西方马克思主义者认为，意识形态是意义建构的过程。阿尔都塞也提到，意识形态是个体和他们真实生存情况的想象关系的再现。新闻话语通过直接的观点表达，或者用既定的方式对事件进行诠释，向受众传达一种价值观或者思维方式。《西藏日报》通过对事实的选择、界定、评价、再现，正面宣传我国主流意识形态，即以“马克思主义指导思想，中国特色社会主义共同理想，以爱国主义为核心的民族精神和以改革创新为核心的时代精神，社会主义荣辱观”为主要内容的社会主义核心价值体系。再加上西藏地区特殊的地理人文环境、多民族的现实情况和复杂的宗教问题、统战问题，所以旗帜鲜明地反对分裂，满腔热情地宣传各族人民建设社会主义新西藏的创造性劳动，是《西藏日报》宣传的两个永恒的主题。

①题材重大，政治话语占主导

纵观《西藏日报》可以发现，大多数新闻以宣传为主，传达国家、自治区的政策，讴歌经济建设的成就，传达社会主义核心价值观，新闻信息带有鲜明的政治色彩，同党和政府的舆论导向完全一致。在弘扬主旋律、服务党和国家工作大局方面发挥着重要作用。

7 月 15 日的《西藏日报》中，头条新闻《为经济发展插上腾飞的翅膀——和平解放以来我区能源交通基础设施建设综述》概括回顾了 60 年来西藏能源交通基础设施建设的巨大成就，鲜明地对比了新旧西藏社会的面貌，突出强调了在党和国家的优惠政策支持、全国人民的无私援助、西藏各族人民共同奋斗下，创造的“跨越上千年的人间奇迹”。这一篇报道按照时间顺序，用新闻数据说话，呈现了社会主义集中力量办大事的优越性，高度赞扬了西藏改革开放所取得的成就，正面宣传的特点十分明显。再如当天的编辑部文章《中国共产党领导下的伟大历史转折》以将近一个版面的篇幅，全面阐述了 60 年来中国共产党如何带领西藏人民群众走向美好的未来。这篇文章涉及多个重大问题，包括：自古以来藏族人民与其他民族的紧密团结、近代西藏反侵略斗争、封建农奴制度的废除、和平解放以及在民主政治、经济发展、社会进步、文化繁荣、反分裂等各个领域取得的辉煌成就。与其说这是一篇刊登在报纸上的新闻文本，不如说是一部颂扬西藏历史传统、社会发展的长篇史诗。重大的议题、开阔的视野、宏伟的描述和饱含深情的语言都直接抒发了对共产党的热爱，这是典型的党报式宣传，直接塑造了社会的价值规范和国家意识形态。

伴随着正面宣传的大量的政治话语。首先在话语主题上，主要集中在政治经济建设、重大工程进展、会议召开、各族人民安居乐业等积极正面、令人欢欣鼓舞的议题上，几乎没有负面报道；其次，在话语主体上，政府官员占主导地位，来自民间大众的声音较为缺乏。例如《西藏开展系列活动加强青少年思想教育引导》这篇新闻依次报道了共青团自治区委员会副书记的讲话、各级团委组织的主题活动，以及未来共青团建设的方向，但是作为活动主体的青少年却没有出现在报道中。这样的话语呈现方式是自上而下的宣传模式，缺少底层大众的意见反馈。又如这期报纸第八版上全文刊载的《农村基层干部廉洁履行职责若干规定》和《西藏自治区财政厅关于进一步加强企业经济效益月报工作的通告》，表明了《西藏日报》是政府对外公布信息的窗口，政策原文的呈现方式一定程度上弱化了报纸的新闻功能。

②意识形态的符号化表达

瑞士语言学家索绪尔在《普通语言学教程》中提出符号是能指和所指通过意指化作用共同组成的。能指是符号的形式，所指是符号的意义，而意指则是将能指和所指结成一体的行为和过程。新闻文本也是由一个个蕴含着深刻意义的符号构成的。《西藏日报》在意识形态的建构中，运用事件、人物、事物符号化的方式阐释着和谐发展、民族团结的主题。

新闻的选择与编排过程即是意识形态的建构过程，反映了新闻工作者的价值判断，更隐含了新闻媒体的功能定位和报道原则。西藏媒体严格遵守党和政府的相关规定，积极配合社会发展的工作大局，十分重视新闻的筛选与甄别，所以出现在报纸上的文本必然隐含了深刻的政治含义，具有符号化的特征。

事件符号的代表性。短消息《〈我们的生活充满阳光〉专辑将于近期出版》能够出现在7月15日的《西藏日报》的头版，不仅因为新闻事件自身的时新性、接近性，具有一定的新闻价值，更重要的是，此专辑的出版切合了向西藏和平解放60周年献礼的主题，其收录的歌曲《唱支山歌给党听》、《共产党来了苦变甜》、影视作品《文成公主》等犹如一个个象征文化事业蓬勃发展、党和人民心连心的符号。这个看似普通微小的新闻事件实则代表了自治区人民对党的热爱与忠诚、对生活现状的满足与赞美。

人物符号的典型性。《西藏日报》上呈现的新闻人物主要有三种类型：国家和自治区领导人、援藏干部、普通人物。这三类人通常以下列方式出现：领导人发表重要讲话、到某地视察调研或者亲切看望各族同胞；援藏干部数十年如一日扎根雪域高原、默默奉献；即便是普通人物的通讯、特写中也包含着不普通的事迹，或带领村民艰苦奋斗，或通过辛勤劳动走向致富的道路，或拥军爱党忠于祖国，或者团结藏胞反对分裂势力，他们在平凡的岗位上做出了不平凡的事。这三类人物符号分别反映了党和国家对西藏地区社会发展的重视、对藏区同胞的深切关怀，内地对西藏的无私援助、各族人民团结一心共建美好西藏，藏区同胞尤其是藏民对党和国家的无限热爱以及开拓进取的精神。民族团结、共同发展的美好画面是《西藏日报》的报道重点，也是维护西藏社会稳定的要求，这是媒体建构的核心价值。

事物符号的概括性。以小见大是《西藏日报》惯用的报道手法，一张图片、一个新闻地点都能高度浓缩丰富的信息，从微小的事物符号中看到的仍旧是媒体宣传的两个永恒主题。《塔玛村的变迁》讲述了一个“信息闭塞、交通不便、贫穷落后”的小山村在惠民政策的鼓励和村干部的带领下致富增收的故事。塔玛村其实代表了西藏千千万万个村庄，它的发展之路就是整个西藏社会变迁的缩影。

（2）中观新闻神话的建构：宏大叙事与新闻人物“英雄化”。

法国的罗兰巴特认为，神话是一种言谈，它的实质是“两度符号化或两度意指化后所形成的文化或文化所变成的习俗”。新闻是传播者对客观世界认识、态度的表达。传播者在制作新闻时通过选择事实、编排稿件等手段，“使偶然的意义连接，固定为普遍接受的‘事实’，并使一般人视其为理所当然”。《西藏日报》惯常使用宏大叙事的话语结构以及新闻人物“英雄化”的手法，用极富文学色彩的笔墨、看似平实无奇的事件建构出一幕幕动人的新闻神话。

①宏大叙事的话语结构

宏大叙事本意是一种“完整的叙事”，用麦吉尔的话说，就是无所不包的叙述，具有主题性、目的性、连贯性和统一性。它是针对整个人类社会历史发展进程所进行的大胆设想和历史求证，它的产生动机源于对人类历史发展前景所抱有的某种希望或恐惧，总要涉及人类历史发展的最终结局，总要与社会发展的当前形势联系在一起，往往是一种政治理想的构架。

《西藏日报》的话语结构就是典型的宏大叙事，围绕经济社会发展的主线，站在全局的高度，回顾历史、总结现在、展望未来，为受众描绘出一幅气势恢宏、多姿多彩的宏伟画卷。这样的话语结构难免落入单一的成就叙事的窠臼。7月份的《西藏日报》除了谴责、批评达赖分裂集团的连载文章外，几乎没有出现一篇对西藏经济建设与社会发展中出现的问题进行审视和反思的报道。无论是1日～18日的日常生活报道还是19日～25日的60年“大庆”特别报道都集中在政策的宣传与成就的展示上，报道主题的单一性也与自治区关于媒体报道的指示精神高度一致。

《中国共产党领导下的伟大历史转折》共分为10个部分，分别为：西藏和平解放的重大意义；历代中央政府对西藏地方的主权论证；近代西藏反殖民反侵略的斗争；农奴制社会的腐朽与黑暗；共产党和平解放西藏的努力；60年的经济成就展示；60年的社会面貌变迁；60年各族人民团结奋斗的历程；西藏地区“十二五”的发展目标；对未来的展望。在文本结构上，跨越千年的历史描述、覆盖各个领域的成就展现突出了西藏翻天覆地的变化，在文本语言上，多个排比段的使用，诗意化的用词以及字里行间洋溢着的感情塑造了辉煌的总体叙事。文本背后的意义不言而喻。

②新闻人物“英雄化”

典型人物报道自被开创以来就一直肩负着向民众传达党和国家声音的重大使命，党报作为党的建设的重要宣传阵地，塑造了一个个被符号化了的、具有政治意义的优秀人物。这类报道记录以人为核心的事件，本质是透过人物个案展示时代的风貌和精神需求，是《西藏日报》舆论引导的重要方式，也是新闻宣传的“拳头产品”。几乎每期的《西藏日报》都有一个长篇人物通讯或特写，通过塑造英雄人物的方式向受众推广某些精神品质和道德规范，形成社会共识。

首先，《西藏日报》的典型人物报道采用全知全能的第三人称叙事视角，这种聚焦方式最突出的表现是叙事者无处不在，无所不知，它既可以了解人物内心所想，也对事件做居高临下的评论。如《建设西藏的革命夫妻——记十八军老战士孙复华、武淑清夫妇》采用零聚焦叙事，叙述者如一台摄像机似的记录了这对夫妻从1949年至今的重要人生经历。对语言细节、心理活动的描写栩栩如生，使读者身临其境，引发了读者对这对夫妇几十年如一日对西藏默默奉献的崇敬之情。但“高大全”式的人物形象塑造对受众产生了疏离的效果，体现了“英雄”的权威性和高姿态，这类典型人物被媒体“神话”了。

典型人物的选择与报道集中在社会精英阶层，缺乏对普通百姓生活的记载，受众贴近性较差。例如，孙复华是西北野战军的警卫干事，在首长身边工作，武淑清也曾先后在十八军司令部、西藏交通厅工作过，他们有着不同于常人的人生阅历，是援藏干部，是社会精英阶层。另外，《西藏日报》塑造的新闻人物基本是十全十美的，浓墨重彩地宣传先进事迹，但缺点却极少提及，这样“不食人间烟火”的“英雄”在普通大众看来是不真实的，是带有某种“意义”或者“使命”的，是一种新闻幻想。平民化的视角、选择贴近生活的小故事，讲述百姓身边的人物，摆脱宣传模式不失为一种更好的人物报道方式，这也是《西藏日报》正在改进的地方。

（3）微观新闻事实的建构：固定的新闻图示与新闻修辞。

报纸是由一篇篇报道组成的，意识形态也是透过一个个文本渗透到受众当中去的。新闻报道就是一种讲故事的方式，故事本身有着完整的发展过程、有着跌宕起伏的情节和冲突，也会造成一定的影响和效果。新闻工作者对故事叙述逻辑和叙述话语的选择过程即是微观上对新闻事实的建构。

由于西藏地区的特殊性和肩负的重大使命，《西藏日报》有着固定的新闻图示和语言风格。

新闻图示是指在新闻文本的写作中按照一定的规则和顺序形成的叙事结构。梵迪克在《作为话语的新闻》一书中提出了一种假设性新闻图示结构①，如下图：

① ［荷］托伊恩·A·梵迪克著、曾庆香译：《作为话语的新闻》，华夏出版社，第57页。

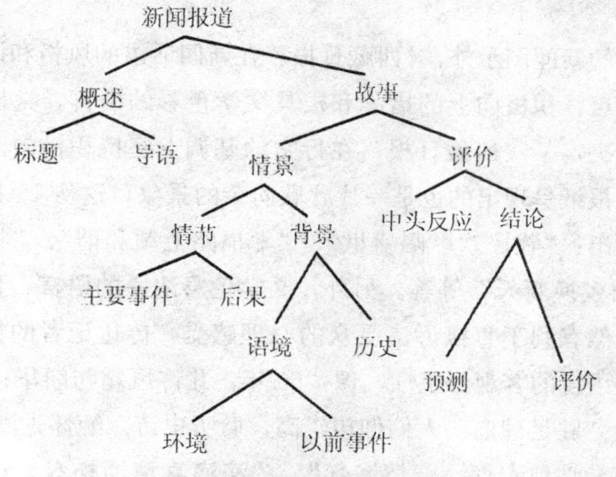

图 26　假设性新闻图式结构

《西藏日报》对新闻事实的报道基本也遵循上述新闻图示，即概述（包括标题和导语）、情节（主要事件和背景）、后果、口头反应、评论。下面以《献礼图书——〈安居乐业在高原〉与读者见面》这篇新闻报道为例分析《西藏日报》的新闻图示。

新闻的标题和导语概述了事实的主要内容：献礼图书《安居乐业在高原》正式出版发行，文本第二、第三段详细介绍了此书的出版背景，即在党的领导下西藏 60 年来发生了翻天覆地的变化，农牧民安居乐业工程也取得了巨大成果。在介绍中，既有对西藏历史变化的回顾，也有现实语境中的成果展示。第四段是文本的主要部分，介绍了图书的主要内容，“以全区 7 地（市）为经，以时间跨度为纬，用图文并茂的形式描写了一幅西藏农牧民安居工程的缤纷细腻的画卷”。接着，记者对该书进行了评论：“资料全面，内容翔实，既有对安居工程浓墨重彩的宏观描绘，又有饱含真情实意、以小见大的生动故事，集权威性、史料性、知识性于一体，是《西藏日报》社向西藏和平解放 60 周年献礼的又一图书佳作。”最后，援引《西藏日报》社相关负责同志的口头反映，说明了此书出版的价值，借他人之口表达观点：“该书的出版对于全面回顾安居工程建设、总结这一民心工程建设方方面面的经验、推动‘十二五’规划的完成、西藏的跨越式发展和尝试具有十分重要的意义。”这篇简短的文本反映了《西藏日报》固定的新闻图示，即严格按照“倒金字塔”的写作模式，站在社会发展的高度，介绍宏伟的历史背景、阐述重大的现实意义。

除了固定的新闻图示外，《西藏日报》在新闻话语的风格和语言修辞上也有着鲜明的特点：积极向上的措辞和极具文学色彩的语言。党报正面宣传为主的指导原则决定了《西藏日报》在行文的基调上坚持积极向上、鼓舞人心的风格，整个报纸呈现出的也是一片欣欣向荣的景象，这从15日报纸上的一些标题可以看出："牧民欢歌唱盛世"、"幸福路上颂和谐"、"特色奏响兴农曲"、"情满山乡换新天"等等。另外，文学色彩浓厚的语言、直抒胸臆的感性表达方式虽然有利于直接诉诸受众的心理感受，传达记者的情感倾向，但是有悖于新闻语言的客观公正性。像"60年，几许风霜与韶华；60年，几多梦想与辉煌"、"驻足碑前，人们仰望崇高，聆听史诗，缅怀先烈；驻足碑前，人们放眼未来，心潮澎湃，豪情满怀"、"滴滴真情涌松盘，点点关爱手足情"、"明天更美好，让给我们共同预祝旺青老人长寿吧"这类情感意义大于信息含量的句子在《西藏日报》的日常报道中经常出现。押韵、排比、渲染、暗示等多种语义表象手法的运用烘托出团结繁荣的氛围，使受众沉浸在一个媒体预设的环境中，从而渐渐接受意识形态的"神话"。

三、问题与反思

20世纪中期以来，民族认同、国家认同的问题备受学界关注，特别是政治现代化理论家在关注第三世界国家政治发展过程中认识到的多民族国家民族认同与国家认同冲突带来的认同危机的问题。最先提出"认同危机"概念的是派伊，并把其列在发展中国家政治现代化过程中所面临八大危机的首位①；阿尔蒙德在论述"体系文化"时认为，"国家认同意识"危机是困扰发展中国家合法性及政治稳定的棘手问题②；而亨廷顿更是指出现代化带来各种集团意识的兴起及其认同范围的扩大，同时也带来了集团之间冲突和矛盾的加剧③。可见，在全球化背景下，多民族国家一体化与离散化的趋势并存。而在媒介快速发展，特别是电子媒介广泛运用的今天，人作为一种社会动物，

① ［美］鲁恂·派伊著、任晓等译：《政治发展面面观》，天津人民出版社，2009年。

② ［美］加布里埃尔·阿尔蒙德、小G·宾厄姆·鲍威尔著、曹沛霖、郑世平、公婷、陈峰译：《比较政治学》，上海译文出版社，1987年，第35～40页。

③ ［美］塞缪尔·亨廷顿著，王冠华、刘为等译：《变化社会中的政治秩序》，生活·读书·新知三联书店，1989年，第30～36页。

时刻被媒介所包围着。本尼迪克特·安德森早在《想象的共同体》就提出：早期的大众传媒（主要是报纸和小说）在促进民族国家认同方面发挥了作用，他们使原本不同群体的民众相信他们同属于一个国家①。媒介特别是新闻传播在安德森看来在建构国家认同的过程中起到了至关重要的作用。

西藏新闻传播业在近些年取得了一定的成绩，特别是国家实施“西新工程”以后，从资金投入和智力投入上都有了很显著的改观，但与其他省市地区相比，西藏的新闻传播业还处于较低的水平，在一定程度上削弱了西藏新闻媒体在提高西藏地区国家认同方面的作用。

（一）西藏新闻传播业整体水平较低，弱化了新闻媒体在提高国家认同方面的作用

1. 从新闻报道理念上看，过分强调政治正确，忽略了受众需求，报道模式化严重

西藏地区处于特殊的地理位置和政治经济环境中，这使它的新闻传播理念与其他地区存在很大的不同。媒体在报道新闻的过程中政治性较强，自由度和自主性较低，报道模式化严重，议程设置和受众定位不尽合理，不能满足受众的全方位需求。

对《西藏日报》所作的内容分析的数据显示，媒体报道以政治、经济、文化、社会建设成就内容为主，社会新闻数量少，其中领导人的活动报道和政策解读为报道重点，约占政治新闻总量的50%。可以看出媒体在报道方面，偏重于政治新闻，报纸的大部分版面都是政治政策和政治事件的宣传，在西藏地区，本来应该成为新闻主体的当地居民却被边缘化了，即报纸的宣传意识过强，而受众意识被削弱了。在西藏，媒体报道什么、不报道什么报道基本取决于宣传部门的指令，而宣传部门往往是执行政令，如此一来媒体议程设置的功能被大大削弱了。《西藏商报》陈军总编辑说：“这其实就是政治结构和体制问题导致了我们的话语权掌控水平的下降。”西藏媒体在新闻操作过程中对上负责，而不是对公众负责，在一定程度上被剥夺了议程设置的权利。

通过对《西藏日报》的新闻报道进行话语分析可以看到，新闻报道过程中充斥着大量以正面宣传为主的政治话语，宏大的叙事报道和“神话”了的

① ［美］本尼迪克特·安德森著、吴叡人译：《想象的共同体》，上海人民出版社，2003年，第5～35页。

新闻人物，加之固定的新闻图示与新闻修辞的使用使得新闻在报道的过程中被模式化，缺乏现实感和人情味，过于宏大的话语也让受众感觉到空洞和不真实。

2. 管理模式陈旧，限制了新闻媒体的业务创新

由于广播电视机构实行的是条块管理，而不是垂直管理，所以媒体在运行中受到各方的牵制，而新闻是易碎品，讲究的就是时效性，所以这种管理方式严重影响了新闻报道的效率。林芝电视台的王台长给我们举了一个例子："有一次一个雪灾发生，这种对天灾的报道我们是不敢随便播报的，于是层层向上一级请示，送材料，结果由于拖时间而让别人抢了先。其实这次雪灾不算是特大级别，而武警交通某支队报给央视的材料却夸大了。这件事情我们还受到党委政府的批评，说我们没有积极主动报道，所以我们也很委屈。最后整个西藏电视台领导，包括自治区广电局的领导都向党委做了检查。"

2005年以前，西藏地区的电视台除了西藏电视台叫做"电视台"以外，其余地市级的电视台都叫"电视转播台"，它的主要任务就是转播中央台和西藏台的节目，由于广播电视是条块管理，地方官员都想把自己的形象树立得好一些、光辉一些，所以地市级的电视台不仅要把转播工作做好，还要使采编工作令领导满意，这种情况无疑影响了媒体的业务创新活力。

3. "一刀切"的财政管理扭曲了市场生态，该支持的力度不够，该搞活的难以做大

调研中我们了解到，相对于内地媒体，西藏媒体市场化程度很低，新闻媒介没有成为市场主体，也不能充分行使事业主体的职责。林芝电视台王台长说："西藏放不开、搞不活的原因是收入太低。"在西藏，地市电视台实行收支两条线，所有的收入要全额上缴，而返还这条线是按比例来的，很少甚至几乎没有。如果收入没有完成任务，那么还要扣除相应部分，返还的更少。一般情况下，如果媒体需要资金，就要打报告申请经费，这种层层批示的手续很繁杂。所以西藏媒体的发展首先就受到了资金方面的限制。以林芝电视台为例，每年的广告收入大概在20万～30万元，远远不能满足电视台的需求。

4. 新闻传播人才严重匮乏，传播技术手段落后

《西藏日报》副总编益西加措表示，高质量的传播人才在西藏很缺乏。在

西藏地区的地市级媒体，存在一个普遍的问题就是媒体从业者级数水平较低，人数不足。2005年，国家广电总局正式批准，将林芝电视转播台设立为林芝电视台，但只有22个在编人员的名额，12个聘用人员的名额，而内地地市级媒体都是百人以上，两者相差很大。尽管如此，由于工资较低，12个招聘岗位从来没有满额过，而招上来的人基本上干半年就走了。

为丰富电视台的节目内容，增加创收渠道，林芝电视台也曾经和广东的南方台合作过。看似水到渠成的事问题却出在了设备上，内地的电视早就普及高清了，林芝台还在用数字的最低档，两者无法对接。“我们摸到的设备永远都是落后的甚至是要淘汰的。”王君对此非常无奈。西藏地区媒体的传播技术落后不仅影响与内地其他媒体的合作，还影响当地的节目传输和播放。为了使林芝的7个县都能接收林芝电视台当天做好的新闻，林芝地区建立了一个点对点的传输通道，租用电信2M的光纤，压缩好文件之后给他们传过去，他们收到文件之后解压并放到他们的机器上播出去。这种方式类似于20世纪70年代央视的传输模式。

（二）媒体建构的西藏与现实西藏有较大差别，影响受众的国家认同

通过对深访和已有资料的分析，西藏主流媒体所呈现出的西藏是政治化的西藏，媒体上所呈现的声音基本上是官方的声音，缺少普通民众的声音，在反分裂宣传上尤为明显，这无形中强化了政治和宗教的对立，影响了国家认同。同时在对“文化共同体”的报道建构上，媒体对于西藏地区在国家扶持下的经济发展笔墨较重，弱化了西藏地区人民的主体性，不利于国家认同的建构。

在对7月1日～25日的《西藏日报》进行的内容分析中可以看到，无论是日常生活报道，还是60年“大庆”特别报道，聚焦点都在政策的宣传与成就的展示上，这与自治区关于媒体报道的指示精神高度一致。

《西藏日报》的话语结构是典型的宏大叙事，围绕经济社会发展的主线，站在全局的高度，回顾历史、总结现在、展望未来，为受众描绘出一幅气势恢宏、多姿多彩的宏伟画卷。这样的话语结构难免落入单一的成就叙事的窠臼。在采访中我们了解到，西藏媒体使用的都是宣传部统一制作的稿件，再经过政府层面过滤后拿出的东西往往失去了鲜活性，媒体又缺乏自主权，这就使得报道的主题基本局限于政治话语，加之表达形式的单一，使得西藏的主流媒体更像是政策宣传的

窗口。在这一窗口中，受众看到的是一篇篇正面报道的政绩报告，而受众每天面对的就是乏味和空泛的模式化报道。“如果不尊重少数民族的文化和习俗，完全按照主流社会的想法由上至下、由外到内地评价某一族群的位置，很可能会生硬地干扰当地的族群关系，造成矛盾和冲突。”①

西藏的新闻媒体的新闻报道范围内存在诸多“雷区”。所谓雷区也是媒体人所称的敏感问题，比如国家分裂、达赖喇嘛、宗教事件、民族问题，各种问题纠结在一起成为所谓的“西藏问题”。调研中我们发现，西藏媒体人不仅对“敏感问题”多有忌讳，对一些基本的社会矛盾也采取避而不谈的策略。因为在西藏，社会矛盾话题很容易上升为“敏感问题”。例如每年挖虫草的时候，涉及争议地区，武警都会上山维持秩序。现在大部分利益是在老百姓手里。如果说利益是被政府或者外面的商人拿走的话，就会形成矛盾。一旦这个问题成为媒介议题，就很可能牵扯所谓的西藏问题。一些藏独分子利用媒体进行舆论造势，将社会问题建构成为民族问题。例如以前互联网上有一篇关于在金沙江修建水电站的信息，对于这件事情，《西藏商报》发布过相关的文章，上海某财经评论员发表评论说，修建水电站破坏了金沙江上游的生态。而香港《明报》却把《西藏商报》的报道和该评论混在了一起，后来这条新闻被新加坡的《联合早报》转载，最后被藏独分子利用，成为煽动舆论、分裂国家的武器。

由于以上原因，西藏新闻媒体很容易陷入一个怪圈：因为忌讳，所以不去面对。西藏的新闻大都是会议新闻、领导人新闻，缺乏对世俗生活的关照，缺少对具体的普通民众的关心。公众议程和媒介议程严重偏离，从而使媒介议程的设置权力旁落。陈军总编说：“有些问题是社会问题，但是容易被境外媒体夸大成为民族问题。所以我们现在主要是解决民生和服务方面的问题，尽量回避社会矛盾问题。”也正是因为过于敏感，面对一些社会发展中的问题，西藏媒体会首先从政治角度出发，人为拔高事件的高度。当地媒体形成了一种默契，一旦遇到敏感事件，首先由《西藏日报》发表社论进行评论，西藏网或者《西藏商报》会转载一些文章加以说明。而这种刻意的回避或者重视将西藏培养成为一个特殊的地域。陈军说：“其实现在西藏就像是一个被宠坏的孩子一样，没有批评，没有负面，西藏的所有发展中的正常矛盾都成

① 汪晖：《东方主义、民族区域自治与尊严政治——关于“西藏问题”的一点思考》，《天涯》2008年（4）。

了敏感的‘西藏问题’。”

这种做法实际上扭曲了现实西藏，消解了西藏地区民众的主体性，导致“共同记忆”的流失，既削弱了媒体的公信力，也影响了西藏地区受众的国家认同。在深度访谈中我们了解到，当地居民感受到媒体的报道与自己的体验有较大差距，比如在经济和社会发展方面，认知差异尤其大。问卷调查数据也显示，有超过 1/3 的受众认为媒体报道的内容不真实（见图 27）。所以大部分受众更倾向于在自己认识的基础上去评价媒体的内容（见图 28），可以说经过受众的解构之后，媒体所建构的意义进一步被削弱了。

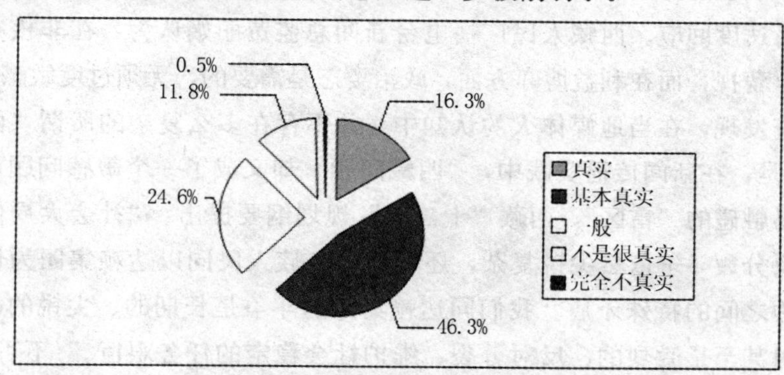

图 27　您认为媒体报道的内容真实吗

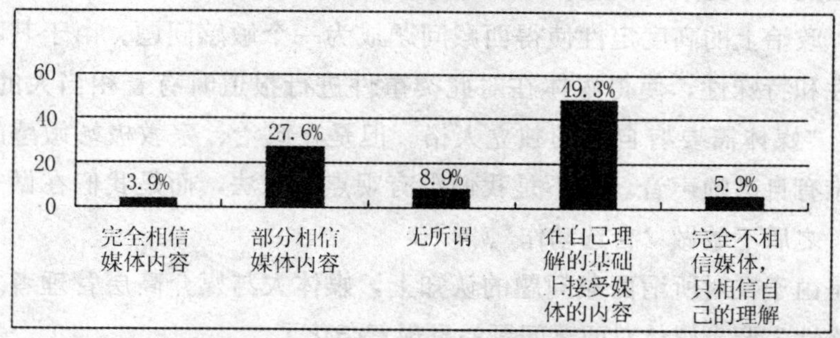

图 28　当新闻媒体对藏民族报道与您的理解不一致时，您会？

（三）对“西藏问题”的认知和呈现不同质，我国媒体可能陷入了西方建构的话语体系

调研中，西藏媒体人无一不谈到“西藏问题”。所谓的“西藏问题”是西方媒体在东方主义的视角下为挟制我国发展、破坏我国国家形象借助“达赖流亡政府”所设置的议程。《西藏商报》总编陈军说：“藏独其实就是政治博

弈的一枚棋子。”所以他更倾向将其称为“达赖问题”。林芝地区文化广播电影电视新闻出版文物局局长崔晓东认为，“把西藏作为一个问题来讲是不好的。西藏无非就是一个达赖的问题，分裂与反分裂、团结与反团结、独立问题”。针对达赖问题，西藏媒体人的态度基本一致，认为以美国为首的西方国家之所以在中国每逢大事喜事的时候出来闹一下，无非就是摆出自己的政治姿态：我就是让你不爽一下。

我们感到，对于西藏问题，媒体在回应时不要过于敏感和激烈，不要激化矛盾，该藐视的藐视，该还击的还击。同时应该合理处理政治和宗教的关系，进行适度回应。西藏人民广播电台新闻总监贾丽娟认为，在非核心利益方面可以藐视，而在利益博弈方面，政治姿态是需要的，无须过度敏感。

调查发现，在当地媒体人的认知中，并不存在多么复杂的所谓“西藏问题”，但是，在新闻传播实践中，“西藏问题”却又成了一个敏感问题，一个不能轻易触碰的“雷区”。西藏“十二五”规划纲要提出：“社会大局保持稳定，但反分裂斗争依然尖锐复杂，还存在着各族人民同以达赖集团为代表的分裂势力之间的特殊矛盾。我们同达赖集团的斗争是长期的、尖锐的、复杂的，有时甚至是激烈的，反对分裂、维护社会稳定的任务艰巨。”不可否认，西藏问题是一个复杂的问题，是一个反对分裂的问题，是一个关乎社会稳定的问题，政治上的高度定性使得西藏问题成为一个敏感问题。由于其政治上的敏感性和特殊性，使得媒体在对此类事件进行报道时有着相当大的困惑。陈军说：“媒体需要有自己的独立人格。但是在政治、宗教极端敏感的环境中，很难有自己的声音。并不是我们没有观点、想法，而是我们在做完‘规定动作’之后不敢做‘自选动作’。”

正是由于在对所谓西藏问题的认知上，媒体人与媒介高层管理者之间出现了策略性失调，媒体对西藏问题的呈现复杂化了。

西藏媒体人认为，所谓的“西藏问题”实际上是“达赖问题”，是美国和一些欧洲国家拿出来炒作并对我国进行政治攻击的手段，简单的回避和回应都会陷入西方媒体的议程设置之中。对于“西藏问题”的报道，国内媒体往往是被西方媒体的“批评”牵着走，这往往会使我们陷入到西方的逻辑路径里，使所谓的西藏问题越来越复杂化，使得我国媒体的报道陷入被动。陈军说：“我们现在的麻烦就是现在的议程设置往往在境外势力的手中，在舆论战场上往往陷入对方的伏击圈，对于民族文化保护，对于宗教问题，对于人权保护等往往掉入对方的圈套里面。”

为了抢占话语权，摆脱在舆论引导中的被动地位，西藏新闻媒体应该增进共识，明晰所谓“西藏问题”的内涵和外延，主动设置议程，全方位运用新闻手段，加大传播力度，讲求传播效果，在与西方媒体的对话中抢夺舆论主动、主导权。

四、对策与建议

（一）改善新闻传播环境

新闻传播的内环境和外环境是新闻环境中的重要组成环节。新闻的内环境是指各媒体环境与媒体间环境的综合媒体环境。新闻传播的外环境，是由内环境以外的所有社会子系统相互作用构筑的一种传播条件和氛围。[①] 政治、经济、技术等作为新闻传播外环境的构成要素，通过作用于新闻传播的内环境，进而影响传播效果。当新闻传播的外环境和内环境产生积极互动，形成良性的运行机制时，会产生新闻传播的正效应，反之则为负效应。同样，西藏地区媒体对于当地受众国家认同的建构效果，同样受西藏当地的经济、政治、技术等因素的影响和制约。因此，提高西藏媒体对于国家认同的建构水平，可以首先从传播外环境的经济、政治、技术等方面采取相应措施。

1. 探索西藏媒体的市场化道路，壮大媒体经济实力

推动西藏新闻媒体的市场化是激活西藏传媒生命力、提高传媒影响力的不二途径。首先，在资金和政策上加大对西藏地区新闻媒体的扶持力度。西藏媒体肩负实现社会效益的重要使命，同时媒体的双重属性决定了不能忽略其经济效益的实现，只有两个轮子一起转，媒体才能真正实现自己的功能。2000 年 9 月，为了加大西部大开发的力度，巩固广播电视“村村通工程”的成果，国家推出了针对西藏、新疆等边疆少数民族地区广播电视覆盖工程（简称“西新工程”）。政策的贯彻保证工程的切实落实，推进了农村广播电视节目无线覆盖工程建设，提高了农村地区广播电视无线覆盖水平，并且改善和提高了广大农村群众收听收看中央广播电视节目的水平和质量，也为西藏新闻传媒事业的发展提供了必要的硬件条件。今后一个相当长的时期内，中

① 杨保军：《新闻理论教程》，中国人民大学出版社，2005 年，第 395 页。

央、自治区两级财政应继续加大资金投入力度，使西藏地区新闻传播事业与内地接轨，总体赶上内地水平。

同时，在西藏媒体发展战略的制定上，要加大对媒体进入市场的支持力度，在资金、税收等方面给予倾斜，鼓励西藏当地媒体转变观念，按新闻规律办新闻、按市场规律经营媒体，以积极的姿态参与市场竞争，接受市场和受众的检验，在市场竞争中发展和壮大自己。

2. 借力媒介技术革命，推动媒介融合发展

（1）推进媒介数字化进程，打造西藏新闻传播数字化平台。坚持以数字化为龙头，以科技创新带动体制、机制创新，加快媒体现代化进程。

西藏报刊等传统纸媒应加速向数字传播转型，打造“数字报业”，实现媒体的报网融合和受众的数字化阅读；西藏电台、西藏电视台则应加快台内数字化建设，运用新技术手段提高节目质量。西藏新闻网等网络媒体应加大投入，突出网络传播优势，成为舆论引导的风向标和轻骑兵。同时，积极构建数字技术新体系，搭建复合型的制播系统。

通过构建数字化与网络化的新型新闻出版形态，整合媒体内部的产品和资源，开发出相应的增值服务，重塑营利模式，打造相对成熟的产业链条。

（2）促进媒介融合发展。

西藏地区尽管在传统新闻媒介发展上与内地有着较大差距，但可以借助新技术革命，取得媒介融合发展的后发优势。一是通过行政资源和资本资源整合，充分发挥纸质媒体、电子媒体和网络媒体的优势，引入战略投资，尽快成立跨媒介的媒介集团。以此为龙头，撬动西藏新闻媒介的改革和发展。二是实现媒介与当地其他文化产业的资源整合，充分利用西藏的文化、旅游等资源，开展跨行业融合，使媒介产业尽快做大做强，使新闻媒介产品全面融入西藏公众的日常生活，从而提高新闻媒介的影响力。

（二）革新传播理念

宣传和传播的理念有着非常大的差异，简言之，一为灌输、说服，一为沟通、分享。在全球传播语境下，新闻媒介需重新审视自己的力量和影响。

1. 坚持受众本位，合理设置议程

调研发现，西藏媒体的新闻报道，着眼点在宣传，简单地宣传国家、自

治区的政策，讴歌经济建设的成就，传达社会主义核心价值观，媒介议程和政府议程高度吻合。传播理念是以建构官方话语为主，运用公文意味浓厚和政治色彩浓厚的新闻话语进行事实建构。在话语主体的选择上，政治活动和政府官员占据主导地位，来自民间大众的声音、对公众生活和情感的关注很少，公众成为一个个模糊的概念或数字，这便引出了一个问题：媒介议程和公众议程的疏离和错位。

因此在传播理念上，要进一步确立“受众中心”的传播理念，合理设置议程，坚持“贴近生活、贴近群众、贴近实际”的“三贴近”原则，站在西藏地区寻常百姓的价值立场，以其所需、所感、所思作为新闻原胚来进行新闻话语的建构。从传播心理上，真正将藏族同胞放在主体位置，而不是以冰冷政治话语将其边缘化。从传播姿态上，转高高在上的俯视视角为平视视角，转“灌输式”、“推送式”的宣传为启发式、互动式的传播来进行新闻报道。

2. 从宏大叙事转向日常叙事

传播的理念和归宿并非是一味地向党和政府报平安唱赞歌，而是通过一篇篇实实在在的报道，在受众内心唤醒共同的文化记忆，描绘出一个情感图谱，从而搭建起一座归属之桥，实现传播链条从“他者的理念”到“自我的认同”的真实建构。同时，国家认同的建构不是孤芳自赏式的建构，而是一种让渡自我满足的建构。从传播的情感色彩上来说，从宏大的姿态到务实的反应，往往能够使受众感受到传播者立场的真实和传播目的的真诚，从而实现认同的建构。

因此传播理念上要从“务虚”转为“务实”，当然建构意识形态仍然不可或缺。淡化政治色彩，减少意识形态的建构，在国家大事和普通受众的实际利益之间寻找结合点。不空谈，不要官腔，少谈主义，多做实事。立足客观现实，反映真实民情民意，正面宣传主流价值观，增加共同记忆和文化色彩，增强报道的生命力和生活气，把缺乏趣味性、生活味的政策方针，用讲故事的方式，转化为百姓喜闻乐见的方式。把形而上的认同、理念用读者可感可知的方式加以呈现。将国家认同渗透到每一个客观事实的细节里面，将国家认同的宏大命题和西藏老百姓的心理、生活、接受能力、风俗习惯等方面有机结合起来。

3. 去神秘化、去东方主义

萨义德曾以伊斯兰研究为中心分析欧洲的东方学，他把这种学问视为一种根据东方在欧洲西方经验中的位置而处理、协调东方的方式。在这种方式中，东方是欧洲自我得以建立的他者，东方主义，是被人为创造出来的理论和实践体系，充满了想象和偏见。

在西藏媒体建构西藏—国家关系的同时，西方媒体也在建构着他们眼中的西藏。国外媒体和学者往往把西藏建构成一个充满精神气息、神秘莫测的充满意识和观念的梦幻世界。“神智论创造了一种理想的、超现实的西藏形象，一片未受文明污染的、带着精神性的、神秘主义的、没有饥饿、犯罪和滥饮的、与世隔绝的国度，一群仍然拥有古老的智慧的人群。”在这种神秘化建构的同时，他们又往往出于意识形态偏见和政治目的，把作为政治体的中国和人文西藏对立起来，从而建构出他们的西藏—中国形象和所谓“西藏问题”。在这种图谱下，西藏又成了宗教、人权等概念的抗争场域。

韦伯认为，我们时代的基本特征是理性化、理智化，最主要的则是“世界的祛魅”，把一切非理性的神秘主义加以清除。因此，西藏媒体在传播理念上要坚持公平正义的理念，用理性报道，用客观事实说话，遵循新闻传播的规律性标准和规范性标准，做到从内容到形式上的严谨。因此，西藏媒体在新闻传播理念上要发挥主观能动性和创造力，以我为主，掌握舆论引导的主动权。比如积极、主动地进行议程设置，重构西藏形象；研究不同国家受众的受众心理、媒介接触习惯等，进行专门针对国外读者的对外传播和宣传；针对国外媒体对于西藏议题“神秘化”和“东方化”的建构，寻找其逻辑漏洞和理论缺陷，进行行之有效的反向建构；提高区内媒体应对国外媒体的水平，而非被动、延迟报道，给国外媒体留下攻击的口实。

（三）提高、强化西藏地区受众的媒介素养和现代公民意识

作为传播链条上非常重要的一环，受众不仅承担着信息收受者的角色，同时对于作为传者的新闻媒介也有能动的反作用。只有当受者与传者维系着良好的互动关系时，才能确保传播链条的完整和传播活动的有效运行。而当受者一方出现问题时，则会直接影响到传者的传播方针的制定、传播内容的确定以及传播策略的规划等，从而进一步影响传受效果。

1. 提高受众的媒介素养

受众的媒介素养是指受众运用和使用媒介的能力。媒介素养的高低影响着传受关系的构建和传播效果的实现。当受众媒介素养较高的时候，会增加

媒介接触的频率，并且选择个性化的媒介来进行信息的获取，从而增加媒介接触的深度。“知沟”理论认为，对新媒介技术及其传播内容的接触和使用需要相关知识，这对现有信息能力较弱的认识者是不利的。媒介素养不高的受众则会与媒介素养高的受众产生“信息沟”。

由于经济、文化发展相对滞后，再加上特殊的地理环境，西藏地区的受众的媒介素养水平相对不高。通过问卷调查的结果分析得知，西藏地区受众接触广播、电视、报纸等传统媒体的频率要远远大于网络、手机等新媒体的频率。也就意味着大部分西藏受众更多依赖参与度相对低的媒介来获取知识，对技术操作要求和参与度较高的新媒体，他们的接触频率和深度还相对较低。

针对这种状况，政府和媒介应在提高受众的媒介素养上加大投入，增强他们面对媒介各种信息时的理解和选择的能力、评估和质疑的能力、创作和制作的能力。政府和媒体应大力向公众普及和推广媒介知识，搭建信息交流的平台，不断降低西藏受众的准入门槛，推动西藏当地受众积极使用自媒体和新媒体，鼓励受众积极进行意见表达和提出利益诉求，提高受众接触媒介的可能性和参与舆论建设，接触媒体的能力和水平。

2. 培养西藏受众的现代公民意识

历史上，西藏是个以藏族为主的多民族地区，在特定的时空观念下形成了自己的民族身份和地域身份。但在全球化和市场化的过程中，西藏部分民众对个人身份的重新界定出现了焦虑。媒体应通过新闻传播，帮助西藏受众完成向现代公众的身份转换。现代公民是指具有人本精神、法治精神、参与精神和开放精神的人，他们是社会稳定和国家发展的中坚力量。培养和强化现代公民意识就是要向受众呈现一个开放、法治、平等、包容的西藏，一个与国内其他地方一样享受着发展成果的同时也在经历改革阵痛的西藏，在取得了辉煌成就的同时也面临着种种问题的西藏，并使公众自觉参与到公共事务中来。

这是一个相对漫长的过程。新闻媒体应积极营造一个公开、透明、公平、自由的社会公共空间。培养西藏受众对于社会的关切度和认同度，培养他们独立思考、理性表达自身诉求、关心社会事务、维护法律尊严、恪守社会公德的意识和能力。

参考文献

1.《西藏和平解放60年白皮书》，新华网，2011年7月11日。

2.《“十二五”（2011年～2015年）时期西藏经济社会发展规划纲要》。

3. 孙聚成、孟晓林：《与〈西藏日报〉共成长》，中国共产党新闻网，2011年6月17日。

4. 孙聚成、孟晓林：《与〈西藏日报〉共成长》，中国西藏新闻网，2011年6月21日。

5.《〈拉萨晚报〉今天推出网络版》，人民网，2000年12月29日。

6. 曾庆香：《新闻叙事学》，中国广播电视出版社，第160页。

7. ［荷］托伊恩·A. 梵迪克著、曾庆香译：《作为话语的新闻》，华夏出版社，第57页。

8. ［美］鲁恂·派伊著、任晓等译：《政治发展面面观》，天津人民出版社，2009。

9. ［美］加布里埃尔·阿尔蒙德、小G. 宾厄姆·鲍威尔著、曹沛霖、郑世平、公婷、陈峰译：《比较政治学》，上海译文出版社，1987，第35～40页。

10. ［美］塞缪尔·亨廷顿著、王冠华、刘为等译：《变化社会中的政治秩序》，生活·读书·新知三联书店，1989，第30～36页。

11. ［美］本尼迪克特·安德森著、吴叡人译：《想象的共同体》，上海人民出版社，2003，第5～35页。

12. 阎嘉：《文化身份和文化认同研究的诸问题》，周宪主编：《中国文学与文化认同》，北京大学出版社，2008，第3页。

13. 高永久、朱军：《论多民族国家中的民族认同与国家认同》，《民族研究》，2010年第2期，第26～27页。

14. 贺金瑞、燕继荣：《从民族认同到国家认同》，《中央民族大学学报》（哲学社会科学版），2008年第3期，第7页。

15. 都永浩：《民族认同与公民、国家认同》，《黑龙江民族丛刊》，2009年第6期，第1页。

16. 江宜桦：《自由主义、民族主义与国家认同》，扬智出版公司，2000。

17. 郭艳：《全球化语境下的国家认同》，中共中央党校中国博士学位论文全文数据库，2005，第2页。

18. 俞可平：《从权利政治学到公益政治学：新自由主义之后的社群主义》，http：//www. law—thinker. com/show. asp · id=671。

19. 金玉萍：《媒介中的国家认同建构——以春节联欢晚会为例》，《理论界》，2010年第1期，第159页。

20. 石义斌、熊慧：《媒介仪式，空间与文化认同：符号权力的批判性观照与诠释》，《湖北社会科学》，2008年第2期，第172页。

21. 陈旭辉：《中国国家形象建构中的媒介因素研究》，《中国传媒大学第三届全国新闻学与传播学博士生学术研讨会论文集》，2009，第546页。

22. ［英］厄内斯特·盖尔纳著、韩红译：《民族与民族主义》，中央编译出版社，2002，第166页。

23. 刘燕：《国家认同建构的现实途径：大众媒介与“想象社群”的形成》，《浙江学刊》，2009年第3期，第197～199页。

24. ［英］戴维·莫利著、史安斌译：《电视、观众与文化研究》，新华出版社，2005，第308页

25. ［英］罗杰·西尔弗斯通著、陈玉箴译：《媒介概念十六讲》，台湾韦伯文化，2003，第123、146页。

26. ［英］迈克·克朗著、杨淑华、宋慧敏译：《文化地理学》，南京大学出版社，2003，第118～119页。

27. Edgar，A. & P. Sedgwick（eds.）Cultural Theory：The Key Concepts［Z］. London and New York：Routledge，2003. p. 34.

28. ［法］爱弥尔·涂尔干著、渠东、汲喆译：《宗教生活的基本形式》，上海人民出版社，2006，第8页。

29. 陈力丹主持：《传播是信息的传递还是一种仪式——关于传播“传递观”与“仪式观”的讨论》，《国际新闻界》，2008年第8期，第44～49页。

30. Couldry，N. Media Rituals：A Critical Approach［M］. London and New York：Routledge，2003，pp. 29—57.

31. 张茜：《媒介发展对仪式的影响及媒介仪式的产生》，《东南传播》，2009年第6期，第98页。

32. Thompson，J. The Media and Modernity［M］. Cambridge：Polity，1995，p. 17.

33. [美] 麦库姆斯著：《议程设置：大众传媒与舆论》，北京大学出版社，2008，第 43 页。

34. 陈力丹：《关于传播学研究的几点意见》，《国际新闻界》，2002 年第 2 期，第 54 页。

35. 段善策：《作为新闻的框架：从贝特森到梵·迪克》，《东南传播》，2010 年第 7 期，第 84～85 页。

36. 张萍萍：《台湾〈联合报〉与〈自由时报〉关于“陈云林访台”报道的框架分析》，《东南传播》，2009 年第 1 期，第 56 页。

37. 汪晖：《东方主义、民族区域自治与尊严政治——关于“西藏问题”的一点思考》，《天涯》，2008 年第 4 期。

38. 白润生：《当代中国少数民族新闻事业调查报告》，中央民族大学出版社，2010，第 108 页。

39. 李瑞生：《民族地区媒介生态基本特质及其生态优化》，《新闻窗》，2007 年第 6 期。

40. 杨保军：《新闻理论教程》，中国人民大学出版社，2005，第 395 页。

附录：《西藏日报》新闻报道内容分析编码表

2011 年 7 月 1 日～2011 年 7 月 25 日

一、一般资料统计

1. 新闻报道编号

2. 报别：《西藏日报》

3. 日期

二、报道内容

4. 政治内容：

①领导人视察活动、讲话

②政治会议

③政策解读

④领导人讲话实录

5. 经济内容：

①经济成就

②援建工作

③产业发展、工程建设

④经济政策、会议

6. 科教文卫内容：

①文化建设成就

②医疗卫生发展

③教育发展

④娱乐休闲生活

⑤文化政策、会议

7. 社会新闻内容：

①衣食住行

②社会治安

③社区建设

8. 藏族文化与藏民

①藏族历史传统

②民俗民风

③藏民

④藏区美景

三、报道方式

9. 消息来源

①新华社

②《人民日报》

③其他地区媒体

④自采新闻

10. 报道倾向及其特点

①正面宣传，赞美、肯定

②负面批评，谴责、否定

③中立或无法判断

11. 报道题材

①消息

②评论

③人物通讯
④风貌通讯
⑤政策文件原文、领导人讲话原文转载
⑥调查性报道
⑦照片、图片报道
⑧读者来论、来信
12. 报道地区
①拉萨地区
②林芝地区
③昌都地区
④阿里地区
⑤山南地区
⑥日喀则地区
⑦那曲地区
13. 报道主体
①国家、地区领导人
②社会精英阶层
③宗教人士
④普通大众

四、版面编排

14. 版面位置
15. 是否配图
①是
②否
16. 报道篇幅
①长篇
②中篇
③短篇

重庆卫视“主流媒体公益频道”考察

课题组组长　刘瑾鸿

课题组成员　陈璇　张祎

一、重庆卫视改版调研概况

（一）调研缘起

2011 年 1 月 3 日至 2012 年 3 月底期间，重庆卫视在当时特定的政治环境下实行了一次目标为“主流媒体 公益频道”的改版，力图打造“省级第一红色卫视”，停播所有商业广告，晚间黄金时段不播商业电视剧，取而代之的是自办栏目。随后在 3 月 1 日再次抛出改版宣言——提出要做“主流媒体、公益频道”的口号，在全天时段不再播出广告。重庆卫视的改版引来舆论的热议。《北京日报》、《重庆日报》、新浪新闻中心、新华网山西频道、腾讯新闻、人民网强国论坛、华声论坛等多家媒体先后对重庆卫视改版进行了报道，赞扬与质疑的声音诉诸公众的视听：赞扬者称重庆卫视能在电视娱乐化的潮流中举起社会责任、公益精神的大旗实属难能可贵；质疑者称重庆卫视此次改版为红色频道是在走历史旧路，想重掀“文革”之风。我们认为，无论社会评价如何，作为我国地方卫视发展历程中鲜见的一次改版尝试，在学术上是具有考察价值的。为此，调研组于 2011 年 7 月中旬启程赴渝对重庆卫视的此次改版进行了调研。调研于 8 月中下旬结束，历时一个半月左右。

（二）调研方法简介

此次调研调研组采用了质化与量化相结合的研究方法。其中，质化研究方法包括访谈法、观察法。量化研究方法为问卷调查法。

1. 访谈法

在调研期间，调研组先后访谈的对象有重庆卫视频道运营中心卫视综合部的韩奕主任、赵红主任，重庆广电集团（总台）办公室主任张向东、重庆广电集团（总台）办公室发展研究中心研究员钱斌、重庆市委宣传部新闻出版处处长邱振邦等。在这些访谈中所涉及的问题有重庆卫视改版的设想、目标和预期效果及资金支持、重庆卫视改版后的节目设计和编排思想、改版前后的收视率数据以及受众反馈、采编人员在工作中如何平衡商业利益与公共利益等。

2. 观察法

调研组成员为了近距离地感受重庆卫视的改版情况，进入重庆卫视《十大民生》[①] 栏目实习。调研组成员分别参与了重庆卫视《十大民生》栏目《让社区医院回归社区》和《穿上“五件衣服”农民工“温暖”进城》[②] 的实地采访、演播室编播和后期制作过程[③]。

3. 问卷调查法

针对重庆卫视改版之后的效果，调研组采取了问卷调查的方法。问卷共设计问题 22 个。其中，前 5 题是关于受访者基本社会信息的考察。除去这 5 个基本信息问题和最后 1 个开放性问题，其余 17 道题所涉及的调查内容主题分别是：收视喜好调查，对重庆卫视收看行为调查，对改版了解程度及态度调查，重庆卫视改版后节目评价调查。[④]

调研组共回收有效问卷 602 份，受访者基本情况如下：

---

① 《十大民生》栏目：原为重庆卫视 2011 年 3 月改版之后推出的《民生》栏目。2011 年 7 月，自重庆市委书记薄熙来提出重庆市“十大民生”工程之后，改名为《十大民生》。播出时间为：上午 8 时 26 分。专题，每集 20 分钟，主要报道内容围绕重庆市十大民生工程而展开：公租房建设、进城农民工的户籍问题、城市环境综合整治、“两翼”农户万元增收、农村留守儿童等方面的关爱计划、农村养老保险、医疗卫生向基层倾斜、发展微型企业、校园民警和 500 多个交巡警平台、“森林重庆”，“三项制度”，新农村建设等。

② 《穿上“五件衣服”农民工“温暖”进城》：节目在 8 月 8 日重庆卫视《十大民生》栏目播出，是调研期间陈璇参与的节目。

③ 《让社区医院回归社区》：节目在 8 月 22 日重庆卫视《十大民生》栏目播出，是调研期间张祎参与的节目。

④ 问卷的具体情况，详见附件 1。

表1　受访者基本情况一览表

类别		数量（人）	百分比（%）
性别	男	277	46.0
	女	325	54.0
年龄	青年	407	67.7
	中年	139	23
	老年	56	9.3
籍贯	重庆市	449	74.6
	其他省市	153	25.4
文化程度	未受高等教育	166	27.6
	高等教育及以上	436	72.4
职业	学生	126	20.9
	工人	10	1.7
	企业职员	223	37.0
	个体从业者	58	9.6
	农村务农人员	14	2.3
	机关事业单位人员	105	17.4
	离退休人员	15	2.5
	无职业	20	3.3
	其他	31	5.1

从上表中的数据看，受访对象中以青年人为主，占比为67.7%，且学历较高，大学及以上学历占比为72.4%。从职业分布来看，受访对象学生和企业职员所占比例最高，两者合计占比超过50%。

二、重庆卫视改版介绍

（一）重庆卫视改版背景

重庆卫视自2009年5月以来曾进行了多次改版，尤以2011年3月改版的力度最大。在调研中，调研组了解到，在重庆卫视一系列改版的背后，首先是重庆市领导层有较大的人事变动，其次是重庆市经济的快速增长。具体来说，重庆卫视改版的背景，有以下几方面：

1. 重庆市社会与经济发展

2007年全国“两会”期间，胡锦涛对重庆的发展做出了被重庆市委称为“314”的总体部署[①]，这个部署成为重庆社会经济文化各方面建设的核心。同年秋，薄熙来从商务部调任至重庆市，担任重庆市委书记。此后，重庆市委市政府以“314”总体部署为核心，从城市交通、环境、社会治安、居民生活水准、身体素质等方面提出了“五个重庆”的发展目标，这也是继“314”国家整体部署之后重庆发展的具体战略目标。

——针对重庆地区的民生问题，重庆市委市政府在其召开的三届七次全委会上提出了做好十件民生大事的“3000字3000亿”决定[②]。这其中的措施包括为中低收入群众大规模建设公租房，推动户籍制度改革，实行专户居民宅基地、承包地弹性有偿退出机制等。

——在引进外资方面，自2008年至2011年10月底，重庆累计引进外资182亿美元，在近三年增长率保持在50%以上，均处于全国第一。

在访谈中，重庆广播电视集团（总台）频道运营中心卫视综合部主任韩奕对调研组说：“不论是五个重庆，还是3000字3000亿的十大民生，这一系列目标要求重庆从经济、文化、社会各方面加快自身的发展，这些目标的推进和完成，媒体的宣传影响和成果展示是很重要的一部分，重庆卫视作为电视媒体、党和政府的宣传喉舌在城市文化宣传建设上有着不可推卸的责任和

① “314”总体部署具体包括：三大定位——努力把重庆加快建设成为西部地区的重要增长极、长江上游地区的经济中心、城乡统筹发展的直辖市；一大目标——在西部地区率先实现全面建设小康社会；四大任务——加大以工促农、以城带乡力度，扎实推进社会主义新农村建设；切实转变经济增长方式，加快老工业基地调整改革步伐。参见苏伟、杨帆、刘士文：《重庆模式》，中国经济出版社，2011，第3页。

② 薄熙来：《抓好10件大事，切实改善民生》，《重庆日报》，2010.6.28。

义务。”

2. 重庆市委市政府对重庆卫视发展的重视

薄熙来来到重庆后曾对重庆卫视作出指示：“重庆要成为文化高地，重要资源就是重庆卫视，作为黄金资源，重庆卫视一定要站出来、立起来”。[①] 2009 年，薄熙来还对重庆卫视提出了“坚持主流、提高品位、别开生面、异军突起”的方针，这十六字方针可以看做是重庆卫视 2009 年以来历次改版背后主要的推手和指挥棒。

从全国的文化传媒行业来看，重庆市大众传媒无论从数量还是从影响力来说既无法跟北京、上海等直辖市相比，也无法跟广东和湖南等传媒业较为活跃的城市相比。重庆市报纸、杂志都缺乏具有全国影响力的品牌。重庆卫视是重庆市所有电视频道中覆盖范围最广泛的，也几乎是重庆唯一能够通向全国的媒体窗口，重庆卫视得到格外倚重也就不难理解了。正如重庆市委宣传部长何事忠在接受采访时所说的：“重庆卫视是重庆最重要、最便捷、最有效的宣传阵地。”[②]

重庆广播电视集团（总台）频道运营中心卫视综合部赵红在访谈中向调研组介绍：“市委、市政府领导多次提出，‘要珍惜频道的时间资源，要向广大干部和青年学生提供有益的有价值的文化传播，要把重庆卫视办成一本教科书。在重庆电视台的所有频道中，薄熙来只关注重庆卫视，经常会给卫视的节目制作以具体的指导和意见。《十大民生》、《五大重庆》的栏目命名都是薄熙来提出的，而且对这些节目反映重庆哪些方面的建设以及怎么反映的问题，都会和广电集团的领导进行面对面的会谈。”

以调研组曾参与制作的《十大民生》栏目为例，节目内容主要反映和讲述重庆户籍制度改革，进城农民工在住房、养老、教育、医疗、就业方面所获得的政策支持，而这就是重庆“民生十条”里面的内容。重庆卫视改版后的自办节目如《五个重庆》、《十大民生》、《天天红歌会》、《信念》、《品读》、《重庆好人》、《鱼水情深》等与重庆市委市府重点部署的工作如“五个重庆”建设，“唱红歌、读经典、讲故事、传箴言”活动，以及“大学生村官”、“大下访”、“打黑除恶”、“干部交流”等活动一一对应。可以说，改版后重庆卫

---

① 重庆电视台：《提升舆论引导力增强文化竞争力》，http：//www.cbg.cn/cqtv/2009－05/21/content _ 776657.htm，访问日期：2011.10.29。

② 《重庆宣传部长驳卫视红色风格走“文革”老路说》，《重庆日报》，2011.3.3。

视紧密配合重庆市市委市政府的各项工作，朝着重庆市委市政府所指引的方向努力——办成独有特色、展示重庆形象、提升重庆软实力的核心媒体。

3. 重庆市委宣传部对重庆卫视的反思

重庆市委宣传部新闻出版处处长邱振邦在接受调研组访谈时强调："从媒体责任的角度来看，重庆卫视的改版是在对近年来主流媒体功能如何发挥的思考基础上进行的。在媒体极大丰富的时代，报纸、电视、网络各种媒体充斥着各种各样的信息，这些信息铺天盖地、良莠不齐，在这样的信息环境下，重庆卫视作为重庆地区的主流媒体，应该在传播主流价值、传播社会主义核心价值体系中发挥更大的效应，引导和把握好舆论，在有限的时间内为广大受众传播更多有价值、有营养的东西，提高受众的人文涵养、思想境界。"

在2009年之前，重庆卫视和其他省级卫视一样，在激烈的市场竞争中，主要以娱乐化为主打栏目，以高收视率的电视剧来争夺受众和广告商的注意力。2004年重庆卫视将频道特色风格确定为"麻辣"，自办节目大多是用方言来演绎，例如知名的《生活麻辣烫》、《雾都夜话》、《龙门阵》等。2007年开始，重庆卫视在麻辣的特色上更加注重对电视剧的投入：在电视剧的购买上，不惜重金抢购热门电视剧的首映权；在电视剧的播放上，对电视剧的放映时段进行细分，针对不同的时段，不同的收视群体，推出不同类型的节目，进行类型化的编播，以凸显频道特色。这一系列的运作为重庆卫视赚足了眼球。2007年11月初重庆卫视的收视排行一举荣膺省级卫视第一位，全天综合排名跃居全国第二位①。

在收视率的大战中，电视媒体会过分迎合受众的需求而丧失了对受众的提升和引导。2007年8月，重庆电视台的选秀类节目《第一次心动》被广电总局叫停，并予以全国通报批评，广电总局认为其"评委言行举止失态"、"内容格调低下"，这是内地第一档被停播的选秀节目。重庆市委宣传部长何事忠在接受采访时曾经这样评价重庆卫视的节目："过去，重庆卫视片面追求收视率，广告多、电视剧多，节目格调不高，内涵不丰富，缺乏思想性，受众看了觉得收获不大，家长尤其担心青少年看电视浪费时间。"②

---

① 伍星：《解析重庆卫视突破之旅》，《经营者》，2007（24），第98页。
② 《重庆宣传部长驳卫视红色风格走"文革"老路说》，《重庆日报》，2011.3.3。

（二）重庆卫视改版介绍

回顾重庆卫视的发展，重庆卫视"红色频道"早在2008年就已开始"变色"，这正是在薄熙来任职重庆之后。2009年5月，重庆卫视开始提出"红色经典·英雄记忆"的口号，从此，电视节目内容的设置与重庆市委市政府所开展的市政建设工作的契合程度越来越高。2009年的改版可看做2011年重庆卫视"主流媒体　公益频道"转向的前奏和铺垫。调研组将重庆卫视的改版大致分成以下三个循序渐进的阶段。

1. 萌芽阶段：2008年7月至2009年5月

从2008年7月开始，重庆卫视开办了专门唱红歌的《每日一歌》、讲述革命故事的《故事中国》、播出经典纪录片的《记忆》以及"唱读讲传"栏目，同时还将电视剧播出时间减少了28%[①]；在电视剧内容的选取上，也开始偏重革命和英雄题材。不同于大多数省级卫视所进行的多次改版过程中是以商业利益为主要方向，这时的重庆卫视就已经有了比较明确的宣扬主旋律的意味。

2. 铺垫阶段：2009年5月至2010年底

2009年，在"坚持主流、提高品位、别开生面、异军突起"这一方针指导下，重庆卫视进行了改版。在原有的"故事中国·人文天下"的总体定位下，又提出了"红色经典·英雄记忆"的口号。改版后的变化如下：

（1）新闻栏目方面：新闻节目从4档增加到6档，时长从112分钟增加到140分钟，由全国前12强卫视的第7位升至第3位[②]。新开《财经新闻》、《晚间新闻》、《高端论坛》等节目。其中《高端论坛》是一档结合重庆发展和全国经济建设的问题，约请国家级的知名专家学者和省市领导进行访谈讨论的栏目。

（2）电视剧方面：电视剧的每周播出量减少4集，由原来全国的第3位降到第9位；推出以《江姐》、《卢作孚》、《雾都魅影》、《闯夔门》、《朝天门》、《敢死队》、《民国奇案》等本土红岩文化和英雄题材为主的电视剧，还有《花篮的花儿香》、《相依为命》等全国性英雄题材电视剧；同时制作和播放《千

① 中国新闻网：《记录重庆卫视的红色之路》，http：//www.chinanews.com/yl/2011/07－07/3164743.shtml，访问日期2011.10.10。

② 此处所说的排名是指全国省级卫视中同类节目播出时长的排名。

秋红岩》、《见证三峡》、《红色通缉令》等重庆题材的纪实文献片和纪录片。

(3) 专题节目方面：专题周节目播出量由原来的全国第8位升至全国第一位。在《巴渝文苑》中开播“红歌唱遍新重庆”专栏。栏目中播出全市各区县、各行业、各大专院校开展的唱红歌活动，并通过观众投票和专家评审的方式进行评奖，获奖作品在《每日一歌》中进行系列展播。在《故事中国》栏目中，以重庆“红岩”为主干，以本土故事题材、本土讲述人讲述的方式，发掘、组织一批故事节目，在演播室和固定景区制作播出。将《品味经典诵读》栏目从地面频道重新包装到上星卫视频道播出，该栏目精选古往今来的诗词佳作、散文精粹进行赏读和解析。这次改版一方面增加了更多的宣扬主流文化、红色文化的主题；另一方面电视新闻专题与重庆市委市政府工作的配合程度越来越高。

3. 全面启动：2011年1月至2012年3月底

2010年9月，重庆卫视在其2011年媒体推介会上，宣布围绕“核心剧场再造收视中国红”、“特色栏目演绎中国红”、“大型活动光耀中国红”的“三红”战略，推出“我有中国心·我爱中国红”的升级品牌发展战略，红色频道的发展道路越发鲜明、坚定。

2011年伊始，重庆卫视再次启动改版步伐。先是在1月3日，重庆卫视正式宣布打造“省级第一红色卫视”，其最大亮点是晚间黄金时段不再播出电视剧，以《记忆》、《民生》、《信念》等新闻节目和自办红色文化节目取而代之。

2011年3月1日，重庆卫视再次进行改版，这次改版的一个重要内容是提出以“主流媒体、公益频道”为建设目标，通过增加新闻节目、公益广告和公益宣传片等方式，致力打造全国第一家公益电视频道。这次改版的变动集中体现在“一不二减三增”，具体包括：

一不：重庆卫视在任何时段都不再播商业广告。重庆卫视改版前，每天播出商业广告时长近300分钟，并且经常在电视栏目中插播广告。停播商业广告后，重庆卫视每年商业广告收入将减少3亿元。重庆市政府决定由市财政拨付一半资金，另一半资金由重庆广电集团通过其他项目收入补给。

对不再播出商业广告这一举措，重庆市委宣传部新闻出版处处长邱振邦在访谈中告诉调研组：“这个决定的做出存在着偶然性，在重庆卫视思考通过什么样的方式将改革达到比较理想化状态的时候，‘法国公共频道禁播广告’

的新闻[①]机缘巧合地被宣传部门领导看到，限制或者禁止商业广告的播出因此成为备选的举措。限制播出商业广告意味着可以限时点、限内容地少播、精播，商业广告的利润还能被保留部分；禁止播出则意味着商业广告的利润将完全为零。但是限制播出还会引发何时限制、对何种内容限制等一系列后续问题，因此，为了避免后续问题的产生，索性一次做到极致——从此禁止商业广告的播出。另外，从制造宣传效果的角度来说，限制播出和禁止播出这两个程度不同的举措实施后在学界和业界所产生的影响和冲击力也绝对不是同一个层面同一个级别的。”

重庆卫视改版之所以能够引起如此大的关注，禁播广告这一举措确实功不可没。提到重庆卫视，大家都知道它不再播商业广告，也注意到它是个“红色频道”，“要知道，这样的效果，即便是花 2～5 个亿去全国各地打重庆卫视的广告也不一定有这么大的效果”[②]，邱振邦如是说。

二减：一是减少电视剧播出量，且不在黄金时段播出。改版后的影视剧类节目包括《原版电影》、《经典电影赏析》、《英雄剧场》，其中每天播放电视剧 180 分钟，与改版前相比减少了 270 分钟。二是减少外购外包节目播出量。重庆卫视原来很多节目依靠外部购买和外包制作，要花费大量的物力财力。改版后外购外包节目由原来的 3 个减少为 1 个。

三增：一是增加新闻节目播出量。新闻类节目包括《CQTV 早新闻》、《CQTV 午新闻》、《重庆新闻联播》、《民生》、《直播重庆》和转播中央电视台《新闻联播》等，每天总时长约 240 分钟，与改版前相比增加了 78 分钟。二是增加自办专题节目和文化栏目。在继续做好《信念》、《记忆》、《品读》、《纵横天下》、《拍案警世》、《健康大学堂》等栏目的基础上，新推出了《天天红歌会》、《百家故事台》、《重庆好人》、《书香》、《民生·鱼水情》等栏目，与改版前相比，每天的播出时间增加 165 分钟。三是增加公益广告和宣传片。每天播出 60 分钟，比改版前增加了 52 分钟。一大批展示重庆改革发展生动实践、颂扬先进模范和感动重庆人物等方面的公益广告和宣传片得到播出，且不在单个节目或电影、电视剧中插播，而是安排在各档节目之间适当播出，以便受众完整流畅地观看重庆卫视。

---

① 根据时任法国总统萨科齐 2008 年 6 月宣布的一项改革计划，从 2009 年 1 月 1 日起，将全面禁止公共广播电视台在 20 时至次日 6 时播出广告；从 2011 年 12 月 1 日起，将全面禁止公共广播电视台播出广告。

② 笔者调研期间与重庆市委宣传部新闻出版处处长邱振邦访谈时，邱的原话。

重庆卫视①自2011年7月11日开始实行的编播计划显示，7月后的重庆卫视，在3月改版的基础上，全天新闻节目播出量再次增加，从3月的240分钟增至334分钟，占全天节目播出比例的23.2%；自办精品文化栏目也进行大板块编辑和多频次播出，播出时长平均每天共计865分钟，比例由之前的51.1%上升至60%；电视剧每天播出两集约占6.25%，相较3月的改版播出比例又有所下降；公益广告和宣传片的播出时长则由3月的60分钟增加至144分钟，约占整个播出比例的10%②。

表2　2011年1、3、7月重庆卫视节目单（节选）

1月3日节目单	3月3日节目单	7月14日节目单
06：35 健康大讲堂	06：00 健康大学堂（首播）	06：00 健康大学堂（首播）
06：53 每周一歌（首播）	06：20 信念（重播）	06：20 信念（重播）
07：00 CQTV早新闻	06：35 品读（重播）	06：35 品读（重播）
07：30 唱读讲传（首播）	07：00 CQTV早新闻	07：00 CQTV早新闻
07：50 品读（首播）	07：30 天气预报	07：33 天天红歌会（重播）
08：10 信念（重播）	07：35 天天红歌会（首播）	07：55 记忆（重播）
08：30 记忆（重播）	07：55 每周一歌（首播）	08：26 十大民生（重播）
09：05 纵横天下（首播）	08：00 记忆（重播）	08：48 五个重庆（重播）
09：45 原版电影	08：35 纵横天下（首播）	09：05 财经时间（重播）
	09：10 百家故事台（首播）	09：29 重庆好人（重播）
	09：30 民生（重播）	09：44 军民鱼水情（首播）
	10：00 直播重庆	10：00 直播重庆
	10：20 原版电影	10：20 经典电影
		11：43 百家故事台（首播）
12：00 CQTV午间新闻	12：00 CQTV午间新闻	12：00 CQTV午间新闻
12：35 民生（重播）	12：30 天气预报	12：30 天气预报
13：00 唱读讲传（重播）	12：35 信念（重播）	12：35 环球风（重播）
13：25 红色经典剧场	12：55 品味（重播）	13：08 信念（重播）

① 截止调研结束时间2011年8月。
② 数据来源：重庆广播电视集团（总台）频道运营中心卫视综合部。

续表

17：30 拍案警世（重播）	13：20 记忆（重播）	13：27 记忆（重播）
18：12 品读（重播）	13：56 每周一歌（重播）	14：00 直播重庆
18：24 每周一歌	14：00 直播重庆	14：17 十大民生（重播）
18：30 重庆新闻联播	14：15 民生鱼水情（重播）	14：40 五个重庆（重播）
	14：40 纵横天下（重播）	14：58 英雄剧场
	15：15 经典电影赏析（首播）	16：30 重庆好人（重播）
	16：50 书香（重播）	16：47 鱼水情深（重播）
	17：20 天天红歌会（重播）	17：05 信念（重播）
	17：40 品读（重播）	17：22 天天红歌会（重播）
	18：02 百家故事台（重播）	17：45 百家故事台（重播）
	18：25 重庆新闻联播	18：03 品读（首播）
		18：30 重庆新闻联播
19：00 中央台新闻联播	19：00 中央台新闻联播	19：00 中央台新闻联播
19：36 信念	19：35 信念（首播）	19：32 十大民生（首播）
20：00 经典电影赏析	19：55 记忆（首播）	19：53 五个重庆（首播）
21：25 记忆（首播）	20：30 品读（首播）	20：10 财经时间（首播）
22：00 民生（首播）	21：00 重庆好人（首播）	20：33 电影赏析
22：30 拍案警世（首播）	22：00 经典电影赏析（首播）	22：08 重庆好人（首播）
23：10 英雄剧场	23：30 重庆新闻联播（重播）	22：25 鱼水情深（首播）
		22：42 记忆（首播）
		23：15 信念（首播）

（三）重庆卫视改版效果及反馈

对于重庆卫视改版后所引起的社会反响，调研组试图从媒体关注、卫视收视率和市民反馈三个方面进行分析。

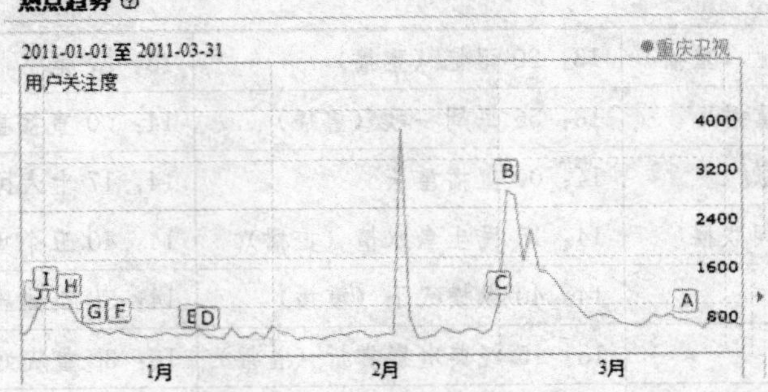

图 1 “重庆卫视”百度指数统计结果（2011. 1—3 月）

相关新闻 重庆卫视 更多>>

A	大学生可报名包装重庆卫视公益节…	中国日报	2011-3-24 11:01	>>3条相关
B	重庆卫视停播商业广告 推红歌会…	新华网	2011-3-2 16:08	>>2条相关
C	传重庆卫视停播所有商业广告 打…	中国广告网	2011-3-1 14:48	>>1条相关
D	重庆卫视联手中影集团打造红色品…	中国记协网	2011-1-24 08:57	>>6条相关
E	重庆卫视昨天签约战略合作伙伴	华龙网	2011-1-22 19:44	>>1条相关
F	重庆卫视打造红色频道 “怀旧”…	凤凰网	2011-1-13 10:38	>>1条相关
G	重庆卫视1月10日开始每晚邀观…	凤凰网	2011-1-10 09:44	>>5条相关
H	重庆卫视打造“红色频道” 吸引…	人民网	2011-1-7 17:18	>>8条相关
I	卫视大改版重庆卫视打造“第一红…	伊秀女性网	2011-1-4 10:02	>>1条相关
J	重庆卫视打造首个红色频道黄金时…	中国日报	2011-1-3 15:29	>>1条相关

图 2 百度指数有关重庆卫视媒体报道的数据（2011. 01—2011. 03）

1. 媒体关注

首先，重庆卫视的改版被其他媒体广泛报道。据不完全统计，2011 年以来全国媒介发文介绍重庆卫视节目达 1300 多次（篇）。① 调研组以“重庆卫视”为关键字，进行了百度指数②的搜索，百度指数数据显示，在重庆卫视两次宣布改版期间，话题关注数量有所提高（如图 1 所示）。其中，2 月和 3 月关注度达到两次峰值。在所有的媒体报道中，“不播广告”、“红色频道”是被提及最多的字眼，也是引发媒体热议的焦点。

媒体对重庆卫视的评价分为两派不同的观点：以中国新闻网的文章《为重庆卫视改版为“红色频道”叫好》认为：“其敢于在众多卫视争抢收视率、

① 数据来源：重庆市政府公众信息网，http://www.cq.gov.cn/zwgk/zfxx/355162.htm，访问日期：2011.10.29。

② 百度百科百度指数是以百度网页搜索和百度新闻搜索为基础的免费海量数据分析服务，用以反映不同关键词在过去一段时间里的“用户关注度”和“媒体关注度”，能形象地反映该关键词每天的变化趋势。

疯狂兜售商业广告的大环境中，决然‘变脸’，独树一帜地推出‘红色频道’，做‘第一个吃螃蟹的人’的勇气值得激赏……无疑，重庆卫视的改版使其在那些过度沉溺于商业化中的同类电视媒体中脱颖而出，刮起了一阵清爽的‘红色’旋风，也体现了媒体对观众负责、对社会负责的态度，值得褒扬。”① 否定的声音则认为：商业广告是市场经济发展不可或缺的行为模式，电视台作为商业广告的主要媒介载体，停播商业广告，无疑是一种倒退，不符合市场经济发展的规律。重庆卫视作为市场化、商业化运作的经济主体，就应当积极参与市场竞争，自负盈亏。再者，吃人嘴短拿人手短，依靠财政补贴维持运转，媒体往往就会沦为政府喉舌和宣传工具，从而丧失其作为新闻媒体应有的独立性。

有的评论还提出：“基于主流媒体维护主流价值观的前提，不能单靠重庆卫视一家撑起公益频道改革发展的旗帜，覆盖全国范围的公益频道应该建立起来，并发挥引擎作用。”② 但也有的学者提出对“公益频道”的疑义：“重庆卫视要真正成为‘公益频道’、‘公共电视台’，关键要看这个频道或电视台迈出的改革步伐是否能尊重客观规律和实现编辑权自主。”该学者认为，广告并不能成为公益频道的标准。清华大学文学与新闻传播学院的郭镇之教授则认为，“重庆卫视推出的‘红色频道’可视为当今文化生态的一种新尝试，其存在价值还需要观察。如果观众不感兴趣，有可能面临停播或转型”。同时，郭镇之教授认为，“红色频道”要想成为主流电视频道可能性不大。③

2. 重庆卫视收视率

改版之前重庆卫视的收视率曾一度稳居全国前列，改版之后其收视率则呈现出直线下滑的趋势。2011 年 4 月，央视索福瑞公布的 3 月全国 27 个城市收视数据榜单显示（表 3），在全天收视、晚间收视以及收视率和市场份额两个维度、四个指标上，湖南卫视位列榜首，重庆卫视在全国排名第 34，在省级卫视中位列第 22。

① 中国新闻网：《为重庆卫视改版为“红色频道”叫好》，http：//www.chinanews.com/cul/2011/03－04/2885360.shtml，访问日期：2011.11.20。

② 吴卫华：《重庆卫视改版对我国电视业界生态的影响》，《中国广播电视学刊》，2011 年（4），第 19～20 页。

③ 任达轩：《红色文化中的主流价值复兴——关于重庆卫视改版前后的反思》，《北京教育》，2011 年（3），第 7～8 页。

表3 2011年3月全国收视数据榜单

时间段	全天		时间段	晚间	
日期	2011—3—1至2011—3—31		日期	2011—3—1至2011—3—31	
频道	收视率%	市场份额%	频道	收视率%	市场份额%
湖南电视台卫视频道	0.63	5.61	湖南电视台卫视频道	1.8	5.93
中央电视台综合频道	0.55	4.46	中央电视台综合频道	1.26	4.15
中央电视台新闻频道	0.4	3.29	江苏卫视	0.79	2.61
中央台三套	0.3	2.41	中央电视台新闻频道	0.75	2.47
江苏卫视	0.29	2.36	中央台三套	0.63	2.06
中央台六套	0.29	2.35	中央台四套	0.58	1.92
中央台四套	0.29	2.34	浙江卫视	0.58	1.92
浙江卫视	0.25	2	中央台六套	0.57	1.88
中央台五套	0.23	1.83	北京卫视	0.54	1.77
北京卫视	0.22	1.77	安徽卫视	0.54	1.77
安徽卫视	0.2	1.6	中央台五套	0.46	1.53
天津卫视	0.18	1.45	天津卫视	0.44	1.46
中央台八套	0.16	1.31	中央台八套	0.41	1.34
中央台二套	0.16	1.27	上海东方卫视	0.35	1.16
上海东方卫视	0.15	1.21	辽宁卫视	0.34	1.11
辽宁卫视	0.14	1.12	中央台二套	0.3	0.98
江西电视台卫星频道1套	0.14	1.1	山东卫视	0.29	0.95
中央台少儿频道	0.14	1.03	中央台少儿频道	0.27	0.89
山东卫视	0.12	0.95	江西电视台卫星频道1套	0.26	0.86
云南电视台卫星频道1套	0.1	0.85	黑龙江卫视	0.22	0.73
黑龙江卫视	0.1	0.84	河南电视台卫星频道1套	0.22	0.73
河南电视台卫星频道1套	0.1	0.79	云南电视台卫星频道1套	0.22	0.72

续表

时间段	全天		时间段	晚间	
日期	2011—3—1 至 2011—3—31		日期	2011—3—1 至 2011—3—31	
频道	收视率%	市场份额%	频道	收视率%	市场份额%
湖北卫视	0.09	0.76	贵州卫视	0.2	0.65
四川卫视	0.09	0.74	湖北卫视	0.2	0.65
中央台十套	0.09	0.73	中央台十套	0.18	0.59
深圳卫视（新闻综合频道）	0.09	0.7	四川卫视	0.16	0.53
中央台十二套	0.07	0.6	中央台七套	0.15	0.49
贵州卫视	0.07	0.59	中央台十二套	0.14	0.47
北京卡酷动画卫星频道	0.07	0.55	深圳卫视（新闻综合频道）	0.14	0.46
中央台七套	0.06	0.52	北京卡酷动画卫星频道	0.14	0.46
广西电视台卫星频道	0.05	0.43	中国教育台一套	0.12	0.38
广东卫视	0.05	0.42	广西电视台卫星频道	0.11	0.37
重庆卫视	0.05	0.41	广东卫视	0.11	0.36
吉林卫视	0.05	0.37	重庆卫视	0.11	0.36
中国教育台一套	0.04	0.36	凤凰卫视中文台	0.09	0.3
			东南卫视	0.09	0.3

（数据来源：CSM27，全天 & 晚间 18～24 电视频道排名）

在最新统计的 10.30～11.6、11.7～11.13 两周晚间时段全国卫视的收视排行中，重庆卫视的排名表现也不乐观，位列第 27、28，见表 4。

表 4　10 月底～11 月初两周晚间卫视收视数据榜单

日期	2011—10—31 至 2011—11—06			2011—11—07 至 2011—11—13		
频道	收视率%	市场份额%	排名	收视率%	市场份额%	排名
湖南卫视	0.803	2.674	1	0.857	2.849	1
江苏卫视	0.663	2.207	2	0.772	2.566	2
浙江卫视	0.6	2.207	3	0.633	2.104	3

续表

日期	2011—10—31 至 2011—11—06			2011—11—07 至 2011—11—13		
频道	收视率%	市场份额%	排名	收视率%	市场份额%	排名
安徽卫视	0.447	1.488	4	0.479	1.594	4
上海东方卫视	0.407	1.355	6	0.419	1.394	5
北京卫视	0.413	1.374	5	0.415	1.379	6
天津卫视	0.391	1.303	7	0.4	1.33	7
山东卫视	0.361	1.201	9	0.377	1.253	8
深圳卫视	0.376	1.251	8	0.324	1.077	9
江西卫视	0.295	0.981	10	0.314	1.044	10
四川卫视	0.272	0.905	11	0.291	0.968	11
黑龙江卫视	0.197	0.656	14	0.214	0.711	12
湖北卫视	0.197	0.655	12	0.213	0.707	13
河南卫视	0.197	0.657	13	0.203	0.674	14
辽宁卫视	0.168	0.559	17	0.191	0.634	15
云南卫视	0.178	0.591	16	0.179	0.596	16
贵州卫视	0.193	0.643	15	0.156	0.519	17
东南卫视	0.153	0.51	18	0.122	0.407	18
青海卫视	0.144	0.48	19	0.12	0.398	19
广东卫视	0.107	0.358	21	0.102	0.341	20
广西卫视	0.126	0.421	20	0.099	0.329	21
吉林卫视	0.085	0.282	23	0.098	0.325	22
河北卫视	0.094	0.315	22	0.093	0.309	23
山西卫视	0.051	0.204	24	0.063	0.208	24
宁夏卫视	0.046	0.152	27	0.045	0.15	25
山西卫视	0.046	0.152	26	0.044	0.146	26
重庆卫视	0.04	0.134	28	0.044	0.145	27
内蒙古卫视	0.047	0.158	25	0.033	0.109	28
旅游卫视	0.033	0.109	29	0.027	0.091	29
西藏二套	0.03	0.101	30	0.027	0.088	30
新疆卫视	0.019	0.064	32	0.019	0.062	31
甘肃卫视	0.021	0.072	31	0.018	0.06	32

（数据说明：4^{+}，30 测量仪城市，晚间）

另据《2011年7月全国省级卫视频道网络影响力数据分析》[①] 一文，通过中视动力传媒文化中心网络影响力监测平台（CMM）对我国省级卫视频道在2011年7月的网络传播效果跟踪调查，得出7月我国31家省级卫视频道的网络影响力指数及其排名。

表5　重庆卫视1～7月网络影响力名次统计

月份	1月	2月	3月	4月	5月	6月	7月
名次	22	15	22	23	28	24	28

重庆卫视在全国31家省级卫视网络影响力排名中，除了6月略微有所回升，自今年3月改版以来名次都呈逐渐下滑的趋势。7月重庆卫视仅排名第28位，网络影响力指数还不及排在第一的湖南卫视的一半。

通过问卷调查，调研组对重庆卫视收视率下滑的原因一探端倪：

(1) 限播电视剧流失了大量观众。

黄金时段不播商业电视剧，是重庆卫视改版措施里的重要一条。对于这条措施，在所有参与问卷调查的市民中，非常赞成和赞成的占28%；其余的被调查对象均表达了较为否定和负面的态度和意见。

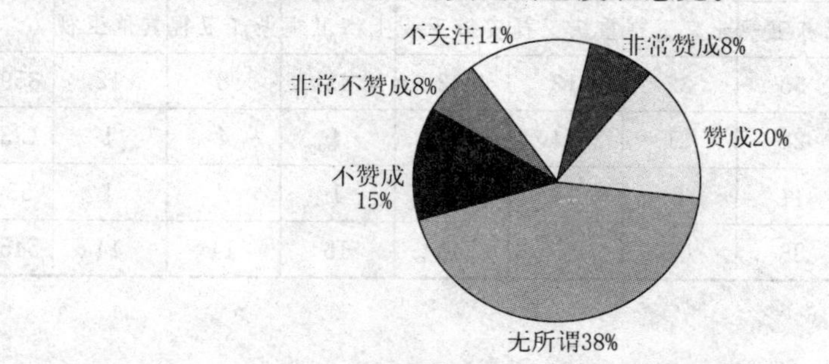

图3　观众对黄金时段不播商业电视剧的态度

电视剧是目前各省级卫视拉动本台收视率的有力工具，每个省级卫视都会在全天的大量时段中播放各种不同电视剧。重庆卫视在改版前能获得较高的收视率也跟当时播出热门的电视剧有关。2009年以来，电视剧的播出已不再是重庆卫视的重头戏，2011年1月改版先是黄金时段不播出电视剧，3月

① 李德刚、李岭涛：《2011年7月全国省级卫视频道网络影响力数据分析》，《中国广播电视学刊》，第87～88页，2011年(9)。

则再次减少影视剧的播出。影视剧播出的量少了，时间短了，对观众的吸引力降低了，收视率下降也就不足为奇了。

（2）节目内容难以吸引年轻观众。

在调查问卷中有关自己最喜欢的卫视频道项目中（如表6所示），最受被调查对象喜爱的前三名卫视频道分别是：湖南卫视、江苏卫视、北京卫视。这一排名与目前各省级卫视收视率排名的先后较为一致。考虑到调查问卷几乎全部都是在重庆本地完成，这一结果更有意义。从调研结果中，我们可以看到一个有趣的现象，有34%的老年被调查对象选择了重庆卫视作为自己最喜爱的卫视频道，这是所有的省级卫视在这一群体中最好的成绩。而与此形成对照的是，只有3%和18%的青年和中年被调查对象选择了重庆卫视为最喜爱的卫视频道，湖南卫视在这两个人群中的“成绩”是54%和38%。湖南卫视以“快乐中国”作为自己的品牌核心，大打娱乐牌，吸引更多年轻观众的注意力。而当前重庆卫视所传播的主流红色经典内容，吸引的是中老年人的关注，年轻观众群的流失在一定程度上造成收视率的下滑。

表6　市民最喜欢卫视频道排名统计

		卫视频道经常/喜爱频道第一名								总计
		湖南卫视	江苏卫视	北京卫视	重庆卫视	安徽卫视	上海卫视	浙江卫视	其他卫视	
年龄	青年	194	55	32	13	32	13	8	12	359
	中年	51	22	21	24	6	4	4	1	133
	老年	10	11	8	18	2	1	2	1	53
总计		255	88	61	55	40	18	14	14	545

3. 市民反馈

重庆卫视改版的原因之一就是为了更好地向市民更多地反映城市、民生建设所取得的成绩，传播更多的主流文化、精品文化。因此，市民对重庆卫视改版的评价和认知度应是全面考量重庆卫视改版社会效果的重要内容。针对这种考虑，调研组通过问卷的方式，对市民的反馈情况进行了调查。其结果如下：

（1）市民对改版后的频道定位了解程度较低。

如图4所示，在重庆卫视改版过去了5个月之后，[①] 被调查对象中只有4％的人非常了解其“主流媒体·公益频道”的频道定位及内涵；43％受访者的了解程度局限在“听说过，不怎么了解”。

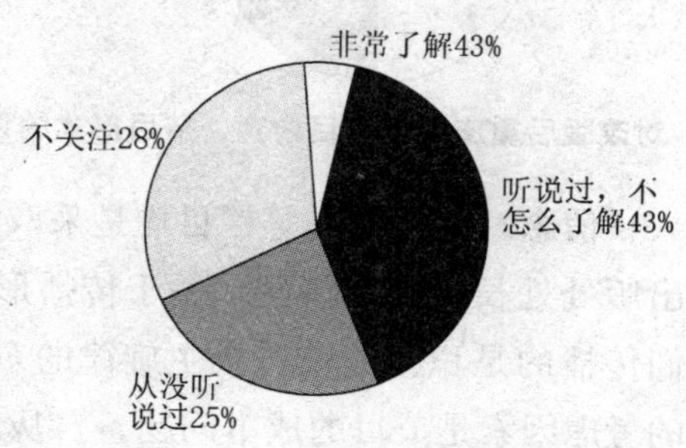

图4　对频道定位的了解程度

（2）市民对改版后节目的水平和质量认可度尚可。

如图5所示，25.1％的被调查对象认为改版后重庆卫视节目的水平和质量好和很好；46.2％的受访者表示改版后重庆卫视节目的水平和质量一般。

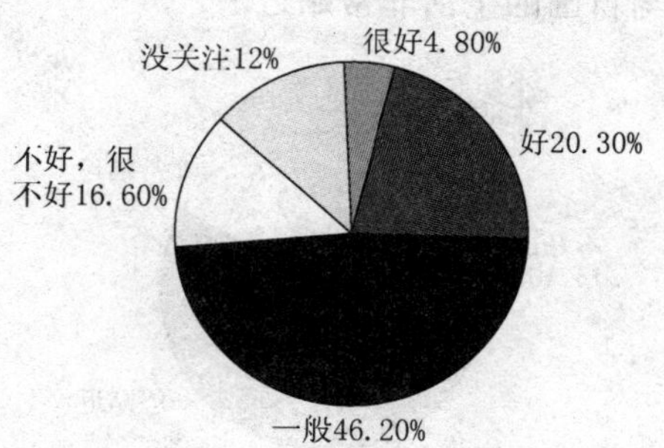

图5　对重庆卫视改版后节目水平和质量的评价

（3）市民对改版后的节目形式和内容评价较低。

如图6所示，只有24％的人认为内容比较丰富，节目形式比较多样；51.3％的人认为节目内容一般，形式也一般；更有24.7％的人认为改版后重庆卫视的节目形式太过单一，内容也不够丰富。

可以看到，在重庆卫视改版后新推出的栏目中，演播室播出的栏目占了

① 自2011年3月至笔者调研结束，2011年8月。

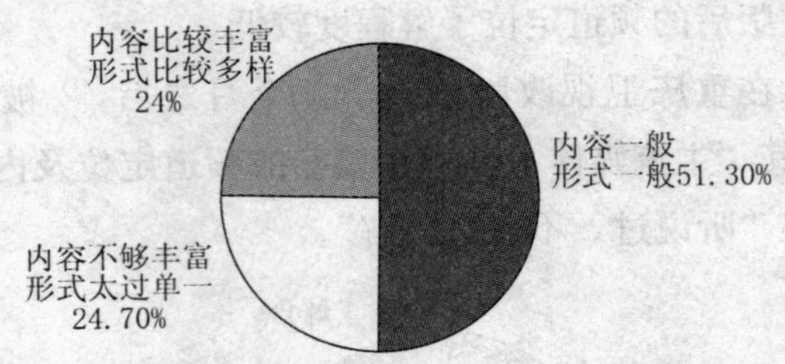

图6 对改版后重庆卫视节目内容、节目形式的评价

较大比例。像《记忆》、《信念》、《品读》等栏目均是采取演播室播出的形式。重庆市委宣传部新闻出版处处长邱振邦谈到，关于传播形式的问题他们也有过考虑。他说虽然我们传播的是积极健康符合主旋律的东西，但是传播手段确实比较单一，主要的考虑因素是节目的成本问题。自从停播商业广告之后，经济压力也随之而来，在收入减少的情况下，作为试探性的反应肯定是以低成本为最优选择。

(4) 市民认为节目内容与自己生活较为贴近。

55.8%的被调研对象认为节目内容与自己日常生活一般贴近，有8.2%的被调研对象认为节目与自己的生活非常贴近。

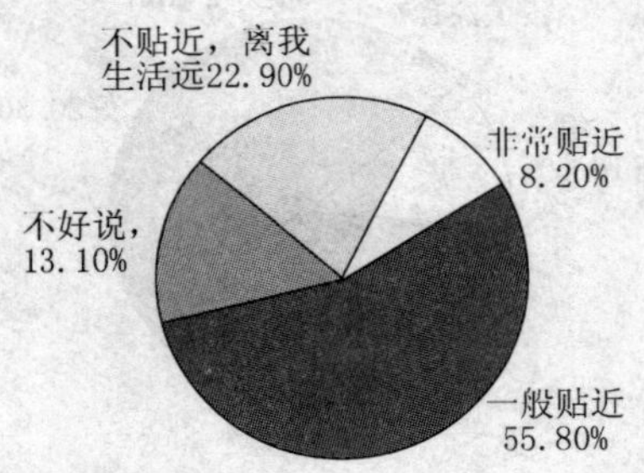

图7 改版后节目内容是否贴近自己生活

(5) 自办节目的受众关注度较低。

全新改版后，重庆卫视着重打造自办精品节目，其中包括《书香》、《重庆好人》、《鱼水情深》、《十大民生》、《五个重庆》、《天天红歌会》、《百家故事台》等六个栏目，希望通过这些栏目弘扬经典文化，从而切实承担起重庆卫视主流媒体引导社会、教育人民、传播知识、推动发展的责任。但是统计结果表明，这些节目观众的关注程度并不理想。

此外，在问卷的最后，笔者还设置了一道主观题，希望受访者对重庆卫视提出自己的意见和建议。填写意见的受访者虽然只占整体受访者的16%，有10名受访者对重庆卫视的改版持肯定和支持的态度，并希望其越办越好。另外86名受访者填写的意见，归纳起来包括以下5方面内容：①内容不要太政治化，应该更加生活化、娱乐化；②多向湖南卫视、江苏卫视等电视台学习，制作更多吸引年轻人兴趣和注意力的节目，提这种建议的受访者均为年轻人；③形式太过单一，内容不新颖，希望节目能够创新，更加多元化；④增加电视剧的播放时间，播出较新的电影，而不是年代老片；⑤提高节目的档次和品质。

三、如何看待重庆卫视的改版

对于重庆卫视此次改版，调研组有两点初步的认识：首先，不同于电视业过往任何一次以受众“眼球”和广告收入为诉求目标的改版，重庆卫视改版中，增加新闻类内容，减少播出电视剧，尤其是拒绝商业广告，很明显，这样的改版所追求的不再是电视台的经济收入。其次，重庆卫视“另类”改版的动力来自于重庆市政府，这是一次自上而下的改革。重庆卫视不再播出商业广告后，其运营收入中的一半由财政拨款予以补贴。这项措施非重庆卫视自身能力所及。重庆卫视的此次改版对于抑制目前国内省级卫视以收视率为圭臬、过度娱乐化的风气具有积极作用，但调研组对重庆卫视提出的“主流频道”以及成为“中国的BBC”等口号也存有疑义。

（一）重庆卫视改版的亮点

1. 停播商业广告，获得受众认可

近年来，电视银屏上广告泛滥无序受到社会各方批评。电视广告乱象的表现有：首先，尽管国家广电总局对晚间黄金时间内所播放的电视剧中的广告播出时间长度和位置作出明文规定，但各家电视台在电视剧中插播广告屡禁不止。其次，虚假广告充斥电视时间贻害观众。最后，广告内容低俗不雅，含有挑逗色情意味等。

重庆卫视在2011年3月1日停播所有商业广告，取而代之的是城市形象宣传片和公益广告。在播出时间上，城市形象宣传片和公益广告每天播出60分钟，7月之后增加至144分钟，约占整个播出比例的10%。在播出时段上，保证不在单个节目或电影、电视剧中插播，而是安排在各档节目之间适当播

出。重庆卫视的这一做法确实为电视银屏吹来了一股清新的风。在调研组的问卷调查中，有关“商业广告”态度调查项目的数据显示，占59%的被调查对象非常赞成和赞成重庆卫视不播出商业广告的举措（见图8）。

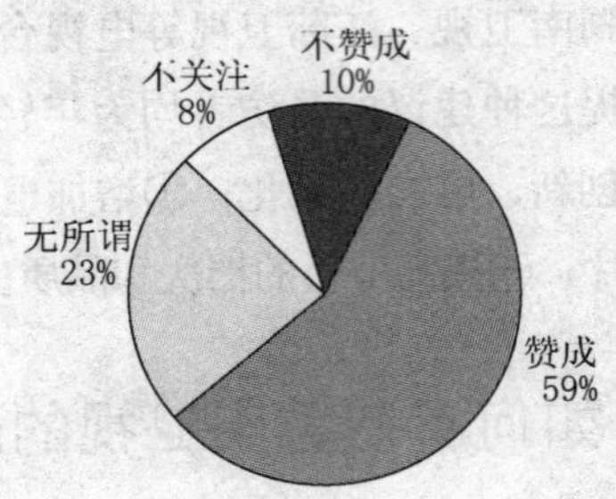

图8　对重庆卫视不播商业广告的态度

此外，调研组从重庆广电集团总台办公室发展研究中心研究员钱斌那里得到的研究资料①显示，在“您是否赞同重庆卫视不再播放商业广告”的专项调查中，绝大多数市民对重庆卫视不播商业广告表示赞同（见图9）。这样的结果与调研组问卷调查的结果相符合。

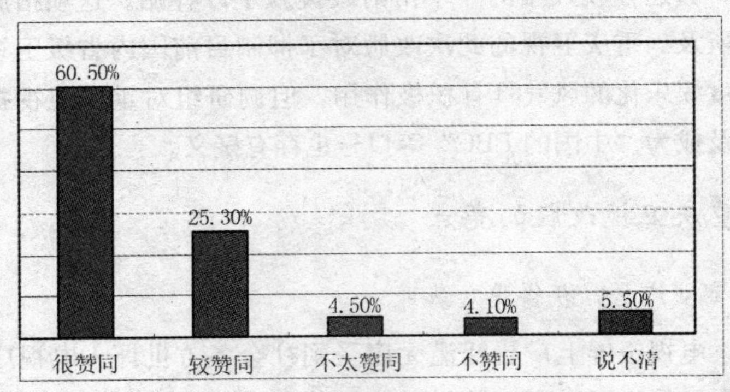

图9　市民对重庆卫视不播商业广告的赞同度

2. 抵制过度娱乐化，弘扬主流文化价值

国家广电总局于2011年11月28日下发《关于进一步加强电视上星综合频道节目管理的意见》（以下简称《意见》），提出从2012年1月1日起，34

① 此处的研究资料是指在重庆市委宣传部领导下重庆市社会思想动态研究中心对重庆卫视的改版进行的调查。据了解，此次调查采用计算机辅助电话的方式进行，共获得有效样本3059份。笔者一行在多方考证之后，认定这份调查的某些方面基本反映了重庆地区重庆卫视受众的基本情况。

个上星综合频道要提高新闻类节目播出量，同时对部分类型节目播出实施调控，以防止过度娱乐化和低俗倾向。[①] 这就是媒体所谓的“限娱令”。[②] 这一《意见》针对的是电视娱乐节目中备受诟病的婚恋交友、情感故事、游戏竞技、访谈脱口秀等几类节目。《意见》“要求各电视上星综合频道要加大新闻类节目播出比例，同时要求电视上星综合频道在着力办好新闻类节目的同时，要适应人民群众多层次、多方面的精神文化需求，扩大经济、文化、科技、教育、少儿、纪录片等类型节目的比例，加强宣传教育功能，改善节目类型结构，着力提高节目质量。每个电视上星综合频道还要至少开办一个弘扬中华民族传统美德和社会主义核心价值体系的思想道德建设栏目。”[③]

改版后的重庆卫视与《意见》的精神和方向非常契合。首先，重庆卫视改版后所播出的自制节目，有《信念》、《记忆》、《品读》、《纵横天下》、《拍案警世》、《健康大学堂》、《天天红歌会》、《百家故事台》、《重庆好人》、《书香》、《民生·鱼水情》等，这些节目不再有婚恋交友、游戏竞技等其他各家卫视所着力打造的内容。以《品读》[④] 栏目为例（见表7），其播出的内容以中外经典作品的解读赏析为主。薄熙来任重庆市委书记后，多次针对重庆卫视的内容设置提出具体要求，改版后的重庆卫视自办节目正是遵照这样的指示确立的内容方针。

---

① 安徽广播网：《广电总局整顿荧屏频出重拳 治理电视乱象有“绝招”》，http://www.ahradio.com.cn/news/system/2011/11/29/001933956.shtml，访问时间2011.12.8。

② 《让电视荧屏更加丰富多彩健康向上——国家广电总局新闻发言人就〈关于进一步加强电视上星综合频道节目管理的意见〉答新华社记者问》，《中国广播电视学刊》，第8～9页，2011年（11）。

广电总局新闻发言人就《意见》答新华社记者问中对什么是电视节目过度娱乐化做出了如下界定：电视节目过度娱乐化问题并不是简单指节目类型，而是节目创作倾向问题。电视节目是否存在过度娱乐化的倾向，可以从以下四个方面进行考量。一是功能原则。也即娱乐节目也应坚持寓教育、认知、审美于娱乐之中，达到教育引导、愉悦身心、陶冶情操的目的。二是元素原则。即在节目创作过程中，过多添加了娱乐元素则可视为过度娱乐化。三是效果原则。看一个节目是不是过度娱乐化，要看其最终传播效果。四是总量原则。也即娱乐性较强的节目过于集中时，总量上就会呈现过度娱乐化倾向。

③ 《让电视荧屏更加丰富多彩健康向上——国家广电总局新闻发言人就〈关于进一步加强电视上星综合频道节目管理的意见〉答新华社记者问》，《中国广播电视学刊》，第8～9页，2011年（11）。

④ 《品读》栏目，重庆卫视2011年1月3日改版之后推出，节目时长25分钟。每天18：03（首播），21：10（重播），06：36（重播）。主要节目内容为对古今中外经典文学作品的赏析。

表7　《品读》栏目2011年7月播出内容、播出时间一览表

播出时间	播出内容	播出时间	播出内容
7月1日	《共产党宣言》马克思　恩格斯	7月17日	《艰难的国运与雄健的国民》李大钊
7月2日	《七律·长征》毛泽东	7月18日	《短歌行》曹操
7月3日	《论共产党员的修养》刘少奇	7月19日	泰戈尔诗选
7月4日	《井冈翠竹》袁鹰	7月20日	《马说》韩愈
7月5日	《回延安》贺敬之	7月21日	《致燕妮》马克思
7月6日	《大江歌罢掉头东》周恩来	7月22日	《藤野先生》鲁迅
7月7日	《铁窗诗》二首	7月23日	《理想》流沙河
7月8日	《冬阳·童年·骆驼队》林海音	7月24日	《爱国歌》梁启超
7月9日	《论气节》陈然	7月25日	《蝶恋花·答李淑一》毛泽东
7月10日	《纪念白求恩》毛泽东	7月26日	《江城子·密州出猎》苏轼
7月11日	《梦游天姥吟留别》李白	7月27日	《最后一课》都德
7月12日	《小桔灯》冰心	7月28日	《丑小鸭》安徒生
7月13日	《声声慢》李清照	7月29日	《雨巷》戴望舒
7月14日	《巴尔扎克葬词》雨果	7月30日	革命诗二首
7月15日	《井冈翠竹》袁鹰	7月31日	毛泽东诗二首
7月16日	《青年团的任务》列宁		

其次，改版后的重庆卫视播出影视剧以红色历史题材为主，体现了“去娱乐化”的态度。改版后的重庆卫视电视剧的播出量一直呈下降的趋势，其影视剧类节目包括《原版电影》、《经典电影赏析》、《英雄剧场》等，改版后重庆卫视播出的电视剧有《解放大西南》、《江姐》、《周恩来在重庆》。在2011年8月，《英雄剧场》播出电视剧《潮人》，这是一部以反映大学生村官酸甜苦辣生活为主要内容的影片。

避开对热门电视剧的追逐和竞争使得重庆卫视大大节约了运营成本。据重庆广电集团频道运营中心卫视综合科的赵红介绍，重庆卫视的运营成本和改版之前相比，“节约了50%都不止”。节省的成本中很重要的一部分来自于电视剧的采购环节。在改版之前，重庆卫视往往要和其他卫视激烈竞购获得电视剧的播映权，这需要巨额资金，几家卫视共同购买同时段播出造成了电

视节目的同质化。改版后重庆卫视改变了电视剧竞购的做法而改为国外引进、国内合作投拍的模式。2011年，重庆卫视从国家地理频道引进了《生灵的远征》纪录片，为重庆卫视带来了较好的收视反响。赵红提到，"从国外引进优秀纪录片的形式和之前花大价钱竞购电视剧的模式相比，节省了不少资金，而且在收视方面也更加有保障"。

但是，播出红色历史题材的影视剧同样也需要资金的支持。在解释重庆卫视目前播出的都是一些早期黑白革命片时，赵红谈到，他们也考虑到所播放影片的时新性问题，想过引进一些较新的"红色"电影，但是高额的版权费却是一个难以跨越的门槛。他们也曾想过引进国外的优秀电影，但是限于在审批程序和尺寸把握上的局限也只好作罢。

（二）对重庆卫视改版的再思考

重庆卫视此次改版之所以产生较大的社会反响，相伴而生的争议与质疑正是其影响得以传播的有力助推。这些声音也是调研组无法回避的。

1. 收视率持续下滑，重庆卫视能否成为"主流媒体"

对于收视率下降，重庆市委宣传部新闻出版处处长邱振邦在接受访谈时强调："我们在决定改版的时候对收视率的下滑就已有预期，而目前的收视率对我们公益改版而言，成绩已经算不错了。"邱振邦谈到，重庆卫视之前做的是大众化的节目，当然是希望收视率越高越好，而现在做的是小众化的节目，这种节目本身的观众群就比较小。邱振邦还认为，重庆卫视从改版到被受众认可需要一段时间。电视节目的品牌需要培育，需要时间。重庆卫视在2011年3月改版之后，节目变动很大，观众对此不了解、不知道，自然不会有电视节目的约会意识去定时收看。邱振邦认为当前中国的收视率调查体系也存在一定问题。一方面收视率测量样本的选取确定存在问题。选取什么样的样本户、每个地区选取多少个样本户，对样本户进行利益诱导从而改变样本户的收视行为，这些都会对收视率调查的结果产生影响。另一方面，调查公司为了自身商业利益被媒体收买，篡改收视数据的行为也不是没有。因此，收视率并不能全面、真实、客观、准确地反映媒体的传播效果。

虽然收视率不能作为考量媒体传播效果的唯一标准，并且拿现行的收视率标准衡量走公益媒体道路的重庆卫视也有失偏颇，但如果一个媒体由收视率所传达出的信号是其所传播的范围很有限，媒体的主流地位从何谈起？对于何为主流媒体，不同的学者有不同的定义和解释。[①] 尽管学者们对于主流媒体的认识各不相同，但一些标准条件和要求还应该是大家的共识。首先，主流媒体必须是社会公认的，也是在市场竞争中形成的。其次，主流媒体应该具备一定的规模。这个规模包括发行量（收视率）、广告量、从业人员数量和素质等多个方面。发行量很小，覆盖面很窄，就很难成为众目关注、众望所归的主流媒体；广告收入不大，没有相当的经济实力，就无力更新设备、改善设备、吸引人才，也就无力承担起主流媒体应该承担的任务和功能。[②]

从长远来看，我们可以预见到，重庆卫视如果保持目前的内容和风格不变，其低收视率的局面仍然会维持下去。重庆卫视不仅面临着原有的受众继续被其他卫视分流瓜分的窘境，更为重要的是，互联网正在逐步改变整个社会的媒体环境和生态，传统媒体迫于形势正在向网络平台平移。网络上以受众选择为本，更加多元化，更加自由和开放的空间会吸引越来越多的注意力。在受众更趋于分流和小众化的趋势下，以传者为本位，以宣传为内容导向的媒体所能取得的市场份额可想而知。要想占领思想，必先抢夺市场，这对于重庆卫视来说是不可回避的课题。

2. 重庆卫视能否成为中国的BBC

重庆卫视2011年1月至2012年3月的这次改版提出一个响亮的口号就是要做中国的公共电视，要做中国的BBC[③]。

中国目前还没有严格意义上的公共电视或公共媒体。重庆卫视提出要做公益频道，要做中国的公共电视，最理直气壮的理由是重庆卫视不再播出商业广告。如重庆市市长黄奇帆接受媒体采访时表示，不播商业广告是学习日本的NHK、英国的BBC，“美国的广播电视台，日本的NHK，英国的BBC，

---

① 有关主流媒体的界定，学者们有多种解释。复旦大学新闻学院教授周胜林认为：“主流媒体是相对于非主流媒体而言的，影响力大、起主导作用、能够代表或左右舆论的省级以上媒体，称为主流媒体，主要是指中央、各省市区党委机关报和中央、各省市区广播电台、电视台，以及其他一些大报大台。”中国人民大学新闻学院教授喻国明认为，按照传媒吸聚受众方式的不同将传媒划分为大众化媒体和主流媒体。所谓的大众化媒体是指以受众数量最大化作为自己的市场价值诉求的，也即以量取胜的传媒。主流媒体则是以吸聚最具有社会影响力的受众作为自己市场诉求的传媒，也即以质取胜的传媒。

② 玄洪友：《什么是主流媒体》，http：//www. zytdb. com/xwzk/memo. php • id=251，访问时间 2011.12.8.

③ 英国广播公司，简称BBC，是英国一家由政府资助但独立运作的公共媒体，长久以来一直被认为是全球最受尊敬的媒体之一。在1955年英国独立电视台和1973年英国独立电台成立之前，BBC一直是全英国唯一的电视、电台广播公司。BBC除了是一家在全球拥有高知名度的媒体，还提供其他各种服务，包括书籍出版、报刊、英语教学、交响乐团和互联网新闻服务。

你去看，24 小时里没有 1 分钟广告”。①

作为一种制度设计，欧美公共广播电视机构是对国家媒体和商业媒体的重要补充，它与后两者共同构建了西方社会的大众媒体生态。简单来说，公共电视模式有五个特征：传达公共意见、固定的公共财政预算支持、电视内容和制作品质的高质量、为市民提供全面服务以及在商业竞争中的政策保护。在收入来源上，公共电视主要是通过公共税收保证其财源的独立性，既独立于国家和政府，同时也拒绝广告，从经济上消除了商业资本和国家力量对编辑方针的影响。在精神品格上，公共电视强调维护公共利益，监督制衡政府，弘扬普世价值。

重庆卫视以 BBC 为参照的改版从某种意义上说，具有一定的公共媒体化取向，但在我国的广播电视体制下其可行性又如何呢？

BBC 是英国富有全球声誉的公共电视。在所有的公共电视类型②中重庆卫视和 BBC 最相似。从资金来源上看，BBC 不接受任何形式的广告和商业赞助，其发展主要靠电视机许可证费（执照费）。有数据显示，2008～2009 年，BBC 收入是 46 亿英镑，而电视许可证费约占其收入的 76%。英国法律规定，凡是购买了电视机的人每年都必须购买为期一年的电视执照，如果不缴纳则要承担相应的责罚。这就是 BBC 收入中电视执照费的来源。如果我们将由特许证保障、政府征收的“执照费”更换为一种由政府主导的对公民征收的“税”，也是成立的。不管是“费”也好“税”也罢，这种征收行为的主体都是政府，征收客体都是普通民众。这种政府征收的执照费可以视为是政府的财政收入，然后再根据特许证的规定，将这笔资金专项拨款给 BBC。

重庆卫视在改版之后，其运转经费由重庆电视台的其他几个频道以及重庆广电集团的其他经营收入弥补约 1.5 亿元，另外 1.5 亿元则由重庆市财政“买单”。重庆市委宣传部新闻出版处处长邱振邦认为，重庆卫视的这种财政支持加上电视台自已解决资金来源模式在全球属于首创。他认为媒体通过其

---

① 新浪网：《黄奇帆：重庆卫视改革很神圣》，http：//news. sina. com. cn/c/sd/2011－03－07/114822067393. shtml，访问时间 2011. 9. 20。

② 世界各国的公共电视体制也不尽相同。目前学界对各国公共电视体制的分类各不相同，认可度比较广泛的有几种分类方法：A. 国有国营，这一类型的公视其产权归国家所有并由国家直接经营。目前实行这一体制的国家并不多，比较典型的有俄罗斯的全俄国家电视和广播公司以及德、美等国的官方对外电视机构（比如德国的德国之声电视台等）。B. 国有公营，这是目前各国尤其是西方发达国家普遍实行的一种公视体制。实行这种体制的公视机构包括英国广播公司（BBC）和日本广播协会（NHK）。C. 社会公营。实行这种体制的公视机构一般都具有独立的法人资格，以服务社会为宗旨，依照相关立法独立地开展经营活动。德国的公视即属于这种类型。

他经营手段来获取利润，再反哺到公益频道的建设中是一种良性循环，这体现了媒体集团对社会的回馈和贡献，体现了在社会主义制度下媒体和媒体集团的一种责任。针对网友热议的政府支配纳税人的钱而不征求纳税人的意见，邱振邦以博物馆免费开放给公众、财政给钱也并没有征求纳税人的意见为例来说明：只要符合公共财政运作基本规律和要求就是行得通的。

从表面来看，改版后的重庆卫视确实与BBC有几分相像之处。但是如果我们做一点深入分析，就可能会得出不同的结论。

首先，英国1927年的《皇家宪章》规定，BBC是特许经营广播电视的公共服务机构，属于国家所有。BBC被禁止播放广告，电视执照费是其收入的大半来源。这虽然可以被视作“准税收”的方式，但它和重庆卫视的财政拨款还是有区别的。BBC的电视执照费是“专款专用”，即它取自普通英国人购买电视时缴纳的费用，由政府征收再拨付给BBC支配。这是受到英国皇家特许状保护和支持的，是具有法律效力的。法律的稳定性和强制性削弱了英国政府左右电视牌照费中所起的作用，从而限制了政府对BBC施加影响。尽管目前在英国，社会各界对皇家特许BBC征收电视执照费的截止期限存有很大争议，但是假设BBC的“法定收入”要被终止，也是需要经过充分讨论和法律程序的。目前，根据2006年英国政府公布的《广播电台白皮书》，BBC享有电视执照费的资格至少会维持到2016年。重庆卫视所获得的财政拨款并不具有BBC电视执照费的法定效力。重庆卫视获得财政拨款这个政策本身就体现了政策的随意性，同时对该政策的可持续性也要打一个问号。

其次，BBC和重庆卫视在管理体制上所遵循的原则截然不同。BBC的最高权力机构是监管委员会（Board of Governors），由12个不同背景和职业的个人组成，都是社会上有名望的人士，这些人由英国政府提名，英女皇委任。监管委员会有五个明确的责任：与公众舆论保持密切接触；确保全盘战略能反映公众的利益和要求；监督和审查业绩是否达到目标；确保BBC的活动与法规规定和BBC的准则保持一则；每年向执照费缴纳者和国会定期报告。BBC的资金也掌握在监管委员会手中。BBC监管委员会在经营管理上是比较独立的：政府不介入BBC日常人事、行政以及节目采、编、播的管理。

和BBC显然不同的是，重庆卫视的管理体制为党领导下的机关电视台。

领导成员由政府任命，业务方针由政府规定，业务活动受政府的监督。[①] 重庆卫视是重庆市政府重要的宣传机构，并被置于执政党的严格管理之下；重庆卫视在节目的制作中随时都可能受到上级主管领导的指示。例如，重庆卫视改版后新推出的栏目《十大民生》、《五个重庆》的命名即直接来源于上级领导。

最后，客观、不偏不倚地报道新闻事实，捍卫公共利益，不屈从于任何政党和利益团体，这是公共媒体的灵魂和精神品格。BBC之所以能在全球赢得巨大声望，与它一直保持独立于英国政府的姿态，同时对英国政府政策进行严厉批判的形象是分不开的。即使在英国强硬的撒切尔政府时代，BBC也毫不示弱，坚守新闻的独立和公正。BBC作为公共媒体的职能发挥与英国在长期历史中形成的政治民主和言论自由传统相关。英国政治制度的基础是民主与自由的理念，政治体制上实行的是三权分立、权力制衡。新闻媒体又被视为政府的监督者，在政治生活中被赋予很重要的位置。政府很少能够利用手中的权柄迫使BBC按照自己的意愿组建监管委员会，或者干涉BBC的日常工作。政府本身也是被议会、被媒体监督的对象，一旦政府对BBC的日常运作有过多的干预，政府就会受到议会及公众的指责，甚至背负妄图实行新闻审查的罪名。

反观重庆卫视，调研组在调研过程更多感受到的是中国语境下的“喉舌”意识和大众媒体的工具属性。其实就重庆卫视的本次改版而言，“领导所起的主导作用不容忽视”。在被问到重庆卫视下一步的改版计划时，电视台的一位主任说到道：“主要还是看上级领导的指示。”甚至本次改版的目的，也更多的是为了将重庆市政府的政绩用最夺人耳目的方式在全国受众的视野中做最让人印象深刻的展示。虽然重庆卫视在改版宣言中也提到了媒体责任和社会良知，但是从改版后的节目表中我们看到的更多是对政治宣传色彩的强化和对政府工作的全力配合。重庆市委宣传部的邱振邦在访谈中提到，中国的媒体永远不可能像国外媒体所号称的那样独立于政府，批评政府。重庆卫视的一位主任在访谈中提到，中国的媒体是不可能不讲工具属性的。无论是政府还是媒体的从业人员都缺乏当今时代下政府与媒体关系的反思和自省，对媒体的当然掌控和对政府的驯顺服从成为他们思考中的重要内容。从这个角度来

① 张允诺：《外国广播电视体制类型的比较》，《中国广播电视学刊》，第34页，1999年（6）。

说，BBC 的地位对于重庆卫视来说是遥不可及的头顶星空。

参考文献

著作：

1. 郭庆光：《传播学教程》，中国人民大学出版社，1999。

2. 尼尔·波兹曼著、章艳译：《娱乐至死》，广西师范大学出版社，2011。

3. 陆地：《世界电视产业市场概论》，中国人民大学出版社，2003。

4. 李娜： 《欧美公共广播电视危机与变迁研究》，中国传媒大学出版社，2009。

5. 石长顺、张建红：《公共电视》，武汉大学出版社，2006。

6. Trency，Michael：《The Decline and Fall of Publice Service Broadcasting 》，Oxford University Press，1998 年。

7. 苏伟、杨帆、刘士文：《重庆模式》，中国经济出版社，2011。

8. 李良荣著：《新闻学概论》，复旦大学出版社，2001。

9. ［英］露西·金·尚克尔曼著，彭泰权译：《透视 BBC 与 CNN》，清华大学出版社，2004。

10. ［德］柯武刚·史漫飞著：《制度经济学》，商务印书馆，2003。

11. 邓正来：《规则　秩序　无知》，生活·读书·新知三联书店，2004。

12. 陆扬、王毅： 《大众文化与传媒》，生活·读书·新知三联书店，1989。

学术论文：

1. 薄熙来：《抓好 10 件大事，切实改善民生》，《重庆日报》，2010 年 6 月 28 日。

2. 李德刚、李玲涛：《2011 年 7 月全国省级卫视频道网络影响力数据分析》，《中国广播电视学刊》，2011（9）。

3. 伍星：《解析重庆卫视突破之旅》，《经营者》，2007（24）。

4. 陈相雨：《商业广告、资本逻辑及社会冲突的生成》，《新闻与传播》，2011（6）。

5. 梁宁：《英、日、法三国公共电视财税体制及相关问题研究》，《中国广播电视学刊》，2004。

6. 张军：《公共电视频道“公共利益”的缺失》，《广电传媒》。

7. 冯广超、冯应谦：《世界公共电视的生存及其争议》，香港《中国传媒报告》，2005。

8. 刘燕南：《电视节目评估体系解析——模式、动向与思考》，《新闻与传播》，2011。

9. 肖叶飞：《数字时代的公共广播电视：收入模式与公共服务》，《新闻与传播》，2011。

10. 金冠军、郑涵：《当代西方公共广播电视体制的基本类型》，《国际新闻界》，2002 。

11. 张允诺：《外国广播电视体制类型的比较》，《中国广播电视学刊》，1999 。

12. 崔亚娟、俞虹：《以财源为核心的广告电视运营模式分析》，《现代传播》，2008。

13. 《让电视荧屏更加丰富多彩健康向上——国家广电总局新闻发言人就〈关于进一步加强电视上星综合频道节目管理的意见〉答新华社记者问》，《中国广播电视学刊》，2011。

网络资料：

1. 百度百科：重庆广播电视集团，访问日期 2011. 10. 29，http：//baike. baidu. com/view/153323. htm。

2. 中国新闻网：《记录重庆卫视的红色之路》，访问日期 2011. 10. 10，http：//www. chinanews. com/yl/2011/07－07/3164743. shtml。

3. 重庆电视台：　《提升舆论引导力增强文化竞争力》，访问日期 2011. 10. 29，http：//www. cbg. cn/cqtv/2009－05/21/content _ 776657. htm。

4. 重庆市政府公众信息网：访问日期 2011. 10. 29，http：//www. cq. gov. cn/zwgk/zfxx/355162. htm。

5. 新华网：《重庆市市长黄奇帆回应重庆卫视改版社会三大疑虑》，访问时间 2011. 10. 27，http：//www. sx. xinhuanet. com/newscenter/2011－03/05/content _ 22208946. htm。

6. 新浪网：《黄奇帆：重庆卫视改革很神圣》，访问时间 2011. 9. 20，http：//news. sina. com. cn/c/sd/2011－03－07/114822067393. shtml。

7. 腾讯网：《重庆卫视打造红色频道被批不合时宜哗众取宠》，访问时间

2011. 10. 24，http：//news. qq. com/a/20110107/001684. htm。

8. 索福瑞：http：//www. csm. com. cn/index. php/knowledge/list-Knowledge/ktid/1. html。

9. 吴飞：《政府的节制与媒体的自律，英国传媒管制特色初探》，访问时间 2011. 10. 8，http：//academic. mediachina. net/academic _ zjlt _ lw _ view/jsp id＝4542。

10. 康晓光：《权利的转移—1978～1998 年中国社会结构的变迁》，访问时间 2011. 11. 3，http：//www. xschina. org/show. phpid＝532。

11. 中国新闻网：《为重庆卫视改版为“红色频道”叫好》，访问日期 2011. 11. 20，http：//www. chinanews. com/cul/2011/03－04/2885360. shtml。

12. 百度百科：百度指数，访问日期 2011. 11. 20，http：//baike. baidu. com/view/1235. htm。

13. 喻国明：《一个主流媒体的范本》，访问时间 2011. 11. 22，http：//wenku. baidu. com/view/b6987ed8ad51f01dc381f105. html。

14. 吴飞：《政府的节制与媒体的自律，英国传媒管制特色初探》，访问时间 2011. 10. 8，http：//academic. mediachina. net/academic _ zjlt _ lw _ view/jspid＝4542。

15. 163 新闻：《广电总局：明年起电视剧不得插播广告》，访问时间 2011. 11. 26，http：//news. 163. com/11/1128/15/7JV4MFF200014JB5. html。

16. 中国日报网：《广电总局要求停播 8 条电视购物广告》，访问时间 2011. 12. 8，http：//www. chinadaily. com. cn/dfpd/2010 － 01/05/content _9263851. htm。

17. 中华人民共和国政府网：《广电总局关于进一步加强广播电视广告播出管理的通知》，访问时间 2011. 12. 8，http：//www. gov. cn/zwgk/2011－10/12/content _ 1966939. htm。

附件1 重庆卫视受众收视情况调查问卷

您好！首先感谢您对我们此次调查的大力支持！此份问卷系重庆卫视电视受众情况调查问卷，主要目的是了解重庆卫视在重庆地区的收视情况。对于您的配合与支持我们再次表示诚挚的感谢！（请您在选项下画√）

1. 您的性别：A. 男 B. 女

2. 您的年龄是：

A. 10～20岁 B. 21～30岁 C. 31～40岁 D. 41～50岁 E. 51～60岁 F. 61岁及以上

3. 您的学历是：

A. 小学 B. 初中 C. 高中/中专 D. 大专 E. 大学及以上

4. 您的籍贯是：A. 重庆市 B. 其他省市

5. 您的职业为：

A. 学生 B. 机关事业单位人员 C. 企业职员 D. 个体从业者 E. 农村务农人员 F. 工人 G. 离退休人员 H. 无职业 I. 其他

6. 您经常收看的频道是（可多选）：

A. 央视频道 B. 省级卫视频道 C. 重庆地方频道

7. 省级卫视频道中，您经常收看/喜爱的频道前三名分别是（第6题没选B者请跳过）：① ② ③

A. 安徽卫视 B. 北京卫视 C. 重庆卫视 D. 湖南卫视 E. 江苏卫视 F. 浙江卫视 G. 上海卫视 H. 陕西卫视 I. 其他卫视

8. 您收看重庆卫视的频率为：

A. 每天 B. 每周1次 C. 每周2～3次 D. 不确定

9. 您每天收看重庆卫视的时间长度大致为：

A. 0～半小时 B. 半小时～1小时 C. 1～2小时 D. 2小时以上

10. 您收看重庆卫视主要是为了（可多选）：

A. 打发时间 B. 获取信息 C. 怀旧 D. 消遣娱乐

11. 2011年重庆卫视提出“主流媒体、公益频道”的定位，对此您：

A. 非常了解 B. 听说过，不怎么了解 C. 从没听说过 D. 不关注

12. 现在重庆卫视节目的水平和质量，您认为：

A. 很好 B. 好 C. 一般 D. 不好 E. 很不好 F. 不关注

13. 您认为现在重庆卫视的节目内容：

A. 很丰富　B. 丰富　C. 一般　D. 不丰富　E. 内容太少

14. 您认为现在重庆卫视的节目形式：

A. 很好　B. 比较好，比较多样　C. 一般　D. 不太好，形式不多

E. 形式太单一

15. 目前重庆卫视的众多栏目中，请列举出您最喜爱的三个节目（限选三项）：

A. 重庆新闻联播　B. 鱼水情深　C. 天天红歌会　D. 经典电影

E. 百家故事台　F. 重庆好人　G. 十个民生　H. 五个重庆　I. 环球风

J. 品读　K. 记忆　L. 信念　M. 书香　N. 健康大讲堂　O. 财经时间

P. 其他

16. 对于2011年重庆卫视改版后出现的新节目，您的喜爱和关注程度分别是：

《书香》　A. 非常喜欢　B. 喜欢　C. 一般　D. 不喜欢　E. 非常不喜欢

F. 没关注

《重庆好人》　A. 非常喜欢　B. 喜欢　C. 一般　D. 不喜欢　E. 非常不喜欢　F. 没关注

《鱼水情深》　A. 非常喜欢　B. 喜欢　C. 一般　D. 不喜欢　E. 非常不喜欢　F. 没关注

《十大民生》　A. 非常喜欢　B. 喜欢　C. 一般　D. 不喜欢　E. 非常不喜欢　F. 没关注

《五个重庆》　A. 非常喜欢　B. 喜欢　C. 一般　D. 不喜欢　E. 非常不喜欢　F. 没关注

《天天红歌会》　A. 非常喜欢　B. 喜欢　C. 一般　D. 不喜欢　E. 非常不喜欢　F. 没关注

《百家故事台》　A. 非常喜欢　B. 喜欢　C. 一般　D. 不喜欢　E. 非常不喜欢　F. 没关注

17. 对于重庆卫视现在不播出商业广告，您的态度：

A. 非常赞成　B. 赞成　C. 无所谓　D. 不赞成　E. 非常不赞成　F. 不关注

18. 对于现在重庆卫视晚间黄金时段不播电视剧的行为，您的态度是：

A. 非常赞成　B. 赞成　C. 无所谓　D. 不赞成　E. 非常不赞成　F. 不关注

19. 重庆卫视不再播出商业广告后，由重庆市财政对重庆卫视进行补贴的做法，对此您的态度是：

A. 非常赞成　B. 赞成　C. 无所谓　D. 不赞成　E. 非常不赞成

20. 您认为现在重庆卫视的节目是否贴近您的生活：

A. 非常贴近　B. 一般贴近　C. 不贴近　D. 离我生活很远　E. 不好说

21. 您是否会推荐您的朋友、亲人收看重庆卫视的节目：

A. 会　B. 不会　C. 无所谓

22. 您对重庆卫视的意见和建议：

第二部分

当代媒介环境与人类信息传播

信息与少数民族地区发展：云南腾冲调研报告

课题组组长　汪　露

课题组成员　张锐颖

一、农村信息获取文献综述

近些年来，传播领域有很多关于信息获取的研究。本文涉及 51 篇相关论文，这些研究从不同的角度，针对不同的对象而进行。总体来看，这些研究多集中在农村地区的媒介接触及信息获取方面，另外还有针对青年和儿童媒介接触、国家信息化以及信息化国际比较等方面的研究，涉及信息市场、不同媒介、社会资本和信息贫困与扶贫等多个角度。

（一）针对农村地区信息获取的研究

1. 农村信息获取的不同途径

在大众传媒迅速发展、媒介类型不断丰富的背景下，农村的大众媒介接触及使用、农民的信息获取途径成为传播界研究的一个热点问题。农民作为农村社会的消费主体，也是信息需求的主体。农村需求和供给的信息主要包括：农业科技信息、农业政策信息、气象与灾害预报防治信息、优良品种信息、农产品供求价格信息、劳务信息、教育信息和家庭生活信息、财经金融信息、科学文化信息和休闲娱乐信息等。

信息和知识是构成现代农业生产力的基本要素，信息的获取渠道是农村居民获取信息的基本条件。农村信息获取的主要途径有广播电视、报纸杂志、互联网、社会人际关系、政府机构、基层信息服务站、科研机构等组织和民间企业信息咨询机构等。而农村信息供给的方式首先是电视、广播、报纸杂志以及互联网等形式；其次是科研部门以及涉农单位通过下乡的方式进行传达，及一些部门和单位组织下乡进行信息的传播。还有政府部门通过颁发一些政策和法律法规文件等进行传达。[①]

由于农民自身文化程度的局限性和农村报业整体经营惨淡，报纸在农村的分布情况不容乐观。现在农村中读不到报纸、没有看过报纸者数量很大。[②]报业经济在农村既有潜力，又有制约。农村所订报刊大致可分四类：党报党刊、各级权力和职能部门的报刊、省市两级晚报和都市类报纸和“三农”报纸以及法制、广电等生产和生活服务类报刊。农村有报刊市场，但目前这个市场主要以公费订阅为主，征订资金大多来源于村集体。目前农村有“订报的看不到报，不订报的可能有一大捆报”的情况，挫伤了农村读者订阅报刊的积极性。这也是“三农”报刊难以繁荣、报刊社难以发展的主要原因。农村报刊有着其他报纸不可替代的功能。报纸要办好，要强化“农家味”；发行量要大，要解决投递到户的问题，争取更多的农村读者。[③]

电视传媒方面，由于人均纯收入过低，农民不可能把每年的大部分收入用于购置计算机、网络等信息设备，所以目前除了极少数的种养大户和农村经纪人具备利用互联网搜集查询信息的条件外，绝大多数农户距离计算机网络仍然十分遥远。广播、电视、电话等传统的信息传播工具依然是目前农村获取信息的主要途径。[④] 农村受众普遍对新闻类的节目情有独钟，而且对国家惠农政策以及农业科技知识、农产品信息等十分关注。农村受众虽然有着共同点，但是根据个人生活方式的差异，不同的受众对电视传播有不同的需求。从文化程度与媒介观念的差异看，不同文化程度的人选择的节目内容不同；年龄与性别因素也影响受众选择节目的类型。[⑤] 但实用信息缺失或致富信息有效性不强是新闻传媒业对农传播存在的主要问题，已成为业界、学界乃至社会关注的焦点。新闻传媒业应加强与农村受众的有效沟通和互动。发掘、开辟农村潜在市场新的增长点。电视传媒还应加强娱乐信息引导，加大农村广

---

① 王书文、李旭辉：《安徽省农村信息供给问题研究——基于安徽省农村调研》，《农村经济与科技》，2010 年第 21 卷第 9 期。

② 黄立明、宋金玲、赵殿玉、许伟丽：《农村信息供求缺失的现状分析》，《中国科技信息》，2009 年（4）。

③ 陆元林：《报业经济，是否在农村？——农村信息报社探索之路》，《报业观察》。

④ 中国农村信息化发展报告编写组：《案例：多种模式共存的农村信息服务体系——记白银市信息服务体系建设》，《中国信息界》，2007 年 12 月 18 日。

⑤ 曹乃铭：《新闻媒体信息供给与农村受众信息需求》，《青年文学家》，2010 年（11）。

告信息传播。[1]

目前广播与农民交流的方式只有短信、电话和纸质信件。随着条件的变化，农村广播与农民互动的方式会向多样化方向发展，这与网络等信息技术的发展有很大关系。同时，科技文化下乡及听众见面会等形式出现，也加强了广播与听众间的直接沟通。农民的咨询虽然五花八门，但对农民“卖难”的反映明显。运用广播传播营销思路，激励农民参与流通的主动性和积极性应当是农村广播的重要任务之一。[2] 另外，在气象预报方面，农村自动广播系统有效解决了气象信息落地、气象信息采集和气象信息利用3个层面的问题。农村自动广播系统可以把灾害预警信息和防御指南及时传递给农村和偏远地区的广大公众，该系统的应用将成为气象预警信息进村入户的重要手段之一。[3]

大众传播媒介的发展虽然是一个线性的连续过程，但人们对传播媒介的使用却可以具有某种程度的跳跃性。就现阶段媒介技术的发展态势看，农村受众也完全有可能跨越传统媒体在农村的普及化发展这个阶段，直接进入网络时代。[4] 目前，互联网对西部欠发达地区农民来说还是一个新鲜事物，但很多农民有使用互联网的愿望，具有潜在的市场。长期以来我国大众媒体传播“重城市，轻农村”，农村受众各方面均明显弱于城市受众，“知沟”现象普遍存在。信息接收渠道的单一化、信息选择的趋同化、互联网利用的滞后性等都是当前西部欠发达地区农民在现代信息社会中面临的主要问题。[5]“最后一公里”是信息接入的瓶颈，而这个问题到了农村就显得更加复杂和突出。信息从骨干网到行政村可能若干公里，而行政村下面又分布着一些自然村，最后进入农户家里。[6] 不过，Web2.0这个以互联网为平台、以用户互动为特征发展起来的新一代互联网模式，通过在贵州省黔西县的示范应用，为当地农业科技信息的推广应用提供了技术支撑和基础平台，有助于农村科技信息资

---

① 南长森、李传芝、郭小良：《电视传媒对农传播的信息缺失及其增长空间——西安郊县果农信息需求与电视传媒对农发展互动研究》，《新闻知识》，2009年（11）。

② 李莉、马丽、刘玉玉、李鑫、杨香妮：《陕西农村广播的信息回应动态研究》，《陕西农业科学》，2008年（2）。

③ 徐世民、白秀梅：《农村自动广播系统的组成与应用》，《农技服务》，2010年第27卷。

④ 牛新权：《网络涉农信息在西部农村地区接收模式分析》。

⑤ 刘君：《“基础环境”对媒介在西部欠发达地区农村传播影响分析——以广西宁明县东安乡为例》，《广西大学学报》（哲学社会科学版），2008年（9）。

⑥ 石庆兰、王库：《农村信息进村后的入户解决方案》，《第一届国际计算机及计算技术在农业中的应用研讨会暨第一届中国农村信息化发展论坛论文集》。

源的积累与共享，并具有广泛的借鉴意义和推广价值。[①] 同样地，以中山市为例，农村信息直通车工程综合信息服务平台建设，有效地配合了政府科技兴农战略，适应了农产品大流通和农业科技发展的要求，进一步推动了当地的农业信息化发展。[②]

手机仍然主要作为一种通信工具来使用。在手机的主要用途中，电话和信息仍然是最主要的两种应用类型，其次是音乐。视频、上网与电子书等应用比例偏低。也就是说，手机目前主要仍然在人际传播领域发挥影响。[③] 另外，有些地区开展手机短信平台服务，使手机服务于“三农”信息化建设，解决了农村信息服务最后一公里问题。与传统技术相比，它具有投资少、速度快、传播广、灵活性高、互动性强和可商业化推广普及等优点。此外，这一平台利用了具有极大市场潜力的手机这一群众熟悉且用得起、用得了的通信工具，从我国农村实际出发为农村、为农民提供实用的综合信息服务。[④]

除了大众传媒之外，组织传播、人际传播是农村信息获取的主要方式，这类信息传播速度快、可靠性高、灵活性强。建立在农村一些经济合作组织基础上的“农村信息之家”等机构，通过在乡镇设立信息发布栏、逢集日向农民散发信息传单、乡村干部不定期进村到户送信息等形式多样的服务，较好地解决了农村信息服务“最后一公里”问题，开辟了农村信息服务的新途径。[⑤]

2. 农村信息贫困的原因及影响

“致富＝信息＋经营”，近年来，农民对农村信息需求的呼声日益强烈，要求为他们提供政策、市场、科技等致富信息。可见，建立健全与农村市场经济相适应的农村信息体系，强化对农民的信息服务，实现农村信息化，是推动农村致富的客观要求。[⑥] 信息是贫困地区各级政府决策的必要前提，是推动贫困地区市场经济发展的重要力量。

---

① 张俊、申光磊、秦笑、吴众望、杨宝祝：《基于 Web 2.0 的农村信息综合服务平台设计与实现》，《贵州农业科学》，2009 年第 37 卷。

② 张伟杰、何少芳、林森馨：《中山农村信息直通车工程建设与成效》，《广东农业科学》，2008 年（10）。

③ 刘海贵、汤景泰、杨保达：《辽宁新宾满族自治县信息传播状况调查》，《满族研究》，2010 年（2）。

④ 张林约、朱朝阳、李亚荣、刘金平、史利刚、卢涛：《手机短信平台在解决宝鸡农村信息服务“最后一公里”问题中的应用研究》，《农业网络信息》，2010 年（8）。

⑤ 林俊婷：《平凉“农民信息之家”信息服务模式》，《农业科技与信息》，2010 年（2）。

⑥ 吴定华：《民族地区农村信息化建设探析》，中南民族大学硕士学位论文。

（1）原因

造成农村信息贫困的主要有内因和外因两方面。

内因。首先，农村受众对媒介信息的辨别能力较弱。文化水平和信息辨别能力、媒介素养并不一定成正比，但农村受众不能甄别信息的价值所在，农民在大量信息面前无所适从。同时，新的认知需求未能在农村受众中有效产生，这与受众文化程度、传统观念及传媒环境等因素有关。[①] 另外，农民对信息的重要性还未有深刻认识，缺乏主动获取和利用信息、发布信息的意识。部分农民对网络信息还持怀疑和不信任态度，接受新信息的意识较低。因此，农民缺乏信息意识是造成农村信息贫困的一个重要原因，也是当前农民群体普遍存在的一种客观现象。其次，除缺乏信息意识外，农民不能有效利用信息设备和信息资源，利用现有设备获取信息的能力还比较弱，特别是对电脑、网络的整体利用能力较低。“不会使用”是农民未购买电脑的主要原因之一。大部分农民的信息利用能力尚不适应信息社会的起码要求。[②]

外因。宏观上，目前我国农村贫困地区的经济信息化程度还很低，主要是经济信息资源、设备基础、“数字鸿沟”及传递机制配置构建不合理，布局失衡。[③] 具体来看，农民信息购买力不足是农村信息贫困的另一个重要原因。当前，农村居民的消费水平仍处于相对较低的层次，消费重点主要集中在食品、居住、交通通讯、文教娱乐用品及服务等方面，农民信息购买力不足、信息需求偏低，使之处于信息贫困境地。[④]

再者，从供求角度来看，农村信息产品不能有效地满足农民需求，也是造成农村信息贫困的原因。农村信息产品的有效性偏低、时效性和针对性差，一定程度上存在虚假信息，信息产品价格与农民心理可接受的价格相比偏高。这些信息产品自身的缺陷已经成为限制农民获取信息的一个不可忽视的因素。还有，目前信息供给投入不足，基层信息供给人员缺乏且文化素质偏低，供给形式单一，提供的信息培训等活动较少，不能满足农民需求。这在一定程度上导致农村信息供给不足，成为基于信息供给层面造成农村信息贫困的又

① 彭月萍：《从媒介使用能力考察农村受众媒介素养——以江西中部吉安为例》，《井冈山学院学报》（哲学社会科学版），2009 年 7 月第 30 卷第 7 期。

② 孙贵珍、王栓军：《基于农村信息贫困的河北农民信息素质调查分析》，《中国农学通报》，2009 年第 25 卷。

③ 王俊文：《反贫困必然选择：农村贫困地区“信息扶贫”的关键解读》，《江西社会科学版》，2010 年（1）。

④ 孙贵珍、王栓军、李亚青：《基于农村信息贫困的农民信息购买力研究》，《中国农学通报》，2010 年第 26 卷。

一重要因素。[①] 以网站建设为例，由于缺乏统一的信息化制度规范和标准，负责信息化的各部门只从自己部门出发提供信息资源，造成信息碎片化，整合度不够，给农民查询有用信息造成很大障碍。[②] 同时，农户信息服务需求日趋多样化。首先是信息内容需求：从单一转向多元。其次是信息服务需求：从单向传播到互动交流。不同地区农民信息需求优先次序不同，科技信息、市场信息与政策法规信息是当前农户最为需求的信息，外来就业信息的需求也比较明显。[③]

农民缺乏主动的信息意识，信息能力普遍偏低，造成农民整体信息素质偏低，严重阻碍农民信息需求的认识和表达，加之农村信息化程度低的客观条件、农民现实的经济状况及信息产品、市场的缺陷，素质的缺失和现实的不足两者综合作用，共同造成了农村信息贫困的现状。

（2）影响

农村信息贫困的结果是贫困者愈加贫困，造成贫困状态的恶性循环和长期持续，信息贫困制约着贫困农村的农民脱贫致富。

农村信息贫困问题影响着农民生活及农村发展的方方面面。首先，它直接影响了农民家庭收支决策。信息对家庭支出和收入的影响是明显不同的，信息使得家庭支出总规模易升难降；农村信息传播渠道不畅通，农民利用信息的效率低，使得信息对家庭收入的影响存在较长的时滞并造成家庭收入不稳定。最终导致农民家庭信贷需求的不完全有效性，不完全有效的信贷需求在得不到满足的情况下，农民家庭效用最大化目标就难以实现。[④]

其次，对市场信息缺少认知与分析，导致农民生产决策行为缺乏理性，从而影响农户的经济收益。市场信息的及时获取使得农民能及时根据行情变化调整生产决策。但大多数农民处于市场信息失衡状态，市场交易只能“随行就市”，不能通过掌握信息来获得市场交易的主动权，从而不能获得较高的市场收益。[⑤]

---

① 王栓军、孙贵珍：《基于农民视角的河北省农村信息供给调查分析》，《中国农学通报》，2010年第26卷。

② 罗章、王涛：《基于社会资本理论的农村信息化建设的路径选择》，《安徽农业科学》第38卷第27期。

③ 贺文慧：《农户信息服务需求分析》，中国农业大学博士学位论文。

④ 李军峰、牛建高、王健：《基于信息熵的农民信贷需求研究》，《中国农学通报》第24卷第9期。

⑤ 刘玉花、张丽、王德海：《农村市场信息失衡分析与对策分析——吉林省Z社区养殖市场信息传播状况调查及启示》，《农村经济》，2008年（5）。

最后，农村信息贫困还制约着农民的生产积极性，使他们根本无法及时获得必要的生产信息；制约剩余劳动力的转移，对外界就业信息了解程度相对落后，缺乏及时有效的就业信息；制约农民素质的提高，导致其思想观念落后。①

针对农村信息贫困，我国信息扶贫分为两个阶段：第一阶段，20 世纪 70 年代末 80 年代初到 90 年代中期，是我国信息扶贫政策起步阶段；第二阶段，从 20 世纪 90 年代中期到目前是互联网扶贫时期。我国信息扶贫政策仍存在一些问题：第一，信息扶贫的主体单一，政府大量投入；第二，忽视信息资源建设和农民信息能力的提高；第三，信息扶贫政策评估制度不完善。②

作为世界人口大国，人力资源是我国最大的资本。如何把这个资本充分地利用起来，也是国家发展的关键所在。应该重视农村信息技术人才的培养，尤其要加强对农民的信息技术培训。③ 此外，国家和地区层面的网络信息基础设施是发展农村信息化的关键环节之一，许多落后和边远地区，信息接入条件的改善仍是最重要的内容；要选择合适的农村信息化发展模式，特别是信息最后一公里，即信息落地问题的解决关系到农村信息化的最终实现；还要注重在农村信息化建设中导入公私伙伴关系模式，积极吸引和推动非政府组织和民营企业投入到农村信息化建设中来。④

3. 城乡间信息传播

在我国农业经济是弱势经济，农民是弱势群体，不仅要面临自然灾害的风险，还要面对市场经济的风险和信息不对称带来的风险。信息不对称已成为城乡差距不断扩大的重要因素和影响社会和谐进步的一大障碍。⑤

这一问题与传播主体有关，可以转换和分解为“谁对农民传播”和“农民能传播什么”的命题。“谁对农民传播”，在对大众传播系统和农业科技推广系统的研究中，此类传播活动给农村带来了改变，也引发了问题：（1）主要承担着向农村输入现代文化的正向功能，但也出现了“吞噬”乡村本土文化的负面效应；（2）具有浓厚的“传者本位”色彩，带有灌输性、强制性、

① 陈响坤、曾强、周雪华：《贫困农村信息贫困的原因及对策——以清新县石潭镇格水村为例》，《农业图书情报学刊》，第 22 卷第 7 期。

② 迪莉娅：《我国信息扶贫政策问题及对策研究》，《兰台世界》，2010 年 5 月下。

③ 张颖梅、程绍仁、贾冬艳：《印度农村信息技术发展及对我国的启示》，《辽宁农业职业技术学院学报》，2008 年 1 月第 10 卷第 1 期。

④ 郑亚琴：《中印农村信息化现状及印度模式的启示》，《中国科技论坛》，2008 年（1）。

⑤ 张阳：《农村信息服务中信息不对称及治理》，《贵州农业科学》，2009 年 37 卷第 9 期。

宣传性乃至虚假性等“额外”特性；（3）城市文化的选择视角，使得城乡沟通呈现出“虚像化”、“拟态化”特点；（4）由于市场竞争激烈，传播更倾向于利益化，甚至出现信息欺诈和误导；（5）“唤醒”农民中的少数“精英分子”，导致贫富悬殊的出现，引发农村社会问题。至于“农民能传播什么?”则关涉农民的话语权。传统农民话语是一种经验式的表达，主要特点是短视、务实、逻辑性差、感性强。当前，农民的话语表达能力参差不齐，但整体上，表达能力依然差；农民话语中出现了“亲城市”的话语倾向，表现出对大城市、现代化的向往。

连接城乡之间信息流通的媒介系统主要有4个子系统。一是城乡公路交通系统。该系统常被传播学者忽视，但“要想富，先修路”，它是城乡其他传播媒介系统的基石。二是大众传播系统和电信系统。它规范着信息流入农村的流量、频率及秩序，但发展艰难曲折，长期处于低迷状态。三是组织化的农业科技信息推广系统。四是进城务工人员。这是以人身为媒介、相对松散、传播面广泛、传播效果显著的“活”系统，目前该系统中的主角已成为农村的意见领袖，是城市信息输入到农村的主渠道之一。目前传播学的关注集中在第二、第三子系统上，其他两个子系统涉及的较少，从整体的视角审视这4个子系统的协调与平衡依然是学术空白。①

（二）针对信息化的研究

从21世纪初以来，全球几乎所有的国家和地区以及所有领域的信息化发展都取得了重大进展。经济发达国家的信息化机遇指数水平较高；欠发达国家的信息化机遇指数高速增长；各国信息化机遇指数水平在宽带指标上差距最大，多数国家在宽带使用方面的表现欠佳，尤其是信息化水平较高与较低的国家差距更为明显。②

2006年起，中国从信息化发展中低水平国家跨入信息化发展中等水平国家行列。③ 2002年至2007年，中国信息化水平的排名从第90名上升到第73名，中国信息化取得了举世瞩目的成就。促使中国信息化迅速发展的原因是

① 徐敬宏、刘继忠：《当前“三农”传播的现状与问题探析》，《华中科技大学学报》（社会科学版），2007年（4）。

② 杨京英、熊友达、姜澍：《信息化机遇指数（ICT－OI）的国际比较——〈信息化水平的国际比较研究〉系列报告之三》，《瞭望塔》，2010年（3）。

③ 国家统计局科研所信息化水平的国际比较研究课题组：《中国信息化发展指数（IDICN）的国际比较——〈信息化水平的国际比较研究〉系列报告之一》，《中国信息界》，2010年（3）。

多方面的，主要有三个方面：一是中国市场经济体制的成功建立带来了巨大的外商投资，大量的ICT技术与产品被广泛引入；二是对电信业基础设施的战略性投资政策带动了中国内地各省竞相开展网络、电信等基建项目；三是竞争机制成功引入国有企业极大地保证了电信发展的效率。1994年中国联通的建立改变了中国电信对市场的垄断局面。①

尽管中国取得了很大进步，但也面临着挑战。例如，在移动宽带业务方面比较落后，农村地区的信息和通信技术水平仍然很低。② 目前，我国的信息化整体水平处于世界平均水平，应用度、影响度还有待进一步提高。存在的主要问题包括："硬技术"与"软环境"发展不均衡；行业、区域信息化发展不均衡；信息化发展深度不够，缺少带动性强的项目；各级政府部门间协调不够，缺少合力等。针对以上问题，国家应以信息化、工业化"两化融合"带动信息化的发展，充分发挥政府的宏观调控和引导作用，注意行业、区域信息化均衡发展，从核心技术、产业发展和普及应用三个层面全面推进我国信息化发展，进一步完善信息资源开发利用工作的保障环境，改革不适应信息化发展的体制、机制。③

（三）不同人群的媒介接触及影响

1. 儿童与媒介接触

这个方面主要是研究媒介接触对儿童道德发展的影响。结论表明，儿童的媒介接触与他们的道德发展显著相关。不同媒介类型的影响不同，主要体现为印刷媒介对儿童的道德发展有显著正影响，而电子声像媒介对其有显著负影响。同时，不同媒介内容的影响也显著不同：知识性内容对儿童道德发展有显著正影响，刺激性娱乐内容则有负影响。最终，不同媒介类型与内容的组合对儿童道德发展的影响也显著不同：儿童经常依赖印刷媒介和知识性内容，对他们的道德发展有显著正影响；相反，经常依赖电子声像媒介和刺

---

① 国家统计局科研所信息化水平的国际比较研究课题组：《联合国贸发会议信息化扩散指数（ICT－DI）的国际比较——〈信息化水平的国际比较研究〉系列报告之四》，《中国信息界》，2010年（3）。

② 杨京英、熊友达、姜澍：《国际电信联盟的信息化发展指数（IDIITU）国际比较——〈信息化水平的国际比较研究〉系列报告之二》，《见解》，2010年（2）。

③ 中国工程院信息：《关于我国"十二五"信息化发展的基本思路》，《科技与出版》，2010年（7）。

激性娱乐内容，对道德发展负影响显著。①

2. 大学生的媒介接触

以上海几所高校大学生为例，大学生的媒介接触时间网络最多，报纸最少。网络是大学生了解新闻、娱乐休闲的首选媒介，网络连入寝室、教室也为此提供了可能。大学生媒介接触的主要目的是娱乐休闲、了解新闻、增长见识和获取生活信息。②

二、云南及腾冲概况

（一）环境

1. 云南省自然特征

云南省位于中国西南边陲，与缅甸相邻。该省纬度低，气候类型复杂多样，降水丰富，地势海拔起伏变化大，包含山地、河谷及盆地等多种地形。

① 卜卫：《关于我国城市儿童媒介接触与道德发展的研究报告》，《新闻与传播研究》。
② 许佳音、沈祎、祖婕、夏倩：《上海市大学生媒介接触状况调查报告》，《新闻记者》，2004 年(12)。

因此，云南省的水力资源、生物资源及矿产资源十分丰富。

云南省主要为高原季风气候，大部分地区具有冬暖夏凉、四季如春的气候特征。全省气候类型丰富多样，有北热带、南亚热带、中亚热带、北亚热带、南温带、中温带和高原气候区共7个气候类型。由于云南地处低纬度高原，气候的区域差异和垂直变化十分明显。云南省气候年温差小，日温差大。夏季最热月平均温度在19～22℃左右，冬季最冷月平均温度在6～8℃以上，年温差一般为10～15℃，而日温差可达12～20℃。云南省降水充沛，大部分地区年降水量在1100毫米，但降水量的分配是极不均匀的。6～8月降水最多，约占全年降水量的60%；11月至次年4月为旱季，降水只占全年的10%～20%，甚至更少。另外，云南无霜期长，光照条件好。

云南地形极为复杂，大体上西北高、东南低，平均海拔2000米左右。西北部是高山深谷的横断山区，平均海拔3000到4000千米；东部和南部是云贵高原；靠边境地区地势逐渐和缓，平均海拔只在800米到1000米。整个云南有84%多的面积是山地，高原、丘陵占10%，仅有不到6%是坝子、湖泊。云南发育着各种类型的岩溶地貌。在云南省的高原山地之中，断陷盆地星罗棋布。这些盆地又称"坝子"，地势较为平坦，有河流通过，土壤层较厚，多为经济发达区。云南全省面积在1平方公里以上的坝子共有1445个，面积在100平方公里以上的坝子有49个。云南最大的坝子在陆良县，面积为771.99平方公里。

中国西南地区最大湖滇池位于昆明市区南部，被誉为"高原明珠"，是中国第六大淡水湖。湖泊面积311.388平方公里，流域面积2920平方公里，海拔1887米，由于位于水资源缺少地区，年际变化大，存在连续丰水、连续枯水长周期变化的特点。洱海是云南省第二大高原湖泊，位于大理市区北部，湖泊面积252.91平方公里，流域面积2565平方公里。洱海流域主要包括大理市及洱源县的18个乡镇。

云南省人均水资源超过10000立方米，是全国平均水平的4倍。由于地形缘故，河流落差都很大，蕴藏有巨大的水能资源。云南省参与的"西电东送"工程大部分的电能都来自环保的水能发电。云南省降雨充沛，河流众多，年径流量达到200立方千米，三倍于黄河。云南省素有"动物王国"和"植物王国"的美誉。云南几乎集中了从热带、亚热带至温带甚至寒带的植物品种。云南独特的气候和地理环境，形成了寒温热带动物交汇的奇特现象，鸟兽类中有46种为国家一级保护动物。云南被称为"有色金属王国"。全国162种自然矿产中云南就有148种，其中铜矿、锡矿等产量居全国前列。云南已发现各类矿产150多种，探明储量的矿产92种，其中25种矿产储量位居全国前三名。

2. 云南省基本情况

云南，即“彩云之南”，另一说法是因位于“云岭之南”而得名，省会昆明。秦始皇统一六国时，在云南东北部设立郡县。公元前109年，汉武帝设立益州郡和24个县，开辟通往缅甸和印度的商道。公元7世纪，约在大唐帝国兴起的同时，洱海地区出现“六诏”。之后，蒙舍诏首领皮罗阁统一六诏，建立南诏国，后其子统一西南及东南亚部分地区，是云南省政权的第一次统一。739年，南诏迁都太和城，即今大理市。937年，大理国建立，都城大理。1253年，忽必烈统一大理国，1276年建立云南行省，出现云南省之名；元朝中期后，云南省管辖范围还扩大到泰国北部，是历史上最大的云南。之后，元朝进一步集中行省军政权力，“开云南驿路”，发展经济文化，云南驿地处缅甸和中国交通要冲，成为一个较大规模的驿站。至此，“云南”正式成为我国中央直辖、行省一级的行政区划名称和地理名词。元朝管理云南为后世奠定了良好基础。清朝时期，云南是中国白银的主要产区；晚清时，边境地区开放了腾冲、蒙自、思茅等几处通商口岸。

至2010年，云南省面积39万平方公里，下辖8个地级市，分别为昆明市、曲靖市、玉溪市、昭通市、丽江市、普洱市、临沧市及腾冲县所在的保山市，以及楚雄彝族自治州、大理白族自治州、迪庆藏族自治州等8个少数民族自治州。其下管辖的市辖区13个、县级市11个、县76个、少数民族自治县29个。

2010年全国人口普查数据显示，云南省总人口为4596.6万人。其中，昆明市人口最多，为643.2万人；保山市人口数量位列第九，为250.6万人。云南省具有大学（指大专以上）文化程度的人口为6015570人，具有高中（含中专）文化程度的人口为12422668人。居住在城镇的人口为1618.0万人，占总人口的35.20%；居住在乡村的人口为2978.6万人，占总人口的64.80%。

云南是全国少数民族数目最多的省份，全省共有25个少数民族，各民族“大杂居、小聚居”。云南省的汉族人口为3062.9万人，占总人口的66.63%；各少数民族人口为1533.7万人，占总人口的33.37%。其中，彝族502.8万人，哈尼族163.0万人，白族156.1万人，傣族122.2万人。云南有彝、白、哈尼、傣族、傈僳、拉祜、佤、纳西、景颇、布朗、普米、阿昌、怒族、基诺、德昂、独龙等16个世居民族。云南省先后新创哈尼（两种）、傈僳、纳西、景颇（载瓦）、苗（两种）、壮、白、瑶、独龙等10个民族12种民族文字或拼音方案，改进、规范了彝、傣、拉祜、苗、景颇等5个民族7种民族文字。现德宏傣文、景颇文、载瓦文、哈尼文、拉祜文、川黔滇苗文、佤文7种民族文字方案，已成为正式文字。宗教方面，全省信仰宗教者共有403万人，其中90%以上是少数民族。佛教的合法宗教场所2333处，可统计的佛教信徒约256万余人。主要有小乘佛教、藏传佛教和大乘佛教三大教派。另外，回族穆斯林几乎遍布云南全境，共约62万余人，清真寺810处。回族村庄高高耸立的邦克楼是云南醒目的景观之一。云南省可统计的基督教徒约53万余人，合法宗教场所2050处。怒江州的贡山县信仰基督教者比重达到85%，可能是中国基督徒比重最高的一个县。此外，还有道教、天主教、东巴教、本主崇拜等不同信仰。

在交通运输方面，云南省的机场、铁路、公路等设施有很大发展。航空方面，云南省目前拥有民用机场12个，在建3个，数量位居全国各省区第一位。在建的新昆明国际机场将成为继北京、广州、上海之后第四个国家门户机场，是中国唯一一座面向东南亚、南亚和联结欧亚的门户枢纽机场。腾冲机场为二级机场。铁路方面，100多年前，云南建成第一条铁路滇越铁路，也是当时中国第一条国际铁路。虽然在中国近代史上较早拥有了铁路，但由于地形复杂、地质条件恶劣等原因，新中国成立以来云南铁路发展缓慢，至2010年，云南境内铁路里程2229公里，仅占全国铁路运营里程的4%左右。不过至2020年，云南省铁路里程将达到6000公里，"八入滇四出境"的铁路运输大通道将基本形成，形成布局合理、功能完善、运力强大的铁路运输网络。另外，在云南，出行的主要方式就是公路交通。2008年全省公路总里程达20万多公里，居全国第四位。高速公路、高等级公路以昆明为中心成辐射状，通达西双版纳、德宏等14个州市，至2008年，全省高速公路通车里程达2512公里，位居西部第一，未来规划将超过5000公里。同时，还有7条国道、61条省道连接省内及国内外各大中城市。

3. 腾冲县基本情况

腾冲县归属于云南省保山市，位于云南省西部，西邻缅甸，与缅甸接壤的国境线长达148.075公里。全县东西最大地理距离69公里，南北最大地理距离137公里，总面积5845平方公里，其中河谷坝子935.2平方公里，占总面积的16%；山区、半山区4909.8平方公里，占总面积的84%。

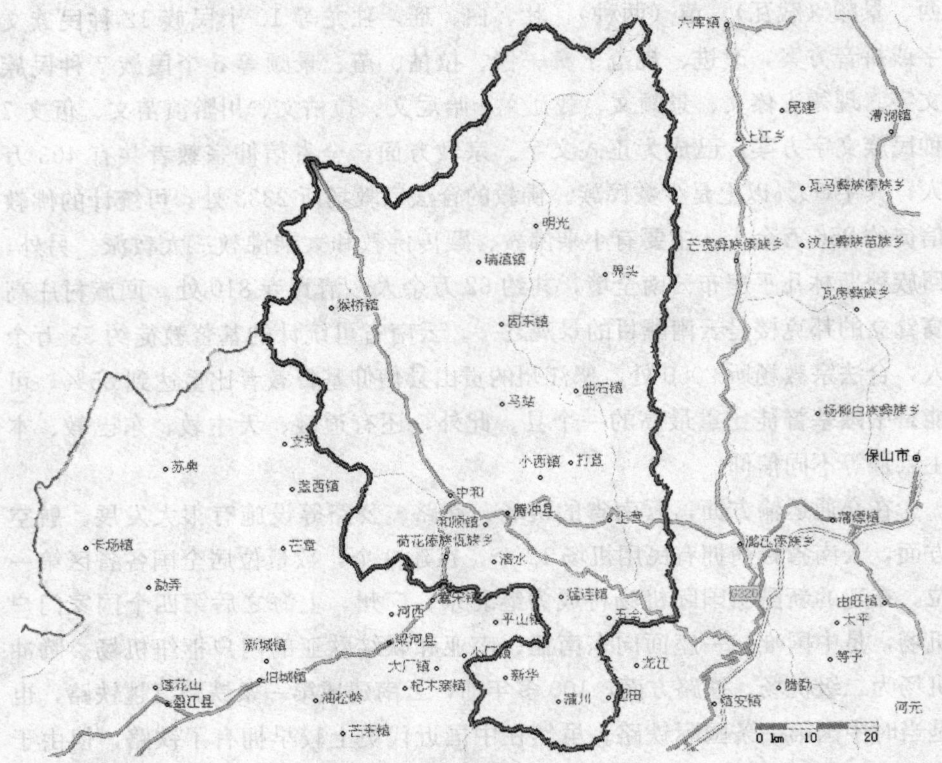

腾冲县下辖有5个镇、12个乡和1个民族乡①，境内有傣、回、傈僳、佤、白、阿昌六种世居少数民族。2010年年末全县总人口（常住人口）64.3万人，其中：城镇人口18.5万人，占总人口的28.8%，乡村人口45.8万人，占71.2%。②

县城海拔1638米，全县呈北高南低、东高西低、中间山坝相间的地势。东部和北部为高黎贡山山脉和高中山河谷区，最高海拔为3780.2米；中部为火山熔岩台地，南部为中低山丘陵地，最低海拔930.2米③。境内气候为热带季风气候，具有明显的低纬度山地西部型特征，四季不分明，冬无严寒，夏

① 腾冲县辖5个镇、12个乡、1个民族乡：腾越镇、固东镇、滇滩镇、猴桥镇、和顺镇、界头乡、曲石乡、明光乡、马站乡、北海乡、中和乡、清水乡、芒棒乡、五合乡、新华乡、蒲川乡、团田乡、荷花傣族佤族乡。

② 摘自《腾冲县2010年国民经济和社会发展统计公报》（2011－03－28），腾冲县人民政府统计局。

③ 来自CNKI中国宏观数据挖掘分析系统，转引自《保山地区年鉴》（1994年），腾冲县，自然概貌。

无酷暑，5～10月为雨季，其余月份为干季，年平均气温14.8℃，1月最低，平均7.5℃，8月最高，平均19.8℃。

腾冲物产资源丰富，全县森林面积42.9万公顷，森林覆盖率70.7%，木材储量居全省第二位；矿产资源丰富，现已开发的主要有铁、锡、铅、锌等金属矿和硅藻土、硅灰石、高岭土等非金属矿；水利资源主要有槟榔江、龙川江、大盈江三大水系，可开发利用水电100多万千瓦。高黎贡山和怒江从三江并流区自北向南而下，具有独特而丰富的生物资源，属于国家级自然保护区。这里有中国最密集的火山群和地热温泉：90多座火山和80余处温泉，泉眼数以万计。

腾冲县历史上曾是古西南丝绸之路的要冲，是著名的侨乡和翡翠集散地。腾冲在西汉时称滇越，大理国中期设腾冲府。由于地理位置重要，历代都派重兵驻守，明代还建造了石头城，被称为“极边第一城”。1899年英国在腾冲设立领事馆，1902年清政府在腾冲设立腾越海关。

作为南方丝绸之路上的历史文化名城，腾冲积淀了丰实深厚的历史文化：中、缅、印边陲古道的商贸历史，春秋战国时期的铜案、铜鼓凝，与东南亚文化交流的石雕佛像。侨乡和顺镇有一座建于1928年，至今仍然是全国规模最大、藏书最多的乡村图书馆。宗教方面，腾冲道教有悠久历史，云峰山是道教圣地之一。在腾冲道教宫观居多，佛教寺庵为少。现存的云南道教宫观中，腾冲的宫观占据一半。

荷花傣族佤族乡是腾冲县的一个少数民族自治乡，位于腾冲县城西南部。全镇总面积125.88平方公里，辖10个行政村、45个自然村、96个村民小组，全镇有7167户28340人。荷花镇是以傣族、佤族为主的少数民族聚居区，现有少数民族7830人，其中傣族5338人、佤族1739人。在历史的进程中，创造出了绚丽多姿的民族民间文化，沿袭至今的有滇戏、傣戏、傣族织锦、佤族清戏、花灯、武术、民族体育、民间绘画和傣历新年泼水节等，文化部于2000年授予其“中国民间特色艺术之乡”称号。《大队马群》、《晒粮》、《挖藕》、《佤族新居》等傣族、佤族农民画作品曾获得国家、省和市级少数民族画展优秀作品奖，并被收入《中国农民画优秀作品集》。

4. 腾冲县经济

大众传媒的发展与普及、信息传播的状况与经济发展水平密切相关。要想了解或研究一个地区信息和媒介的发展情况，就必须先了解当地人口、社会、经济和交通等多方面的发展状况。

特定的区位优势使腾冲县成为云南省工商业的发祥地之一。宋、元以来，这里就是珠宝玉石的聚散地，首开翡翠加工之先河。到了清代，翡翠的加工、销售业已十分兴盛，现在，翡翠的加工、交易空前活跃，商业贸易、旅游等行业日益兴盛，“翡翠城”正吸引着海内外客商。现在，腾冲是云南六个省直属县之一，作为云南面向南亚、东南亚开放桥头堡战略的排头兵，迎来发展的新时期。

2010年腾冲生产总值完成704022万元，比上年同期增长16.1%，其中第三产业实现增加值294890万元。人均生产总值10992元，可比增长19%。

首先，腾冲县农业平稳持续发展。全年农村经济总收入29.6亿元，比上年增加3.4亿元；农民人均纯收入4047元，比上年增加565元，年均增长14.7%；全县在岗职工工资总额68115万元，增长10.6%。全县拥有农业机械总动力35.5万千瓦，比上年增长13.1%。农村用电量8669万千瓦小时，增长24.9%。拥有水库（含坝塘）249座，库容5934万立方米，有效灌溉面积41.2万亩，水利工程供水量20889万立方米。

其次，腾冲县工业发展取得新进展，全年完成工业总产值43亿元，比上年增长37.6%，其中轻工业完成产值239716万元。从经济类型看，非公工业完成产值383244万元，占全县工业总产值的比重为89%。全年乡镇企业营业收入45.4亿元，比上年增长31.6%。2010年末全县有个体工商户15446户，从业人员26223人；私营企业939户，从业人员23989人。

另外，腾冲县服务业的发展也取得了新实效。旅游业发展规模迅速扩大，唱响了“世界腾冲、天下和顺”旅游品牌，“十五”期间旅游总收入68.7亿元。2010年实现文化产业增加值60546万元，占全县生产总值的8.6%，推出了大型舞台剧《梦幻腾冲》和一批影视作品。交通运输、仓储和邮政、批发零售贸易业等实现增加值9.8亿元，年均增长15.5%；社会消费品零售总额18.5亿元，年均增长18.8%。边贸市场完成进出口总额81175万元，增长105.7%。

作为西南边陲的一个县城，腾冲县的经济水平与全国很多地区相比仍有一定差距，但近些年来，尤其是根据“十一五”报告的统计数据来看，腾冲县利用自身的优势有重点、有目标地进行了建设，经济和社会等各方面都有了很大的发展。

（二）地区联系

“十一五”期间，腾冲县交通建设取得重大突破。全县公路总里程 3261 公里，居保山市第一。其中，省道 355 公里，县道 435 公里，乡道 1509 公里，专用公路 203 公里，村道 759 公里。新修和改扩建城市道路 14 条，全长 29 公里。另外，腾冲机场建成通航，腾密、腾板公路建成通车，保腾高速路及腾陇、腾泸、龙腾三条二级路开工建设，城市道路、农村客运站、农村公路通达工程较好实施，县乡公路实现 100%硬化目标。至此，腾冲县公路密度达每百平方公里 55.8 公里，形成了以省道为骨干，县乡公路为支脉，景区景点之间以及村村通为“毛细血管”的交通网络。

全县汽车拥有量 25468 辆，比上年增长 25.0%，摩托车 83103 辆，增长 25.9%，其他机动车 5977 辆，增长 12.6%。全年货运量 1214 万吨，增长 10.6%；货物周转量 134243 万吨公里，增长 12%。客运量达 396 万人，增长 15.1%，旅客周转量 44812 万人公里，增长 17%。

追溯腾冲的历史，腾密路是一条路铸就了腾冲的几度繁荣，它对腾冲产生了深远影响。在 2400 多年前，这条路是比北方丝绸之路还要早 200 多年的南方丝绸古道，它使腾冲成为中国当时最早实现对外开放的地区之一。历史上腾冲首开翡翠加工先河，商贸繁盛，被徐霞客誉为“极边第一城”，腾冲也成为云南近现代工商业的重要发祥地之一。在“二战”期间，这条路是声名赫赫的“史迪威公路”，在中国抗战和世界反法西斯战争中树立了不朽的丰碑，使腾冲在中国救亡图存的历史上彪炳千秋。如今，这条路是我们努力构筑的南亚国际大通道。用世界眼光、战略思维，从经济全球化的角度审视腾冲的发展，打通腾密路，先将高等级公路延伸至印度等南亚国家，进而分步建设中印铁路、输油管道，全面实施面向南亚开放战略，是腾冲实现大开放、大发展的希望和根本出路，也是中国大西南地区走向世界、谋求发展的一条重要途径。1991 年至 1993 年，腾冲县与缅方共同投资对腾密公路境外段沿“史迪威公路”进行了改造，修复了 73 公里砂石毛路，但修复后仍然没有根本改变晴通雨阻的状况，远远不能适应发展需要。直到 2003 年，县委、县政府经过反复研究，提出要重新修筑腾密公路。2005 年 3 月，全省“兴边富民工程”工作会议在腾冲召开，省政府决定把腾密路作为全省“兴边富民”工程的一个重要项目来实施，并给予 1 亿元的资金补助，将四级弹石路一次性提升为二级柏油路。这对建设腾密路而言，是一个非常重要的转折点。2007年4月，腾密路境外段建成通车，实际投资约4.4亿元。腾密路境外段建设历时3年，有1万多名工人参与施工，共完成路基土石方1800多万方米，铺筑沥青路面82.4万平方，建设大小桥梁18座、涵洞335个，工程浩大。

腾冲至陇川二级公路（腾陇公路），是云南省的重点交通建设项目之一，是省道233线腾冲至瑞丽公路的主要路段。腾陇公路全长154.55千米，项目投资概算14.56亿元，于2009年9月初开工，2011年4月竣工。路线起点为保山市腾冲县中和乡毛家营，途经德宏州梁河县、盈江县，止于陇川县章凤镇，延伸至瑞丽，是腾冲、德宏两个滇西重要旅游区的旅游环线。腾冲段长18.8公里，涉及荷花、中和两乡；陇川县境内里程44公里，途经章凤镇、景罕镇、陇把镇、户撒乡4个乡镇，沿线辐射人口10.37万人。腾陇高等级公路是国际大通道建设的重要路段，它把腾冲火山热海与瑞丽江、大盈江两个国家级旅游风景名胜区和腾冲、瑞丽两个国家一类口岸及盈江、章凤两个国家二类口岸连为一线，使国际运输与国内运输形成一个整体，进而有力地促进滇西经济社会和旅游业的发展，推进中国与东亚、南亚各国的国际经济、贸易、文化等的合作交流。

另外，龙陵县城至腾冲县永乐二级公路全长58.191公里，概算总投资近7.6亿元。该工程于2010年3月10日开工建设。龙腾二级公路是保山市交通规划“三纵一横”主骨架路网中的重要路段，也是保山市交通规划网中环市公路的重要组成部分。这一项目的实施极大地改善龙陵、腾冲两县的公路运输条件，对加快龙陵、腾冲旅游业发展，促进全市经济社会发展，帮助当地群众脱贫致富都具有十分重要的意义。

2010年，腾冲县将农村公路建设作为重点工作来抓，全县共投资4312万元，实施农村公路建设250.6公里。其中，通达工程投资2812万元，实施农村公路通达工程228.6公里；通乡油路投资1500万元，完成了新华段22公里四级油路改造工程。另有凤山路改造按时完成；老腾板线、火山路延长线及北二环路延长线路网工程投入使用，新老城区实现有效连接，全县农村交通条件得到极大改善。此外，云南省还有望在2012年取消政府还贷二级公路收费，地区间的交流将更加便利。

（三）公共福利设施

“十一五”期间，腾冲县的农村民生得到了进一步的保障和改善。政府重点实施了农村危房和中小学危房改造工程，大力推进农村公共文化服务体系建设，开展“文化惠民”创建活动。继续深化医药卫生体制改革，着力提高农村基本卫生公共服务水平，并加快建立新型农村社会养老保险制度，对符合条件的农村低保对象做到应保尽保，逐步提高保障标准和补助水平，确保被征地农民有长期稳定的转移性收入。此外，“家电下乡”等民心工程也得以进一步推进。

在农村公共文化建设方面，腾冲县首先加大了乡镇文化站建设工程。近年来，腾冲县抓住国家加强公益性文化事业建设和云南省实施“兴边富民工程”的机遇，大力实施乡镇文化基础设施建设。目前已投入资金800多万元，完成了14个乡镇综合文化站建设，建筑面积达到6000平方米；完成了每个乡镇8万元的设备配置。其次，腾冲县努力实施农民健身工程，加快实施村级文化体育活动广场建设项目。投资120多万元，在腾越镇、滇滩镇、马站乡等乡镇安装了24个农民体育健身工程点。同时在清水乡、中和乡大村村等乡镇和村安装健身路径27条。这些健身工程的实施，为农民健身运动的广泛开展搭建了平台，为农民体育健身工程的进一步实施创造了良好的开局。腾冲县争取到固东镇江东银杏村、清水乡清水村、中和乡大村村3个村被列为省财政厅、省文化厅、省体育局村级农村文化活动场所建设试点，每个试点补助建设资金10.8万元；争取到江东和大村作为省文化厅的两个文化惠民示范村建设点，江东文化惠民示范村完成了建设规划，目前已完成投资70余万元，修筑了进村道路、建立了农文网络培训学校、修建了文化活动室、图书室、阅览室，各自然村全部组建了文艺队。同时，腾冲县还加快实施农村文化队伍素质提升工程。县文广局一方面积极争取项目支持，扶持农村业余文艺队伍，目前共扶持70支农村业余文艺队伍，对他们进行补助；另一方面加强对农村文化队伍的培训指导，目前已经培训文化骨干10多期，受训人员超过2500人次；现场到乡、村开展各种文辅100多场次，受训人员超过了30000人次。

腾冲县的教育事业也持续发展。教育改革成效明显，义务教育阶段教师绩效工资制度全面落实。“十一五”的五年中，政府投入财政资金2.6亿元，排除危房15.7万平方米，新建和改善校舍24万平方米。安排财政资金2.9亿元，免除了30万人次学生的学杂费并免费提供教科书，向20多万人次家庭贫困寄宿学生发放生活补助，确保了每一名困难家庭学生就读。2010年，全县学龄儿童入学率100%，初中毕业生升学率76.8%，顺利通过了“两基”

国检和“普实”省检；高中阶段毛入学率62.8%，普通高中与职业高中招生比例达1∶0.6，高考上线率99.47%。2010年末，腾冲县拥有各类学校422所，其中：普通中学33所，职业中学两所，小学321所，在校学生13.4万人，考入各类大专及以上人数3539人。全县所有农村中小学生均享受“两免一补”政策，改造农村中小学D级危房5.4万平方米。

在卫生医疗方面，腾冲县拥有卫生医疗机构122个，病床1614张，比上年增长6.5%；专业卫生技术人员1633人，比上年增长1.7%；平均每千人拥有病床2.5张，每千人拥有卫生技术人员2.5人。

近些年，腾冲县社会保障工作进一步加强。全县有15339名城镇职工和离退休人员参加了养老保险，有32266名职工和离退休人员参加了基本医疗保险，有14739人参加了失业保险，参加生育、工伤、农村养老保险人数36025人。新型农村合作医疗参合人数57.2万人，参合率达97.2%。新增农村低保1.47万人，被征地农民养老保险参保5430人。农村敬老院达8个、床位590张。完成农村富余劳动力转移13.3万人次，有序劳务输出3100人。

另外，城市基础设施建设是文化、旅游产业发展的基础，腾冲县在城市基础设施建设方面也取得丰硕的成果。近年来，腾冲县累计投入建设资金3.5亿元，共拆迁单位115个，居民1080户，拆除建设面积28万平方米，开发土地16万平方米；新安装路灯、草坪灯5600盏，新栽行道树23000株，草坪绿化72公顷；全县城镇面积发展到59.6平方公里，其中县城22.46平方公里，比“十五”末增加8.32平方公里，城镇化率28.8%，比“十五”末提高6.1%。与此同时，西山坝新城区和高黎贡国际旅游城项目快速推进；老城区规划改造步伐加快，城市风貌“六项工程”、腾越河水景观打造、“欢乐湖”、文治光昌广场等工程顺利实施；自来水、电力、电信、电视、城市雕塑等配套设施同步建设。以城市环境卫生、环境绿化美化、市民文明礼貌为重点的城市文明教育、市政管理进一步科学化、规范化，市容市貌和公民文明程度都有了较大改观。

（四）技术进步

在“十一五”期间，腾冲县农村条件明显改善，人居环境也有明显提升。政府加大了对农村建设的投入，推动实施了农村“五小”水利和饮水安全项目，农田水利建设得以快速发展。2011年，全年共动工各类水利工程1502

个，完工 1271 个，完成水利投资 2.47 亿元，其中甘露寺水库扩建工程完成投资 6056.7 万元，“水利三百”一期工程完成投资 2175.5 万元。腾北固东中型灌区、大盈江水景水面打造工程、清水节水灌溉工程、中央小型农田水利重点县建设等工程项目建设进展顺利。“十一五”期间，腾冲县解决了 13.2 万农村人口的饮水安全问题，新增有效灌溉面积 5.13 万亩，改善灌溉面积 19.47 万亩，完成中低产田地改造 25.3 万亩。实施新农村示范点建设 152 个，直接受益人口 9.6 万人，成功打造了中和大村、固东江东、腾越玉璧等一批新农村典型。另外，腾冲县新建沼气池 1.45 万口，节柴改灶 4926 户。农村电网改造使 5.4 万户农民受益。投入各类扶贫资金 2.2 亿元，解决了 5.35 万贫困人口的温饱问题。

随着技术的进一步推广应用，节能减排工作成效明显，2010 年单位 GDP 能耗较上年下降 4.1%。城市污水处理厂及截污管网建设全面启动，垃圾无害化处理率提高到 95%。土地管理、耕地保护工作切实加强。五年治理水土流失面积 49.6 平方公里，完成营造林 181.9 万亩，改造中低产林 10 万亩，兑现公益林生态效益补偿金 2896 万元，森林覆盖率由“十五”末的 63.4%提高到 70.7%，被国家授予“绿色能源示范县”称号。

能源建设全面推进，槟榔江、龙川江流域水电开发步伐加快，水电装机容量 55.35 万千瓦，比“十五”末增加 39.35 万千瓦。水利建设成效明显，开工建设各类水利工程 3918 个，以甘露寺水库、小型水库除险加固和灌区建设为重点的农田水利建设加快实施，新增水利蓄水库容 6 万立方米，水利化程度 33.1%，比“十五”末增加 1.7 个百分点。

在近五年中，腾冲县加快推动科技事业的发展。五年组织实施省级以上科技项目 27 项，授权专利 100 件，认定省级高新技术企业、创新型试点企业两户、百户知识产权试点示范企业 5 户。科普工作全面推进，年均培训 10 万人次以上，获“全国科普示范县”称号。2010 年科技对国民经济的贡献率达 46%，比“十五”末提高 5 个百分点。

（五）大众传播

近些年来，腾冲县的大众文化传播事业有了稳步发展。到 2010 年末，腾冲县拥有艺术表演团体 1 个，公共图书馆两个，藏书量达 14.5 万册，全县 18 个乡镇都有文化站。电视人口覆盖率 94%，广播人口覆盖率 96%，有线电视年末用户达8.2万户。2011年，建成农家书屋142个，在364个自然村实施了广播电视“村村通”工程，覆盖率分别提高到96%和94%。此外，2010年，腾冲县邮电计费业务收入总量22072万元，比上年增长18.4%。年末拥有程控电话机33943部，减少20.4%，每千人电话普及率达52部。年末移动电话（含小灵通）用户达41.3万户，比上年增加12.4万户，增长43.1%。

在书籍方面，腾冲县大力推进农家书屋建设。“村村有书屋，人人有书读。”从2006年第一个农家书屋在禄劝县柯渡镇可朗村挂牌以来，农家书屋工程以燎原之势，在云岭高原播种、生根、发芽。以前村民想看书，需要跑到乡或县图书馆、新华书店才能借到、买到，很不方便。村民们农闲时除了打牌、聊天，闲着没事干。自从村里有了农家书屋后，书屋建在家门口。不光村民借书、看书方便，孩子们放了学，也可以到书屋读课外书。农家书屋成了农民自己的精神家园。“富了不读书是暂时富，穷了不读书是永远穷”，农家书屋配备大量农民看得懂、用得上的农业科技类图书，使农业科技知识直接进村入户，解决了农业科技与农民长期隔离的问题。一位村支书说，自建起农家书屋，村民学科技、学文化，如今，村里喝酒赌博的少了，勤劳致富的多了。截至2010年底，云南农家书屋建成总量达6606个，覆盖全省47%的行政村，2162万农村人口从中受益。工程建设超额完成云南省“十一五”规划4000个农家书屋的建设任务。农家书屋成了农民看得见、摸得着的精神家园，成了科技致富的加油站。农家书屋建设获得了省新闻出版局的倾斜支持，221个行政村将通过2009年、2010年、2011年三年全部建起农家书屋。2009年建起了21家，2010年建设142家，每个农家书屋配备图书不少于1500册，报刊不少于20种，电子音像制品不少于100种，价值4万元。

另外，腾冲县积极开展“送书送戏下乡工程”，缓解了农村广大读者看书难的问题。县文广局积极向上争取送书下乡工程，到2011年初为止，共争取到文化部、财政部组织的“送书下乡工程”赠书三次，赠送图书近8000册，惠及腾越镇、猴桥镇、固东镇、新华乡、清水乡等10多个乡镇。这些赠书在一定程度上解决了乡镇文化站藏书量少、购书经费短缺问题，受到农村群众的热烈欢迎。

在报刊、特别是党报党刊的订阅方面，腾冲县召开会议部署落实订阅范围和征订对象，在2010年10月首次采用“财政代扣”征订。全县各级各部门明确任务目标，落实发行经费。各单位按照分配的任务，安排公用经费订阅党报党刊，各级党委（党组）负责人要作为党报党刊发行第一责任人，亲自部署党报党刊发行、亲自督办。重点突出《云南日报》、《保山日报》等主要党报党刊征订，各地各部门要无条件完成上级下达的指令性公费征订任务。该县还积极探索党报党刊发行的新方式。坚持“多管齐下”，走公费订阅、党费订阅、自费订阅、财政代扣、“私订公助”、集定分送、代收代订、社会捐助等形式多样的订阅路子，大力提倡和鼓励社会力量征订党报党刊捐赠给贫困地区，实施文化扶贫；努力拓展新兴市场，鼓励新经济组织和新社会组织订阅党报党刊，鼓励在旅游、交通、通信、金融等人员活动较多的场所订阅一定数量的党报党刊。服务上，邮政部门采取增加收订台席，延长收订时间，利用窗口收订、上门收订、流动收订、电话预订等便民服务措施满足订户需求，切实解决缺报少刊的问题并公开承诺严格落实赔偿机制，杜绝延误、漏投现象。同时，腾冲县着力推进主要党报党刊进报刊亭零售工作，努力使报刊亭成为展示党报党刊形象的窗口，成为传播先进文化的重要阵地。

“循环报刊进农村”工程也取得很大成绩。长期以来，保山市广大农民群众学政策、学法律、学文化科技知识资金困难、渠道不畅，严重制约着当地的经济社会发展。为解决这一困难，“循环报刊进农村”工程于2007年1月启动，即把党政机关、学校、企事业单位等使用过的具有学习、使用、参考价值的报刊、书籍由专人收集、邮发到村委会，或通过文化大院、农家书屋等阵地提供阅读，或直接把报刊送到农民家中。截至2008年6月，全市701个单位、72个乡镇部门参与“循环报刊进农村”工程，共送出各类报刊230种、328020份（册），涉及72个乡镇、800个村委会。工程惠及家庭40多万户，受益人数150多万人，报刊收集率、覆盖率、分发率分别达到95%、90%、90%。其中，市妇联向省科学技术协会申请到《云南农村科普》报刊，为广大农民群众提供国家农业农村政策、种植养殖技术、疾病预防知识、致富信息、就业信息等服务，满足农民群众多方面、多层次、多样化的文化科技知识需求。

“村村通”广播电视直播卫视工程在腾冲县扎实推进。2009年，腾冲县完成782个20户以上已通电自然村21506座直播卫视工程，惠及农村群众92700多人；2010年，完成364个20户以上已通电自然村共12682套“村村通”直播卫视工程，惠及农村群众50000多人。通过实施“村村通”广播电视卫视工程，从技术手段上根本解决了广大农村地区，尤其是偏远山区群众收看电视、收听广播难的问题，使广大农村群众能够收听、收看到优质清晰的47套广播电视节目，极大地丰富了农村群众的业余文化生活。腾冲县还积极组织实施文化信息资源共享工程。2009年，全县完成全国文化信息资源共享工程两个县级支中心和12个乡镇基层点建设项目。同时，该县的农村数字电影放映工程也深入开展。遵循“企业经营、市场运作、政府卖服务”的运营方式，实现221个行政村每月免费放映一场数字电影的目标，截至2010年9月底，腾冲县完成放映场次近2000场次，观众超过了10000人次。

此外，随着手机技术的发展，手机报被称为继报刊、广播、电视、网络之后的“第五媒体”，已成为新的媒体终端。在这方面，云南省保山市的党报等主流媒体凭借其丰富的新闻资源，利用手机报这一形式，在无线互联网领域发布新闻、引导舆论和传播先进文化。党报立足这个新的传播平台，发挥了“跨越时空”的优势，开辟新的舆论宣传渠道，放大纸质媒体的传播效应，拓展了党报的受众领域。不断放大受众空间，使党报的发展从平面向立体延伸，更利于扩大社会影响力。以保山日报的《保山手机报》为例，自2008年6月正式开通以来，用户已初具规模，有政策性的“家电下乡”等栏目，也有“流行风潮”的生活类栏目，并且有商家冠名、参与有奖等环节。手机报正逐步突破传统媒体单向定时发布信息的模式，能与读者进行互动，提高手机报的及时性和吸引力。“小手机大世界”，手机媒体在保山市标示了新传媒时代的到来。

近几年来，腾冲县先后获得“全国文化模范县”、“全国农村精神文明建设先进县”、“边疆文化长廊建设先进单位”等荣誉称号。在此基础上，该县积极构筑“五大体系”，推动文化事业发展，打造全国文化名县。其中，在大众传播方面，构筑图书阅览服务体系，实施好“农家书屋”、“文化信息资源共享工程”，与“党员活动室”、“科技阅览室”、“报刊循环”等项目结合；构筑广播电视覆盖体系，广播电视“村村通”加快网络建设和网络体制改革，使全县的广播电视综合覆盖率达到98%，解决了群众收听收看问题。

（六）办事机构

1950年2月21日，腾冲县人民政府成立，属保山专区。1956年4月，腾冲县随保山专区并入德宏自治州。1963年8月，腾冲县随保山专区从德宏州内分出。保山地区改为保山市后，腾冲县属保山市。腾冲县政府现设有政府办、文化广播电视体育局、司法局、统计局等部门。

政府办主要围绕县委、政府的中心工作及县政府的工作部署开展工作；贯彻执行党和国家的路线、方针、政策及省、市各级的决策决定，保证政令畅通；承办上级党委、政府及其部门转交县人民政府办理的事项，完成县政府向上级报告、请示等文稿的办理工作，承办各乡镇人民政府、县直各部门及各单位报送政府的请示、报告等工作；负责县政府会议的准备和组织等工作，协助县政府领导组织对会议决定事项的落实、检查和反馈工作；做好调查研究和信息的收集、整理、反馈工作，为政府领导决策提供依据，收集、上报政务信息，并积极推进电子政务信息化建设等。

2005年4月原县文体局与原县广播电视局合并成立县文化广播电视体育局。目前，党委、行政、纪委和工、青、妇机构健全，是县政府组成部门之一，主管全县文化、广播电视、体育事业，主要职责有：认真贯彻执行党和国家有关文化、艺术、新闻出版、广播电视、电影、体育产业等方针政策和法律法规；制定全县文化艺术、新闻出版、广播电视、电影、体育产业等的发展战略和规划；统一规划全县广播电视频率、频道，维护正常电波秩序，保证频率、频道的开发利用；指导全县文化艺术、广播电视节目创作和生产，推动各门类文化艺术、广播电视节目的发展；审批管理全县性各类社会文化艺术、群众体育活动，承办全县性重大文化艺术和体育活动；围绕县委、县政府的中心工作，审定各个时期的宣传报道计划，组织好重大活动的宣传报道，把握好正确的舆论导向；指导和管理全县社区文化、校园文化、企业文化等群众文化；管理全县各类图书馆事业，指导图书文献资源的建设和开放利用，指导和推动图书馆标准化、现代化建设；管理全县文化广播电视体育新闻出版市场，负责全县文化广播电视体育市场宏观调控、证照发行、业务培训、稽查办案管理工作等。

1984年1月“腾冲县司法科”改名为“腾冲县司法局”，是主管全县司法行政工作的县政府工作部门，担负着全县的法律宣传、法律服务、法制保障等主要职责。下设的司法行政机关主要职责有：负责管理指导全县的法制宣传教育工作，组织实施全县普法规划，指导各部门开展好普法与依法治理工作；负责管理和指导全县律师事务所、公证处以及法律服务工作，查处法律服务中的各种违纪违法行为；负责管理和指导全县人民调解委员会、司法所、法律服务所、乡镇社会矛盾调处中心工作，参与社会治安综合治理；负责全县法律援助工作，为伤、残、贫等社会弱势群体和特殊案件的当事人提供法律帮助。法制宣传教育股的工作职责包括：负责指导全县的法制宣传教育工作，编写法制宣传材料，办好法制宣传专栏；负责普法规划的制订和实施，组织骨干培训，抓好普法学习、考试、验收等工作；宣传贯彻新颁布的法律法规及规章，组织各种形式的法律知识竞赛活动；协助教育部门开展中小学法制教育，配合各职能部门抓好法律轮训、培训等。基层工作管理股主要负责管理指导乡镇司法所、法律服务所、乡镇社会矛盾调处中心、人民调解委员会业务工作、思想政治及组织建设；参与、指导基层调处重大疑难民间纠纷和突发事件等工作。

三、研究方法及抽样说明

通过以上大量资料的查阅，我们对腾冲县和这些村庄进行了定性分析，大致了解了当地的自然环境、社会环境、民族发展和经济发展状况以及大众传媒的发展和信息化程度。由此，我们设计出针对民族地区农村、农民的《信息与民族地区发展调查问卷》，它能反映出农民文化程度、经济条件等自身素质情况，农民媒介拥有、信息接触及获取渠道等信息能力方面的情况，以及农民对不同信息传播方式的接受程度和评价状况。

另外，在调研之前，我们采取等距抽样的方法，将腾冲县的所有行政村先按一定的顺序排列、编号，然后决定以 20 为一个间隔，并在此间隔基础上选择了 12 个被调查的行政村作为样本。

等距抽样也称为系统抽样、机械抽样、SYS 抽样，是首先将总体中各单位按一定顺序排列，根据样本容量要求确定抽选间隔，然后随机确定起点，每隔一定的间隔抽取一个单位的一种抽样方式，是纯随机抽样的变种。在系统抽样中，先将总体从 1－N 相继编号，并计算抽样距离 K＝N/n。式中 N 为总体单位总数，n 为样本容量。然后在 1－K 中抽一随机数 k1，作为样本的第一个单位，接着取 k1＋K，k1＋2K……直至抽够 n 个单位为止。根据总体单位排列方法，等距抽样的单位排列可分为三类：按有关标志排列、按无关标志排列以及介于按有关标志排列和按无关标志排列之间的按自然状态排列。按照具体实施等距抽样的方法，等距抽样可分为：直线等距抽样、对称等距抽样和循环等距抽样三种。等距抽样是实际工作中应用较多的方法，目前我国城乡居民收支等调查都采用这种方式。

等距抽样的特点是：抽出的单位在总体中是均匀分布的，且抽取样本可少于纯随机抽样。等距抽样相比简单随机抽样最主要的优势就是经济性。等距抽样方式比简单随机抽样更为简单，花的时间更少，并且花费也少。而使用等距抽样方式最大的缺陷在于总体单位的排列。一些总体单位数可能包含隐蔽的形态或者是“不合格样本”，调查者可能疏忽，把它们抽选为样本，但只要抽样者对总体结构有一定了解，充分利用已有信息对总体单位进行排列后再抽样，即可提高抽样效率。使用等距抽样要防止周期性偏差，因为它会降低样本的代表性。

1. 随机起点等距抽样，即在总体分成 K 段（K＝N/n）的前提下，首先从第一段的 1 至 k 号总体单位中随机抽选一个样本单位，然后每隔 k 个单位抽取一个样本单位，直到抽足 n 个单位为止。这 n 个单位就构成了一个随机起点的等距样本。这种方法能够保证各个总体单位具有相同的概率被抽到，但是，如果随机起点单位处于每一段的低端或高端，就会导致往后的单位都会处于相应段的低端或高端，从而使抽样出现偏低或偏高的系统误差。

2. 半距起点等距随机抽样。这种方法又称为中点法抽取样本，它是在总体的第一段，取 1，2，…k 中的中间项为起点，然后再每隔 k 个单位抽取一个样本单位，直到抽足 n 个样本单位为止。当总体是按有关标志的大小顺序排列时，采用中点法抽取样本，可提高整个样本对总体的代表性。

3. 随机起点对称等距抽样。这种方法是在总体第一段随机抽到第 i 个单位，而在第二段抽取第 2k－f＋1 的单位，在第三段抽取第 2k＋f 的单位，而在第四段抽取第 4k－f＋1 的单位……以此交替对称进行。可概括为：在总体奇数段抽取第 jk＋i 单位（j＝0，2，4…）；在总体偶数段抽取第 jk－i＋1 单位（j＝2，4…）。这种抽样方法能使处于低端的样本单位与另一段处于高端的样本单位相互搭配，从而抵消或避免抽样中的系统误差。

4. 循环等距抽样。当 N 为有限总体而且不能被 n 所整除，亦即 k 不是一个整数时，可将总体各单位按顺序排成首尾相接的循环圆形，用 N/n 确定抽样间隔 k，k 可以取最接近的整数，然后在第一段的 1 至后号中抽取一个作为随机起点，再每隔 k 个单位抽取一个样本单位，直至抽满行个为止。

本次调研我们选取的单位是行政村，而非自然村。这是因为行政村是国家按照法律规定而设立的农村基层管理单位，便于我们调研的实施开展以及之后的统计分析。行政村是政府为了便于管理而确定的乡下边一级的管理机构所管辖的区域，一个行政村由一套领导班子管理，其组织形式是村民委员会，是农村村民自治组织，下设若干个以自然村划分的村民小组，这些自然村都要受行政村村委会和村支部的管理和领导。一般情况下，自然村小于行政村，几个相邻的自然村构成一个较大的行政村，也有一个自然村被划分为几个行政村的，还有一个自然村就是一个行政村的。行政村的管理实行村民自主管理，权利在村民委员会。它是村一级的最高权力机构，属于自治组织，但是要接受上级行政权力机关的指导，如乡（镇）的政府机关。而受地理条件、生活方式等的影响，以家族、户族、氏族或其他原因自然形成的居民聚居的村落称自然村。二者的区别，不只是规模的大小，根本区别即行政村建立村委会组织、建立党的支部委员会，而自然村不建立。

本次实地调研时正值雨季，由于天气下雨、地形崎岖及交通不便等原因，在实际工作中，有一个行政村我们未能前往调研。因此，我们最终进行了11个行政村的实地调研。在对每个村庄的调研中，使用了观察法、问卷法和采访法，实际观察调查对象的信息生活状况，向他们发放问卷并进行采访。

调研结束，我们采用定量分析，对收回的有效问卷进行科学的统计和分析，并综合观察与采访的结果，从而更准确地了解腾冲县的信息传播现状，更好地研究和探索促进信息获取和民族地区经济发展的对策方案。

四、来自样本的描述统计分析

（一）性别

表1　您的性别

		数据	百分比（%）	有效百分比（%）	累积百分比（%）
Valid	男	256	52.8	53.1	53.1
	女	226	46.6	46.9	100.0
	Total	482	99.4	100.0	
Missing	System	3	0.6		
Total		485	100.0		

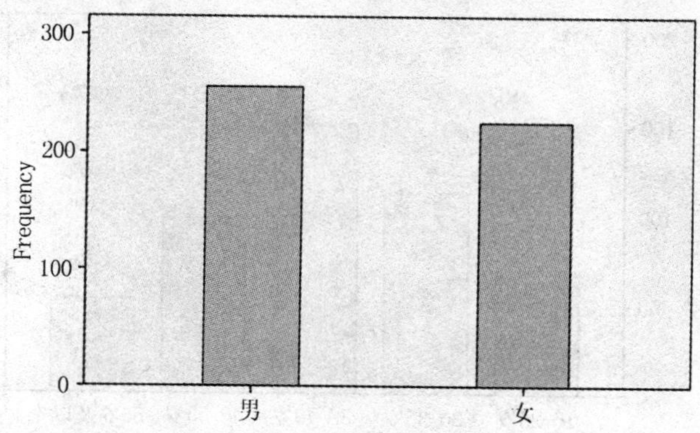

图 1 您的性别

在收回的 482 份有效问卷中，男性为 256 人，占有效问卷的 53.1%，女性 226 人，占 46.9%。受调查对象中，男性略多于女性，但总体平衡。

（二）年龄

我们根据调查前的准备和分析，将年龄划分为 5 个阶段：16～25 岁、26～35 岁、36～45 岁、46～55 岁和 56 岁及以上。通过对不同年龄段的统计和特点分析，了解村民的媒介接触和信息获取情况。

表 2 您的年龄

		数据	百分比（%）	有效百分比（%）	累积百分比（%）
Valid	16～25 岁	70	14.4	14.4	14.4
	26～35 岁	113	23.3	23.3	37.7
	36～45 岁	151	31.1	31.1	68.9
	46～55 岁	98	20.2	20.2	89.1
	56 岁及以上	53	10.9	10.9	100.0
	Total	485	100.0	100.0	

485 人均对此做出有效回答。数据显示，16～25 岁有 70 人，占总人数 14.4%；26～35 岁有 113 人，占 23.3%；36～45 岁有 151 人，占 31.1%；46～55岁有 98 人，占 20.2%；56 岁及以上有 53 人，占 10.9%。总体来说，各年龄段分布相对均匀，青年人和中年人占大部分。

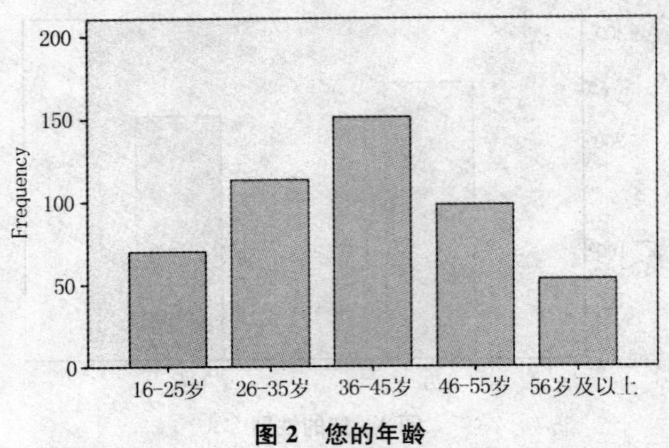

图 2　您的年龄

（三）民族

表 3　民族

		数据	百分比（%）	有效百分比（%）	累积百分比（%）
Valid	汉族	452	93.2	95.0	95.0
	傈僳族	2	0.4	0.4	95.4
	傣族	12	2.5	2.5	97.9
	回族	10	2.1	2.1	100.0
	Total	476	98.1	100.0	
Missing	System	9	1.9		
Total		485	100.0		

关于民族问题，我们得到 476 个有效样本，占总数的 98.1%。受调查者绝大多数是汉族，有 452 人，占有效样本的 95.0%。另有傣族 12 人，占 2.5%；回族 10 人，占 2.1%；傈僳族 2 人，占 0.4%。数据表明，受调查村民绝大多数是汉族，少数民族成分少，民族差异对调查影响较小。

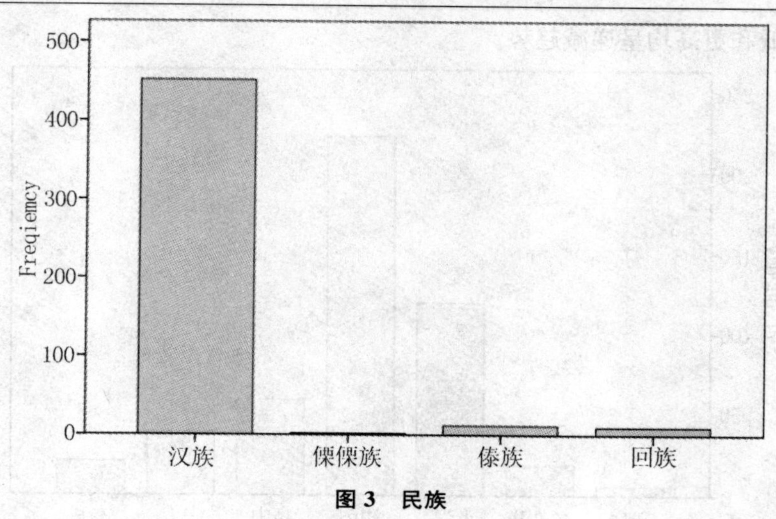

图3　民族

（四）文化程度

表4　文化程度

		数据	百分比（%）	有效百分比（%）	累积百分比（%）
Valid	文盲	6	1.2	1.2	1.2
	半文盲	19	3.9	3.9	5.2
	小学	119	24.5	24.5	29.7
	初中	222	45.8	45.8	75.5
	高中	59	12.2	12.2	87.6
	中专	39	8.0	8.0	95.7
	本科	21	4.3	4.3	100.0
	Total	485	100.0	100.0	

485名调查对象全部有效回答了文化程度这个问题。“初中”文化水平的人最多，有222人，占45.8%；“小学”其次，有119人，占24.5%；“高中”和高中以上（包括中专和本科）的人数基本相同，分别有59人和60人，占12.2%和12.3%。受调查村民中，文盲、半文盲的情况不多见，仅占5.2%。可见，村民的文化程度初中最多，占总体的近一半，并以此为分界点，文化

程度更低和更高均呈递减趋势。

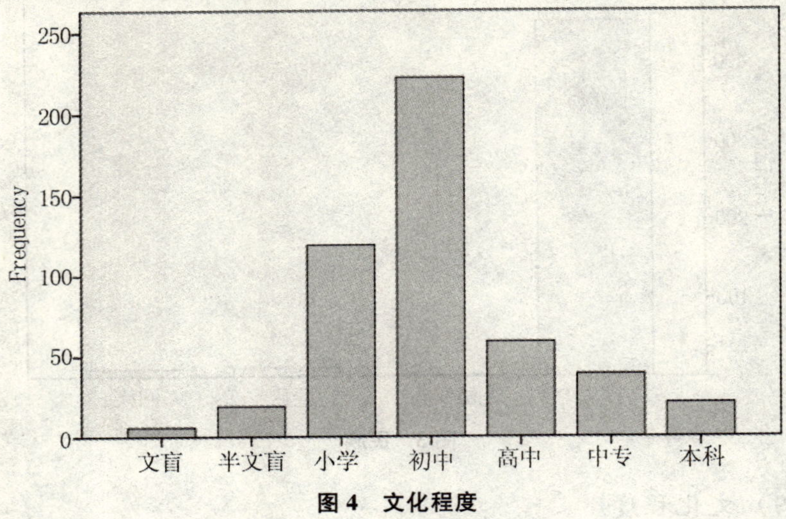

图4　文化程度

（五）职业

表5　职业

		数据	百分比（%）	有效百分比（%）	累积百分比（%）
Valid	种植户	272	56.1	56.9	56.9
	养殖户	34	7.0	7.1	64.0
	生意人	70	14.4	14.6	78.7
	乡村干部	20	4.1	4.2	82.8
	技术员	44	9.1	9.2	92.1
	乡镇企业工作人员	10	2.1	2.1	94.1
	学生	18	3.7	3.8	97.9
	教师	3	0.6	0.6	98.5
	退休在家	4	0.8	0.8	99.4
	医生	3	0.6	0.6	100.0
	Total	478	98.6	100.0	
Missing	System	7	1.4		
Total		485	100.0		

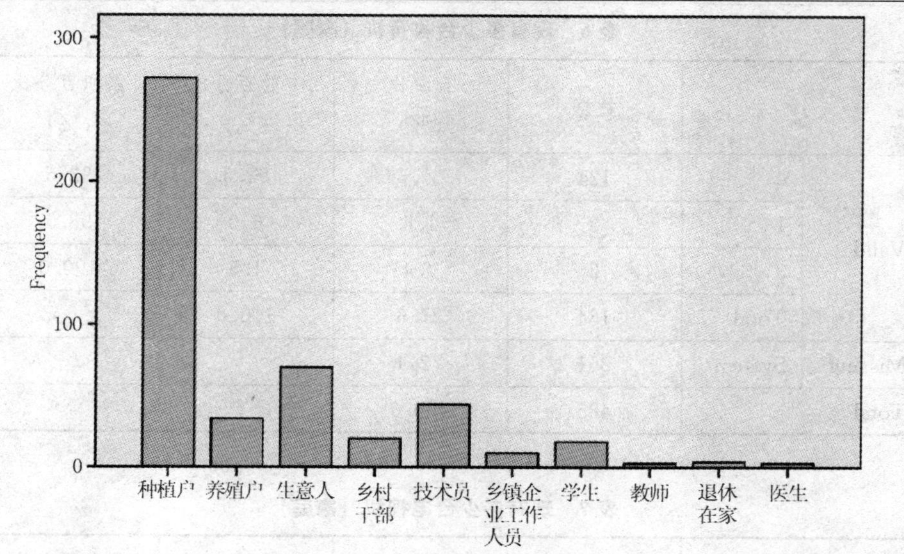

图 5　职业

关于职业问题，共有有效回答样本 478 个，占总体 98.6%。其中种植户 272 人，为绝对数量的大多数，比例达 56.9%。其次按比例大小依次为：生意人 70 人，占 14.6%；技术员 44 人，占 9.2%；养殖户 34 人，占 7.1%；乡村干部 20 人，占 4.2%；学生 18 人，占 3.8%；乡镇企业工作人员 10 人，占 2.1%；退休在家 4 人，占 0.8%；教师和医生各 6 人，各占 0.6%。这些数据表明，从事农业劳动的村民（包括种植户和养殖户）在受调查人群中占三分之二左右，从事脑力劳动的人（技术员、教师和医生）比例很小。

五、大众传播设备拥有情况分析

（一）家庭传播设备的实际持有情况分析

收音机的家庭持有情况。收回有效回答 134 份，占总数的 27.6%。针对“您家现有几台收音机”这一问题，124 人表示目前家中没有收音机，占绝大多数，高达 92.5%，这一比例超过电脑，为所有传播设备中未拥有率最高；拥有一台收音机的仅有 8 人，占 6%；另外有两人拥有三台收音机，占 1.5%。可见，收音机在该地区的持有很不普遍，只有很少一部分村民拥有收音机这一信息传播工具，拥有状况较差。

表 6　现有多少台收音机（家庭）

		数据	百分比（%）	有效百分比（%）	累积百分比（%）
Valid	0	124	25.6	92.5	92.5
	1	8	1.6	6.0	98.5
	3	2	0.4	1.5	100.0
	Total	134	27.6	100.0	
Missing	System	351	72.4		
Total		485	100.0		

表 7　现有多少台电视机（家庭）

		数据	百分比（%）	有效百分比（%）	累积百分比（%）
Valid	0	11	2.3	3.1	3.1
	1	301	62.1	85.5	88.6
	2	35	7.2	9.9	98.6
	3	5	1.0	1.4	100.0
	Total	352	72.6	100.0	
Missing	System	133	27.4		
Total		485	100.0		

电视机的家庭持有情况。有 352 名问卷调查对象回答了“您家现有电视机几台”这个问题，占受调查总人数的 72.6%。结果显示，11 人表示现在家中没有电视机，仅占有效回答的 3.1%；另外的 341 人家中均拥有电视机：其中，301 人家中现有 1 台电视机，占有效回答的 85.5%；35 人家中现有两台，占 9.9%；有 5 人家中目前有 3 台电视机，拥有台数为最多，占 1.4%。由此可见，电视机已成为该地区村民家中很普及的大众传播工具，并且有超过十分之一的村民已经拥有不止 1 台电视机。总体来看，电视机这一大众媒介拥有状况良好。

表 8　现有多少部电话（家庭）

		数据	百分比（%）	有效百分比（%）	累积百分比（%）
Valid	0	113	23.3	66.5	66.5
	1	51	10.5	30.0	96.5
	2	3	0.6	1.8	98.2
	3	2	0.4	1.2	99.4
	4	1	0.2	0.6	100.0
	Total	170	35.1	100.0	
Missing	System	315	64.9		
Total		485	100.0		

电话的家庭持有情况。调查中共有 170 人对“您家现有电话几部”做出有效回答，占受调查对象的 35.1%。在有效回答中，超过 66%的 113 人回答为 0 部，30%的人家中现有电话 1 部，而家中拥有电话 1 部以上的仅有 6 人，占 3.6%。这个结果表明，虽然有极少数村民家中不只有一部电话，但很大一部分村民家中没有电话，并且这一比例在三分之二左右，两者差距较大。所以，电话在该地区农村的普及情况并不是很好，多数村民不拥有这一信息工具。

表 9　现有多少部手机（家庭）

		数据	百分比（%）	有效百分比（%）	累积百分比（%）
Valid	0	1	0.2	0.3	0.3
	1	33	6.8	8.8	9.1
	2	162	33.4	43.4	52.5
	3	90	18.6	24.1	76.7
	4	62	12.8	16.6	93.3
	5	14	2.9	3.8	97.1
	6	6	1.2	1.6	98.7
	7	3	0.6	0.8	99.5
	8	1	0.2	0.3	99.7
	10	1	0.2	0.3	100.0
	Total	373	76.9	100.0	
Missing	System	112	23.1		
Total		485	100.0		

手机的家庭持有情况。对于“您家现有手机几部”这一问题，有 373 人回答有效，占问卷总数的 76.9%。其中，仅有 1 人目前家中无手机，占有效回答的 0.3%，其余 99.7%的人家中至少拥有 1 部手机。此外，有接近半数的人家中拥有手机数量为 3 部及 3 部以上，有 6.7%的人家中拥有 5 部及 5 部以上，更有 1 人家中拥有手机 10 部，为最多。这就说明，在该地区农村，手机是一种几乎被所有村民都接受和拥有的信息工具，总体持有率在几种传播设备中最高，而且家庭持有数量比起其他传播设备也较多。

表 10　手机的拥有情况（个人）

		数据	百分比（%）	有效百分比（%）	累积百分比（%）
Valid	有手机	443	91.3	91.5	91.5
	没有	40	8.2	8.3	99.8
	未选	1	0.2	0.2	100.0
	Total	484	99.8	100.0	
Missing	System	1	0.2		
Total		485	100.0		

手机的个人持有情况。共有 484 人对此问题做出有效回答，占总人数 99.8%。在这 484 名受调查村民中，有 443 人选择了目前“有手机”，占有效回答比例的 91.5%，占绝大多数；另有 40 人表示目前本人没有手机，占 8.3%；其余一人未做选择。这一数据表明，手机在该地区农村的个人持有状况良好，绝大多数人拥有手机，个人没有手机的不及十分之一。

表 11　现有电脑多少部（家庭）

		数据	百分比（%）	有效百分比（%）	累积百分比（%）
Valid	0	115	23.7	76.2	76.2
	1	31	6.4	20.5	96.7
	2	5	1.0	3.3	100.0
	Total	151	31.1	100.0	
Missing	System	334	68.9		
Total		485	100.0		

电脑的家庭持有情况。有受调查总人数 31.1%的人对“您家现有电脑几

台”做出了有效回答，共151人。数据显示，151人中有115人家中现无电脑，占有效回答的76.2%；有31人家中有1台电脑，占20.5%；家庭拥有电脑台数最多为两台，有5人家中目前是这种情况，占3.3%。由此表明，电脑在该地区家庭中持有率很低，没有成为村民家中常见的传播设备，对于大多数村民来说还属于比较奢侈和少见的信息工具。

（二）对家庭传播设备持有的心理期待分析

在对这个问题的研究中，我们将收音机、电视机、电话、手机和电脑这几种传播设备与MP3、影碟机/音响等其他家用电器共同列出，供村民选择，并由此判断该地区村民对不同家庭传播设备的依赖和需求程度。

表12　最不可缺少的家用电器

		数据	百分比（%）	有效百分比（%）	累积百分比（%）
Valid	0	2	0.4	0.4	0.4
	电话	28	5.8	6.0	6.5
	手机	331	68.2	71.5	78.0
	MP3	3	0.6	0.6	78.6
	影碟机/音响	1	0.2	0.2	78.8
	电视机	74	15.3	16.0	94.8
	电脑	24	4.9	5.2	100.0
	Total	463	95.5	100.0	
Missing	System	22	4.5		
Total		485	100.0		

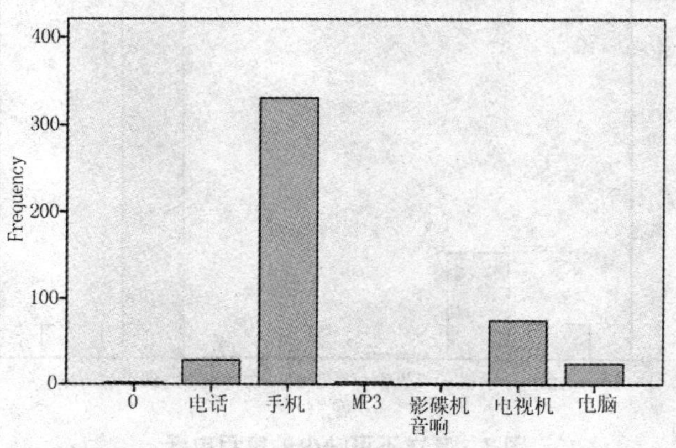

图6　最不可缺少的家用电器

在“最不可缺少的家用电器”这一问题中，有463人对此问题做出有效回答，有效回答的比例为95.5%。其中331人选择了手机为“最不可少家用电器”，占有效比例最高，为71.5%；电视机次之，有74人选择，占有效比例16.0%。其余依次是：选择电话的人占6.0%，选择电脑的占5.2%，选择MP3的占0.6%，选择影碟机/音响的人占0.2%，为最低。由此可以判断，该地区很大一部分村民对手机的依赖程度最强，且明显强于其他传播设备。另外，一些村民对电视机也有很强的依赖性，很少有村民对电话和电脑特别依赖，而极少数人对MP3和影碟机/音响十分依赖。

表13　其次不可缺少的家用电器

		数据	百分比（%）	有效百分比（%）	累积百分比（%）
Valid	电话	29	6.0	6.5	6.5
	手机	87	17.9	19.4	25.8
	MP3	4	0.8	0.9	26.7
	影碟机/音响	1	0.2	0.2	26.9
	收音机	1	0.2	0.2	27.2
	电视机	300	61.9	66.8	94.0
	电脑	27	5.6	6.0	100.0
	Total	449	92.6	100.0	
Missing	System	36	7.4		
Total		485	100.0		

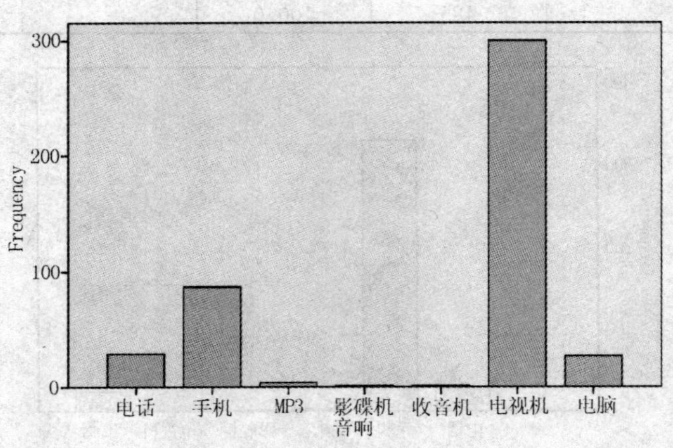

图7　其次不可缺少的家用电器

在“其次不可少家用电器”问题中，有 449 人对此问题做出有效回答，占被调查人数的 92.6%。其中 300 人选择了电视机为“其次不可少家用电器”，占有效比例最高，为 66.8%；手机次之，有 87 人选择，占有效比例 19.4%。其余依次是：选择电话的人占 6.5%，选择电脑的占 6.0%，选择 MP3 的占 0.9%，选择影碟机/音响和收音机的人各占 0.2%，为最低。结果表明，电视机被绝大多数村民认为是比较重要的家庭传播设备。另外，小部分村民认为手机是家庭传播设备中比较需要的；同“最不可少家庭传播设备”问题的结果一致，有很少的村民对电话和电脑有比较大的需求，而极少数人对 MP3、影碟机/音响或收音机有较强需求。

表 14　再次不可缺少的家用电器

		数据	百分比(%)	有效百分比(%)	累积百分比(%)
Valid	电话	48	9.9	21.6	21.6
	手机	21	4.3	9.5	31.1
	MP3	5	1.0	2.3	33.3
	影碟机/音响	18	3.7	8.1	41.4
	收音机	1	0.2	0.5	41.9
	电视机	60	12.4	27.0	68.9
	电脑	69	14.2	31.1	100.0
	Total	222	45.8	100.0	
Missing	System	263	54.2		
Total		485	100.0		

在“再次不可少家用电器”问题中，有 222 人对此问题做出有效回答，占被调查人数的 45.8%。数据显示，相对前两个问题，本题中各种家庭传播设备中选较为平均。其中，有 69 人选择了电脑，占有效比例 31.1%；选择电视机的人数与之相近，为 60 人，占 27.0%；另有 48 人选择了电话，占有效比例的 21.6%。其余选择手机、影碟机/音响、MP3 和收音机的人数分别占有效比例的 9.5%、8.1%、2.3%和 0.5%。由此可见，大多数村民认为电脑、电视机和电话在生活中也是需要的，比较少的村民认为手机和影碟机/音

响在生活中有一定程度的需求，而很少数村民对MP3或收音机有需求。

综合以上三个问题得到的数据，我们可以初步判断，该地区村民对手机的需求群体最大且依赖程度最强，并明显强于其他传播设备。另外，村民对电视机和电脑也有较强的需求和依赖，对电话的依赖程度较弱，而对MP3、影碟机/音响和收音机的需求程度最低。

（三）实际家庭传播设备持有和心理预期之比较分析

通过以上数据，我们大体可以对村民对家庭传播设备实际持有情况和他们的心理预期做出比较和分析。

在手机、电视、电话、收音机这几种设备方面，村民的实际持有情况与他们的预期基本一致。其中，村民对手机的持有预期非常高，实际中他们也基本持有了这一设备，满足了预期。同样地，村民对电视机也有比较强的持有心理预期，现实中的持有情况也大致可以满足他们的这种期待。另外，村民对电话和收音机的持有比较少，但同时他们对这两样设备的预期也相对很低，所以说，目前这两样设备的实际持有情况能够基本符合村民的心理期待。

唯独在电脑方面，实际持有情况与村民心理预期存在一定的差距。村民中有76%左右的人家中没有电脑，但在普遍心理上，村民在不同程度上认为电脑是不可缺少的一种家用电器，认为应该或希望拥有电脑。总之，电脑的这一比较结果显示，村民的实际持有情况和心理预期是不平衡的。

六、媒介接触情况分析

（一）书籍

表15　看书的习惯

		数据	百分比(%)	有效百分比(%)	累积百分比(%)
Valid	买了看	51	10.5	10.5	10.5
	图书馆/室借阅	37	7.6	7.6	18.1
	碰到什么看什么	125	25.8	25.8	43.9
	从来不看	272	56.1	56.1	100.0
	Total	485	100.0	100.0	

在关于读书习惯的调查中，485名受调查对象全部做出了有效回答。在这些村民中，选择“从来不看”的有272人，超过半数，占有效比例的56.1%，选择“碰到什么看什么”的有125人，占25.8%，而表示自己会“买了看”的有51人，仅占10.5%，另有37人表示自己会到“图书馆/室借阅”书籍，占7.6%。由此可以看出，村民的书籍接触情况并不好，从未接触过书籍的村民占大多数，更是仅有不到20%的村民有主动接触书籍的意识和行为，可以说对书籍的有意识接触还远远没有成为村民的媒介使用习惯。

表16　不看书的原因

		回答		占总人数
		N	百分比（%）	百分比（%）
不看书的原因是[a]	没时间，所以不看书	220	36.8	75.3
	看书太累，所以不看书	98	16.4	33.6
	农村交通不便，找不到书	10	1.7	3.4
	识字少，看不懂书	79	13.2	27.1
	看书没用，所以不看	47	7.9	16.1
	没有余钱买书，所以不看	21	3.5	7.2
	看书不如看电视有趣，所以不看	93	15.6	31.8
	看书不如看电视热闹，所以不看	30	5.0	10.3
Total		598	100.0	204.8

a. Dichotomy group tabulated at value 1.

而对“您不看书的主要原因是什么”这一问题，共有291人做了回答，产生原因样本598个。在提供的8个原因中，“没时间，所以不看书”这一选项被选中次数最多，有220人选择它作为自己不看书的一个原因，占回答此题总人数的75.3%，占原因样本总数的36.8%；另有123人选择“看书不如看电视‘有趣’或‘热闹’”作为他们不看书的一个原因，在总人数中的比例是42.1%，在所有原因中所占比例超过20%；“看书太累”这一原因有98人选择，占回答人数的33.6%，占原因样本的16.4%；“识字少，看不懂书”这一原因有79人选择，占回答人数的27.1%，占原因样本的13.2%。而认为“看书没用”或者“没钱买书”的人则较少，认为“交通不便使自己找不到书看”的村民为最少。

由此可见，很大一部分村民都知道读书是有用的，他们普遍认为自身书籍接触状况不好的最主要原因是没有时间阅读书籍，还有部分村民觉得读书太累或者没有电视节目有吸引力使他们不愿意接触书籍。此外经济条件和交通条件等客观因素对村民书籍接触造成的负面影响很小。

（二）报纸

关于报纸接触，我们的问题涉及村民的看报频率、看报习惯，并调查了村民最常看的报纸内容和最爱看的报纸内容，以及村民不看报纸的原因。从整体上了解村民对报纸的接触状况及倾向。

表 17　看报的频率

		数据	百分比	有效百分比（%）	累积百分比（%）
Valid	几乎每天	22	4.5	4.6	4.6
	每周 3～5 天	13	2.7	2.7	7.2
	每周 1～2 天	18	3.7	3.7	11.0
	几星期一次	15	3.1	3.1	14.1
	较少	132	27.2	27.3	41.4
	从不	283	58.4	58.6	100.0
	Total	483	99.6	100.0	
Missing	System	2	0.4		
Total		485	100.0		

在关于报纸接触频率的问题中，有 483 个有效回答样本，占总数的 99.6%。其中，从来不看报纸的村民有 283 人，占 58.6%；看报纸较少和几星期看一次报纸的共有 147 人，占有效数据的 30.4%；每星期都有 1～5 天会看报纸的村民有 31 人，占 6.4%；而几乎每天都会看报纸的只有 22 人，仅占 4.6%。这些数据表明，该地区的大部分村民从未接触过报纸这一媒介；而在看报纸的村民中，只有十分之一左右的人有不同程度的报纸接触习惯。总之，报纸接触状况在当地偏差。

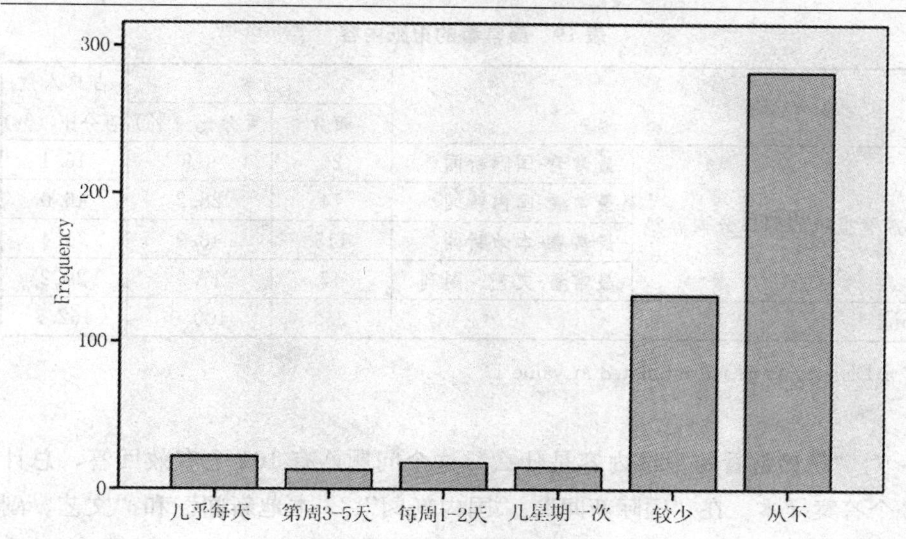

图 8　看报的频率为

表 18　看报的习惯

		数据	百分比（%）	有效百分比（%）	累积百分比（%）
Valid	订阅	16	3.3	8.3	8.3
	定期购买	9	1.9	4.7	13.0
	零星购买	37	7.6	19.2	32.1
	碰到了就看	131	27.0	67.9	100.0
	Total	193	39.8	100.0	
Missing	System	292	60.2		
Total		485	100.0		

关于看报纸的习惯问题，有 193 人做了有效回答，占问卷调查总人数的 39.8%。调查中，131 位受访对象表示“碰到了就看”，这一比例高达 67.9%；有 37 人会“零星购买”报纸来看，占 19.2%，“定期购买”的仅有 9 人，占 4.7%。剩余的 16 人有订阅报纸的习惯，比例只有 8.3%。综合这些数据来看，有固定阅读报纸习惯（包括订阅和定期购买）的人在该地区村民中所占比例很小，有三分之二左右的村民根本没有主动、有意识阅读报纸的习惯，村民们很大程度上不注重报纸的阅读。

表 19　最常看的报纸内容

		回答		占总人数
		频数	百分比（%）	百分比（%）
经常看报纸的哪部分内容?[a]	最常看-国际新闻	26	9.9	16.1
	最常看-国内新闻	74	28.2	46.0
	最常看-本地新闻	115	43.9	71.4
	最常看-文艺、副刊	47	17.9	29.2
Total		262	100.0	162.7

a. Dichotomy group tabulated at value 1.

对“您最常看的报纸内容是什么”这个问题，有 161 个有效回答，总计 262 个答案样本。在“国际新闻”、“国内新闻”、“本地新闻”和“文艺、副刊”四个选项中，“本地新闻”被 115 人选中，占本题人数比例最高，为 71.4%，占答案样本的 43.9%；“国内新闻”选中次数次之，为 74 人，占人数的 46%，占答案样本的 28.2%；“文艺、副刊”再次，占人数比例和答案样本比例分别为 29.2%和 17.9%；“国际新闻”选择者最少，仅 26 人，占人数的 16.1%，占样本的 9.9%。

由此可见，村民接触的报纸新闻明显多是当地新闻和国内新闻，村民接触报纸文艺、副刊的内容并不多，且对报纸上的国际新闻也接触很少。这一方面可能与报纸定位和所提供的内容有关，另一方面可能与村民自身的阅读兴趣也有关系。

表 20　最爱看的新闻

		回答		占总人数百分比
		频数	百分比（%）	（%）
爱看哪类新闻?[a]	政治新闻	89	31.9	55.3
	经济新闻	57	20.4	35.4
	科技新闻	55	19.7	34.2
	教育新闻	34	12.2	21.1
	文化娱乐新闻	44	15.8	27.3
Total		279	100.0	173.3

a. Dichotomy group tabulated at value 1.

关于“最爱看的新闻”，有161人参与了选择，有效样本279个。在以上五大类中，各选项出现频次差距不是很大，分布较为均匀。其中，政治新闻最受欢迎，超过半数的人选择了它，占样本总量的31.9%。经济和科技新闻基本持平，分别有35.4%和34.2%的人选择了它们，占样本总数比例分别为20.4%和19.7%。另有27.3%的人选择最爱看文化娱乐新闻，占样本总数的15.8%。调查中，教育新闻选择的人最少，仅有34人，占人数比例21.1%、样本比例12.2%。

这说明，整体上该地区村民对新闻内容没有特别明显的兴趣倾向。但相对来说，村民最关注政治新闻，也比较看重经济和科技新闻，而对教育新闻则不是很重视，很少关注。

表21　不看报纸的主要原因

		回答		占总人数
		频数	百分比（%）	百分比（%）
不看报的原因是[a]	没时间，所以不看报纸	236	36.8	75.9
	没兴趣，所以不看报纸	129	20.1	41.5
	没有余钱买报	20	3.1	6.4
	识字少，看不懂报纸	68	10.6	21.9
	订报、买报不方便，所以不看报纸	41	6.4	13.2
	报上的内容跟我们没关系	26	4.0	8.4
	报上的内容和广播电视一样，不用看	63	9.8	20.3
	报上的内容不如广播电视有意思，所以不看	46	7.2	14.8
	报上内容不真实，所以不看	13	2.0	4.2
Total		642	100.0	206.4

a. Dichotomy group tabulated at value 1.

有310人回答了“不看报纸的主要原因是什么”这一问题，并产生有效回答样本642个。其中，236人表示自己主要因为“没时间”不看报纸，这一回答占人数比例为75.9%，占样本总数的36.8%。有41.5%的人将“没兴趣”选入了自己不看报纸的主要原因，具体人数为129人，占答案样本的20.1%。“识字少，看不懂报纸”是第三大主要原因，有68人选择，占人数的21.9%，占样本总量的10.6%。此外，有35%左右的村民认为报纸“内容和广播电视一样，不用看”或“报上的内容不如广播电视有意思”，所以不看报纸。另外，还有很小一部分的受调查对象认为“报纸内容不真实”、“没余钱买报纸”和“报纸内容跟我们没关系”是其不看报纸的主要原因。

总体来说，“没时间”、“没兴趣”是村民不看报纸最普遍的原因，而报纸与广播电视内容的比较、报纸内容接近性的缺失和对其真实性的怀疑，都成为村民主观上不接触报纸的原因。此外，比起经济条件，文化程度更大程度地限制了村民对报纸的接触。

（三）杂志

表22　看杂志的习惯

		数据	百分比(%)	有效百分比(%)	累积百分比(%)
Valid	订阅	9	1.9	1.9	1.9
	定期购买	11	2.3	2.3	4.1
	零星购买	45	9.3	9.3	13.4
	碰到了就看	91	18.8	18.8	32.2
	从来不看	327	67.4	67.4	99.6
	6	2	0.4	0.4	100.0
	Total	485	100.0	100.0	

关于看杂志的习惯问题，有485人做出了有效回答。其中，327位受访对象表示“从来不看”，这一比例高达67.4%；“碰到了就看”的有91人，所占比例为18.8%；有45人会“零星购买”杂志来看，占9.3%；而会“定期购买”和有订阅杂志习惯的村民分别仅有11人和9人，相加不足5%。综合来看，有固定阅读杂志习惯（包括订阅和定期购买）的人在该地区村民中所占

比例极小，有三分之二左右的村民根本没有主动、有意识阅读杂志的习惯，村民们基本上不注重杂志的阅读。

表 23　不看杂志的主要原因

		回答		占总人数
		人数	百分比（%）	百分比（%）
不读杂志的原因是[a]	没时间看杂志	218	31.8	65.1
	没兴趣看杂志	91	13.3	27.2
	交通不便，找不到杂志	45	6.6	13.4
	识字少，看不懂杂志	82	12.0	24.5
	看杂志没有用，所以不看	78	11.4	23.3
	没有余钱买杂志	16	2.3	4.8
	看杂志不如看电视有趣，所以不看	119	17.4	35.5
	看杂志不如看电视热闹，所以不看	36	5.3	10.7
Total		685	100.0	204.5

a. Dichotomy group tabulated at value 1.

关于“您不看杂志的主要原因是什么”这一问题，共有原因样本 598 个，有 685 人回答了此问题。在提供的 8 个原因中，“没时间看杂志”这一选项被选中次数最多，有 218 人选择它作为自己不看杂志的一个主要原因，占回答此题总人数的 65.1%，占原因样本总数的 31.8%；另有 155 人认为“看杂志不如看电视‘有趣’或‘热闹’”是他们不看杂志的主要原因，在人数中的比例是 46.2%，在所有原因中所占比例为 22.7%；“没兴趣看杂志”、“识字少，看不懂杂志”和“看杂志没有用”这三个原因分别有 91、82 和 78 人选择，分别占回答人数的 27.2%、24.5%和 23.3%，三者占原因样本比例均超过 10%；而认为交通和经济条件不允许自己看杂志的村民为最少，两者分别占答案样本的 6.6%和 2.3%。

由此可见，村民普遍认为自身杂志接触状况不好的主要原因是没有时间或没有兴趣阅读杂志；也有很大一部分村民觉得比起杂志他们更倾向于选择接触电视机，这使得他们不愿意接触杂志。此外，还有一些村民主要因为看不懂或认为杂志没有用而不阅读杂志，经济条件和交通条件等客观因素对村民杂志接触造成的负面影响很小。

（四）广播

表 24　听广播的习惯

		数据	百分比（%）	有效百分比（%）	累积百分比（%）
Valid	几乎每天	4	0.8	0.8	0.8
	每周 3～5 天	2	0.4	0.4	1.2
	每周 1～2 天	2	0.4	0.4	1.6
	较少	58	12.0	12.0	13.6
	从不	419	86.4	86.4	100.0
	Total	485	100.0	100.0	

对广播接触频率的问题，有 485 个有效回答样本。其中，“从不”听广播的村民有 419 人，为绝对数量大多数，占总体的 86.4%；听广播“较少”的有 58 人，占 12.0%。每星期或几乎每天都会收听广播的总共仅有 8 人，占有效数据的 1.6%。这些数据表明，该地区的绝大部分村民未接触过广播这一媒介，而且仅有不足 2%的村民有不同程度的广播接触习惯。总之，广播接触状况在该地区村民中很不理想。

表 25 不听广播的原因

		回答		占总人数
		频数	百分比（%）	百分比（%）
不听广播的原因是[a]	没时间听广播	184	26.3	46.0
	没有余钱买收音机	40	5.7	10.0
	村里没信号，收不到广播	151	21.6	37.8
	听广播没用	42	6.0	10.5
	广播内容不真实，所以不听	44	6.3	11.0
	广播里说的离生活太遥远，不感兴趣	92	13.1	23.0
	听广播不如看电视有趣，所以不听	85	12.1	21.2
	广播里说的和电视一样，不用听	62	8.9	15.5
Total		700	100.0	175.0

a. Dichotomy group tabulated at value 1.

有400人回答了“不听广播的主要原因是什么”这一问题，并产生有效回答样本700个。其中，184人表示自己主要因为“没时间”不听广播，这一回答占人数比例为46.0%，占样本总数的26.3%。有37.8%的人将“村里没信号，收不到广播”选入自己不听广播的主要原因，具体人数为151人，占答案样本的21.6%。有36.7%的村民认为广播“内容和电视一样，不用听”或“听广播不如看电视有趣”，所以不听广播。另外，“广播里说的离生活太遥远，不感兴趣”也有92名村民选择，占人数比例的23%，占原因样本的13.1%。还有很小一部分的受调查对象认为“广播内容不真实”、“听广播没用”和“没余钱买收音机”是其不听广播的主要原因。

总的来说，“没时间”是村民不听广播最普遍的原因，而广播与电视内容及趣味性的比较、广播内容接近性的缺失都成为村民主观上不接触广播的原因。此外，硬件设施的短缺使得村庄里收不到广播信号，这也给村民的广播接触带来一定限制。经济条件和对广播内容真实性的怀疑也对村民的广播接触有负面影响。

（五）电视

在电视接触情况调查中，我们的问卷主要涉及村民看电视的频率、途径以及村民不看电视的主要原因三个方面，以此分析村民的电视收看和接受状况。

表 26　看电视的频率

		数据	百分比(%)	有效百分比(%)	累积百分比(%)
Valid	几乎每天	425	87.6	88.0	88.0
	每周 3～5 天	30	6.2	6.2	94.2
	每周 1～2 天	6	1.2	1.2	95.4
	几星期一次	5	1.0	1.0	96.5
	较少	13	2.7	2.7	99.2
	从不	4	0.8	0.8	100.0
	Total	483	99.6	100.0	
Missing	System	2	0.4		
Total		485	100.0		

在关于看电视频率的问题中，有 483 个有效回答样本，占总数的 99.6％。其中，“几乎每天”都看电视的村民有 425 人，占绝大多数，比例为 88.0％；表示自己“几星期看一次”或者“每星期看 1～5 天”的村民共有 41 人，占 8.4％；看电视“较少”的共有 17 人，占有效数据的 2.7％；而“从不”看电视的只有 4 人，仅占总体的 0.8％。这些数据表明，该地区几乎所有的村民都接触过电视这一媒介；而在看电视的村民中，有相当大数量的人有很高程度和频率的电视接触。总之，当地村民的电视接触状况良好。

表 27　收看电视节目的途径

		数据	百分比（%）	有效百分比（%）	累积百分比（%）
Valid	无线电视	7	1.4	1.5	1.5
	已通有线电视，我家未接入	6	1.2	1.3	2.7
	已通有线电视，我家已接入	321	66.2	67.4	70.2
	卫星共用天线	142	29.3	29.8	100.0
	Total	476	98.1	100.0	
Missing	System	9	1.9		
Total		485	100.0		

在“收看电视节目的途径”调查中，有 476 人做出了有效回答，占总人数的 98.1%。其中，选择“已通有线电视，我家已接入”的有 321 人，占有效回答的 67.4%；另有 142 人选择了“卫星共用天线”，占近 30%；其余有占 1.4%的 7 个人收看的是“无线电视”，占 1.2%的 6 个人选择了“已通有线电视，我家未接入”。这组数据基本说明，大部分村民收看电视的途径已经比较先进和稳定，只有极少数村民家中的收看条件仍需要改善和提升。

表 28　不看电视的主要原因

		回答		占总人数
		频数	百分比（%）	百分比（%）
不看电视的原因是[a]	没时间，所以不看电视	50	66.7	78.1
	没有余钱买电视机	2	2.7	3.1
	村里没信号，收不到电视	5	6.7	7.8
	电视里的东西离生活太遥远，不感兴趣	13	17.3	20.3
	看电视没用，所以不看	1	1.3	1.6
	电视内容不真实，所以不看	4	5.3	6.2
Total		75	100.0	117.2

a. Dichotomy group tabulated at value 1.

关于“您不看电视的主要原因是什么”这一问题，共有原因样本75个，有64个受调查对象回答了此问题。在给出的6个原因中，“没时间，所以不看电视”这一选项被选中频率最高，有50个人选择它作为自己不看电视的一个主要原因，占回答此题总人数的78.1%，占原因样本总数的66.7%；另有13人认为“电视里的东西离生活太遥远，不感兴趣”是他们不看电视的主要原因，在人数中的比例是20.3%，在所有原因中所占比例为17.3%；“村里没信号，收不到电视”和“电视内容不真实，所以不看”这两个原因分别有5人和4人选择，分别占回答人数的7.8%和6.2%，两者占原因样本比例分别为6.7%和5.3%；而选“买不起电视机”或者“看电视没用”使自己不看电视的村民为最少，两者分别占答案样本的2.7%和1.3%。

由此可见，村民普遍认为自身电视接触状况不好的主要原因是没有时间，也有一部分村民觉得电视内容与他们生活的接近性和真实性不足，这使得他们不愿意接触电视。此外，还有一些村民因信号接收等原因看不到电视，但经济条件和认为电视没用这两个原因对村民电视接触的副作用很小。

（六）手机

在手机接触和使用方面，我们统计了村民个人拥有手机的数据，并调查了他们使用手机的主要用途，且了解了他们订阅手机报与否及手机报价格的情况，以反映出手机作为媒介在村民中的接触状况。

表29 手机的拥有情况（个人）

		数据	百分比（%）	有效百分比（%）	累积百分比（%）
Valid	有手机	443	91.3	91.5	91.5
	没有	40	8.2	8.3	99.8
	未选	1	0.2	0.2	100.0
	Total	484	99.8	100.0	
Missing	System	1	0.2		
Total		485	100.0		

在个人手机拥有情况调查中，共有484人对此问题做出有效回答，占总人数的99.8%。在这484名受调查村民中，有443人选择了目前“有手机”，占有效回答比例的91.5%，占绝大多数；另有40人表示目前本人没有手机，占8.3%；其余一人未做选择。这一数据表明，手机在该地区村庄的个人持有状况良好，绝大多数人拥有手机，个人没有手机的不及十分之一。

表30 手机的主要用途

		回答		占总人数百分比（%）
		频数	百分比（%）	
手机的用途[a]	打电话	440	68.5	99.5
	发短信	113	17.6	25.6
	上网	51	7.9	11.5
	玩游戏	38	5.9	8.6
Total		642	100.0	145.2

a. Dichotomy group tabulated at value 1.

共有442人有效回答了“您手机的主要用途包括哪些”这一问题，产生有效答案样本642个。几乎所有人都选择了“打电话”这一项，选择它的人占总人数的99.5%，占答案样本总数的68.5%。选项“发短信”被选次数次之，有113人选择，占总人数的25.6%，占答案样本的17.6%。使用手机“上网”为主要用途的仅有51人，占总人数的11.5%，占答案样本的7.9%。选择“玩游戏”的人数最少，为38人，占人数比例为8.6%，在所有答案中占5.9%。

由此可以看出，几乎所有村民都能将手机作为人际通信工具使用，但只有很少一部分人能将它作为获取信息的媒介。

表 31　您订阅手机报了吗

		数据	百分比（%）	有效百分比（%）	累积百分比（%）
Valid	0	1	0.2	0.2	0.2
	订了	41	8.5	9.3	9.5
	没订	399	82.3	90.5	100.0
	Total	441	90.9	100.0	
Missing	System	44	9.1		
Total		485	100.0		

在“您订阅手机报了吗”这个问题中，有 441 人做出了有效回答，占总数的 90.9%。其中，有 399 人表示自己没有订阅手机报，这一比例达到 90.5%；只有不足 10%的人订阅了手机报。可见，当地村民绝大部分没有通过接收手机报的方式获取信息，手机作为信息传播媒介在当地利用率较低。

表 32　手机报要钱吗

		数据	百分比（%）	有效百分比（%）	累积百分比（%）
Valid	不要钱	5	1.0	11.9	11.9
	要钱	37	7.6	88.1	100.0
	Total	42	8.7	100.0	
Missing	System	443	91.3		
Total		485	100.0		

在手机报收费与否的调查中，订阅了手机报的 42 人做出了有效回答，占受调查人数的 8.7%。他们中有 37 人表示手机报是需要付费的，这一比例达到 88.1%；仅有 5 人表示订阅的手机报是免费的，“不要钱”，占 11.9%。也就是说，订阅手机报的村民中，有相当大一部分村民是自己花钱订阅的，只有大约十分之一的村民免费接收手机报。

表 33　订阅的手机报每月多少钱

		数　据	百分比（%）	有效百分比（%）	累积百分比（%）
Valid	0	1	0.2	0.2	93.0
	2	1	0.2	0.2	93.2
	3	22	4.5	4.5	97.7
	5	9	1.9	1.9	99.6
	6	1	0.2	0.2	99.8
	不知道	1	0.2	0.2	100.0
	Total	485	100.0	100.0	

对“您订阅的手机报每月多少钱”的问题，有 22 名村民每月花 3 元钱订阅手机报，占总人数的 4.5%；花 0 元、2 元、5 元、6 元的村民各一位，各占 0.2%。由此可见，村民根据自己的取舍，订阅了不同的手机报；且手机报的订阅价格不高，村民每月并不需要花很多钱在订阅上。

（七）网络

网络接触方面，我们主要调查了村民的上网频率、上网主要做的事情和不上网村民之所以不上网的原因。通过分析这些统计结果，大致了解网络在村民中的接触状况。

表 34　上网的频率

		数据	百分比（%）	有效百分比（%）	累积百分比（%）
Valid	0	1	0.2	0.2	0.2
	几乎每天	27	5.6	5.6	5.8
	每周 3～5 天	25	5.2	5.2	11.0
	每周 1～2 天	14	2.9	2.9	13.9
	几星期一次	9	1.9	1.9	15.8
	较少	61	12.6	12.7	28.5
	从不	344	70.9	71.5	100.0
	Total	481	99.2	100.0	
Missing	System	4	0.8		
Total		485	100.0		

网络接触频率方面，共有 481 个有效答案，占总人数的 99.2%。有高达

84.2%的405位村民表示自己较少或从不上网，其中从不上网的占绝大多数；有一定程度网络接触的村民仅占到15.8%，其中只有总人数5%左右的村民几乎每天都会上网。也就是说，整体上，村民的网络接触情况比较差，他们很少或几乎不能从网络上获取信息。

表35　网络主要用途

		回答		占总人数百分比（%）
		频数	百分比（%）	
上网主要干什么[a]	收发电子邮件	25	7.4	18.9
	看新闻	61	18.1	46.2
	聊天	86	25.5	65.2
	上论坛	9	2.7	6.8
	看小说	20	5.9	15.2
	购物	10	3.0	7.6
	博客/微博	11	3.3	8.3
	打网络游戏	41	12.2	31.1
	搜索信息	74	22.0	56.1
Total		337	100.0	255.3

a. Dichotomy group tabulated at value 1.

在“您上网主要干什么”这个问题中，有132人做出了有效选择，产生了337个答案样本。数据显示，有65.2%的人选择“聊天”作为上网主要做的事情，占答案样本总数的25.5%；有超过50%的人选择“搜索信息”一项，占所有答案的22.0%；另外，有46.2%和31.1%的村民分别选择了“看新闻”和“打网络游戏”，分别占答案总数的18.1%和12.2%；而使用网络收发邮件、看小说、博客/微博、购物和上论坛的人数合起来在答案样本中大约占20%。

结果表明，在网上聊天、搜索信息、看新闻是上网的村民最主要做的事情，也有不少人主要为了打网络游戏而上网，而看小说、购物这样的休闲活动不是村民上网的主要活动。

表 36　不上网的主要原因

		回答		占总人数
		频数	百分比（%）	百分比（%）
不上网的原因是[a]	没时间，所以不上网	183	21.7	60.2
	没兴趣，所以不上网	118	14.0	38.8
	没有余钱买电脑上网	87	10.3	28.6
	识字少，看不懂	60	7.1	19.7
	上网不方便	48	5.7	15.8
	上网操作技术很难，学不会	196	23.2	64.5
	网上的内容跟我们没关系	40	4.7	13.2
	网上的内容不真实	70	8.3	23.0
	网上的内容和电视上一样	22	2.6	7.2
	网上的内容不如广播电视有意思	21	2.5	6.9
Total		845	100.0	278.0

a. Dichotomy group tabulated at value 1.

有 304 人回答了“您不上网的主要原因是什么”这一问题，并产生有效回答样本 845 个。其中，“没时间，所以不上网”和“上网操作技术很难，学不会”为最主要的两大原因，分别有 196 人和 183 人选择，人数比例均超过 60%，且分别占样本总数的 23.2%和 21.7%。有 38.8%的人表示自己主要因为“没兴趣，所以不上网”，这一回答占样本总数的 14.0%。“没有余钱买电脑上网”占答案的 10.3%，成为第四大主要原因，“网上的内容不真实”次之，在答案中占 8.3%。主要因“识字少，看不懂”而不上网的村民近 20%，占答案的 7.1%。有 5%左右的村民在网络与广播电视的比较中选择了广播电视，所以不上网。还有很小一部分的受调查对象认为“网络内容跟我们没关系”或者“上网不方便”是其不上网的主要原因。

总的来说，不上网的各种原因分布较为均匀，但“没时间”、“学不会”和“没兴趣”是村民不上网最普遍的主要原因，而经济条件和硬件设施是否便利也不同程度地制约着村民的网络接触。网络内容与广播电视的比较及其接近性和真实性的缺失都成为村民主观上不接触网络的因素。

七、信息获取情况分析

（一）腾冲地区的一般信息获取渠道

表 37 政策信息

		回答		占总人数
		频数	百分比（%）	百分比（%）
从什么渠道获取政策信息[a]	亲戚朋友	379	31.2	79.5
	报纸	75	6.2	15.7
	杂志	23	1.9	4.8
	图书	20	1.6	4.2
	其他印刷品	3	0.2	0.6
	广播	7	0.6	1.5
	电视	216	17.8	45.3
	网络	57	4.7	11.9
	村委会或乡政府	414	34.0	86.8
	其他机构咨询	22	1.8	4.6
Total		1216	100.0	254.9

a. Dichotomy group tabulated at value 1.

关于“从什么渠道获取政策信息”，有 477 名受访村民做出了有效回答，产生有效样本总数 1216 个。其中，“村委会或乡政府”被选中 414 次，频数最高，占人数的 86.8%，占答案样本总数的 34%；其次是“亲戚朋友”这一选项，被选中 379 次，占人数的 79.5%，占答案样本的 31.2%；再次是“电视”，占 45.3%的 216 人选择了它，占答案样本的 17.8%。其余选项按被选中频率从高到低排列，依次是报纸 6.2%、网络 4.7%、杂志 1.9%、其他机构咨询 1.8%、图书 1.6%、广播 0.6%和其他印刷品 0.2%。

由此可见，在一般政策信息获取的渠道中，组织传播和人际传播渠道（村委会或乡政府和亲戚朋友）占主要地位，而大众媒介的作用发挥的较小，其中电视最大，也仅有不到五分之一的政策信息是村民依靠电视获取的，绝少部分人从广播和图书等印刷品中获取政策信息。可见，大众媒介在政策信息提供和传播上，被村民接受和认可的程度较低。

表 38　健康信息

		回答		占总人数
		频数	百分比（%）	百分比（%）
从什么渠道获取健康信息[a]	亲戚朋友	303	29.1	62.9
	报纸	31	3.0	6.4
	杂志	7	0.7	1.5
	图书	11	1.1	2.3
	其他印刷品	2	0.2	0.4
	广播	4	0.4	0.8
	电视	154	14.8	32.0
	网络	35	3.4	7.3
	医院/卫生所	467	44.8	96.9
	其他机构咨询	28	2.7	5.8
Total		1042	100.0	216.2

a. Dichotomy group tabulated at value 1.

关于“从什么渠道获取健康信息”这一问题，调查中有 481 人作答，共产生有效样本总数 1042 个。其中，“医院/卫生所”被选中次数最多，几乎所有人都选择了它，共出现 467 次，占答案样本总数 44.8%；其次是“亲戚朋友”这一选项，被选中 303 次，占人数的 62.9%，占答案样本的 29.1%；“电视”的频率排在第三位，占 32.0% 的 154 人选择了它，占答案样本的 14.8%。其余选项按被选中频率从高到低排列，依次是网络、报纸、其他机构咨询、图书、杂志、广播和其他印刷品。它们在样本总数中所占比例均不超过 5.0%，其中，杂志、广播和其他印刷品的比例不超过 1.0%。

结果表明，村民的健康信息获取整体倾向于医院、卫生所的组织传播和亲戚朋友间的人际传播，虽然电视在村民健康信息获取中也发挥了一定的作用，但总体上，只有很少一部分健康信息的获取是依靠大众传媒完成的。大众传媒在村民的健康信息获取方面发挥的作用很小。

表 39　教育信息

		回答		占总人数
		频数	百分比（%）	百分比（%）
从什么渠道了解教育信息[a]	亲戚朋友	349	32.3	72.7
	报纸	31	2.9	6.5
	杂志	16	1.5	3.3
	图书	13	1.2	2.7
	其他印刷品	2	0.2	0.4
	广播	2	0.2	0.4
	电视	151	14.0	31.5
	网络	38	3.5	7.9
	孩子的教师	453	41.9	94.4
	其他机构咨询	26	2.4	5.4
Total		1081	100.0	225.2

a. Dichotomy group tabulated at value 1.

有 480 名受调查者有效回答了“从什么渠道获取教育信息”这一问题，产生有效样本总数 1081 个。其中，“孩子的教师”被选中 453 次，频数最高，占人数的 94.4%，占答案样本总数的 41.9%；其次是“亲戚朋友”这一选项，被选中 349 次，占人数的 72.7%，占答案样本的 32.3%；再次是“电视”，占 31.5%的 151 人选择了它，占答案样本的 14.0%。其余选项按被选中频率从高到低排列，依次是网络 3.5%、报纸 2.9%、其他机构咨询 2.4%、杂志 1.5%、图书 1.2%，广播和其他印刷品的比例最低，各占样本总数的 0.2%。

以上数据表明，在一般教育信息获取渠道中，孩子的老师和亲戚朋友间的人际传播渠道占绝对的主导地位，在所有渠道中这一比例近 75.0%。相对来说，大众媒介发挥的作用非常小，电视是大众媒介中所占比例最大的，但也仅有 14%左右的教育信息是村民依靠电视获取的，另外，绝少部分人从广播和图书等印刷品上获取教育信息。可见，大众媒介在教育信息的提供和传播方面被村民接受程度非常低，几乎没有形成依赖。

表 40　购物信息

		回答		占总人数
		频数	百分比（%）	百分比（%）
从什么渠道了解购物信息[a]	亲戚朋友	336	33.7	69.7
	报纸	21	2.1	4.4
	杂志	16	1.6	3.3
	图书	5	0.5	1.0
	其他印刷品	4	0.4	0.8
	广播	2	0.2	0.4
	电视	107	10.7	22.2
	网络	45	4.5	9.3
	商店售货员	439	44.0	91.1
	其他机构咨询	23	2.3	4.8
Total		998	100.0	207.1

a. Dichotomy group tabulated at value 1.

关于“从什么渠道获取购物信息”这一问题，调查中有 482 人作答，共产生有效样本总数 998 个。其中，“商店售货员”被选中次数最多，共被选 439 次，超过人数的 90.0%，占答案样本总数 44.0%；其次是“亲戚朋友”这一选项，被选中 336 次，占人数的 69.7%，占答案样本的 33.7%；“电视”的频率排在第三位，是唯一一个在所有样本中比例超过 10.0%的大众媒介，占 22.2%的 107 人选择了它；另外，近 10.0%的人选择了“网络”，共 45 次，占所有样本的 4.5%。按被选中频率排列，其余选项从高到低依次是：其他机构咨询 2.3%、报纸 2.1%、杂志 1.6%、图书 0.5%、其他印刷品 0.4%，广播最低 0.2%。

结果表明，村民的购物信息有四分之三左右来自商店售货员和亲戚朋友，也就是说，购物信息的主要获取渠道是人际传播。虽然电视在村民获取购物信息时也发挥了一些作用，但总体上，只有很少一部分购物信息的获取是村民依靠大众传媒完成的，大众传媒在村民的购物信息获取方面发挥的作用很小。

表 41　工作信息

		回答		占总人数
		频数	百分比（%）	百分比（%）
从什么渠道获取工作信息[a]	亲戚朋友	409	46.6	87.0
	报纸	25	2.8	5.3
	杂志	19	2.2	4.0
	图书	7	0.8	1.5
	其他印刷品	5	0.6	1.1
	广播	1	0.1	0.2
	电视	84	9.6	17.9
	网络	49	5.6	10.4
	劳动局等相关部门	254	28.9	54.0
	其他机构咨询	25	2.8	5.3
Total		878	100.0	186.8

a. Dichotomy group tabulated at value 1.

有471名受调查者有效回答了“从什么渠道获取工作信息”这一问题，产生有效样本总数878个。其中，“亲戚朋友”被选中409次，频数最高，占人数的87.0%，占答案样本总数的46.6%；其次是“劳动局等相关部门”这一选项，被选中254次，占人数的54.0%，占答案样本的28.9%；再次是“电视”，占17.9%的84人选择了它，占答案样本的9.6%；然后是“网络”被选中49次，占样本总数的5.6%。按被选中频率从高到低排列，其余选项依次是报纸、其他机构咨询、杂志、图书、其他印刷品和广播，它们各自在样本总数中的比率均不超过3.0%。

以上数据表明，在工作信息获取渠道中，亲戚朋友间的人际传播渠道占主导地位，在所有渠道中这一比例近50.0%；组织传播也发挥着很大的作用。相比来说，大众媒介发挥的作用很小，多种大众媒介总和起来仅占五分之一左右的份额；电视是大众媒介中所占比例最大的，也仅有不足10%的工作信息是村民依靠电视获取的，另外，几乎没有村民从广播和图书及其他印刷品上获取工作信息。可见，大众媒介在工作信息的提供和传播方面，被村民接受和使用程度非常低。

综合以上调查结果，我们可以做出基本判断：人际传播和组织传播是当地村民在一般信息获取中的主要渠道，他们很少使用大众媒介来获取政策、健康、教育、购物和工作等生活信息。大众媒介信息传播的作用在当地并没有很好发发挥，没有给当地村民带去很大的信息帮助。

（二）腾冲地区种养殖户的信息获取情况

表 42　技术信息

		回答		占总人数
		频数	百分比（%）	百分比（%）
从什么渠道获取技术信息[a]	乡政府	137	12.5	36.2
	邻居	187	17.0	49.5
	村能人	150	13.7	39.7
	农技员	186	16.9	49.2
	农技商店销售	164	14.9	43.4
	报纸	7	0.6	1.9
	宣传册	33	3.0	8.7
	图书	13	1.2	3.4
	电台	5	0.5	1.3
	电视台	116	10.6	30.7
	网络	14	1.3	3.7
	其他	86	7.8	22.8
Total		1098	100.0	290.5

a. Dichotomy group tabulated at value 1.

关于“从什么渠道获取技术信息”这一问题，调查中有 378 位养殖户做出了回答，共产生有效样本总数 1098 个。其中，“邻居”和“农技员”被选中次数相近且是最多的两个，两者分别占答案样本总数的 17.0%和 16.9%，被选中 187 次和 186 次，在人数比例中均占近半；其次是“农技商店销售”、“村能人”和“乡政府”三个选项，在答案样本中的比例均在 12%～15%之间；再次是“电视台”，是唯一一个在所有样本中比例超过10.0%的大众媒介，占30.7%的116人选择了它。按在样本中的比例排列，其余选项从高到低依次是其他7.8%、宣传册3.0%、网络1.3%、图书1.2%，报纸和广播为最低，分别为0.6%和0.5%。

结果表明，养殖户的技术信息有60%左右来自于邻居、农技员和农机商店销售等方面，也就是说，养殖户获取技术信息的主要渠道是人际传播。此外，政府的组织传播也有一些作用。虽然电视在村民获取技术信息时也发挥了一些作用，但总体上，只有四分之一左右的技术信息获取是养殖户依靠大众媒介完成的，大众传媒在村民的技术信息获取方面发挥的作用非常小。

表43 购买信息

		回答		占总人数
		频数	百分比（%）	百分比（%）
从什么渠道获知农产农资购买信息[a]	乡政府	103	9.9	27.2
	邻居	197	18.9	52.1
	村能人	115	11.0	30.4
	农技员	152	14.6	40.2
	农资商店销售	234	22.5	61.9
	报纸	3	0.3	0.8
	宣传册	36	3.5	9.5
	图书	4	0.4	1.1
	电台	2	0.2	0.5
	电视台	99	9.5	26.2
	网络	10	1.0	2.6
	其他	86	8.3	22.8
Total		1041	100.0	275.4

a. Dichotomy group tabulated at value 1.

有378名受调查的养殖户有效回答了“从什么渠道获取购买信息”这一问题，产生有效样本总数1041个。其中，“农资商店销售”被选中234次，频数最高，占人数的61.9%，占答案样本总数的22.5%；其次是“邻居”这一选项，被选中 197 次，占人数的 52.1%，占答案样本的 18.9%；再次是“农技员”及“村能人”，分别有占 40.2%的 152 人和占 30.4%的 115 人选择了它们，在答案样本中分别占 14.6%和 11.0%；排在它们之后的是“乡政府”，被选中 103 次，占样本总数的 10%左右。按被选中频率从高到低排列，其他选项依次是报纸 9.5%、其他 8.3%和宣传册 3.5%，其余的网络、图书、报纸和电台在样本中的比例均未超过 1.0%。

由此可见，在养殖户的购买信息获取渠道中，商店销售和邻居等人际传播渠道占主要地位，在所有渠道中这一比例近 70%；政府部门的组织传播也发挥着一定的作用。相比来说，大众媒介发挥的作用很小，多种大众媒介总和起来仅占不足五分之一的份额；电视是大众媒介中所占比例最大的，但也仅有不足 10%的购买信息是养殖户依靠电视获取的，另外，几乎没有养殖户从图书、报纸和电台上获取购买信息。可见，大众媒介在购买信息的提供和传播方面被养殖户接受的程度非常低。

表 44　销售信息

		回答		占总人数
		频数	百分比（%）	百分比（%）
从什么渠道获取销售信息[a]	乡政府	93	9.6	24.7
	邻居	218	22.6	57.8
	村能人	117	12.1	31.0
	农技员	155	16.1	41.1
	农资商店销售	145	15.0	38.5
	报纸	5	0.5	1.3
	宣传册	26	2.7	6.9
	图书	5	0.5	1.3
	电台	4	0.4	1.1
	电视台	93	9.6	24.7
	网络	14	1.5	3.7
	其他	90	9.3	23.9
Total		965	100.0	256.0

a. Dichotomy group tabulated at value 1.

关于“从什么渠道获取销售信息”这一问题，调查中有377位养殖户做出了回答，共产生有效样本总数965个。其中，“邻居”被选中次数是最多的，在答案样本总数中超过20%，被选中218次，在人数比例中占近60%；其次是“农技员”、“农技商店销售”和“村能人”三个选项，在答案样本中的比例分别为16.1%、15.5%和12.1%。再次是“电视台”、“乡政府”两个答案并列，各有占24.7%的93人选择了它们，各占样本比例的9.6%。按在样本中的比例排列，其余选项从高到低依次是其他9.3%、宣传册2.7%、网络1.5%、图书和报纸各占0.5%，广播最低，仅占0.4%。

结果表明，养殖户的销售信息有三分之二左右来自于邻居、农技员和农资商店销售等方面，也就是说，养殖户获取销售信息的主要渠道是人际传播。此外，政府的组织传播也有一定作用。虽然电视在村民进行购物信息获取时也发挥了一些作用，但总体上，只有四分之一左右的销售信息获取是养殖户依靠大众媒介完成的。大众媒介，特别是图书、电台在养殖户的销售信息获取方面发挥的作用非常小。

综上所述，养殖户获取信息的方式较为多样，且分布比较均匀，但主要是依靠人际传播来获取技术、购买和销售等信息，大众媒介的作用十分有限。电视在这方面有一定的信息传播作用，但整体上大众媒介作用甚微，尤其是图书、电台几乎不被养殖户接受为信息获取的渠道。

（感谢郭兴贤、冯文娟同学在调研中给予的协助）

满洲里地区老年受众媒介接触行为考察报告

课题组组长　张芝明

课题组成员　王　洋　杨剑霞

一、满洲里调研基本情况概述

（一）满洲里地区传媒概况

大众传媒一般包括报纸、广播、电视、网络四大传媒。从媒介特点来看，以报纸为主的纸质媒介传播的是一种文本信息，受众使用报纸媒介时需要对媒介文本进行阅读和分析，这就需要受众具有一定的文化知识。广播以声音作为传播符号，而电视的传播符号包括图像、声音、文字三大类，其中图像、文字诉诸人的视觉，声音诉诸人的听觉，电视是传统三大媒介中唯一的“视听媒介”，也有人把电视当作文本来看。

此次调研按照以上理论将满洲里的媒体分为四个种类，分别是广播、报刊、电视以及互联网，其基本发展状况如下：

1. 广播

满洲里人民广播电台近年来一直关注满洲里社会的发展，内容丰富。其主要栏目包括《满洲里新闻》、《满洲里早间新闻播报》、《百姓生活》、《一路同行》、《阳光校园》、《回家路上》。

2. 报刊

《满洲里日报》是满洲里市委市政府机关报，是展示满洲里经济社会发展和口岸桥头堡的重要传媒窗口。《满洲里日报》社前身满洲里报社成立于 1992

年8月，同年9月28日，满洲里报社的第一张报纸《中俄贸易信息报》（即《满洲里报》前身）创刊发行。2010年1月1日《满洲里报》正式改版为《满洲里日报》，现拥有《满洲里日报》、《满洲里日报·学生刊》、《满洲里日报·商讯》、《桥》杂志、《满洲里日报·网络版》、《满洲里日报·手机报》。满洲里日报社现有17个科室和部门，其中正科级科室有10个，总编室、新闻部、重点报道部、评论部、摄影部、新媒体部、副刊部、报业经营部、综合办、策划部，还有微机室、校对科、发行部、印刷厂、广告部等。

3. 满洲里电视台

满洲里电视台位于合作区电视路。1985年2月成立，隶属于满洲里市文化体育电视局。电视台新闻节目坚持日常报道与重点报道相结合的方式，围绕重点工程、城市美化、创优工作、双拥共建、卫生环境整治等进行了一系列报道。

加大电视专栏节目的推陈出新，创造特色品牌栏目。2002年，对《边城空间》进行改版，新开设了《旅游风景线》、《百年边城》、《边城故事》、《法在身边》等七个专题栏目，共播出146期。为配合“庆百年、迎盛会”，电视台组织报道组到北京对影视明星进行专访，采录了专题片《真诚的祝福》，进一步宣传了满洲里。完成了两部大型专题片《百年边城》、《春风化雨润边城》的制作任务。

2002年12月除合作区外，市内有线电视干线已全部改为光缆传输，使信号稳定，传输质量提高，为今后接入国家光缆传输干线网络奠定了基础。

（二）调研基本情况介绍

本次调研以满洲里地区老年受众的媒介接触习惯为切入点，通过实地调研掌握满洲里地区受众的媒介接触情况、受众对于满洲里地区新闻传播的评价和当地新闻媒体的基本情况，了解报刊、广播、电视等不同的大众媒介在满洲里地区老年人生活中的作用，以及受众对媒体传播行为的反馈，进而探讨媒介、受众与社会三者之间的相互影响和互动模式。

为了取得科学的、信度高的调研结果，本次调研在长达20天的调研过程中主要采取定量分析和定性分析相结合的方法，包括焦点组调查、问卷调查、文献研究、深度访谈、参与式观察等，在对调查问卷的分析中运用了EXCEL和SPSS等相关专业软件对调查所得统计数据进行系统分析。

二、问卷描述及分析

（一）数据来源

1. 数据来源总览

为保证调研的科学性和全面性，本次调研采用问卷调查和深度访谈两种方式（报纸、广播、电台电视台和网络媒体），问卷主要集中在两部分。第一部分是针对满洲里地区老年受众媒介接触情况的受众问卷，共发放 256 份，收回 246 份，其中有效问卷为 245 份。

2. 受访人群具体分布

在对受众的问卷调查中，由于时间、人力、财力的限制，不能走访所有东北地区，但我团队还增加了满洲里市养老院作为补充。我们先后走访了扎赉诺尔区、中俄互市贸易区、东湖区以及满洲里市等调研点，回收的有效问卷被访者集中在满洲里城区。

为深入了解东北地区老年社会媒体的使用情况，除了原先设定对媒体的深度访谈和参与式观察等调研方法外，增加了对满洲里市一线从业人员的问卷调查，包括满洲里电视台、《满洲里日报》、满洲里妇联、满洲里部分街道办事处、老年活动中心的工作人员。

（二）满洲里地区老年受众基本特征

1. 老年受众基本信息

为保证本次调研覆盖的受众目标接近实际情况，特走访了不同教育背景、不同年龄层次的老年人，包括 55～60 岁、61～65 岁、66～70 岁以及 70 岁以上的老年人。使最终性别比例、民族权重等指标上比较符合东北地区受众的基本情况，受众的基本信息如表 1～6 所示：

表1　性别

		频数	百分比（%）	有效百分比（%）	累计百分比（%）
有效	男	104	42.4	43.0	43.0
	女	138	56.3	57.0	100.0
	总计	242	98.8	100.0	
未选	0	3	1.2		
总计		245	100.0		

表2　汉语水平

		频数	百分比（%）	有效百分比（%）	累计百分比（%）
有效	熟练交流	216	88.2	91.9	91.9
	基本交流	19	7.8	8.1	100.0
	总计	235	95.9	100.0	
未选	0	10	4.1		
总计		245	100.0		

表3　常用语言

		频数	百分比（%）	有效百分比（%）	累计百分比（%）
有效	少语	2	0.8	0.8	0.8
	汉语	226	92.2	95.4	96.2
	都用	9	3.7	3.8	100.0
	总计	237	96.7	100.0	
未选	0	8	3.3		
总计		245	100.0		

表4　学历

		频数	百分比（%）	有效百分比（%）	累计百分比（%）
有效	小学及以下	58	23.7	23.9	23.9
	初中	118	48.2	48.6	72.4
	高中或中专	52	21.2	21.4	93.8
	大专及以上	15	6.1	6.2	100.0
	总计	243	99.2	100.0	
未选	0	2	0.8		
总计		245	100.0		

表5　收入来源

		频数	百分比（%）	有效百分比（%）	累计百分比（%）
有效	退休金	162	66.1	66.4	66.4
	养老金	37	15.1	15.2	81.6
	儿女	27	11.0	11.1	92.6
	社会救助	5	2.0	2.0	94.7
	其他	13	5.3	5.3	100.0
	总计	244	99.6	100.0	
未选	0	1	0.4		
总计		245	100.0		

表6 居住情况

		频数	百分比（%）	有效百分比（%）	累计百分比（%）
有效	配偶	113	46.1	46.9	46.9
	子女	43	17.6	17.8	64.7
	父母	3	1.2	1.2	66.0
	配偶子女	22	9.0	9.1	75.1
	配偶子女父母	2	0.8	0.8	75.9
	独居	58	23.7	24.1	100.0
	总计	241	98.4	100.0	
未选	0	4	1.6		
总计		245	100.0		

从上表中我们可以看出，上述样本的男女比例还是相对均衡的。年龄主要集中在55～80岁之间。教育程度不高，70%的老年人文化水平集中在初中或初中以下。从满洲里地区的老年人常用语言来看，绝大多数老年人使用的都是汉语。虽然我们团队调研地区都是少数民族比较集中的区域，但是会说少数民族语言的老年人并不多。这一方面说明当地的汉化程度十分高，另一方面也要对少数民族文化正在流失的危机引起重视。

被调查老年人的收入来源主要包括退休金、养老金以及儿女资助三方面。与配偶住在一起的占到45.9%，属大多数，其次是独居，占到23.6%，再次是与子女居住，占到9.1%。从中我们可以看出，绝大多数老年人还是喜欢和配偶居住在一起。“老有所伴”在这里得到深刻的体现；与子女住在一起的老年人也占了很大的比例，这一部分老年人是老有所养的。最需要得到关注的是独居的那部分老年人，他们需要得到的关注不仅仅是物质上的，还应该有精神上的。

2. 满洲里地区老年人对媒体的接触状况调查

通过调查报纸、杂志、广播、电视、手机、网络等媒体的受众接触状况，得出东北地区受众总体对媒体的接触喜好情况，见表7：

表 7　最常使用

		频数	百分比（%）	有效百分比（%）	累计百分比（%）
有效	报纸	5	2.0	2.8	2.8
	广播	2	0.8	1.1	3.9
	电视	146	59.6	82.0	86.0
	手机	22	9.0	12.4	98.3
	互联网	3	1.2	1.7	100.0
	总计	178	72.7	100.0	
未选	0	67	27.3		
总计		245	100.0		

通过表 7 我们可以看出，受众的电视使用频率要远远高于其他媒介，其次是报纸，而广播和网络接触的相对较少。从表中我们可以看出，电视这种媒介对东北老年人的影响非常大。

表 8　使用媒体主要目的

		频数	百分比（%）	有效百分比（%）	累计百分比（%）
有效	获取信息	97	39.6	45.3	45.3
	打发时间	95	38.8	44.4	89.7
	联络交友	12	4.9	5.6	95.3
	表达意见	1	0.4	0.5	95.8
	其他	9	3.7	4.2	100.0
	总计	214	87.3	100.0	
未选	0	31	12.7		
总计		245	100.0		

从表 8 中我们可以看出，从使用目的看，无论使用哪种媒介，对于东北地区老年人而言，目的主要有两种：一是“获取信息”，二是“打发时间”，这两种目的占到了 90%。而以“联络交友”和“表达意见”为目的的不到 10%。通过以上数据分析我们可以得知，以上两种目的更符合老年人的实际

情况。一方面，绝大多数老年人处于退休状态，与他人联络和表达意见的倾向逐渐减弱，其活动范围与年轻人相比缩小了很多，所以大量的空闲时间必须找到合适的消遣方式。同时，因为生活环境的改变，老年人与外界的联系没有以往那样紧密，但是其自身却有了解外界信息的愿望。因此，“获取信息”成为众多老年人接触媒介的一个主要目的。

表 9　是否关注地方媒体

		频数	百分比（%）	有效百分比（%）	累计百分比（%）
有效	从不看	11	4.5	4.7	4.7
	偶尔看	94	38.4	40.2	44.9
	碰到了就看	58	23.7	24.8	69.7
	经常看	71	29.0	30.3	100.0
	总计	234	95.5	100.0	
未选	0	11	4.5		
总计		245	100.0		

通过表 9 分析，从满洲里地区老年人与地方媒体的关系来看，经常关注地方媒体的老年人占到了 30%，可以说这是一个不小的比例。但是绝大多数的老年人对于地方媒体都抱着一种可有可无的态度，其中“碰到了就看”的比例占到了 23.6%，“偶尔看”的占到了 38.2%，这两种情况加在一起占到了 61%。可以看出，对于地方媒体的关注程度，老年人中出现了分化。虽然从来不看的人只有 4.5%，但总体来看，忠诚度并不高。

因此，面对调查样本与目标受众之间的错位状况，媒介及调查公司亟须策划对老年节目的专项调查方案，从而得到切实可靠的收听反馈数据，以便准确分析老年受众的视听行为，有效指导老年节目的制作和编排。在媒体内部的政策制定方面应给予更多倾斜，使节目能在内部制度体系保障下更好地服务老年社会，节目内容得到不断丰富和完善。

表 10　老年人接触过的媒体

		响应		集合
		数值	百分比（%）	百分比（%）
老年人接触过的媒体[a]	报纸	119	19.8	48.8
	广播	94	15.7	38.5
	电视	229	38.2	93.9
	手机	117	19.5	48.0
	互联网	41	6.8	16.8
总计		600	100.0%	245.9%

从表 10 媒介接触情况来看，接触过电视的满洲里地区老年人最多，占到了 93.9%，接触过手机和报纸的老年人占到了 48%，接触过广播的老年人占到了 38.5%，而接触过互联网的老年人只占 16.8%，由此可以看出，老年人接触过的媒介十分不平衡。电视是普及最广的一种大众媒介，而绝大多数老年人都没有接触过网络。同时，报纸、手机、广播也由于各种各样的限制，使得老年人的接触机会十分有限。

表 11　老年人使用媒体的时间段

		响应		集合
		计数	百分比（%）	百分比（%）
老年人使用媒体的时间段[a]	早晨	74	15.8	30.5
	上午	55	11.8	22.6
	中午	55	11.8	22.6
	下午	69	14.8	28.4
	晚上	185	39.6	76.1
	睡前	29	6.2	11.9
总计		467	100.0	192.2

通过表 11 我们可以看出，老年人使用媒介的时间最集中的是在晚上，占到了总数的 40%；最少的是睡前，占到总数的 6.2%；其他时间段相对而言

较为均衡。通过满洲里地区老年人使用媒介的时间段分析，我们基本可以看出老年人大致的生活状态。白天是外出活动与外界联系的主要时间，而晚上绝大多数的老年人都选择通过接触媒介来度过空闲时间。在这一点上，满洲里的老年人与其他人群并没有太大的不同。

表 12　老年人喜爱的节目类型

		响应		集合
		计数	百分比（%）	百分比（%）
老年人喜爱的节目类型	健康养生	130	17.2	53.1
	电视剧	131	17.3	53.5
	戏曲音乐	61	8.1	24.9
	生活服务	83	11.0	33.9
	法制科普	82	10.8	33.5
	新闻	103	13.6	42.0
	综艺	69	9.1	28.2
	体育	45	5.9	18.4
	记录讲述	22	2.9	9.0
	言论观点	15	2.0	6.1
	有什么看什么	14	1.8	5.7
	其他	2	0.3	0.8
总计		757	100.0%	309.0%

我们从表 12 可以发现，老年人对健康类、法律、新闻类节目是比较喜欢的，在走访期间我们发现，很多被调查者每天都会准时地收看《新闻联播》和法制频道的《道德观察》等节目。被调查者说他们收看民生类新闻节目，不仅是因为这类新闻满足了人们观看离奇事件的好奇心理，也是因为这些新闻节目所播放的事件“都是真实的事件”，最为重要的是这些事件也时常会发生在他们身边。收看这些节目对老年人来讲也是一种自我的保护，同时这些健康类、法律类节目对市民也有着很大的教育作用，例如被调查者所收看的这些节目中时常会有关于不照顾老人的报道，新闻中那些当事人不但被曝光，有时还会受到法律的制裁，这对老年人来讲是值得关注的事情。

老年人通过收看这些节目，也能掌握一点粗浅的法律知识，当他们遇到诸如经济纠纷、赡养、受骗等问题时，大多数的老年人不再通过家庭内部协调的方式解决，而是选择地方政府和司法机构，当然也有少部分老年人会寻求媒体帮助。由于媒体对老年群体重视不够，很多老年人对媒体的作用还是有些怀疑，他们认为只有中央级媒体才可能真正地解决问题，因此很少人会直接选择媒体来解决问题。如何让老年人更好、更方便地接近和利用媒体是我国媒体事业急需解决的一个问题。

3. 满洲里老年人与各种媒介之间的关系

媒介生态是由媒介群体和媒介生存发展的内部、外部环境共同组成的动态平衡系统。在现代社会中，大众传播媒介是社会中信息流、物流、资金流的一个重要纽结点，倘若我们不用生态的眼光去观察媒介的变化，就有可能造成媒介的发展突变甚至畸形发展。因此，在我们逐渐将市场竞争机制引入媒介生态的过程中，必须对大众传播中的弱势群体——老年节目给予特殊扶持，否则就会导致片面追求视听率和经济效益而放弃社会责任的不良后果。

1967 年，麦克卢汉在与人合著的《媒介即是信息：效果一览》(The Medium is the Massage：An Inventory of Effects，1967) 一书中提出"媒介生态"概念，以环境作为特定的比喻，来帮助我们理解传播技术和媒介对文化在深度和广度方面所起的生态式影响。1977 年，麦克卢汉指出所谓媒介生态"意味着让不同的媒介能够共存共生，而不是彼此消亡"。①麦克卢汉十分关注人的感观平衡问题，认为一种文化需要限制某种单一媒介的使用，从而促进媒介生态的平衡。在《理解媒介》一书中，他认为媒介能深入人的潜意识，并且在不被察觉和反抗的情况下改变他们的感知的平衡。

进入大众传播时代后，我国的媒介生态发展始终滞后于社会老龄化速度，伴随着老年社会的到来，这种矛盾也日益显现出来。套用传播学技术学派鼻祖英尼斯"媒介偏倚论"的逻辑路线，我们认为一个社会的均衡发展离不开大众传播媒介均衡的信息传播，一味地偏向年轻人群或一味地偏向老年人群都会导致社会的不稳定，因此，社会的良性发展离不开大众传媒的"均衡传播"机制。随着电子媒介的普及，报纸、杂志等纸质媒介的普及率目前很低，读者群体为数不多。这种单纯依靠电子媒介获取信息的状况也应该引起政府

① 单波、王冰：《西方媒介生态理论的发展及其存在的问题》，《新闻与传播研究》2006 年 (3)。

相关部门及大众传播工作者的高度关注。

（1）满洲里地区老年人与电视

表 13 最常使用

		频数	百分比（%）	有效百分比（%）	累计百分比（%）
有效	报纸	5	2.0	2.8	2.8
	广播	2	0.8	1.1	3.9
	电视	146	59.6	82.0	86.0
	手机	22	9.0	12.4	98.3
	互联网	3	1.2	1.7	100.0
	总计	178	72.7	100.0	
未选	0	67	27.3		
总计		245	100.0		

表 14 看电视频率

		频数	百分比（%）	有效百分比（%）	累计百分比（%）
有效	每天	109	44.5	44.9	44.9
	经常	96	39.2	39.5	84.4
	有时	37	15.1	15.2	99.6
	很少	1	0.4	0.4	100.0
	总计	243	99.2	100.0	
未选	0	2	0.8		
总计		245	100.0		

通过对表 13、表 14 数据分析可知，电视是所有媒介中满洲里地区老年人最常使用的一种。满洲里地区老年人每天看电视的人数达到 44.5%，经常看电视的人数达到了 39%，而这两项加到一起占到了总数的 83%。通过调查老年人接触电视的频率我们可以看出，电视在满洲里老年人生活中扮演了重要的角色。在所有受访者中，很少接触电视的只有 1 人。从能够影响到人群的

角度来看，在这一过程中，电视能够覆盖的老年受众是最广泛的。

表 15　固定收看的电视频道

		频数	百分比（%）	有效百分比（%）	累计百分比（%）
有效	有	179	73.1	73.7	73.7
	没有	64	26.1	26.3	100.0
	总计	243	99.2	100.0	
未选	0	2	0.8		
总计		245	100.0		

通过表 15 可以看出，在是否有“固定收看的电视频道”这一调查中，73.7%的受调查者选择了会经常收看一个固定的电视频道，26.3%的受调查者选择了不会经常收看一个固定的电视频道。以上调查显示，满洲里的老年受众相对而言对电视节目有着较高的忠诚度。

通过数据相关性分析可知，年纪越大的老年人越倾向于收看一个固定的电视频道，在调查中 55～60 岁这一年龄段的老年人相对而言更换电视频道的比例更大。我们选取了一个实例：

受访者：杨某　　性别：女　　年龄：67 岁　　身份：前文化馆主任

电视对于我和老伴来说很重要，它就是我们家的另一口人，是我和老伴生活的一部分；我和老伴每天都看电视，其中《新闻联播》是老伴每天必看的节目，他以前在政府工作，可能是习惯吧，很关注国家大事。虽然从年纪来讲的话，我们都老了，但是我们的心态都很好，并没有因为退休就怎样怎样，无论是国内大事还是国际的热点问题我们都很关注，有时候还会就这样那样的问题发生争论。电视是除了老伴以外的另一个伴，没有电视的生活对于我来说是难以想象的。和老伴相比，我还喜欢看一些法制节目和一些电视剧，但是我不喜欢湖南台，太闹；《新还珠格格》很不好看，我对之前那个小燕子挺有感情的，现在这个总感觉味道不对，看了两集我就不看了。我更喜欢婚姻家庭类的以及历史类的，像《闯关东》、《亮剑》这样的电视剧都很好看，剧情也好，还有历史背景。一般如果我看一个电视剧，就会把它看完，如果实在接不上，就不看了。我比较喜欢内蒙古卫视、黑龙江卫视，还有中央一台、中央十二台，中央电视台的法制节目办得特别好，我也推荐你看看。

（2）满洲里老年人与广播

表16　最常使用的媒介

		频数	百分比（%）	有效百分比（%）	累计百分比（%）
有效	报纸	5	2.0	2.8	2.8
	广播	2	0.8	1.1	3.9
	电视	146	59.6	82.0	86.0
	手机	22	9.0	12.4	98.3
	互联网	3	1.2	1.7	100.0
	总计	178	72.7	100.0	
未选	0	67	27.3		
总计		245	100.0		

表17　收听广播地点

		频数	百分比（%）	有效百分比（%）	累计百分比（%）
有效	家里	181	73.9	78.7	78.7
	室外	22	9.0	9.6	88.3
	社区或活动中心	18	7.3	7.8	96.1
	其他	9	3.7	3.9	100.0
	总计	230	93.9	100.0	
未选	0	15	6.1		
总计		245	100.0		

表16～17的两组数据显示，收听广播的老年人很少，只占到总人数的0.8%，和其他几种媒介相比，收听广播的满洲里地区的老年人人数是最少的。从收听地点来看，这些老年人主要在家里接触到广播，也有少数人会在室外或者社区活动中心收听到广播。从使用和接触的地点来看，以上两组数

据显示了老年人的生理和生活特点。在访问过程中我们发现，部分老年由于听力下降放弃了广播，由于绝大多数的老年人活动范围有限，所以收听广播的地点绝大多数都在家里。

表 18　广播服务的主要不足

		频数	百分比（%）	有效百分比（%）	累计百分比（%）
有效	及时性差	22	9.0	10.2	10.2
	内容无法自由取舍	80	32.7	37.0	47.2
	内容不够丰富	73	29.8	33.8	81.0
	参与度不足	27	11.0	12.5	93.5
	其他	14	5.7	6.5	100.0
	总计	216	88.2	100.0	
未选	0	29	11.8		
总计		245	100.0		

从表 18“广播服务的主要不足”这一调查中可以看出，认为“内容无法取舍”的占到了 32.7%，“内容不够丰富”的占到了 29.8%。部分从来不收听广播的调查者不参与这项调查，因此在以上调查数据中有 11.8%的无效数据。通过分析得出，老年人对广播的意见主要集中在内容方面。从内容来看，其自身的丰富程度直接影响到老年受众的喜爱程度；从方便自由的角度来看，是否可以按照自己的意愿进行取舍也直接影响到老年受众的选择。可以说，内容和形式的局限是影响老年人使用广播的最大因素。我们选取了以下两个实例加以说明：

实例一：

受访者：丁某　性别：男　年龄：62 岁　状态：退休工人

广播？现在还有谁听那东西啊？我们年轻时大家都把收音机当做宝贝似的，现在几乎没人听了。反正我感觉广播离我的生活挺远的，你想想，那东西既麻烦内容又少，早就该淘汰了，尤其像我们这小地方，广播台少，内容也好不到哪里去。现在家家都有电视，既有声音又有画面，谁都会选择功能多的啊。电视完全可以代替广播了，我感觉广播对于我来说没什么存在的必要了。电视节目多啊，我家能收来一百多个台呢，我都看不过来，还有不少国外的。听广播就是给自己找麻烦，调频那东西实在不好用。现在你给我个收音机，我都嫌它麻烦。另外到了我这个年龄以后，听力多少会有些下降。广播里的语调语速有些时候不太习惯。去广场参加活动的时候会有广播，也许它还有一定用处吧。但是我不会主动去听，我更喜欢看电视。

实例二：

受访者：李某　性别：女 年龄：70 岁　职业：农民

原来我几乎天天听广播，现在有时会听。广播对我的影响还是挺大的，至少能知道外面发生了什么。我视力不太好，很少看电视，现在肯定还是喜欢电视的人多，但是广播也挺好的。虽然广播没有图像，但是你可以想象很多自己喜欢的场景，可能是我和其他人不太相同吧，并且主持人的声音都特别好听，很温柔，听起来心里也很温暖，有一段时间我天天听着收音机睡觉。前些日子电池没了，一直也没去买，所以最近没怎么听。我也知道收听广播的人越来越少，但是广播肯定不会消失。

（3）满洲里地区老年人与报纸

表 19　最常使用的媒介

		频数	百分比（%）	有效百分比（%）	累计百分比（%）
有效	报纸	5	2.0	2.8	2.8
	广播	2	0.8	1.1	3.9
	电视	146	59.6	82.0	86.0
	手机	22	9.0	12.4	98.3
	互联网	3	1.2	1.7	100.0
	总计	178	72.7	100.0	
未选	0	67	27.3		
总计		245	100.0		

表 20　老年人选择看报的原因

		回答		占总体的百分比（%）
		计数	百分比（%）	
选择看报的原因[a]	内容好	105	43.6	49.5
	导读强	31	12.9	14.6
	便携	68	28.2	32.1
	易保存	12	5.0	5.7
	其他	25	10.4	11.8
总计		241	100.0	113.7

通过表 19～20 两组调查数据可以看出，经常看报的满洲里地区老年人也不多，只占到各种媒介使用者的 2%，略多于广播的收听人数。一小部分老年人青睐报纸杂志主要是基于以下原因："内容好"的占到了 43.6%，"便携"的占到了 28.2%。报纸由于一些固有的优势，还是抓住了一部分老年受众。但就总体而言，报纸的接触状况在满洲里地区老年人中不容乐观，我们选取了以下两个实例：

实例一：

受访者：蔡某　　性别：女　　年龄：74 岁　　职业：退休工人

我几乎不看报纸了，眼睛受不了，另外俺们这里的邮局总是很慢，订阅报纸也不太方便。以前看报纸，有事没事看两页，可是年纪越大视力越不好，现在用放大镜都看不清了。要是视力好的话，我更喜欢报纸。电视节目太多，太杂，并且跟风太严重，同一个电视剧不同的电视台一起播，我挺不喜欢那样的。还有一些相亲节目，我也很不喜欢，现在这些女的和我们那个年代不一样啊，动不动就房啊、车啊。报纸内容挺好的，并且版块的划分很明确，只是真的看不了了，年纪不饶人啊。

实例二：

受访者：刘某　　性别：男　　年龄：69 岁　　职业：退休教师

我每天都看报纸，我家一共订了三份报纸，早上起来看一会，晚饭散步以后还会读一下晚报。我感觉报纸报道的内容都比较有深度，不像电视那样，就是为了收视率，播出的有些东西简直没法看。另外有时我去散步也会带一份报纸，累了就坐在椅子上看一会。老伴喜欢把我读完的报纸收集起来，然后去卖废品。我的小孙子喜欢用报纸叠飞机。我们一家都挺喜欢报纸的，当然了电视也会看，其实也不冲突，萝卜青菜各有所爱。如果要是消遣的话，我认为电视比报纸的效果肯定更好，关键就看你想得到什么了。

作者（右）与访谈对象家庭

（4）满洲里地区老年人与网络

表 21　网络使用难易

		频数	百分比（%）	有效百分比（%）	累计百分比（%）
有效	很难	63	25.7	26.7	26.7
	较难	44	18.0	18.6	45.3
	一般	91	37.1	38.6	83.9
	较容易	23	9.4	9.7	93.6
	很容易	15	6.1	6.4	100.0
	总计	236	96.3	100.0	
未选	0	9	3.7		
总计		245	100.0		

表 22　网络信息可靠性

		频数	百分比（%）	有效百分比（%）	累计百分比（%）
有效	很高	10	4.1	4.4	4.4
	较高	26	10.6	11.4	15.7
	一般	119	48.6	52.0	67.7
	较低	39	15.9	17.0	84.7
	很低	35	14.3	15.3	100.0
	总计	229	93.5	100.0	
未选	0	16	6.5		
总计		245	100.0		

通过对表 21～22 的数据分析可知，有 45.3%的老年人认为使用网络对他们很有难度，而感觉比较容易的只有 6.4%。这说明，网络这种新媒体在老年人当中的普及具有一定难度。而在网络信息的可靠性方面，绝大多数的老年人都持怀疑的态度。我们选取了一个实例：

受访者：张某　　　性别：女　　　年龄：67 岁　　　职业：退休工人

我不会上网，儿子家里有台电脑，我知道那是好东西，但是从来不碰。电脑是年轻人玩儿的东西，像我这个老家伙就算了。孙子已经上学了，儿子怕我在家没意思，让我学学电脑，可是年纪大了接触什么都慢，尤其是我们那时候，没学过汉语拼音，不会打字。但是我觉得，用电脑是个趋势，以后离不开这东西。我媳妇不让孙子用电脑，说怕上瘾怕学坏，其实我也担心这个，可是这个社会都用，以后咱们也肯定要用。在网上能干的事儿还真不少，前些日子闺女在网上给我买了件衣服，穿着还挺好的，但我们这里也听说过一些在网上被骗的。其实我也就是说说而已，它好它坏和我真的没什么关系。要是年轻二十岁，我一定也要上网。

4. 满洲里老年媒介发展状况——媒介功能的缺失

1984 年传播学奠基人之一拉斯韦尔在《社会中传播的结构与功能》一文中指出，传播活动总体上是和全部的社会进程相联系的，而任何社会进程都可以通过结构与功能这两个参考架构予以检测。拉斯韦尔总结出传播的三种

作者（右）与访谈对象交谈

主要社会功能：环境监测功能、社会协调功能、文化传递功能。美国社会学家查尔斯·赖特对传播的社会功能作了重要的补充和阐述，指出传播有第四种功能，即娱乐功能。

我们在调查中发现，老年群体的媒介使用结构单一化也导致了媒介功能的失衡。为此，针对老年人的需求开办节目成为老年社会大背景下急需解决的问题。

媒介使用结构的单一化存在很多弊端。丰富媒介资源，使老年人有更多获得信息的途径，是当前提高满洲里地区老年人媒介素养的一个重要方面。改变老年人群电视媒介独枝绽放的局面，必须加大其他媒介在老年群体的发展力度，尤其是报纸和网络的发展，这需要政府、媒介传播者和老年受众的共同努力。

施拉姆在《大众传播事业的责任》中相当客观全面地指出了大众传播事业中的责任问题，可以概括为三个问题："大众传播事业中存在责任吗？谁来负责？怎么负责？"书中讨论的主题明确"举凡节制与促使变革的责任，首先要由媒体自身来承受，其次由大众来承受，再次才轮到政府"；然后分别从政府、媒介自身、大众三方面条分缕析，最后总结道："要解决大众传播的责任问题需要建立政府、媒体与大众三种力量间的微妙平衡关系。即大众传播的主要责任在于媒体，基本义务则与公众有关。大众有责任把他们自己变成积极而又有识别力的阅听人，把他们的需要告诉媒体，并帮助媒体实现这样的需求。换言之，他们是形成社会所需要的那种传播制度的一个合伙人。公众参与得愈少，政府和媒体就更应该填补这个空隙。”因此媒介、政府、大众三者必须是一种微妙平衡的关系。不要试图打破这种平衡，任何一种力量试图控制传媒的结果都会抑制另外两方面作用的发挥，这样的媒体必定是一个偏颇而失真的媒体，这样的媒介生态也必定走向恶性循环。

老年受众使用媒介的单一化态势，导致各种媒介的影响分布不均衡。使用频率最高的是电视，其后依次是通信工具、广播、报刊、网络。老年受众对各大媒介的接触情况具有十分明显的特征，电视、报纸和广播仍然是老年人生活中的三大强势媒介，在接触频率和使用时间上表现为“电视＞广播＞报纸”的情况。虽然目前电脑的普及程度还可以，但老年群体的生理条件和知识文化水平直接限制了老年受众对网络媒体的使用。客观上讲，老年受众通过互联网能够更方便快捷地获取信息，网络媒体在老年群体中会有很大的潜在需求[①]。据调查，老年群体的媒介使用不平衡状况是由以下几个因素引起的：

第一，在商业利益最大化原则的驱动下，在追求所谓目标群体的市场竞争策略的诱导下，媒介资源分配不可避免地发生扭曲，在喧嚣的媒体世界里，商业的发达并没有使老年群体摆脱被边缘化的命运，他们依然属于传播学上的“弱势群体”，他们的话语空间被不断地压缩、挤占，他们对社会舆论的影响力也在逐步弱化。信息传播中这种差距的不断扩大，极有可能导致社会经济文化发展中的“马太效应”——不但在财富之间，而且在信息的拥有之间拉大差距。这种状况的持续发展，对任何一个国家或地区来说，无疑都是一个危险的信号。

第二，多数媒体宁愿关注有影响力和购买力的人群，不愿把传播资源向影响力相对较弱的老年人倾斜。作为一种经济组织，媒体尚未在老年市场找到社会效益和经济效益的最佳结合点。老年人的社会地位被弱化，老年人群体被边缘化，这种情况在贫困地区尤为明显。

① 陈勃：《老人传媒接触状况的调查与分析》，《社会科学》，2003年（12）。

三、满洲里地区老年人的媒介素养

（一）媒介素养的定义

媒介素养主要有三个层面，即能力模式、知识模式和理解模式。能力模式指公民所具有的获取、分析、评价和传输各种形式信息的能力，侧重的是对信息的认知过程。知识模式观点认为，媒介素养就是关于媒介如何对社会产生作用的知识体系，其侧重点是信息如何传输。而理解模式的观点声称，所谓媒介素养就是理解媒介信息在制造、生产和传递过程中受到来自文化、经济、政治和技术诸力量的强制作用，侧重的是对于信息的判断和理解能力。

综合来说，所谓媒介素养是指正确地、建设性地享用大众传播资源的能力，能够充分利用媒介资源完善自我，参与社会进步。它主要包括受众利用媒介资源动机、使用媒介资源的方式、方法与态度、利用媒介资源的有效程度以及对传媒的批判能力等。[①] 1933 年英国学者富兰克・雷蒙德・李维斯和丹尼斯・托马森发表的《文化和环境：批判意识的培养》首次提出了“媒介素养”的概念，目的是唤醒人们的批判意识和维护传统价值观念。

我国早期的媒介素养调查研究强调的大都是文字符号的使用，主要是对受众读书、看报等能力的研究。近年来素养的概念不断丰富，陆续出现了电视素养、视觉素养和网络素养等概念。并且伴随着媒介技术的不断发展，“媒介素养”的内涵也在不断地丰富，其内涵已由过去单一的“读与写”转变成涉及受众的读、写、思能力（包括文字语言、图像语言和声光语言）和受众日常生活中采集信息、使用信息的能力。中国台湾地区学者张一蕃总结出信息时代的素养是个人与外界做合理而有效的沟通或互动所需具备的条件。由此可见，今天的媒介素养已是一个全新的素质概念。

（二）受访地老年群体的媒介素养

近几年媒介素养调查在我国有了初步的发展，很多媒介研究机构和高校做了很多关于媒介素养方面的调查，比如大学生媒介素养调查、中小学生媒介素养调查、中国城市居民媒介素养调查等。媒介的飞速发展尤其是电子媒

① ［加］麦克卢汉著，何道宽译：《理解媒介——论人的延伸》，商务印书馆，2001 年。

介的普及，使得公众的媒介素养调查又有了新的现实意义。

表 23　是否需要设置老年频道

		频数	百分比（%）	有效百分比（%）	累计百分比（%）
有效	很有必要	94	38.4	38.8	38.8
	较有必要	61	24.9	25.2	64.0
	一般	65	26.5	26.9	90.9
	不太必要	18	7.3	7.4	98.3
	不必要	4	1.6	1.7	100.0
	总计	242	98.8	100.0	
未选	0	3	1.2		
总计		245	100.0		

从表 23“有无必要设置老年频道”这一调查中可以看出，有 38.4%的老年人选择了“很有必要”，有 24.9%的老年人选择了“较有必要”，可以说，以上两项数据反映了绝大多数老年人的心声。尽管随着大众媒介的发展，各种媒介在节目设置上越来越趋于多样化，但老年节目的发展却显得相对缓慢，除了健康类、养生类节目略有发展以外，其他与老年人相关的节目发展并不显著。老年群体庞大，他们有自己的独特性，也有自己的独特需求，因此，绝大多数的老年人都希望有一个全面反映老年群体真实状态的老年频道。这也是在老龄化背景下，一个迫切需要解决的问题。我们选取了一个实例加以说明：

受访者：于某　　年龄：70 岁　　职业：退休工人

老年频道？这可能吗？如果有的话，当然好啊，现在媒体中关于老年人的节目真的不多。《夕阳红》呢？停播了吧？（我们提醒他，没有停播，只是换台了），其实不播也就不看了。到了我们这个年纪，子女很少在身边，多一个自己喜欢的节目，也就是让自己有点事做。不过没有也没什么，有些电视剧看进去也挺有意思的。一些都市频道和乡村频道，经常会播一些关于老年人赡养、子女不孝以及老人生活困难等方面的内容，这样的节目看着就让人心里不舒服，以前我一边看一边流眼泪，现在不看了。我感觉对于老年人的报道，不应该仅仅是这样的，谁都有老的一天，难道老人对这个社会就一点用处没有吗？如果真的有了老年频道，这种情况会有改变吧。老有所养的问题当然要报道，也更应该报道老年人对生活的积极态度，不要总让这个社会以为我们是没用的人。

表 24　是否主动搜寻信息

		频数	百分比（%）	有效百分比（%）	累计百分比（%）
有效	会	103	42.0	43.8	43.8
	不会	93	38.0	39.6	83.4
	没考虑过	39	15.9	16.6	100.0
	总计	235	95.9	100.0	
未选	0	10	4.1		
总计		245	100.0		

通过表 24 中的数据可以看出，有 42%的老年人会主动寻求信息，但是除此之外还有一半以上的老年人不会主动寻求信息，与其他群体相比，这一比例明显是偏低的。与青年人和中年人相比，老年人活动与外出的相对较少，与社会的联系变弱。但是主动搜寻信息，作为人不断进步不断发展的必要条件，在任何一个年龄阶段都应该占有重要地位。在老龄化大背景下，老年人会越来越多，尤其我国的人口基数大，老年群体的比例也在不断增大，如果这一群体得不到及时有效的信息，会引发很多社会问题。

表 25　广告宣传可信度

		频数	百分比（%）	有效百分比（%）	累计百分比（%）
有效	非常可信	12	4.9	4.9	4.9
	比较可信	43	17.6	17.6	22.5
	一般	107	43.7	43.9	66.4
	较不可信	42	17.1	17.2	83.6
	很不可信	40	16.3	16.4	100.0
	总计	244	99.6	100.0	
未选	0	1	0.4		
总计		245	100.0		

从表25“广告宣传在老年群体当中的可信度”这一调查中可以看出，感觉“不可信”的占了33.4%，感觉“可信”的人占了22.5%，而其余的被调查者都选择了无所谓的态度，由此可以看出对于广告，相当一部分的老年人都持有怀疑的态度。可以说，对广告的认识绝大多数的老年人都持理性的态度，可以对广告的内容加以判断和取舍，当然也有一部分老年人对广告持有一种盲从的态度。但总体而言，在媒介素养的第三个层面——评价模式这一部分，很多老年人都可以从自己的角度出发，给出一个明确的态度，我们选取了以下两个实例：

实例一：

受访者：林某　　　　性别：女　　　　年龄：73岁　　　　职业：退休工人

我不怎么相信广告，尤其是电视购物。去年我给老伴买了一个治疗颈椎病的按摩仪，电视里说半个月见效，可是老伴用了半年，没有什么效果，并且还邪乎了（加重），然后我给电视台打电话，他们说这个他们不负责，让我给厂家打电话，厂家的电话根本没人接，我们就像皮球一样被踢来踢去。后来想想就算了，也没有多少钱，但是上当了，心里不舒服。从那以后，我们几乎都不怎么看广告，遇见广告就马上换台，反正广告里多少都有骗人的成分，就看多少了。

实例二：

受访者：李某　　　　性别：男　　　　年龄：63岁　　　　职业：退休教师

其实有些广告也挺有意思的，但是不能全信，也不能不信。其实不管你信不信，多多少少地还是会受到广告影响，比如我去超市买洗衣粉，一个做过广告和一个没做过广告的，我可能就会选择做过广告的。有些名气的，用着心里也踏实，合理的夸张我可以接受，但是弄虚作假的就不行了。电视里那些打电话中奖的一看就是假的，国家也不管，电视台为了钱什么都敢播，反正我是不会上当的，天上永远不会掉馅饼，好事不会平白无故地找到我头上来。

表 26　媒体老年报道存在的问题

		响应		集合的
		计数	百分比（%）	百分比（%）
媒体老年报道存在的问题[a]	量少	111	30.2	47.2
	时段不合理	64	17.4	27.2
	形式单一	84	22.9	35.7
	互动参与性差	27	7.4	11.5
	不能为老年人服务	72	19.6	30.6
	其他	9	2.5	3.8
总计		367	100.0%	156.2%

从表 26 媒体对老年群体报道存在的问题这一调查中可看出，有 30.2%的被调查者认为对老年报道的数量少。这从一个侧面反映出，当今各种媒体所播放的老年节目远远不能满足老年群体的需要，可以说，数量上的不足，是老年报道中应该解决的首要问题。其次，有 22.9%的被调查者选择了“报道形式单一”，显示出老年群体不但对节目的数量有要求，同时对节目的质量也有要求，形式上的单一，容易让受众产生一定的厌倦感。

通过以上分析我们不难看出，满洲里地区的老年人对于媒介相关问题的认识是相当深刻的。但是由于文化教育水平和生理条件的限制，绝大多数的老年人缺乏与媒介相关的知识，并且很多时候对媒介一些相关内容的理解也存在着偏差，更为重要的是，绝大多数老年人媒介素养不高。这些都是在老龄化社会大背景下不得不面对的问题。

四、如何提高老年群体的媒介素养

（一）支持老年群体媒介资源的开发

首先，政府要发挥其资源调节的功能，从政策上推动媒介全面进驻老年群体，加强媒介基础建设，尤其是老年群体的报纸资源和计算机网络资源。“老年群体媒介设施的建设是个周期长、投入高的工程，政府一定要在宏观的角度上认识加强老年媒介建设对于老年社会的作用，对开拓老年群体市场的媒体要给予政策上的倾斜，扫除政策上的障碍，给媒体以信心”。其次，政府要加强对老年人的媒介素养教育，提高老年人自身发展的能力。政府应该结合当地的实际情况，开展以医疗、保健、养老为主题的培训。再次，政府应该完善老年社区的功能和设施，发挥他们信息传播的重要作用。在老年社区建立老年书屋，这是对老年群体媒介建设有好处的，基层组织一定要充分利用这些资源，发挥他们提高老年人群媒介素养的作用。

（二）以老年节目为提升平台

我们所说的媒介素养主要是指受众对媒介的分析批判能力以及使大众传媒为个人生活和社会发展所用的能力。由于媒介素养这一概念传入我国相对较晚，加上大众传播媒介对老年群体长期忽视所形成的历史欠账，整个国民的媒介素养都处于起步阶段，老年群体由于生理和心理状态的改变，媒介素养问题更加明显。对于专门以老年受众为服务对象的老年广播电视节目而言，他们与老年受众有着天然联系，必然需要担负起对老年人的媒介素养教育。要主动接近老年受众，积极创造相应条件，鼓励老年人接近媒介，组织老年人参观媒介机构，向他们讲解新闻机构如何运作，媒介素养的提高必然会带来老年受众参与媒介的自主意识的提高。如定期组织老年工作者、主持人深入老年社区开展见面服务活动，一方面与老年人有了面对面的机会，另一方面这种形式会使老年受众更加喜欢老年节目，形成持续关注老年信息的收听习惯。

在当前追求经济利益的形势下，媒体往往把更多的精力放在那些强势人群上，对于面向老年群体的节目投入自然比较少，这就需要媒体发挥他们固有的职能，加大对老年群体的倾斜力度。

首先，媒体应该重视老年群体这个潜在的市场，目光由青年群体向老年群体倾斜。制作一些反映老年人自身状况的电视节目，积极面向老年受众，以传播涉及老年信息为主，满足老年人日益提高的精神文化需求。

其次，“媒体要发挥其议程设置的功能，正确引导老年人的舆论”。媒体对老年人的报道要贴近老年人生活、贴近老年人实际。针对老年人群教育水平的实际情况，媒体制作的节目要体现大众化、易受性和趣味性。

再次，针对老年人群体电视媒体的偏好较高的实际情况，要着眼于电视节目质量的提高。老年人喜欢收看新闻、民生类节目和反映老年生活的电视剧，这就要求电视媒体制作一些合老年群体胃口的节目。老年人群中存在着一些老旧思想观念制约着老年社会的发展，媒体要通过传播先进的思想观念和实用性较高的信息，引导其转变陈旧观念。

（三）从老年群体自身出发

中国人口已增长到了13亿。与此同时，人口老龄化也悄然到来。随着经济的发展，社会的进步，人民的生活水平不断提高，健康水平不断增强，我国人口平均寿命在新中国成立时为40岁，现已超过70岁。按照联合国的标准，一个国家60岁以上的人口超过10%就进入了老龄化社会。据统计，中国在2005年时60岁以上人口达到1.45亿，占全国总人口的11%，且60岁以上人口以平均每年3.3%的速度增加。到21世纪中期，我国80岁以上的老年人不少于8000万人，显然我国社会已经进入了老龄化社会阶段。①

在我国老年人的数量是庞大的，然而实际情况是老年人始终处在传播的弱势地位，除了社会要帮助老年群体提高媒介素养外，老年人也要认识到媒介在促进他们生活水平提高过程中的作用，主动地接受来自媒体的信息，尤其是一些有益于身体健康和老年人利益密切相关的节目；主动关心国家针对老年人的一系列政策，维护自身的权益；要学会接近媒体、利用媒体，让媒体帮助自己解决急需解决的问题，维护老年人自身权利和利益。

在知识经济时代，老年群体的媒介素养问题是一个急需解决的问题，尤其是在老年社会的大背景下，这个问题会被逐渐摆上日程。狭隘的媒介接近途径制约着老年社会的发展。当然老年人的媒介素养提高不是一朝一夕可以解决的，这需要政府、媒体和老年人各个方面的共同努力，为解决老年社会的实际问题各负其责。

当前我国正处于社会转型期，社会转型期往往会存在经济效益和社会效益相互冲突的矛盾，对于老年人而言，他们需要的不仅仅是物质的满足，同时也需要一些精神的安慰。因此，在我们现有的老年节目中，大众传播者必须通过具体生动的案例、丰富翔实的专家讲解，帮助老年人树立一种“人老心不老”的意识。

加强技术改造，实现强势覆盖。目前的老年节目资源不同地区分配不均，

① 包永辉：《我国人口结构蜕变之忧》，《瞭望新闻周刊》，2006年11月6日。

一些老年节目仅能覆盖当地，且受多方面限制，有些地区信号质量很差。能否将老年节目优先纳入政策性传播范畴，通过政策倾斜实现老年节目的强势覆盖，在较为偏远且地形条件复杂的地区，通过政策指令设置差转台或利用当地闲置频率资源，实现信号的全面覆盖。

五、展望老年节目的未来发展之路

（一）媒介报道更关注老年人的生活状态

传播业发展到今天，在市场经济的大背景下，真正决定媒介发展的根本动力就是受众。因此结合老年群体的实际，做一些切实可行的媒体受众调查就显得十分必要。老年群体相对于其他群体有着哪些不同？老年群体到底需要什么？这些都是必须思考必须搞清的问题。只有系统化、科学化地收集老年受众信息，才可能做出科学化的决策。事实上，对老年群体的忽视，从某种程度上反映了大多数媒体自身的态度。随着媒介技术的完善与发展，传播模式已经逐渐由原来的传播者主导发展成为今天的以受众为本位，但是，在媒介中，老年群体受众本位的理论很多时候被忽略了，这已经成为阻碍老年社会健康发展的一个重要因素。

如何设置老年节目，如何编排老年节目？这些都是大众媒介急需解决的问题。既然是老年节目，就应该有老年节目的特色，老年的特色就体现在一个“老”字。抓住这个“老字”，结合老年人的自身实际想一想，老年人到底需要什么样的节目，当一档老年节目制作出来的时候是不是符合老年人的需求。从设置栏目、制定选题，再到选择材料，所有的环节都应该是老年人所关注的。从衣食住行到老年人再婚，从健康养生到老有所为，既要照顾到丰富老年人精神生活的选题，又要把与老年人相关的政策法规介绍给老年人，始终把老年人的需求作为节目的出发点和落脚点。

老年受众是一个特殊的群体，他们的特殊性是由审美情趣和欣赏习惯决定的。所以，老年节目的设置，在考虑老年受众需求的同时，从他们共同的审美情趣和欣赏习惯出发，尊重老年人的收听收看习惯。比如老年广播节目的语速不能太快，老年电视节目的色彩不应过于暗淡。老年节目的主持人应该了解老年人，或者与老年人有着相似的年龄结构。如果老年节目主持人的年龄过于年轻，就会缺乏对老年人生理条件的了解和心理条件的把握。老年节目应该是一种平等尊重的互动，而不是居高临下的灌输。只有了解老年群体的生理心理特点，才能制作出符合老年群体需求的电视节目，才能使节目的内容和风格有一个清晰的定位，从而制作出老年人真正需要的节目。

（二）老年节目数量和质量的提升

大众媒介具有双重性质——公共服务机构和产业经营组织。在市场经济条件下，如何调整好二者之间的关系，是媒介经营的一个难题。由于老年人社会参与程度下降、活动范围缩小，很多媒体从业者想当然地把老年群体看做一个没有市场价值的消费群体，在这样的观念影响下，老年群体被忽视、被边缘化也就不足为奇了。

老年群体与年轻群体相比，没有那样的强势地位，在某些方面也没有年轻群体那样的购买力水平，但是老年群体本身带来的社会效益与经济效益同样是不可忽视的。事实上，老年人在一些日常用品和一些大宗商品的购买上具有绝对的影响力。服务老年人不仅是整个社会的责任，同时也意味着商机，并且随着老龄化社会的深入发展，老年群体的经济潜力会进一步地显现。能否服务于老年人群体，决定着能否挖掘老年人群体的经济潜力，关键在能不能在增加老年节目数量的同时，提高老年节目的质量。

老年节目的内容应该是多种多样的，应该让老年人有进一步选择的余地。比如当今的各种媒介播放的老年节目主要集中在健康类和生活类，其实老年群体也是需要娱乐的，当然这样的娱乐要和年轻群体区别对待。由于老年人和年轻人的生理条件及心理状态有所差别，因此在娱乐内容和娱乐形式上都应该从实际出发，比如评书、戏曲、杂技、故事等一系列节目都是丰富老年人娱乐生活的好形式。提升传播内容的科学性，是老年节目生存和发展的前提条件，这首先要取决于节目内容的科学性，只有具备了科学性，才具备说服力。因此，在节目中除了发挥主持人在节目中营造的不但专业而且亲和的氛围，还应让老年受众接触到在一线从事老年工作的专业人员的声音以及老年人群体自己的声音。前者代表着一定的权威性，而后者更加贴近他们的生活实际。这样一方面可以提高传播效率，另一方面可以提升信息的传播价值，在现实生活中对老年受众给予关怀指导。

传受互动是建立和谐传受关系的有效途径，老年节目的发展也离不开这样的途径。目前，传受互动的技术基础已经相当完备，我们亟须通过相应的节目编排激发老年受众的传播意愿。换一种角度来看，传播信息的不应该只有媒体本身，还应该有老年受众的声音，只有双方都发出自己的声音，才能够形成真正的传受互动。在这方面各种媒体应该积极与老年服务机构、老年社区合作，让老年人的节目真正走进老年人的现实生活，真正实现面对面交流，心贴心服务。此外，老年节目在设置过程中，可以在一定范围内广泛征纳老年社区通讯员，让这些基层通讯员每天在节目中报告老年人身边的新鲜事，这样一来，既实现了话语权在主体上的适度回归，又能够将老年社区的典型事例传播给老年受众。①

总而言之，在老龄化社会大背景下，当下各种媒介做好老年服务工作，对媒介本身、对老年群体以及对整个社会的发展都有着重大意义。

① 唐昊：《“公平发展权”与传媒的社会责任》，《新闻记者》，2007年（1）。

我国西北少数民族聚居区新媒体使用现状调查研究报告

范小青

前　言

近年来，随着我国西部大开发战略的实施，我国少数民族地区媒介硬件和软件各方面都有了迅猛的发展，新闻传播事业有了长足进步，对当地的稳定繁荣起到了重要作用。少数民族地区民众对各种传播媒介的接触更加多元化，也更加频繁，网络和手机开始进入当地民众的家庭，在他们的社会生活、社会交往和经济发展等方面起到不可忽视的作用。

少数民族地区民众对网络和手机的使用，呈现出什么样的特点；他们如何运用网络和手机与他人互动，如何建立自己的社会交往网络；这种社交网络的形成是否扩大了他们社会交往的范围，或加强了其社会交往的深度，是否增加了其社会资本；是否拉动了当地民众与外界的经济往来，促进了创意产业的发展等，都是值得关注的话题。

本项目组在这样的背景下，立足于少数民族地区民众对网络和手机的使用情况，试图了解少数民族地区民众的网络和手机的使用习惯和喜好，探讨他们通过网络和手机与朋友互动的情况，这种互动有什么样的意义，能否转化为实际生活中的来往，它是否有助于当地民众认识新朋友、加深与老朋友的交往，是否能促进他们与他人间的资源共享和相互合作，是否会促进他们与不同群体的交流，促进社会信任的形成，加强他们对公共事务和政治议题的参与等。

由于所欲研究的问题不仅涉及社会资本，还涉及少数民族地区经济发展（创意产业），内容较多，研究难度较大。因此，在实际研究当中，将其分为三个阶段：第一阶段，进行少数民族地区新媒体使用现状调研。即以我国西北少数民族聚居区为调研对象，调查西北地区的新媒体使用和发展的基本情况，为整体研究做好基础数据的搜集和前测工作。第二阶段，开展我国少数民族地区新媒体与社会资本的研究。运用线下问卷调查、深度访谈、参与式观察、线上的抽样调查、在线访谈等研究方法，调查和分析我国少数民族地区居民新媒体使用对于社会资本的影响，是增长还是减弱，是增强了强关系，还是增强了弱关系等问题。第三阶段，开展我国少数民族地区新媒体与创意产业的研究。即在第二阶段研究的基础上，研究新媒体和社会资本的变化，是否影响少数民族地区的经济发展，比如是否扩大了经济交往的广度和深度，为少数民族地区普通民众或者中小企业主提供了创业机会、增加了经济收入等。

于是，2011 年 7 月到 9 月，我项目组开始执行第一阶段的研究任务，前往宁夏、甘肃、青海、新疆等地，展开了“我国西北少数民族地区新媒体使用现状调查研究”。本项目运用问卷调查、深度访谈、内容分析等研究方法，调查我国西北少数民族地区民众的新媒体拥有情况、接触偏好和社交网络的形成情况，对我国少数民族地区民众新媒体使用尤其是“SNS 使用”和“手机媒体使用”情况进行摸底，为后续项目中研究少数民族地区居民 SNS 和手机的使用对其社会资本的影响以及对创意产业的意义等做好基础数据的搜集和前测工作。

一、文献综述

由于本项目是与后面两年的项目组成一个系统研究，所以这里的文献综述将依据三年研究的总体设想来做，主要分为三部分：新媒体；新媒体与社会资本；新媒体与创意产业。根据这三部分的综述，了解目前研究现状和水平，总结出所要研究问题的框架，确立研究步骤和方法。

由于 2011 年的前期调查中未涉及“新媒体与创意产业”方面的问题，所以在文献综述中暂略去这方面的内容，重点综述“新媒体”和“新媒体与社会资本”两方面内容，以及少数民族地区媒体发展概况、少数民族地区新媒体研究概况。

（一）新媒体

关于新媒体的界定，众说纷纭。本项目认为新媒体主要包括网络和手机。其中在网络的发展中，Web2.0时代社交媒体的出现是一个里程碑。

目前，互联网已从以前以门户网站新闻传播为代表的Web1.0时代迅速走向了以交互、开放为代表的Web2.0时代。

“互联网2.0（Web2.0）是互联网的一次理念和思想体系的升级换代，由原来的自上而下的由少数资源控制者集中控制主导的互联网体系转变为自下而上的由广大用户集体智慧和力量主导的互联网体系。互联网2.0内在的动力来源是将互联网的主导权交还个人，从而充分发掘个人的积极性，使其参与到体系中来，广大个人所贡献的影响、智慧和个人联系形成的社群的影响替代了原来少数人所控制和制造的影响，从而极大解放了个人的创作和贡献的潜能，使得互联网的创造力上升到了新的量级。”①

概括地说，Web2.0具有微内容、开放性、互动性、个性化和社会性的特征。Web2.0时代的技术，实现了虚拟平台上与现实生活中一样的人与人之间的互动和交流，与Web1.0时代显著不同。目前，我国的Web2.0的发展非常迅猛，博客、播客、SNS、Wiki、威客等多种应用细分都在如火如荼地发展。Web2.0已经改变了中国网民的生活，也改变了我们的传播走向。

Web2.0时代最重要的特征就是“互动”，这个互动是彻底的互动，是每一个网民都可以通过互联网平台与另一个网民互动，每一个网民都可以通过互联网平台贡献和分享。这是可以与纯口语传播时代相呼应的最互动的时代。

在这个认识的基础上，本项目组更关注网络中的社交媒体对少数民族地区民众信息接触、社会生活和经济发展方面的影响。在一定程度上说，手机和社交媒体所起到的社会网络建立的作用是一致的。

（二）新媒体使用与社会资本

这里集中述评社会资本与新媒体相关方面的研究现状。

1. 有关“社会资本”概念和特性的研究

“社会资本”的概念和特性的研究在国外已经有近三十年的历史，属于社

① 转引自徐同谦、周洁、黄敏．：《破竹、涅槃、重生——基于Web2.0理念下的网络新媒体的现状和未来．》，《新闻与传播》，2008年（7），第47～48页。

会学当中一个传统的热点研究课题。这里之所以将这部分的研究摘要评述，是因为以下几种不同的定义和观点直接影响着“互联网使用是否影响使用者的社会资本”的判断标准。

虽然中外众多学者都对“社会资本”概念做出了自己的诠释，但是总体看来，布迪厄、科尔曼和帕特南三位学者被认为建立了社会资本研究的基本理论框架，他们的定义根据讨论的层次一般可分为三类，即以布迪厄为代表的微观定义、以科尔曼为代表的中观定义以及以帕特南为代表的宏观定义。

布迪厄认为，“（社会资本是）实际或潜在资源的集合体”，它是在一套稳定持久的关系中，个体可以利用的、用于实现个体目标的现有或潜在可使用的资源，所以它的核心在于个体层面。华裔社会学者林南、边燕杰等所持基本属于这类观点，这也是与我国文化中“关系”的概念最相近的一个观点。

科尔曼认为，“社会资本是根据其功能定义的。它不是一个单一体，而是有许多种”，社会资本是任何能够协助个人或集体行为的，它产生于社会关系网之中，基于互惠、信任和社会准则。在这里，社会资本不仅作为个人利益增加的手段，也是解决集体行动问题的重要资源。

帕特南则将社会资本概念的应用进一步扩展到更大规模的民主治理研究中。“社会资本指的是社会组织的某种特征，例如信任、规范和网络，它们可以通过促进合作行动而提高社会效益。”不难发现，帕特南的社会资本概念以及在这个概念上建立起来的社会资本理论框架已经超越了布迪厄、科尔曼等使用社会资本进行研究的范围。帕特南通过研究认为，社会组织所具有的信任、规范和网络等特征，能通过产生合作行动而增进社会的公共利益。其中社会信任是社会资本的最关键因素，互惠规范和公民参与网络产生社会信任。他还特别探讨了社会资本对制度成功的影响。他的观点被众多社会学者的认同，因为社会资本作为一个解释力渐强的概念，它的魅力就在于解释了社会网络对于政治参与和经济变革的作用。

除了帕特南的相对宏观的定义，学者 Lucian W. Pye 认为，需要超越帕特南的概念框架，引入三个相互关联而又各不相同的概念，即公民性、社会资本与公民社会。他认为，公民性是组成一个社会秩序的基础，公民性来源于社会压力和耻辱感。建立在信任基础上的社会资本是社会集体行动的由来，能帮助建立公民性的规则，并且为建立一个民主政治文化做好准备。在此基础上，公民社会得以形成。

以上社会资本的定义，主要是基于社会资本起作用的对象而分为三个层次，即社会资本作用于个人行动、作用于集体行动或者作用于社会制度。三种观点虽然有很大不同，但其实只是在一个问题的三个层面来谈社会资本，它们不是互斥的，而是互补的，将其结合起来看待社会资本，才是更完整的社会资本概念。譬如波茨认为可以将不同层次、不同背景下的社会资本分为三个基本功能：作为社会控制的一种资源（可保证社会规则的执行）；作为家庭支持的资源；作为超越家庭的网络的一种资源。这其实已是对三种层次概念的一种整合观点。

有关社会资本特性的研究。科尔曼、武考克等学者对于社会资本的特征都有过叙述。杨雪冬在《社会资本：对一种新解释范式的探索》一文中概括社会资本的独特个性，是比较完整的一种概括。她认为特征有：社会资本在使用上可以达到互惠的效果；不可让渡，具有个性，与拥有者共存，并有使用范围；具有可再生性，是非短缺的；其作用的发挥是直接通过不同主体间的合作实现的；其作用不仅体现在生产价值上，而且体现在对共同体的维持和促进上，其利用的效果更具有社会性，收益有更大的扩散性，其中“互惠性”可谓社会资本的核心特征（杨雪冬，2000）。

2. 有关社会资本通过新媒体平台扩散的可能性的研究

在对社会资本的特性和新媒体的特性进行对照的基础上，一些研究者认为二者有着高度的吻合性，认为这意味着社会资本可以通过新媒体平台进行聚集和扩散。

范小青等研究者在《社交网站偷菜游戏中的人际互动与社会资本研究》一文中认为，社会资本的“互惠性”、“合作性”、“可再生性”、“收益的扩散性”等重要特征与新媒体的“平等”、“互动”、“分享”特性相当一致、高度吻合，具有二者结合在一起的可能性。

北京大学杨伯溆教授提出了社会资本通过新媒体平台扩散的可能性，他认为，新媒体增强了中国人同陌生人打交道的能力：“新媒体提供的公共空间是当然的社会空间。从过去到现在漫长的历史岁月里，我们这个社会越来越强调基于零和博弈的关系，却逐步地失去了与生人交往的能力。但是网络社会空间的平台使用者们正在尝试着打破这种社会结构。无论是在以熟人交往为基调的社交类网络平台，还是在以生人为结识重点的社交类网站，成千上万的平台使用者们都在尝试着和不太熟的人或生人甚至外国人交流。而他们都在分享些什么？信任是如何构建的？谁是首先伸出手的先行者？他们是如何延伸和维护他们的社交关系网的？在交友的过程中，现代人的文明和认同是如何体现的？所有的这些，对我们传统的社会结构和家庭制度都意味着什么？”他尤其重视社交网站的革命性意义。他认为，以 Facebook 为代表的社交网站（SNS 网站）时期是继以雅虎为代表的门户网站、以 Google 为代表的搜索引擎之后的第三个重要阶段，也是目前互联网发展的最高阶段。在他的研究框架里，社交网站的存在机理就是促进人与人间的互动，所以它提供给我们这个与熟人和生人交往的平台，这个可能形成信任的平台，社会资本概念对于新媒体尤其是社交网站尤其适用。

3. 有关互联网使用与社会资本的研究

关于互联网使用对社会资本的影响的研究，以国外研究为主，目前观点比较分化，并未形成定论，两种对立观点如下：

（1）对互联网的使用会减少使用者的社会资本

不少研究者担心，随着人们在媒介使用上花费的时间越来越多，人们与他人在现实生活中互动的时间会因此而大幅缩短，从而使个人的社会资本降低。研究者 Tim Richardson 就认为在网络上的每一个人都是一座孤岛。互联网使得人们更喜欢面对电脑屏幕而非现实生活中朋友的笑脸。1/4 的网络使用者表示使用互联网使他们减少了花在家人、朋友身上的时间，也降低了他们对外界发生事件的关注度。1998 年卡内基梅隆大学 Robert Kraut 教授的研究团队也进行了一项家庭网使用的研究，该研究分析了 73 万户家庭在开始上网一两年内的在线情况。他们使用专门小组设计（panel design）的方法来提高因果推论的正确性，测量了使用者的心理状态、社会参与（社会网络、社会支持、孤独、压力、压抑）和客观的系统使用数据（每周平均在线小时数、电子邮件数量、每周访问的网站数量）等变量，结果发现，更高的社会外倾性和更广的社会网络预测了更少的互联网使用时间，相反，更多的互联网使用预测了更低的本地和远程社会关系网络。Kraut 等人的研究还重点分析了弱联结以及强联结的变化与互联网使用引起的心理反应之间的关系。研究指出，互联网用户和家庭成员之间的沟通减少，其个人关系网络缩小，压抑和孤独感增加。他们对此做出解释，认为网络空间的交往活动取代了现实生活中的强联结关系，而形成了微弱的网络空间纽带。他们因此得出结论：这种网络空间纽带并不能解决孤独和压抑，因为网络沟通者之间不能进行现实接触，可能不了解特定情况的发生背景。尼和厄布林的研究则认为，互联网使用关注个体，而看电视至少能提供“某种共同体验”。人们在发展网上关系的同时，可能损害了他们与周围人的关系。同时，用户能够非常简便地将互联网的呈现、结果和使用个性化，从而减少了用户对各种不同观点的关注和接触。

（2）对互联网的使用有利于增加使用者的社会资本

尽管早期的研究者似乎对网上社交活动会降低使用者个人社会资本的观点达成了共识，但是随着传播技术的革新以及人们上网行为的普遍化，各国研究者对互联网使用与社会资本之间关系的研究并没有因为前辈学者的研究结论而停止，反而有越来越多的研究者加入到这一议题的研究，将这一研究主题向更具体、更深、更多元的方向推进。随着相关研究的推进，人们发现，互联网使用的影响，要更清楚地区分使用者的个体特质、使用情境和所采纳的互联网服务类型。Katelyn McKenna 和 John Bargh 从自己的研究中得出的结论是：至少在某些情境下，互联网正使很多人拥有越来越多的社会联结。而且，互联网使用对社会资本的提高有大量有利影响，如自我暴露的提高、疏离感和孤独感的降低、抑郁症减少、获得他人更多的接受和喜欢、更大的社会交往圈。

2000 年，Jeffrey Cole 针对新科技特别是互联网对美国社会的影响开展了一项研究。研究发现，大多数美国人（75％）表示网络聊天这样的上网行为并不会让他们感到被亲人和朋友忽略。更多的受访者认为看电视比使用网络容易让人产生社会孤独。Mundorf 和 Laird（2002，P. 592）的研究表明，大多数互联网使用者表示电子邮件、网站和聊天室对于他们结交新朋友以及与家庭成员之间的交流具有“温和的正面影响”（modestly positive impact）。特别是在“Web2.0”概念出现后，越来越多的人开始反思：早期对互联网使用会导致网民社会资本降低的担忧是否是多虑？就连最先提出证据、证明“网络交往不能解决现实生活中的孤独和压抑”的 Kraut 团队在随后的跟踪研究中也否定了之前的结论。不过，他们认为该团队早期发现的结果是有效的，但是，随着互联网使用经验的增长，其负面效果渐渐消失了，使用互联网对沟通、社会参与和幸福感产生了积极影响。有研究者指出，现有的网络互动社区在 2003 年之前基本上不存在。虽然有关网络使用行为对使用者社会资本的研究从 20 世纪 90 年代就开始大量出现了，但是当时的研究都是基于第一代互联网（Web1.0）。Web1.0 时代，用户使用互联网主要是通过浏览网页来获取信息，而 Web2.0 时代，以“创造和分享”为目的的网络传播活动大量增加，这样的转变使人们不得不开始重新审视互联网使用的社会影响。

另外，还有一些专门针对青少年使用互联网对其社会交往行为或者社会资本影响的研究文献，观点大致仍然可归于上述两方面。

（3）总结：互联网使用与社会资本变化的争议观点

综合以上两方面的观点，我们可以看出，众多研究表明 SNS 网络服务可以帮助使用者增加“社会联结”，特别是有助于增加“弱联结关系”。但是，个体的社会资本是否随之增加，研究者们结论不一。

大多数的研究几乎给出了一致的答案——“没有”——社交网络服务无助于提升使用者的社会资本。Keith N Hampton 和 Barry Wellman 以美国一个郊外住宅区为研究对象，考察了小区居民通过社区网站建立的社交网络对其现实生活的影响。该研究采用定量的问卷调查和质性的民族志研究相结合的混合研究法对小区居民做了为期三年（因为研究设计问题，实际上收集的数据是两年时间）的跟踪调查，研究表明该社区的网络服务确实有助于社区居民与社区内的邻居建立联系（特别是有助于建立弱联结关系），这对促进社区内部以及外部公共事务相关的讨论发挥了积极作用，但是这种弱联结关系对于居民个人（或家庭）的社会资本并无益处。

但是也有研究者给出了肯定的答案。美国有一项有 2603 个样本的网络调查，以检验美国在校大学生的互联网使用行为对个体社会资本的影响。研究发现 Facebook 深度使用与大学生的生活满意度、社会信任、公民参与、政治参与等行为确实存在正相关关系。虽然有研究者指出，Facebook 使用的各项变量与使用者的社会资本之间缺乏积极和显著的关联性。然而也有研究者认为，社会资本是需要长期积累的，社会资本的生产和增加是通过交流、自我认知、交流能力和公共空间等变量来实现的。因此，为了增加社会资本，人们可以通过增加人际间的交流、增强人们对自我的认识提高人们的交流能力和增加“第三空间”或公共空间的数量来实现。如果网上社交活动能发挥上述功能，那么对于社会资本的积累都是会有积极作用的。而且他们认为，现实生活中确实有证据表明，基于互联网的虚拟社交网络正在演变为现代社会中人际传播的重要媒介，它不仅仅只是扩大了使用者在网络空间的虚拟交友圈，也给使用者的现实生活带来了实际影响，在一定程度上增加了使用者的社会资本。

对于在中国研究互联网交往与社会资本的关系，北京大学杨伯溆教授认为是有重大意义的。他认为，即使是“弱关系”、“弱联结”也对中国人社会资本的增加有着重要影响。他认为，与生人交往，与“弱关系”交往，对于我们这个国家来说就是从社交网站开始的。“我们开始练习着和不太熟的人和生人平等地交往，这是我们建立崭新社会结构的前提。这种社会性代表了未来的发展趋势。”它代表着从中国农业社会意识中根深蒂固的“零和博弈”、“零和游戏”到现代“平等、互动、分享”意识的转变。他认为，社会资本不能被简单地总结为个人的社会资源，而更应该从公民性和公民社会的角度来考察社会资本。

（三）我国少数民族地区近年来媒体发展概况

我国少数民族地区媒体发展事业在新中国成立以后已取得迅猛发展。其中的广播电视事业从出现至今，也已有七十多年的历史。在党和国家的充分重视下，在民族区域自治制度和民族团结政策的指引下，广播电视事业有了较大的发展：基础设施建设得到加强，广播电视覆盖率有了很大提高，使用少数民族语言播送的节目数量增加、节目质量上升。20 世纪 80 年代实施的“四级办广播、四级办电视、四级混合覆盖”的措施，使少数民族地区广播电视迅速发展，从中央到地方，包括省（自治区）、地（州、盟）、县（旗）共办有蒙古、藏、维吾尔、哈萨克、朝鲜、壮、彝、傣、傈僳、景颇、拉祜、瑶、佤、纳西、白、羌、布依、水、侗、苗、柯尔克孜、土、锡伯等 24 种少数民族语言广播节目。截至 1998 年底，各地办有少数民族语言的广播电台（站）165 座，电视台 141 家，少数民族广播和电视人口覆盖率分别达到 74.5%和 74%。一些少数民族广播电台和电视台的民族语言节目还通过通讯卫星传输，辐射到周边国家和地区。

20 世纪末 21 世纪初，“村村通”、“西新”和农村电影放映等工程的实施，更使我国少数民族地区广播影视的基础设施建设得到飞跃性的发展。自 1989 年 9 月国家广播电视总局在贵州召开“村村通广播电视”现场会以来，民族地区就加大了兴建广播电视基础设施的力度，“十五”期间少数民族地区的广播影视公共服务体系更是逐步健全，农村电影放映工程在一些少数民族地区的试点也收到了很好的效果。

1. 近年来我国少数民族地区媒体发展总体情况

通过“村村通”、“西新”工程的建设，我国少数民族地区广播电视覆盖率大为增加，农牧区公共服务体系有了很大改善。新疆、西藏、青海、内蒙古等少数民族地区广播和电视覆盖率均已在85%以上，已十分接近全国广播电视综合覆盖率平均水平。通过“农村电影放映工程”的实施，少数民族地区农牧区电影的覆盖面增大，电影放映数量急剧增加。

内蒙古、西藏、青海、新疆等少数民族自治区多年以来均运用少数民族语言制作节目。近年来，随着民语节目的数量逐渐增加，汉语节目的质量也稳步上升。新疆人民广播电台实现了中国新闻奖的“三连冠”；新疆电视台实现了中国新闻奖的“四连冠”。广西、内蒙古等地区还开始尝试非时政类文艺、体育、娱乐节目的制播分离，以丰富节目构成。

新疆、内蒙古、广西、西藏、宁夏等自治区都已启动了广播电视的数字化进程。尤其是广西壮族自治区已于2006年11月全面完成了全区各地级城市的有线数字电视的整体转换，对全国的广播电视数字化工作起到了很好的示范作用。

总的看来，我国少数民族地区媒体产业近年来取得了喜人的成绩，随着数字化建设的深入，将有进一步的发展和突破。以下将以广播电视产业为主介绍少数民族地区媒体发展概况。

2. 少数民族地区广播影视基础覆盖的现状

为了促进政治经济社会的协调发展，构建和谐稳定的良好社会成为我国现阶段的首要问题和亟须解决的问题。其中，加强社会主义文化建设、逐步形成覆盖全社会的比较完备的公共服务体系是构建社会主义和谐社会的重要内容。国家规划的七项公共文化建设重点工程，其中涉及广播影视的有三项，即“村村通”广播电视、农村电影放映工程和“西新”工程。这三大工程的实施，使我国少数民族地区的广播电视覆盖率大为增加，农村公共服务体系得到加强和完善。

(1)“村村通”工程

从1998年实施广播电视“村村通”工程以来，工程已取得较大进展：从1998年到2003年，已实现已通电行政村的广播电视“村村通”；从2004年开始，“村村通”的二阶段目标是要实现已通电50户以上自然村的广播电视

“村村通”。除了“村村通”工程加强了少数民族地区农村的基础设施建设、增大了覆盖面之外，“西新”工程也为西藏、新疆等民族地区的广播电视基础设施建设做出了很大贡献。“西新”工程重点在于解决新疆、西藏等老少边穷地区广播电视覆盖和少数民族语言译制问题。它的实施在很大程度上改善了这些少数民族地区广播电视的基础设施条件，扩大了中央电视台节目和地区各语言节目的覆盖范围，增强了收听收看效果。“村村通”工程和“西新”工程等重点建设工程的相继实施，使我国少数民族地区的广播电视覆盖率大幅提高。截至2006年，新疆维吾尔自治区广播电视人口综合覆盖率已分别达到93.14%、92.78%；内蒙古自治区也已分别提高到92.82%和91.15%；青海省则分别为86.5%和92.5%。这些数据越来越接近全国广播、电视人口的综合覆盖率——94.48%和95.81%。

（2）民语节目的海外影响开始显现

除了“村村通”、“西新”工程加强了对内覆盖之外，我国少数民族地区广播电视的对外覆盖能力也在加强，尤其是一些民语节目对邻近的国家和地区的影响力正在扩大。如新疆与哈萨克斯坦、吉尔吉斯斯坦、蒙古国乌列盖省、土耳其等国家和地区的广播电视公司商讨广播电视合作事宜，已与哈萨克斯坦DTV电视有限公司、吉尔吉斯斯坦国家广播电视公司签署了广播电视合作协议，新疆电视台哈萨克语卫视频道开始在哈萨克斯坦DTV电视台有线网内正式播出。

（3）电影发行放映工作的进展

在国家的财政支持下，各个少数民族地区政府也加大了对农村电影的资金扶持，一些少数民族自治区开始探索适合本地区的农村电影发展模式，为市场经济体制下开展农村电影放映服务积累了经验。目前，宁夏农村数字电影试点工作已全面启动。而各地区的农村电影放映工作也开展得别有生气。截至2005年，西藏、内蒙、宁夏、甘肃等自治区农村电影放映覆盖率已经超过70%，这一覆盖率到了2006年又有大幅提高。2006年1～3月，云南放映了5993场电影，实际放映场次为原计划的200%；西藏放映9134场，为原计划的457%。宁夏农村2006年全年共放映电影37685场，观众人数达9049929人次，完成了全年任务的114%。这些数据表明，我国少数民族地区农牧区电影放映工作有了很大飞跃，同时具备较大潜力，有望在未来更好地为少数民族农牧民服务。

3. 广播影视内容建设的进展

在广播电视基础设施建设和覆盖率上升的同时，我国少数民族地区广播影视 2006 年的内容建设也卓有成效。

（1）民语节目制、译能力有所提高

少数民族语言节目历来是我国少数民族地区广播影视节目的重头戏，是少数民族地区对内对外宣传、增强凝聚力、保持民族特色的重要阵地。我国绝大多数少数民族自治区、州、县均能收听、收看到少数民族语言节目。内蒙古、西藏、新疆等少数民族聚居区则有较长时间的民族语言广播和电视节目制播传统。如新疆维吾尔自治区的广播影视节目语种尤为丰富，开办的 111 套广播节目、166 套电视节目均用汉、维、哈、蒙、柯五种语言播出。多语种的广播电视节目丰富了少数民族地区农牧民的业余生活，也增进了各民族间的交流和团结。

（2）部分节目探索制播分离

我国电视台的转型一直在进行，制播分离就是重要步骤之一。“除新闻类、社会访谈类节目外，其他如文艺、体育、科技类节目等可逐步实行制播分离，引入市场机制，实行节目的市场招标采购，以丰富节目资源，提高节目质量，降低制作成本。”① 在这一背景下，我国少数民族地区广播电视机构在非时政节目、文艺节目等领域也开始了制播分离的尝试。2006 年，内蒙古电台对部分文艺节目制作实行制播分离，以质论价，提高原创节目的质量。内蒙古电视台对《草原往事》、《魅力中国》、《汽车时代》、《数字生活》、《内蒙古房地产报道》、《西口风》等栏目实行制播分离，引入市场机制，降低了节目成本，丰富了节目资源，控制了人员增加，同时积极探索影视剧生产公司化的路子。

4. 广播影视的技术发展

近年来我国少数民族地区广播影视技术发展的步伐加快，2006 年的技术发展不仅包括安全播出和保障能力的提高，数字化改造更是引人关注。

（1）有线电视数字化建设开始实施

因为可以扩大有线电视网传送的频道容量、提供高质量的影音图像和针

① 王太华：《继承 改革 创新——努力开创广播影视工作新局面》，全国广播影视局长会议讲话，2006 年 1 月 5 日。

对用户的交互服务，数字化技术已经成为全球范围内广播电视发展的大势所趋。在基础设施建设的基础上，我国少数民族地区有线电视的数字化工程近年来也启动和开展起来，并取得了可喜成绩。如青海省开展了西宁地区有线电视模拟向数字化整体转换的调研工作。在有线数字电视平台上开展互动点播业务、宽带数据业务等。同时继续对有线电视城域网进行升级改造，使付费数字电视节目增加，有效地提高了网络的运行能力。

（2）安全播出和安全保障能力提高

我国少数民族自治区多与其他国家或地区接壤。“村村通”、“西新”工程在加强这些地区广播电视的对内覆盖之外，还提高了节目收听质量，加强了对内对外的信号强度。尤其是“西新”工程着眼于新建、扩建发射台等基础设施，增强了无线信号，提高了电子对抗能力，延长了节目时间，有助于扩大民族地区广播电视的海外影响力。这些基础设施的建设和技术能力的提高使得少数民族地区安全播出和安全保障能力显著提高。西藏、宁夏、青海等自治区均编制了广播电视安全播出的应急预案，以防止非法信号的攻击和破坏。西藏在2006年编制的《西藏自治区广播电视安全播出应急预案》指导下开展了全区广播电视安全播出预警信息平台网的建设。青海完成了青海广播电视安全播出应急预案的制订，并建成了省、州有线、中波广播监测网。

（四）我国西北少数民族聚居区媒体发展及其研究概况

我国西北甘宁青新四省区，自古以来就是一个多民族聚居杂处、共存发展的地区。其特殊的社会人文地理状况，一直受到众多国内外考古学、人类学、地理学、社会学、历史学等多学科专家学者的关注。20世纪上半叶的西北少数民族研究是伴随着近代西北边疆研究的第二次高潮展开的，众多学者对西北少数民族历史、文化教育、社会经济、民俗、民族关系等方面进行了较为系统的研究，取得了较为丰硕的成果，将西北少数民族研究推向了一个新阶段。

但是关于西北少数民族新闻传播方面尤其是新媒体发展方面的研究，文献尚少。目前看到的研究文献里，有西北民族大学新闻传播学院李克的一系列关于西北少数民族地区媒体和新闻传播事业发展方面的文章：《西北少数民族地区新闻媒体发展调查分析》、《西北少数民族地区新闻媒体从业人员现状分析》、《西北少数民族地区受众广播电视媒介接触现状分析》、《媒介生态对西北少数民族文化的作用》等，有一些研究借鉴意义，但研究的框架和问题还停留在常规了解层面。

有关少数民族地区新媒体发展与社会资本、新媒体发展与创意产业方面的研究几乎是空白的，这让我的研究感觉到了广阔天地，但更看到了难点所在。

二、研究设计

（一）“985 项目”三年期研究总体计划

想要研究我国少数民族地区居民新媒体使用对其社会资本的增长、经济资本的增值是否有影响，需要先了解我国少数民族地区居民新媒体使用的情况，了解他们运用新媒体的范围和频率等。因而在“985 项目”研究的设计当中，我将研究计划分为三个步骤来执行：

第一阶段：少数民族地区新媒体使用现状调研。

以我国西北少数民族聚居区为调研对象区域，运用问卷调查、深度访谈、参与式观察等研究方法，调查西北地区新媒体的使用和发展基本情况，对我国少数民族地区民众新媒体使用尤其是“SNS 使用”和“手机媒体使用”情况进行摸底，为后续项目研究中少数民族地区居民 SNS 和手机的使用对其社会资本的影响以及对创意产业的意义等做好基础数据的搜集和前测工作。执行期为 2011 年。

第二阶段，开展我国少数民族地区新媒体与社会资本关系的研究。

运用线下问卷调查、深度访谈、参与式观察，线上的抽样调查、在线访谈等研究方法，调查和分析我国少数民族地区居民新媒体使用对于社会资本的影响，是增强还是削弱，是增强了强关系，还是增强了弱关系等。执行期为 2012 年。

第三阶段，开展我国少数民族地区新媒体与创意产业关系的研究。

在第二阶段研究的基础上，研究新媒体和社会资本的变化是否影响少数民族地区经济的发展变化，比如扩大了经济交往的广度和深度，为少数民族地区普通民众或者中小企业主提供了创业机会、增加了经济收入等。执行期为 2013 年。

（二）本项目（即上述第一阶段）研究内容

第一阶段问卷和深访所需了解的内容包括：西北少数民族地区媒体使用基本情况调查；SNS、手机使用的基本情况调查；受访者现实社交网络的情况；受访者虚拟社交网络的情况。

1. 媒体使用基本情况调查

主要了解西北少数民族地区居民媒体拥有情况、接触情况和喜好情况等，了解新媒体使用的总体媒体使用背景。

2. 新媒体使用和接触调查

了解互联网和手机的使用和接触情况。

3. 受访者现实社交网络和虚拟社交网络的情况

进一步实证测量出用户基于手机和互联网建立的社交网络和关系网情况，包括其社会支持网络、情感网络、学习或工作网络及娱乐活动网络等不同类别的网络关系所占的比重，其各自的互动行为特征，了解“趣缘”、“血缘”、“地缘”等不同类型的关系在社交媒体关系网络中的构成情况。

（三）本项目（即上述第一阶段）的研究对象和方法

本项目的研究对象是我国西北少数民族地区居民，包括城镇居民和乡村居民。

本项研究原定采取定性和定量研究相结合的方法，如采用问卷调查、深度访谈、内容分析三种主要方法搜集西北少数民族地区居民媒介使用数据；但由于发放的问卷数量较多，而项目执行时间有限，后两种研究方法还未采用。

1. 问卷调查

前往西北少数民族地区开展调查，发放问卷，了解当地受众媒体接触情况和新媒体使用习惯等，尤其是现实社交网络和虚拟社交网络的情况。目前已完成。

2. 深度访谈

在问卷调查的基础上，选择一些用户进行深度访谈，主要考察社会资本方面的问题。选择用户的方法是根据问卷后面附上的深度访问志愿者的填报申请，如果受访者对本研究有兴趣，可以留下联系方式，由研究者最后按照报名情况及相应的标准遴选出访问对象。这一部分工作尚在进行当中。

3. 内容分析

对深度访谈对象，征求其同意后，针对其使用的社交媒体上个人资料的陈述以及日志、博客、博客的内容，回帖的态度等，按照研究问题的设计对文本内容进行编码，从而进一步分析其人际互动行为以及人际互动对社会资本的影响。这一部分将在2012年的研究中具体执行。

三、调研实施和问卷数据分析

本项目组的调研活动分为两个阶段：2011年7月下旬至8月，本项目组前往宁夏、甘肃、青海等地实施调研，发放问卷500份，收回408份，有效问卷365份；2011年9月下旬，本项目组前往新疆阿勒泰地区、乌鲁木齐调研，共发放问卷100份，回收问卷81份，去除无效问卷两份，有效问卷为79份，总共有效问卷为444份。

甘肃、青海、宁夏、新疆四省区人口分布稀疏，人均资源量偏少，环境基础薄弱，经济较为落后。与全国相比，新闻传播方面的开放程度和专业化程度比较低，对西北少数民族地区而言，具有一定的代表性。

调查问卷的设计包括三方面的内容：被调查者基本情况、受众媒介拥有情况及媒体接触习惯、受众现实交往网络和虚拟交往网络情况等，问卷形式为开放式与半开放式相结合。

（一）样本数量和所属地区

总样本444份，其中甘肃样本109份，占总样本量的24.5%；宁夏样本115份，占总样本量的25.9%；青海样本141份，占总样本量的31.8%；新疆样本79份，占总样本量的17.8%（见表1）。

表 1　居住地域

		频数	百分比（%）	有效百分比（%）	累计百分比（%）
有效	甘肃	109	24.5	24.5	24.5
	宁夏	115	25.9	25.9	50.5
	青海	141	31.8	31.8	82.2
	新疆	79	17.8	17.8	100.0
	总计	444	100.0	100.0	

（二）受访者基本信息

1. 被调查者的性别比：女性样本 244 份，占总样本量的 55%；男性样本 200 份，占总样本量的 45%。

2. 被调查者的文化程度：小学及以下的被调查者 39 人，占总样本量的 8.8%；初中程度的被调查者 148 人，占 33.6%，高中、中专或职中的被调查者 100 人，占 22.7%；大专程度的被调查者 57 人，占 12.9%；大学本科及以上的被调查者 97 人，占 22%。

3. 被调查者的家庭常住人口：被调查者家庭常住人口的最高值为 10 人，最低值为 1 人，中值为 4 人，均值为 3.97 人（见图 1）。

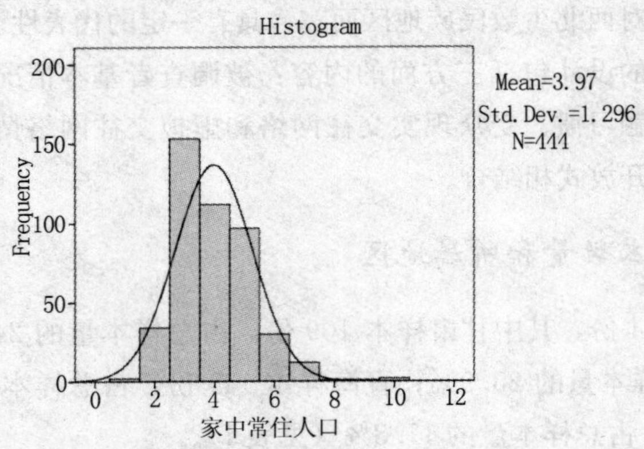

图 1　家中常住人口

4. 被调查者家庭在外工作人口：44.6%的被调查者家中无人在外打工或工作，48.6%的被调查者家中有 1～2 人在外工作，6.7%的被调查者家中在外工作人数超过 2 人（见表 2）。

表 2　家庭在外工作人口

		频数	百分比（%）	有效百分比（%）	累计百分比（%）
有效	0	198	44.6	44.6	44.6
	1	115	25.9	25.9	70.5
	2	101	22.7	22.7	93.2
	3	21	4.7	4.7	98.0
	4	9	2.0	2.0	100.0
	总计	444	100.0	100.0	

5. 被调查者的民族构成：汉族 238 位，占总样本量的 53.6%；回族 141 位，占 31.8%；藏族 14 位，占 3.2%；哈萨克族 31 位，占 7%；维吾尔族 3 位，占 0.7%；土族 7 位，占 1.6%，东乡族 3 位，占 0.7%；蒙古族两位，占 0.5%；满族 1 位，占 0.2%；塔塔尔族 1 位，占 0.2%；裕固族两位，占 0.5%；撒拉族 1 位，占 0.2%（见表 3）。

表 3　所属民族

		频数	百分比（%）	有效百分比（%）	累计百分比（%）
有效	汉族	238	53.6	53.6	53.6
	回族	141	31.8	31.8	85.4
	藏族	14	3.2	3.2	88.5
	哈萨克族	31	7.0	7.0	95.5
	维吾尔族	3	0.7	0.7	96.2
	土族	7	1.6	1.6	97.7
	东乡族	3	0.7	0.7	98.4
	蒙古族	2	0.5	0.5	98.9
	满族	1	0.2	0.2	99.1
	塔塔尔族	1	0.2	0.2	99.3
	裕固族	2	0.5	0.5	99.8
	撒拉族	1	0.2	0.2	100.0
	总计	444	100.0	100.0	

6. 被调查者的汉语水平：汉语水平好或者较好的受访者 263 人，占 59.6%；汉语水平一般或较差的 173 人，占 39.3%；完全不会汉语的受访者 5 人，占 1.1%。

7. 被调查者的家庭年收入：被调查者的家庭年收入在 5000 元以下的有 75 人，占总样本量的 17.1%；家庭年收入在 5000 到 1 万的有 85 人，占 19.4%；家庭年收入在 1 万到 3 万、3 万到 8 万的受访者分别有 140、101 人，共占 55%；8 万元到 15 万元及以上的 37 人，占 8.5%（见图 2）。

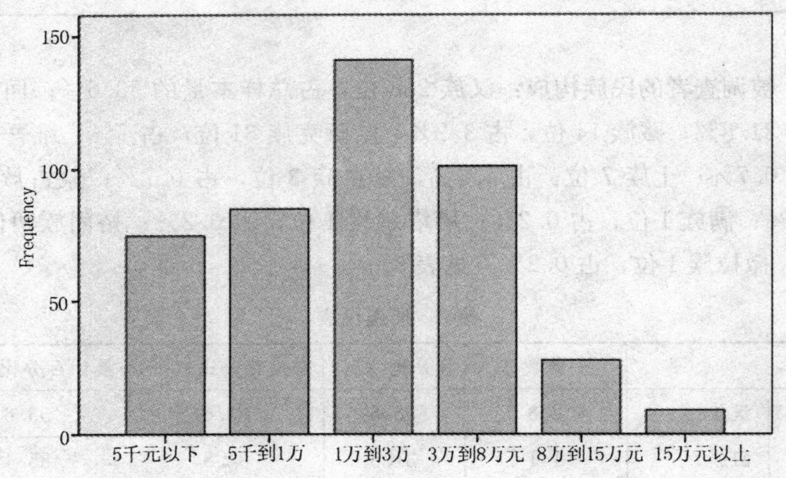

图 2　家庭年收入

8. 被调查者居住在城镇还是乡村：被调查者有 264 人居住在城镇，占总样本量的 60%；170 人居住在乡村，占 39%；各有 2 人居住在林区和牧区，各占 0.5%。

9. 家庭年收入·居住地域的交叉分析（见表 4）：

表 4　家庭年收入·居住地域

		居住地域				总计
		城镇	乡村	牧区	林区	
家庭年收入	5000 元以下	44	31	0	0	75
	5000 到 1 万	42	43	0	0	85
	1 万到 3 万	69	69	1	1	140
	3 万到 8 万元	78	23	0	0	101
	8 万到 15 万元	25	2	1	0	28
	15 万元以上	6	2	0	1	9
总计		264	170	2	2	438

由图 3 可以看出，城镇的居民收入明显高于乡村的居民收入，尤其在 3 万～8 万，8 万～15 万元两个区间内表现得最为明显。

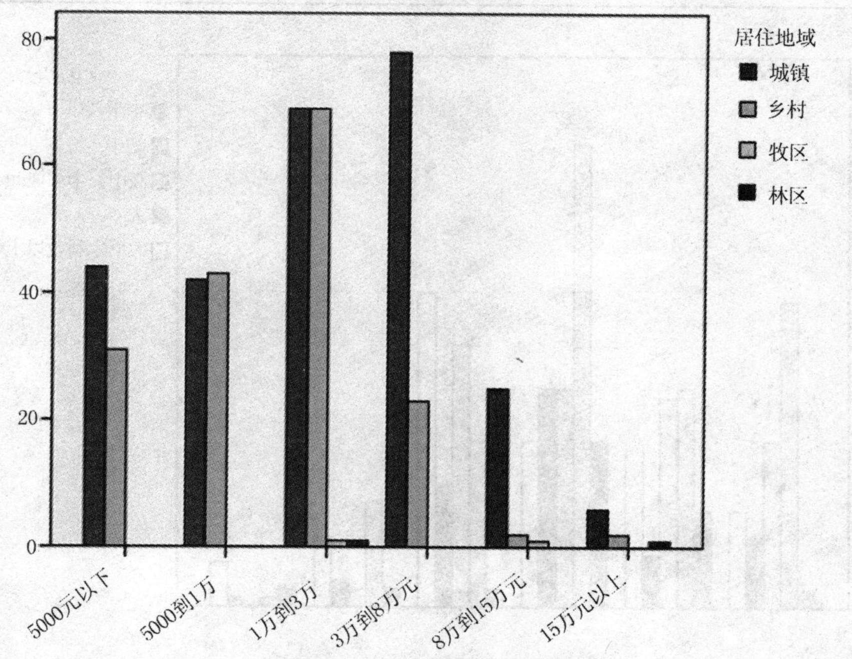

图 3　家庭年收入与居住区域

10. 家庭年收入·文化程度的交叉分析

从表 5 可以看出，“小学及以下”文化程度的受访者较多；家庭年收入与受访者的文化程度并没有形成非常显著的正相关关系。但在收入较高的几个区间内，家庭年收入高的受访者中，文化程度为“本科及以上”的受访者比例升高。

表 5　家庭年收入·文化程度

		文化程度					总计
		小学及以下	初中	高中、中专或职中	大专	大学本科及以上	
家庭年收入	5000 元以下	2	35	19	8	11	75
	5000 到 1 万	11	25	24	6	18	84
	1 万到 3 万	19	53	25	25	19	141
	3 万到 8 万元	2	19	30	14	36	101
	8 万到 15 万元	2	12	2	3	8	27
	15 万元以上	2	1	0	1	5	9
Total		38	145	100	57	97	437

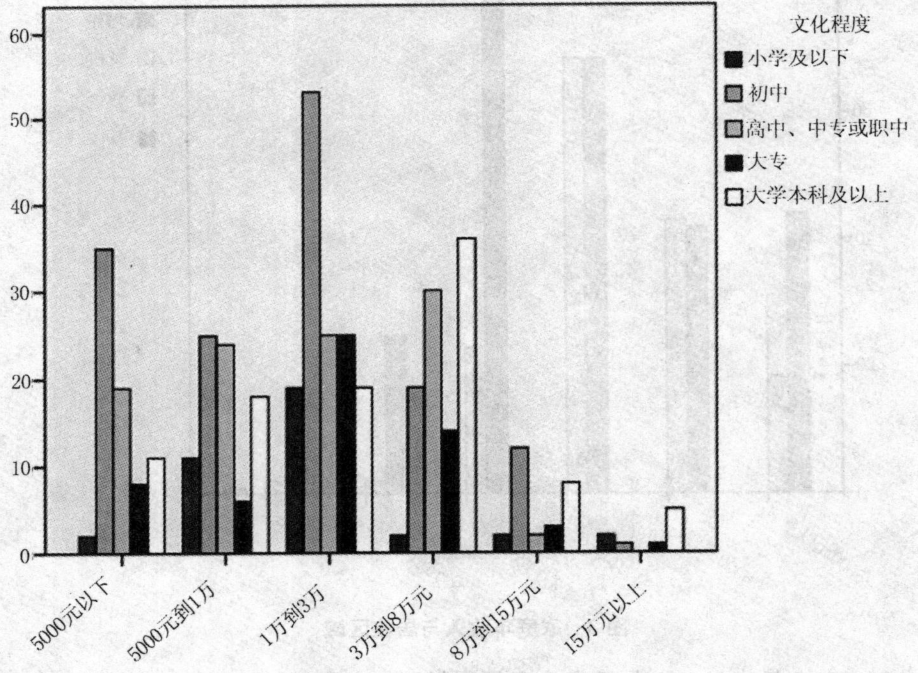

图 4　家庭年收入与文化程度

11. 文化程度·汉语水平

从表 6 可以看出，文化程度与汉语水平呈现出较强的相关性，即文化程度越高的受访者，汉语水平越高。

表 6　文化程度 · 汉语水平

		汉语水平					总计
		好	较好	一般	较差	不会汉语	
文化程度	小学及以下	4	0	27	6	2	39
	初中	32	32	74	8	0	146
	高中、中专或职中	36	31	30	3	0	100
	大专	28	20	8	0	0	56
	大学本科及以上	48	30	17	0	2	97
总计		148	113	156	17	4	438

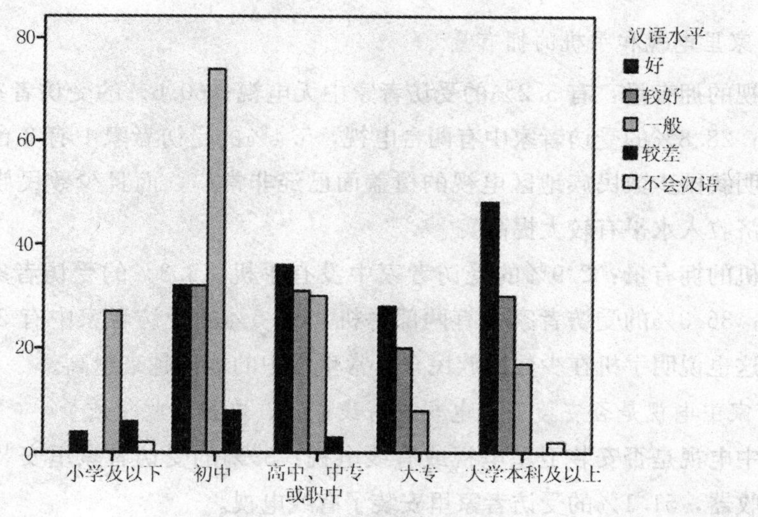

图 5　文化程度与汉语水平

（三）受访者的媒介拥有情况

1. 电话、电视、收音机、电脑、手机、报纸、杂志、书籍的拥有情况

76.4%的受访者家中拥有电话，95.9%的受访者家中拥有电视，32.7%的受访者家中拥有收音机，49.8%的受访者家中拥有电脑，91.9%的受访者家中拥有手机，42.1%的受访者家中订阅或购买了报纸，37.4%的受访者购买了杂志，50.2%的受访者拥有书籍（见图 6）。

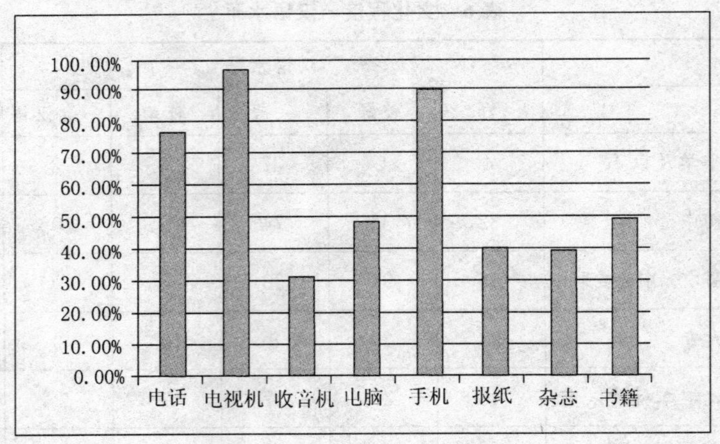

图6　媒介拥有情况

2. 家里电视和手机的拥有量

电视的拥有量：有5.2%的受访者家中无电视；60.6%的受访者家中有1台电视；28.8%的受访者家中有两台电视，5.4%的受访者家中有3台以上电视。说明我国少数民族地区电视的覆盖面已经非常广，而且少数民族地区的民众经济收入水平有较大提高。

手机的拥有量：2.9%的受访者家中没有手机，8.3%的受访者家中有1部手机，36.3%的受访者家中有两部手机，52.5%的受访者家中有3部以上手机。这也说明手机在少数民族民众日常生活中的地位越来越高。

3. 家中电视是否安装卫星电视或有线电视、电视的收视质量

家中电视是否安装卫星电视或有线电视：39%的受访者家里安装了卫星电视接收器，51.1%的受访者家里安装了有线电视。

电视的收视质量：45.1%的受访者家的电视“几乎所有频道清晰”，36.8%的受访者诉说“大多数频道清晰”，只有15.9%的受访者说家中电视“只有少数频道清晰，或不稳定，时好时坏”，2.3%的受访者说“所有频道都不清晰”（见图7）。

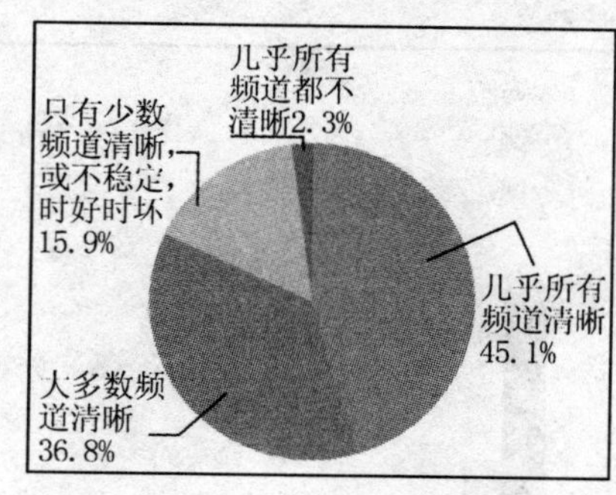

图7　电视收视质量

4. 居住地域·电视收视质量的交叉分析

城镇的电视频道清晰程度明显超过乡村。样本中林区的家庭电视频道清晰程度佳，牧区的家庭电视清晰程度欠佳（见表7、图8）。

表7　电视的收视质量·居住地域

		居住地域				总计
		城镇	乡村	牧区	林区	
电视的收视质量	几乎所有频道清晰	143	52	0	1	196
	大多数频道清晰	98	61	0	0	159
	只有少数频道清晰，或不稳定，时好时坏	25	43	1	0	69
	几乎所有频道都不清晰	2	8	0	0	10
总计		268	164	1	1	434

5. 受访者拥有电脑和电脑上网的情况

家中没有电脑的受访者128人，占28.8%；家中电脑“能上网，装了网线”的受访者202人，占45.5%；家中电脑“不能上网，没装网线”的93人，占20.95%；“偶尔蹭别人的网上”的有21人，占4.7%（见图9）。

（四）受访者的媒介接触习惯

1. 受访者闲暇时做什么

受访者闲暇时串门聊天的占28.2%，打牌的占17.6%，看电视的占75%，读书看报的占37.8%，听广播的占13.5%，上网的占44.4%，锻炼或

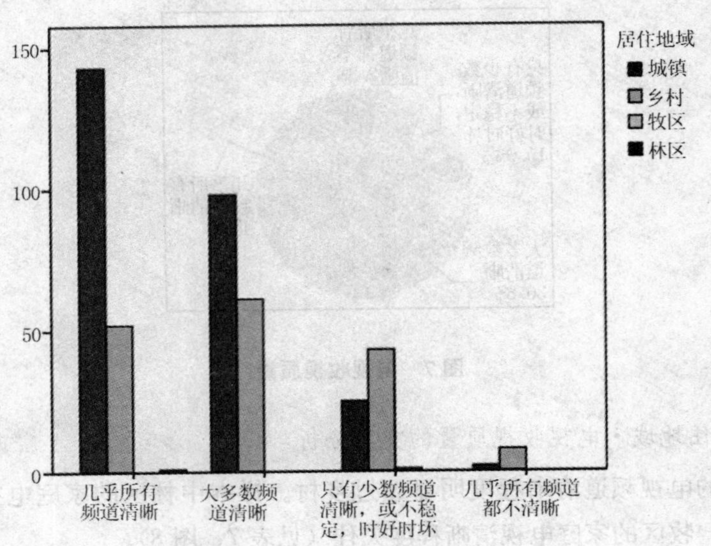

图 8　电视的收视质量与居住地域

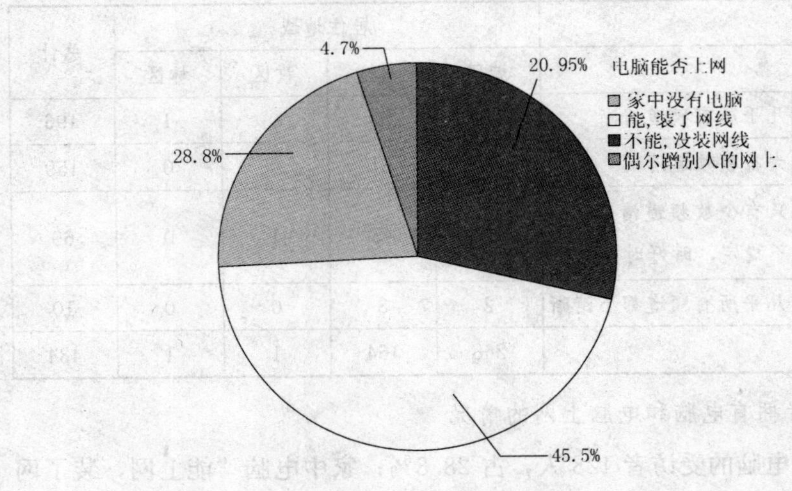

图 9　电脑上网情况

者做其他事情的占 12.8%（见图 10）。

看电视和上网成为西北民众打发闲暇时光的主要手段。网络已上升到几乎与电视并驾齐驱的地位，与中部、东部城市居民相仿。

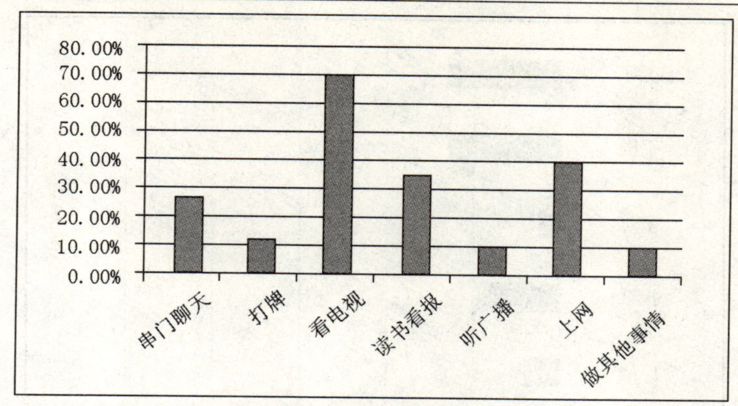

图 10　闲暇时做什么

2. 受访者平时获取信息的渠道

媒介是其主要信息渠道的受访者 358 人，占总样本量的 80.6%；通过与他人闲聊获取信息的有 182 人，占 41%；通过村干部或者领导传达获取信息的有 61 人，占 13.7%；通过其他途径获取信息的有 22 人，占 5%（见图11)。

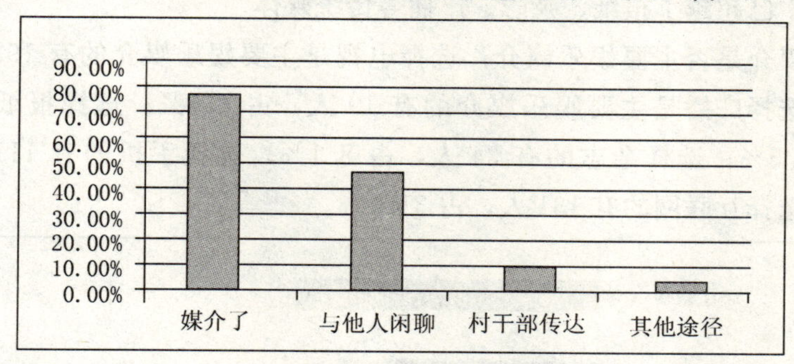

图 11　获取信息的渠道

3. 受访者的媒介接触喜好

(1) 媒介是主要信息来源：电视是受访者主要信息来源的有 240 人，占 57%；广播是主要信息来源的有 35 人，占 8.3%；报纸是主要信息来源的有 80 人，占 19%；杂志是主要信息来源的有 21 人，占 5%；手机是主要信息来源的有 108 人，占 25.7%；互联网是主要信息来源的有 110 人，占 26.3%（见图 12)。

在信息来源的选择上，除了电视依然是第一选择外，互联网和手机并列为第二、第三选择。这说明在西北少数民族地区，互联网和手机的地位正在

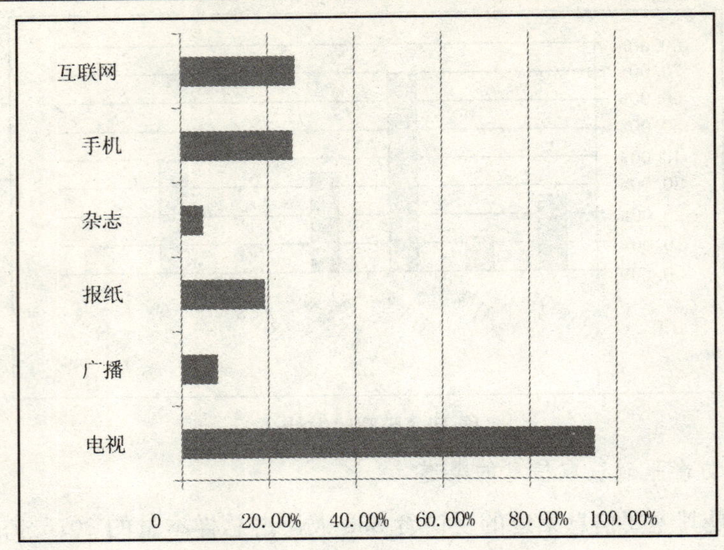

图 12　媒介接触喜好

显著上升，已超越了报纸、杂志、广播等传统媒体。

(2) 媒介是否主要娱乐媒介：选择电视是主要娱乐媒介的有 192 人，占 45.6%；选择广播是主要娱乐媒介的有 19 人，占 4.5%；选择报纸的有 48 人，占 11.5%；选择杂志的有 34 人，占 8.1%；选择手机的有 111 人，占 26.4%；选择互联网的有 131 人，占 31.1%。

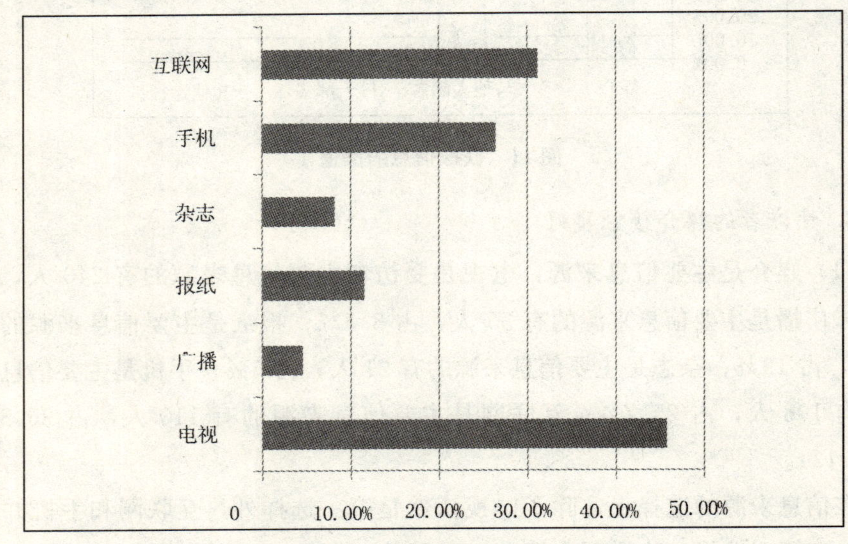

图 13　主要娱乐媒介

在娱乐媒介的选择上，电视、互联网、手机的排序没有变，但是在所占份额上，互联网、手机作为娱乐媒介的比例上升。这说明，互联网和手机对使用者娱乐需求的满足已超越信息需求的满足。

4. 受访者的媒体接触频率

看电视的频率：每天都看电视的有 269 人，占 64.2%；经常看的有 48 人，占 11.5%；每周至少看一次的有 10 人，占 2.4%；偶尔看和基本不看的各占 8.8%和 5.5%。

听广播的频率：每天都听广播的有 29 人，占 6.9%；经常听的有 31 人，占 7.4%；每周至少听一次的有 20 人，占 4.8%；偶尔听和基本不听的约占 80%。

看报纸的频率：每天都看报纸的有 54 人，占 12.8%；经常看的有 54 人，占 12.8%；每周至少看一次的有 52 人，占 12.4%；偶尔看的 74 人，占 17.6%；基本不看的约占 43.4%。

看杂志的频率：每天都看杂志的有 20 人，占 4.8%；经常看的有 28 人，占 6.7%；每周至少看一次的有 30 人，占 7.1%；偶尔看的有 95 人，占 22.6%；基本不看的约占 58.9%。

上网的频率：每天都上网的有 105 人，占 24.9%；经常上网的有 50 人，占 11.9%；每周至少上网一次的有 38 人，占 9%；偶尔上网和基本不上网的各占 8.6%和 10.7%，缺省 147 位。

受访者媒介接触频率最高的前三位是看电视、上网、看报纸，与前面问题答案一致。

5. 如果不上网，是因为什么原因

不上网的原因是因为“没有电脑”的有 155 人，占受访者的 34.9%，比例较高。不上网原因是“没法联网”的有 76 人，占受访者的 17.1%。不上网的原因是因为“不会用电脑”的有 70 人，占受访者的 15.8%。不上网的原因是因为“上网价格太贵”的有 64 人，占受访者的 14.4%。这几项原因说明，由于消费水平较低和设备方面的原因，边远民族地区“知沟”现象仍然存在。

不上网原因里包括“没有感兴趣内容”的有 53 人，占受访者的 11.9%。不上网原因中包括“认为上网对自己没有帮助”的有 30 人，占受访者的 6.8%。不上网原因中选了“其他原因”的有 20 人，占受访者的 4.5%（见图14）。

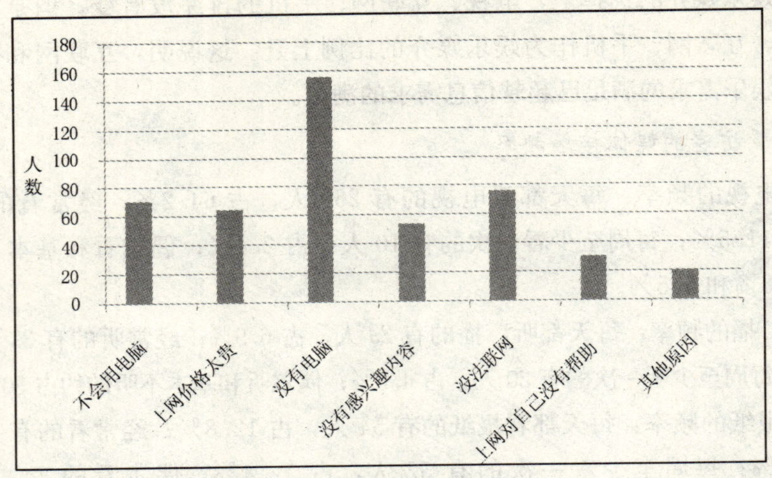

图 14　不上网的原因

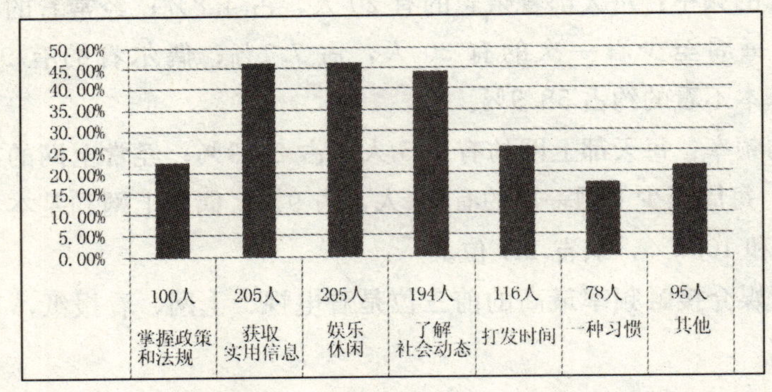

图 15　接触媒介的原因

6. 受访者接触媒介的目的

接触媒介是为了“获取实用信息”的有 205 人，占受访者的 46.2%。接触媒介是为了“娱乐休闲”的有 205 人，占受访者的 46.2%，与“实用信息”目的比例相同。接触媒介是为了“了解社会动态”的有 194 人，占受访者的 43.7%。这三种原因，占西北地区受访者接触媒介原因的前三位。

除此之外，接触媒介是为了“打发时间”的有 116 人，占受访者的 26.1%；接触媒介是为了“掌握政策和法规”的有 100 人，占受访者的 22.5%；接触媒介是因为“一种习惯”的有 78 人，占受访者的 17.6%；接触媒介是因为“其他”原因的有95人，占受访者的21.4%。

7. 你愿意接触哪种语言的媒介

表8 愿意接触哪种语言的媒介

		频数	百分比（%）	有效百分比（%）	累计百分比（%）
有效	本民族语言	46	10.4	11.9	11.9
	汉语普通话	304	68.5	78.4	90.2
	无所谓，都行	38	8.6	9.8	100.0
	总计	388	87.4	100.0	
缺失	System	56	12.6		
总计		444	100.0		

受访者愿意接触媒介的语言为“汉语普通话”的有304人，占68.5%；“本民族语言”的为46人，占10.4%；“无所谓，都行”的有38人，占8.6%。说明大家还是倾向于选择自己熟悉的语言（见表8）。

8. 你认为媒介对你的影响大吗？

表9 媒介的影响

		频数	百分比（%）	有效百分比（%）	累计百分比（%）
有效	大，对学习、工作和生活都有帮助	200	45.0	49.6	49.6
	有一些作用	140	31.5	34.7	84.4
	就是消遣一下，作用不大	53	11.9	13.2	97.5
	其他	10	2.3	2.5	100.0
	总计	403	90.8	100.0	
缺失	System	41	9.2		
总计		444	100.0		

受访者中，认为媒介影响“大，对学习、工作和生活都有帮助”的有200

人，占受访者的45%；认为媒介只是“有一些作用”的有140人，占受访者的31.5%；认为媒介“就是消遣一下，作用不大”的有53人，占受访者的11.9%；认为媒介影响“其他”的有10人，占2.3%（见表9）。

9. 参加过的媒体活动情况

(1) 是否会主动参加媒体活动？

“会”主动参加媒体活动的受访者有66人，占受访者的14.9%；“不会”主动参加媒体活动的受访者有78人，占17.6%；“没想过”参加媒体活动的有107人，占24.1%（见表10）。

表10 是否会主动参加媒体活动

		频数	百分比(%)	有效百分比(%)	累计百分比(%)
有效	会	66	14.9	26.3	26.3
	不会	78	17.6	31.1	57.4
	没想过	107	24.1	42.6	100.0
	总计	251	56.5	100.0	
缺失	System	193	43.5		
总计		444	100.0		

(2) 主动参加媒介活动的种类：

在参与媒体活动中，“会参与网络互动”的有82人，占18.5%，占据首位。其次，“会点播或参与电视电台节目”的有79人，占17.8%。“会提供新闻线索”的有59人，占13.3%；“会主动给媒体提意见”的有43人，占受访者9.7%；“会参与有奖竞猜”的有56人，占12.6%；“会刊登广告、启示”的有30人，占6.8%（见图16）。从占前两位的媒介参与活动来看，受众还是倾向于使用网络和手机短信等方式参与媒介活动。

(五) 受访者网络媒体的接触情况

1. 受访者使用最多的互联网应用

选择“浏览新闻”的有174人，占39.2%；选择“收发邮件”的有107人，占24.1%；选择“使用搜索引擎”的有103人，占23.2%；选择“QQ”的有118

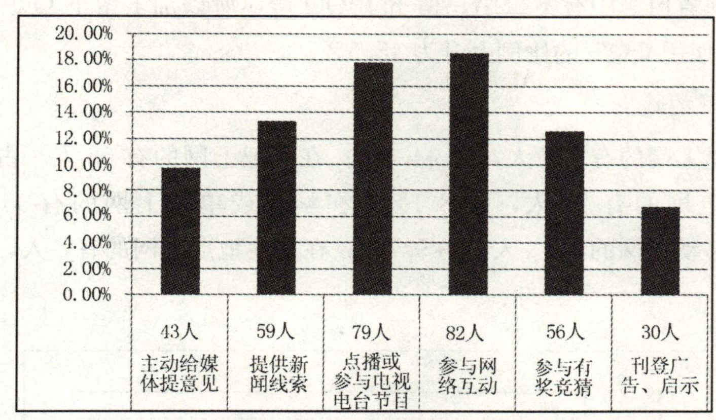

图 16　主动参加媒体活动的种类

人，占 26.6%；选择“MSN 等其他聊天工具”的有 35 人，占 7.95%；选择“社交网络应用”的有 39 人，占 8.8%；选择“在线收看电视视频”的有 147 人，占 33.1%；选择“阅读电子报纸杂志”的有 45 人，占 10.1%；选择“收听网络广播”的有 22 人，占 5%；选择“查询实用信息”的有 81 人，占 18.2%；选择“用 BBS”的有 41 人，占 9.2%；选择“用博客和网络日志等”的有 63 人，占 14.2%；选择“其他”的有 14 人，占 3.2%（见图 17）。

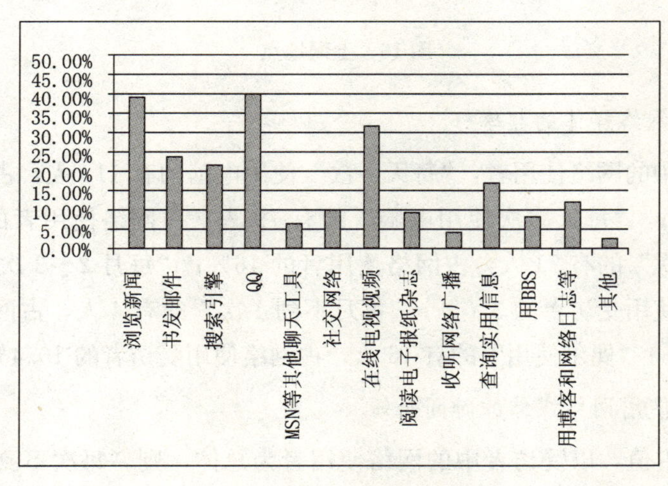

图 17　使用最多的互联网功能

由于缺省值当中有不少用户留下了QQ号，所以加上留下QQ号的受访者数量，“使用QQ”的比例上升为45.6%。

2. 上网的地点

在家里上网的有197人，占44.4%；在网吧上网的有58人，占13.1%；在别人家上网的有36人，占8.1%；在学校或单位上网的有117人，占26.4%；移动上网的有43人，占9.7%；在其他地点上网的有8人，占1.8%（见图18）。

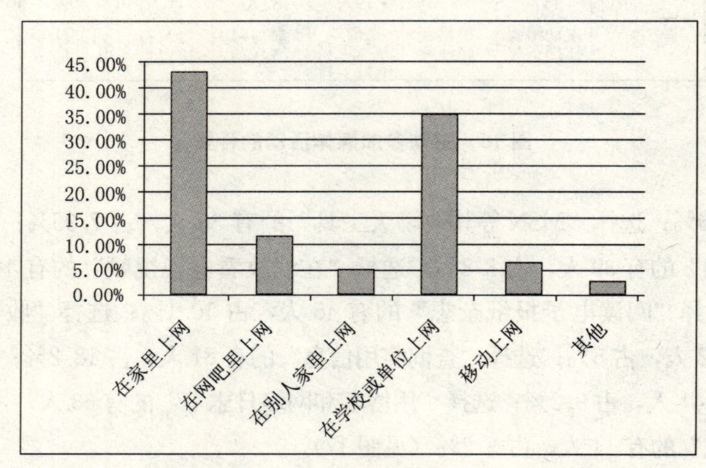

图18　上网地点

3. 使用网络媒体的频率

受访者中的网络使用者，“每天一次”使用电脑的有110人，占网络使用者的24.8%；“每天多次使用电脑”的有79人，占网络使用者的17.8%；“每周2～3次”的有71人，占网络使用者的16%；“每月2～3次”的有16人，占网络使用受访者的3.6%；“每月不到1次”的有4人，占网络使用受访者的0.9%；“偶尔使用”的有46人，占网络使用受访者的10.4%。

4. 每次使用网络媒体的时间长短

去掉缺省值，以受访者中的网络使用者为总体，则“每次不到10分钟”的29人，占受访者中网络使用者的9%；“不到半小时”的48人，占14.8%；“30～60分钟”的112人，占34.6%；“60～120分钟”的38人，占11.7%；

“120分钟以上”的24人，占7.4%；“只要有时间就上”的73人，占22.5%（见表11、图19）。

表11　每次使用网络多长时间

		频数	百分比（%）	有效百分比（%）	累计百分比（%）
有效	每次不到10分钟	29	6.5	9.0	9.0
	不到半小时	48	10.8	14.8	23.8
	30～60分钟	112	25.2	34.6	58.3
	60～120分钟	38	8.6	11.7	70.1
	120分钟以上	24	5.4	7.4	77.5
	只要有时间就上	73	16.4	22.5	100.0
	总计	324	73.0	100.0	
缺失	System	120	27.0		
总计		444	100.0		

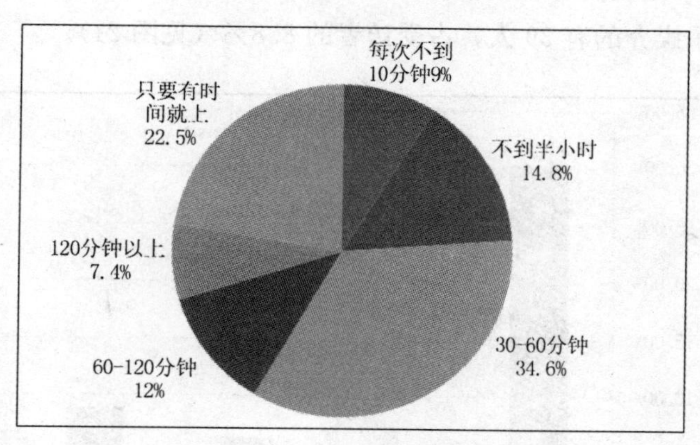

图19　每次上网的时间长短

5. 网络媒体接触偏好

（1）网媒作为信息来源：网络电视是受访者信息来源的有95人，占受访者的21.4%。网络广播是受访者信息来源的有32人，占受访者的7.2%。网络报纸是受访者信息来源的有45人，占受访者的10.1%。新闻网站是受访者信息来源的有 94 人，占受访者的 21.2%（见图 20）。

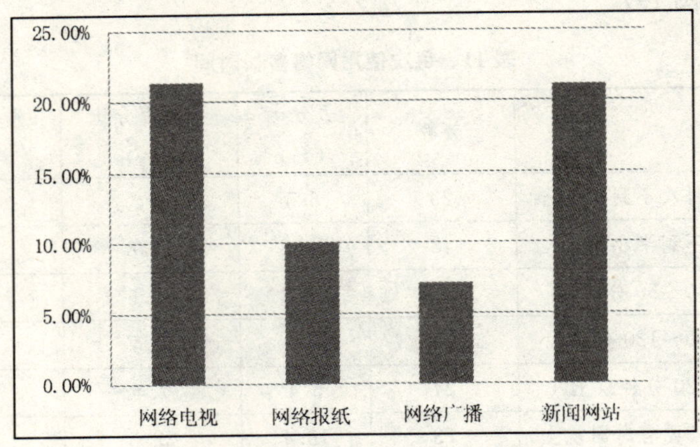

图 20 网络媒体作为信息来源的情况

（2）网络媒体作为娱乐媒介：网络电视是受访者的娱乐媒介的有 135 人，占受访者的 30.4%。网络报纸是受访者娱乐媒介的有 17 人，占受访者的 3.8%。网络广播是受访者娱乐媒介的有 28 人，占受访者的 6.3%。新闻网站是受访者娱乐媒介的有 39 人，占受访者的 8.8%（见图 21）。

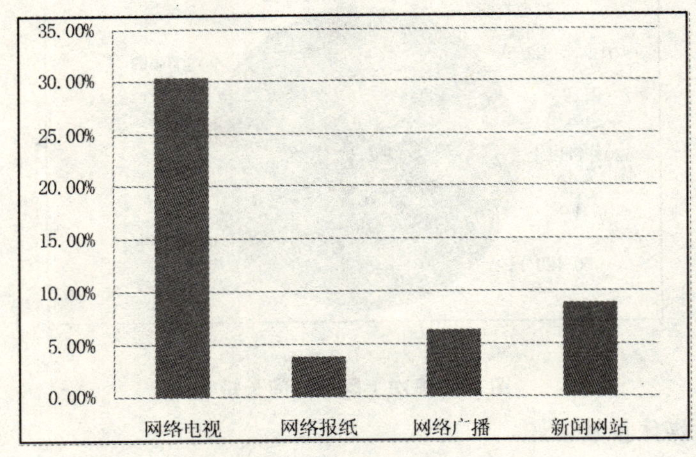

图 21 网络媒体作为娱乐媒介的情况

（3）网络媒体作为信息来源和娱乐媒介的汇总比较（见图 22）：

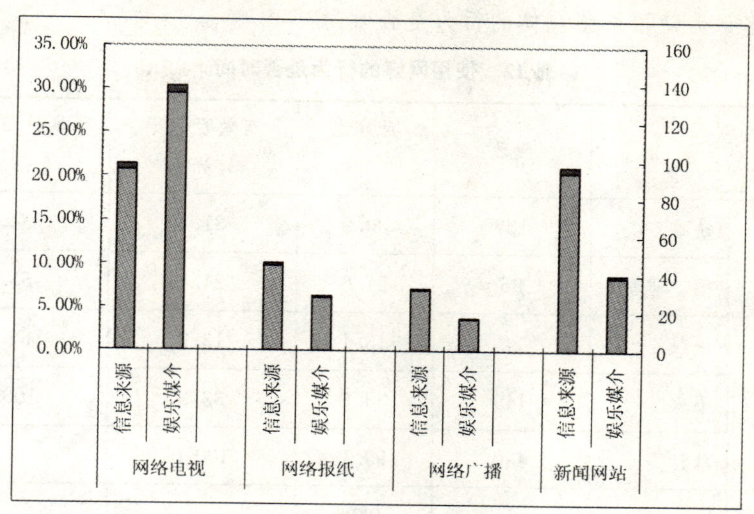

图 22 网络媒体作为信息来源和娱乐媒介的比较

6. 你是否注重运用网络广播、网络电视的参与功能和互动功能？

"关注网络广播"、电视网站开设的 BBS 或博客的有 79 人，占受访者的 17.8%。在网络电台、电视台点过歌的有 33 人，占受访者的 7.4%。通过手机短信 QQ 和 MSN 等方式参与网络广播、电视互动的有 87 人，占受访者的 19.6%。愿意尝试做 NJ 或网络电视节目主持人的有 16 人，占受访者的 3.6%（见图 23）。

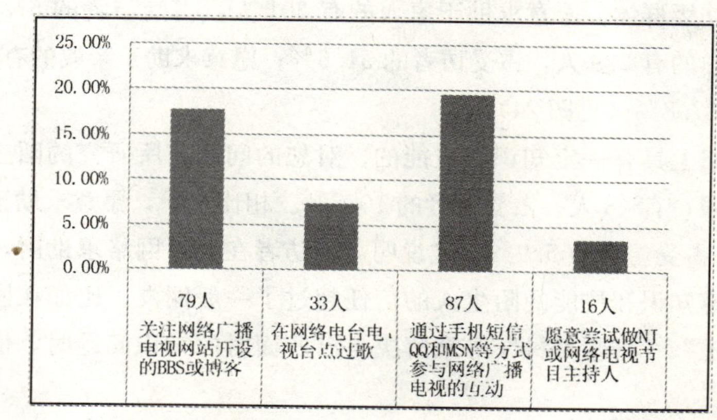

图 23 受访者关注网络电视、网络广播的参与性和互动性的情况

7. 您认为使用网络媒体的行为是否时尚?

表 12　使用网媒的行为是否时尚

		频数	百分比(%)	有效百分比(%)	累计百分比(%)
有效	缺省	137	30.9	31.1	31.1
	很、非常	96	21.6	21.8	53.0
	一般	58	13.1	13.2	66.1
	不太	149	33.6	33.9	100.0
	总计	440	99.1	100.0	
缺失	System	4	0.9		
总计		444	100.0		

大多数人不认为使用网络媒体是时尚的行为，说明网络媒体在西北少数民族地区的使用已经较为普遍。

8. 受访者社交网络和社交媒体接触情况

(1) 在现实社交网络当中，若是有重要事情需要帮助，会求助于谁?

受访者遇到问题要求助时，首先想到的是家人、亲朋好友，即受访者人际网络中的初级群体。愿意求助于家人的有 301 人，占受访者的 67.8%；愿意求助于同学的有 229 人，占受访者的 51.6%；愿意求助于亲戚的有 168 人，占受访者的 37.8%（见图 24）。

对“网络上具有一定知识和技能的、对您的问题有所研究的陌生人”的接纳程度有限，有 48 人，占受访者的 10.8%。相比之下，愿意求助于网友的只有 26 人，占受访者的 5.9%。这说明，受访者在通过网络求助时，对网络上的具有一定知识和技能的陌生人的信任超过了一般网友。比如在网络上使用“百度知道”、“维基百科”等来解决自己所面对的知识问题时，信任度还是比较高的。

(2) 受访者在虚拟社交网络中社交媒体好友的数量：

这里的社交媒体是指 QQ、MSN、人人网、开心网等在线社交媒体。

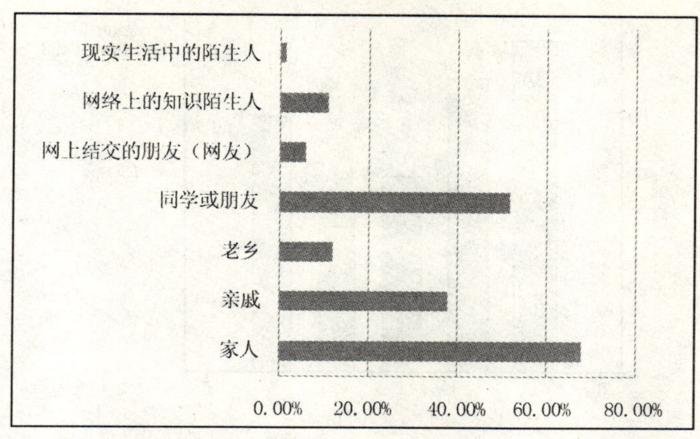

图 24　重要事情求助对象

在受访者当中，网络社交媒体中的好友数量在“50 人以下”的占多数，即 51.2%。网络社交媒体好友数量在“110 人以上”的有 60 人，占了 20.9%（见表 13、图 25）。从这一点可以看出，作为网络社交媒体使用者的受访者，往往呈现出好友数量的两极状态：要么很少，要么很多。从中折射出的社交媒体使用活跃程度也有较大差异。

表 13　网络社交媒体好友数量

		频数	百分比（%）	有效百分比（%）	累计百分比（%）
有效	1～20 人	78	17.6	27.2	27.2
	21～50 人	69	15.5	24.0	51.2
	51～80 人	46	10.4	16.0	67.2
	81～110 人	34	7.0	11.8	79.1
	110 人以上	60	13.5	20.9	100.0
	总计	287	64.6	100.0	
缺失	System	157	35.4		
总计		444	100.0		

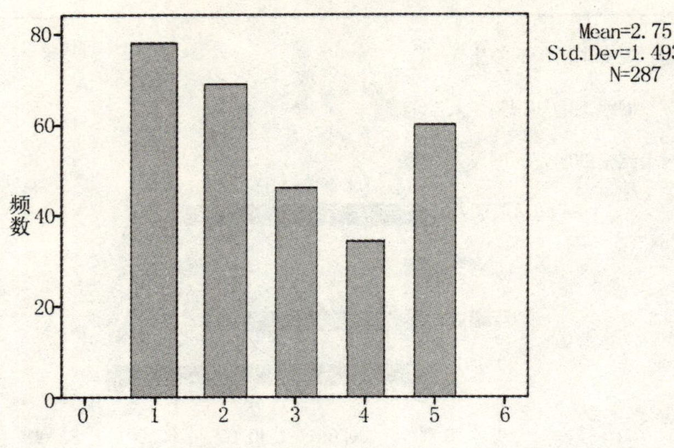

图 25　网络社交媒体好友数量

（3）受访者网络社交媒体好友的构成：

网络社交媒体好友的构成中，同学或朋友、家人、亲戚三类人群占据了前三位。网络社交媒体好友中有同学或朋友的有 254 人，占受访者的 57.2%；网络社交媒体好友中有家人的有 224 人，占受访者的 50.5%；网络社交媒体好友中有亲戚的有 202 人，占受访者的 45.5%，仍然是受访者人际交往圈的初级群体（见图 26）。

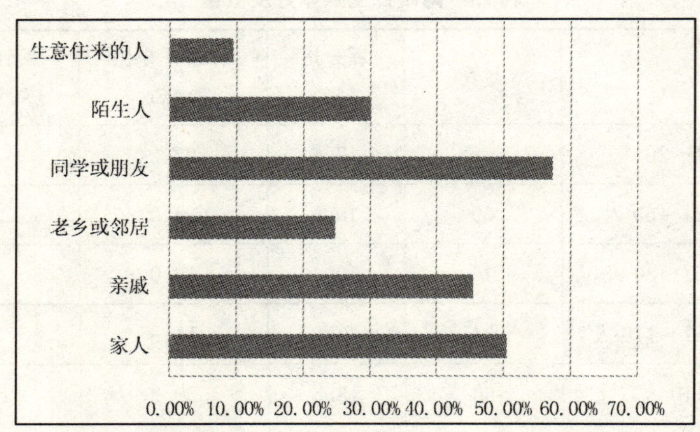

图 26　网络社交媒体好友的构成

与此同时，网络社交媒体好友中有陌生人的有 134 人，占受访者的 30.2%，也是不小的数字。网络社交媒体好友中有生意往来的人的有 42 人，占受访者的 9.5%。这两项数字说明，网络社交媒体在一定程度上已成为结交陌生人的平台，也方便了工作来往和生意往来。

（4）受访者网络社交媒体好友的最高学历：

回答了该问题的受访者的网络社交媒体好友最高学历趋高，最高学历为大学本科、硕士研究生的居多（见图27）。这一方面说明西北少数民族地区受访者的交往对象层次趋高，另一方面，也得考虑部分受访者回答该问题时的“面子观念”。

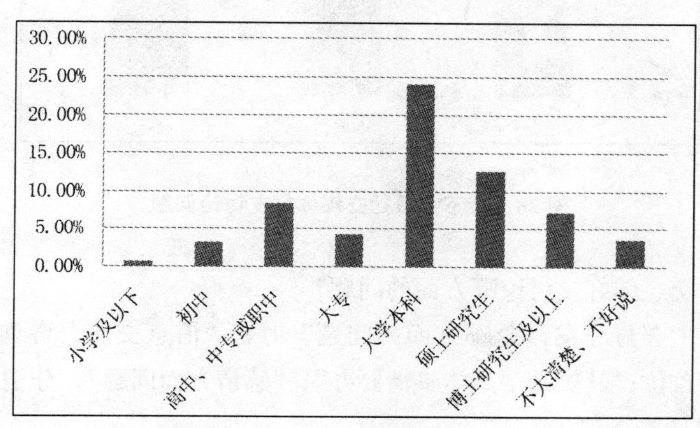

图27 社交媒体好友的最高学历

（5）受访者是否经常会与网络社交媒体好友讨论问题以及讨论哪方面的问题：

回答“会”、“不太会”和“不会”的人几乎旗鼓相当（见表14、图28）。

表14 会与社交好友讨论问题吗

		频数	百分比（%）	有效百分比（%）	累计百分比（%）
有效	会	102	23.0	34.7	34.7
	不太会	112	25.2	38.1	72.8
	不会，都是拉拉家常，闲聊	80	18.0	27.2	100.0
	总计	294	66.2	100.0	
缺失	System	150	33.8		
总计		444	100.0		

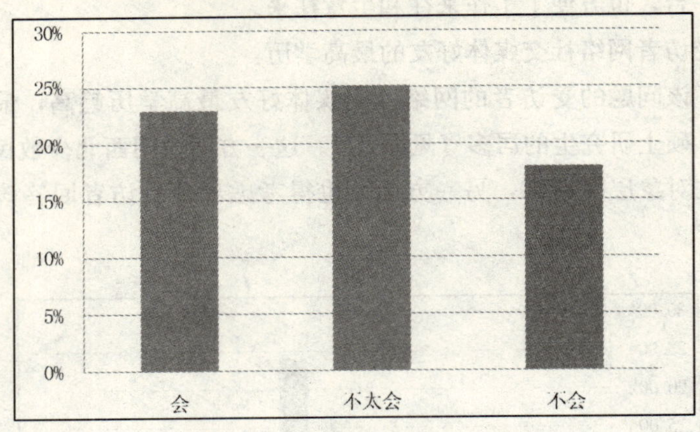

图 28　会不会跟社交媒体好友讨论问题

会与社交媒体好友讨论哪方面的问题？

在回答“会与好友讨论哪方面的问题”时，“信息交流、咨询事情”以37.4％占据首位；其次是“具体事情要办”、“感情方面问题”，分别占22.4％和21％（见图29）。

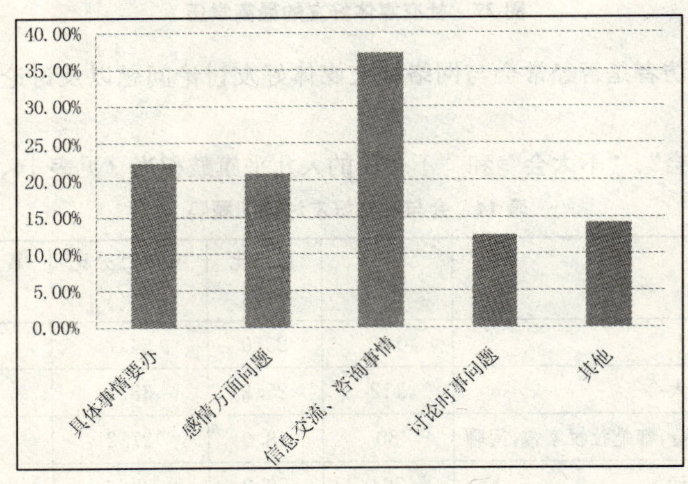

图 29　会跟社交媒体好友讨论哪方面的问题

（六）受访者对手机的接触情况

1. 手机使用的习惯：是否随身携带手机（见表15）

表15　会不会随身携带手机

		频数	百分比（%）	有效百分比（%）	累计百分比（%）
有效性	会	324	73.0	80.6	80.6
	一般情况下会，但有时也会忘掉	47	10.6	11.7	92.3
	很少带，没有这个习惯	11	2.5	2.7	95.0
	一般不带手机，只有出远门时会带	17	3.8	4.2	99.3
	其他	3	0.7	0.7	100.0
	总计	402	90.5	100.0	
缺失	System	42	9.5		
总计		444	100.0		

2. 手机常用功能

手机常用功能为电话的有390人，占受访者的绝大多数，占87.8%。手机常用功能为短信的有341人，只略少于电话，占76.8%。手机常用功能为彩信的有133人，占受访者的小部分，占30%。手机常用功能为上网的有173人，占受访者的39%。

除此之外，手机常用功能为观看手机报的有74人，占受访者的16.7%。手机报的力量不可小觑。手机常用功能为其他的有20人，占4.5%(见图31)。

电话、短信仍然是受访者手机使用时最常用的功能，但是上网也出乎意料地占据了第三位，尤其是青少年选择这项的居多。这说明在西北少数民族

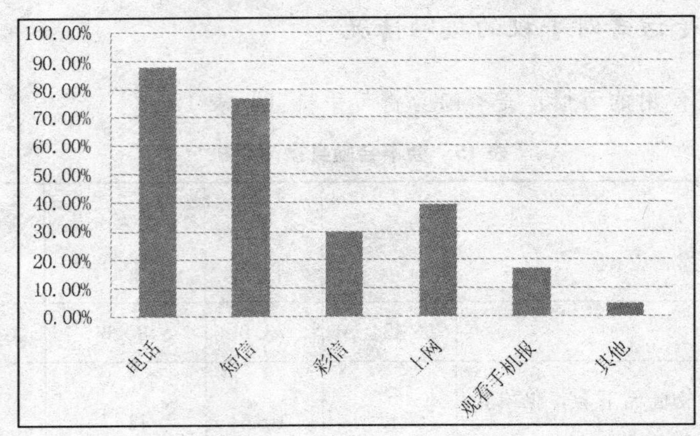

图 31　受访者使用手机的常用功能

地区受访者当中，用手机上网已成为常态。这一方面因为手机的普及和功能的迅猛发展，使它不仅有沟通的功能，而且可以通过手机报和手机上网获取多方面的新闻信息和娱乐手段，满足手机使用者的多项需求；另一方面也由于西北某些少数民族地区电力设施有限（如新疆禾木村），接触电视等媒介亦受限，当地民众替代性地使用手机作为日常交流沟通和信息娱乐的工具。

3. 手机对受访者的意义

手机对于受访者的意义当中，认为手机“便于家人、亲戚朋友、工作联络”三项居于前列。认为手机“便于家人联络”的有 383 人，占受访者的 86.3%，“便于亲戚朋友联络”的有 311 人，占受访者的 70%；手机“便于工作联络”的有 210 人，占受访者的 47.3%；手机“方便结交新朋友”的有 89 人，占受访者的 20%；手机“方便通过手机报了解信息”的有 68 人，占受访者的 15.3%；手机方便“休闲娱乐游戏”的有 109 人，占受访者的 24.5%；手机方便“随时上网”的有 104 人，占受访者的 23.4%；手机方便“其他”的有 17 人，占受访者的 3.8%（见图 32）。

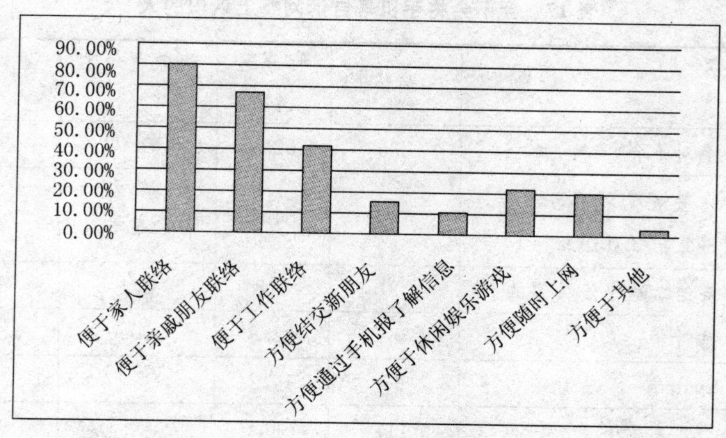

表 32 手机的意义

4. 是否会将手机号告诉给刚认识的人，是否会告诉网络上认识的人?

受访者对于将手机号告诉刚认识的人或网络上认识的人，大都抱谨慎态度，认为自己“绝对不会”或者“一般情况下不会”。但是相比较而言，在回答“会不会将手机号告诉网络上认识的人”这个问题时，受访者显得更为坚决，回答“绝对不会”的有 235 人，回答“一般情况下不会”的有 138 人，占据了回答问题受访者的 97.9%（见表 16～17)。这比回答“会不会将手机号告诉刚认识的人”的坚决程度要高不少。这说明，在受访者心目中，网络上认识的人比现实生活中刚认识的人更让人不信任。

表 16 会不会将手机号告诉刚认识的人

		频数	百分比（%）	有效百分比（%）	累计百分比（%）
有效	绝对不会	149	33.6	36.0	36.0
	一般情况下不会，若是感觉信任就会给	243	54.7	58.7	94.7
	会给，这个没关系的	22	5.0	5.3	100.0
	总计	414	93.2	100.0	
缺失	System	30	6.8		
总计		444	100.0		

表 17　会不会将手机号告诉网络上认识的人

		频数	百分比（%）	有效百分比（%）	累计百分比（%）
有效	绝对不会	235	52.9	61.7	61.7
	一般情况下不会，若是感觉信任就会给	138	31.1	36.2	97.9
	会给，这个没关系的	8	1.8	2.1	100.0
	总计	381	85.8	100.0	
缺失	System	63	14.2		
总计		444	100.0		

5. 没有手机是否会习惯？

表 18　没有手机是否习惯

		频数	百分比（%）	有效百分比（%）	累计百分比（%）
有效	不习惯	325	73.2	78.5	78.5
	无所谓	67	15.1	16.2	94.7
	习惯	22	5.0	5.3	100.0
	总计	414	93.2	100.0	
缺失	System	30	6.8		
总计		444	100.0		

没有手机时，大多数即 73.2%的人不习惯，这说明手机已成为西北少数民族地区民众的生活必需品之一，与其他地方没有差异。

四、结论与讨论

从以上调研数据，我们可以总结出我国西北少数民族地区受众对新媒体的拥有和接触情况有以下显著特点。

（一）手机、电脑的拥有量和接触频率显著

1. 在受访者媒介拥有和媒介接触情况调查中，电视、手机、电话占据受访者拥有媒体的前三位。电脑的拥有量和书籍的拥有量并列其后。这说明新媒体的拥有量在迅猛增加。与此类似，受访者接触媒介频率最高的前几位是看电视、上网、看报纸、用手机。

2. 看电视和上网成为西北地区民众打发闲暇时光的主要手段。网络已上升到几乎与电视并驾齐驱的地位，与中部、东部城市相仿。

3. 在信息来源的选择上，除了电视依然是第一选择外，互联网和手机并排为第二、第三选择。这说明在西北少数民族地区，互联网和手机的地位正在显著上升，已超越了报纸、杂志、广播等传统媒体。

4. 在娱乐媒介的选择上，电视、互联网、手机的排序没有变，但是在所占份额上，互联网、手机作为娱乐媒介的比例上升。这说明，互联网和手机在娱乐需求的满足上已超越信息需求的满足。

5. 很多青少年受访者青睐使用手机上网。在调查中发现，很多20岁左右的受访者十分习惯使用手机上网，使用QQ也是在手机上。特别是在新疆禾木村，当地电力系统还未完全配套，很多人家里当时没通电，没法看电视，更没法用电脑上网时，几乎调查到的年轻受访者都有使用手机上网的经历。

（二）在网络使用问题上，部分地区、部分人群中的“知沟现象”仍然存在

不上网的原因是因为没有电脑的有155人，占受访者的34.9%，比例较高。不上网是因为“没法联网”的有76人，占受访者的17.1%。不上网的原因是因为不会用电脑的有70人，占受访者的15.8%。不上网的原因是因为上网价格太贵的有64人，占受访者的14.4%。这几项原因说明，由于经济消费水平和设备方面的原因，在边远民族地区“知沟”现象仍然存在。

（三）在接触媒介的原因上，“获取信息”的需求和“娱乐休闲”的需求并驾齐驱

1. 接触媒介是为了获取实用信息的有205人，占受访者的46.2%。接触媒介是为了娱乐休闲的有205人，占受访者的46.2%，与“实用信息”目的

比例相同。接触媒介是为了“了解社会动态”的有 194 人，占受访者的 43.7%。这三种原因为西北地区受访者接触媒介的主要原因。除此之外，接触媒介是为了“打发时间”和“掌握政策和法规”的各占一定比例（分别是 26.1%和 22.5%）。

2. 网络媒介中，在网络电视、网络报纸、网络广播、新闻网站四者比较中，网络电视和新闻网站二者是受访者的重要信息来源。网络电视同时亦是受访者重要的娱乐媒介。相比之下，网络电视的娱乐用途大于其信息用途。新闻网站主要作为信息来源而显示其重要性，但在娱乐性上表现一般。

（四）是否参与媒体互动，同网络和手机的使用密切相关

在参与的媒体活动中，会参与网络互动的有 82 人，占 18.5%，占据首位。其次，会点播或参与电视、电台节目的有 79 人，占 17.8%。会提供新闻线索的有 59 人，占 13.3%；会主动给媒体提意见的有 43 人，占受访者 9.7%；会参与有奖竞猜的有 56 人，占 12.6%。会刊登广告、启示的有 30 人，占 6.8%。从占前两位的媒介活动来看，参与媒介活动的方式非常重要，受众倾向于使用网络和手机短信等便利方式参与媒介活动。

（五）受访者使用最多的互联网应用是“QQ”、“在线观看视频”和“浏览新闻”

1. 受访者使用最多的互联网应用是“QQ”、“在线观看视频”和“浏览新闻”，紧随其后的是收发邮件、搜索引擎、查询实用信息等。

2. 40%的受访者在问卷后面的“深访志愿者名单”中附上了自己的 QQ 联系方式或 QQ 邮箱，这从另一方面说明 QQ 在他们当中的普及程度和被重视程度。QQ 可以作为他们使用网络社交媒体的样本。

（六）受访者在现实社交网络中，寻求帮助的对象仍是初级群体，但对网络“知识陌生人”也有较高的接纳程度

受访者在现实生活中，遇到问题要求助时，首先想到的是家人、亲朋好友，即受访者人际网络中的初级群体。愿意求助于家人的有 301 人，占受访者的 67.8%；愿意求助于同学的有 229 人，占受访者的 51.6%；愿意求助于亲戚的有 168 人，占受访者的 37.8%。对“网络上具有一定知识和技能的、

对您的问题有所研究的陌生人”（简称“知识陌生人”）的接纳程度虽然有限，但也有 48 人，占受访者的 10.8%。相比之下，愿意求助于网友的只有 26 人，占受访者的 5.9%。这说明，受访者在通过网络求助中，对网络上具有一定知识和技能的陌生人的信任超过了一般网友。比如在网络上使用“百度知道”、“维基百科”等来解决自己所面对的知识问题时，信任度还是比较高的。

（七）受访者社交媒体好友仍以初级群体为主，但陌生人所占比例也较显著

1. 在受访者当中，网络社交媒体中的好友数量在 50 人以下的占多数，即 51.2%。但社交媒体好友数量在“110 人以上”的有 60 人，占了 20.9%。从这一点可以看出，作为社交媒体使用者的受访者，好友数量往往呈现出两极状态：要么很少，要么很多，从中所折射出社交媒体使用活跃程度也有较大差异。

2. 社交媒体好友的构成中，同学或朋友、家人、亲戚三类人群还是占据了前三位，仍然是受访者人际交往圈的初级群体（即社交媒体好友中有同学或朋友的有 254 人，占受访者的 57.2%；社交媒体好友中有家人的有 224 人，占受访者的 50.5%；社交媒体好友中有亲戚的有 202 人，占受访者的 45.5%）。与此同时，社交媒体好友中有陌生人的有 134 人，占受访者的 30.2%，也是不低的比例。社交媒体好友中有生意往来的有 42 人，占受访者的 9.5%。这两项数字说明，社交媒体在一定程度上已成为结交陌生人的平台，也方便了工作来往和生意往来。

3. 在回答“会与好友讨论哪方面的问题”时，“信息交流、咨询事情”以 37.4%占据首位；其次是“具体事情要办”、“感情方面问题”，分别是 22.4% 和 21%。社交媒体所提供的情感支持不容忽视。

（八）电话和短信仍是受访者手机最常用的功能，手机报的力量亦不可小觑

1. 电话、短信仍然是受访者使用手机的最常用功能，但是上网也出乎意料地占据第三位置，尤其是青少年选择这项的居多。这说明在西北少数民族地区受访者当中，用手机上网已成为常态。这一方面来自于手机的普及和功能的迅猛发展，使它不仅有沟通的功能，而且可以通过手机报和手机上网提

供多方面的新闻信息和娱乐工具，满足手机使用者的多项需求；另一方面也由于西北某些少数民族地区电力设施受限（如新疆禾木村），接触电视等媒介亦受限，当地民众替代性地使用手机作为日常交流沟通和信息娱乐的工具。

2. 手机常用功能有观看手机报的有 74 人，占受访者的 16.7%。手机报的力量不可小觑。

（九）手机对于受访者而言，能方便“家人、亲戚朋友联络”和“工作联络”，也便于结交新朋友和随时上网

1. 手机对于受访者的意义当中，认为手机“便于家人、亲戚朋友、工作联络”三项居于前列。认为手机便于家人联络的有 383 人，占受访者的 86.3%，便于亲戚朋友联络的有 311 人，占受访者的 70%；手机便于工作联络的有 210 人，占受访者的 47.3%。

2. 除上述功能以外，认为手机方便结交新朋友的有 89 人，占受访者的 20%；手机方便于休闲娱乐游戏的有 109 人，占受访者的 24.5%；手机方便随时上网的有 104 人，占受访者的 23.4%。这三项占比均超过 20%，也是很显著的手机意义。

（十）受访者对将手机号告诉刚认识的人和网络上认识的人，抱谨慎态度。而且对将手机号告知“网络上认识的人”要比告诉“现实生活中刚认识的人”更难，否定态度更坚决

1. 受访者对于将手机号告诉刚认识的人和网络上认识的人，大都抱谨慎态度，认为自己“绝对不会”或者“一般情况下不会”。但是相比较而言，在回答“会不会将手机号告诉网络上认识的人”这个问题时，受访者显得更为坚决，回答“绝对不会”的有 235 人，回答“一般情况下不会”的有 138 人，占据了回答问题受访者的 97.9%。这比回答“会不会将手机号告诉给刚认识的人”的坚决程度要高不少。这说明，在受访者心目当中，网络上认识的人比现实生活中刚认识的人更让人不信任。

2. 若没有手机，大多数即 73.2%的人不习惯，这说明手机已成为西北少数民族地区民众的生活必需品之一，与其他地区没有差异。

以上是 2011 年西北少数民族聚居区新媒体使用情况调查研究的基本结论。2011 年的调查为之后的研究探明了道路，让我感到社交媒体研究在少数

民族聚居区研究的可能性，尤其是QQ的使用在少数民族地区民众生活中所起的作用。2012年本项目组将在2011年项目摸底调查和执行的基础上，继续开展第二阶段“新媒体与社会资本”的调查研究，将采取精准抽样、问卷调查、深度访谈、内容分析多种研究方法齐头并进的方式，研究少数民族地区民众如何运用网络和手机与他人互动，如何建立自己的社会交往网络；这种社交网络的形成是否扩大了他们社会交往的范围，或加强了其社会交往的深度，是否增加了其社会资本等问题，使研究有所突破。

儿童与新媒体：2011年度调研报告

课题组组长　刘卫华
课题组成员　陈　溯　熊　珊　石　琪
　　　　　　蔺　云　王　璐　杨　丽
　　　　　　刘明圆　高笑颖　张　旭

一、研究缘起与研究方法

（一）研究缘起

截至2011年，中国互联网已经走过了十七年的历程。随着网络普及率的持续提升，互联网对人们生活的影响也日渐深入，已逐渐渗透到社会的各个人群。尤其对于处于成长期的少年儿童而言，上网行为对其学习和生活都产生了重大的影响。

在中国4.57亿网民中，27.3%的网民是10～19岁的少年儿童群体，这个群体已经接近1.25亿。10～19岁年龄段群体的互联网普及率为69.4%，仅次于20～29岁年龄段群体的互联网普及率72.9%[①]，位列第二。少年儿童群体是使用网络应用较为活跃的群体，他们的网络使用行为对网络娱乐的发展、网络文化的走向以及手机上网的推广都有重大的影响。同时，由于少年网民具有较高的网络使用普及率和活跃的网络娱乐应用水平，也是最可能受到互联网不良信息影响的群体。因此，对少年群体上网行为的研究也变得更加重要。

① 中国互联网络信息中心：《第29次中国互联网络发展状况统计报告》，2012年，第12～13页。

少年儿童群体在使用互联网媒体的过程中，还会应用到许多相关的新型媒体设备，包括电脑、手机、游戏机、音乐播放器等。近年来，新媒体在中国的普及率越来越高；在许多中国少年儿童的日常生活中，新媒体正发挥着越来越重要的影响和作用。

本研究将“儿童与新媒体”作为研究主题：“新媒体”是指相对于传统媒体（包括电视、广播、报纸、杂志等）而言新兴的互联网媒体以及相关的新型媒体设备；研究主体则选定为8～16岁的少年儿童。

关于“儿童与新媒体”的研究，英国、美国的教育学家、心理学家已初步形成一些有代表性的观点。其中，最有代表性的学者是英国的教育学家大卫·白金汉，他认为：新媒体是一股解放儿童的力量，儿童们正在创造一个新的“电子世代”，这个世代相比较于他们父母的那一代，是更开放、更民主而且更有社会的体认（David Buckingham，2003）。

儿童期（6～16岁）是人类生理和心理发展的“关键期”。在生理方面，儿童期是人类身体快速生长发育、记忆能力发展的关键时期；心理方面，儿童期还是创造性培养，抽象思维形成，学习动机、兴趣以及态度形成，友谊发展以及理想形成等方面养成的关键时期。[①] 重视影响儿童的成长因素，对个体终生发展意义十分重大。

美国社会学习理论家班都拉认为，儿童人格是由行为、个人认知因素和环境三者相互作用决定的[②]，新媒体一方面构成了当代儿童成长环境的一部分；另一方面，新媒体本身强大的传播功能也作用于儿童的认知发展。作为生理和心理发展处于特殊发展时期的儿童，尤其是青少年，他们对外部世界充满好奇，迫切希望获得新知识、了解新信息，成为社会认同的一员，因此他们成为大众传媒最热心的读者、听众和观众，他们心理发展的各个方面无一例外地受到了大众传媒的影响。新媒体对受众的影响主要涉及以下层面：

1. 内容层面——信息“再爆炸”

新媒体时代带来了海量的信息，尽管人们有时面对爆炸式的信息会感到迷茫而无所适从，而当人们运用新媒体不费吹灰之力就可以搜集到需要的信息时，就不得不承认，由新媒体带来的信息大爆炸确实使人类获得了不小的

---

① 王惠萍、孙宏伟：《儿童发展心理学》，科学出版社，2010年，第64～65页。
② 刘梅：《儿童发展心理学》，清华大学出版社，2010年，第64页。

便利。

根据“使用与满足”理论，正是由于新媒体具有空前丰富的信息，大众才能够根据具体需要，快速搜集到所需信息，从而在更大程度上获得“使用”的满足。儿童作为新媒体传播对象的组成部分自然也会从中获益，新媒体使儿童获取知识信息的来源日益丰富化、多样化，加上学校、家庭以及大众传媒共同成为他们的认知来源，其中新媒体提供的海量信息在他们的认知过程中占据的比重越来越大。新媒体中传播的科学人文知识、人生哲理、社会时事等信息可以开拓儿童的视野，活跃儿童的思维，使他们的课堂知识得到补充，得以更好地认识家庭和学校以外的世界。

2. 形式层面——灵活多样的形式增强大众社会参与度

新媒体空间空前的开放性以及新媒体形式的灵活与便捷，使得普通大众加入到传播者的行列中来，使几乎每个普通民众都变成了新的“把关人”，拥有了表达自我想法和发出自己声音的便利渠道。

正如郭翠玲博士所说，相比于大众传媒，新媒体对于公共领域的构建更有优势。①

如今，中国民众通过SNS、微博等新媒体以传播者的身份表达观点、根据自身想法和需要分享资源、传递信息已成为十分常见之举，甚至于很多重大公共事件都是首先从这些新的媒体形式中散布开来、引起社会舆论关注的。② 比如，2011年7月23日的温州动车事故的消息就是由网友通过微博首先传播出来，再比如，“小依依”事件也是由某位在场的网友用手机拍摄视频并上传至网络才引起了巨大的社会轰动。

双向传播模式使受众参与社会事务讨论更加便利，这使得社会事件以及政府事务日益公开化、透明化，提高了媒体对社会各项事务的监督力度。新媒体成为社会公共事件与政治参与的新平台，新的社会舆论机制也由此得以建立。

与传统媒体相比，新媒体更具有互动性和参与性。同时，儿童在新媒体中可以突破年龄的限制，以与现实生活不同的身份进行话题参与，获得了平时生活中无法拥有的主导权和平等话语权，这增加了儿童对现代新型媒体的

① 郭翠玲：《新媒体背景下的公民新闻研究》，博士论文，中国人民大学，2009年，第38页。
② 张国良：《新媒体与社会变革》，上海人民出版社，2009年，第324页。

兴趣，加深了他们对新媒体的依赖与信任。

另外，目前，即时通信工具在中国已经有很高的普及率。即时通信工具将网络与即时通信相结合，改变了传统的人际交流模式，提高了人际交流与互动的频率，增强了社会信息的流通。

以即时通信工具为代表的新媒体也给儿童交流方式带来了巨大的变革。目前，腾讯 QQ 风靡中国内地，最近一项调研还显示，在中国儿童群体中，QQ 的受欢迎度居高不下，这意味着以 QQ 为主的各种即时通信工具将对中国儿童群体产生更为持续的影响。

3. 促使行动层面——意想不到的驱动效果

由于新媒体具有双向互动的特点，大众获得了主动权、参与权和发言权，可以在更深层次上参与对新媒体“议程设置”事件的讨论，对媒体传播的内容产生更深刻的印象并更易产生对事件的自我思索，从而更易产生行动上的反应。因此相比传统媒体，新媒体对大众的促使行动效果更为明显。

大众传播学借鉴心理学家艾伯特·班都拉的模仿理论，认为儿童通过观察媒介内容，与其中的某些角色或行为认同，并意识到在某些情境下模仿会有有益的结果，那么当这种情境出现时，儿童会发生模仿行为。这种模仿行为可以通过媒介不断强化，形成长期行为。[①] 同时，行为学派也强调行为通过模塑及仿效而来。[②] 以上几点理论表明媒介内容能够使儿童产生模仿行为，从心理学的角度证明了媒介促使儿童行动效果的一个方面。在当前新媒体发展的背景下，由于其具有极强的交互参与特性，新媒体对儿童行动的影响效果必将更加明显。

在欧美发达国家，诸多学者对儿童与新媒体的关系进行了深入的调查与研究，他们发现，儿童与新媒体的关系越来越密切，具体表现为：投入在新媒体使用上的时间日趋增多；使用新媒体的方式日益多元化；使用新媒体的目的日益丰富；使用新媒体的主动性亦日益增强。这些变化使得他们在使用新媒体的过程中面临比以往更多的机会与风险。儿童在使用新媒体的过程中，同时作为传播的接受者、传播的参与者、传播的行动者三种传播角色，面临诸多新的机会与新的风险。新的机会包括：教育性学习与数字化素养、参与

---

① 党静萍：《传媒教给我们什么？——青少年传媒素养教育研究》，法律出版社，2008 年，第 135 页。

② 郭静晃：《儿童心理学》，台北洪叶文化事业有限公司，2006 年，第 298 页。

与公民参与、创造性与自我表达、身份与社会联络等；面临的风险包括：商业化、侵略性、性等方面（Sonia Livingstone，2009）。

对于中国儿童与新媒体的以往研究主要集中在网络成瘾这一研究主题。近年来，中国社会科学院新闻研究所、中国传媒大学传媒教育研究中心、复旦大学新闻学院、中国人民大学新闻学院等机构开始从新媒体与儿童“赋权”、媒体素养教育实验、儿童对新媒体内容的感知与识读等各个角度对儿童与新媒体这一主题进行诸多探索性研究。

本研究项目从中国儿童的新媒体使用行为调查切入，辅以对家长（对儿童新媒体使用过程）监管态度和监管方式的调查，分析归纳中国儿童新媒体使用中的机会与风险，并为提高中国儿童的新媒体素养谏言。

（二）研究方法

实证部分：本研究（2009～2013年）计划从中国儿童使用新媒体的时间、方式、目的等入手，以中国东部、中部、西部的500位8～15岁少年儿童样本为研究对象，运用深度访谈、个案观察、文献综述等研究方法，描述儿童对电脑、手机、游戏机、音乐播放器等新媒体的使用行为；尝试进行年龄因子、性别因子、地域因子、家长教育程度因子等与具体使用行为之间的交叉分析；分析归纳中国儿童新媒体使用中的若干机会和若干风险；并为提高中国儿童的新媒体素养谏言。

理论分析部分：对于新媒体使用的机会与风险，本研究的理论分析主要依据英国社会心理学家索尼娅·利文斯通新近的理论架构。她将机会划分为以下层面：教育资源、与利益分享者的接触、自学与共同学习，全球性信息、利益团体间的交流、公民参与的具体形式，资源的多样性、被启发创造或参与、用户生成的内容创作，个人建议、社交、身份表达等；将风险划分为以下层面：商业性信息、个人信息跟踪、黑客攻击，暴力内容、被人侵害、侵害别人，色情信息、与陌生人会面、创造或下载色情信息，歧视性信息、自我伤害、提供关于自我伤害的建议等。

二、2011年度调研报告摘要

2011年度的调查研究主要由三部分构成：河南省安阳县都里乡少年儿童

的媒体使用状况调查；中国家长对 8～15 岁少年儿童新媒体使用行为的认知与监管状况调查；中国 12～15 岁男生对新媒体设备的使用状况调查。

（一）河南省安阳县都里乡少年儿童的媒体使用状况调研报告摘要

1. 调研目的：描述河南省安阳县都里乡少年儿童的媒体使用状况；为 2012 年度的地域因子与儿童新媒体使用行为的交叉对比研究做准备。

2. 调研内容：调研问卷有 43 个问题，内容涉及：少年儿童打手机、上互联网、看电视、打电子游戏、看漫画、看报纸杂志的情况以及家长的监管情况等。

3. 调研对象：河南省安阳市安阳县都里小学学生、都里乡第一中学学生。

4. 调研样本数量与构成：102 个有效样本。年龄分布：10～15 岁；性别分布：男生 44 人，女生 58 人；年级分布：小学五年级、六年级、初一、初二、初三年级各 1 个班级，共 5 个班级，每个班级中选取样本数量约 20 人。

5. 调研方式：问卷调查。

6. 调研地点：河南省安阳市安阳县都里乡。

7. 调研时间：2011 年 7 月～8 月。

8. 主要调研结果：河南省安阳县都里乡少年儿童的媒体使用状况呈现出以下特点：

（1）儿童所拥有的各媒体普及率由高到低依次为：电视（90%）、手机（26%）、电脑（20%）。由于大多数儿童父母属于蓝领阶层，他们大多数都来自中低收入家庭；家庭经济状况是导致手机与电脑等新媒体普及率低的主要原因。

（2）儿童最常用手机来听音乐（提及率为 75%）、打电话（52%）、设闹钟（31%）、拍照或录影音（28%）、玩电子游戏（26%）、发短信（19%）。可见，对于儿童而言，使用手机的目的除了用于个人通信联系以外，用于娱乐也是非常重要的。

（3）对于常玩电子游戏的儿童，手机和电脑是他们最常用的玩电子游戏的工具，他们几乎不使用掌上型游戏机。

（4）儿童最喜欢的电子游戏 TOP8 依次为：穿越火线、QQ 飞车、地下城与勇士、连连看、反恐精英、植物大战僵尸、斗地主、QQ 农场。

（5）四成左右的儿童有过网络交友的经历；一半左右的儿童对于网络交

友持肯定态度。

(6) 对小学组儿童来说，做作业、下载音乐或影片、玩电子游戏是上网最常做的事；对初中组儿童来说，线上聊天、下载音乐或影片、做作业是上网最常做的事，玩电子游戏则排在第四位。可见，随着年龄增长，儿童更喜欢线上聊天。

(7) 在都里乡，少年儿童更容易接触到电视媒体，电视亦比其他媒体更能影响到儿童。在电视、互联网、电子游戏、手机这四种媒体中，儿童看电视的时间最长；其次是玩电子游戏、上网；最后是打手机。

(8) 在平面媒体方面，相比于漫画书，对儿童而言，报纸、杂志更易获得、更经常接触。

(9) 相比于小学组儿童，初中组儿童的电脑技术更纯熟，更了解怎么操作电脑，怎样更快更、多地在网上获取信息或资源。因此，电脑网络媒体对他们更具有吸引力，而低龄组儿童对电脑上网技术并不熟悉，他们的很多信息都来源于报纸、杂志，所以，低龄组儿童更青睐报纸、杂志等纸质媒体。

(10) 家长监管方面，大多数家长（约 3/4）不会陪同儿童一起上网；仅有极少数家长严格监控儿童的上网行为。

(11) 多数父母最常限制儿童使用时间的媒体类型是电视，这与“该地区儿童接触时间最长的是电视媒体”相匹配；而互联网、线上游戏是多数父母禁止儿童接触的媒体类型。

(二) 中国家长对8～15岁少年儿童新媒体使用行为的认知与监管状况调研报告摘要

1. 调研目的：描述中国家长对 8～15 岁少年儿童新媒体使用行为的认知与监管状况，为后续研究“如何提高中国儿童的新媒体素养”提供实证基础。

2. 调研内容：深度访谈提纲中的问题主要涉及以下方面：家长对儿童上网的态度；家长对儿童新媒体使用行为的了解程度；家长对儿童上网行为的管理策略；学校、政府、社会在指导儿童使用新媒体活动中应该扮演的角色等。

3. 调研对象：中国 8～15 岁儿童的家长。

4. 调研样本数量与构成：用方便抽样的方式选取 476 位儿童的家长。男生家长 279 人，女生家长 187 人；父亲约占 40%，母亲约占 60%；样本数量在东部、中部、西部的地域分布基本均衡。

5. 调研方式：深度访谈。

6. 调研地点：东部地区（北京、福建、山东、浙江、江苏、辽宁、吉林）；

中部地区（湖南、湖北、河南、河北、江西、山西、安徽）；

西部地区（云南、广西、新疆、贵州、重庆、宁夏）。

7. 调研时间：2010 年 8 月～2011 年 10 月。

8. 主要调研结果：

（1）儿童上网绝大多数（80%）不是家长教会的，更多的是通过自学等其他途径。大多数家长还没有将使用网络作为孩子必备的基本技能予以重视。家长普遍不是很重视发展儿童使用以网络为代表的新媒体的能力，当今儿童学会使用新媒体通常不是在家长的培养下习得的。

（2）绝大多数（79%）家长对儿童上网都采取了比较支持的态度，认为孩子上网是有必要的；有很小一部分（14.4%）家长反对孩子上网，对孩子的上网行为存在隐忧。

（3）多数家长认为网络对儿童的好处集中在三个方面，依次是：开阔视野；辅助学习；放松精神。

（4）绝大多数家长都认为网络对儿童有一定的危害，主要是影响身心健康成长（影响视力、沉迷网络、接触不良信息、影响健康、交友问题）和耽误学习（影响学习、沉迷网络、浪费时间），另外还有极少一部分家长认为孩子上网会浪费金钱。

（5）绝大多数家长对目前的网络环境很不信任，认为网络包含很多不适合儿童的内容，其庞杂的信息和私密性的特点会对心智尚未成熟、自制力薄弱的儿童产生不良影响，并有可能引发网络沉迷。

（6）大部分（61%）家长认为玩电子游戏对儿童有一定好处，可以“放松娱乐”和“提升反应能力和智力”；还有少数家长认为，电子游戏在“丰富知识”、“熟悉电脑操作”、“增强团队合作”、“促进人际沟通”等方面对儿童有一定的正面作用。

（7）绝大多数（84%）家长认为玩电子游戏对孩子有坏处，主要集中在影响学习和影响身体健康；只有极少数家长（2.7%）认为玩游戏对孩子没有坏处。

(8) 大部分（约70%）家长不知道哪些网站对孩子是有好处的。有一些家长认为，对孩子有好处的网站类型应该是搜索类、学习类、新闻类、视频类和社交类网站。

(9) 尽管家长对儿童玩电子游戏的行为普遍存在隐忧，但多数家长并不了解儿童平时玩的游戏有哪些；玩过电子游戏的家长很少（19.7%），他们玩过的游戏主要是QQ游戏和斗地主。

(10) 多数（57%）家长表示知道孩子的手机能否上网，80%以上的家长表示知道孩子使用手机上网做什么：主要有网络聊天、玩游戏、看小说、看新闻等。但由于手机使用时私密性较强，实际上家长并不能完全掌握儿童手机上网的真实情况。

(11) 绝大多数家长都对孩子玩游戏进行了一定的管理，主要采取限制时间、口头批评、责骂以及强硬措施等管理方式；采取平等开明的管理方式的家长仅占9.4%；有20%的家长认为目前对孩子玩电子游戏的管理方式无效，感到束手无策。

(12) 家长们希望学校通过采取引导教育、监督限制的手段来管理儿童上网；仅有8%的家长认为学校应扮演“推广普及网络”和“教授上网技巧”的角色。

(13) 家长们希望政府能够从净化网络环境、加强网吧管理、进行社会宣传倡导、开发有益于儿童的网站和软件、增强针对儿童的新媒体设施建设、更多关注儿童权益、加强立法建设等方面履行政府职能，发挥应有的重要作用。

（三）中国12～15岁男生对新媒体设备的使用状况调研报告摘要

1. 调研目的：描述中国12～15岁男生新媒体设备的使用状况，为后续研究（年龄因子、性别因子、地域因子、家长教育程度因子等与儿童新媒体使用行为之间的交叉分析）做准备。

2. 调研内容：深度访谈提纲中的问题主要围绕儿童对电脑、手机、游戏机、音乐播放器等新媒体设备的使用行为。

3. 调研对象：中国12～15岁男生。

4. 调研样本数量与构成：用方便抽样的方式选取192个男生样本。样本数量在东部、中部、西部的地域分布基本均衡。

5. 调研方式：深度访谈。

6. 调研地点：东部地区（北京、福建、山东、浙江、江苏、辽宁、吉林）；

中部地区（湖南、湖北、河南、河北、江西、山西、安徽）；

西部地区（云南、广西、新疆、贵州、重庆、宁夏）。

7. 调研时间：2010年8月～2011年10月。

8. 主要调研结果：

（1）12～15岁男生（以下简称为高龄男生）的新媒体设备拥有率依次为：电脑拥有率92.71%；手机拥有率为61.46%；游戏机拥有率为36.98%；音乐播放器（MP3/MP4）拥有率为55.73%。

（2）高龄男生对腾讯QQ格外青睐：高龄男生QQ账号的拥有率（69.79%）远远高于MSN账号（12.99%）；52.70%的高龄男生经常用手机上QQ。

（3）电脑游戏对高龄男生具有很大的吸引力：高龄男生最喜欢使用电脑之目的是玩电子游戏，其次是网络聊天、看电影和听歌；八成左右的儿童在电脑中安装有自己喜欢的游戏；高龄男生使用手机之目的除了打电话、发信息、上网外，还常用手机玩电子游戏、听歌、拍照、看小说。

（4）同学和亲友推荐在高龄男生新媒体接触过程中扮演着重要角色：高龄男生喜欢的网址来源主要是同学或亲友告知或自己搜索；一半左右的儿童都是通过同学或朋友推荐而知晓哪款游戏好玩。

（5）绝大多数的高龄男生（80%）不和父母讨论上网技巧。一方面因为他们认为父母并不懂得更多的上网技巧；另一方面因为他们认为上网属于个人行为，不愿和父母分享。

（6）高龄男生除了动画片外最喜欢看的视频类型是电影，其次是电视剧和搞笑视频；超过一半（67.19%）的高龄男生在看视频时是独自一人，没有他人陪同。

（7）高龄男生在看视频时遇到的最不喜欢的内容是广告和不良视频；在用手机上网时看到厌恶的内容时，高龄男生会直接关闭窗口或删除该信息，但他们很少和他人讨论这个话题。

(8) 高龄男生最喜欢的游戏机是 PSP，选择理由是它的游戏数量多、功能强大。

(9) 多数（78%）高龄男生并不认为随时随地戴耳机是一种时尚。

(10) 高龄男生最喜欢的网络游戏 TOP5 依次为：穿越火线、地下城与勇士、QQ 飞车、魔兽、反恐精英。

(11) 高龄男生最常看动画片的网站主要是优酷网和土豆网；其次是 PPS 和迅雷看看。

(12) 高龄男生最常用手机上的网站 TOP5 依次为：QQ、百度、腾讯网、新浪网、人人网。

调研报告一：河南省安阳县都里乡少年儿童的媒体使用状况

一、样本基本信息描述

●样本总数：102 个。其中女生样本 58 个，男生样本 44 个；
●年龄区间：10～15 岁；
●年级区间：年级分布在五年级至初三；
●父母职业：据样本儿童的问卷回答显示，大多数儿童父母的职业类型属于蓝领阶层（工人、农民、外出打工等），个别儿童父母的职业为高知阶层（教师、医生等）。

二、媒体使用行为整体描述

（一）手机媒体

（1）是否拥有属于自己的手机

有没有自己的手机？

拥有属于自己的手机的儿童有 27 人，仅占 26%，没有自己的手机的儿童有 75 人，占到了 74%。可见，手机的普及率并不高（详见图 1）。

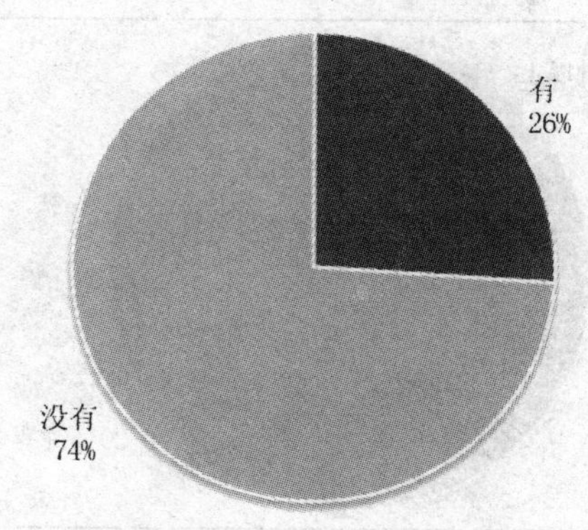

图 1　是否拥有属于自己的手机

（2）最常打手机的对象

最常和谁打手机？

近一半（48%）的儿童最常与家人打手机；36%的儿童最常与同学朋友打手机；另外还有16%的儿童最常与其他人打手机（详见图2）。

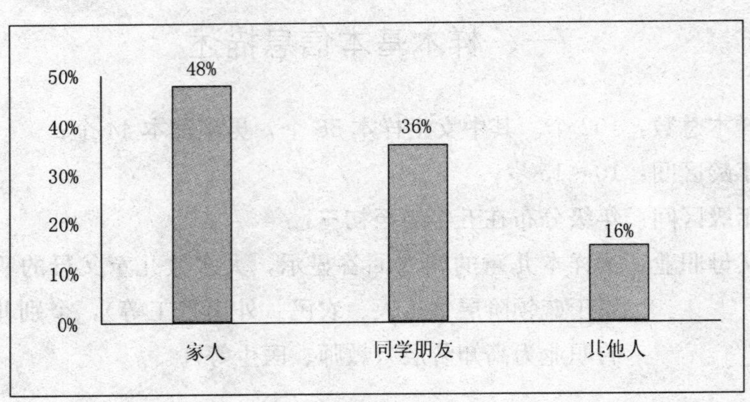

图2　最常讲手机的对象

（3）每天打手机的时间

每天大约花多少时间讲手机？

84%的儿童每天讲手机的时间在20分钟以内，仅有16%的儿童每天讲手机的时间超过20分钟。其中，自己没有手机的儿童会使用父母或朋友的手机讲话。可见，儿童每天讲手机的时间并不是很长，基本控制在20分钟以内（详见图3）。

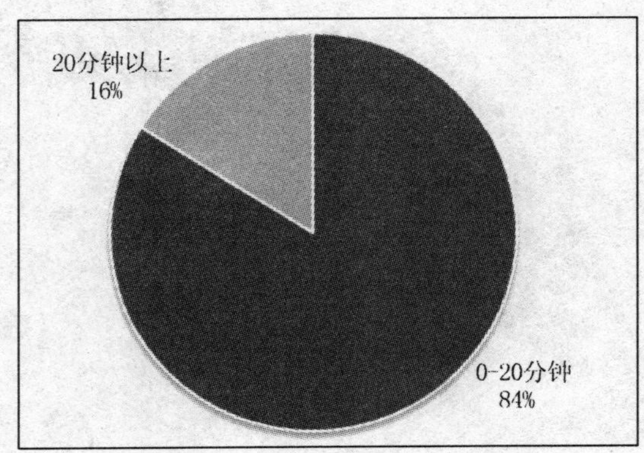

图3　每天讲手机的时间

（4）儿童最常使用手机之目的

最常用手机来做哪 3 样事情？

提及次数最多的 3 件事情是听音乐、打电话、设闹钟；其次是拍照/录影音、玩电子游戏、发短信；最后则是电话簿、装饰手机、收音机和其他目的（详见图 4）。

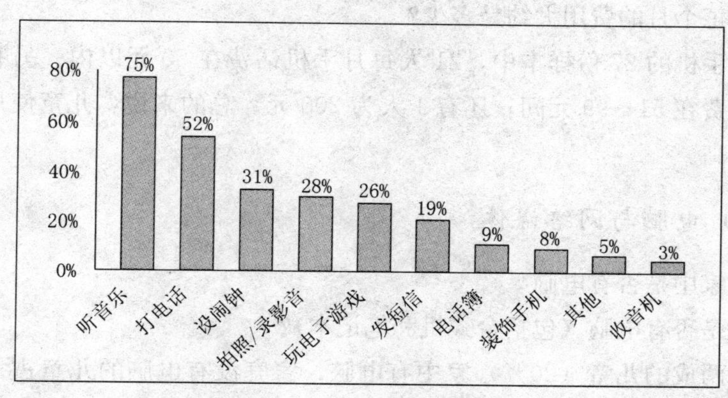

注：图内数据表示提及率。

图 4　儿童最常使用手机之目的

（5）每天发短信数

一天大约会发几条手机短信息？

超过一半的儿童（60%）都不发短信；每天发短信数在 10 条以内的儿童占 37%；另外，还有个别儿童（2%）每天发短信数在 10 条以上。可见，样本儿童每天发短信数比较少。只有部分个例每天发短信数为 50 条（详见图 5）。

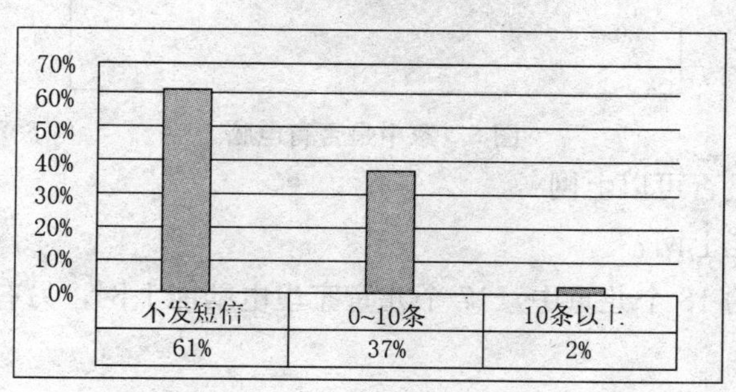

不发短信	0~10条	10条以上
61%	37%	2%

图 5　每天发短信数

(6) 几岁拥有自己的手机

几岁时有第一部手机?

在有手机的27个样本中，儿童拥有属于自己的手机的年龄区间在10～15岁之间。

(7) 每月手机话费金额

手机每个月的费用大约是多少?

在有手机的27份样本中，21人每月手机话费在50元以内。另有1人每月手机话费在51～99元间，还有1人为200元。总的来说，儿童使用手机的花费并不高。

(二) 电脑与网络媒体

(1) 家中是否有电脑

家中是否有电脑（包括台式机和笔记本)?

仅有两成的儿童（20%）家中有电脑，家庭没有电脑的儿童占了绝大多数，为80%。可见，电脑的普及率在这一地区并不高（注：10人未填写，详见图6)。

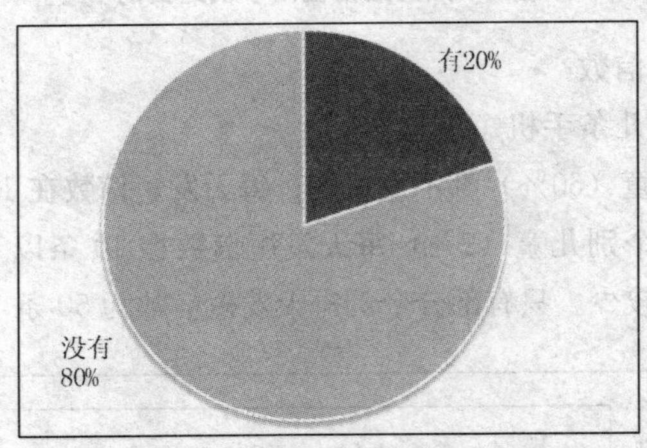

图6 家中是否有电脑

(2) 家里是否可以上网

家里能不能上网?

在有电脑的18个儿童中，17个儿童家里电脑能上网，另有1人家里不能上网。

(3) 几岁开始上网

从几岁开始上网?

调查显示，儿童开始上网的年龄集中在8～15岁。

（4）家人是否陪同上网

家人是否会陪我一起上网？

74％的儿童表示家长几乎没有陪同自己上网过，表示偶尔有家长陪同一起上网的儿童占 23％，另仅有 3％的儿童表示家长会经常陪同一起上网。由此可见，只有极少数的家长严格监控孩子上网。大多数家长（约 3/4）对孩子上网行为采取了较开放的态度（注：回答此问题的有效样本数为 97 个（详见图 7）。

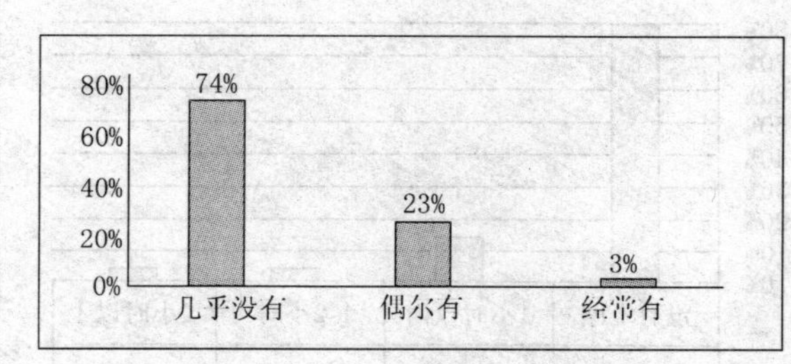

图 7　家人是否陪同上网

（5）最常上网的地点

最常在哪里上网？

将近一半的儿童（48％）最常上网的地点为亲戚朋友家；其次 43％的儿童经常在家里上网；还有 7％的儿童会经常在网吧上网；另外有个别儿童（2％）经常在补习班上网（注：有效样本为 46，详见图 8）。

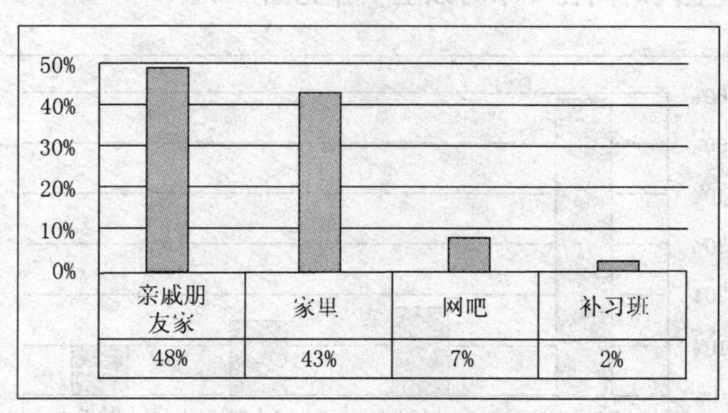

亲戚朋友家	家里	网吧	补习班
48%	43%	7%	2%

图 8　最常上网的地点图

（6）周一至周五上网时间

周一至周五上学时，每天大约花多长时间上网？

近八成的儿童（80％）周一至周五上学期间不上网；14％的儿童上网时间在1小时以内；另有6％的儿童上网时间在1小时以上。据此可知，该地区儿童在周一至周五上网时间不长（1小时以内）（注：回答此问题的有效样本数为101个，详见图9）。

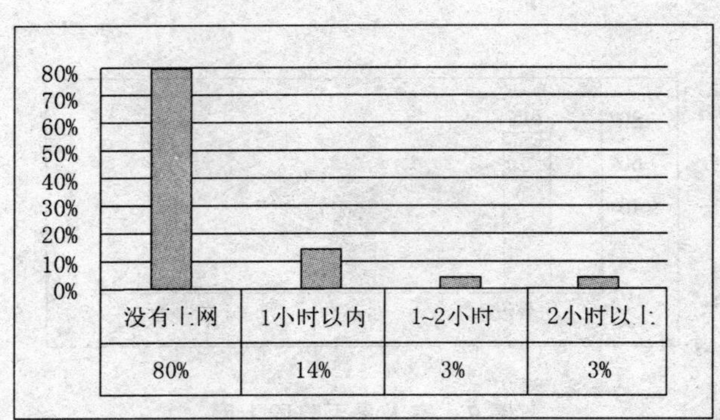

图9　周一至周五上网时间

（7）周六、日上网时间

周六日大约花多少时间上网？

超过一半（58％）的儿童在周六日不上网；17％的儿童在周六日上网所花时间在1小时以内；还有15％的儿童在此期间所花时间为1～2小时；另外有10％的儿童上网时间在2小时以上（详见图10）。

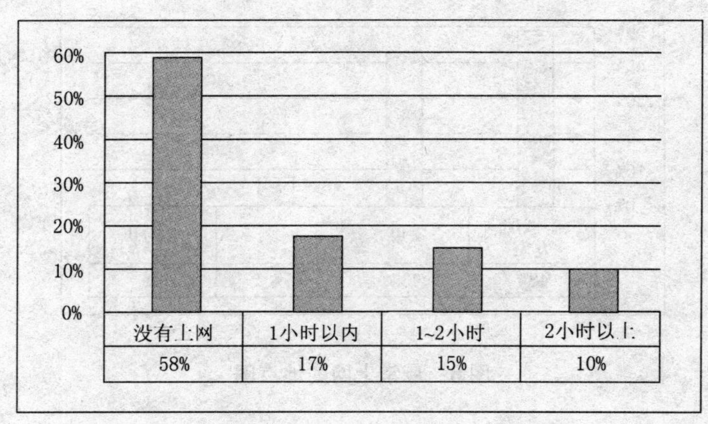

图10　周六、日上网时间

（8）儿童最常上网之目的

上网最常做哪三件事情？

下载音乐或影片、线上聊天是儿童最常做的事；其次最常上网做作业、玩电子游戏、打电话，再次为贴相簿、收发电子邮件、上博客（详见图 11）。

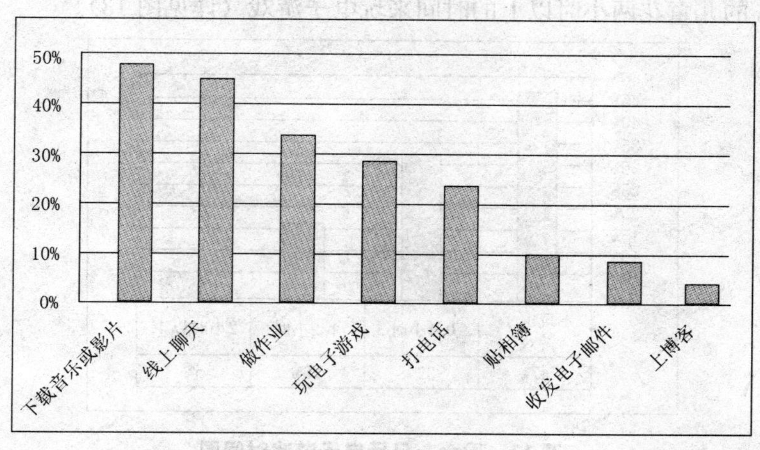

图 11　儿童最常上网之目的

（9）周一至周五玩电子游戏时间

周一至周五上学期间，每天大约花多少时间玩电子游戏？

61％的儿童在周一至周五不玩电子游戏，27％的儿童在此期间玩电子游戏的时间在 1 小时以内，9％的儿童为 1～2 小时。另有 3％的儿童在两小时以上。可见，儿童在周一至周五期间玩电子游戏的时间基本控制在两小时以内（详见图 12）。

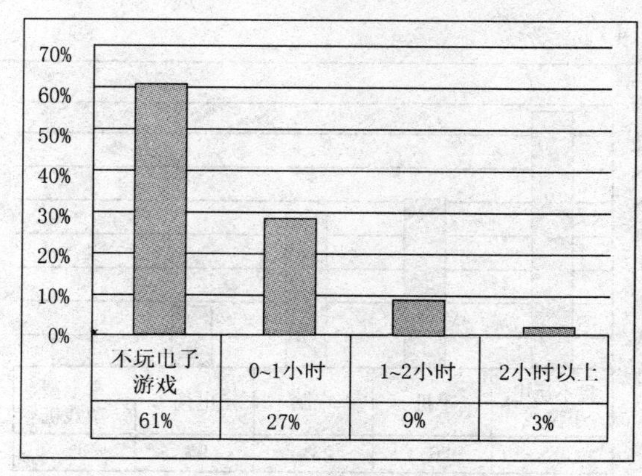

不玩电子游戏	0~1小时	1~2小时	2小时以上
61%	27%	9%	3%

图 12　周一至周五玩电子游戏时间

（10）周六、日玩电子游戏时间

周六日，大约花多少时间玩电子游戏？

近一半的儿童（47%）在周六日不玩电子游戏；32%的儿童在此期间所花玩电子游戏的时间在1小时以内；另外16%的儿童则是在1～2小时以内；还有5%的儿童花两小时以上的时间来玩电子游戏（详见图13）。

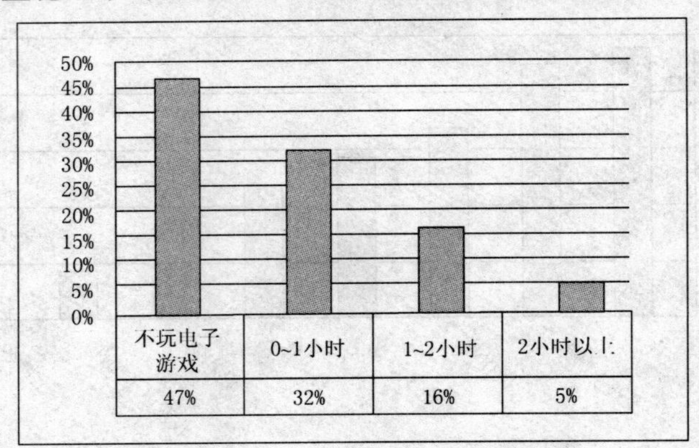

图13　周六、日玩电子游戏时间图

（11）最常玩游戏的工具

最常用什么工具来玩游戏？

除了38%的儿童平时不玩游戏外，最常玩游戏的工具为手机，所占比例为26%；其次是电脑，有23%的儿童最常用电脑玩游戏；再次是电视和掌上型游戏机，所占比例分别为9%、4%。可见，儿童更趋向于使用电脑、手机等新型媒体玩电子游戏，掌上游戏机在该地区还未能占据主要电玩市场，影响较小（详见图14）。

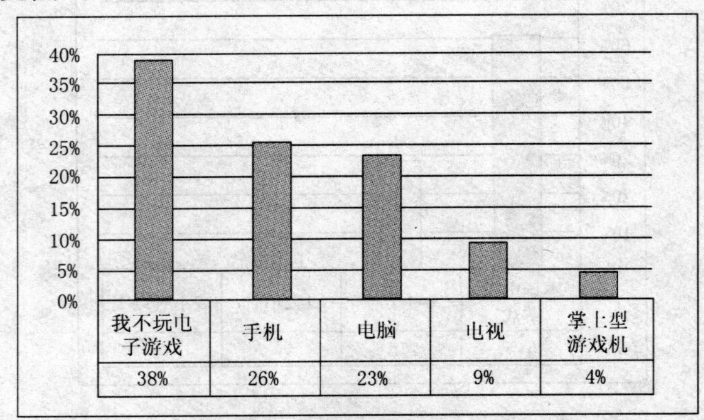

图14　最常玩游戏的工具

（12）是否有自己的博客

是否有自己的博客？

近七成的儿童（69%）没有自己的博客，有自己博客的儿童仅占 3 成左右，为 31%。可见，博客在儿童中的普及率并不高（详见图 15）。

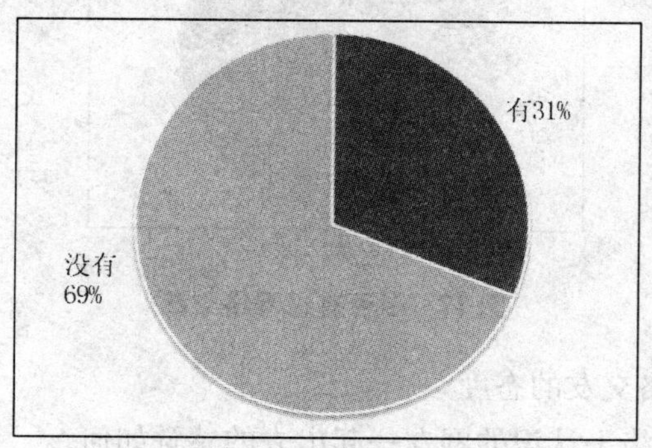

图 15　是否有自己的博客

（13）儿童最常上博客之目的

我最常在博客上做哪 3 件事？

设计桌面、上传照片、写文章是儿童最常上博客之目的，其次则是回应留言、插入影音，另外上博客还会玩 Fun P（推推王）以及其他的目的（详见图 16）。

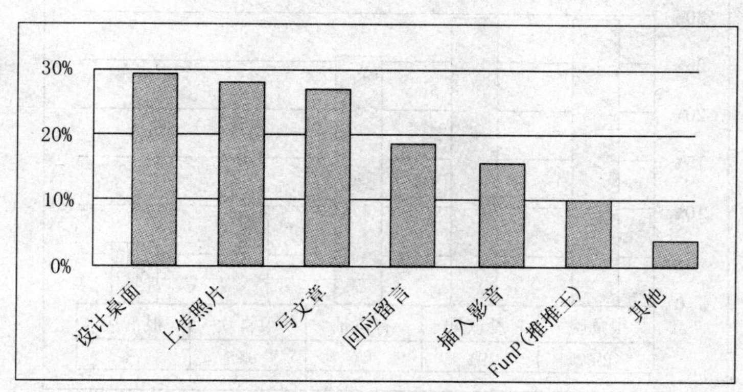

图 16　儿童最常上博客之目的

（14）是否有过网络交友

有没有在网络上交过朋友（以前不认识的）？

近一半左右的儿童（41%）有过网络交友的经历；59%的儿童没有网络交友的经历。可见，网络交友在该地区的儿童中很普遍（注：回答此问题的有效样本数为 97 个，详见图 17）。

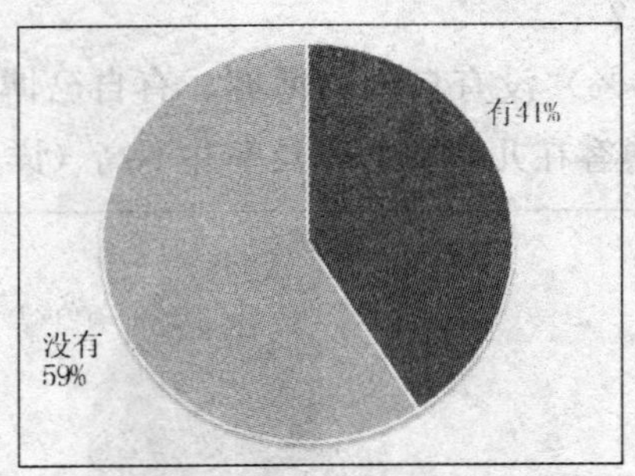

图 17　是否有过网络交友

（15）对于网络交友的态度

你觉得和在网络上认识的网友一起出去的感觉如何？

认为网络交友是“很危险”的行为的儿童有 29％；对网络交友“没意见”的儿童也占 29％；26％的儿童对网络交友“有点怕”；9％的儿童“很喜欢”网络交友；另有 7％的儿童觉得网络交友“很正常”（详见图 18）。

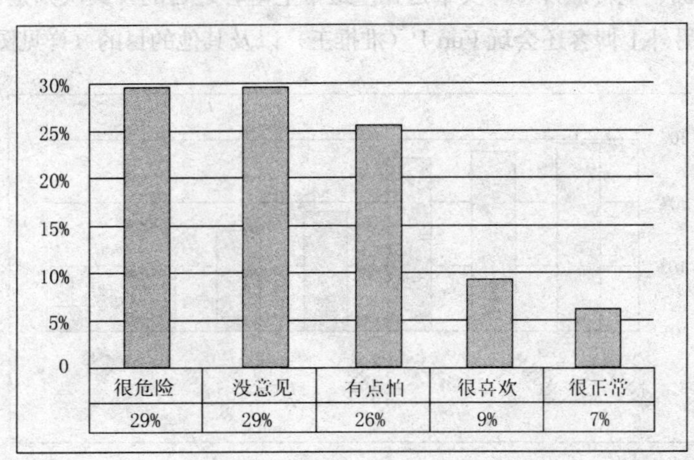

图 18　对于网络交友的态度

（三）电视媒体

（1）家中是否有有线电视

家中是否有有线电视？

90%的儿童家中都有有线电视，仅有10%的儿童家中没有。可见，有线电视的普及率很高（详见图19）。

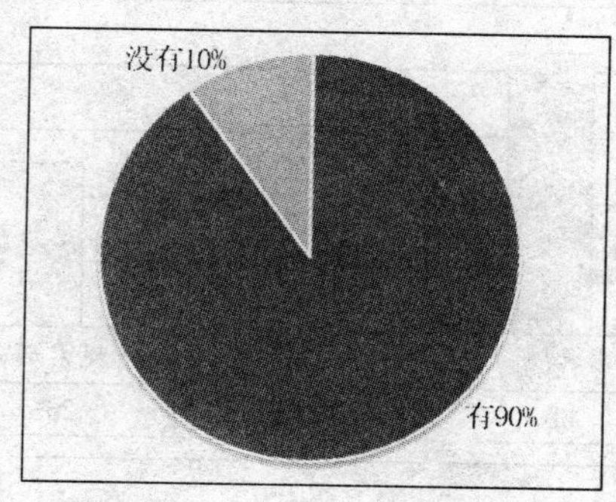

图19 家中是否有有线电视

（2）最常收看电视的地点

最常在哪里看电视？

83%的儿童最常看电视的地点是客厅；10%的儿童最常在个人房间看电视；另外7%的儿童则最常在其他房间看电视。可见，看电视总体上是相对集体性的娱乐方式，私密性较小（详见图20）。

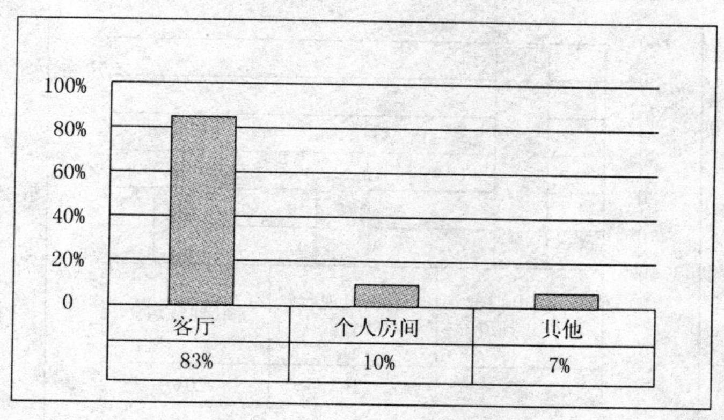

图20 最常收看电视的地点图

（3）最常一起看电视的对象

最常和谁一起看电视？

差不多一半的儿童（43%）最常与爸妈一起看电视；31%的儿童则最常

独自收看电视；另外26％的儿童最常与兄弟姐妹一起看电视（详见图21）。

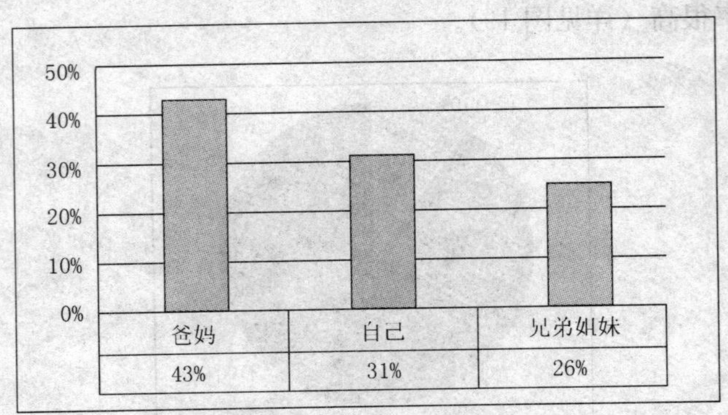

图21　最常一起看电视的对象

（4）最常看的儿童或卡通电视台

我最常在下面哪一个电视台看儿童或卡通节目？

超过一半的儿童最常在中央电视台少儿频道收看儿童或卡通节目；22％的人选择在中央电视台1套看儿童或卡通节目；还有20％的儿童在其他频道收看儿童或卡通节目，其他频道被提及的有金鹰卡通、江苏卫视和酷卡卫视。可见，80％的儿童都选择收看中央电视台的儿童或卡通类节目（详见图22）。

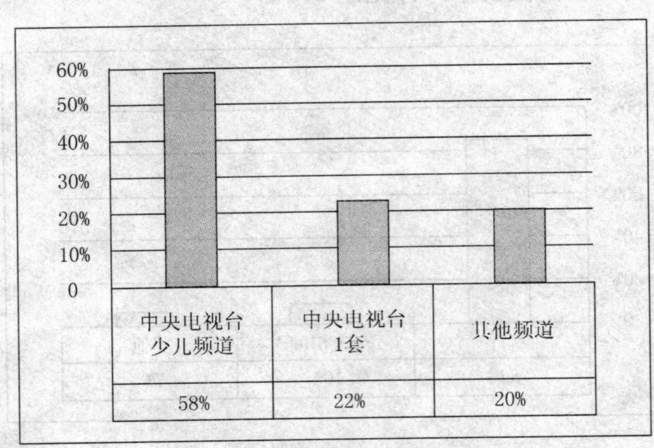

图22　最常看儿童或卡通的电视台

（5）周一至周五看电视时间

周一至周五上学期间，每天大约花多少时间看电视？

将近一半的儿童（49％）在周一至周五上学期间每天花在看电视上的时间在1小时以内；29％的儿童花1～2小时来看电视；还有8％的儿童看电视的时间在两小

时以上；仅有 14%的儿童在周一至周五上学期间不看电视（详见图 23）。

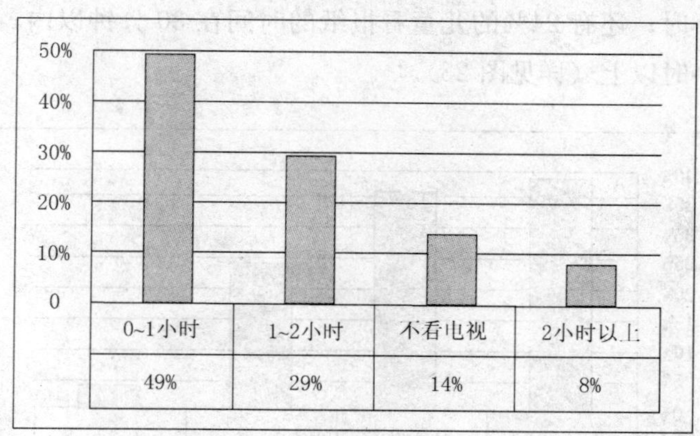

图 23 周一至周五看电视时间

（6）周六、日看电视时间

周六日，大约花多少时间看电视?

周六日，24%的儿童看电视的时间在两小时以上；39%的儿童看电视的时间在 1～2 小时；30%的儿童看电视的时间在 1 小时以内；仅有 7%的儿童在此期间不看电视（详见图 24）。

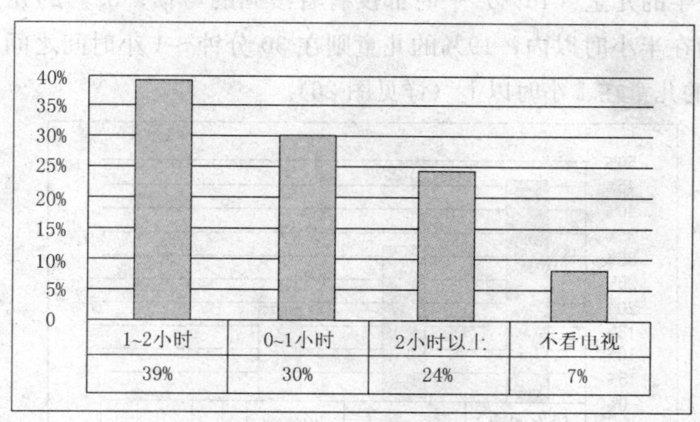

图 24 周六、日看电视时间

（四）纸质媒体

（1）一星期看报纸时间

一星期大约花多少时间读报纸?

34％的儿童平时没有读报纸的习惯；38％的儿童一星期读报纸的时间在30分钟～1小时；还有24％的儿童看报纸的时间在30分钟以内；仅有4％的儿童是在1小时以上（详见图25）。

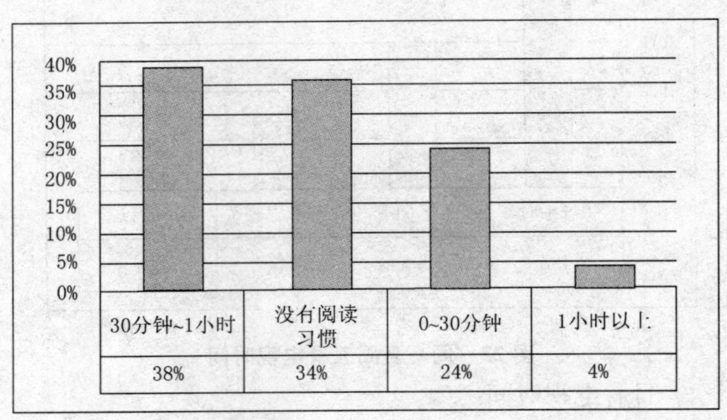

图25　一星期看报纸时间

（2）一星期看漫画时间

一星期大约花多少时间在看漫画？

将近一半的儿童（46％）平时都没有看漫画的习惯；33％的儿童每周看漫画的时间在半小时以内；19％的儿童则在30分钟～1小时间之间；仅有个别（2％）的儿童在1小时以上（详见图26）。

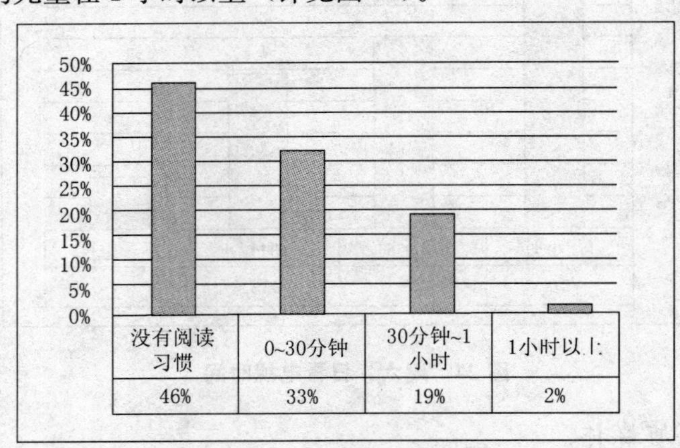

图26　一星期看漫画时间

(3) 一星期看杂志时间

一星期大约花多少时间读杂志?

没有读杂志习惯的儿童占了将近一半（46%）；一星期看杂志时间在半小时以内的儿童占 30%；还有 22%的儿童看杂志的时间为 30 分钟～1 小时；仅有个别（2%）的儿童在 1 小时以上（详见图 27）。

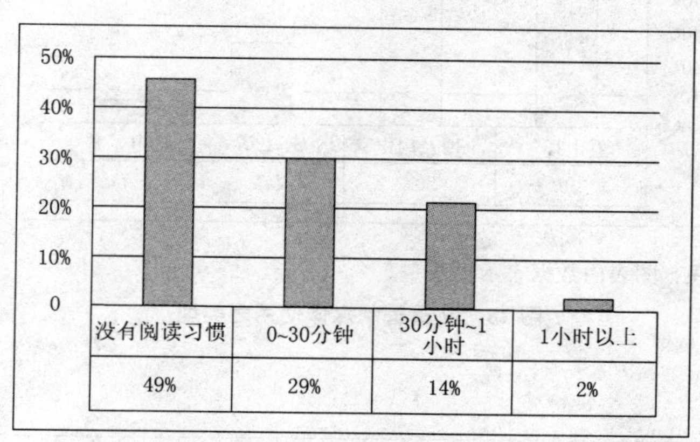

图 27　一星期看杂志时间

(五) 父母对儿童使用媒体的监管

(1) 父母管制媒体使用时间之类型

下面哪些事，爸妈会管我使用多久时间?

70%的儿童表示父母最管制自己看电视的时间；58%的儿童则表示父母会管制自己上网及用电脑的时间；还有 35%的儿童提及打电话也是父母会管制自己使用时间的媒体；另外 29%的儿童表示父母会管制自己玩电子游戏的时间（详见图 28)。

(2) 父母禁止玩或不能看的媒体内容

下面哪些事，我爸妈会禁止我玩或不能看?

一半多的儿童提及线上游戏是父母禁止接触的媒体内容；也有一半的儿童表示上网也是父母会禁止的；曾被父母禁止看电视节目的儿童占了 19%；14%的儿童表示父母会禁止他们看漫画书（详见图 29)。

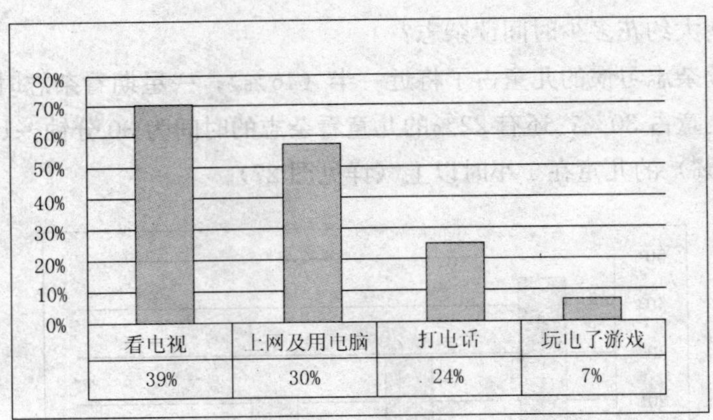

注：图表内数据表示提及率。

图 28　父母管制媒体使用之类型

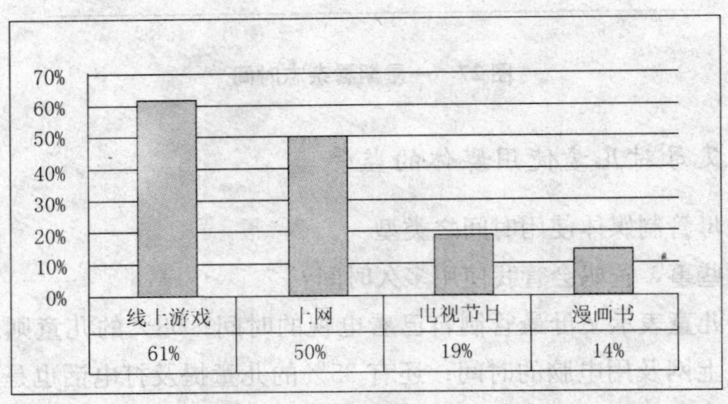

注：图表内数据表示提及率。

图 29　父母曾禁止（不能玩或不能看）的媒体内容

（六）其他方面

（1）儿童最喜欢的电视节目 TOP8

我通常看哪三类电视节目？

一半左右的儿童最喜欢的电视节目为卡通或儿童节目、连续剧、电影；30％左右的儿童最喜欢看的电视节目是音乐节目、综艺节目、知识节目；还有个别儿童（不到10%）喜欢看新闻节目和其他节目（详见图30）。

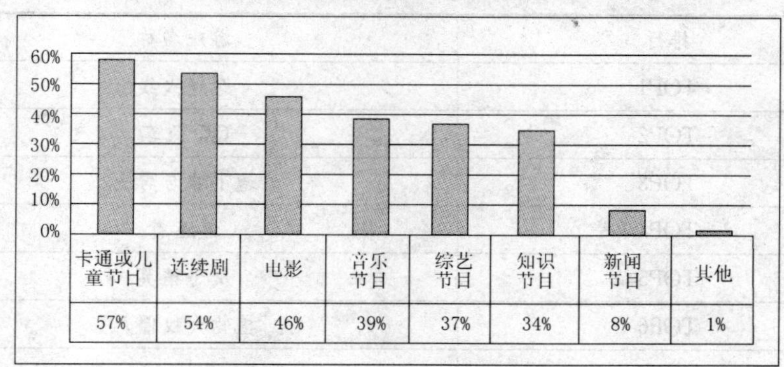

注：图表内数据表示提及率。

图30 儿童最喜欢的电视节目

（2）对儿童而言，最重要的媒体TOP8

对我而言，下面哪三样东西最重要？

提及率最高的3样东西是电脑、手机、电视，这三样东西对儿童而言是最重要的；30%左右的儿童则表示报纸杂志、漫画书、MP3是最重要的；仅有个别儿童（不到10%）认为数码相机、掌上型游戏机是最重要的（详见图31）。

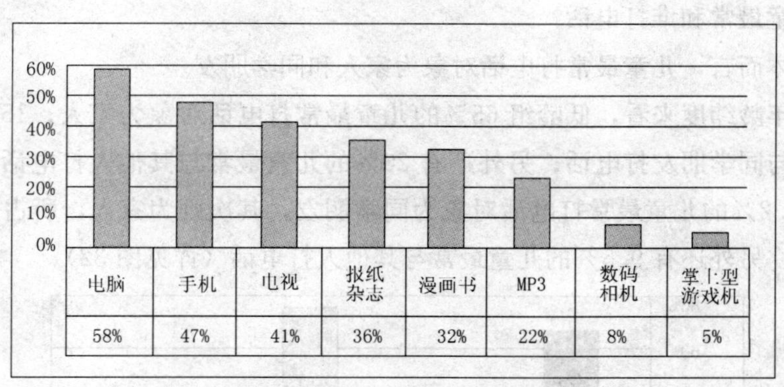

图31 对儿童而言，最重要的媒体

（3）儿童最喜欢的电子游戏TOP8

我最喜欢的电子游戏有哪些？

提及率前8位的电子游戏依次为：穿越火线、QQ飞车、地下城与勇士、连连看、反恐精英、植物大战僵尸、斗地主、QQ农场（详见表1）。

表 1 儿童最喜欢的电子游戏

排行	游戏名称
TOP1	穿越火线
TOP2	QQ 飞车
TOP3	地下城与勇士
TOP4	连连看
TOP5	反恐精英
TOP6	植物大战僵尸
TOP7	斗地主
TOP8	QQ 农场

三、媒体使用行为交叉对比分析

（一）从年龄纬度比较：低龄组（小学组）VS 高龄组（初中组）

1. 年龄与最常打电话对象交叉分析

儿童最常和谁打电话？

总体而言，儿童最常打电话对象为家人和同学朋友。

从年龄纬度来看，低龄组 65％的儿童最常打电话对象为家人；15％的儿童最常与同学朋友打电话；另外还有 20％的儿童最常与其他人打电话。而高龄组 76.2％的儿童最常打电话对象为同学朋友，其次则为家人，所占比例为 14.3％，另外还有 9.5％的儿童最常与其他人打电话（详见图 32）。

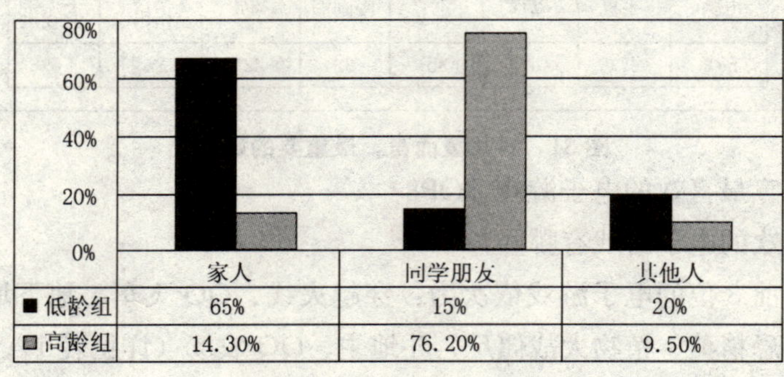

图 32 年龄与最常打电话对象交叉分析图

2. 年龄与最常用手机之目的交叉分析

儿童最常用手机来做哪三件事？

从总体来看，听音乐、打电话、玩电子游戏、拍照录影音是儿童最常用手机之目的。从年龄纬度比较而言，低龄组儿童最常用手机听音乐、打电话、玩电子游戏；而高龄组儿童则是听音乐、设闹钟、打电话、拍照/录影音。可见，低龄组更喜欢用手机玩电子游戏，而高龄组则喜欢用手机来设闹钟（详见图 33）。

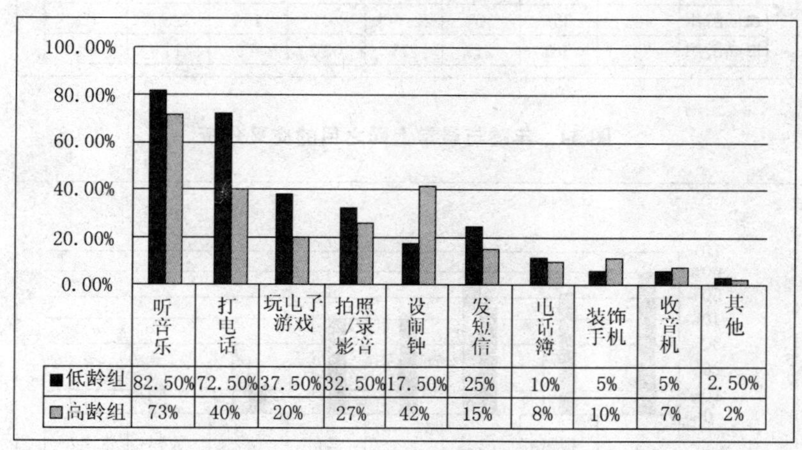

	听音乐	打电话	玩电子游戏	拍照/录影音	设闹钟	发短信	电话簿	装饰手机	收音机	其他
■低龄组	82.50%	72.50%	37.50%	32.50%	17.50%	25%	10%	5%	5%	2.50%
□高龄组	73%	40%	20%	27%	42%	15%	8%	10%	7%	2%

图 33　年龄与最常用手机之目的交叉分析

3. 年龄与最常上网之目的交叉分析

儿童上网最常做哪 3 样事情？

对低龄组儿童来说，做作业、下载音乐或影片、玩电子游戏是上网最常做的事；而对高龄组儿童来说，线上聊天、下载音乐或影片、做作业是最常做的事。随着年龄增加，儿童更喜欢在网上聊天（详见图 34）。

4. 年龄与对儿童而言最重要的媒体交叉分析

对儿童而言，下面哪 3 样东西最重要？

对低龄组儿童而言，最重要的东西依次为漫画书、报纸杂志、电脑、电视、手机等；而高龄组则认为电脑、手机、电视、MP3、报纸杂志是他们最重要的东西。由此可见，低龄组儿童更喜欢纸质媒体，而高龄组则更喜爱电脑网络媒体（详见图 35）。

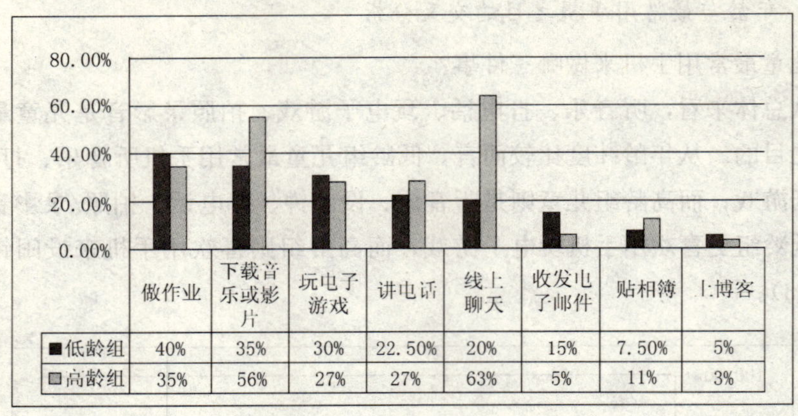

	做作业	下载音乐或影片	玩电子游戏	讲电话	线上聊天	收发电子邮件	贴相簿	上博客
■低龄组	40%	35%	30%	22.50%	20%	15%	7.50%	5%
■高龄组	35%	56%	27%	27%	63%	5%	11%	3%

图 34　年龄与最常上网之目的交叉分析

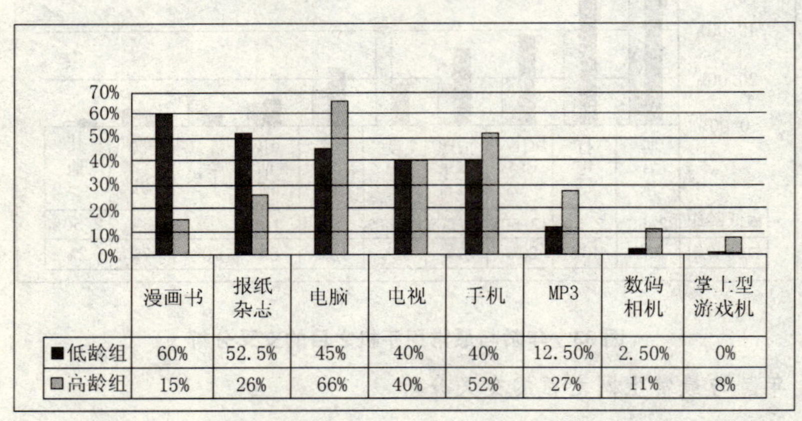

	漫画书	报纸杂志	电脑	电视	手机	MP3	数码相机	掌上型游戏机
■低龄组	60%	52.5%	45%	40%	40%	12.50%	2.50%	0%
■高龄组	15%	26%	66%	40%	52%	27%	11%	8%

图 35　年龄与最重要的媒体（对儿童而言）交叉分析

（二）从性别纬度比较

5. 性别与最常用手机之目的交叉分析

儿童最常用手机来做哪 3 件事？

对女生而言，听音乐、打电话、设闹钟和拍照/录影音是她们最常用手机做的事；而对男生而言，最常用手机的目的则为：听音乐、玩电子游戏、打电话和设闹钟。据此可见，相比于女生，男生更喜欢用手机来玩电子游戏（详见图 36）。

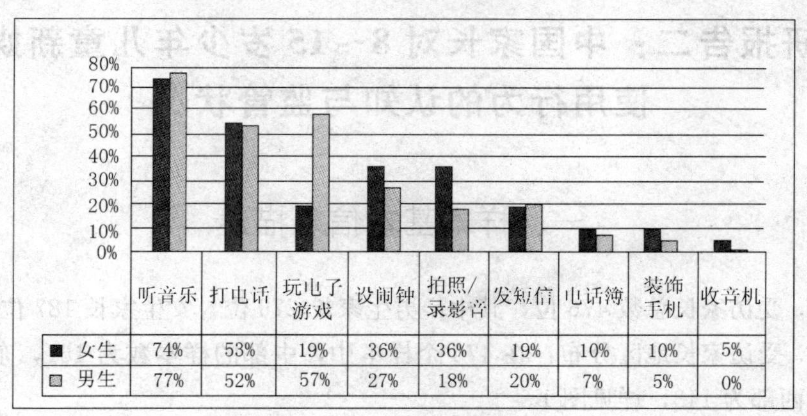

	听音乐	打电话	玩电子游戏	设闹钟	拍照/录影音	发短信	电话簿	装饰手机	收音机
女生	74%	53%	19%	36%	36%	19%	10%	10%	5%
男生	77%	52%	57%	27%	18%	20%	7%	5%	0%

图 36　性别与最常用手机之目的交叉分析

6. 性别与最常上网之目的交叉分析

儿童上网最常做哪三件事?

做作业、线上游戏、打电话、玩电子游戏是女生上网最常做的事；而男生上网最常做的事是玩电子游戏、线上聊天、打电话、做作业。据此可见，从性别纬度来看，最大的区别是，女生上网最常做的事是做作业，而男生上网最常做的事为玩电子游戏（详见图 37）。

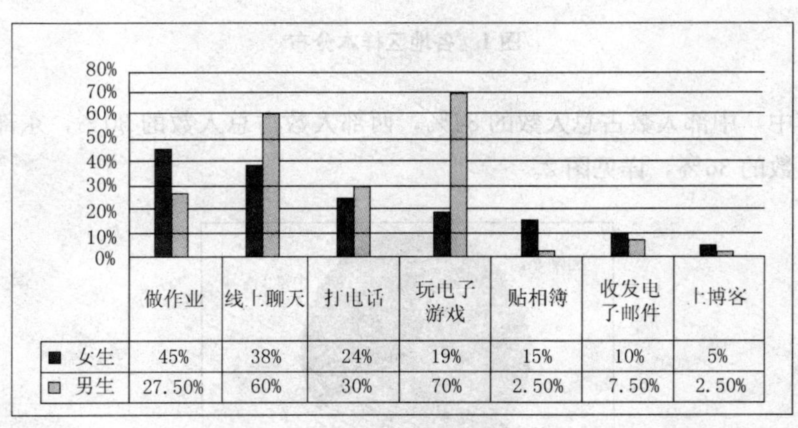

	做作业	线上聊天	打电话	玩电子游戏	贴相簿	收发电子邮件	上博客
女生	45%	38%	24%	19%	15%	10%	5%
男生	27.50%	60%	30%	70%	2.50%	7.50%	2.50%

图 37　性别与最常上网之目的交叉分析

调研报告二：中国家长对 8～15 岁少年儿童新媒体使用行为的认知与监管状况

一、样本基本信息描述

1. 受访家长总数 476 位，其中：男生家长 279 位，女生家长 187 位。

2. 受访家长地区分布：在 476 个样本中，中部的样本数为 161，东部为 172，西部为 143，详见图 1。

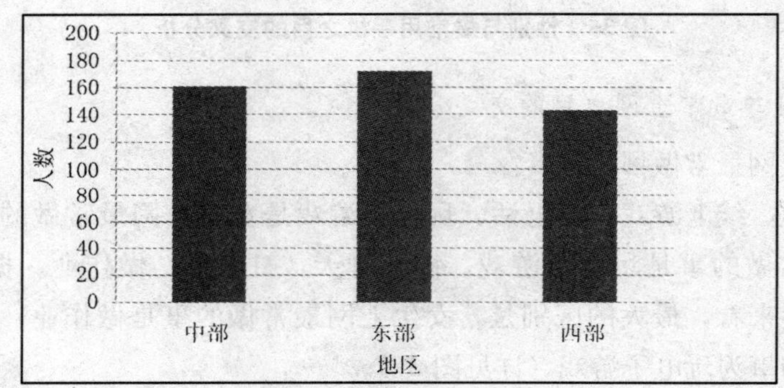

图 1　各地区样本分布

其中，中部人数占总人数的 34%，西部人数占总人数的 30%，东部人数占总人数的 36%，详见图 2。

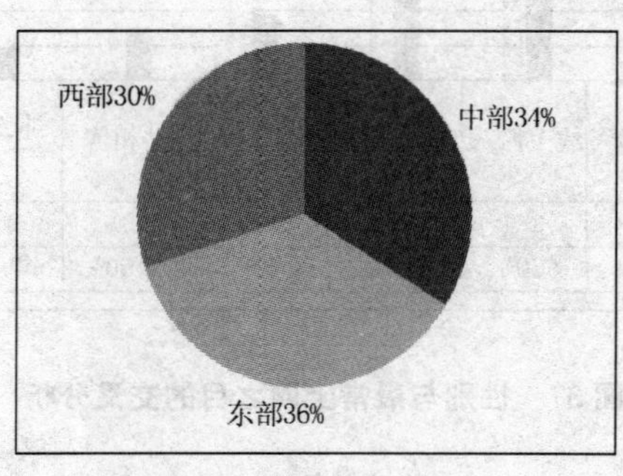

图 2　各地区样本人数百分比

3. 受访家长的家庭角色

填写家庭角色的样本数为 450，其中“父亲”182 份，占 40.4%；“母亲”268 份，占 59.6%。详见图 3。

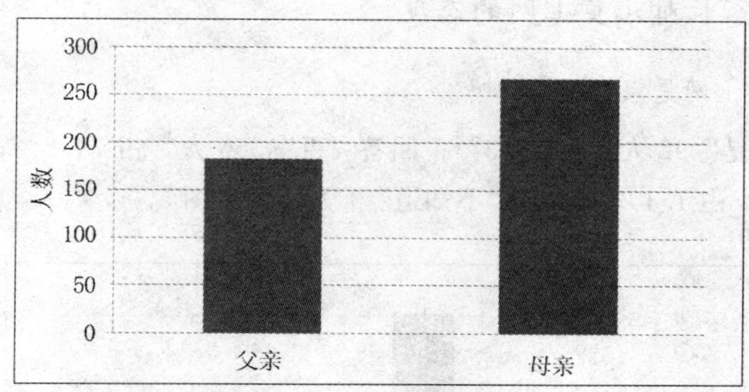

图 3 家庭角色人数分布

4. 受访家长学历情况

样本总数为 443，其中本科有 141 人，占 31.8%；研究生 16 人，占 3.6%；高中 71 人，占 16%；大专 81 人，占 18.4%；中专 43 人，占 9.7%；初中 69 人，占 15.6%；小学 19 人，占 4.3%；没上过学的 3 人，占 0.7%。学历是本科的家长最多，其次是大专，二者共占 50.2%，详见图 4。

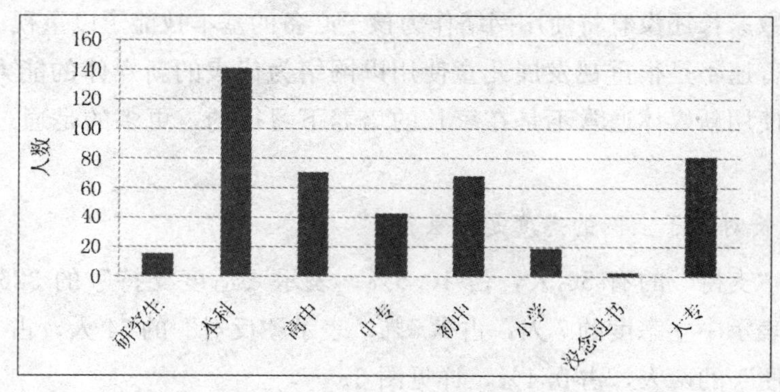

图 4 家长学历情况

二、调研结果描述与分析

（一）家长对儿童上网的态度

1. 孩子上网是家长教会的吗？

回答“是”92人，占19.3%；回答“否”356人，占74.8%；回答“有一些”5人，占1.1%；回答“不知道”1人，详见图5。

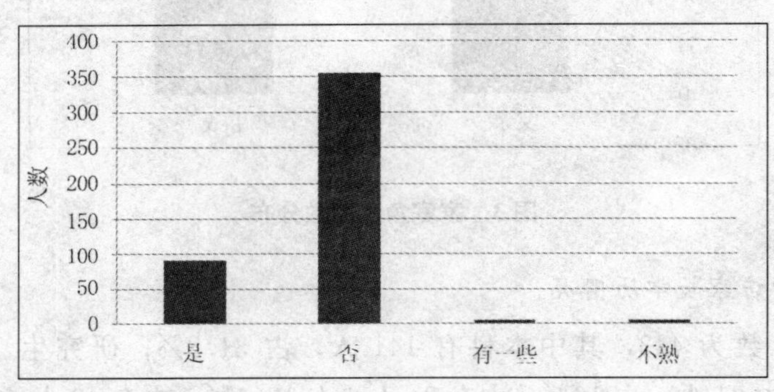

图5 您的孩子上网是您教会的吗？

由此可知，样本儿童上网绝大多数不是家长教会的，这在一定程度上说明，大多数家长还没有将使用网络作为孩子必备的基本技能予以重视。

家长普遍不是很重视发展儿童使用以网络为代表的新媒体的能力，当今儿童学会使用新媒体通常不是在家长的培养下习得的，更多的是通过自学等其他途径。

2. 家长对孩子上网的态度是什么？

表示“支持”的有50人，占10.5%；表示“适度支持”的326人，占68.5%；表示中立态度的7人，占1.5%；表示“反对”的64人，占14.4%；表示“随便”的两人，占0.4%，详见图6。

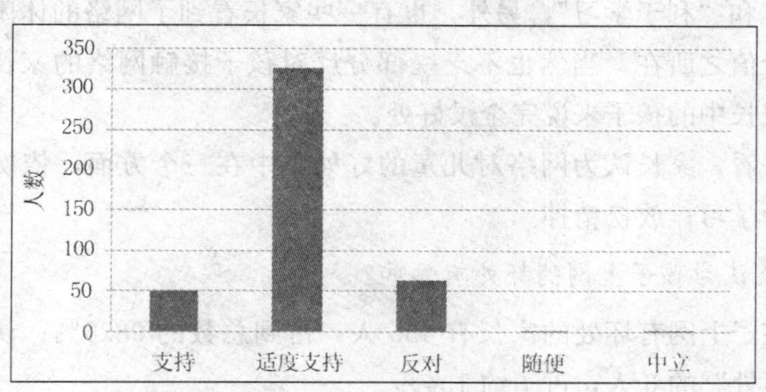

图 6　您对孩子上网的态度是什么

调查结果显示，绝大多数家长对儿童上网采取了比较支持的态度，家长对儿童上网的态度总体上比较开放，认为孩子上网是有必要的；另外也有超过 50 位家长表示反对孩子上网，可见也有相当一部分家长对孩子的上网行为存在隐忧，对儿童上网抱反对和限制的态度。

上述数据显示，当今大多数家长对儿童上网都采取了较开放的态度，只有很小一部分家长强烈反对孩子接触新媒体。

3. 家长认为孩子上网的好处有哪些?

提及次数："开阔视野" 108 次，"丰富知识" 92 次 ，"利于查资料" 50 次，"放松精神" 49 次，"了解新闻" 10 次，"娱乐" 16 次，"开发智力" 24 次，"利于学习" 75 次，"认为没有好处" 39 次，详见图 7。

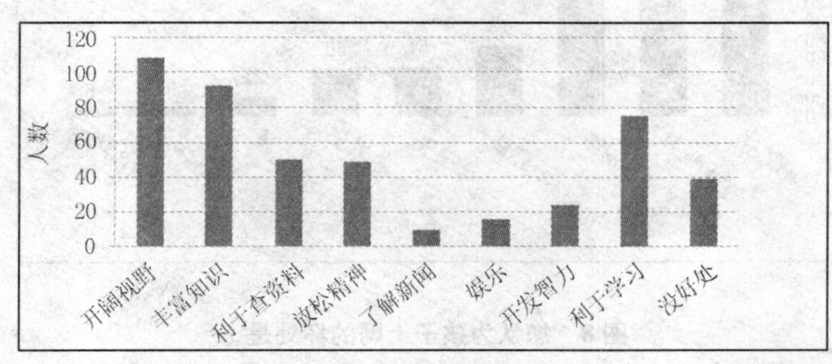

图 7　您认为孩子上网有哪些好处

由此可以看出，绝大多数家长对于网络能够使孩子"开阔眼界、丰富知识"是十分认同的，其次家长还很看重网络对孩子学习的辅助作用，如"利于查资料”和“利于学习”，另外，也有一些家长看到了网络的休闲娱乐功能对孩子的价值之所在，当然也不乏一部分反对孩子接触网络的家长，他们认为网络对成长中的孩子来说完全没好处。

总结来看，家长认为网络对儿童的好处集中在三个方面，依次是：开阔视野；辅助学习；放松精神。

4. 家长认为孩子上网的坏处有哪些?

认为孩子上网有坏处的家长有 435 人，占到总数的 98.6%；认为“孩子上网没有坏处”的 6 人，占了约 1.4%。

在认为有坏处的家长样本中，

(1)“上网会影响孩子学习”提到 164 次；

(2)“上网会影响孩子视力”提到 144 次；

(3)“上网会使孩子沉迷网络”提到 130 次；

(4)“上网会使孩子接触到一些不良信息”提到 73 次；

(5)“担心电脑辐射会影响孩子的健康”提到 51 次；

(6)“上网浪费时间”提到 50 次；

(7)“孩子上网会产生交友问题”提到 21 次；

(8)“孩子上网浪费钱”提到 9 次。

详见图 8。

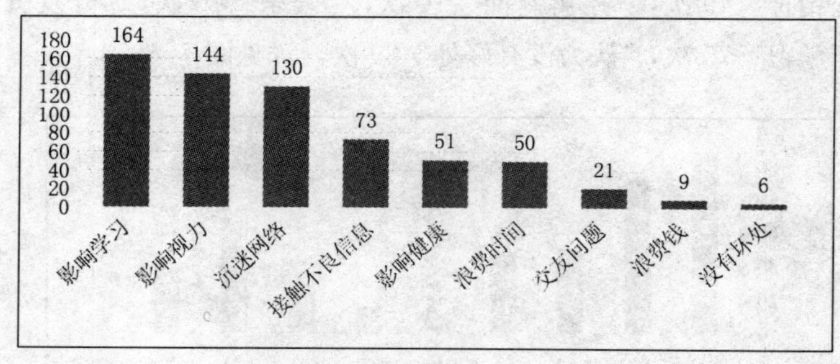

图 8　您认为孩子上网的坏处是

由分析可以得知：在对待孩子上网总体态度比较开放的前提下，相比对网络之于儿童好处的认识，大多数家长还是更多地看到了网络对儿童的坏处，主要集中在影响学习和影响身心健康这两个方面。

5. 关于孩子上网的坏处，哪些是家长特别担忧的？

在认为孩子上网有坏处的 435 位家长中，有 15 位没有填，因此有效样本数为 420。其中：

(1)“最担忧孩子沉迷网络”被提及 104 次；

(2)“最担忧孩子上网影响学习”被提及 102 次；

(3)“最担忧孩子接触到不良信息”被提及 84 次；

(4)“最担忧孩子上网影响视力”被提及 77 次；

(5)“最担忧孩子上网影响身心健康”被提及 37 次；

(6)“最担忧孩子上网交友”被提及 29 次；

(7)“对于孩子上网的坏处都担忧”被提及 7 次；

(8)“对孩子上网不担忧”的家长有 8 人，约占 1.9%。

详见图 9。

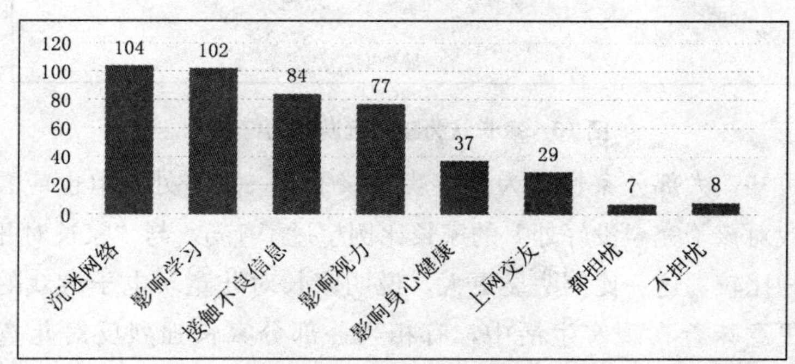

图 9　家长特别担忧的孩子上网的坏处

可以看出，绝大多数家长对目前的网络环境很不信任，认为网络包含很多不适合儿童的内容，其庞杂的信息和私密性的特点会对心智尚未成熟、自制力薄弱的儿童产生不良影响，并有可能引发网络沉迷。

6. 家长认为玩电子游戏对孩子的好处是什么？

有 293 位家长填写了具体的好处，占 61.6%；106 位家长认为“好处不大”，占 22.3%；40 位家长填写“不清楚”，占 8.4%；37 位家长未填写，占 7.8%。

家长认为玩游戏对孩子的好处：

(1)“放松心情和娱乐”提及 113 次；

（2）“锻炼反应能力、思维能力和开发智力”提及 112 次；

（3）“丰富知识”提及 20 次，其中包括军事、掌控全局、社会生存、正义、审美等；

（4）“熟悉电脑和增强手指灵活度”提及 15 次；

（5）“学会团队合作精神”提及 9 次；

（6）“与同学沟通和培养爱心”提及 7 次。

详见图 10。

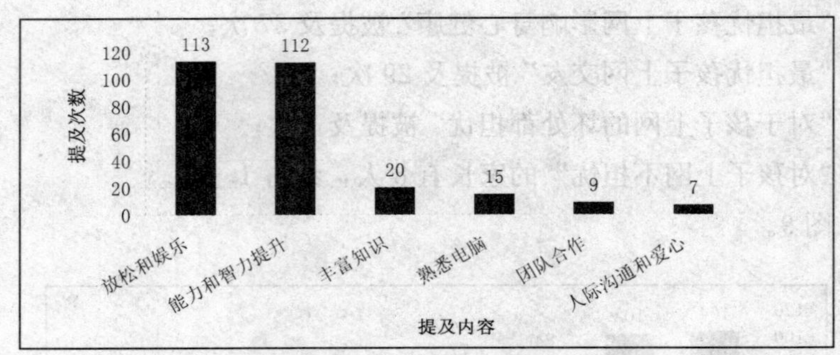

图 10　家长认为孩子玩游戏的好处

由此可知，大部分家长认为玩游戏对孩子有一定好处。但也应看到，认为“玩游戏对孩子完全没好处”的家长比例超过了 1/5，与“家长对儿童上网的态度”相比较，这一比例明显更大。说明家长对儿童玩电子游戏的抵触情绪更强，更意味着在现实生活中，有相当一部分家长强烈反对儿童玩电子游戏。

7. 您认为玩这些游戏对孩子的坏处是什么？

其中 400 位家长填写了具体的坏处，占 84%，13 位家长认为“没有坏处”，仅占 2.7%，其中一位家长表示“只要适当控制”就行，20 位家长表示“不清楚”，占 4.2%，43 位家长未填写，占 9%。

家长认为孩子玩游戏的坏处：

（1）“辐射影响身体健康和视力”提及 116 次；

（2）“影响学习”提及 145 次；

（3）“沉迷和上瘾”提及 100 次，其中两位家长提及孩子难辨虚拟世界与真实世界；

（4）“浪费时间”提及 85 次；

（5）“学坏”提及 15 次，其中暴力和血腥等不健康内容被提及 9 次；

（6）“脾气暴躁和性格孤僻”提及 8 次；

（7）“浪费金钱”提及 7 次；

（8）“其他”提及 3 次，分别包括思维模式化，简单重复无意义，不爱运动。

详见图 11。

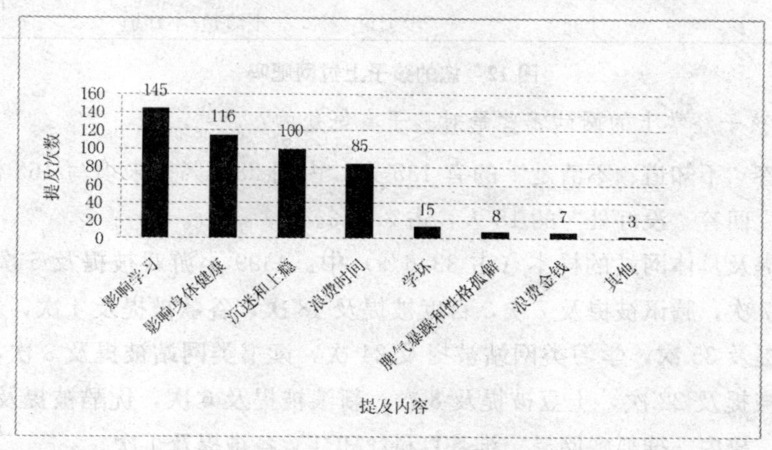

图 11　家长认为孩子玩游戏的坏处

相比家长对玩电子游戏对儿童“好处”的认知情况，更多家长认为玩电子游戏对孩子是有“坏处”的，数据显示，只有极少数家长认为玩游戏对孩子没坏处。

总的来看，谈到玩游戏的问题，更多的家长显示出敏感的态度，认为相比单纯使用网络，玩电子游戏对儿童的坏处更甚于其好处。

（二）家长对儿童新媒体使用行为的了解程度

1. 家长知道孩子是否上过网吧吗？

回答“没上过”的 300 人，占 63%；回答“上过”的 133 人，占 21.9%；“不知道”或“不清楚”的有 21 人，占 4.4%，详见图 12。

可见，据家长的了解，有超过 1/5 的儿童去过网吧，不排除还有一部分儿童在家长不知情的情况下去过网吧。

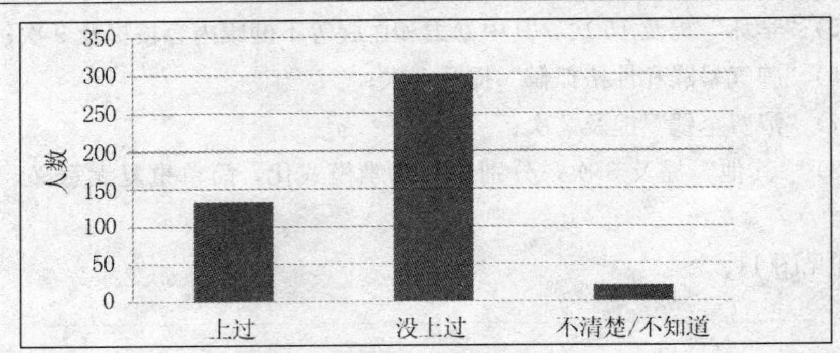

图 12 您的孩子上过网吧吗

2. 孩子经常上的网站哪些是对孩子有好处的？

回答“不知道、不清楚”的有 135 人，占到 28.4%；未填写 163 份，占 34.2%；回答“没好处”的 18 人，占 3.8%。

在提及具体网站的样本（占 33.6%）中：4399 小游戏被提及 5 次，QQ 被提及 7 次，腾讯被提及 7 次，百度被提及 48 次，谷歌被提及 4 次，新闻类网站被提及 35 次，学习类网站被提及 24 次，读书类网站被提及 3 次，教育类网站被提及 22 次，土豆被提及 8 次，新浪被提及 6 次，优酷被提及 5 次，人人网、校内、搜狐、网易、维基百科、PPTV 各被提及 1 次。

由于家长回答的角度差异较大，为了方便分析，按网站类型进行分类：

（1）搜索类（百度、谷歌、维基百科）累计 53 次；

（2）新闻类累计 35 次；

（3）学习类（原有的“学习类”和“读书类”、“教育类”等）累计 49 次；

（4）视频类（土豆等）累计 14 次；

（5）社交类（QQ、人人等）累计 9 次。

详见图 13。

可见，有大约 70%的家长不知道哪些网站是对孩子有好处的；在有了解的家长看来，对孩子有好处的网站类型依次是：搜索类、学习类、新闻类、视频类和社交类网站。

3. 家长是否知道孩子经常上的网站里，哪些是对孩子有坏处的？

回答“不清楚”的家长有 110 人，约占 33.7%；未填写 140 人，占 29.4%。认为孩子经常上的网站里没有对孩子有坏处的有 55 人，约占

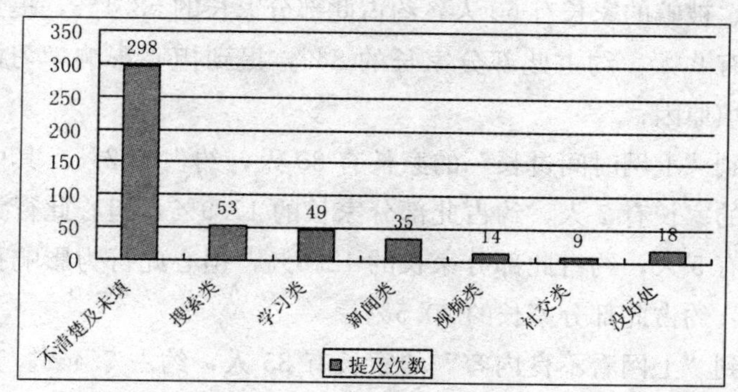

图 13　孩子经常上的网站哪些是对孩子有好处的?

16.9%。在填写具体有坏处网站的回答（占 20%）中：提到游戏网站 95 次，提到暴力、色情等不良信息类网站 40 次，提到视频类网站 16 次，提到弹出式广告 6 次，提到社交类网站 5 次，提到 QQ 3 次，提到娱乐类网站 3 次，提到小说网站 3 次，详见图 14。

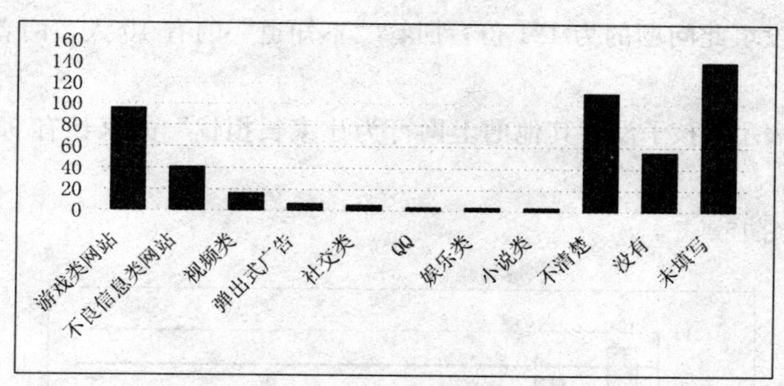

图 14　家长知道的孩子经常上的网站里，对孩子有坏处的

可见，游戏类网站是大多数家长认为对孩子有坏处的网站，这也能够从侧面反映出为什么家长平时对孩子使用游戏网站的限制最多。

以上两道题目的数据还显示，有超过 60%的家长不了解哪些网站对儿童有好处、哪些有坏处，这说明大多数家长对儿童上网情况的了解程度、控制力度以及网络对儿童影响的认识是比较浅层次的。

4. 除了浏览网页、玩游戏以外，家长还担忧孩子的哪些上网行为

(1) 提到“上网交友”的家长有 113 人，约占 23.7%。其中提到担心孩

子交友不慎、被骗的家长有60人，约占此部分家长的53.1%，提到担心孩子网恋的家长有9人，约占此部分家长的8%，提到担心影响学习的家长有1人，其余未填原因；

（2）提到“上网时间过长”的家长有39人，约占8.2%。其中担心此行为影响学习的家长有7人，约占此部分家长的17.9%，担心此行为影响孩子视力的家长有5人，约占此部分家长的12.8%，担心此行为影响孩子身体的家长有8人，约占此部分家长的20.5%；

（3）提到“上网看不良内容”的家长有35人，约占7.4%。其中提到担心影响孩子身心健康的家长有7人，约占此部分家长的20%，提到担心误导孩子、是孩子变坏的家长有两人，其余未填原因；

（4）提到“上网看视频”的家长有15人，约占3.2%；

（5）提到“孩子偷上网”的家长有8人，约占1.7%。其中家长提到担忧孩子此行为的原因是影响学习、影响休息和染上不良习惯的各1人；

（6）提到“担忧孩子通宵上网”的家长有4人，约占0.8%；

（7）没填此问题的为121份，回答“不知道”的有10人，两者总共约占27.5%；

（8）表示“孩子没有其他的上网行为让家长担忧”的家长有98人，约占20.6%。

详见图15。

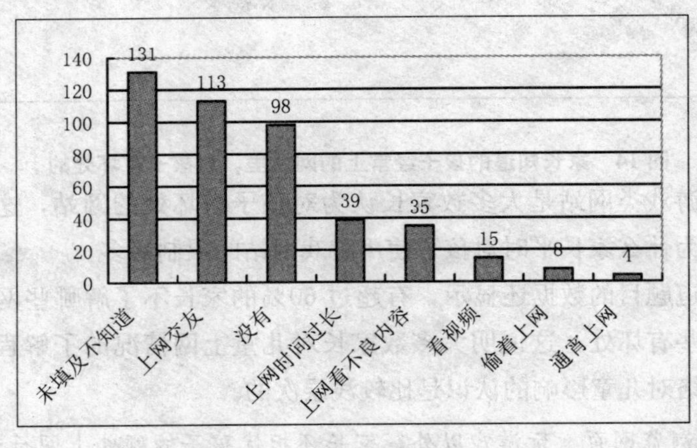

图15　家长还担忧的孩子其他上网行为

5. 家长了解孩子经常玩的游戏有哪些？家长玩过哪些游戏？

（1）家长了解孩子经常玩的游戏有哪些？

样本总数是 476，未填和表示“不知道”的有 202 份，占到 42.4%，接近一半。另外，填写具体内容的样本（占 57.6%）中，QQ 游戏被提及 59 次，植物大战僵尸 28 次，小游戏 23 次，魔兽 18 次，摩尔庄园 18 次，CF 17 次，穿越火线 14 次，连连看 11 次，梦幻西游被提及 10 次，三国 10 次，赛尔号 9 次，地下城与勇士 7 次，CS 6 次，斗地主 5 次等。

详见图 16。

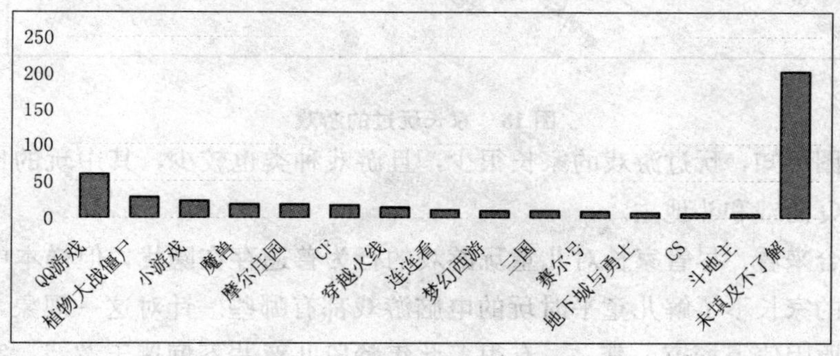

图 16　家长了解孩子经常玩的游戏

（2）家长玩过哪些游戏？

在样本中，填写玩过游戏的家长人数较少，有 94 人，仅占 19.7%，详见图17。

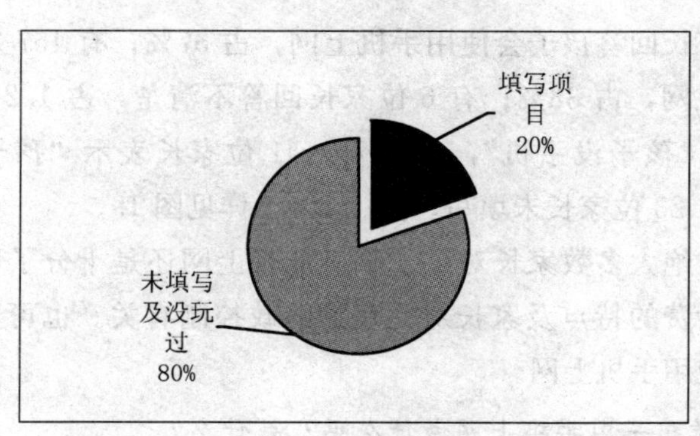

图 17　家长是否玩过游戏

在填写项目的家长中，斗地主被提及 23 次，QQ 游戏 24 次，连连看 9 次，植物大战僵尸 9 次，穿越火线 5 次，魔兽 5 次，CF 3 次，赛尔号 2 次，CS 2 次，详见图 18。

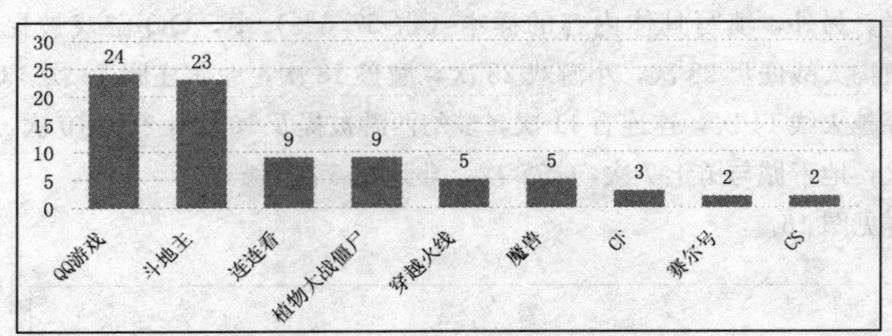

图 18　家长玩过的游戏

据图可知，玩过游戏的家长很少，且游戏种类也较少，其中玩的比较多的是 QQ 游戏和斗地主。

结合来看，尽管家长对儿童玩游戏的行为普遍存在隐忧，但样本中却有近一半的家长不了解儿童平时玩的电脑游戏都有哪些。针对这一现象，或许有三点原因值得探究：其一，有很多此年龄段儿童并不痴迷于游戏，家长对儿童玩游戏的担忧主要来源于媒体舆论的影响；其二，由于家长的限制，儿童会选择没有家长的场合玩游戏，也就是所谓“偷着玩”；其三，家长自身的原因，由于过于忙碌，而对儿童使用网络、玩游戏的行为关心较少。

6. 据家长了解，孩子会用手机上网吗？

有 276 位家长回答孩子会使用手机上网，占 57%；有 157 家长回答孩子不会使用手机上网，占 33%；有 6 位家长回答不清楚，占 1.2%；此外，有 13 位家长回答“孩子没手机”，占 2.7%；1 位家长表示“孩子手机不能上网”，占 0.2%；23 位家长未填写，占 4.8%，详见图 19。

由此可知，绝大多数家长对孩子手机能否上网还是十分了解的，这与手机需要按月付话费的特点及家长对儿童的财政控制有关。也可看出，当今大多数孩子都会使用手机上网。

7. 家长知道孩子用手机上网做什么吗？是什么？

(1) 是否知道？

在 271 位表示孩子会使用手机上网的家长中，有 219 位家长表示他们知

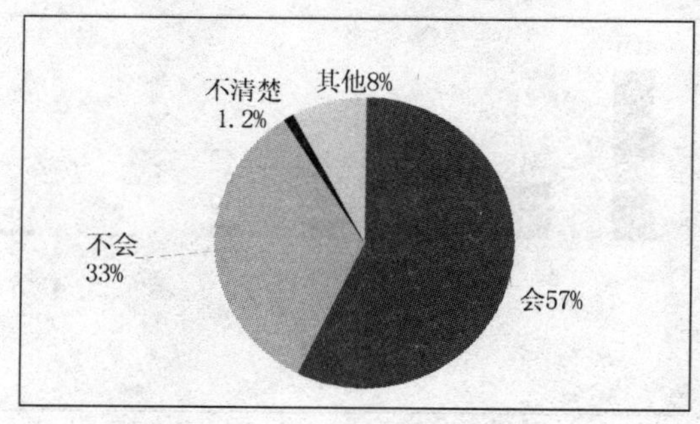

图 19　孩子会不会使用手机上网

道孩子用手机上网的内容，占此部分的 81.8%；有 52 位家长表示“不清楚”，占 19.2%，详见图 20。

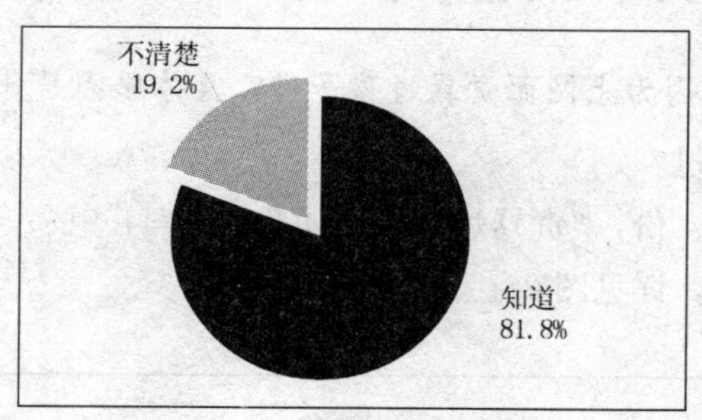

图 20　家长是否知道孩子用手机上网做什么

（2）使用手机上网做什么？

在家长回答知道孩子手机上网的内容中，主要包括以下几类：

①聊天：被提及 120 次，其中 QQ 被提及 85 次，飞信被提及两次；

②玩游戏：被提及 41 次；

③看小说：被提及 15 次；

④看新闻：被提及 14 次，其中“娱乐新闻”被提及两次；

⑤浏览网站和论坛：被提及 10 次，其中百度贴吧被提及 1 次，人人网被提及 1 次，QQ 空间被提及 1 次；

⑥听歌：被提及两次；

⑦其他：分别被提及 1 次，包括看消息、下载、查资料、随便玩。

详见图 21。

由此可见：相比网络，家长对孩子使用手机上网的了解程度较高，这一

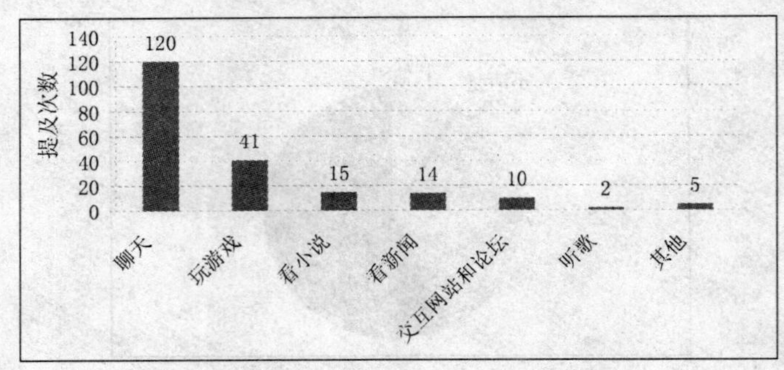

图 21　家长所知孩子手机上网的内容

现象的具体原因可以进一步研究。

（三）家长对儿童上网行为的管理

1. 家长是否曾因为上网而责骂过孩子吗？具体原因是什么？

（1）是否责骂过？

样本总数是 454 份，“责骂过”有 204 份，占 44.9%；“没有责骂过”有 252 份，占 55.5%，详见图 22。

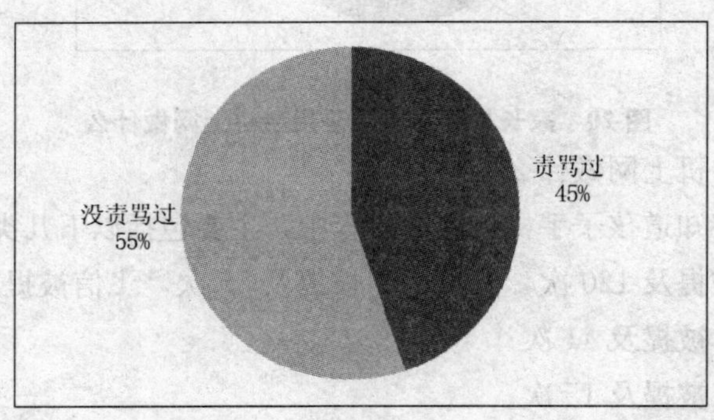

图 22　您曾因为上网而责骂过孩子吗

（2）责骂的具体原因是什么？

其中责骂过的家长中，118 人因为时间长而责骂孩子，占 57.8%；48 人因为玩游戏而责骂孩子，占 23.5%；31 人因为影响学习而责骂孩子，占 15.2%；20 人因为影响孩子做作业而责骂孩子，占 9.8%；10 人因为影响吃饭而责骂孩子，占 4.9%；7 人因为孩子沉迷而责骂孩子，占 3.4%；4 人因为影响视力而责骂孩子，占 2%，1 人因为孩子看视频而责骂孩子，占 0.5%。详见图 23。

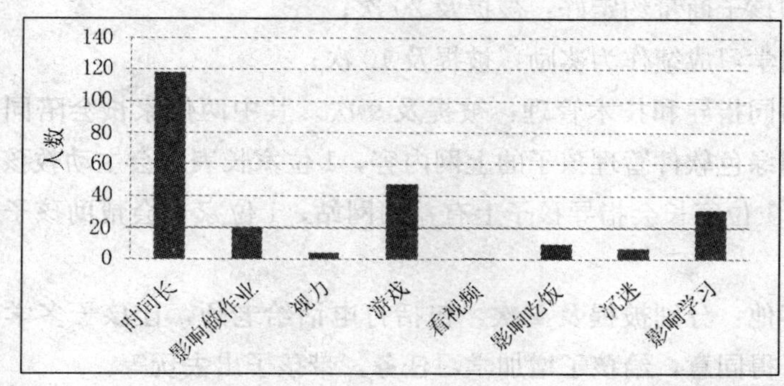

图 23　家长曾因为上网而责骂孩子的具体原因

2. 家长用什么办法管理孩子玩游戏?

共有 414 位家长填写了管理的具体方式，占总体的 87%；35 位家长表示他们不管理（其中 4 位家长提到孩子自觉，1 位家长提到孩子不爱玩所以不用管，1 位家长提到孩子玩累了就不玩了），占 7.4%；25 位家长未填写，占 5.3%，详见图 24。

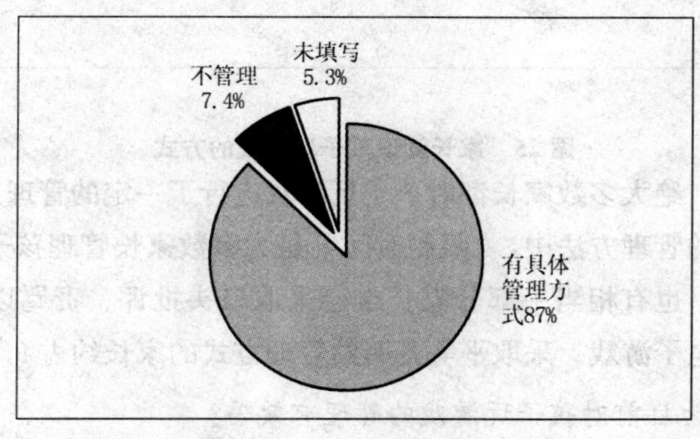

图 24　是否管理孩子上网

在具体的管理方法中，主要分为以下几类：

（1）限制时间：被提及 191 次；

（2）强制措施：被提及 61 次，主要有断网、不让玩、不给零花钱、设密码或者是将电脑锁起来，不买电脑等；

（3）批评责骂督促：被提及57次，其中有2位家长表示会跟踪观察，到网吧去抓；

（4）和孩子商量约定好：被提及20次；

（5）用学习成绩作为奖励：被提及10次；

（6）陪同指导和技术管理：被提及9次。其中两位家长会陪同上网，两位家长运用绿色软件管理孩子的上网内容，1位家长表示会主动教孩子有用的上网知识，1位家长会指导孩子上有益的网站，1位家长会帮助孩子选择健康游戏；

（7）其他：分别被提及1次，包括打电话给老师，让孩子多学特长，孩子上网须征得同意，给孩子增加学习任务，带孩子出去玩等。

详见图25。

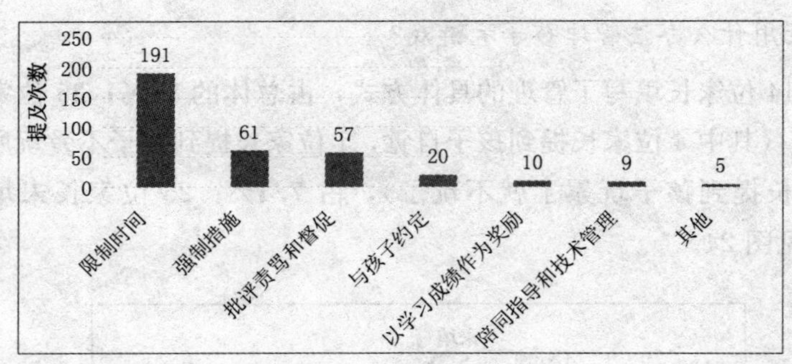

图25　家长管理孩子玩游戏的方式

由此可见，绝大多数家长都对孩子玩游戏进行了一定的管理。

在被提及的管理方法中，"限制时间"是大多数家长管理孩子玩游戏的首选方式，另外，也有相当一部分家长也会采取口头批评、责骂以及强硬的措施管理孩子玩电子游戏。采取平等开明的管理方式的家长约占9.4%。

3. 家长认为目前对孩子玩游戏的管理有效吗?

有349位家长表示目前对孩子玩游戏的管理是有效的，占72%；有82位家长表示无效，占18%；此外，1位家长填写了"不清楚"，1位家长认为孩子自制力好，43位未填写，详见图26。

大部分家长都认为目前对孩子玩游戏的管理方式是有效的，但也有近20%的家长认为无效，感到束手无策，而这部分家长的孩子极有可能是痴迷

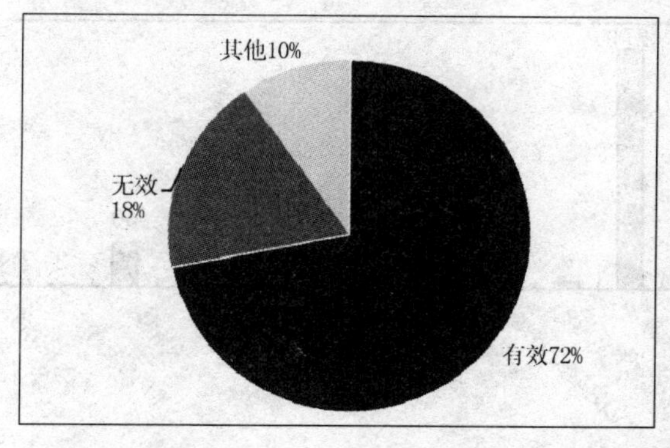

图 26　家长对孩子玩游戏的管理是否有效

网络游戏的儿童。

（四）学校的角色

家长认为学校应该在对孩子使用电脑、手机上网的指导中扮演什么角色？具体应该做些什么？

1．“培养上网技巧”被提及 36 次；

2．“说服引导”被提及 284 次（其中，“教育引导正确的上网习惯”：271 次，“举办宣传教育活动”：8 次，“建立校园网站、教学网站”：5 次）；

3．“监督限制”被提及 70 次；

4．“严格管理控制”被提及 30 次［其中，“严格管理”（包括禁止上网、处罚等）：15 次，“禁止接触网吧”：12 次，“上学不准使用手机”：13 次］；

5．回答“不知道”的为 5 人；

6．未填写的为 50 人；

7．“推广普及网络”被提及两次；

8．“与家长合作沟通”被提及 3 次；

9．其他：各提及一次，包括“发掘者”、“利用电脑手机上网发掘孩子在某方面的潜力”。

详见图 27。

总结上述数据，大多家长期待学校通过引导教育使儿童使用新媒体的行为得到规范。另外，也有相当一部分家长同意学校采取监督限制等强硬措施。而抱着学校应“推广普及网络”和“教授上网技巧”等开放观点的家长仅占

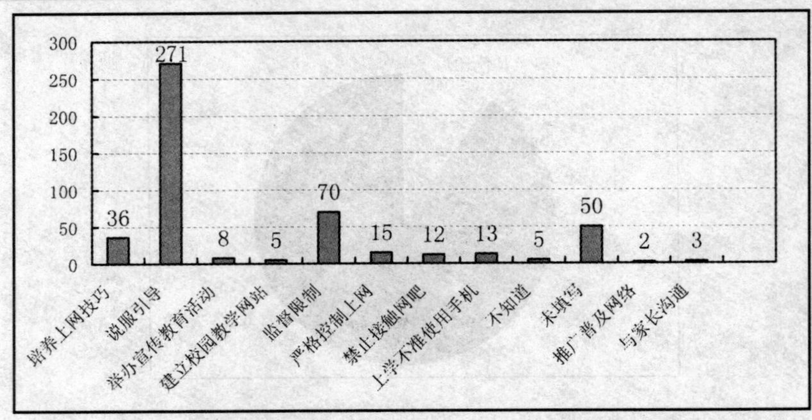

图 27　家长认为在儿童新媒体使用方面学校应扮演的角色

总体的 8%。

这从侧面反映出家长对学校目前各类举措的认可程度。数据显示，大多数家长更倾向于学校采取较和缓的教育方式，对孩子使用新媒体的行为进行循序渐进的引导。

（五）政府与社会的角色

家长认为在帮助儿童更好地使用新媒体（电脑、手机等）的工作中，政府、社会各界具体应该做些什么？

1. “净化网络环境”（删除不良网络内容、取缔违法不良网站等）被提及 149 次；

2. “加大对网吧的管理力度”被提及 81 次；

3. “在社会上宣传倡导和教育”被提及 72 次；

4. “开发建设有益网站及软件”被提及 30 次；

5. “加强政府管理”（笼统指出）被提及 29 次；

6. “进行社会监督”（笼统指出）被提及 17 次；

7. “普及和完善新媒体设施”被提及 12 次；

8. “营造良好社会环境”被提及 11 次；

9. “更多关注儿童”被提及 10 次；

10. “协助学校”（政府帮助学校开展相关课程、支持学校网络建设等）被提及 5 次；

11. “加强对未成年人玩电脑游戏的限制”（游戏身份证登录、游戏分年龄限制、玩游戏设置时间限制、提高游戏收费）被提及 5 次；

12. “限制或控制未成年人上网”被提及 4 次；

13. “主要靠孩子自觉”被提及 3 次；

14. “立法管理网络”被提及 2 次；

15. 未填写：69 人；

16. 表示“没想过”的有 14 人。

详见图 28。

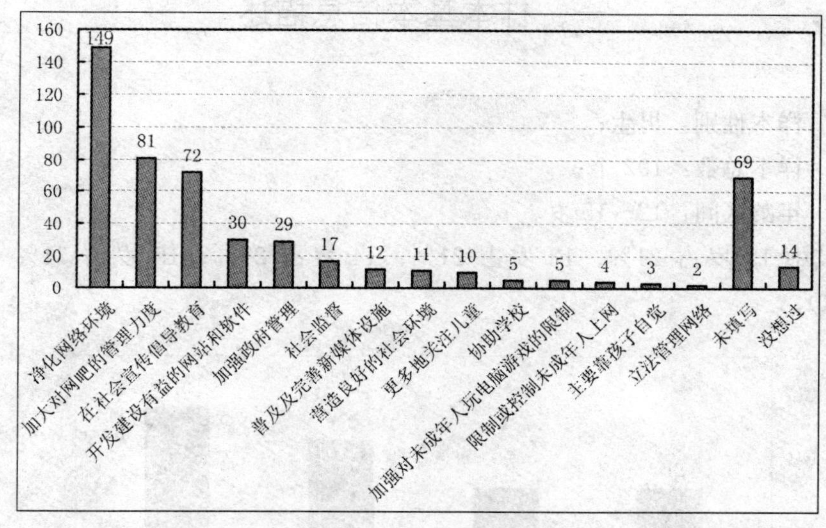

图 28　家长认为政府社会在儿童使用新媒体方面应扮演的角色

针对这一问题，家长提出的建议种类很多，其中也不乏一些建设性的意见，这反映出在家长心中，政府和社会各界对儿童使用新媒体所能产生的影响和起到的作用是十分巨大的。

从图表可知，“净化网络环境”是大多数家长对政府的期待，其次，家长对政府“加强网吧管理”和“进行社会宣传倡导”的呼声也很高。同时家长还关注到开发有益于儿童的网站和软件、增强针对儿童的新媒体设施建设、更多关注儿童、加强立法建设等政府社会的角色作用。

调研报告三：中国12～15岁男生对新媒体设备的使用状况

一、样本基本信息描述

1. 样本性别：男生；

2. 样本总数：192个；

3. 年龄区间：12～15岁。

其中12岁占21%；13岁占21%；14岁占27%；15岁占31%（详见图1）。

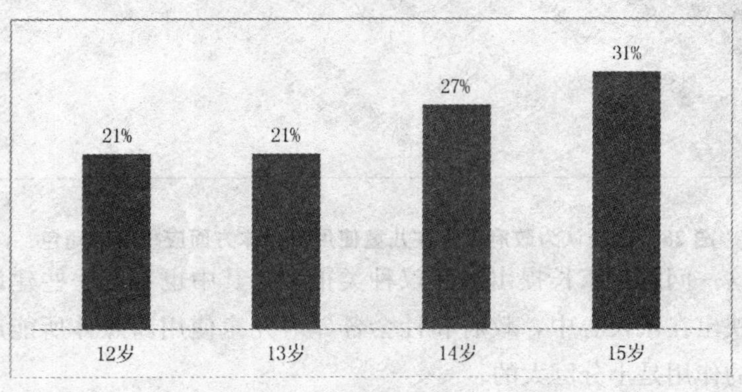

图1　样本年龄分布

4. 年级分布区间：主要集中在初中

其中小学占18%；初中占76%；高中占6%（详见图2）。

5. 样本地域

东部地区（样本量：69）：北京（8）、福建（5）、山东（18）、浙江（13）、江苏（11）、辽宁（9）、吉林（5）。

中部地区（样本量：69）：湖南（23）、湖北（2）、河南（6）、河北

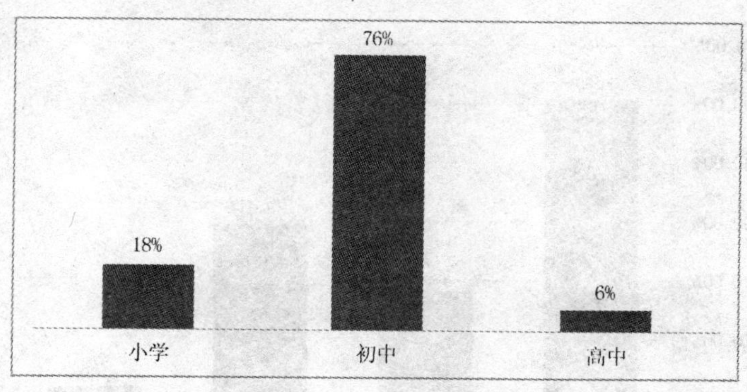

图2　样本年级分布

(23)、江西（6)、山西（5)、安徽（4)。

西部地区（样本量：54)：云南（23)、广西（17)、新疆（6)、贵州(4)、重庆（3)、宁夏（1)（详见图3)。

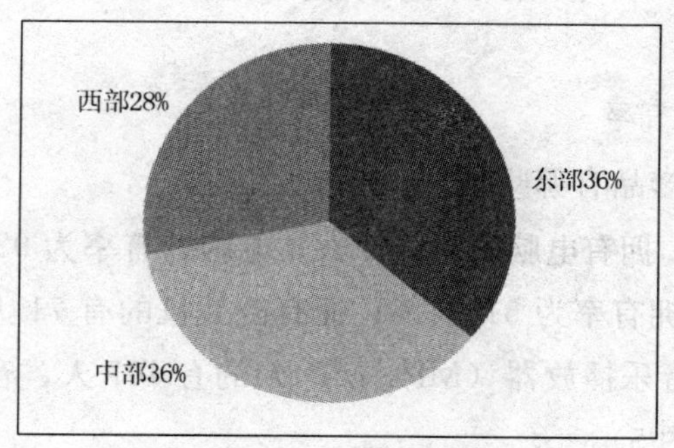

图3　样本地区分布

6. 父母学历

高中及以下：占50.80％；大专：占18.18％；本科：占29.41％；研究生：占1.60％（详见图4)。

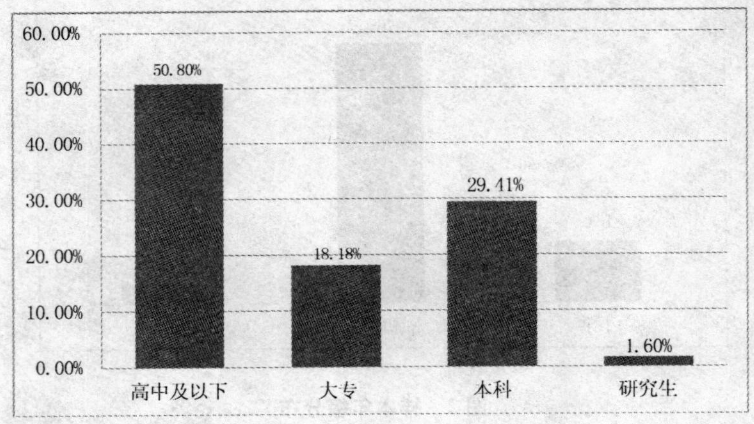

图 4　样本父母学历分布

二、电子设备拥有情况分析

1. 电子设备拥有率

你拥有的电子产品有哪些？

192 份样本中，拥有电脑的有 178 人，电脑拥有率为 92.71%；拥有手机的有 118 人，手机拥有率为 61.46%；拥有游戏机的有 71 人，游戏机拥有率为 36.98%；拥有音乐播放器（MP3/MP4）的有 107 人，音乐播放器拥有率为 55.73%（详见图 5）。

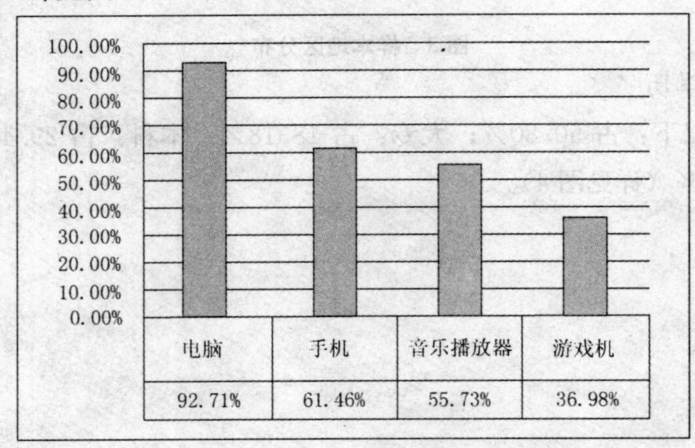

图 5　电子设备拥有情况

三、电脑使用行为分析

1. 是否有 QQ/MSN 账号

你有 QQ 号/MSN 账户吗？

拥有 QQ 号的比例为 69.79%。拥有 MSN 的男生较少，仅占 12.99%。

2. 是否有电子邮箱

你有电子邮箱吗？

样本儿童中拥有 QQ 邮箱的比例为 69.79%，拥有其他邮箱的比例为 14.58%，并且他们不常把邮箱作为他们联系朋友、同学的工具，主要还是通过 QQ 直接联系。

3. 儿童最喜欢的网络游戏

你最喜欢玩的网络游戏是哪几个？

按提及次数由高到低排列分别是：穿越火线、地下城与勇士、QQ 飞车、魔兽、反恐精英、梦幻西游、跑跑卡丁车、QQ 炫舞、植物大战僵尸（详见图 6)。

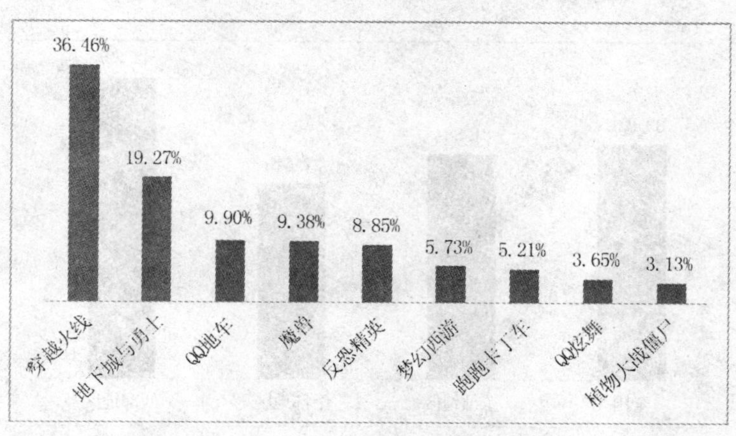

图 6　儿童最喜欢的游戏

4. 家里是否有电脑

你的家里有电脑吗？有几台？

192 份样本中，家中拥有 1 台电脑的有 116 人，比例为 60.42%；家中拥有两台电脑的有 49 人，比例为 25.52％；家中拥有 3 台电脑的有 10 人，比例为 5.21％；家中拥有 4 台电脑的有 3 人，比例为 1.56％（详见图 7）。

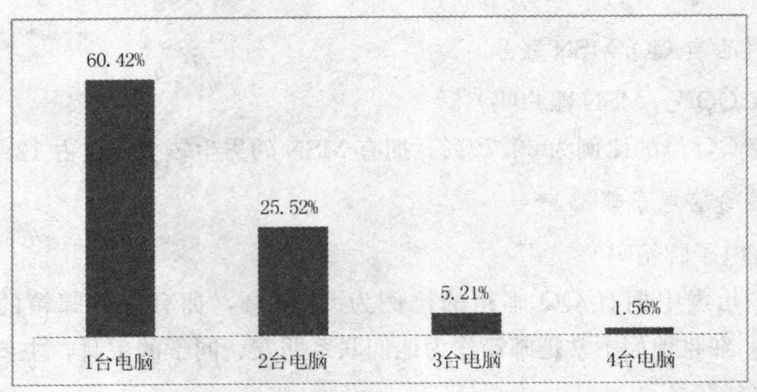

图 7　家里是否有电脑

5. 是否拥有自己的电脑

是否有一台电脑是属于你的？

共有 64 份样本拥有一台自己的电脑，占总数的 33.33％（详见图 8）。

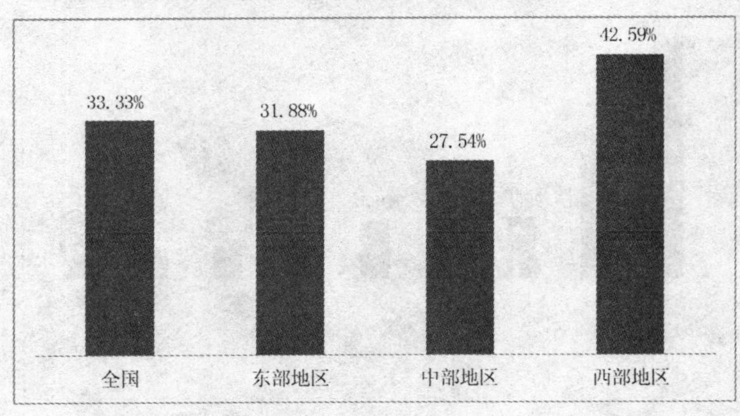

图 8　是否拥有自己的电脑

6. 是否经常使用电脑上网？

你经常使用电脑上网吗？

在拥有电脑的样本（178 份）中，不能上网的样本仅为 7 份，占 4％。由此可知，家庭上网率很高（详见图 9）。

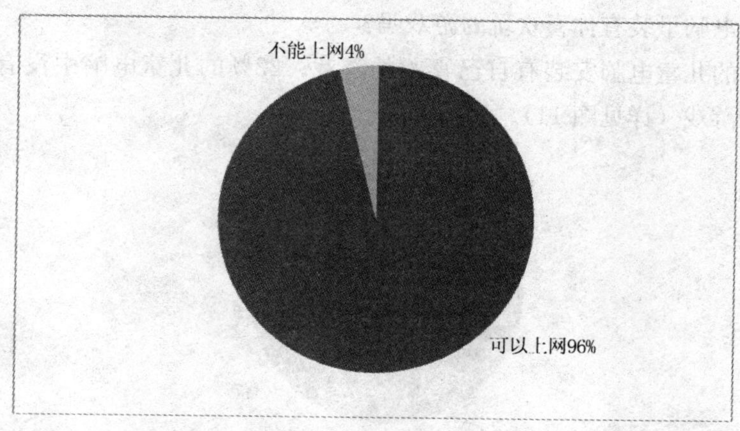

图 9　是否经常使用电脑上网

7. 家里电脑的放置地点

你常常使用的那台电脑是在哪一个房间？

31.25%的儿童经常使用的电脑在书房或客厅；26.04%是在自己房间；另外还有 15.63%的儿童经常使用的电脑在父母房间（注：52 人未填写此项，占 27.08%，详见图 10）。

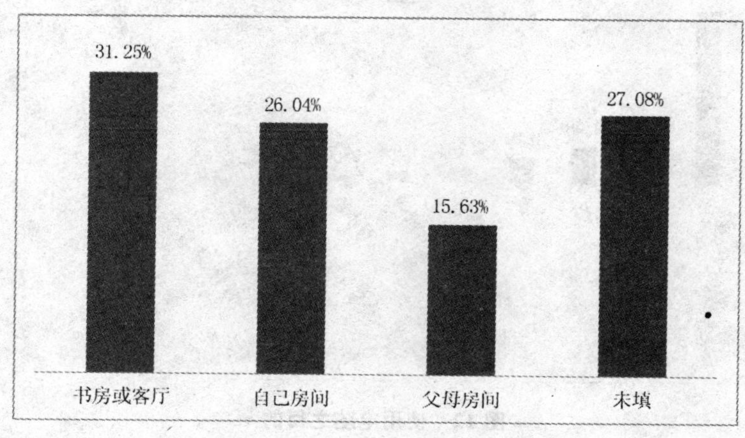

图 10　家里电脑的放置地点

8. 是否安装有喜欢的游戏

你的电脑里装有你喜欢玩的游戏吗？

78％的儿童电脑安装有自己喜欢的游戏；22％的儿童电脑中没有安装自己喜欢的游戏（详见图 11）。

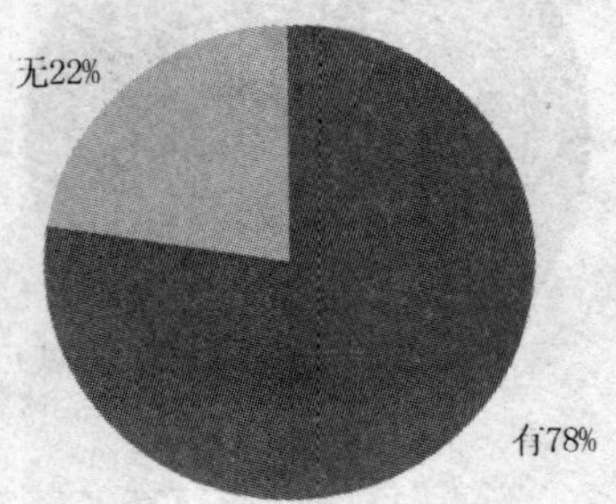

图 11　是否安装有喜欢的游戏

9. 使用电脑之目的

你最喜欢用电脑做什么？

被提及次数最多的为：游戏（72.40％）、聊天（22.40％）、看电影（14.58％）和听歌（10.94％）；其次是查资料（5.73％）和看视频（4.69％）等（详见图 12）。

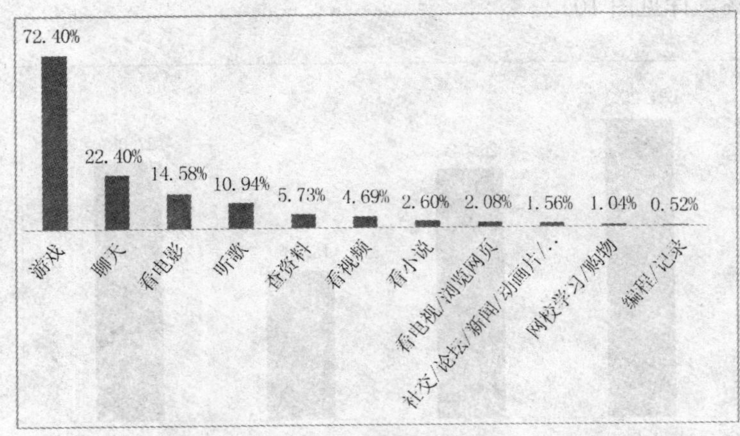

图 12　使用电脑之目的

10. 网址知晓的渠道

你最喜欢的网站地址是怎么知道的？

通过同学或亲友告知的儿童占 40.10%，自己搜索占 39.58%，网址大全占 7.29%，相关链接占 4.69%，老师告知占 1.56%（详见图 13)。

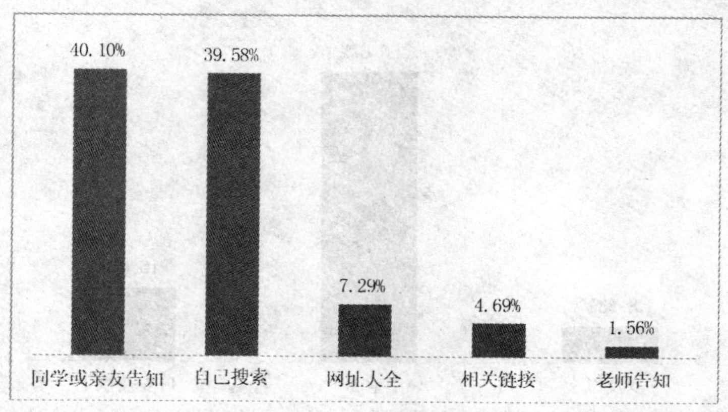

图 13　网址知晓的渠道

11. 是否喜欢上网

你喜欢上网吗?

83.85%的儿童喜欢上网；一般喜欢的儿童占 11.98%，另有极个别儿童（1.04%）不喜欢上网（详见图 14)。

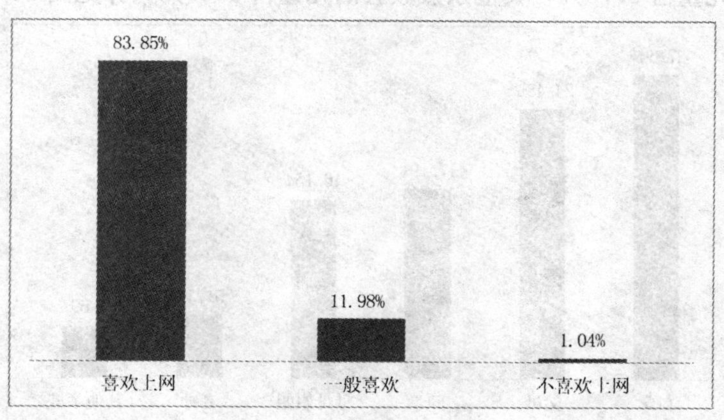

图 14　是否喜欢上网

12. 几岁第一次上网

你第一次上网是几岁?

超过一半的儿童（66.67%）第一次上网在 7～10 岁；16.67%的儿童则

是在 11 岁及以上；另外还有极个别儿童（8.33%）第一次上网的年龄在 6 岁及以下（详见图 15）。

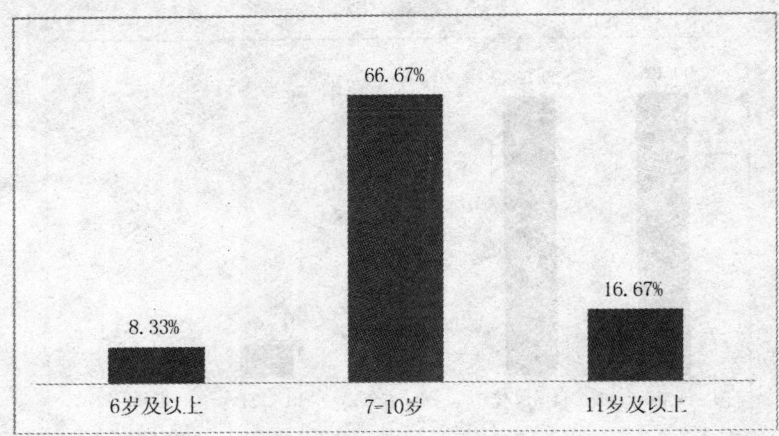

图 15　几岁第一次上网

13. 谁教会你上网

是谁教会你上网的？

通过自学学会上网的儿童占 27.60%，其次，父母教会上网的儿童占 24.48%，同学教会的儿童占 17.19%，哥哥姐姐教会的儿童占 16.15%，老师教会的儿童占 5.73%，其他亲戚教会的儿童占 4.69%（详见图 16）。

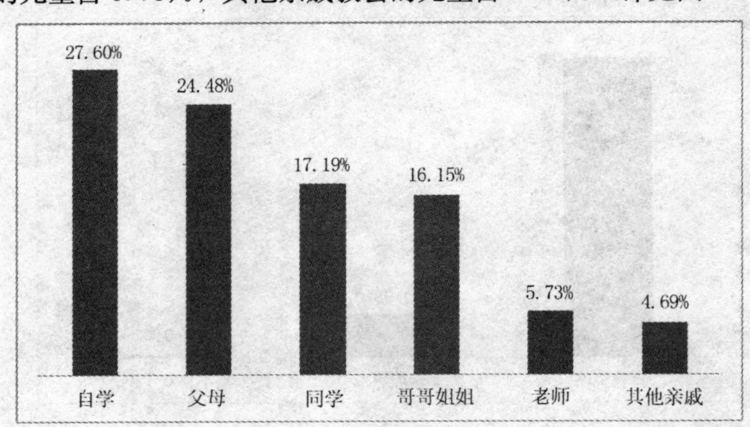

图 16　谁教会你上网

14. 是否希望有人教上网技巧

你希望能有人经常教你一些上网的技巧吗？

一半多的儿童（63.02%）表示希望有人经常教一些上网技巧；近三成的儿童（32.81%）则表示不希望有人教上网技巧；另有2.60%的儿童是一般希望（详见图17）。

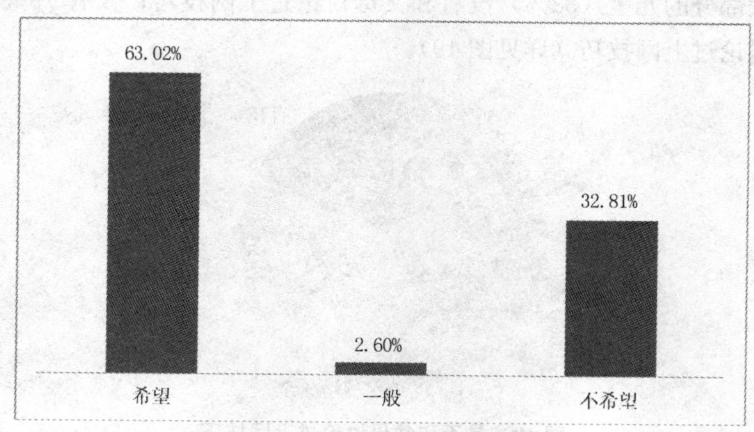

图17　是否希望有人教上网技巧

15. 是否会参加学校的免费上网技巧课程

如果学校提供教你上网技巧的免费课程，自由报名，你会报名参加吗？

57.81%的儿童会参加；38.54%的儿童则不会参加；另外2.08%的儿童并不确定，他们表示不一定（详见图18）。

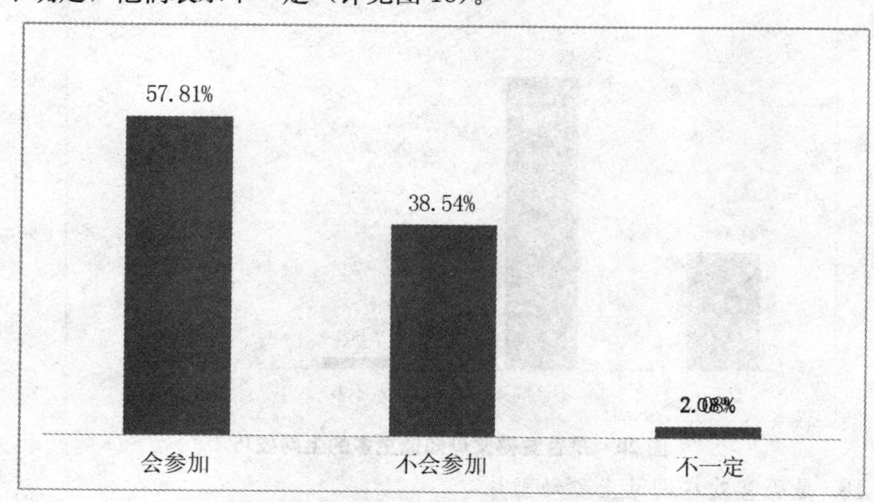

图18　是否会参加学校的免费上网技巧课程

16. 是否和父母讨论过上网技巧

你和父母讨论过上网技巧吗？

绝大部分的儿童（82%）没有和父母讨论过上网技巧；仅有18%的儿童和父母讨论过上网技巧（详见图19）。

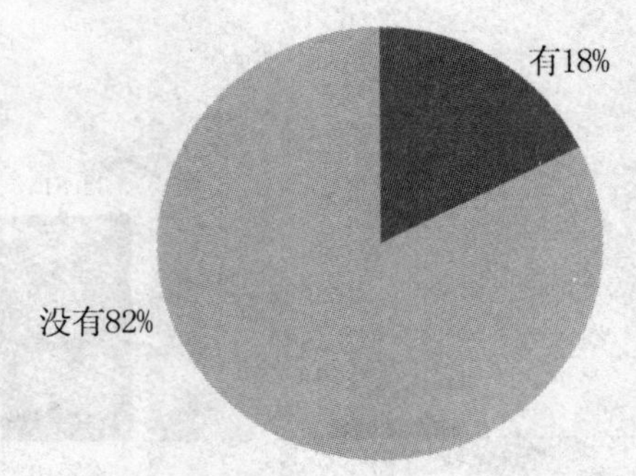

图19　是否和父母讨论过上网技巧

17. 是否觉得父母知道更多的上网技巧

你觉得父母比你知道更多的上网技巧吗？

一半多的儿童（66.67%）并不认为父母比他们知道更多的上网技巧；认为父母比自己知道更多的上网技巧的儿童占27.08%；2.60%儿童认为父母和自己知道的差不多；还有2.08%的儿童则不清楚（详见图20）。

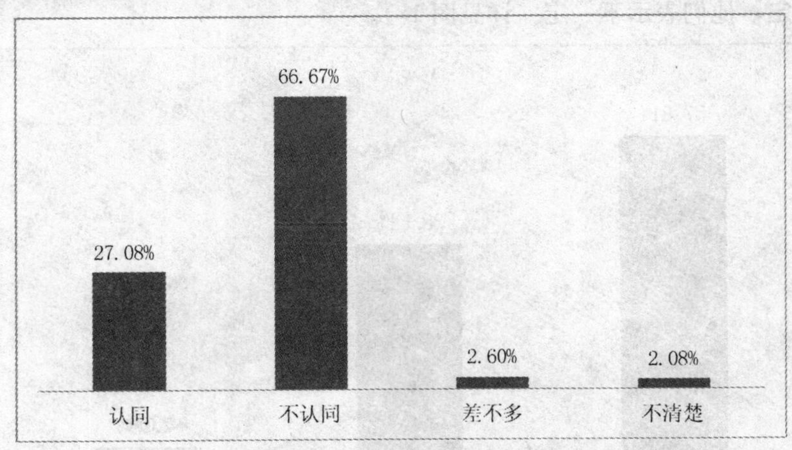

图20　是否觉得父母知道更多的上网技巧

18. 是否喜欢在网站上看动画片

你喜欢在网站上看动画片吗？

四成的儿童（40.10%）喜欢在网站上看动画片，三成左右的儿童（32.81%）则不喜欢在网站上看动画片；8.33%表示一般；还有 6.77%的儿童没有在网站上看过动画片（详见图 21）。

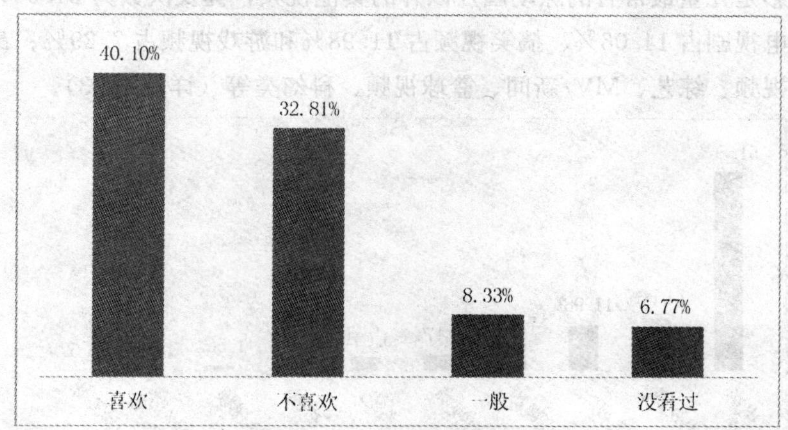

图 21　是否喜欢在网站上看动画片

19. 最常看动画片的网站

通常在什么网站上看动画片？

提及次数最多的为：优酷网（19.27%）和土豆网（15.63%）；其次是 PPS、迅雷看看、皮皮和百度；另外还有个别儿童提及 QQLive/风行（1.04%）、搜狐/奇艺/太平洋/52PK/56 视频/酷 6/TOM365（0.52%）（详见图 22）。

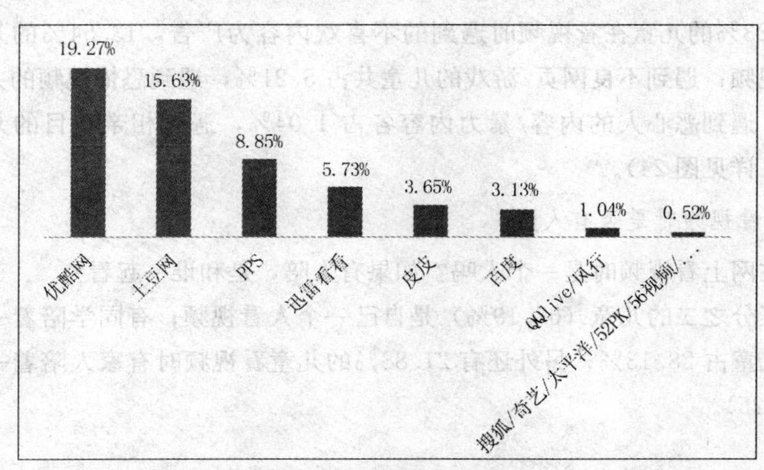

图 22　最常看动画片的网站

20. 是否在网上看过动画片以外的其他视频

你在网上看过动画片以外的视频吗？是什么？

电影是儿童最常看的除动画片以外的其他视频，提及次数为51.56%；其次则为电视剧占14.06%、搞笑视频占11.98%和游戏视频占7.29%；最后则是体育视频、综艺、MV/新闻、篮球视频、科幻类等（详见图23）。

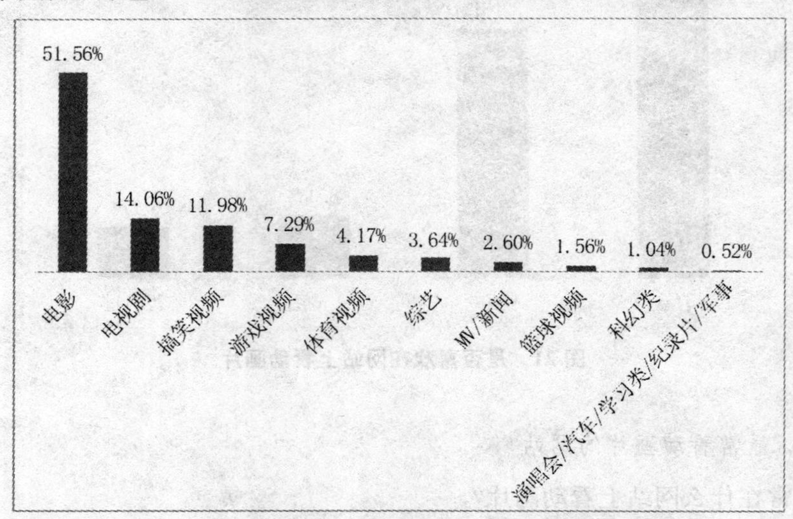

图23　是否在网上看过除动画片以外的其他视频

21. 看视频时是否遇到过不喜欢的内容

你在网上看视频时，有没有曾经不小心看到你不喜欢的内容？是什么？

18.23%的儿童在看视频时遇到的不喜欢内容为广告，13.54%的儿童则是不良视频；遇到不良网页/游戏的儿童共占5.21%，遇到恐怖视频的儿童占2.08%，遇到恶心人的内容/暴力内容各占1.04%，遇到相亲节目的儿童占0.52%（详见图24）。

22. 看视频时是否有人陪

你在网上看视频时是一个人吗？如果有人陪，是和谁一起看？

约三分之二的儿童（67.19%）是自己一个人看视频；有同学陪着一起看视频的儿童占28.13%；另外还有21.88%的儿童看视频时有家人陪着一起看（详见图25）。

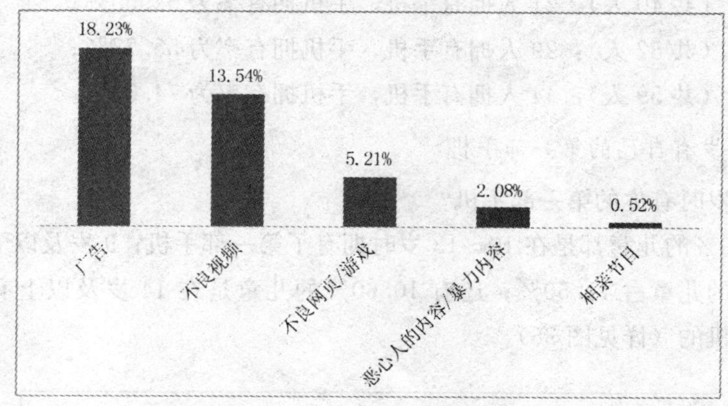

图 24　看视频时是否遇到过不喜欢的内容

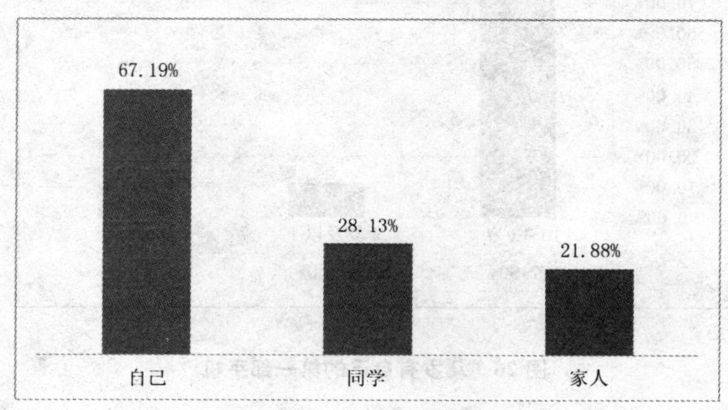

图 25　看视频时是否有人陪

四、手机使用行为分析

1. 是否有手机

你有手机吗?

总体情况：有效样本（共 192 份）中共有 118 人拥有手机，手机拥有率为 61.46%。

各年龄手机拥有情况：

12 岁（共 41 人）：22 人拥有手机，手机拥有率为 53.66%；

13 岁（共 40 人）：21 人拥有手机，手机拥有率为 52.50%；

14 岁（共 52 人）：29 人拥有手机，手机拥有率为 55.77%；

15 岁（共 59 人）：44 人拥有手机，手机拥有率为 74.58%。

2. 几岁有自己的第一部手机

你几岁时有你的第一部手机？

77.90%的儿童都是在 10～13 岁时拥有了第一部手机；9 岁及以下拥有第一部手机的儿童占 11.50%；还有 10.60%的儿童是在 14 岁及以上有自己的第一部手机的（详见图 26）。

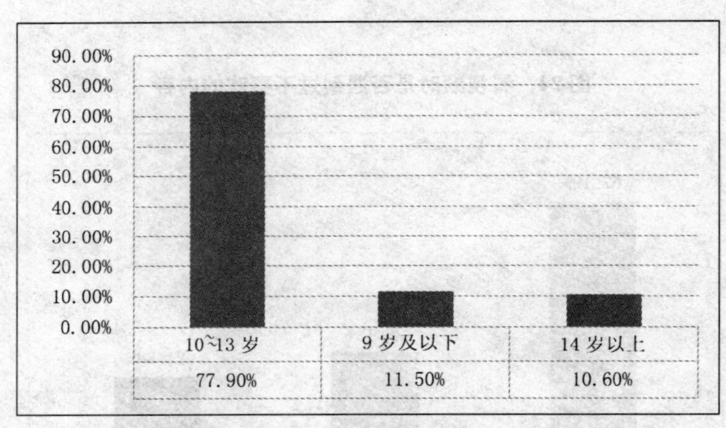

图 26　几岁有自己的第一部手机

3. 手机能否上网

你的手机能上网吗？

在拥有手机的样本（共 118 份）中，能上网的有 74 人，手机上网率为 62.71%。

4. 最常用手机上网的网站

你用手机上网经常上的网站是哪些？

提及次数依次为：QQ（52.70%）、百度（24.32%）、腾讯网（14.86%）、新浪网（12.16%）、人人网（10.82%）、小说网站（4.05%）（详见图 27）。

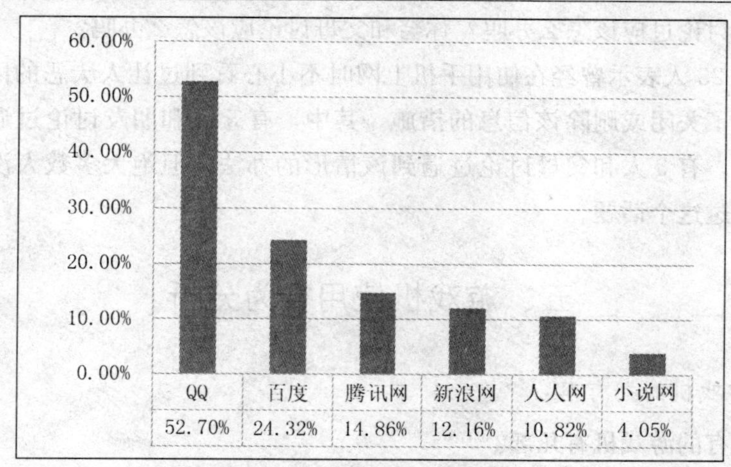

图 27 最常用手机上网的网站

5. 使用手机之目的

除用手机打电话、发信息、上网外，还经常用它做什么？

除了打电话、发信息、上网外，玩游戏是儿童最常使用手机之目的，36.40%的儿童最常用手机来玩游戏；其次则为听歌，占 27.10%、拍照占 12.70%；另外还有看小说、上微博等（详见图 28）。

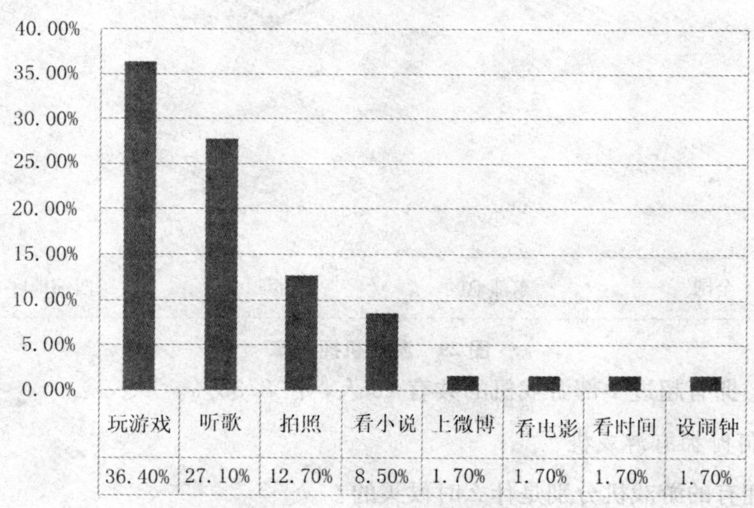

图 28 使用手机之目的

6. 如何处理在手机上网时看到的厌恶的内容

你使用手机上网时不小心看到过让你厌恶的内容吗？你是怎么处理的？

你和朋友讨论过应该怎么办吗？你会和父母讨论应该怎么办吗？

共有 23 人表示曾经在使用手机上网时不小心看到过让人厌恶的内容，他们都采取了关闭或删除该信息的措施。其中，有 5 人和朋友讨论过遇到该情形的办法，有 3 人和父母讨论过遇到该情形的办法，但绝大多数人没有和任何人讨论过这个话题。

五、游戏机使用行为分析

1. 游戏机的拥有率

你拥有的游戏机有几部？

（1）至少拥有一部游戏机：192 份样本中，拥有游戏机的有 71 人，游戏机拥有率为 36.98％（请详见图 29）。

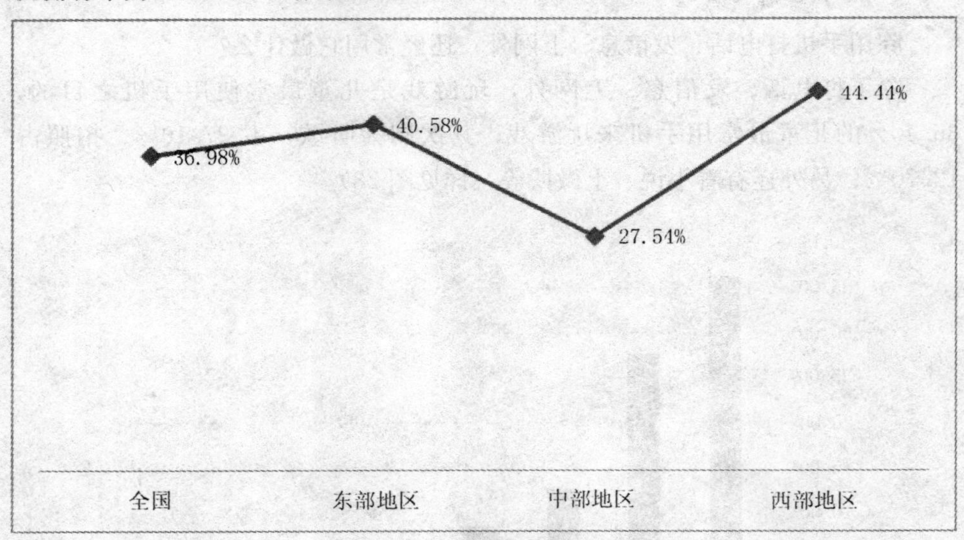

图 29　游戏机拥有率

（2）拥有超过 1 部游戏机的共有 16 人，占 8.33％。

2. 何时拥有游戏机

你拥有的游戏机分别是什么时候买的？

一半左右的儿童（50.70％）是在 8～12 岁时买的游戏机；15.49％的儿童是在 4～7 岁时拥有的游戏机；另外 9.86％的儿童在 13 岁及以上购买的游戏机（详见图 30）。

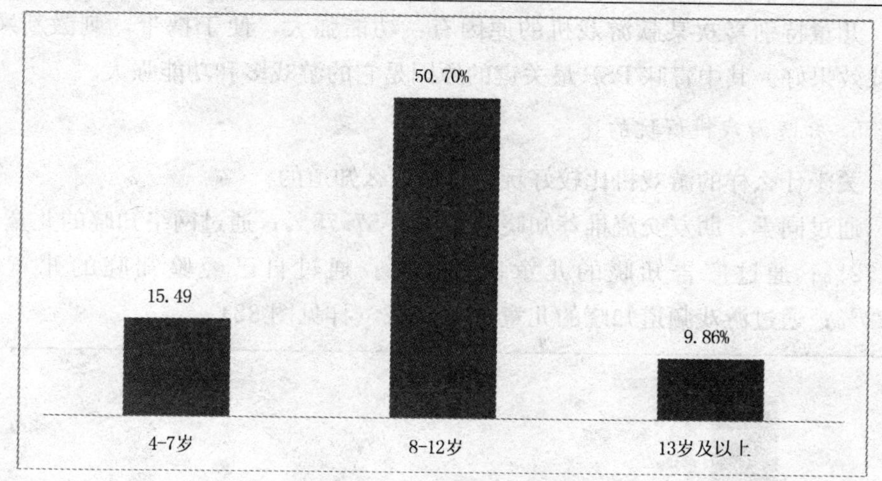

图 30　何时拥有游戏机

3. 喜欢但没有得到的游戏机

你很喜欢但是还没有得到的是哪一款游戏机？

想拥有 PSP 的有 36 人，占 18.75%，想拥有 XBOX 的有 4 人，占 2.08%，想拥有任天堂的有 4 人，占 2.08%，想拥有 IPAD 和 PS3 的各有 1 人，占 0.52%（详见图 31）。

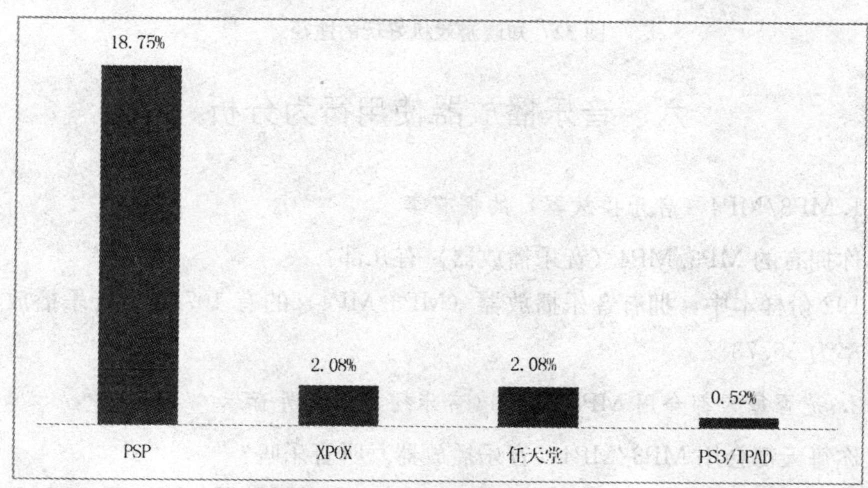

图 31　喜欢但没有得到的游戏机

4. 特别喜欢某款游戏机的原因

你特别喜欢它的原因是什么？

儿童特别喜欢某款游戏机的原因有：功能强大，便于携带，刺激新颖，游戏效果好。其中青睐PSP最关键的原因是它的游戏多和功能强大。

5. 知晓游戏机好玩的途径

关于什么样的游戏机比较好玩，你是怎么知道的？

通过同学、朋友交流推荐知晓的儿童占57.75%；通过网络知晓的儿童占19.72%；通过广告知晓的儿童占5.63%；通过自己经验知晓的儿童占4.22%；通过游戏频道知晓的儿童占2.82%（详见图32）。

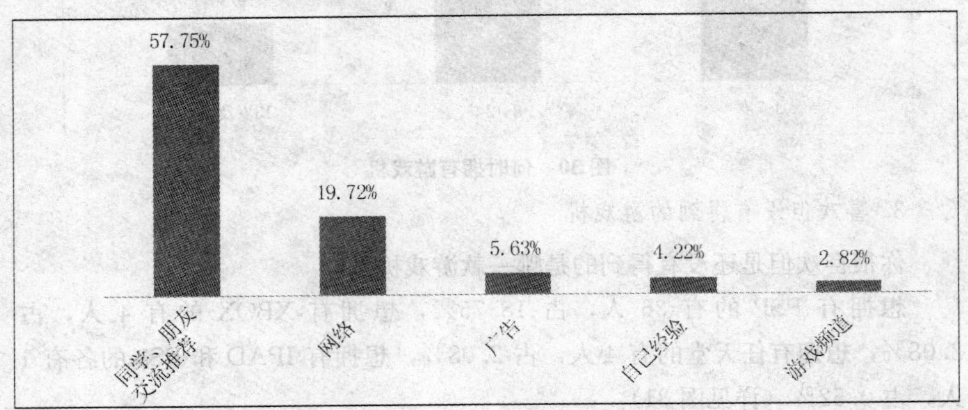

图32　知晓游戏机好玩的途径

六、音乐播放器使用行为分析

1. MP3/MP4（音乐播放器）的拥有率

你拥有的MP3/MP4（音乐播放器）有几部？

192份样本中，拥有音乐播放器（MP3/MP4）的有107人，音乐播放器拥有率为55.73%。

2. 是否每天都会用MP3/MP4（音乐播放器）听音乐

你每天都会用MP3/MP4（音乐播放器）听音乐吗？

67.29%的儿童不是每天使用MP3/MP4（音乐播放器）听音乐；32.71%的儿童会每天都使用MP3/MP4（音乐播放器）来听音乐。

3. 每天在听MP3/MP4上所花时间

你平均每天听多长时间的MP3/MP4？

每天使用音乐播放器20分钟的占20%，30分钟的占48.57%，30分钟至1小时的占17.14%，1小时的占65.71%，两小时的占20%，3小时的占8.57%（详见图33）。

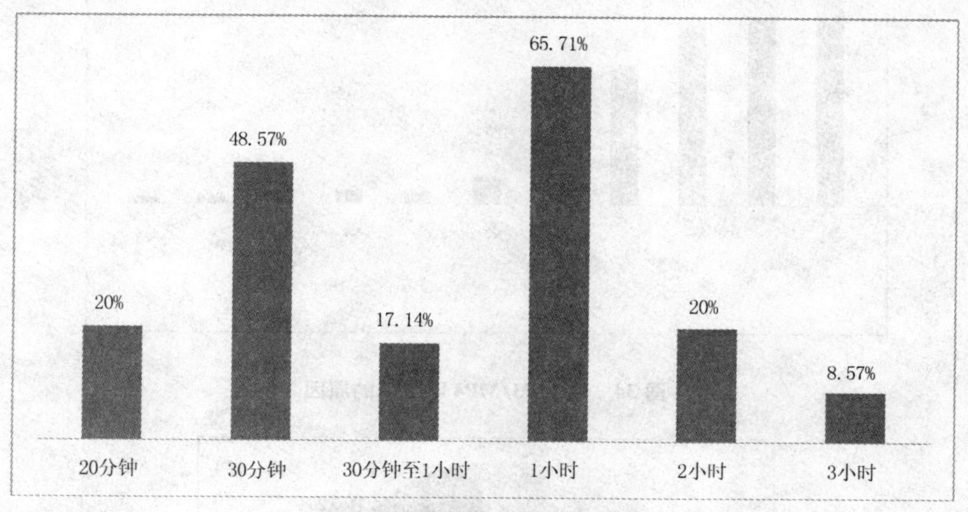

图33　每天在听MP3/MP4上所花时间

4. 用MP3/MP4听音乐的原因

你用MP3/MP4听音乐主要是为了什么？是因为特别喜欢一首歌、因为心情不好、因为无聊，还是有别的原因？

提及次数依次为：无聊、喜欢音乐/喜欢某一首歌、放松心情、睡前催眠、平静心情、方便/便携/娱乐、听录音/习惯。另有1人每天12个小时听音乐/任何情况下都喜欢听（注：北京市3个拥有音乐播放器的样本都表示自己会在坐车、等车无聊时听音乐，详见图34）。

5. 是否喜欢随时随地都戴着耳机听音乐

你喜欢随时随地都戴着耳机听音乐吗？

大多数儿童都不喜欢随时随地戴耳机听音乐，所占比例为72%；而喜欢随时随地戴耳机听音乐的仅占28%（详见图35）。

6. 是否认为随时随地都戴着耳机听音乐是一种时尚

你觉得随时随地都戴着耳机听音乐是一种时尚吗？

认为随时随地戴耳机听音乐是一种时尚的有30人，占22%，不认为随时随地戴耳机听音乐是一种时尚的有106人，占78%（详见图36）。

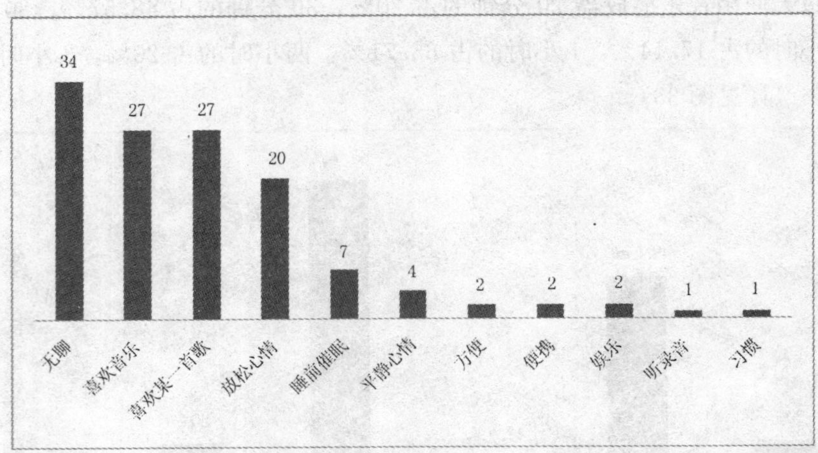

图 34　用 MP3/MP4 听音乐的原因

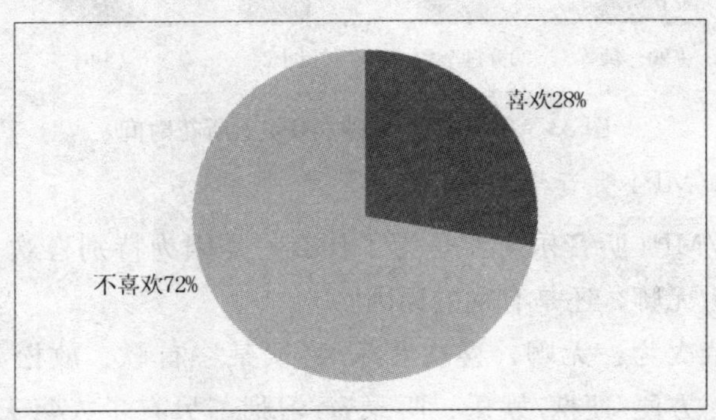

图 35　是否喜欢随时随地都戴着耳机听音乐

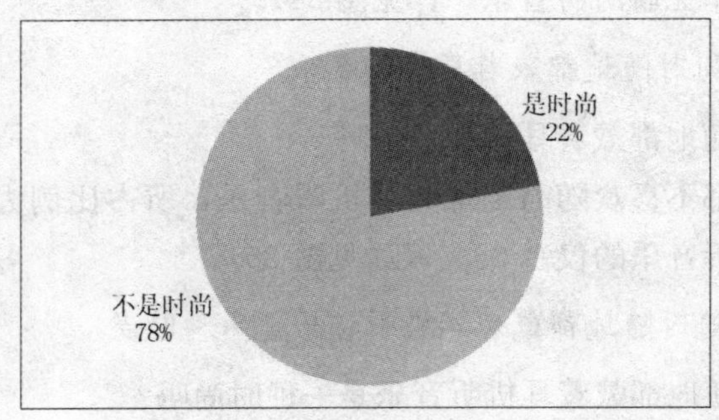

图 36　是否认为随时随地都戴着耳机听音乐是一种时尚

调研人员名单

参加 2011 年度调研的访员名单：

陈溯　熊珊　石琪　蔺云　林楠　伍淑芬　沙竹青　王琳　李汝欣
石晨露　陶可　娄倩　张晨　杨望　张静天　赵兴　蒋杨雨　卢佳萍
刘丹　曹娃　阿丽努尔　诸冰羽　张璨　张雪　余姬娜　崔灿　刘丹实
沙鸥　朱萌　刘晶　于伟洁　刘芳菲　庞京川　裘若霜　杨蕊嘉　杨琦
代杰　陈英胜男　赵新羽　韦华德　陈宇阳

参加 2010 年度调研的访员名单：

吴爱玲　袁怡然　唐慧英　商梦静　刘蕊　陈莉　李艺天　陈乐　黄丹
田薇　蒋梦捷　周薇　高晓卉　刘芳　陈盼盼　张彬　宇朝玲　王心
罗文东

西北地区民族院校新闻传播教育现状及问题分析

课题组组长　王晓英

课题组成员　何　晶　兰　荣　任　洁　马星远①

目前高校的改革日益向着专业化、特色化、多元化的方向发展，各所高校都试图发挥各自的优势资源和学科优势，以获得更为长远的发展，为中国社会的发展提供强大的人才保障。

作为中国高等教育重要组成部分的民族院校高等教育因其自身的特殊性和多方面原因，其教学、科研、发展等综合实力都与其他院校存在较大的差距。民族院校的新闻传播教育在民族新闻人才的培养上具有独特的优势资源和特色，但同时也面临着诸多问题。作为国家设立的以“两个面向、两个服务”（即面向少数民族和少数民族地区，为少数民族和少数民族地区服务）为办学目标的民族高等院校，其新闻传播教育必须承担起培养更多政治强、业务精的少数民族优秀新闻人才的重要责任。地方民族院校的新闻传播教育要立足于民族与地方、服务民族与地方、依托民族与地方、支持民族与地方，在区域经济与社会发展中充分发挥新闻人才培养、科学研究和社会服务三个不可替代的重要作用。因此，深入研究民族院校新闻传播教育的现状、面临的问题和解决对策，推进民族院校新闻教育事业的发展，具有重要的意义。

一、研究目的及主要研究内容

我国民族院校自创立以来，坚持为少数民族服务、为民族地区服务的办

① 王晓英，中央民族大学文学与新闻传播学院副院长、副教授；何晶、兰荣、任洁、马星远均为中央民族大学文学与新闻传播学院 2010 级新闻学硕士研究生。

学宗旨，在不同的历史阶段为少数民族和民族地区培养了大批民族干部和各类专业人才，发挥了普通高校不可替代的作用，体现了民族院校对少数民族和民族地区的重要价值。

“少数民族新闻教育是民族地区、民族院校的新闻教育，主要培养少数民族新闻工作者。它是中国新闻教育不可缺少的重要组成部分”①。60多年来，我国民族院校新闻教育事业不断发展，培养了大批民族新闻工作者，对民族地区经济、文化、社会的发展起到了重要的作用。在肯定民族院校取得成绩的同时，还应该认识到民族院校在发展中遇到了许多的现实问题，故本次调研目的就在于发现民族院校新闻传播教育在学科建设和人才培养过程中暴露出的问题与不足，引以为鉴，作为现阶段推进民族院校新闻传播教育的着力点。

具体来说此次调研选取了西北地区的民族院校作为调研对象，希望达到两个目的：一是为我国民族院校的改革和发展提供可参考的范本。民族院校的生源构成、学校定位、优势资源以及办学特色等都是有别于其他普通高校的，故民族院校的发展具有独特的规律性和特殊性，此次调研将努力探索这些特殊性，以促进民族院校新闻传播教育的发展。二是为民族院校的长远发展提供研究资料。民族教育具有跨民族、跨文化和跨学科性，所以民族教育必须从这个特点出发，寻求发展民族教育的最佳途径。民族院校新闻传播教育的改革和发展在借鉴其他高校的同时，必须从多元文化和跨文化传播的角度寻找适合自身发展的特色化道路。本研究的相关成果力争能为民族院校新闻传播教育的长远发展提供研究资料。

民族院校是指设置在民族地区、在校学生以少数民族为主体，以为少数民族和民族地区服务为办学宗旨的高校。现阶段民族院校可以分为两大类：中央部属民族院校即国家民族事务委员会直属的院校和地方民族院校。本研究选择了西北地区民族院校作为调研对象，包括西藏民族学院（陕西省咸阳市）、西北民族大学（甘肃省兰州市）、北方民族大学（宁夏回族自治区银川市）、青海民族大学（青海省西宁市）。西北地区是我国经济、文化较为落后

---

① 白润生：《中国少数民族新闻传播通史》（下），北京：中央民族大学出版社，2008年，第957、1022页。

关于少数民族新闻教育兴起于何时，学界通常认为是1956年在拉萨木汝林卡（今拉萨一中）办起来的有200多名藏回学员参加的新闻培训班。近年来，内蒙古图书馆发现的一则报道内称内蒙古蒙文专科学校成立时就培养报纸编辑人员。另有一说法称新疆地区早在20世纪30年代末就兴办了新闻教育。

的地区，要想社会发展，就必须要从教育入手。而中央实施西部大开发以来，西北地区民族院校迎来了新的发展机遇。特别是西北地区的新闻传播教育对于推动整个西北地区的信息化社会发展具有重要的作用。

本研究主要包括以下三个方面：一是西北地区民族院校新闻传播教育的现状。这部分主要从发展概况、课程设置、课堂教学、专业实习和学术研究等五个方面，描述西北地区民族院校新闻传播教育的现状。二是西北地区民族院校新闻传播教育存在的问题。这部分立足于教育整体层面、教师层面和学生层面分析存在的问题。三是对西北地区民族院校新闻传播教育的理性思考。这部分从教育理念、人才培养定位、科研特色、开发优势资源等方面提出建议。

二、西北地区民族院校新闻传播教育现状

如何描述某一高校特定学科的教育现状？这是首先需要阐释清楚的问题。就不同高校的新闻传播教育而言，客观方面要受到区域环境、起步基础等因素的制约；主观方面会接受办学定位、突出特色等主观因素的引导。尽管具体层面有别，但是各院校所表现出来的几乎都在朝着同样的宏观方向努力，即培养符合信息传播及相关机构需要的复合型专业人才。

近年来，业界对新闻传播人才的要求不断具体化、明晰化，与高校之间形成一种良性互动意识，业界对人才需求反馈的信息为高校新闻传播专业教育改革提供了切实参照。原斯坦福大学新闻学教授吴惠莲（William F. Woo）在北京“21世纪新闻教育峰会”上曾提出这样的问题：“如果我们教给记者的只是专业技能，我们能说这种教育是成功的吗?”[①] 我们认为这显然不能。培养学生具备采、写、编、评的操作技能只是初级要求，学理教育同样也是必不可少的。反映在高校新闻传播学科教育中应当是保持教授理论与实践业务的相对平衡，并保证各自能够实现一定的预期效果。与此同时，高校还肩负科研重任。一方面，教师需要科研活动完成自我知识体系的更新，并为推动相关学科建设发展贡献力量；另一方面，学生需要科研训练，检验知识，练习方法，培养质疑开拓的精神，成为科研队伍的后备力量。有鉴于此，我们

① 黄瑞等翻译整理：《21世纪的新闻学院应培养什么样的人才？——北京“21世纪新闻教育峰会”》，http：//academic. mediachina. net/article. php? id=596（2011年6月10日访问）。

拟从发展概况、课程设置、课堂教学、专业实习、学术研究等五个方面对各调研对象的新闻传播教育现状进行描述，进而通过对已知文献、问卷数据、访谈信息等的综合分析，获得相对客观的推论，以为后文的问题研究提供较为可靠的现实依据。

（一）发展概况

本研究选取西北地区四所民族院校，其中西藏民族学院和青海民族大学分别隶属于地方教育厅，西北民族大学和北方民族大学则隶属于国家民族事务委员会。由于新闻传播专业起步较晚，加之学校地理环境特殊，办学条件较差，导致这些高校新闻传播专业的办学实力仍旧相对薄弱。但是，近年来新闻传播学科建设在四所民族院校均得到了不同程度的重视，各有作为。随着师资、设备等投入的不断加大，整体呈现出良好的发展态势。

1. 专业发展迅速，硬件设施好，搭建了良好的对口援建平台

从全国多数高校新闻传播学科的发展历程看，其与文学等相关专业关系密切。最初作为一个专业方向（如新闻学）依附建立，然后不断扩充，渐成体系。这种情况在西北地区民族院校都有所体现。只是由于发展程度不同，有些高校在具备了充分的条件（如政策、人员、资金等）后建立了独立的新闻传播类院系，跃升到一个新的起点；而有些高校受多种因素制约，依然处于努力发展的过程中。

2005年3月，在原有的新闻学、广告学本科专业基础上，西藏民族学院新闻传播学院从语文系中剥离出来，正式成为独立院系——新闻传播学院，设有新闻学、广告学、广播电视新闻学、播音与主持艺术4个本科专业，分设与之对应的4个教研室。2010年开始招收“少数民族新闻传播事业研究”方向硕士生。新闻传播学院成立之初，着力扩充硬件设施，发展实践教学，2005年创建了包括演播室、虚拟演播室、音频实验室、非线性编辑实验室、线性编辑实验室、摄影摄像实验室、平面广告设计室等12个实验室在内的“新闻传播综合实验中心”。与此同时，学院也注重借助国内名牌大学新闻传播学科的优势发展自己。新闻传播学院成立前，教育部确定复旦大学新闻学院为该院对口支援建设单位。2007年对口支援建设单位又增加中国人民大学新闻学院。复旦大学和中国人民大学对西藏民院新闻传播学院在教师进修、学生交流、科研合作、实验设备等方面，提供了不少帮助。2010年10月，西

藏民院新闻传播学院挂牌成立了“西藏新闻传播与社会发展研究所”，在突出西藏新闻传播研究特色和优势的同时，力争成为中国少数民族新闻传播研究的基地。

西北民族大学新闻传播学院创建于 2008 年 9 月。现开设广播电视新闻学、广告学、新闻学以及广播电视编导 4 个本科专业，并分设与之对应的 4 个教研室。硕士培养方面，设有中国少数民族艺术专业点，具体包括影视艺术、宗教艺术与跨文化传播 3 个专业方向。学院正致力于新闻传播学一级学科的建设工作，努力发展新闻学、传播学硕士点。近年来，学院不断增强在实验设备上的投入，已建成包括非线性编辑、广告综合在内的两个实验室。2011 年 7 月 4 日，西北民族大学与四川大学签署对口支援协议，四川大学从教学、科研、管理等多方面对西北民大起到帮扶作用。对于西北民族大学新闻传播学院而言，支援以课题资源、师资资源为主，意味着更多的机会和更高的水平。目前，双方的对口支援工作尚处于考察的初级阶段。这种模式在一定程度上证明：加强与高实力院校的对口支援交流与合作，形成优势互补，是发展西北地区民族院校新闻传播教育的重要途径。

与前两者发展程度不同，北方民族大学和青海民族大学尚未形成独立的新闻传播学院。北方民族大学新闻传播系隶属于文史学院，新闻传播系下设新闻学、广告学、传播学 3 个本科专业。新闻传播系在实验室建设方面起步较早，于 2003 年 9 月陆续建成了包括平面设计与网络、数字化影视制作、摄影、声像教学等 4 个实验室在内的新闻媒体综合实验室。2011 年新建成以“苹果”机为主的实验机房，为学生提高操作能力提供全新的实践平台和硬件保障。2011 年 6 月，北方民族大学与合肥工业大学达成对口支援协议，通过选派干部挂职、定向培养师资、重大科研项目申报、学生交流访学等活动，提高人才培养质量，提升科研水平。不过，目前尚未有具体项目或方案惠及新闻系相关专业。青海民族大学设有广播电视新闻学和广告学两个新闻传播相关本科专业，隶属于文学与新闻传播学院。继大连理工大学、沈阳工业大学两所理工类高校对口支援青海民族大学结束后，目前青海民大在对口支援的部署高校方面仍处于空缺状态[①]。

---

① 孟军：《白玛：希望青海民大尝到对口支援甜头》，http：//www.qhlingwang.com/qinghai/content/2011－03/07/content_476791.htm（2011 年 8 月 10 日访问）。

2. 采取多种措施，扩充师资队伍

教师是学科建设的主体，没有高水平的师资队伍，就不可能建成一流的学科。因此，师资队伍建设是学科建设的核心。[①]

西藏民族学院新闻传播学院教师队伍整体表现出年轻化特点。2005年学院成立之初，缺少教师，队伍亟待扩充。由于地处西北部，加之又是新成立的学院，这些都影响着该院引进人才的效果。例如，当时招聘新闻专业本科毕业生都有困难。随着相关政策的扶持帮助，学院发展速度很快，尤其是在西藏新闻传播研究方面的特色与优势日渐凸显，因而吸引了越来越多的青年教师来此工作。据该院院长周德仓老师介绍，到2007年时，前来求职的硕士毕业生已经达到了一比几十的比例。学院现有教职工39人。从职称角度看，有教授1人，副教授5人，讲师15人，助教7人，高级工程师1人，专业技术人员5人。从学历角度看，有博士5人（均为人大支援培养），硕士10余人。从任课教师的民族构成角度看，除两名少数民族教师外，其余均为汉族教师。从家乡所在地角度看，有超过半数的教师来自陕西当地，其余教师则来自河南、重庆、青海、四川、山西等地区。目前，该院仅有1名藏语教师，主攻藏语翻译方向。

西北民族大学新闻传播学院成立之前，已开设新闻学、广播电视新闻学、广告学3个专业，但师资一直处于匮乏状态。据该院新闻学教研室主任朱杰老师介绍，2000年至2005年，专职教师不超过3人，以媒体外聘教师居多。2005年后，引进大批人才，也为新闻传播学院的成立积累了师资基础。新进教师以80后居多。该院现有任课教师36人。从职称角度看，有教授4人，副教授7人，讲师14人，助教11人。从学历角度看，该院尚无博士教师，基本全为硕士。其中，有5人具有媒体从业经历。从民族构成角度看，除1名藏族教师、1名回族教师、1名裕固族教师外，其余均为汉族教师。从地域角度看，该院本土教师较多。

北方民族大学新闻传播系的师资力量相对不足，亟须扩充。该系3个本科专业长久以来只有11名教师，由于师资缺乏，多数教师需同时承担两个专业方向的课程，比如有的教师需同时开设新闻和广告的课程。从职称角度看，有副教授6人，讲师4人，助教1人。6位副教授中，年龄在40岁以上教师4

---

① 陈达云：《民族院校学科建设战略研究》，北京：人民出版社，2011年，第51页。

人，30～40 岁之间的两人。其中仅一人毕业于新闻专业，其余均为汉语言文学专业转来新闻传播系任教。从民族角度看，近一半的教师为回族，其余为汉族，还有 1 名蒙古族教师。2011 年该系新聘任一名传播学博士任教。尽管如此，该系在师资队伍的更新方面速度和力度仍旧相对较弱。

（二）课程设置

对于新闻传播及相关专业的学生而言，尽管学科本身体现着较强的实践性与应用性，但从常规的学习起点来看，其接受专业知识的第一课堂仍在学校，这也是描述教育现状、考察教育效果、发现存在问题的一种有效途径。从学院或相关院系的角度讲，课程体系蕴涵教育理念，其结构安排、特色呈现均可作为解读专业人才培养的参考标准。

在展开描述之前，有必要对如下三个问题做出相关说明。首先，本文在分析中将同时保留“公共课”与“通识课”的说法。本文认为，在现阶段高校教育改革的进程中，两种说法仍体现着较高程度的相似性，因而将同时作为非专业课程体系对待。其次，由于四所西北地区民族院校有三所均开设新闻学专业，为了便于横向呈现总体状况，总结相似性以发现问题，这里选择新闻学专业为分析对象。最后，数据以三所民族院校新闻学本科培养方案为依据，统计只针对课程，不包括形势与政策、军事理论、职业生涯规划、实习、论文等同样有学分要求的类目。

1. 公共课、通识课、专业课在课程体系中的结构呈现

在西藏民族学院新闻传播学院新闻学本科培养方案中，非专业课程体系与专业课程体系学分比例约为 1∶1.7。前者包括通识教育课和公共选修课；后者包括学科基础课、专业必修课和专业选修课。由于学科基础课与专业必修课同属于专业范围内必须选择的课程，因而后文在必要时会将两者合并为学科必修课，以便统计描述。各类别课程学时、学分情况如表 1 所示。需要说明的是，该院存在一类性质较为特殊的课程（共计 402 学时；24 学分），以限选（即直接选定）的形式列入专业选修课板块，实际为必修的专业课程。因而在学时、学分统计中，将这类课程计入专业必修课板块。

表 1　课程体系概况：西藏民族学院新闻学

体系分类	课程分类	学时	学分
非专业课程体系	通识教育课	826	50
	公共选修课	170	10
小计		996	60
专业课程体系	学科基础课	462	28
	专业必修课	238＋402	18＋24
	专业选修课	468	28
小计		1570	98
总计		2566	158

从学分角度分析（学时与之情况十分接近），学科必修课所占比例最大，32 门课程，约占学分总数的 44.3%（其中包括专业必修课 26.6%，学科基础课 17.7%）；通识教育课次之，10 门课程，约占 31.6%；专业选修课位列第三，14 门课程，约占 17.7%。最后是公共选修课，约占学分总数的 6.3%。具体情况参见图 1。

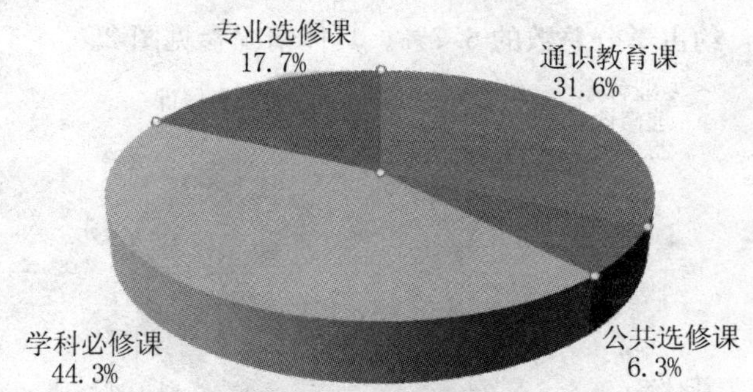

图 1　不同类别课程学分数所占比例：西藏民族学院新闻学

在西北民族大学新闻传播学院新闻学本科培养方案中，非专业课程体系与专业课程体系学分比例约为 1∶2。前者包括通识必修课和通识选修课；后者包括学科必修课、专业必修课、学科选修课和专业选修课。为便于统计描述，后文在必要时会将其两两合并为专业课程体系必修课和专业课程体系选修课。如表 2 所示。

表 2　课程体系概况：西北民族大学新闻学

体系分类	课程分类	学分
非专业课程体系	通识必修课	40
	通识选修课	10
小计		50
专业课程体系	学科必修课	26
	专业必修课	40
	学科选修课	8
	专业选修课	26
小计		100
总计		150

从学分角度分析，专业体系必修课所占比例最大，20 门课程，约占学分总数的 44.0%（其中包括专业必修课 26.7%，学科必修课 17.3%）；通识必修课次之，10 门课程，约占 26.7%；专业体系选修课第三，约有 16～17 门课程，约占 22.6%（其中包括专业选修课 17.3%，学科选修课 5.3%）。最后是通识选修课，约占学分总数的 6.7%。具体情况参见图 2。

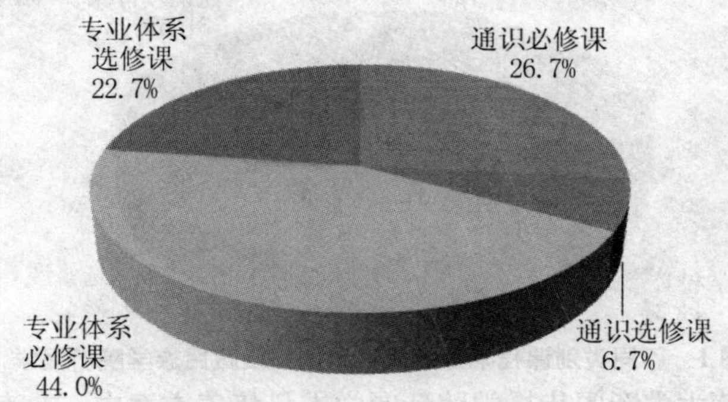

图 2　不同类别课程学分数所占比例：西北民族大学新闻学

在北方民族大学新闻学本科培养方案中，非专业课程体系与专业课程体系学分比例约为 1∶1.7。前者包括公共基础课和通识选修课；后者包括学科基础课、专业必修课、实践必修课、专业选修课和实践选修课。为便于统计描述，后文在必要时会将其合并为专业课程体系必修课和专业课程体系选修课。如表 3 所示。

表 3 课程体系概况：北方民族大学新闻学

体系分类	课程分类	学分
非专业课程体系	公共基础课	41.5
	通识选修课	10
小计		51.5
专业课程体系	学科基础课	25
	专业必修课	28
	实践必修课	6
	专业选修课	25
	实践选修课	2
小计		86
总计		137.5

从学分角度分析，专业体系必修课所占比例最大，25 门课程，约占学分总数的 42.9%（其中包括学科基础课 18.2%，专业必修课 20.4%，实践必修课 4.3%）；公共基础课次之，10 门课程，约占 30.2%；专业体系选修课第三，约有 11～13 门课程，约占 19.6%（其中包括专业选修课 18.2%，实践选修课 1.4 %）。最后是通识选修课，约占学分总数的 7.3%。具体情况参见图 3。

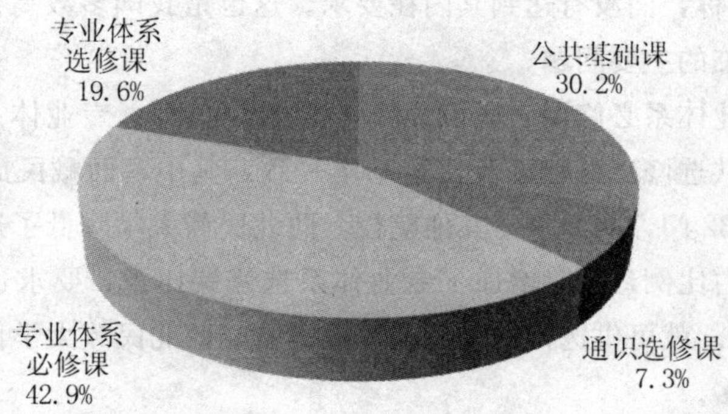

图 3 不同类别课程学分数所占比例：北方民族大学新闻学

横向比较上述几所民族院校新闻学专业课程体系结构，可以总结如下几点较为鲜明的异同：第一，非专业课程体系的学分比重约为专业课程体系的 1/2。前者的体系中，必修课学分为选修课的 4 倍左右，这一数值在西藏民族学院新闻学专业达到 5 倍。在必修课体系中，思想政治类课程为 50%～60%，其余为英语、计算机、体育等方面课程。在选修课体系中，西北民族大学新闻学专业要求学生在自然科学与计算机应用教育方面至少选择 4 学分；北方民族大学新闻学专业也要求学生必须选择 4 学分理工类课程。

第二，从课程系统设置上可以看出上述民族院校对通识课的理解与定位。必修课主要体现着思想教育和基本知识、基本技能的培养功能。西藏民族学院和西北民族大学的选修课相对开放，可依据学生兴趣跨专业、跨学科选择。作为补充，西藏民族学院又在专业选修课板块开设人文社科基础系列课程。其中，文化人类学与政治学概论为限选类必修课。北方民族大学亦有少量类似课程散见于专业选修课体系。北方民族大学在通识选修课方面与前两者不同，除必选的两门理工课外，其余 3 门需要在当代世界经济与政治、文献检索与 9 门新闻传播及文化相关等 11 门课程范围内做出选择。事实上，“通识课”是舶来品，最早源自 19 世纪初美国博德学院（Bowdoin College）的帕卡德（A. S. Parkard）教授第一次将它与大学教育联系起来。中国教育学会会长顾明远主编的《教育大辞典》在对“通识教育”的阐释中，提到了 1992 年哈佛大学对本科生的要求，即“在外国文化、历史、文学与艺术、道德修养、自然科学、社会分析 6 个领域各修若干课程，其总量应达毕业要求的学习总量的 1/4”[①]。尽管各民族院校试图为学生提供其他专业领域的选择机会，培养其人文素养，但由于受到种种因素制约，使得这些院校更多的只是借用了“通识课”的名称，而没有达到其内在要求。这也是我国多数高校不同专业在教育改革中面临的主要问题。

第三，专业体系必修课、通识必修（或公共基础）、专业体系选修课、通识选修（或公共选修）课顺序及比重基本一致。其中，西藏民族学院的专业必修课程高达 32 门，明显多于其他院校。西北民族大学降低了通识必修（或公共基础）所占比例，同时增加了专业体系选修课比重，要求选修专业课门数在 16～17 门。就可供选择的专业课程数量看，西北民族大学比西藏民族学院明显丰富许多。

2. 专业课程体系：实践课比重有所增加，特色课程仍不明显

整体来看，上述民族院校在必修课部分差别不大，除去文学、写作等课程，基本涉及传统的新闻史、论、业务课，加上职业道德、经营管理等方面，

① 转引自百度百科，http：//baike. baidu. com/view/628666. htm#4，2011 年 8 月 12 日访问。

组成了一个较为完备且常规的专业必修课体系。与此同时，专业选修课则差别较大。这既受专业基础条件制约，同时又与专业定位、方向密切相关。在西藏民族学院，新闻学专业选修课分为“新闻采写”、“新闻编辑”、“新媒体”、“少数民族新闻传播”、“新闻传播理论”、“人文社科基础”、“广播电视”、“广告”、“播音主持”、“学术研究素质培养”等10个课程系列，共计40门课程。每个系列要求选择1～2门，课程方面要么是对基础课程的具体深入，如新闻采写系列包括体育与娱乐报道、人物报道、财经与法治报道；要么与周边专业相关，如广告与播音主持系列。结构明晰，学生选择范围相对广泛。在西北民族大学，新闻学专业选修课没有明确的课程板块划分，但课程种类较多，共计有48门可供选择。除去一些课程与西藏民族学院内容同质，西北民族大学课程相对前沿一些。如受众研究、媒介集团研究、国内都市报研究、美国新闻传播法研究等。此外，该校新闻专业操作性选修课较多，如三维动画设计与软件应用、DV策划与实践等。在北方民族大学，新闻学专业选修课体系相对薄弱。在提供的23门专业体系选修课中，有8门是文学及相关专业课程。其余课程概述类较多，缺少方向的具体化。

课程实践方面，三所西北地区民族院校均有所突出。在西藏民族学院，新闻学设有32门专业必修课，其中有16门课有实践要求，约占50%。理论课程790学时，实践课程312学时，两者比例约为2.5∶1。与此同时，在14门专业选修课中（需要在40门中选择14门），有10门课程有实践要求，约占71.4%。在西北民族大学，新闻学设有20门专业必修课，其中有9门课有实践要求，约占45%。理论课程984学时，实践课程242学时，两者比例约为4.1∶1。在可供选择的48门选修课中，有实践要求的课程为11门，约占23%。在北方民族大学，新闻学设有23门专业必修课，其中有13门课有实践要求，约占56.5%。理论课程766学时，实践课程194学时，两者比例约为3.95∶1。在可供选择的23门选修课中，有实践要求的课程为16门，约占69.6%。但是，除去电视节目编导与三维影视动画制作两门课实践课时超过10学时外，其余课程均为两学时。

区域特色课程方面，西藏民族学院和西北民族大学设有为数不多的几门，北方民族大学相对更不明显。在西藏民族学院，新闻学专业开设西藏新闻传播史、藏语新闻实务（选修）、藏学基础（选修）等3门凸显地域特色与研究优势的课程。此外，还设有少数民族新闻传播理论研究、少数民族文化与传播研究（选修）、少数民族新闻传播法规及伦理（选修）、新闻传播与少数民族地区社会发展研究（选修）、中国少数民族新闻事业等民族新闻传播系列课程。在西北民族大学，新闻学设有新闻报道中的西北民族问题研究、西北少数民族地区传播现状与趋势研究及少数民族新闻传播史，均为专业选修课性质。而北方民族大学新闻学专业仅有 1 门选修课英语报刊阅读与写作略能体现课程特色。

（三）课堂教学

课堂教学是践行教育理念的重要环节。为了使培养目标与教育实践保持一致，考察课堂教学是十分必要的。作为参与这一互动过程的两大主体，教师和学生的相关情况直接影响着考察结果。从某种程度来说，教学效果要受到教师学识水平、授课方式，学生基础素养、兴趣爱好等诸多因素影响。这里结合问卷、深度访谈与焦点小组三种调查方法结果，试图通过教师、学生两种视角，归纳出相对普遍的若干教学现状。

1. 从教师的视角：缺少业界实践和学术资源

新闻传播类专业具有很强的实践性。在调研的四所民族院校中，无论是传统的新闻学，还是后发展起来的广播电视新闻学、广告学，以及新兴的播音与主持艺术、广播电视编导等专业，其培养方案与教学实践都说明了这一点。与此同时，由于社会环境与媒体技术的飞速发展变革，要求教师不断更新自己的知识体系，将前沿话题带到课堂，以帮助学生开阔视野，站在一个更高的层面审视问题。然而，事实上，尽管许多教师有这样的想法和意愿，但缺乏一些必要的保障条件，反而被环境相对闭塞、教学任务过于繁重、交流深造机会较少这些客观因素制约。另外，许多年轻教师媒体实践经验不足，讲授的理论很空洞。如果能在业界有一定的实践积累，那么对新闻将会有更新、更深的领悟，再传授给学生时，才会取得良好的效果。

民族院校较为特殊的一点在于学生群体。当来自不同地域、具有不同文化背景的不同民族学生聚在一个班级里，以同样的方式接受专业知识时，如何保证均衡的教学效果，对任课教师来讲也是一个不小的难题。据西藏民族学院新闻传播学院院长周德仓老师介绍说，在课堂教学方面，学院曾尝试对来自不同地区的同学同时授课，但发现这样老师讲课很困难。内容讲得太深，区内（指来自西藏自治区）学生听不懂；讲得太浅，区外学生听着又会没兴趣。现在一些专业开始实行区内、区外班分别授课。其他三所民族院校学生情况与之不同。西北民族大学面向全国招生，据范文德老师介绍，课堂上有80％～90％的学生来自内地，教学主要以他们的水平为主，不会因为照顾个别同学而降低速度。老师只能有针对性地进行个别辅导。同时，由于这些学生有的比较腼腆，不太愿意主动跟老师沟通，可能会影响到他们对课堂所授知识的理解程度。另外两所民族院校也或多或少地存在相似问题。

2. 从学生的视角：对实践课兴趣优于理论课

从与学生的访谈中，我们发现，本科学生不分专业，对实践教学均表现出普遍较高的兴趣，像新闻摄影、广播电视制作、非线性编辑等操作类课程。例如，在与西藏民族学院新闻传播学院学生的焦点小组访谈中，多数人表示学院为学生提供了很好的实践平台。实践课程很多，设备充足，且较为先进。同时，学生借机器很容易，这些都提高了同学动手操作的积极性。在问卷调查中，当提到“你认为在校期间应重点培养何种知识、技能”（多选题）时，均有超过半数的同学选择了“操作专业机器设备的技能”（西藏民族学院84.4％；青海民族大学76.9％；北方民族大学62.4％；西北民族大学53.9％）。

相比之下，理论课则不如实践课能调动起学生的积极性，容易让学生觉得枯燥，学不到知识。总结原因，大致有如下两种可能。首先，学生还没有体会到理论知识的真正作用。许多学生将新闻传播类专业定性为实践类，在他们的理解中，认为理论是空洞的，看不到实际价值。如西藏民族学院新闻传播学院播音与主持艺术教研室主任王彪老师所说，理论和实践之间的鸿沟没有在基础教育中解决。中学阶段所谓的题海战术使学生丧失了批判理论、反思理论的能力，学生的思维模式被固化了。这样教育模式培养出来的学生很难去思考理论和实践的关系。其次，在于教师的授课方式，加上有的教师知识体系更新较慢，容易使理论课讲得不生动，不具体。对此，有些教师在访谈中提到了案例教学的重要性。如以新近发生的案例引发同学讨论，进而引导大家尝试用相关理论去分析。关键在于调动同学们对理论学习的积极性。

（四）专业实习

实践课程重视对学生操作技能的培训，或者让学生掌握某种机器、某种软件的使用技巧，或者让学生熟悉某种类型节目，完成某一环节的制作。而专业实习与之不同，学生处于真实的媒介环境中参与新闻生产，体会从选题策划到成品完成的制作流程。作为就业的预备期，专业实习是另一种高度的练兵。四所民族院校结合自身情况，在专业实习方面要求、特征各有异同。

首先，从设置时间来看，有的在大四阶段，也有的院校在大三阶段就开始了，且持续时间较长。比如，西藏民族学院新闻传播学院的相关专业均有两次实习要求，第一次在临近第6学期期末。5月完成压缩课程，6～7月为实习时间。第二次实习在第四学年。北方民族大学改革实习后，也已将时间提前至第6学期的5月，要求的时长为6个月，分两个阶段。其中，第一阶段是从5月开始后4个月，第二阶段是从9月开始后的两个月。还有开设在大四阶段的，如西北民族大学安排在第8学期，约为6个月。据西北民族大学朱杰老师介绍，该院实习原来安排在第7学期。但由于专业选修课的任务还没有完成，到第8学期学生又忙着找工作，在最后一个学期再安排课程困难很大。因而，从2010年起，学院做出上述调整。

其次，从管理方式来看，均为集体与分散两种方式相结合。其中，西藏民族学院新闻传播学院要求第一次实习为集体实习，为保证实习效果，不允许学生自己联系实习单位。根据学生的报名情况，将其分配到实习单位，并指派带队老师。实习期间由各实习单位代为管理。院方定期视察，通过与实习单位座谈的方式，了解学生的实习情况。第二次实习没有明确要求，学生通过实习寻找就业机会。而在其他院校，多为两种方式同时进行。不过，因为有些院校将实习安排在大四阶段，且只有一次实习要求，因而遇到学生考研的情况就需要特殊处理，比如缩短实习时间。随着近年来考研持续升温，也会在一定程度上影响学生的实习效果。此外，北方民族大学强调自主实习，第一阶段从5月到大三暑假，相当于一门课程。要求学生完成四篇稿件，学生分为几个小组，每个小组一位指导老师。毕业实习从9月开始，为自主实习和学校安排相结合的方式。

再次，从集体实习基地来看，多以学校所在地及周边地区媒体为主。如北方民族大学新闻系的实习基地设在《银川晚报》、宁夏广播电视台等当地媒体。西藏民族学院新闻传播学院的实习基地多为陕西、西藏等地方性报社、电视台等。虽然也与北京、广州等发达城市媒体有合作关系，但从整体情况看，机会较少，且实习媒体层次有待提高。

最后，从实习过程来看，能否有所收获，多数在于学生自己的态度和努力程度。例如，有的学生将专业实习当做课堂学习的重要补充，结合实践，重新理解所学知识，尤其是理论知识，这是一个很好的反思过程，形成了学校教育的有力补充。院方一般会在学生实习结束后组织交流会，一则汇报、展示实习成果；二则也是为学生提供经验交流与总结的机会。至于学生在实习中暴露出的问题与不足，有些院校会依据学生反馈情况对课程做出相应调整，而有些院校则倾向于依靠学生的自我调节，不足之处不会影响课程设置。

（五）学术研究

高校作为独立的综合性机构，除了具有教学功能，科研也是必不可少的。尽管不是单一化的科研机构，但高校在推动相关学科科研进展方面发挥着不可替代的作用。简单概括来说，科研是具有一定体系和路径的，通过使用一定的理论、方法在某一学科领域进行全新或是深入的探索，在学术范围内，发现问题，解释问题。高校学术研究具有多方面的重要性。首先，科研可以起到梳理综述的作用，向人们展示该领域范畴内的研究进展、研究范式与研究困境，为后续研究提供范本和提示。其次，尤其在高校，科研是对所学知识在学术方面的综合运用，是某种视角下理论与实践的结合。最后，高校科研和教学可以实现某种程度的互动。教学中的问题与疑惑可以成为科研的素材，而科研的新发现新结论亦可为教学提供最新的案例。在本次调研的几所西北地区民族高校中，各院校对科研的重视程度不尽相同。当然，其中有不少客观因素的制约，如可供研究的资源、物质保障、教师的科研水平等。虽然发展程度不同，但总的来说，几所民族院校在学术研究方面都表现出了如下两方面特征。

1. 从学校的角度：突出重点、带动整体，突出地域、民族特色

在学术研究领域，一个必须承认的现状是：如果高校不在发达地区，缺少前沿的学术资源与交流平台，渠道少，信息滞后，就很难在新的焦点话题研究中取得成就。因而需要充分挖掘并利用好自身的优势资源，在学术研究领域另辟蹊径。这些研究不一定是学科内最热门的，但却是鲜有人问津的，因而也具有很高的研究价值。对于地方类民族院校更是如此。总结四所民族院校在学术研究方面的特点，即具有突出的地域性和民族性。如西藏民族学院新闻传播学院主要关注和西藏地区相关的话题。相关数据显示，截至 2011 年 6 月，该院承担 35 个不同级别的科研项目，其中与西藏地区、藏族文化相

关的研究课题有 31 个，高达 88.6%。具体情况如图 4 所示。其研究领域涉及新闻史、民俗文化传播、形象传播、传播策略、媒介素养、广告传播等丰富话题，涵盖报纸、电视、互联网等多种媒介形态。

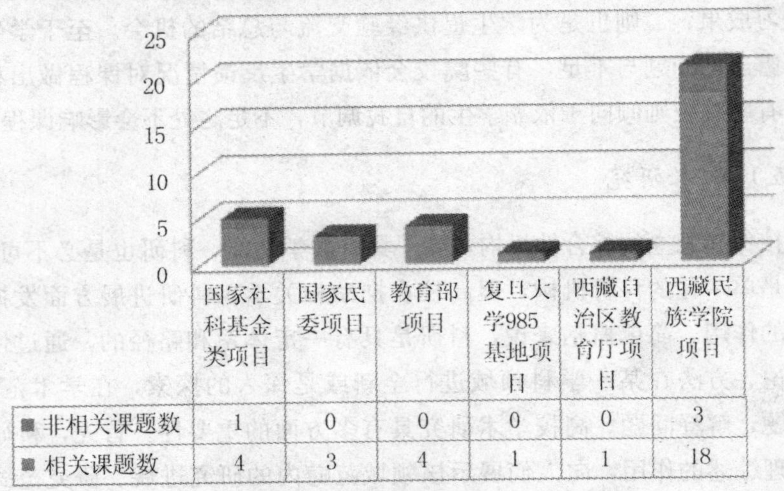

	国家社科基金类项目	国家民委项目	教育部项目	复旦大学985基地项目	西藏自治区教育厅项目	西藏民族学院项目
■ 非相关课题数	1	0	0	0	0	3
■ 相关课题数	4	3	4	1	1	18

图 4　西藏民族学院新闻传播学院科研课题概况

此外，其他几所民族院校也表现出了相似特征，科学研究突出了较强的地域性和民族性。西北民族大学新闻传播学院偏重于甘肃本地少数民族的课题研究，尤其在一些甘肃特有少数民族如裕固族方面积累了许多独特的研究成果。北方民族大学则倾向关注宁夏地方媒体和回族新闻传播方面的相关课题。

与此同时，虽然民族院校在学术研究方面倾向于挂靠民族方向，但一个不容忽视的事实是，现阶段少数民族教师不多。因而无论从语言还是从文化背景的角度讲，都会给科研带来不同程度的困难。西藏民族学院周德仓老师在介绍该院科研情况时表示，教师不懂藏语是科研中的一个重要难题。此外，学校所在地与西藏地区具有空间距离，使得许多教师不能常常深入到调研地，只能利用有限的出差机会开展实地调研工作。西北民族大学朱杰老师也认为，语言不通是调研中的一大障碍。虽然有翻译的帮助，但翻译过程容易导致信息的流失。加上不同文化背景的人思维方式不同，可能造成交流的隔阂，很难让受访人消除心理上的距离感，无形中增加了调研的难度。

2. 从学生角度：对少数民族话题感兴趣，但研究意识不强

学生是学术研究的后备力量。虽然在校期间以课堂教育、课外实践为主，

但仍需在老师的指导下培养一定的学术研究意识，提高学术研究能力。在对四所西北地区民族高校学生的问卷调查中，我们发现，在学校突出地域、民族特色的研究背景下，学生在一定程度上表现出对少数民族话题的兴趣，但整体来看，只是一种感性认识，研究的意识相对模糊。

在抽样调查中，当被问到“对以少数民族新闻传播为对象的学术研究的兴趣程度”时，每所院校均有超过六成受访学生表示对此感兴趣（其中包括非常感兴趣和有点感兴趣两种程度）。青海民族大学最高，为 86.5％（其中非常感兴趣的占 19.2％，有点感兴趣的占 67.3％）。其次是西藏民族学院，为 83.8％（其中非常感兴趣的占 22.5％，有点感兴趣的占 61.3％）。西北民族大学紧随其后，为 78.4％（其中非常感兴趣的占 20.1％，有点感兴趣的占 58.3％）。北方民族大学略低，为 61.2％（其中非常感兴趣的占 13.5％，有点感兴趣的占 47.8％）。具体情况如图 5 所示。

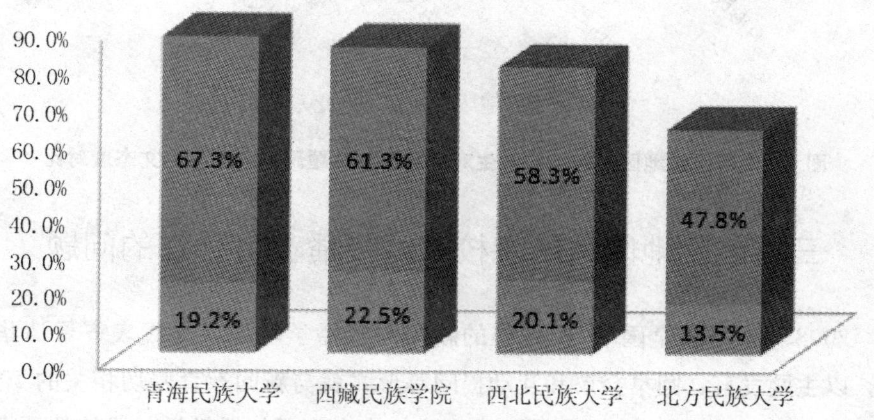

图 5　四所西北地区民族院校学生对少数民族话题的研究兴趣

然而，当追问“是否完成过与少数民族新闻传播内容相关的论文”时，学生的态度与兴趣反差较大。在青海民族大学的受访学生中，反差最大。表示“没有完成过相关论文，且从来不想选择此研究方向”的为 61.5％，是表示“不太感兴趣”的学生的 5 倍多（11.5％）。在西北民族大学的受访学生中，表示“没有完成过相关论文，且从来不想选择此研究方向”的为 48.5％，是表示“不太感兴趣”的学生的 3 倍多（15.7％）。在北方民族大学的受访学生中，表示“没有完成过相关论文，且从来不想选择此研究方向”的为

61.2％，约是表示“不太感兴趣”的学生的两倍（33.7％）。在西藏民族学院的受访学生中，表示“没有完成过相关论文，且从来不想选择此研究方向”的为34.4％，是表示“不太感兴趣”的学生的两倍多（15％）。具体情况如图6所示。

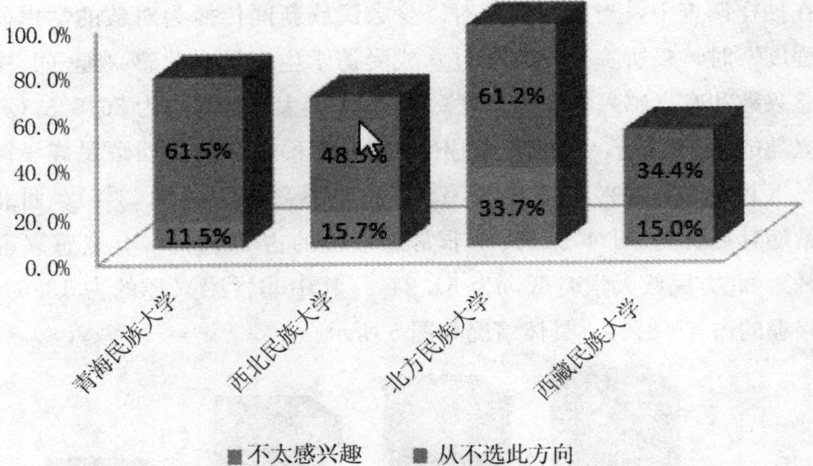

图6　四所西北地区民族院校学生对少数民族话题研究兴趣与论文态度对比

三、西北地区民族院校新闻传播教育存在的问题

2008年，来自全国31所高校的新闻与传播学院的教师代表齐聚清华大学，以主题发言、圆桌会议和互动提问等形式就与新闻教育密切相关的10个专题展开了探讨。会上，“问题”成为这些来自新闻传播教学一线的教师们说得较多的词。全球性的新闻媒体转型成为中国新闻教育改革的外在推力，那么从何改起？答案是明确的，清醒地认识到问题何在是改革的第一步。对于民族院校来说也是如此。

民族院校经过几十年的发展，已成为中国高等教育的重要组成部分。随着少数民族和民族地区经济和社会发展，国家经济结构的调整，西部大开发战略的实施，民族地区对各类人才的需求发生了较大变化。通过此次走访西北地区四所民族院校，我们对其新闻传播教育上存在的一些普遍性问题深有感触并呈现于此调研报告中，以期为民族院校新闻传播教育的现实推进提供科学的参考。

（一）教育整体层面

1. 教育特色定位模糊

民族院校的创立，其宗旨之一就是为少数民族地区培养建设者和接班者，为民族地区的经济建设输送人才。“从民族院校的诞生之日起，民族性就被规定为民族院校的根本特性。长期以来，民族性已成为民族院校办学理念的核心。”[①] 在长期的办学实践中，民族院校也始终秉承这一理念，在学科建设上，深深打下了“民族”的烙印。

“民族院校新闻传播教育是否应该强化其民族特色?”，这次调研引发了我们对于这个基本问题的深度思考。部分教师对民族院校的新闻传播教育的民族特色持鲜明的否定态度，这是在调研成行之前没有料想到的情况，他们的观点促使我们看待课题的角度更加客观。西北民族大学新闻传播学院广播电视编导教研室主任范文德老师认为，从专业的角度来说并不提倡凸显民族院校的民族特色。学校本身的特殊性应该更多地体现在通识课程上，如民族理论等。新闻学有自身的普遍规律，专业教学应始终追求学科的前沿，把专业上普遍的知识传授给学生，与民族特色无关。此外，西北民族大学新闻传播学院新闻学教研室主任朱杰老师也有类似看法，他认为民族院校新闻传播教育的特殊性主要源于教学对象的特殊性，在专业教育上过分强调少数民族特色容易误入歧途。民族院校应当在民族政策的框架之下将民族资源与新闻传播学科结合起来，而不是在专业教学当中植入民族特色。该院广告学教研室主任张兢老师则强调“民族特色”这个概念，语境不同它的含义也就不同。就广告学而言，它本身就是都市文化的产物，因此对于专业水平相对落后的民族院校来说现阶段急需做的是达到该专业的一般建设水平，强化其民族特色则很难做到。此外，通过对北方民族大学、青海民族大学新闻传播相关专业负责人的采访，我们强烈地感受到这几所民族院校新闻传播相关专业在建设方向上缺乏明确的目标和定位。尽管“民族特色”是民族院校新闻传播教育得天独厚的资源，但何为“民族特色”，要不要强调“民族特色”，如应凸显又如何与专业教育实现有机的结合？对于这些问题，至少现阶段还没有给出明确的答案。

---

① 蔡琼：《中国民族院校发展中的文化转型》，华中科技大学博士论文，2006 年。

“民族院校要在新世纪高校竞争中立于不败之地，有两条道路可以选择：一是充分发挥并继续发展自己的整体实力，以整体优势取胜；二是形成和发展自己的办学特色，扬长避短，以局部优势取胜。由于多种原因，在我国高校体系中，与名牌大学相比，民族院校要以整体优势取胜是比较困难的，因此，民族院校必须也只能走特色化的道路。”① 但应该明确的是，特色不完全等同于民族特色。“在我国，每一所民族院校其实都对应着不同的族群文化，这种族群文化背景的差异直接导致了民族院校之间学科发展的个性差异。”② 因此，特色的营造应该与民族院校所处地区的社会结构、文化传统、语言环境等因素密切联系起来。在此次调研中，西藏民族学院给我们留下了深刻的印象，作为西藏自治区直属高校，该校新闻传播学院开设汉藏双语主持专业以及加开《西藏新闻史》课程的做法，让我们感受到了学院寻求个性化发展的意识。而这对于其他几所民族院校来说，非常具有借鉴意义。

2. 教育理念过于职业化

新闻传播类专业因其强烈的社会实践性甚至在学术界引发了新闻“有学”或“无学”的争论，而争鸣恰恰反映了新闻专业显而易见的操作性和应用性。但这却给新闻传播专业的教育带来了难题，究竟在教育过程中如何去平衡理论与实践这两个重要环节？如何在培养学生理论素养的同时增强其业务操作的技能？而传媒市场对于动手能力强人才的现实偏好使得这些问题一直困扰着教育者们，以致有时候新闻传播专业教育与职业教育的边界变得模糊不清。而这对于新闻传播理论研究水平本身较低的西北地区民族院校来说，显得尤为严重。新闻传播教育的职业化趋向越发明显，偏向于实用性与工具性的教育理念在专业教学上留下了深深的印迹。从两个角度来分析这个现象，总结起来就是教育的市场取向和学生的兴趣偏好使然。首先，从现阶段学校专业建设的角度来说，其培养人才的推力来源于市场，对于实践性很强的新闻传播类专业来说更是如此。而从中国的传媒市场这个宏观层面来看，市场准入门槛不开放使得媒体难以吸纳更多刚刚步入社会的新闻人才，由此竞争的激烈程度可想而知。对于发展水平较低的民族院校新闻传播教育来说，将“我们的学生采写、编辑、摄像样样行”的职业化办学理念灌输于日常教学中，

① 杨胜才：《中国民族院校特色研究》，民族出版社，2007年，第161页。

② 罗翔宇等：《民族院校新闻传播学科发展的路径选择》，《湖北民族学院学报》（哲学社会科学版），2008年（6）。

培养动手能力强的新闻人才以应对新媒体技术的变革和传媒市场的需求，才能缓解严峻的就业压力。就此次走访的四所民族院校了解到的情况，除去西藏民族学院的“新闻传播综合实验中心”已初具规模之外，西北民族大学也正在积极地加强专业实验室建设以培养学生的动手操作能力。其次，从对四所学校教师的访谈来看，教师们均表示相对于理论课程，学生对实践课表现出更为浓厚的学习兴趣和更高的学习水平。来自民族地区的学生由于基础水平相对较弱，理论学习兴趣淡薄，并且缺乏强化专业基础的意识，他们往往重视的是能够立刻“见效”的某种技能。因此，这种偏好实践淡化理论的学习倾向相较于其他非民族院校学生来说可能更为突出。

但是，正如西藏民族学院新闻传播学院周德仓教授所言，学生们摄像机会用了，但总是拍不出有思想的东西。那么我们不禁要问所谓“有思想的东西”来自哪里呢？其实很简单，来源于专业理论知识。“无论是新闻采访写作、新闻理论、新闻史课都能够激发学生对新闻事业的热爱，或者是教会了一种辩证的思维方法，或者培养了学生多角度思考的能力。再如，摄影或者摄像课，如果只教给学生怎样使用机器，学生看说明书就可以学会，这门课就应该淘汰。摄影课培养学生的应是一种敏锐的观察力和捕捉新闻的能力。”① 所以说，一味强调职业化的教育模式，在实践教学中忽视理论的作用，那么培养出的新闻人才只能是低端意义上的“媒介工人”。

3. 课程设置窄化、大众化

（1）通识课程徒有虚名

媒体作为新闻人才的输出单位，对学校教育存在的问题感触最深也最有发言权。在宁夏银川进行调研时，我们走访了宁夏广播电视台，对宁夏卫视副总编孔峥女士进行了深访。当被问及近些年新闻专业学生在对口就业时出现的难以匹敌法律、经济类毕业生的困境，她表示从媒体招聘人员的角度来说这是合乎情理的，新闻传播类专业的毕业生尽管在专业素质方面要强于其他专业学生，但也只是停留在“会”的层面，并且从现今电视媒体的发展趋势来看，频道的细化对于非新闻专业人才的需求会越来越大。因此，媒体反而对非新闻传播专业的学生更加偏好。鉴于此，孔女士认为学校的新闻教育要适时转变思路朝着细分的方向发展，经济新闻、法制新闻这类从内容角度

① 李希光：《新闻教育未来之路》，清华大学出版社，2010年，第115页。

细分的意识应当嵌入到专业教学当中。实质上，这个问题共同困扰着新闻教育者与媒体从业人员。从目前来看，新闻传播专业的细分教育俨然还没有上升到教育模式的层面。部分院校对此种意识的践行更多地体现在一些专业选修课程的设置上，尤其是外国语大学、政法大学这类院校定位于培养专业性强的传媒人才。因此，在整个新闻传播教育体系无法得到变革的情况下，只有从具体课程入手，将学校课程的设置与传媒实践紧密地联系起来。

清华大学一直倡导“通识教育基础上的宽口径专业教学模式”，加强文、史、哲的基础和艺术的修养，强调人格的修养与思维的训练。通识部分涉及文、史、哲以及政治学、社会学、经济学、自然科学等基础学科。但正如上文现状分析中所提到的，三所民族院校对通识课程的概念的理解显然存在简单借用的倾向，即单一地将思想政治类课程冠以通识课之名。因此，这种宽口径人才的教学模式根本难以实现。毋庸置疑，担负着培养少数民族高素质人才重任的民族院校对政治类通识课程的设置更为重视。不仅课程所占学分比例高，也挤占了相当多的课时。从收集到三所民族院校新闻学专业的培养方案来看，非专业课程体系的学分比重竟然约占专业课程体系的1/2。但从实际的功效来看却差强人意，不仅学生对课程内容、授课形式不感兴趣，老师对这类课程严重挤占专业课学分、课时的状况也很是头疼。以西藏民族学院为例，该院接受深访的教师普遍反映，包括思想政治类在内的通识课程大幅度压缩了专业课课时数量，进而影响到专业的教学致使部分专业选修课无法正常开设。

（2）特色课程少且安排不当

目前高校新闻传播类专业课程设置存在共性多、个性少的普遍情况。而所谓的特色课程也更多地体现在专业选修课板块当中，甚至代表着专业人才培养的方向、科研的优势所在。从现状部分对三所民族院校新闻学专业的分析来看，西藏民族学院新闻学专业在专业选修课中设置了“少数民族新闻传播”板块，其中开设了包括“藏语新闻实务”在内的几门选修课程。西北民族大学则在专业选修课程中开设了“新闻报道中的西北民族问题研究”等选修课。两个专业着眼于学校的民族文化特色与所在地域特色，开设相关特色课程是教育者创新教学内容、谋求专业个性定位的突出体现。但是，我们发现这些特色课程基本被安排第六、第七学期，不仅开课时间靠后且均以选修课程的形式出现。首先学生对于选修课存在选与不选的自主性，且开设时间过于靠后可能会出现学生因忙于实习、工作或深造而抱着凑学分的态度应付了事的现象。所以很可能的结果是老师精心备课，学生的学习效果却不佳，最终失去了特色课程开设的初衷和意义。前面提到特色的建构与强化在某种程度上是教师科研强项、优势的体现，从某种程度上说，特色课程的开设也是培养学生科研意识、扩展科研视野、寻找毕业论文选题的路径之一。况且从现有问卷的数据分析来看，学生对少数民族新闻传播话题感兴趣程度较高。那么若将相关课程提前安排，或许能对学生在相关领域的科研、毕业论文写作有所启发。其实，从新闻学培养方案来看，专业选修课大概积压在六、七学期是这几所民族院校存在的普遍问题。以西北民族大学为例，有31门选修课被安排在第七学期，试想，大量选修课积聚于这个学期，过于庞杂、混乱，实质上并不利于学生的选修。

4. 实习安排有待完善

专业实习作为学生真正走向工作岗位之前的重要环节，是将在校所学知识学以致用，同时又在媒体的实战演练中不断更新知识体系的过程。从几所学校的情况来看，各校均有意拉长实习时间，对实习环节重视程度较高。首先，在实习基地分布上主要以学校所在省份的主流媒体为主，综合来看媒体的发展水平不高。其中只有西藏民族学院在北京、广州这类传媒行业较为发达的城市设置实习基地。其次，从实习管理方式来说，基本是集中实习和自主实习相结合。当然这两种实习方式在操作过程中各有利弊。集中实习便于学校管理，且更利于对学生实习期间各项表现进行量化评价，大规模的集中实习同样有利于巩固学校与实习基地建立长期的实习合作关系。相对而言自主实习则偏重于锻炼学生的自主联络能力，北方民族大学从第七学期开始的毕业实习则是坚持以自主实习为主，主张学生自行联络单位实习，在联系无果的情况下学校再帮助提供实习单位。该校老师认为，自主实习中学生自己联络实习单位的过程实质上也是对学生自我能力的一种锻炼，而这种沟通、联络能力对媒体从业者来说尤为重要。但是，需要强调的是，自主实习的管理相对松懈容易使得造假、滥竽充数等不良现象出现，从而无法实现学校安排学生实习的初衷，反而浪费了宝贵的课时。

（1）实习反馈有待加强

实习作为学生在校学习成果的直接反馈，起到深化专业技能的作用。当然，在实习过程中，很多学生会有诸如此类的疑问：为什么实际的媒体实践与课堂上学到的知识、理念并不吻合，甚至背道而驰？中国特殊的传媒体制使得媒体的实际运作可能与新闻课堂所学到的并不吻合。在没有良好的心理调适情况下，刚刚走进媒体的学生会变得无所适从，甚至对传媒行业产生疑问甚至是不信任。此外，媒体作为对学生在校学习成果的反馈、检验，在某种层面上能够反映教育上的某些漏洞与不足。因此，及时总结反馈对于学校来说非常重要。这里所说的反馈来自于媒体与学生两个层面。正如上面所谈到的，对学生实习遇到的问题及时解决，有利于及时解开学生对于新闻行业的疑虑。而接受来自媒体的反馈则有利于对在校教育进行合理调整。尽管从了解的情况来看，接受深访的老师均表示对反馈信息的重视，但缺乏将媒体与学生的反馈制度化、常规化的意识。当然，这其中西藏民族学院安排则相对到位。该校新闻传播学院不仅会定期召开新闻传播学院实习基地座谈会与学生实习报告会，还在专业教学研究刊物上设立实践教学研究专栏，并有将学生的实习成果结集出版的打算。不过，该院周德仓教授谈到实习反馈时讲到，对于学生在实习过程中体会到的不足，学校并不会调整课程的设置，主要是通过学生的自我调节机制完善。

（2）实习期之间缺乏递进性

从理论上说，阶梯型实习安排是较为合理的。不同时段的实习之间应当具备连贯性和渐进性并旨在培养学生不同方面的能力，且在实习要求、媒体选择等方面应有所区分，总体上呈现逐步递进的态势。“在暑假期间的实习中，学生接触了各级各类媒体，增进了对新闻工作的了解；在毕业大实习中，学生综合运用在校期间所学得的知识和理论，对新闻工作的真谛和要义不仅有了更全面深切的感受，而且有了更深刻的理性认识。”① 但从我们了解的情况看，学校有意拉长实习的战线，打通两个实习期，在实际时间上将暑期实习与毕业实习合并为一个大实习期，此种做法使得实习的阶段性目标难以实现。

5. 办学层次不高，专业扩增过快

自 1999 年实行高考扩招以来，各大高校追求学校规模、学科专业齐全之风盛行。各民族院校也在向部属高校看齐，导致多数民族院校不顾自身办学

① 摘自杨忠宁在西藏民族学院新闻传播学院实践教学研讨会上的发言：《广播电视实践教学的研究与实践》。

条件和学科基础，盲目扩张，增设新专业，导致办学层次不高，学科水平无法提升。

在走访的四所民族院校中，西北民族大学和西藏民族学院成立了专门的新闻传播学院，青海民族大学和北方民族大学的新闻传播类专业均下设在文学与新闻学院和文史学院中。西北民族大学新闻传播学院牛丽红教授认为，能否成立学院级别的教学单位直接制约着专业的发展，这其中包括办学层次、资金、师资等方面。而事实上，全国民族院校新闻传播学普遍存在办学层次不高的情况。全国民族院校中具有新闻传播学一级学科硕士授予权的仅中央民族大学一所。此外，中南民族大学文学与新闻传播学院下设传播学硕士点。我们从此次调研中了解到，西藏民族学院新闻传播学院 2010 年起开始招收“少数民族新闻传播事业研究”方向硕士，挂靠在民族学专业之下。西北民族大学在硕士教育层面则设有中国少数民族艺术硕士点，下设影视艺术和跨文化传播两个专业方向。众所周知，提升办学层次与学院的学术队伍、科研成果等因素息息相关。但对于民族院校尤其是地处西部地区的民族高校来说，在高学历人才引进困难、科研水平落后的现状下提升办学层次可谓是难上加难。

就此次我们走访的四所民族院校来看，尽管整体的办学水平有待提高，但新闻传播类专业设置齐全，部分院校正在建或者有增设新专业的想法。据了解，西北民族大学的广播电视编导专业、北方民族大学传播学专业均于 2010 年刚刚增设，西藏民族学院相关负责人前往北京考察，将数字媒体专业的建设提上日程。此外，在对青海民族大学文学与新闻传播学院胡永刚老师的深访中得知，该院有开设播音主持专业的想法。表面看来，民族院校新闻传播类专业设置向着系统化方向发展，专业的细分更加明确。但就我们所了解到的学院师资队伍、教学传统、生源质量等各方面情况，不免对此种做法心生疑虑。在没有充分认识就业市场现状和自身办学能力时盲目扩建，可能极大地浪费教学资源。以北方民族大学为例，该校共开设了新闻学、广告学、传播学三个本科专业，其不仅是此次调研的四所民族高校中唯一一所在本科阶段开设传播学专业的院校，在全国的民族院校中亦是少见。我们不禁思考：传播学专业往往需要新闻学、社会学、心理学等多学科交叉的学习背景。作为一门从国外引进的新兴专业，对教学者和学习者的知识结构均要求较高。而通过对北方民族大学三位老师的深访我们了解到，学院鲜有老师有深厚的传播学学科背景，新闻学与传播学两个专业老师交叉教学现象严重。传播学的教学力量主要依靠兼职代课老师与新闻学专业老师维持。因此，我们认为学校在扩大办学规模、提升办学层次之前，必须对师资梯队建设、人才储备现状进行科学的论证，否则只会浪费有限的教学资源，难以培养专业性强的人才。

（二）教师层面

1. 教师队伍年龄断层、少数民族教师比例低

此次调研我们对西北地区四所民族院校的十位老师进行了深度访谈，并于西藏民族学院和北方民族大学两所学校进行教师焦点组讨论。通过与相关专业老师的交流、互动，我们了解到教师队伍年龄断层是老师们普遍反映的情况。一般来说，合理的教师队伍由名师型、骨干型、成长型三种类型的教师呈梯队式构成，其中骨干型老师应为师资队伍的中坚力量，以其丰富的教学经验带动成长型老师。而就我们了解到的情况来看，四所民族院校新闻传播相关专业以近几年刚刚聘请任教的年轻老师居多，青年教师比例过大，而有一定教学经验的中年教师所占比例则偏小。因此，教师年龄断层现象较为严重。

在民族院校多元文化的教学环境下，同一课程里有来自不同民族、不同文化背景、不同成长环境的学生。相较于汉族教师，接受过汉族文化教育同时又深谙本民族文化的少数民族教师有着得天独厚的跨文化背景。但在此次调研中我们发现，新闻传播类专业中少数民族教师的比例很低，且学校在人才引进计划上也并没有对教师的民族成分做过多的考虑。其中，西藏民族学院为隶属于西藏自治区的高校且藏族学生的比例较高，对该校新闻传播学院教师民族成分的统计表明，全院25名专职教师中仅有两名少数民族教师（其中藏族教师一名），比例仅为8%。学院周德仓教授谈到此情况时表示，藏族老师基于生活环境、待遇等因素考虑不愿意离开藏区，致使学院难以引进藏族教师。此外，学生作为教学对象，他们的课堂感受直观地反映了教师在教学中的问题所在。通过和西藏民族学院新闻传播学院4名09级播音主持专业藏族学生的座谈，我们意识到日常教学中存在的师生文化隔阂是一个非常值得思考的问题。4名学生谈到在小品编排课程上，老师对他们所排演的小品并不能很好地理解，比如对小品中安排的一些包袱并不赞赏，同时老师对其作

品的评价相比汉族学生作品来说很少。从这个角度看，在难以引进高水平的少数民族教师的现状下，加强培养民族院校汉族教师的多元文化意识显得格外重要。

2. 教师缺乏业界经验

毋庸置疑，新闻传播类专业是一门有着鲜明的社会实践性的学科，在培养动手能力强的专业人才的同时对教师也有特殊的素质要求。教师普遍缺乏业界实践是我们对四所民族院校新闻传播相关专业教师的直观感受。有观点认为，“新闻传播是应用性学科，培养的学生将来都要到新闻媒体去实打实干的，教师若无新闻实践经验，实难指望学生毕业后能在新闻舞台上大显身手。”① 清华大学新闻与传播学院李彬教授也认为：“一方面，新闻教育确实需要理论人才；另一方面也不可或缺有实践经验的人才，尤其是对学生的培养来讲，有从业经验的老师更为重要。”② 尽管从就业现状来看并不是所有毕业生都最终投向传媒行业，但在传播技术日新月异的媒介融合时代，教师不去接触新技术、新观点，而在课堂中一味拿理论知识或原先的实践经验“炒冷饭”未免显得有些因循守旧甚至会误导学生。通过此次与四所学校新闻传播类专业教师的交流得知，教师自身有强烈的“走出去”意识，但专业内部课多人少的局面让他们很难离开教学岗位。论及此问题时，大部分老师均无奈地问道：课没人上怎么办？西北民族大学新闻传播学院广播电视编导教研室主任范文德教授谈道：刚进校的年轻老师有些没有媒体实践经历，对于广电编导这个实践性很强的方向来说，教学上会有很大影响。不了解新闻实践，讲的理论就会很空洞。比如说，没有媒体经验的老师讲授基础课《新闻学概论》，其对新闻的理解很可能只停留在表层。从该院广电编导教研室的师资来看，7 名教师中有 4 名均是刚从高校毕业且缺乏业界经验的硕士生。该专业张辉刚老师来校任教前曾在湖南电视台实习，他的最大感触是媒体技术更新很快，不实践根本没法继续教课。针对这种情况，部分学校采取了聘请业界兼职教师的做法，但西藏民族学院新闻传播学院播音主持专业王彪老师一针见血地指出这并不是长久之计，因为教学和一线的实践还是有区别的，所以仍要努力培养自己的教学队伍。

---

① 刘海贵：《论中国新闻教育的危机与转机》，《新闻大学》，2001 年（4）。
② 李希光：《新闻教育未来之路》，清华大学出版社，2010 年，第 172 页。

3. 教师资源匮乏

上述分析中提到的教师资源匮乏的情况，反映在日常教学中的情况则是：教师刚进学校所教课程与自己硕士阶段的研究方向相去甚远，其中也不乏一名老师在同一学期身兼数门课程的现象存在。西藏民族学院广播电视教研室曾洁老师是广播电视专业毕业，由于教师数量有限，到校后被安排教授新闻法规课程。在对青海民族大学文学与新闻传播学院胡永刚老师的深访中我们了解到，胡老师本科是从英语专业毕业，硕士毕业于兰州大学传播学专业，2009 年到青海民族大学任教前无任何业界从业或是实习经验，到校后开设了广告经营与管理、中国通史、影视采编、新闻伦理与新闻法规、新闻写作、新闻传播学经典著作选读、广播新闻采编几门课程，而后四门课程竟由其一人在同一学期开设。胡老师坦言由于自身的知识积淀不足且缺乏业界经验，部分课程带起来仍有些吃力。此外，这种情况极不利于教师教学与科研的良性互动。从理论上说，教学与科研应该是一个相互促进的过程，最终达到良性的循环。美国学者纳尔福对教学与科研的关系有过一段精辟的论述。他认为："在较低科研水平上，科研的增长由于智力的支持和激励将有利于教学质量的上升，二者是一种互补关系。"① 既是一种互补的关系，那么反过来教学也一定能促进教师的科研水平提升。比如，在课程的教授过程中能与教师就读的专业方向有机结合，或拓展，或深化，甚至在课堂上通过与学生的互动碰撞出思维的火花，这实质是一条扩大教师学术视野的良好路径。但在教师教授课程与自己先前的研究方向相去甚远的情况下，很可能就丧失了某些培养个人学术兴趣、拓展科研选题的机会。

4. 课堂教学模式落后

"课堂作为教师实践教育职业价值的园地和展现教育智慧的舞台，是各种教育观的实验场、实验室。"② 而理论课程是课堂教学的重要内容之一。在上文的表述中已经提到学生重实践轻理论的学习倾向，那么当老师们试图去找出学生轻理论的症结所在并积极探寻新的授课方式之时却无意间暴露了一个问题：民族院校新闻传播类专业的课堂教学模式创新不足，且没有兼顾到学校的特殊性。民族院校的部分学生来自西部偏远的少数民族地区，基础水平

① 周庆举：《浅论高等教育中教学与科研的相互促进》，《商情》，2008 年（39）。

② 李斌孟、凡丽：《少数民族地区教师课堂教学差异的文化探源——以汉族与哈萨克族教师课堂教学为例》，《当代教育论坛》，2011 年（8）。

较低，学习的主动性不强，反映到课堂上则表现为参与度严重不足。而我们常称记者是社会活动家，在教授新闻采访技巧的同时实质也在强化学生的人际交往能力。从我们在西藏民族学院进行的一次随堂观摩来看，藏族学生上台陈述时较为羞涩，且汉语水平非常有限，以致对于老师提前布置的问题基本没有作答。但我们从和藏族学生的交流中了解到，走出课堂学生们的性格外向，且个人兴趣广泛。在与西藏民族学院播音主持专业四名藏族学生进行焦点小组讨论时，其中一位叫贡嘎坚增的学生告诉我们，他会主动在网上听哈佛大学的课程，当被问及原因之时他明确指出是上课的形式好。那么学生们究竟需要什么样的课题形式呢？清华大学新闻与传播学院李彬教授曾表示，从目前清华大学的整体教育思路看，实践教学已经上升为一种根本性的教育理念。当然，实践教学的方式也很多，比如说交谈式课堂、情景模拟、现场体验等。但就我们在西藏民族学院了解到的情况看，强调学生积极主动提问形式的交谈式课堂在以藏族学生为教学对象时实施起来比较困难，在 2008 年于清华大学举行的研讨会上，渤海大学新闻与传播学院何村老师介绍了该院实行的大篷车恳谈教学模式，该模式将课堂知识融入新闻调查之中，用社会实践的方式使学生内化理论知识。西部地区民族院校完全可以尝试性地借鉴这一做法，鼓励少数民族学生深入民族地区，在进行社会调查的过程中锻炼新闻采写能力、人际交往能力。将理论课程的知识用于社会实践之中，是解决学生忽视理论课的方式之一。

5. 青年教师科研实力有待提升

通过此次调研我们认识到民族院校教师由教学型逐步向研究型转变的种种困难。复旦大学刘海贵老师曾在一篇文章中一针见血地指出：“科研与教学相辅相成，科研水平的提升必然带动教学水平的提升。教师应有充裕的时间用于科研，研究新闻实践中出现的最新现象，适时地在教学中体现学科前沿的研究成果。然而眼下的事实是，各新闻院系的教师精力几乎都扑到教学上，成天疲于授课，加上身兼各类社会工作，每天忙得毫无余暇，根本顾不及科研。”① 而这种状况在我们走访四所民族院校时感受尤为深刻。当然，除了在前文的表述中提到的教学任务繁重、缺乏学术经验的年轻教师比重过大等因素严重制约了专业科研水平的发展以外，这其间仍存在着其他问题值得我们

① 刘海贵：《论中国新闻教育的危机与转机》，《新闻大学》，2001 年（4）。

思考。

我们发现，四所民族院校新闻传播学科的科研基本以相关专业教研室的中年教师为主力军，而年轻老师则将重心放在日常教学中。实质上，青年教师自身并不缺乏科研的意识，相反他们对某些领域有着浓厚的学术兴趣。例如，学美术出身的西藏民族学院广告学罗延焱老师有意识地将广告学与自己的专业结合起来，将自己的研究方向明确地定位为西北地区藏传佛教艺术传播，并朝着这个方向不断充实自己。在对西北民族大学广播电视编导专业张辉刚老师的深访中，我们听到了来自一个年轻老师的内心想法。张老师介绍他曾和学院另一位老师合报了一项关于西藏新闻传播效果方向的课题，但由于两人讲师和助教的职称过低最终没有申报成功。尽管对于此研究内容，他很有自己的想法，但是课题申报的硬性条件将他们这些年轻老师拒之门外。此外，张老师还表示没有前辈老师带领做学术，致使年轻老师没有机会搞学术，从而做学术的思路也不是很清晰。缺乏学术带头人是四所学校老师在谈及科研时所普遍反映的问题。北方民族大学新闻传播系张老师告诉我们，尽管已经从教二十余年，但仍没有较为明确的研究方向。西藏民族学院新闻学教研室主任袁爱中老师坦言，该院才成立了刚刚六年，在科研上和其他经历了多少年历史积淀的“传、帮、带”传统的院校是不可同日而语的，因此整个学院的科研主要落在她与周德仓老师身上。但就此次调研的四所民族院校来说，西藏民族学院的科研特色和成果是最为明确、丰硕的。在西藏新闻传播研究专家周德仓老师的带领下，学院对自身科研的发展方向十分明晰，并朝着全国西藏新闻传播事业研究基地的目标有条不紊地迈进。

抛开部分老师对少数民族新闻传播学这个领域的迷惘和质疑，就调研高校业已结项或正在申报中的新闻传播学相关科研项目来看，绝大多数均与少数民族、民族地区挂钩，实质上这是全国民族院校科研申报中的普遍现象。如西北民族大学朱杰老师的科研项目《甘肃少数民族地区新闻事业研究》、《西北少数民族地区新闻传播与社会变迁研究》、该校范文德老师申请成功的与少数民族影视有关的国际级课题，均充分利用少数民族这一特殊学术资源。朱杰老师也一针见血地指出，科研上不偏重民族方面的内容就没有优势。但我们发现即使正在做少数民族新闻传播研究的老师对这个领域也不都持认同态度。在这里探讨这个问题，并不意欲引发相关学术争鸣，或许在学术自由的价值取向下它本身并不构成问题。但就如某些老师所说，他们所进行的研究只是将新闻传播的普遍规律与少数民族这一特殊研究对象结合起来，但缺乏在宏观视角下明确定位自己的研究方向，在少数民族这一学术资源上未免有些许“拿来主义”倾向。此外，缺乏少数民族教师的现状不仅会影响到日常教学，对民族院校的科研来说同样是一个障碍。朱杰老师谈到在他进行甘肃本地少数民族如裕固族、保安族的新闻事业研究时充分体会到跨语言、跨文化研究的困难。且不说翻译过程中的信息流失，不同民族语言在思维习惯上留下的印迹对研究者来说就是很大的障碍。

（三）学生层面

这次调研，通过教师深访、问卷调查、学生焦点小组讨论的形式，我们试图了解在教与学的过程中，学生学得怎样，为什么学不好？收集的情况表明，有诸多问题值得我们去思考，且部分问题甚至反映了学生对所学专业根本认识上的偏差。

1. 学生基础水平不一

除了部分民族院校教师反映的新闻传播类专业学生有着严重的偏实践轻理论的学习倾向以外，生源质量较低、学生基础差异大的问题同样值得关注。西藏民族学院的少数民族学生主要来自于西藏自治区，学校在教学班级的划分上实行区内班和区外班、区内外混合班三种模式。以该校广播电视新闻学专业为例，在实施区内与区外混合教学的模式后，学生基础水平不一所带来的教学难题困扰着授课教师。由于少数民族地区新闻传媒行业发展不充分，信息传播水平相对滞后，部分少数民族学生对于媒体信息的敏感度不高，同时对专业学习也不感兴趣，从而给授课教师带来了一个现实难题：如何拿捏课堂内容讲解的深度？广播电视新闻学教研室主任曾洁认为，学生基础水平差异大久而久之会造成限制专业发展的障碍。一方面，教师要考虑到少数民族学生的专业基础，在内容深度、课程进度上做到适度把握；而另一方面，汉族学生则希望在教学深度上达到与其他普通院校新闻传播教育同等的水平。当然，此种情况与西藏民族学院生源的特殊性不无关系，但走访的其他三所高校的部分教师对此问题也有提及。西北民族大学范文德老师谈到在教学中并不会去迁就基础薄弱的学生，与其说在专业上给他们以辅导，倒不如先在精神上给予鼓舞，因为在他看来部分少数民族学生性格腼腆、缺乏自信的状况较严重，而这相较于专业知识来说是更为棘手的问题。所以说，从学生心理入手，着重揣摩少数民族学生的学习心理甚至是文化心理，不失为一个突破教学改革的新视角。

2. 学生对专业认识偏差现象严重

西藏民族学院张念贻老师认为，学生在实践中对所学专业还存在诸多错误认识，“比如认为新闻职业太神圣，自己却太自卑；比如认为社会现实太黑暗，新闻报道受局限；比如认为新闻行业太苦太累，自己太畏惧。”①。这是长期在媒体一线和课堂之间“奔波”后的体悟，媒体从业者和教师双重角色的扮演使得兼职老师对学生心理的把握更加细腻、真实。可以说，这些对新闻职业认识上的根本性误区是极其可怕的，因为基本观念上的偏差直接影响到学生的学习动力、兴趣，即问题的焦点已转化为学与不学，而非学得好与不好。正如张老师所说：“错误容易横向传染，更容易纵向蔓延，如果任由观念流行，而且持续四年，后果将不堪设想。”② 在西藏民族学院进行的汉、藏族学生两场焦点小组讨论上，当被问及今后的求职意向时，得到的大部分答案竟然是公务员，并且表示不太愿意去媒体。尽管少数学生的意向并不能说明什么，况且当今不对口就业现象已很普遍，但我们不禁对此一致性的回答倍感惊愕，并怀着些许担忧。如果学生对自己所学专业没有一丝热情的话，那老师们在培养方案、教学模式种种问题上绞尽脑汁辛勤求索的意义又有多大呢？因此从这个角度来看，塑造新闻学子所应具备的激情，缔结可以使之受用一生的新闻情结或许是院校新闻传播教育的第一课。

3. 对于新闻职业的忠诚度不高

民族院校新闻传播教育的定位旨在为少数民族地区媒体输送传媒人才。尤其是对于少数民族学生来说，或通晓民族语言，或对民族文化有着深厚的理解，这些均是从事少数民族媒体工作的特殊才能。但从对此次调研回收的学生问卷分析来看，学校教育描绘的理想蓝图与现实情况间存在着一定的差距。西北民族大学、北方民族大学、青海民族大学学生对去少数民族相关媒体工作的态度调查结果显示，过半数学生选择了“不做预设，视情况而定”，且坚定表示要去少数民族相关媒体工作的学生比例较低，总体上看，学生对少数民族媒体工作并没有表现出教

① 摘自张念贻在西藏民族学院新闻传播学院实践教学研讨会上的发言：《血气方刚时注入“免疫针”和“强心剂”——新闻实践与新闻教学略谈》。

② 摘自张念贻在西藏民族学院新闻传播学院实践教学研讨会上的发言：《血气方刚时注入“免疫针”和“强心剂”——新闻实践与新闻教学略谈》。

育者所期望达到的热衷程度。尽管就业媒体的选择基于学生个人求职的价值判断，但是这个现象本身是值得教育者关注的。

四、对西北地区民族院校新闻传播教育问题的理性思考

在2008年于清华大学举行的新闻教育研讨会上，来自青海师范大学的高兰老师用通俗的语言道出了西部地区新闻传播教育的现状："在西部我们既缺经费又缺人才；既缺师资也缺设备，我们的老师真是辛辛苦苦地教，学生勉勉强强、凑凑合合地学。"① 或许这"四缺"并不能代表整体情况，但至少向我们昭示着西部地区新闻传播教育正处于一种较为尴尬的境地。通过此次走访西北地区的四所民族院校，我们对一路的所见所闻进行了理性思考，发现了诸多问题。但值得庆幸的是，问题是改革的先导，现如今新闻传播教育改革渐渐纳入学术探讨的视野，对此论题专家学者纷纷出谋划策。我们基于调研的亲身经历，尝试性地提出相关建议，以供仍在新闻传播教育未来之路上探索的同行们参考、批评。

（一）专业教育中引入多元文化教育理念

民族院校是各种文化融合和交流的重要机构，是民族文化的研究基地、传播平台和创新主体。民族院校是各民族优秀青年荟萃之地，通过这些学校的教育，少数民族丰富多彩的传统文化可以在下一代身上得到很好的继承和发扬。这里还集中了较多的民族文化研究者，他们的研究成果，推进了民族文化发展和创造。民族院校新闻传播专业教育与学科建设的定位必须坚持面向少数民族和民族地区，为少数民族和民族地区经济社会发展服务，专业设施和教学，必须具有民族的内容和形式，必须以少数民族学生为主要的教育对象。正如周恩来总理曾说过的："我们的教育是民族的，要有民族的形式。普遍真理是各民族都适用的，但在不同的民族会有不同的表现形式。我国是个多民族的国家，要注意各兄弟民族特点和形式，兄弟民族之间也要互相学习彼此的长处，这样，才能将科学的内容输送到各民族人民中去，把教育办好。"②

---

① 李希光：《新闻教育未来之路》，清华大学出版社，2010年，第57页。
② 摘自《周恩来教育文选》，教育科学出版社，1984年。

美国著名文化专家S. 尼托认为，多元文化教育就是“在制定教育政策、规划教育内容、培训各种教师、构建教育体系时，应首先考虑文化的差异，进而通过保证每个学生，不论他们在肤色、眼眶形状、种族出身、身体和谐力度点、性别和性取向、年龄、宗教信仰、政治、阶级、语言、言语及其他方面有什么差别，都拥有获得智力、社会、心理发展的一切必需的机会。”① 在美国，多元文化教育已成为民族教育的主流。这种观念倡导多民族的观念应该渗透到全部的学校环境之中，在课程中应考虑到少数民族学生的学习风格。落实到课程改革上应当认真地考虑学生所具有的独特的民族特征。“少数民族学生，尤其是那些较为贫困的学生，他们的价值观、行为模式、认知方式以及其他文化特征与学校里文化背景不同，这样常常会导致学生与教师、与学校目标的冲突。”② 因此，教育者面对来自不同民族的学生及其文化应当有足够的敏感性，并且要客观地看待学生之间在基础等方面存在的差异。四所民族高校新闻传播类专业少数民族教师比例低的现状，让我们充分意识到培养跨文化教师的重要性。“民族文化与汉文化尽管差异较大，但作为教师不管是哪一个民族的，只要在民族地区工作，就应该是一个双文化的人，教师应有多元文化的知识、态度与价值观。”③ 在西藏民族学院调研时，该校播音主持专业王彪老师提到：“要理解藏族的文化，必须理解藏传佛教，也必须理解传统文化给学生打下的烙印。作为民族院校的老师，可能更多不是在技术上指导学生，而是理解他们的民族文化、民族政策以及不同民族相处的方式、技巧。在民族院校教书，理解求同存异的重点在于不同。因此，以播音主持专业为例，在教学上要了解文化对有声语言使用习惯的影响。”这一点对民族院校的汉族教师来说尤为重要，以多元文化主义的眼光重新审视学生，从学生的角度来理解学习，是搞好专业教学的观念基础。

（二）通识课程与专业课程有机融合

从新闻传播类专业的角度来看，其具有明显的意识形态性，并且在中国的特殊体制下新闻传播事业是党的耳目喉舌，新闻与政治有着千丝万缕的联系。清华大学新闻与传播学院把政治素质、文化底蕴、实践意识和国际视野

① 王鉴、万明钢：《多元文化教育比较研究》，民族出版社，2006年，第17页。
② 王鉴、万明钢：《多元文化教育比较研究》，民族出版社，2006年，第89页。
③ 王鉴、万明钢：《多元文化教育比较研究》，民族出版社，2006年，第197页。

作为新闻教育的四个有机环节，而该院李彬教授认为政治素质是新闻传播教育的第一要务。对于民族地区尤其是政治敏感度较高的地区来说，信息传播在某种程度上说等同于政治传播，因此少数民族地区媒体从业者应具备正确的政治立场、较高政治理论素养是从事新闻实务的前提。正如李彬教授所言："在社会领域，政治是关乎国计民生的大事；在专业领域，政治是主导新闻传播行为的灵魂。所谓政治素质，归根结底是一种博大的社会胸襟、精神境界和历史眼光，一种社会责任感、历史使命感和职业荣誉感。"[①] 基于这个角度对政治素质的理解启迪我们能否以一种新的视角来看待政治素养的培养，即将政治理论学习内化到专业课程的学习当中从而增强政治理论课程的学习效果。而这种"内化"的过程便是将民族院校繁重的思想政治理论课程与专业相联系、相融合，为专业课程做铺垫、打基础。例如，对于形势与政策课程，就完全可以从媒体报道的视角入手来剖析国内外的最新政治经济形势。思想道德修养与法律基础课程，能否在讲授基本知识基础上重点关注新闻道德与法规。据了解，清华大学新闻学院大一第一门课便是马克思新闻教育观。作为启蒙性的基础课程，"就是让学生能够适应中国的发展，适应中国的新闻实践，能够有利于中国新闻实践和中国新闻事业的发展，最终有利于中国社会的进步。"[②] 可见，这类专业课程同样很好地体现了传播政治文化、提高政治素养的功能，而摆脱了将政治理论硬性向学生灌输的枯燥形式。其实，西北民族大学在第三学年的专业必修课中同样开设了马克思主义新闻思想课程。但从开课时间看，更适合与第一、第二学年大量的政治类通识课程相结合开设，这样不仅能提高教学效率，也易于与通识课程内容之间互补、融合。

（三）强化区域人才培养定位

复旦大学李良荣教授认为，地方新闻院系可以改变培养思路，比如说给企事业单位培养新闻人才。实质上这涉及院校人才培养的目标与定位问题。现如今全国高校的新闻传播类相关专业如雨后春笋般频繁开设。"厦门大学教授陈培爱介绍，在 20 世纪 80 年代，还只是在一些特大城市的重点综合性院校设有新闻传播类专业。到 20 世纪 90 年代，新闻传播类专业在全国各地高校迅速铺开。进入 21 世纪以后，这种情况更是愈演愈烈，新闻传播类专业不

① 李希光：《新闻教育未来之路》，清华大学出版社，2010 年，第 166 页。
② 李希光：《新闻教育未来之路》，清华大学出版社，2010 年，第 170 页。

仅在一些理工类、师范类、财经类、政法类、农业类、体育类院校遍地开花，在一些地级城市院校，新闻传播类专业也纷纷涌现。”[①]新闻教育存在着泡沫化倾向。面对此情况，中国人民大学新闻学院何梓华教授谈到：“新闻媒体需要的，高校供不上；新闻媒体不怎么需要，高校却在大量培养”[②]，那么我们不禁要问：究竟什么样的媒体需要什么样的人才呢？这个疑惑抛向新闻传播教育者即转化为对办学定位的思考。在2008年清华大学新闻教育研讨会上，有老师认为不同地方的学校在人才培养上承担着不同的任务，最为重要的是要具备区域视野，并在所属区域背景下培养区域细分人才。对于西北地区民族院校来说，以为国家主流媒体培养拔尖人才、具备国际视野的外向型人才的定位显然不太现实。但正如院校培养方案上所写的“培养西部民族地区传媒机构和相关机构优秀人才的重要基地”不应只是束之楼阁的口号，而应当真正地践行到日常的教学当中。民族院校的新闻传播类人才的输出定位是民族地区传媒等相关机构，旨在培养能适应民族地区发展和信息传播实际需要的新闻人才。但是从上述分析看来，学生回民族地区从事媒体工作的意识却非常淡薄。鉴于此，我们需要明确的是民族院校区域人才培养的定位不是高屋建瓴地谈责任意识、奉献精神，更不是强制性地激发学生的民族情结，而是要将学校的培养定位真正地与专业结合，让学生在掌握知识的过程中深入开掘民族文化特质、升华个人的责任意识。2008年西藏“3·14”事件真相遭到歪曲，应该说与新媒体时代的传播手段不无关系，这让中国新闻业和新闻工作者意识到新媒体技术手段有利亦有弊，关键在于如何将劣势转化为优势，从而最大限度地使先进的媒介技术为我所用。西藏向来是突发性事件潜伏的“温床”，再加上“3·14”事件的前车之鉴，这不仅引起西藏当地的媒体和媒体工作者的警觉，同时也引发了对于民族院校新闻教育的思考，即民族院校新闻教育是否应当提出一套应对突发性事件的长远教学战略，并开设与突发性事件处理机制内容相关的课程，以培养能灵活应对民族问题、民族突发事件的新闻人才？从目前看来，这与民族院校的人才培养定位是相符的。对于西藏民族学院这类藏区直属高校来说尤其值得思考。

---

① 张彦维：《探究新闻专业学生实习、就业难的原因》，http://media.people.com.cn/GB/22114/44110/213990/15181956.html，2011年8月19日访问)。

② 周凯、张琦：《高校新闻类专业泛滥　学生数量膨胀质量下降?》，http://www.jyb.cn/high/gdjyxw/200708/t20070801_102235.html（2011年8月19日访问)。

（四）转换人才引进思路

2007年8月31日，胡锦涛同志在全国优秀教师座谈会上的讲话中明确指出："当今世界，经济全球化深入发展，科技进步日新月异，国际竞争日趋激烈，知识越来越成为提高综合国力和国际竞争力的决定性因素，人才资源越来越成为推动经济社会发展的战略性资源，教育的基础性、先导性、全局性地位和作用更加突出。"西北地区民族院校由于在学科建设上的投入相对不足，吸引人才的"硬环境"无法与其他普通高校尤其是重点高校相比，虽然在人才引进方面出台了一系列优惠政策，但从总体上讲人才引进政策的效果不尽如人意。

师资力量薄弱、结构不合理是此次走访四所民族院校后我们的深切感触。究其原因，缺乏地域优势是重要因素之一。接受深访的老师绝大部分在谈及师资问题时均提到了西部民族院校在人才引进上的艰难处境：西部地区偏远且经济状况落后，学校整体办学水平低、科研实力弱。非但专业水平高、教学经验丰富的资深教师不愿意来西部地区教课，甚至很难聘请到业界的前沿人士前来举办讲座，刚从校园迈入社会的东部院校毕业生们一般也不会以西部地区作为自己的首选求职目标。因此，严重限制了西部院校师生的专业眼界。但就我们所了解到的高校人才引进标准来看，学位门槛渐成为优化教师结构、提高师资水平的桎梏。高校在人才引进上盲目追求高学历、洋学历之风大行其道，民族院校亦有此倾向。在对北方民族大学新闻传播系老师的深访中我们了解到，该校今年起实行"双百方针"计划，即引进一百名博士、培养一百名博士。但老师们反映，就新闻传播学学科而言，难以与一些传统的强势学科相比，在人才引进上面临的问题相应的也就更多。并且对于新闻传播学学科而言，它有自身的学科背景及特质，究竟要不要如此强化学位门槛值得商榷。针对有实践经验的教师资源严重匮乏的现状，我们在想能不能就新闻传播类专业而言，在人才引进时将学位门槛转化成另外一种门槛，即实践门槛。从而使一些具备资深媒体从业经验且有一定理论功底的从业人员有机会跨入高校大门。当然这个"实践门槛"究竟如何去量化需要深思熟虑，否则操作不当便可能造成高校特别是地方院校在师资上滥竽充数的问题。对于西部民族院校新闻传播类专业而言，在人才引进时参考的硬性标准上或许可以尝试类似于中国新闻奖、长江韬奋奖获奖者这类评选严格且有全国影响力的奖项门槛。当然，并不是说以奖项门槛完全取代学位门槛，只是在学校引进教师时，不要以过高的学位门槛作为唯一的评价标准，从而将那些深谙新闻传播实务同时具备理论基础的人才拒之门外。上述建议或许可以用来解民族院校新闻传播类专业师资缺乏的燃眉之急。

（五）以特色为科研的支点

科研是学科建设的重要支点，科研水平的高低在某种程度上影响着教学的深度和广度。科研既是教师倾注心血的重点领域之一，同时也是学生拓展专业视野、培养学术能力的路径之一。从此次调研的四所学校来看，不仅教师整体科研水平较低，学生的专业研究意识淡薄，且很少有参与科研的机会。数据分析部分报告已经揭示了学生尽管对少数民族新闻传播感兴趣程度普遍较高，但是落实到科研层面则参与意识模糊。可见，科研在民族院校的重视、参与程度仍较低。那么有着自身独特定位的民族院校，由于自身的区位特点、教育对象和发展取向等因素的影响，在科研上应当如何强化特色、凸显优势？我们在北方民族大学调研时还有幸对宁夏大学的新闻与传播学系三位老师进行了深访。在谈到科研情况时老师们的真知灼见给予我们很大启发。2010 年中阿经贸论坛在宁夏银川成功举办，这不仅是宁夏对外开放的一个崭新平台，同时也成为新闻与传播学系老师们拓展科研的重要领域。在深访中，宁夏大学老师介绍，世界阿拉伯报刊、世界阿拉伯媒体都将是教师科研的努力方向。民族院校大多地处西部地区，尽管西部地区整体发展水平较为落后，但当地丰富的历史文化对于科研来说是极为宝贵的学术资源。民族院校将自身的区域特点转化为科研优势是一个摆脱同质化科研困境的方法。当然，对于“区域”的理解不能狭隘地框定于国内，应当培养外向性思维，以所在区域的经济、文化发展的大事件为契机，充分挖掘其与专业学术研究的交集。从这个角度来说，宁夏大学新闻与传播学系在科研上的谋略对于其他民族院校来说不无借鉴意义。当然，就像接受深访的老师所说，中阿经贸论坛这个资源不仅要运用于科研，在教学上也应当要重视。薛金强老师特别提到今后该系要加强中东地区媒体人才的培养，强化此方面的课程，如增加外国新闻传播史中中东国家新闻史知识比例、开设阿拉伯语相关课程。他认为课程改革要与地方经济相结合。这个想法作为思想上的闪光点，极具启迪意义。此外，民族院校在思考自己新闻传播学科研发展路径的时候，要注重与自身的传统优势学科的交叉研究。“民族院校的学科优势普遍集中在民族学与人类学研究上，这是其他高校往往不具备的学术强项。民族院校要想在新闻传播学科领域摆脱弱势和边缘的地位，就必须充分利用相关强势学科的支撑作用，寻找有效的学术视角，进行新闻传播学与民族学、人类学之间的交叉研究。”① 可以说，这不失为民族院校新闻传播学强化自身的科研个性色彩的路径之一。

（六）依托优势资源　开发合作平台

随着改革开放和西部大开发的深入，西北民族地区与民族院校的联系在理论上应该得到进一步加强，但事实上，西北民族地区的规划项目、科技平台建设更多由知名高校或专业院校承担，民族院校参与的相对较少。所以当务之急，就是要建立一个西北民族地区与民族院校交流和合作的平台。

东部地区新闻传媒行业历来较为发达，区域的优势决定了其新闻传播教育理念和办学模式上的先进性。而西部地区新闻传播教育水平相对落后，由于传播技术更新慢、媒体行业发展不充分、引入国外先进教育理念意识薄弱等因素，东西部新闻传播教育水平的差距正在逐渐拉大。在此次调研中我们对西藏新闻传播学院的受援模式印象颇深，其在教学设施、师资队伍、学生培养、科研四方面与中国人民大学的成功合作为西北民族院校提升自身的办学质量提供了思路，同时也树立了一个东西部院校校际合作的成功典范。实际上，此次调研的四所院校均有校级合作，并且教师的校级合作意识较强。我们在对北方民族大学新闻传播系老师的深访中了解到，从 2010 年起该校将援建任务下放至各个学院，要求学院自己联络支援院校。张菊梓老师提到该系曾试图与南京大学新闻传播学院商讨合作事宜但被拒绝。她表示在没有教育部、民委政策的强力支持下，实现院校间的专业帮扶较为困难。但是抛开政策因素，从民族院校自身的层面来说，也有值得完善之处。以人大新闻学院对西藏民院新闻传播学院的援助模式为例，其较以往的普通校际援助有所创新，即援建由单向的强对弱的扶持转向双向的优势资源的互补合作，特别是人大新闻学院与西藏民院新闻传播学院合作开展的教育部重大项目《西藏新闻传播与社会发展》研究，反映出对口受援从教学设备、师资培养的低层次援助逐步向学术交流的高水平阶段发展。而在科研层面的援建，一方面综

① 罗翔宇等：《民族院校新闻传播学科发展的路径选择》，《湖北民族学院学报》（哲学社会科学版），2008 年（6）。

合两校的教师资源更大限度地挖掘西藏新闻传播领域的学术资源，另一方面为少数民族新闻传播研究领域填补了空白。所以暂不论政策因素，要从低水平的援建上升为高层次的合作，民族院校需凸显出自身在科研等方面的特色与优势，学校间只有在资源的相互分享、“互利互惠”中，才能使合作变得务实、高效。如果只是单向的低水平援建，则很可能碍于国家政策而使得援建本身浮于表面、流于形式而缺乏实质内容。

结　语

此次通过对西藏民族学院、西北民族大学、北方民族大学、青海民族大学的实地调研，在参观、走访、问卷调查、后期综合分析的基础上，引发了调研队员对于民族院校新闻传播教育模式更深层次的思考。尽管西北地区的四所民族院校在少数民族新闻传播领域具有独特的地位，取得了很多的成绩，但也存在着值得新闻传播教育者共同思考探索的问题。希冀此调研报告能为西北地区民族院校新闻传播教育的发展献计献策，起到抛砖引玉的作用。

参考文献

1. 欧以克：《民族高等教育学概论》[M]，民族出版社，2005 年 9 月。

2. 白润生：《中国少数民族新闻传播史》[M]，民族出版社，2008 年 4 月。

3. 孟立军：《论中国民族教育》[M]，广西民族出版社，2001 年 8 月。

4. 杨胜才：《中国民族院校特色研究》[M]，民族出版社，2007 年 5 月。

5. 李希光：《新闻教育未来之路》[M]，清华大学出版社，2010 年 1 月。

6. 王鉴、万明钢：《多元文化教育比较研究》[M]，民族出版社，2006 年 5 月。

7. 梨树斌：《质量立校，加快民族高等教育发展》[J]，《中国高等教育研究》，2006（10）。

8. 陈达云：《关于加强高校学科建设问题的思考》[J]，《中南民族大学学报》（人文社会科学版），2005（1）。

9. 邓行、夏彦芳：《民族院校的科研要面向民族地区》[J]，《西北民族大学学报》（哲学社会科学版），2005（2）。

10. 石迎春、张立辉：《学科建设：新世纪民族院校改革发展的永恒主题》[J]，《西南民族大学学报》（哲学社会科学版），2002（3）。

11. 姜国斌、胡文忠：《面向民族地区的民族高等院校学科建设探索》[J]，《大连民族学院学报》，2005（6）。

12. 朱雄全：《中央民族大学学科建设的思考》[J]，《民族教育研究》，2005（4）。

13. 罗翔宇等：《民族院校新闻传播学科发展的路径选择》[J]，《湖北民族学院学报》（哲学社会科学版），2008（6）。

14. 周庆举：《浅论高等教育中教学与科研的相互促进》[J]，《商情》，2008（39）。

15. 魏晓娜：《大学学科建设与发展战略选择》[J]，《当代教育论坛》，2008（11）。

16. 吕爱权：《后发优势理论与赶超发展战略的选择》[J]，《学习与探索》，2005（4）。

17. 周济：《深化改革突出特色办好让人民满意的民族院校》[J]，《中国民族教育》，2006（3）。

18. 杨胜才：《发挥特色：民族院校创业的基石》[N]，《光明日报》，2006年4月24日。

19. 约翰·罗宾森：《成功的学校应该有学校的精神和特色——英国校长约翰·罗宾森谈特色学校建设》[N]，《光明日报》，2006年6月30日第5版。

20. James A. Banks：Teaching Strategies for Ethnic Studies，Allyn and Bacon，1984.

21. James A. Banks and James Lynch：Multicultural Education in Western Societies，Holt，Rinehare and Winston Ltd.，1986.

关于民族新闻传播教育发展的几点思考

王晓英

教育是培养人才的主要途径，而人才是事业发展的基石。民族新闻传播事业的发展离不开新闻传播教育。在民族新闻传播事业亟须发展的当下，民族新闻传播教育的重要性不言而喻。那么，目前我国民族新闻传播教育现状如何？存在什么问题？今后应该向哪些方向努力？2011 年暑假，在中央民族大学文学与新闻传播学院“985”项目资助下，主要由文传学院新闻学专业硕士研究生组成的调研小组，对西北地区民族院校的民族新闻传播教育进行了系统调研，并撰写了《西北地区民族院校新闻传播教育现状及问题分析》的调研报告。这次调研活动及其相关成果也促进了我们对民族新闻教育问题更广泛和深入的思考。

一、民族新闻传播教育基于多民族国家新闻传播事业发展的需要

我国自古以来就是一个多民族的国家，在漫长的历史发展中，各族人民共同创造了光辉灿烂的中华文明。中国各民族的新闻传播活动，作为中华文明发展史中不可分割的一部分，同古老的中华文明一样源远流长，对各民族的发展、对民族间的交流、对中华民族的形成都具有重要的意义。所以我国的新闻传播事业是包括 56 个民族在内的新闻传播事业，我国的民族新闻传播教育也正是基于多民族国家新闻传播事业发展的需要而产生和发展的。

我国少数民族新闻传播事业兴起于 20 世纪初，是以少数民族人士从事专职的新闻传播活动和少数民族文字报刊的创办为标志的。创刊于 1902 年至今仍在香港出版的《大公报》，在我国新闻传播史上具有重大影响，从民族新闻传播的角度看，《大公报》还是我国近代少数民族人士办报活动的开端。《大

公报》的创始人英敛之，满族正红旗人，是我国历史上最早的少数民族报人。《大公报》是少数民族人士从事办报活动的典范，从某种意义上也可以说是中国少数民族新闻传播事业的起点。与少数民族人士的办报活动几乎同时，我国少数民族文字报刊开始兴起。1905 年创刊的蒙古文《婴报》是我国境内最早出版的少数民族文字报纸。《婴报》出版后的几年里，我国最早的藏文报刊、最早的朝鲜文报刊、最早的维吾尔文报刊也相继出版。到《婴报》创刊 100 周年的 2005 年底，全国少数民族文字报纸有 99 种，用 13 种文字出版；少数民族文字杂志 223 种，用 10 文字出版。①目前我国少数民族文字报刊已遍布全国各个民族地区，几乎所有创制了文字的少数民族，都有了自己本民族文字的报刊。②少数民族文字报刊是我国新闻传播事业的重要组成部分，它独特的民族新闻传播功能以及独有的传承少数民族文化的载体作用都是汉文报刊所无法替代的。另外，少数民族新闻传播事业的内涵是非常丰富的，不仅包括少数民族人士从事的新闻传播活动和使用少数民族语言文字的新闻传播活动，还包括汉族人士从事的主要针对少数民族的新闻传播活动和民族地区面向多民族受众使用汉语言文字进行的新闻传播活动，以及非民族地区新闻媒体有关少数民族的新闻传播活动等等。从这样的角度看，少数民族新闻传播事业的发展同全国的新闻传播事业在整体上是同步的。特别是新媒体的出现，在促进新闻传播事业突飞猛进发展的同时，也为少数民族新闻传播活动开辟了更广阔的发展空间。

适应少数民族新闻传播事业发展需要，少数民族新闻传播教育应运而生。同少数民族新闻传播事业一样，少数民族新闻传播教育既有其自身发展的规律，也与全国的新闻传播教育发展紧密相连。在少数民族新闻传播教育发展的初期，主要是采取短训班的形式。如新疆日报社于 1939 年 9 月至 1941 年连续举办了三期新闻技术训练班，这是中国少数民族新闻教育的开端。③ 新中国成立后，广西日报社在 20 世纪 50 年代初举办新闻干部培训班，短期培养新闻干部并随即上岗；西藏日报社 1956 年 9 月在拉萨举办了第一期新闻业务训练班。④

---

① 刘宝明：《语言平等观：中国的实践与经验》，《中国民族报》，2006 年 9 月 8 日。

② 参见白润生主编：《中国少数民族新闻传播通史》（下），中央民族大学出版社，2008 年，第 683 页。

③ 《白润生新闻研究文集》，中国文史出版社，2004 年，第 228 页。

④ 李谢莉：《中国少数民族新闻教育 70 年回顾与展望》，《西南民族大学学报》（人文社会科学版），2011 年（6）。

比较正规的少数民族新闻教育始于1961年中央民族学院（中央民族大学前身）的新闻研究班。少数民族新闻传播教育大规模发展是在20世纪80年代改革开放以后，1983年新疆大学中文系开设新闻本科专业，1984年中央民族学院汉语言文学系开设新闻本科专业。之后，民族地区的宁夏大学、云南大学、广西大学、内蒙古大学、西藏大学等高校，以及中南民族大学、西北民族大学、西藏民族学院等民族院校纷纷开设新闻传播类专业。进入21世纪以来，少数民族新闻传播教育在不断扩大规模的基础上，办学水平和办学层次也不断提高，目前已形成大专、本科、硕士研究生及成人教育等多层次格局与新闻学、广播电视新闻学、播音主持、传播学、广告学等多专业结构的发展态势。2010年中央民族大学文学与新闻传播学院新闻学专业获新闻传播学一级学科硕士学位授予权，标志着民族院校新闻传播学科发展进入了一个新的阶段，民族新闻传播教育已跻身全国新闻传播教育的先进行列。

虽然目前我国民族新闻传播教育还存在诸多问题，[①] 但其发展历史已充分证明，民族新闻传播教育的发展是基于多民族国家新闻传播事业发展需要的。少数民族新闻传播教育自诞生以来，培养出大批少数民族优秀新闻人才，为少数民族新闻事业的发展做出了卓越贡献。可以预见，随着信息化时代和媒介化社会的到来，新闻传播所发挥的社会作用越来越重要，我国新闻传播事业（包括少数民族新闻传播事业）的发展需要源源不断的人才与智力支持，少数民族新闻传播教育的发展空间将更加广阔。

二、民族问题的新变化迫切需要加强民族新闻传播教育

我国社会目前正处于一个重要的转型时期，不论从国际还是国内的情况看，我们都面临着许多时代发展提出的新课题，民族问题就是其中的一个重要问题。“在人类社会中，没有哪一个社会或历史现象，能像民族这个概念对我们的世界产生更大的影响，也没有哪一个问题，能像民族问题更能彰显它的深刻性和复杂性。中国是当今世界处理民族问题比较成功的国家之一，但在全球化时代，中国民族问题也受到了来自国际环境和国内形势发展变化的影响，呈现出复杂化和多样化的趋势。”[②] 民族问题是个世界性的问题，作为

① 参见调研报告《西北地区民族院校新闻传播教育现状及问题分析》。
② 参见徐晓萍、金鑫：《中国民族问题报告》，中国社会科学出版社，2008年。

一个多民族的国家，理论上讲，民族间的矛盾甚至一定程度的冲突都是不可避免的。历史上看，新中国成立后相当长的时间里，由于中国社会的封闭性，缺少内部流动和对外交流，加上党和国家的民族平等、扶持少数民族的政策，民族问题并不突出。但是，随着20世纪80年代开始的改革开放，中国社会的民族问题也发生了新的变化。一方面，以建设社会主义市场经济为基础的国内改革以空前的规模和深度推动了国内民族流动的大发展；另一方面，愈益深入的大规模的对外开放又推动了中外民族交流的大发展。国内改革和对外开放在推动中国社会重大进步的同时，各种民族问题和矛盾也不可避免地凸显出来了。

近年的“3·14”事件和“7·5”事件特别能说明我国当前民族问题的严重性、尖锐性和复杂性。事件发生时曾引起了国内和国际社会的高度关注，中外媒体都给予了大量的报道。但由于中外媒体在立场、观念等方面的巨大差异，报道大相径庭，更别说个别西方媒体有意的歪曲报道。虽然事后国内媒体大量宣传报道党的民族政策的正确、民族地区经济建设的成就、各民族群众团结互助的感人事迹，一定程度上起到了危机处理、平息突发事件的作用，但是却无法完全消除国内媒体在民族问题上长期报喜不报忧所描绘出的和谐画面和现实中民族问题严重性的矛盾给人们造成的震撼和疑惑。所以，事件平息后国内社会各方对民族问题进行了持续广泛深入的反思。新中国成立60多年来，国家在经济建设、社会发展等方面给民族地区巨大的投入，在人口、教育等方面给少数民族诸多的优惠政策，为什么民族问题还是不断出现，而且还有愈益严重的趋势？是民族政策本身存在问题，还是新闻媒体的传播出现偏差？在这些反思中，20世纪80年代初开始兴起但并没有引起广泛注意的中国少数民族新闻传播研究逐渐成了民族学、政治学、社会学、宗教学，特别是新闻传播学的热点问题。2008年6月和2010年11月中央民族大学文学与新闻传播学院主办的两届新闻媒体与民族文化传播论坛，都将少数民族新闻传播列为重要议题；2009年7月国际人类学与民族学联合会第十六届大会将少数民族新闻传播与民族地区社会发展作为大会专题会议；2009年、2010年和2011年中国人民大学新闻学院和中国人民大学新闻与社会发展研究中心连续举办了三届中国少数民族地区信息传播与社会发展论坛。

民族问题的新形势和新变化，将少数民族新闻传播问题推向前沿。及时回应社会热点问题，解释少数民族新闻传播中的疑惑，探讨少数民族新闻传播规律，总结新闻传播在民族问题上的得失，为国家有关部门制定民族新闻传播政策提供实践依据和理论支持，就成为当前发展、完善中国少数民族新闻传播学科，加强民族新闻传播教育的当务之急。民族院校及民族地区院校的新闻传播学院应充分认识到这种形势发展的需要，在少数民族新闻传播学科建设和人才培养方面做出应有的贡献。

三、发展民族新闻传播教育要正确认识民族化特色的问题

如前所述，目前我国民族院校和民族地区院校已普遍设立了新闻传播专业，民族新闻传播教育已达到了一定的规模，今后发展的重点应该是如何提高民族新闻传播教育质量，培养民族新闻传播的合格人才。从本次调研的总体情况看，民族新闻传播教育正处于一个快速发展的阶段，在这个阶段民族院校的新闻传播教育尽管呈现出一定的特色与优势，但也存在许多问题，困扰着进一步的发展。探讨和认识这些问题，可为民族新闻传播教育的进一步发展提供参考。

通过梳理和分析民族新闻传播教育中存在的问题，我们会发现，其实许多问题不是民族新闻传播教育独有的，而是新闻传播教育面临的普遍问题，比如学科建设问题、师资力量问题、理论教学与实践教学孰轻孰重的问题、专业实习的问题等。这些问题也许只是由于民族院校自身条件的限制，显得更加突出而已，并不是影响民族新闻传播教育发展的主要问题。对于民族新闻传播教育发展而言，有针对性地探讨和正确认识如何体现民族新闻传播教育的特色与优势问题更有意义。

对民族新闻传播教育的特色与优势的理解要有新的思维。民族新闻传播教育与普通新闻传播教育有何区别？在具体的办学过程中如何体现这种区别？这是一个在谈到民族新闻教育时就无法绕过的经常困扰我们的问题。在本次调研中，几乎所有接受访谈的教师都表达了对这个问题的困惑和看法。长期以来，我国民族新闻传播教育乃至整个民族教育一个重要的政策依据和价值取向，就是“为民族地区服务”，民族教育必须为促进民族地区的经济发展和社会进步服务，这是民族教育的特殊规律之一。理论上讲，民族新闻传播教育与普通新闻传播教育的区别，或者说民族新闻传播教育的特色与优势就是要体现民族教育的这种特殊规律。但问题是，在一种专业教育中如何处理一

般规律与特殊规律的关系？民族新闻传播教育如何彰显自身的特色？

在这个问题上我们赞同这样一种观点：在全球一体化和我国进入多元文化社会时期，民族教育为民族地区服务存在理论误区。[①] 我国民族分布本来就呈现大杂居小聚居的格局，改革开放以来我国族际人口的大规模流动，越来越多的少数民族人口在大城市和内地生活和居住，“为民族地区服务”已难以涵盖民族教育的对象范围。而实践上也正是由于我们长期过于强调服务民族地区，一定程度上使民族教育成为与内地现代教育相对应甚至对立的概念，同时也成为实际上被允许滞后于内地现代教育的模式，导致民族地区教育和内地教育差距越来越大。发展民族新闻传播教育要特别注意克服这种理论误区。因为在新的时代条件下，民族地区新闻传播事业最重要的功能应该是如何加强与其他地区的信息交流、文化传播，特别是通过传播在国际社会树立、塑造我国少数民族的真实形象，以便更好地使其融入全球化进程。因此民族新闻传播人才的培养更应强调的是“具有强烈的社会责任感、宽阔的国际化视野、深厚文化修养、科学思维方法和精湛专业技能”[②] ——这种现代新闻传播人才培养的教育取向，而不是更强调反映和体现民族特点，为民族地区服务。因此不能简单化理解民族新闻传播教育的民族化特色。当然，从另一个方面看，民族教育体现民族化特色、为民族地区服务，在我们国家也有其特殊的政治和文化的意义。民族新闻传播教育在日益全球化、信息化、多元化、民主化趋势的当下，强调民族化特色，培养民族化人才，更多地应该体现在宏观层面的教育思路上，而不是微观层面的课程调整上。许多民族院校的教师困惑于不知道如何在自己的专业课教学中体现民族特色，许多民族院校的新闻传播学院也苦于开不出更多体现民族特色的课程，如果在这个方向上追求民族新闻传播教育的民族化特色无疑是徒劳的。

民族新闻传播教育的民族化特色体现在宏观教育思路上。首先，应该着重培养学生善于从民族的视角看待和认识新闻传播的意识和能力。尤其是当前关于少数民族信息传播与民族地区社会发展、宗教传播与舆论引导、民族文化传播与国家认同已成为我国政治生活和现实社会研究的重大问题。其次，应着重培养学生从跨文化传播的视角看待和认识新闻传播的意识和能力。民

---

① 参见金志远：《论多元文化视阈下的民族教育价值取向》，《中南民族大学学报》（人文社会科学版），2010 年（3）。

② 高钢：《中国新闻教育改革的三个方向性融合》，《中国记者》，2008 年（3）。

族新闻传播，说到底是一种跨文化传播。在这个文化多元化的社会中，文化间的差异会使新闻采集与报道活动更加复杂。“不同文化的人们如何理解客观、公正？——记者如何寻找有效的方法走进异文化和他者的心灵，以便建构基于文化理解的新闻真实？”① 这是民族新闻传播教育应担负起的责任。最后，民族新闻传播教育还应自觉承担普遍提高少数民族学生媒介素养的重任。在信息化社会，媒介素养，即人们对各种媒介信息的解读和批判能力以及使媒介信息为个人生活和社会发展所用的能力，越来越成为现代社会人们不可缺少的素质和能力。民族院校和民族地区院校里少数民族学生相对集中，民族新闻传播教育应向其他专业扩展，将媒介素养教育，特别是针对少数民族学生的媒介素养教育作为重要任务，充分发挥民族新闻传播教育的优势，并使其成为民族新闻传播教育体现民族化特色的重要方面。

① 单波等主编：《新闻传播学的跨文化转向》，上海交通大学出版社，2011年，第3页。

第三部分

新媒体发展与社会生活变迁

手机对游牧民族的影响调研报告

课题组组长　岳广鹏

课题组成员　王馨毓　刘　畅　常明月　谭有平

张大鹤　马应寿　周立恒　胡诗晨

杨佳惠　冯光美　赵　倩　郭梦可

王瑞峰　岳同鹤　韩国纲

概　况

一、调查背景

（一）学科背景

在传播学领域，手机媒体研究属于前沿课题；在文化领域，游牧文化研究属于边缘课题。手机媒体与游牧文化研究属于国际领先创新课题，目前国内和国际还没有任何人和单位关注此类课题。

（二）社会背景

在社会高速发展的今天，信息的产生和传播都在以更加高速的方式进行。手机作为日益普及的高科技产品，除了作为传统的可移动通讯工具外，更具备了越发全面的功能。不同群体对手机的使用情况必然不尽相同，手机的功能开发也需要针对不同用户群的需求进行。

与手机在城市的大肆扩张相比，乡村小镇的手机普及速度明显慢了很多，这一特征在牧民群体中则更加突出。越是如此，手机对牧民原始生活状态的影响就越是深远。然而，大多数的研究者选择了有条件与新媒体进行密切互动的城市受众作为研究对象，牧民相对处于学术研究的边缘地位，少有人对其进行专门研究，现有研究也并不深入具体。我们将手机这一“热门”与牧民这一“冷门”相结合，选题具有新意与前瞻性，也有实际的指导意义。

二、调查内容

本项目以研究手机对牧民生活的影响为引子，了解大多数牧民群众已经投身以电子媒介为基础的社会，并且在努力适应这种生活方式，在发展过程中，手机与牧民及其生活环境的相互影响仍然处于不断的变化过程中。通过分析手机进入牧区后在牧民生活中扮演的角色，探索手机这一新媒体对当地社会结构、社会发展起着怎样的作用。

课题选取牧民这一特殊用户群，在调查这一群体对手机的使用情况和功能开发的基础上，对传统群体和新型科技产品的交互进行分析、解读和归纳；客观地调查在远距离信息传播过程中的不对等接收现象；客观反映牧民在手机使用前后，在信息接收和新闻获取等方面的习惯差异；由于手机已经给新闻传播活动带来巨大影响，手机与报纸、广播、电视、互联网的竞争与合作一方面开拓了这些媒体的发展、盈利空间，另一方面又对这些媒体构成威胁，据此调查手机的使用对其他媒体的影响；分析归纳如何利用手机作为媒介工具更好地发挥新闻发布等传播功能。

三、概念界定

（一）手机媒体

“究竟什么是手机媒体?”到目前应该说还没有十分严格科学的界定，概念也比较模糊不清，仁者见仁，智者见智。突出观点包括：手机媒体是不是第五媒体？群雄认为：“手机是‘碎片化’时代的第五媒体”，熊国荣、衫木认为：“手机最有资格成为第五媒体”，但窦碧云却主张：“手机不是第五媒体”。还有学者从其他角度界定手机媒体的概念，张向东认为：“手机是新媒体的代表”，黄璜、项国雄认为：“手机是颇具发展潜质的个性化媒体”，张梅认为：“手机媒体，是以手机为视听终端、手机上网为平台的个性化信息传播载体，它是以分众为传播目标，以定向为传播效果，以互动为传播应用的大众传播媒介”，匡文波认为：“手机媒体是借助信息传播的工具；随着通信技术（例如3G）、计算机技术的发展与普及，手机就是具有通信功能的迷你型电脑；而且手机媒体是网络媒体的延伸。”

针对这样的争论，笔者试从媒体的分类入手对手机的受众和传播特征两个方面进行分析寻求答案。

我们知道，从传播学角度讲，当一个媒体的受众超过了总人数十分之一的时候它就是媒体，国际电信发展局局长萨米阿里·贝希尔在《2010信息与通信技术发展指数》报告发布会上指出，2010年手机用户数量为52.8亿，而2009年底时为46.6亿。按照2010年全球人口总数计算，全球81%的人口已经拥有手机。即使是有一人多部手机的情况，这个比例也远远超过十分之一的标准。可见正是这庞大的受众群，以它独特的成长方式，推动手机的发展进程。因此，从受众角度讲，手机是媒体。

受众只是手机是否能成为第五媒体的一个条件，手机的特征研究也十分重要。无论是在学术界还是业界对这方面的研究也十分充分。譬如郑茜丹在文章中提到，“手机的传播方式主要包括通话、短信、彩信等”。王玮玲认为手机媒体具有“传播方式的即时性”、“传播主体的交互性”、“传播功能的多重性”、“传播媒介的移动性”、“传播网络的融合性”、“传播内容的丰富性”、“传播能力的个性化”、“传播条件的技术化”等传播特征。刘君提出手机在数字通讯行业和现代传媒融合的传播特点：“移动传播”、“传受交互的‘去中心化’传播”、“可选择多重传播”、“信息与文化传递的媒介”、“影响大众心理”。钱维多“从传播学视角审视手机新媒体的媒体性”，指出手机媒体“是全新的个性化、大众化的个人媒体”，提出3G手机的“4M”传播特征：“Me”、“Mobile”、“Media”、“Multi”。徐建华认为“手机新媒体将改变我们的生活”。从这些学者的论述中，我们不难看出，手机具备差异化的内容经营与互动的表现形式，这一点对于一个新媒体是十分必要的。因此，从传播特征角度来讲，手机符合大众媒体的要求同时又突出了其新媒体的特点。

当手机同时满足这两个条件之后，笔者认为手机能够被称为媒体。

（二）游牧民族

游牧文化和农耕文化是古代人类两大主要文化类型。游牧民族与农耕民族交往、冲撞的历史，则是上古、中古时期人类历史的重要组成部分。

在我国，游牧民族是广泛存在于我国西部和北部的一系列民族的统称，从古代的匈奴、契丹、突厥到现代的蒙古族、满族、哈萨克族，历史不断前进的道路上总是会留下游牧民族的足迹。

游牧即不定居地从事放牧，它与农耕是古代世界两种不同类型的社会经济生产方式。这两种不同类型的社会经济生产养育和形成了游牧民族和农耕民族，形成了两种不同类型的社会文化。因此，“游牧”一词指的是一种社会生产与生活方式。

然而，在世界古代史研究中，人们总是把“游牧”一词与“野蛮、落后”相联系，自觉不自觉地将其作为农耕文明的对立面看待。近年来有人对此提出了新的看法，认为：“首先我们对‘游牧’概念的界定不明晰，又多歧义；其次，对游牧部落生产发展水平的判断不准确，以有无生产工具、有无城市来衡量，夸大了文明早期游牧民族与农耕民族之间的差距；再次，因游牧民族进入阶级社会、产生国家较迟，便断定他们长期处于氏族部落制阶段，未免过于简单。”

不少学者反对把游牧经济文化看做一种简单、落后的经济与文化形态。杨建新指出：“这种看法虽然有一定的道理，但并不完全正确。不可否认，古代游牧民族的经济和社会确实是要简单一些，但是，就其总体发展来说，游牧社会经济有其自身的特点和特有的复杂性。它的发展，与农业社会既有可比性，又有许多方面是不可比的。”谷苞也不同意把游牧文化看做一种落后文化，指出：“农业与游牧业相比，只是生产部门差异，并无先进与落后的区别。农业与游牧业都把土地作为最主要的生产基础，只是使用土地的方式不同罢了。”他们都主张加强对游牧经济与文化的研究。

此外，本课题取“游牧文化”为核心词汇，是因为主要着眼于从文化类型的角度来研究游牧民族经济、社会和文化的发展状况，取其广义的文化概念。正如有的学者所指出的：“游牧文化是指游牧民族所创造的文化，包括他们所创造的物质文化和精神文化。”

四、调查地基本情况

本次调查团队共 16 人，调查历时 15 天（2011 年 7 月 15 日～31 日），行程一万多公里，调查范围覆盖内蒙古 1 个市、3 个旗、21 家单位、332 户牧民家庭，共发放问卷 1345 份。

内蒙古自治区呼伦贝尔市位于内蒙古自治区的东部，总面积 25 万平方公里，是全国面积最大的一个地级市，也是“世界上土地管辖面积最大的地区级城市”。市境内的呼伦贝尔草原是世界四大草原之一，被称为世界上最好的草原。这里是中国北方少数民族和游牧民族的发祥地之一，是多民族聚居区。

（一）内蒙古呼伦贝尔市满洲里市

满洲里市位于内蒙古呼伦贝尔大草原的腹地，东依兴安岭，南濒呼伦湖，西邻蒙古国，北接俄罗斯，是我国最大的沿边陆路口岸。全市总面积 730 平方公里，气候属于温带半干旱大陆性气候。满洲里市总人口 26 万，居住着蒙、汉、回、朝鲜、鄂温克、鄂伦春、俄罗斯等 20 多个民族，是一座独具中、俄、蒙三国风情、中西文化交融的口岸城市，素有“东亚之窗”的美誉。

（二）内蒙古呼伦贝尔市新巴尔虎左旗（东旗）

新巴尔虎左旗当地人习惯的称为东旗，与新巴尔虎右旗是大致以呼伦湖为界而划分的。新左旗辖两镇、6 个苏木镇，54 个嘎查、8 个居委会。2005 年底，全旗总人口为 40163 人，其中非农业人口 21653 人，占总人口的 54%。境内有以蒙古族为主体的 13 个民族，少数民族占人口总数的 77%。全旗总面积为 2.2 万平方公里，有效牧场 1.79 万平方公里，占总面积的 82%。

（三）内蒙古呼伦贝尔市新巴尔虎右旗（西旗）

新巴尔虎右旗是内蒙古自治区 19 个边境旗（市）和 23 个牧业旗之一，位于祖国东北边陲，呼伦贝尔市西部中、俄、蒙三国交界处。东北部与全国最大的陆路口岸城市满洲里毗邻。全旗总面积 25194 平方公里，辖两个苏木、3 个镇、1 个牧场。全旗人口近 5 万，其中牧业人口 1.5 万人，蒙古族人口占全旗总人口的 79.8% ，是一个以蒙古族为主体，汉、达斡尔、鄂温克、鄂伦春、回、满等 11 个民族聚居的边疆少数民族地区。

（四）内蒙古呼伦贝尔市陈巴尔虎旗

陈巴尔虎旗位于内蒙古自治区呼伦贝尔市西北部，地处呼伦贝尔大草原腹地，是著名的呼伦贝尔草原牧区四旗之一，总面积 21192 平方公里，总人口 6 万人（2004 年）。行政区内辖 8 个苏木、两个镇，其中一个民族苏木，由以蒙古族为主体、汉族居多的十多个民族组成。全旗有牧草地 2339.5 万亩，草原面积辽阔，地势平坦，草场主要以高平原干草为主体，草场、河流、湖泊分布合理，适合发展草原畜牧业。

五、调查方法

（一）调查问卷法

考虑到牧区手机普及率的特殊情况，此次调研的问卷分为两种，一种是针对拥有手机的牧民（以下简称一类问卷），一种是针对没有手机的牧民（以下简称二类问卷）。问卷调查范围集中在内蒙古呼伦贝尔市牧区，采取随机抽样的方法，共发放问卷 1345 份。其中一类问卷总计发放 1100 份，二类问卷总计发放 245 份。

一类问卷包含 48 道题目，内容涉及牧民基本信息、牧民手机使用基本情况、手机功能开发情况以及手机对牧民媒介接触、社会关系、语言能力、经济方式、生活方式的影响情况、牧民期望等。

二类问卷包含 18 道题目，内容除基本信息外还涉及被调查对象不使用手机的原因，没有手机的日常生活状态以及家中成员拥有手机的情况，最后还设置了问题了解此类调查对象对拥有手机的期望。

问卷数据采用 SPSS 软件进行分析整理，支撑调研结论。

（二）焦点小组法

为了全面、多维度地了解牧区手机使用状况，调研团队分别与当地政府，移动、联通、电信运营商，边防部队，派出所，旅游景点，博物馆，法院，警察局等共计 23 家单位、332 户牧民家庭进行了焦点小组访谈，通过深度访谈，了解牧区手机使用的整体情况和手机对牧民日常生活方方面面的影响。

（三）统计分组法

统计分组具有两方面的含义。对总体而言是“分”，即将总体中的各个个体按照它们的差异性区分为若干部分；对个体而言是“合”，即将性质相同的个体归并在一起。本报告根据调查所得的原始资料，将手机从大类上分为作为媒体的手机和作为文化载体的手机，在每一大类中，又进一步分析手机对牧民政治、经济、日常生活的影响。

（四）综合指标法

在大量观察和分组基础上计算的综合指标，基本排除总体中的偶然因素（如旅游行业人群话费普遍居高），反映普遍结果。

牧民手机使用基本情况

我们现在都生活在信息社会当中，媒体是我们在这个信息社会生存的必需品。报纸、广播和电视代表着传统的三大媒体，因特网特别是万维网一经出现，立即被称为“第四媒体”。而如今，一个新的媒体正在慢慢地发展壮大起来，慢慢地渗透到我们的生活当中去，这就是被称为“第五媒体”的手机媒体。

手机是互联网的终端，它和有线互联网的电脑具有同类功用。其既是重要的技术平台，又是重要的信息传播平台，既具有通信功能，也具备媒体功能，是我们可以随时携带的媒体平台，其信息可以有指向性地进行定向性传播。

手机媒体最大的优势是可以突破空间的束缚，实现广泛而便捷的传播。我国内蒙古放牧地区人口居住尤为分散，交通不便，而手机媒体依托移动通信网络、以无线电波的方式实现传播，无须线路的铺设，相比于网络、有线电视，可以更好地克服放牧地区的地理及交通劣势，快捷而方便地将各种涉农信息传递到牧民手中。

手机已广泛融入牧区民众的生产、生活中。

一、人员广泛而快速的流动促进了手机的普及

手机——在20世纪90年代，对于大部分人来说还是比较陌生的东西，并被认为是身份和地位的象征，而在短短的十几年的时间里，却从奢侈品变成了生活必需品，俨然成为人们生活中不可或缺的一部分。

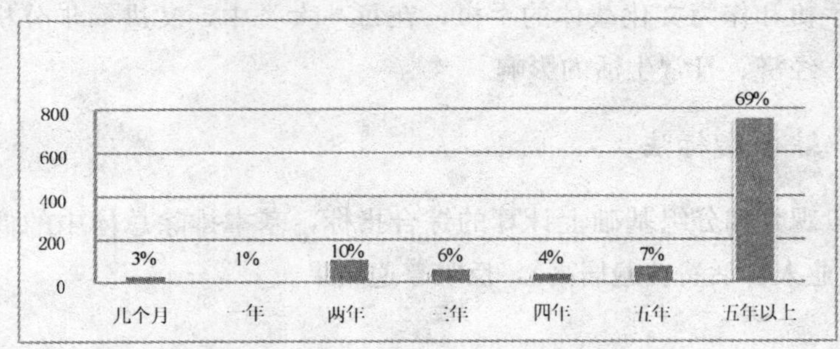

图1　牧民使用手机时间

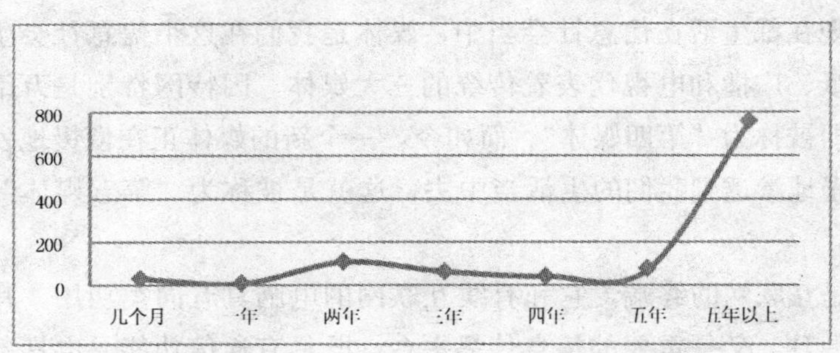

图2　牧民使用手机时间趋势

在内蒙古牧区的调研数据显示，牧民使用手机时间长度达到五年以上的有近70%。五年之前正是手机广泛融入人们生活的时候，无论是国外品牌或是国产品牌，推陈出新，从直板到翻盖，从蓝屏到彩屏，正是一个发展的黄金时期。牧民也是紧跟形势，购置手机，可以说，对于牧民来讲，一部手机对于他们的价值远远超过了电话、电视机等工具。因为在牧区，像城市一样安装座机几乎是不可能的，手机的价值很明显地就显现出来。

媒介的使用往往与人员的流动范围及频率有直接的相关性。传统上，人口流动主要有婚姻、读书和外出工作等几种形式。在我们进行与牧民的深度

访谈时，当被问到手机的来源时，有一部分人的表述相当一致：哥哥或是亲戚在外打工时买回了第一部手机。的确，当他们从城市中带回一种实物，或者是其他的观念，都很容易在这个人与人之间交流更为密切的乡村流传开来。

二、政策层面上促进手机在牧区普及的措施不断

从国家宏观政策上看，2007 年 10 月党的“十七大”报告明确提出，要“坚持扩大国内需求特别是消费者需求的方针，促进经济增长由主要依靠投资、出口拉动向依靠消费、投资、出口协调拉动转变”。

扩大消费特别是农村消费，是当前我国经济工作中的一项重要任务。财政补贴家电下乡政策，有利于调动农民购买家电的积极性，改善农民生活条件，也有利于引导企业建立适合农村消费特点的生产流通体系，扩大内需并改善农村消费环境，是建设社会主义新农村的一项重要惠农措施。2007 年 12 月我国开始了以山东、河南及四川三省为试点的“家电下乡”工程，其中就包括“手机下乡”。从试点实践结果来看，成效显著。2008 年 10 月，财政部和商务部决定在上述三个省继续实施“家电下乡”的同时，增加内蒙古等共计 14 个省、自治区、直辖市及计划单列市，并对实施地区农民购买财政补贴家电下乡产品——彩电、冰箱、洗衣机、手机按产品销售价的 13％给予补贴。

同时，在 2007 年 10 月，国家实施长达 9 年的“手机牌照”制度取消，技术壁垒的倒地，让一些山寨企业摇身一变成了正规军，一时间各方资本都涌入这个市场，山寨手机生产厂家不计其数，鱼龙混杂。一条分工明细的山寨手机产业链也逐渐形成，山寨机以快速多变的外观和功能，低廉的价格争夺了低端市场的很大一块蛋糕。我们的调查结果显示，牧民使用的手机品牌大多围绕以下几种国外品牌：诺基亚、三星、摩托罗拉以及步步高、华为、天语等几种国内品牌手机。

三、“山寨机”客观上加速了牧区手机的普及

（一）山寨机的出现让牧区话语权变得更加平等

对于购买手机的品牌，牧民在购买时趋同性和从众心理比较突出，往往

是一定区域内的牧民，由于先购者买了某一品牌、型号、价格的手机，并得到良好的评价，迟购者也会购买相同或相似的手机，造成在同一区域内手机趋同。如果说，在认购手机品牌的时代，不同的手机品牌的使用，尤其是那些可以标识身份的品牌手机的使用在一定程度上会形成人们的社会区隔的话，显然，随着手机在牧民间的日益普及，目前，它在当地还难以形成社会区隔。如图 3 所示，牧民购买的手机大多为国产品牌和不知名品牌，在山寨机大量入侵之下，手机无法帮助人们形成有效的身份识别和自我定位。牧民中最早使用手机的人，确实能成为某种身份和地位的象征，而山寨机的出现，某种程度上消解了这种区隔，让话语权变得更加平等。

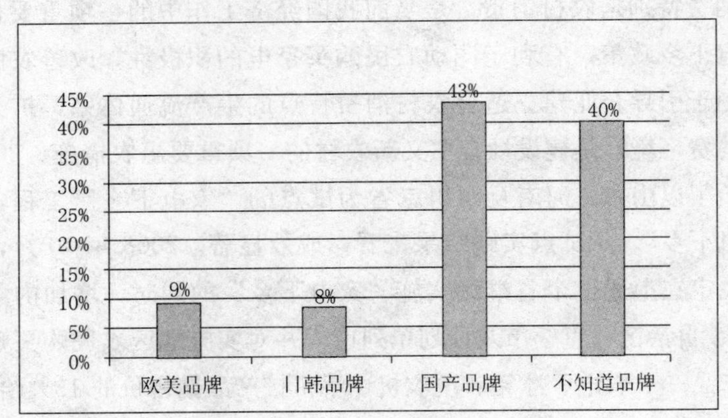

图 3　牧民购买的手机品牌

这与城市居民手机购买行为形成显著差异，城市居民把手机看成是自己生活的延伸，通过手机显示自己的个性、生活方式或消费态度，而内蒙古地区牧区居民在购买手机时属于谨购型，不愿意承担购买新品牌、新型号所带来的风险。其次，牧民社区归属感较强，喜欢通过使用相同或相似的产品来保持区域内行为的一致性，而不喜欢标新立异。

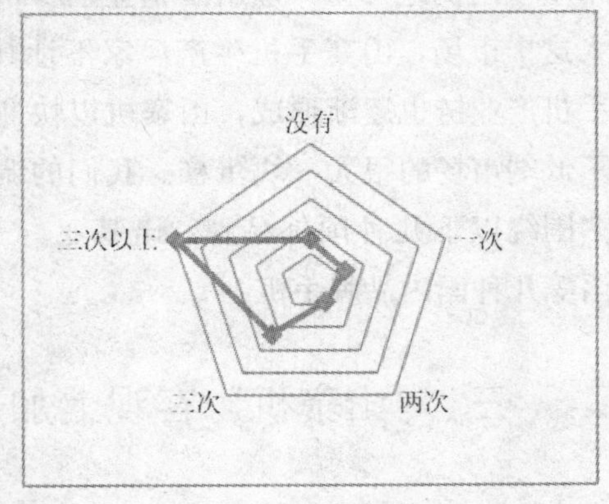

图 4　牧民更换手机次数

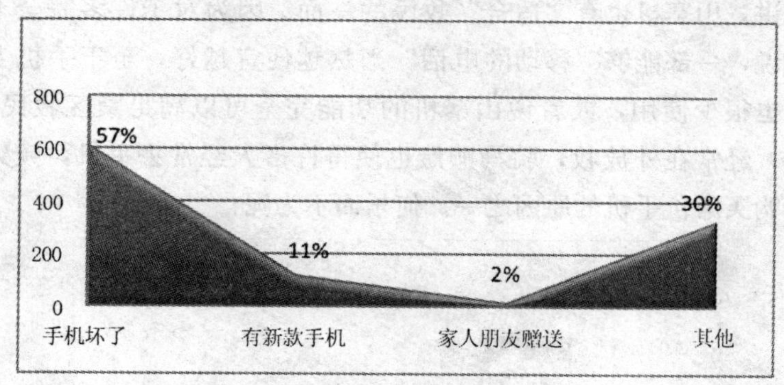

图 5　牧民更换手机理由

从图 4 和图 5 我们可以看出，内蒙古地区的牧民手机更换情况大于等于三次的占到 66％，有近 60％的人是因为手机坏了而更换。对此问题我们也做了进一步的采访和了解。因为牧民经常要骑马放牧，因此手机很容易从兜里掉出来，或丢或坏。通过调查问卷以及深度采访可以发现，牧民与经济较发达地区的人们有一些区别，大部分牧民并不会以手机为炫耀资本，产生炫耀的心理，说明手机对于牧民来说就是一种工具，一种联系和沟通的工具，不同于城市中的人们经常更换手机的情况，手机不仅仅是生活必需品，也是一种“配饰”，是其用来证明自己身份或是用来炫耀的一种东西。

根据实际调查可以很明显地发现，使用国外品牌手机的大多是年轻人，他们依然是很注重品牌的一群人。国外品牌的影响力依然巨大，他们拥有各自的技术优势，把持着技术的主导方向，是全球手机行业的领跑者，牢牢占据高端市场，以较高的市场份额获取利润，所占市场份额一时间也是很难改变的。不过被调查牧民购买的也主要是 2000 元以下的中低端机型。首要原因还是经济发展的局限性，除此之外，年轻人的购买力也是有限的。

（二）年长牧民更喜欢价格便宜功能齐全的山寨机

较为年长的牧民却是山寨手机的“主流消费群体”，这首先得益于山寨机便宜的价格与通话的基本功能。尽管大多数牧民都在使用山寨手机，但是他们却似乎从没有听说过“山寨机”这一说法，大多用“杂牌”、“不知道是什么牌子”的说法。他们使用山寨机的根本原因就是价格的低廉，但是品质没有保证，售后服务也存在很大问题，整体处于比较混乱的状态。不过，从某种角度来讲，山寨机也有“适合”牧民的一面。因为对于许多完全不懂汉语的牧民来说，一部能够“移动的电话”当然越便宜越好，至于手机上诸多功能有些人也很少使用，或者说山寨机的功能完全可以满足蒙区牧民的需求；除此之外，经常在外放牧，骑马颠簸也使得许多人经常丢手机，频繁地更换也是他们购买廉价手机的原因之一。何乐而不为呢？

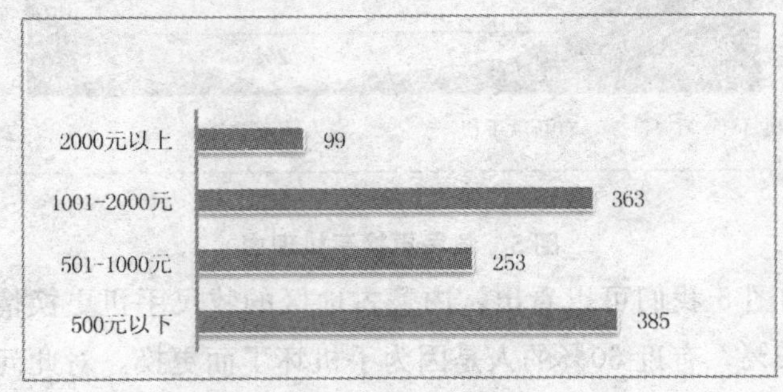

图 6　牧民使用手机价格

（三）山寨机是最佳的“能移动的电话”

通过问卷调查与深度访谈我们发现，许多被调查者的手机是直板机，各大厂商都把低端机型做成直板机，并且此种手机外观简洁、美观，功能实用，尤其是按键方便，对于牧民来说，直板机成为首选。如图 6 显示，牧民更偏好中低档位价格的手机；而且 500 元以下低档位的手机以及 1000～2000 元价位的手机更加受到牧民的偏爱。可见中低挡价位的手机在牧民当中具有广阔的市场前景。手机媒体的低成本和操作的便捷性使其在牧区迅速普及开来。

此种情况的产生与我国人均消费水平偏低也有着密不可分的联系。这种经济现状直接制约了仍处于消费水平低端的牧区，因而在选择手机时，牧民通常会把目光集中于低价格的机型上。但是，这种偏好廉价的购买动机并非只是一味追求低价，以省钱为目的，更多时候只要价格达到了心中“合理”的低价，动机就产生了。牧民购买手机时，求廉务实的购买动机突出，注重手机质量、实际效用。由于受收入水平的限制，农村居民很少追求手机的高档次，手机对他们而言，更多的可能是一部便携式的电话，方便沟通和交流，而没有像城市消费者一样成为炫耀性的消费

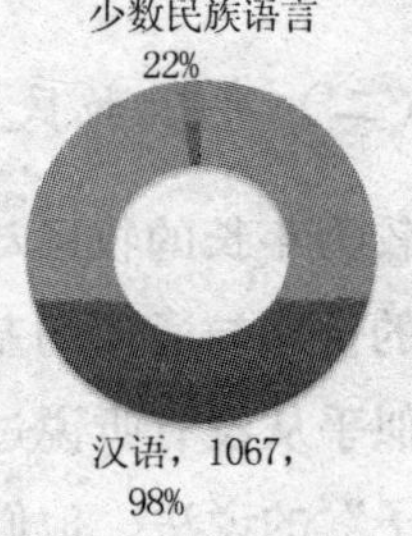

图 7　牧民手机使用的语言

品，选购手机时价格仍是首先考虑的因素，而品牌和服务成为相对次要的考虑因素。

与此同时，从图7数据中可以看出，有98%的牧民使用的手机语言为汉语。但是在我们调查当中，会说或是可以看懂汉语的人远远没有占到98%，有很多非常纯正的牧民是听不懂也不会说汉语的，这就为他们手机的使用带来了困难，使得手机在牧民当中也仅仅作为一部“能够移动的电话”，他们无法使用其他任何功能。手机远远不能够体现出其自身本应该拥有的价值。这也就可以进一步说明为什么牧民更偏好“山寨手机”。

四、中国移动在牧区运营商中独领风骚

在我们采访中，有许多牧民以及当地的政府领导对此种情况都发表了近乎一致的看法，就是手机生产商应该制造一些当地居民使用语言的手机，比如蒙语手机、藏语手机等。尽管这部分的需求并不多，厂商利润空间也很小，但是政府是否应该考虑支持这种产业？除此之外，信号的问题也是政府以及运营商需要注意的一个问题，从图8中可以看到，90%的牧民选用的运营商是移动，很多人回答的原因就是：因为移动的信号更好些。因为身处茫茫大草原中，牧民居住或是活动都较为分散，对于他们来说，更为重要的是电话是否可以打得出去。有许多牧民都反映了信号的问题，有时在草原的某个区域经常会没有信号。正如新巴尔虎右旗的移动运营商负责人所说，在这些地区中兴建基站的成本高、难度大，所以牧区的手机信号通常都不太好，不过现在这种问题都在努力解决中。就是因为移动公司在这方面做了很大的努力，所以牧民普遍选择移动运营商。

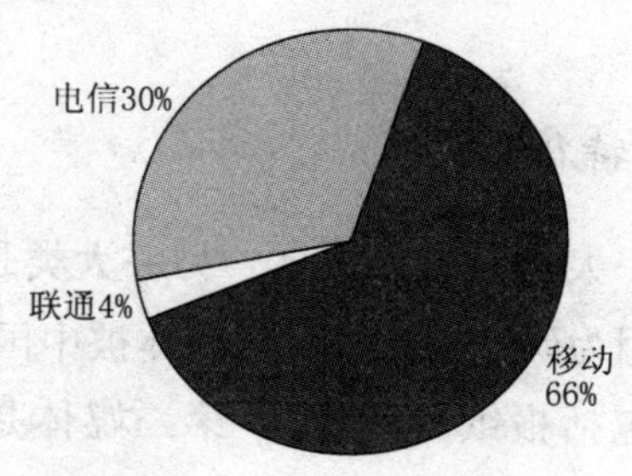

图8 牧民手机号码所属运营商

近年来手机及通信的价格不断下降，各大移动运营商和手机终端商又不断推出一些优惠政策，手机的操作也越来越便捷，更便于牧民掌握和使用。这些都帮助手机媒体可以很快在牧区普及开来。尼尔森2010年的数据报告显示，中国手机用户平均每月的手机服务消费为70元人民币。当然，这个结果的调查范围是中国经济相对发达的城镇地区，蓝领阶层平均月薪为3500元。而我们所调查的牧区的手机话费在50元以上的已经占到74%，是很大的一个数值。这表明，牧区手机用户已经逐渐接近经济较为发达的城镇地区使用水平。

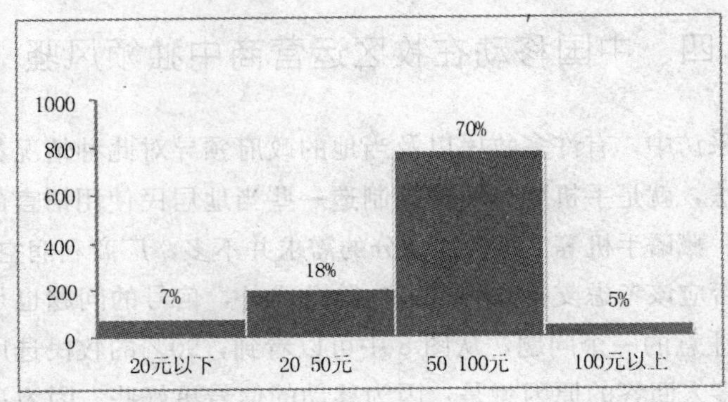

图9 牧民每月手机话费

作为媒体的手机对牧区民众的影响

一、作为媒体的手机

（一）手机媒体的特征

媒体分为两大类：一大类是大众媒体，另一大类是广告媒体。本报告以大众媒体在手机中的应用为研究目标。大众媒体被中国的学术界分为五大类，第一媒体是平面媒体（包括报纸和杂志），第二媒体是广播，第三媒体是电视，第四媒体是互联网，第五媒体是手机。

近年来手机被业内看成是继报纸、广播、电视和网络之后的一种新媒体，俗称第五媒体。手机媒体由于具备多种新技术特性，符合时代发展的需要，在政治、经济、文化、社会生活中的重要性日益凸显，正在开创媒体的一个新时代。随着人们新的媒体使用习惯和消费习惯的建立，手机将有可能成为最有影响力的媒体。“十七大”手机报6期发行1.5亿份，收到8万多条读者的留言回复，是手机媒体影响力的一种最好证明。

手机作为第五媒体的独特之处在于，其他四大类大众媒体最开始是以新闻、娱乐为主要形式内容出现的，然后才出现广告的应用，第五媒体是以短信群发广告的形式最先被人们所熟悉，然后才逐渐显露出新闻媒体的特征，由于手机本身的通信工具特点，使得手机媒体化的应用就与众不同。

与传统媒体相比较，手机媒体的特点除了人们熟知的便携性、移动性、个性化外，还包括：

1. 多媒体融合

手机媒体融合了报纸、杂志、电视、广播、网络等所有媒体的内容和形式，成为一种新的媒体。手机媒体的传播方式也融合了大众传播 和人际传播、单向传播和双向传播、一对一和一对多、多对多等多种形式，形成一张相对复杂的传播网。与此同时，手机还可以配合报纸、电视、广播、网络等媒体进行互动，实现“全媒体”传播的新局面。

2. 传播速度快、范围广

借助移动通信网，手机短信、手机报可以在最短的时间内群发给每一个用户。此次“十七大”手机报成为第一家采用“即时出报”方式报道新一届政治局常委与中外记者见面会的媒体，每40个中国人中就有1人能收到一份“十七大”手机报。

3. 互动性强

手机媒体可以随时随地发出和接收信息，不仅可以进行个体间联络，还可以进行群体间联络，用户既是受众，又是内容生产者。通过手机报这种媒体形式，还能在第一时间获知人们对“十七大”的评论，人们阅读手机报后渴望表达自己的观点和看法，愿意通过手机媒体参与到政治生活中来。

4. 传播效果强大

手机是“带着体温的媒体”，具有私密、随身的特点，并且人们对手机媒体的信赖程度较高，以手机报为例，只有很少的手机报用户认为手机报对其不太重要。手机媒体能够产生更为直接而强大的效果，影响人们的思考和行动。这对于我们广泛传播健康、和谐的文化十分有益。

（二）手机媒体的沟通功能在牧区一枝独秀

1. 牧区手机功能使用状况分析

目前，我国的即时通讯工具约有二十多种，分为两大类：一类是全能型IM，它的功能较为全面，由沟通工具延伸出众多功能，比如游戏、网上购物等，人们常使用的QQ、MSN都属于这种类型；另一类是语音型IM，它的功能主要采用语音交流，因此其音质较全能型要略胜一筹，代表为TOM－Skype、E话通等。而随着手机系统的更新，由最初的大哥大TACS模拟蜂窝移动电话系统到后来的塞班系统，再到安卓系统、Windows系统以及苹果的IOS，手机作为沟通工具的方式远远不止接打电话、发信息如此简单。QQ、微信、飞信等即时聊天工具以及微博、开心网等门户在手机上得到了广泛的应用。不过，这一情况在牧区则不一样。

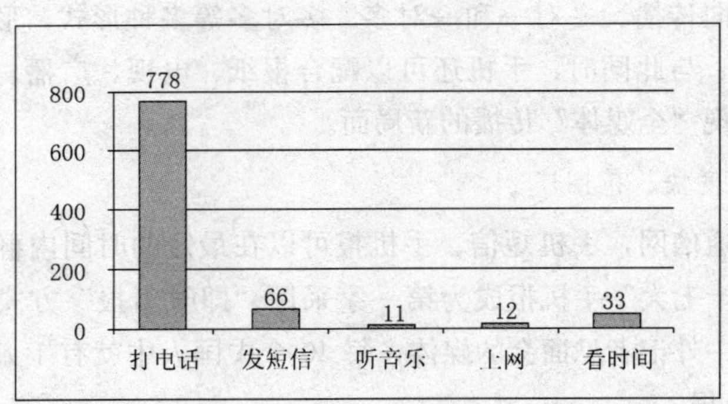

图10 牧民使用手机的第一功能

如图10、图11所示，在对牧民的调查中我们发现，这些新兴的即时聊天软件并没有在牧民当中得到应用，在1100位调查对象中只有三位用手机聊QQ，并且年龄都在18～22岁之间，这三位受访者还有一个共同点——就是他们都或长或短地在外地学习或者生活过。其中有一位受访者名叫李刚，蒙古族，22岁。从他的名字就可以看出，他应该很受汉族文化的影响。虽然在我们调查期间他在家中放牧，但是曾经在广州上过专科，并且在上学时期就有了手机。因此，他不仅用手机打电话、发信息，而且对手机互联网也有一

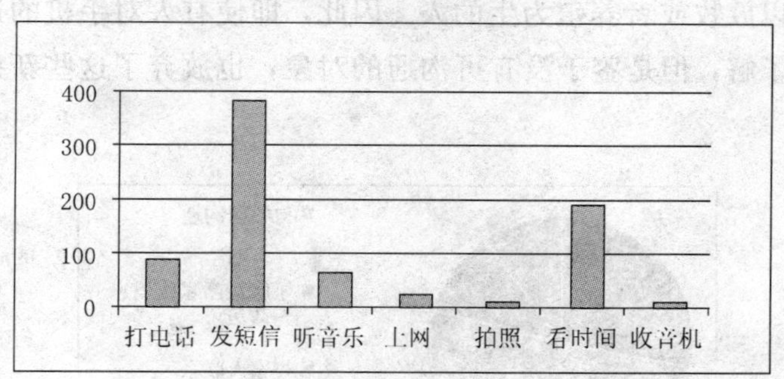

图 11　牧民使用手机的第二功能

定的了解，手机 QQ 更是他平时与内地朋友沟通交流的最省钱、最方便以及最快捷的方式。

因此我们可以得出结论：手机作为沟通工具的几种方式，除接打电话普遍被牧民应用，发信息被小部分牧民应用之外，其他所有的即时聊天工具以及门户网站沟通还没有被牧民接受。

2. 沟通功能一枝独秀的原因分析

（1）牧区民众的平均受教育水平较低。

如图 12 所示，我们调查的牧民中 95％都是高中以下学历，因此，他们对手机除了打电话之外的其他沟通方式没有了解，而且手机的这些沟通方式使用起来具有一定难度，文化水平的限制使他们不能迅速掌握其使用方法。

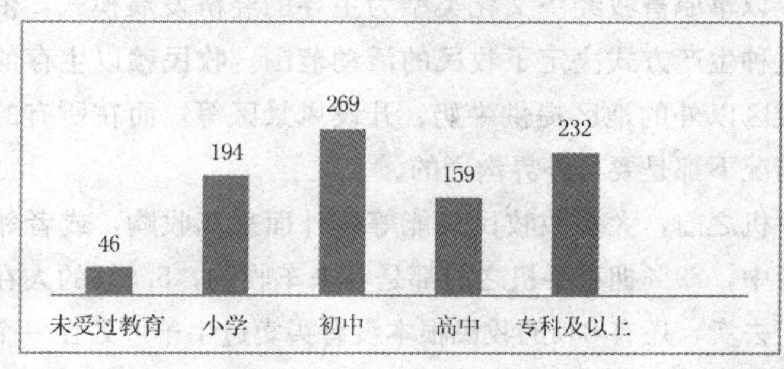

图 12　牧民学历分布

（2）牧区民众的沟通圈子较小，获取外界信息的需求不大。

如图 13 所示，牧区民众打电话或发短信的对象通常都是自己生活圈子周围的亲戚朋友，而这些亲戚朋友又几乎都是自己嘎查或者周围嘎查以及与自己同民族的以放牧或者养殖为生的人。因此，即使有人对手机的这些沟通方式有一定的了解，但是鉴于没有可沟通的对象，也放弃了这些新兴的手机沟通方式。

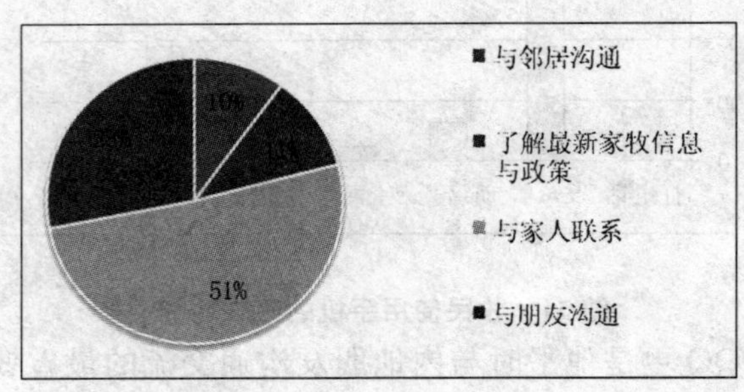

图 13　牧民打电话的主要内容

二、手机对牧区民众经济生产活动的影响

（一）手机帮助牧区民众扩大了牛羊买卖的地域范围

手机作为沟通工具，给牧民带来的影响还体现在生产方面。众所周知，蒙古族是一个具有悠久历史的草原游牧民族，世代生息繁衍于广阔的草原地带，族源以及分布区域决定了蒙古族以草地畜牧业为基本生计方式，并在此基础上形成了以草原畜牧经济文化类型为主导的经济发展模式，依托于草地环境生产，这种生产方式决定了牧民的活动范围。牧民赖以生存的方式是买卖牛羊、向牧区以外的地区提供牛奶、开设风景区等，而在所有的交易过程中，大多数情况下都是要与外界沟通的。

在没有手机之前，大多数牧民只能等着外面来车收购，或者邻里之间交换，在被访者中，79％拥有手机之前都是等来车收购，5.5％的人在邻里之间或者到乡镇上去卖，还有8％的牧民根本没有买卖过牛羊，处在一个非常被动的地位。而拥有手机之后，77％的牧民都是打电话通知买家来收购，只要家里有了多余的牲畜，或者家里有紧急情况需要钱时，都可以通过电话联系买家，这时候买家就会主动上门来收购牧民家中的牛羊。

这时候牧民由一个被动的角色转为了主动的角色，他们可以根据自己的生产周期以及生活需要支配自己的买卖时间。而在没有手机之前，由于与买家的沟通不方便，所以买卖牛羊的范围有一定的限制，也限制了牧民的生活水平。因为买家的基数小，需要买进的牛羊也相对较少，导致牧民不能扩大规模，除了自给自足之外，只有一小部分用于售卖以换取其他生活必需品。而当手机广泛应用于牧民的生产、生活当中之后，买卖牛羊的范围得到极大的扩充，从最初的邻里之间或者乡政府扩大到全国范围甚至全世界范围。牧民也因为买家的范围扩大而扩大自己的生产规模，很多牧民将自己的牛羊资源规模化、链条化，发展成了一项大的事业（见图 14）。

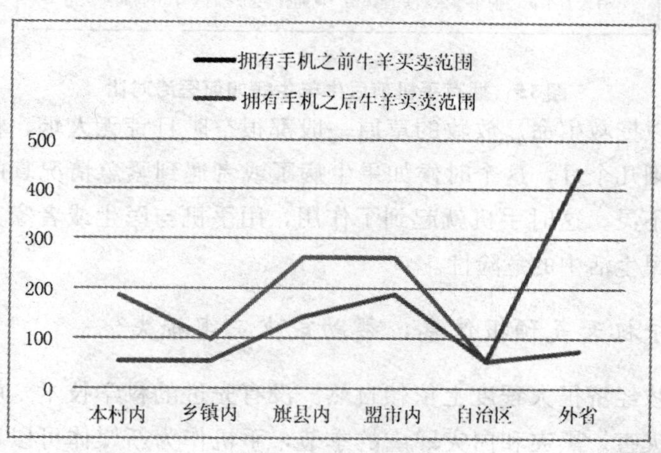

图 14 拥有手机前后牛羊买卖范围对比

（二）手机的使用使得生病的牛羊能得到及时救助

在有手机后，当牛羊生病时一半以上的受访者选择用手机通知医生，如图 15：在没有手机之前，家中牛羊生病的时候大多数牧民都选择去乡镇卫生所或医院看病，得把生病的牲畜用交通工具送到医院，或者是去医院里请医生来，这两种方式无论哪种都非常不便利。如果牲畜的病情比较严重，属于不能移动或者不能颠簸的症状，可是在去往医院和卫生所的路途中难免要移动或者颠簸，这样的话就非常危险，使生病后牲畜的死亡率大大上升。

上门去请医生也是同样的道理，在路上要耽误很长时间，医生不能第一时间到达现场，因此往往会错过医治的最佳时机，造成更严重的后果。而拥有手机之后，这些麻烦会大大减少。一个电话，医院的医生或者卫生所的护士就能在第一时间上门医治。手机的可移动性更是给牧民带来了便利，这种

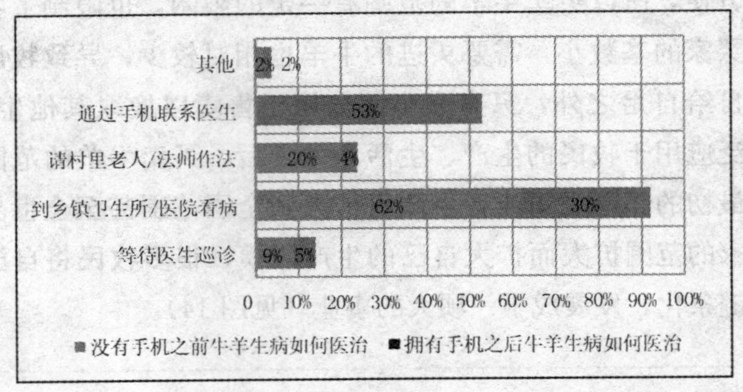

图 15　拥有手机前后牛羊生病如何医治对比

便利甚至可以拯救生命。放牧的草原一般都很空旷且荒无人烟，牧民一待少则几天，多则几个月，这个时候如果生病了或者遇到紧急情况真的是叫天天不应叫地地不灵。这时手机就起到了作用，用手机与医生或者家人沟通，大大降低了牧民生活中的危险性。

（三）手机天气预报信息，帮助减少灾害损失

传统游牧经济很大程度上依赖自然。没有先进的科学技术，就无法预知和抵御自然灾害。黑灾和白灾肆虐的季节，手机作为新媒体可以帮助预报灾害天气，提供自然资讯，降低因自然灾害而造成的损失。

游牧经济很大程度上依赖自然，草场的情况、天气的情况等都关系着放牧的质量。现代卫星遥感技术的应用，可以精确地确定草牧场利用程度，自然灾害的分布情况，预测天气变化，为牧民选择合理的游牧路线提供精确的科学依据。超过一半的牧民（54.3％）表示能够经常收到政府发布的一些天气预警信息，有一部分牧民还会运用手机订阅手机报和天气预报（见图 16）。

在没有手机时，牧民一半靠收音机获取相关天气信息。相比收音机，手机有其无可比拟的优势，尤其是在黑灾、白灾等自然灾害出现时，手机可以求助、帮助定位受灾牧民位置，这些功能都是收音机无法比拟的。

值得指出的一点是，在调查中，很多牧民表示，他们收到的政府信息都是中文的，对于很多年纪比较大、只会说蒙语的牧民来说，此项功能有待改进。

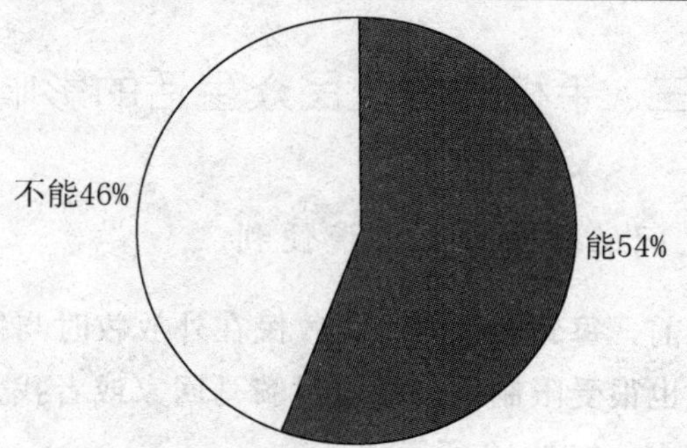

图 16　牧民手机能否收到政府公共信息

（四）促进牧区民众收入来源多样化

牧区经济另一个问题就是牧民收入来源过于单一，牲畜及相关产品的贩卖似乎成为其收入的唯一来源。手机的普及催化了一些新的工作的出现与发展，推进新兴产业，增加就业及居民收入。

牧民一般分散生活在草原各处，平时缺乏生活用品时都需要骑马或开车到附近的苏木去买。而手机的普及使送货服务得到很大发展。60％的牧民表示曾使用手机买过东西，“一般他们（店员）会开车送过来，很方便的”，一位牧民说。据了解，许多苏木的商店都会提供送货上门的服务，“只要不是太远，我们是可以帮忙送过去的。”商店的一名店员表示，大到牲畜饲料，小到烟酒等各种生活用品都能运送。这不仅提供了一些就业机会，更方便了牧民的生活。

图 17　拥有手机后是否可以通过手机打电话买卖东西

三、手机对牧区民众生活的影响

（一）亲戚之间的联系更加迅捷便利

在没有手机之前，每到放牧时节，牧民在外放牧时与家人沟通起来很不方便，沟通的方式也很受限制，只能通过骑马回家或者找人带话这种非常耗费人力、物力的方式，如图 18 所示。

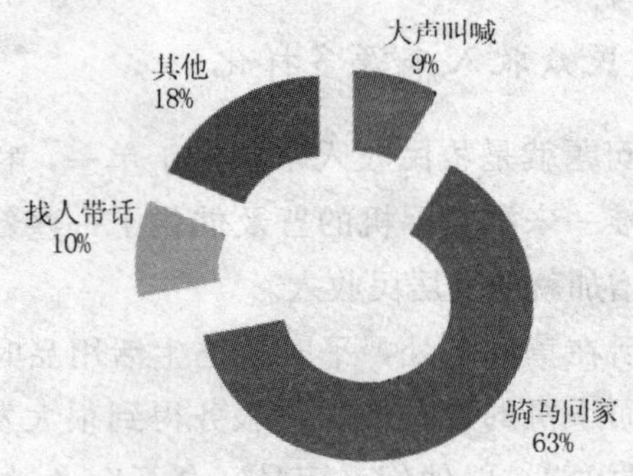

图 18　没有手机之前放牧时如何与家人沟通

在没有手机之前，不仅与在家的家人日常沟通起来不方便，就是家人生病或者家中有红白喜事，需要大范围地通知亲友时更是不方便。而拥有手机之后，在遇到红白喜事要通知亲朋好友时 79％的人选择打电话，3％的人选择发短信，选择用手机通知的人占总调查人数的 82％，图 19 是拥有手机前后遇到红白喜事通知亲友的方式对比图。

（二）朋友圈子相对有所扩大

在沟通范围上，手机的普及也给牧民带来了许多令人欣喜的变化。比如以前没有手机的时候，交朋友的范围只限于自己的嘎查之中，因为路程是制约感情交流的障碍，路程太远的两个地方，沟通起来很有难度，骑马一来一去很不方便。而手机普及之后无论两个人在哪里，只要拨通电话就可以与对方交流，即使经常不见面也不会觉得生疏，用电话通话或者发短信彼此沟通，丝毫不用在意路程的阻隔。因此我们所调查的受访者普遍认为，拥有电话后结婚以及恋爱对象的范围扩大了，这是手机作为沟通工具给牧民带来的最令人欣喜的变化之一。图 20 是牧

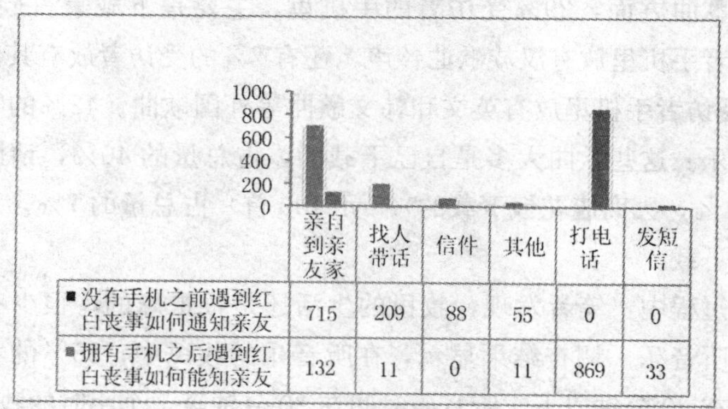

	亲自到亲友家	找人带话	信件	其他	打电话	发短信
■没有手机之前遇到红白丧事如何通知亲友	715	209	88	55	0	0
■拥有手机之后遇到红白丧事如何能知亲友	132	11	0	11	869	33

图 19　拥有手机前后遇到红白丧事通知亲友的方式对比

民在被问及拥有手机之后结婚对象范围是否扩大的回答。

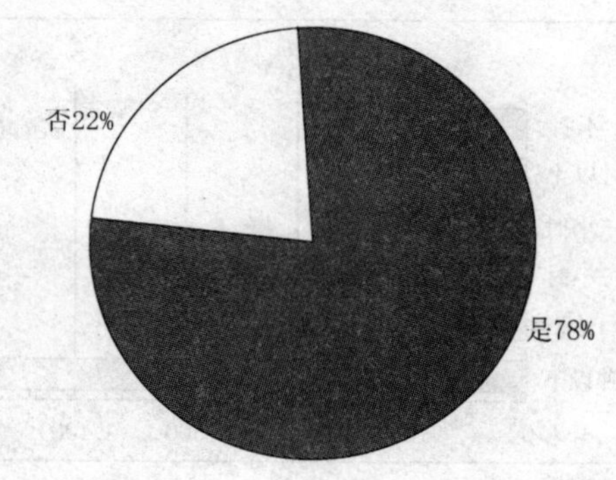

图 20　拥有手机之后结婚对象的范围是否扩大

（三）牧民的精神文化生活更加丰富

手机上网成为牧民的一种选择。调查数据表明，80%的被访牧民的手机具备上网功能。在上网的牧民中，使用聊天工具的占 40%，用手机浏览新闻的人数占到 24%，12%的牧民会选择听音乐，8%的牧民会选择上网看图片，有的牧民还会选择上网看视频、上网玩游戏或移动飞信。

游牧地区的牧民能歌善舞，热爱音乐，这点在手机铃声以及手机音乐中也得到了很好的体现。40%受访者选择蒙古族民族歌曲作为铃声；42%的受访者选择汉族歌曲铃声，还有 2%的受访者选择其他民族的歌曲作为手机铃声，7%的受访者选择英文和韩文歌曲等外国歌曲作为铃声。

在手机歌曲方面，29%受访者的手机里，主要是下载蒙古族民族歌曲；26%的受访者手机里放有汉族歌曲铃声，还有2%的受访者放有其他民族的歌曲，1%的受访者手机里放有英文和韩文歌曲等外国歌曲。42%的牧民只听手机自带的音乐。这些歌曲大多是自己下载的，占总量的40%，请朋友下载的占总量的11%，去商店花钱下载的（5元100首）占总量的7%，当然还有一部分牧民不下载。

在调查过程中，笔者发现，牧民的生活还是很忙碌的，很少有时间坐下来长时间地听音乐。调查结果显示，在听音乐的牧民中，55%的牧民每天听音乐的时间在30分钟以下，听音乐时间在30分钟至1个小时的牧民占13%，听音乐时间在1个小时至两个小时的牧民占8%，两个小时至5个小时以及5个小时以上的受众分别占听音乐受众人数的11%与1%。

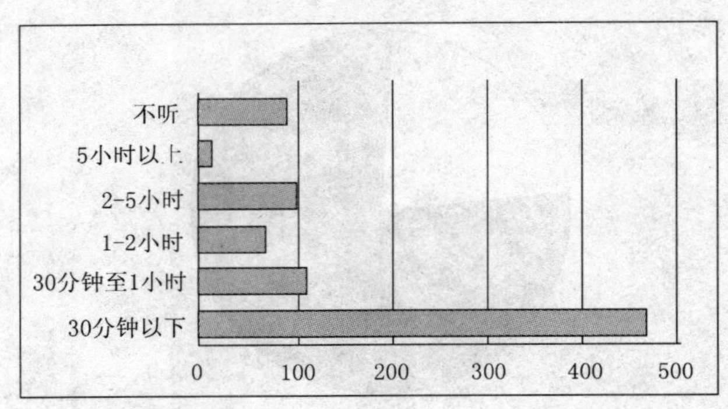

图21　每天使用手机听音乐的时间

（四）手机对牧区民众政治生活的影响

随着社会经济的全球化，信息沟通与交流越来越必需、越来越频繁，互联网和手机作为一种新的、革命性的媒介已经迅速进入、占领人们的生活，人类开始进入信息传播的网络时代。信息就是财富，信息就是生命，谁能有效利用新媒介传播信息，谁就能占据主动。

民族区域自治制度作为我国的一项基本国策，民族平等、民族团结、各民族共同繁荣早已写进我国的宪法之中，我国北部边疆地区的游牧民族社会发展理应受到关注和重视。“人类创造了工具，而工具又反过来塑造了人类”，新媒介环境下信息传播是社会发展的强大动力。我们深入实地走访牧民，在分析大量有效问卷的基础上欣喜地发现，手机作为最为便捷的新媒介已经深入牧民的生产、生活中，并且作用于游牧地区的政治领域，成为当地政府传达政策信息、牧民反映情况的有效工具，发挥了迅速便捷有力的上传下达作用。

手机在牧民中扮演的政治角色分析：

1. 政策传达，公共服务（以陈巴尔虎旗为例）

内蒙古陈巴尔虎旗是一个以牧业为主的边境少数民族旗，边境管理区面积 1.38 万平方公里，占全旗总面积的 74.5%，地广人稀、交通通信落后，人员居住分散、牧民游动性大是其显著特点。2003 年以来，陈旗边防大队协调驻地旗委、政府，把草原 110 建设纳入了全旗社会治安综合治理整体规划，成立了旗委政府领导的草原 110 建设工作领导小组，全面实施草原 110 新型警务模式。这种模式能够得到推广的基础就是手机在牧区牧民中的广泛应用和移动基站的全区覆盖。以下简单介绍一下草原 110 的工作模式。

在旗委政府、政法委和各边境苏木（镇）政府的领导下，陈旗大队建立健全了草原 110 旗、苏木（镇）两级领导小组，办公室设在大队和各派出所，并且地方财政每年投入草原 110 业务经费 20 万元，确保草原 110 警务模式的协调、科学、健康发展。草原 110 发展到目前，共组建草原 110 治安联防队 20 个，有治安联防车 22 台、联防队员 111 人；建立固定警务室 8 个，流动警务室两个；建立报警点 66 处，其中固定电话报警点 8 处、移动电话报警点 43 处；配备草原 110 流动执勤车 1 台，军用帐篷两顶；在陈旗莫日格勒河夏营地、巴彦库仁镇、东西乌珠尔苏木和呼和诺尔镇联合移动运营商安装建设信号基站，实现牧区信号全覆盖，草原 110 覆盖范围占全边境管理区的 53%，面积达 7300 多平方公里。同时，旗旗委、旗政府的大力支持和领导下，一方面在防火指挥部架设 160 兆民用基地台，实现了草原 110 与防火指挥系统的联网和横向贯通；另一方面积极推广边境地区草原 110 警务模式，将其拓展到巴彦库仁镇、宝日希勒镇、呼和诺尔镇、陶海农牧场等非牧区内地苏木镇，以此扩大草原 110 覆盖范围，完善服务功能。草原 110 在警与民之间架起了一道情感桥梁，在警与军之间形成信息共享、互通情况、共同打击犯罪的联系协作机制，充分发挥了草原 110 的指挥高效、反应灵敏、联勤联防作用。

草原 110 整合了部队和地方资源，提升了维护稳定和公共服务的政治职能。陈巴尔虎旗草原 110 的创建、运行和建设发展，都是以手机在牧区牧民中的广泛应用为基础，这当中手机的普及、移动信号基站的建设布局是最为关键的，陈巴尔虎旗地广人稀、交通通信闭塞、人员居住分散、居民法制意识淡薄等给社会治安综合治理工作带来了一定的限制，而草原 110 警务模式正是解决这些难题、提升社会治安综合治理工作水平的利剑。草原 110 整合了地方各级政府、政府职能部门、军警部队、群众及社会各界的力量，把闲置资源变为可利用资源，使过去一些较为松散的机构变为现在有组织、有领导的实体机构，并进行全面的优化。

另一方面，能量的散发，补充了边境牧区经济社会发展公共服务体系的“缺位”现象。众所周知，像陈巴尔虎旗这样的边境牧区，基层的管理和公共服务存在盲区，甚至在一些方面存在缺失的现象，而且这种现象的改变又不是很容易的事情。但是，草原 110 的建立改变了这点，他们将草原 110 的职能拓展、丰富起来，成为基层政府抓管理和服务的一个载体。草原 110 服务群众的生产、生活，宣传政策法规、传授养殖技术、扶贫帮困、调解纠纷、协调地方各部门改善牧民生产、生活现状，可以说，它不仅仅是 110，还承担着 119、120 的功能，将公共服务的多种职能集于一身。

我们在完工镇对当地领导的采访中得知，草原 110 运行后，为了有效地改变以往群众抵触与派出所和民警往来的现状、填补公共服务缺失，组织民警深入辖区开展走访活动，建立了警务室，实行民警进驻嘎查（村），在嘎查（村）建立了草原 110 联防队，并针对群众接羔保畜、存储草料、抗击雪灾等情况，适时组织草原 110 服务队，开展有针对性的帮扶、救助活动。而且，民警们在基层嘎查建立了文体活动室、阅览室、医疗室、“爱心超市”，政府相关部门还在草原 110 警务室设立司法所、工商所、扶贫帮困点等机构，草原 110 逐步转变成了多职能、综合性的警务模式。现在，群众遇有警情或其他大事小情，无论身在何处都可以通过草原 110 向边防派出所报警求助，派出所都能够及时处理或提供帮助，对此边民群众有口皆碑，警民关系、党群关系也因此更加融洽了。近几年来，陈旗边防大队为群众提供法律咨询 300 余次，集中进行法律宣传 80 余次，组织各类文体活动 67 次，为困难群众捐款和争取捐助的物品价值 7 万余元。登门服务群众 400 余次，抢救病重边民 19 人，救助迷路群众、醉酒群众等 56 人次，扑灭火灾 21 起，找回失散畜群 1500 多头（匹、只），为牧民挽回直接经济损失 90 余万元。

政府的社会治安综合治理和公共服务职能在广阔的牧区都是通过手机这

一媒介，以草原110的形式等到实现的。

2. 手机充当舆论领袖

手机的私密性使得内蒙古牧区民众相信，手机是足以证明人们真实身份的测谎仪，可以通过这一媒介获悉“舆论领袖”发布的权威信息。

牧区的民众常年特别是在夏季，基本上是在草场度过，远离政府所在地，他们很少有时间去接触最新的党和国家政策，即使是当地政府的政策变化，他们的知晓时间也相对漫长，更别提对政策的解读和反馈。在没有手机之前，他们的政治参与度低，政治热情不高，而有了手机之后，牧民通过这一媒介迅速获取政策信息，和当地的嘎查长甚至苏木领导形成直接联系，政策通达度得到有效提升，牧民广泛参与政治活动，参政议政能力有所提高，牧民的政治觉悟有了较大进步。政民、党群关系在无形中得到加强，政治功能的发挥通过手机作用于每一位牧民。

特别需要提到，在陈巴尔虎旗完工镇的调查中，当我们深入牧民家中进行问卷调查时，我们的身份、来历、目的被警惕的爷爷奶奶所质疑。由于镇政府人手不足，我们在没有帮忙引路的情况下去牧民家入户访谈，结果，有一位警惕性很高的蒙族群众怀疑自己被找上门来的“骗子”调查了。他立刻打电话给嘎查长，确认访员的身份。结果，查阅一番学生证、采访证，经过一番“对质”之后，嘎查长在电话这头肯定了我们的造访，电话那头的蒙族群众听到权威的答复，终于不再怀疑。蒙族群众心目中认为以上就是真相，此时此刻，手机无疑成为他们的权威信息通道。

四、影响牧区民众手机媒体作用发挥的不利因素

手机作为沟通工具在人们的日常生活中已经非常成熟，小到上小学的孩子，大到年过花甲的老人都在使用。而不同的人群对手机有不同的需求，小孩子和老人只需要接打电话的功能，这是为了方便与家人联系；上班人群以及学生人群接触的新鲜事物比较多，学习能力也比较强，因此，他们的需求更大、掌握新事物的能力更强，手机的上网功能、阅读功能、娱乐功能、定位功能等比较前沿的高科技功能在这些人中广泛应用。

游牧民族作为我国北方以游牧为生产方式的民族，其思想在不断地更新，手机这样的沟通工具越来越融入他们的生产和生活当中。

手机的沟通功能虽然在游牧民族当中普及开来，但是还是有许多问题需要解决：

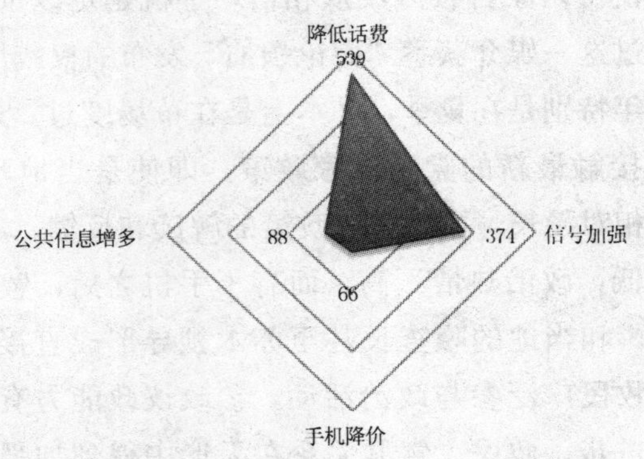

图 22　牧民对手机的期望

（一）信号问题

在我们的调查过程中，牧民对于手机本身的价格和资费价格的抱怨虽然有，但是不是很多，而最多的抱怨就是信号问题。平坦的草原基站的信号覆盖范围会很广，但是基站之间也难免会有信号覆盖不到的地方，因为基站信号是通过天线发射的波瓣形状，会有信号死角，在建筑物密集的地方还会有信号反射，所以电频值越高信号越强，同理越低。这里的地势虽然以草原为主，相对平坦，但是难免有山包或者小山坡，而居住在山坡脚下的人家往往信号不好，打电话时得走出家门左右移动，找一个信号好的地方，很不方便。

（二）充电困难

游牧民族的生活方式决定了他们在夏天不能固定居所，因此用电是一个非常令他们头痛的问题。因此，牧民在选择手机的时候，待机时间往往成为他们考虑的第一要素，待机时间长的国产手机以及各种山寨手机在这里非常有市场，而普遍被大城市居民喜爱的诺基亚、三星、摩托罗拉、HTC、苹果等高端手机在这里的市场份额比较小。可是即使是待机时间很长的国产机、山寨机也有可能面临没电的问题，而此时充电就是一个不小的难题。这时候太阳能充电器就在这里起到了作用。在我们的调查走访过程中，有一些牧民自己购置了太阳能充电器，但是这些充电器一般都在五百元以上，因此并不是每家每户都有，而只有个别条件好并且舍得花钱的牧民拥有。没有这样装置的牧民则会借用或者有偿借用太阳能充电器为自己的手机充电。所以，手机生产厂家是否可以考虑生产一款面向牧民或者充电不方便人群的太阳能或者手摇充电手机以解决他们的难题。

（三）语言文字

如图 23 所示，在我们调查的对象中，78％都是蒙古族，他们有自己的语言文字，由于民族的强烈意识以及与外界沟通较少，很多蒙古族牧民完全不懂汉语，因此使用汉语手机有一定的障碍，这也是发信息在游牧民族中虽然存在但是不够普及的最大原因之一。绝大多数手机不支持蒙古语，即使有蒙古语，也是某一台或者是自己的手机有，而发出短信息之后对方的手机不兼容，因此蒙古语的信息根本没办法在牧民之间流通。

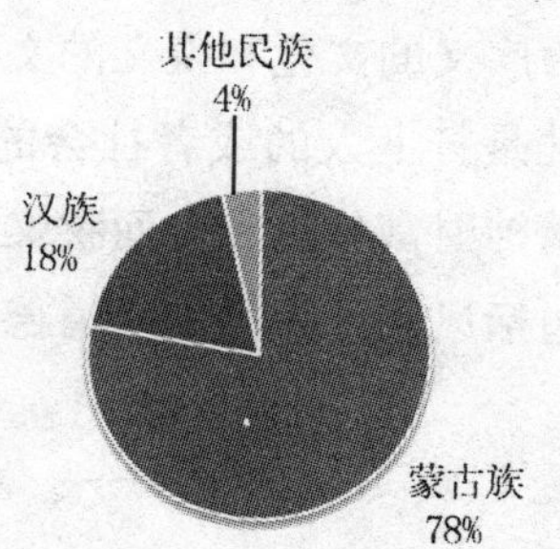

图 23　牧民民族分布情况

（四）教育水平

手机作为沟通工具其实本身有很多种方便快捷的软件，最普及的就是腾讯 QQ，而这些方便且资费便宜的聊天软件并不能在游牧民族当中普及，这和游牧民族人民的受教育水平有限很有关系。由于受教育水平有限，所以接受能力也有限，虽然可以接受手机、电脑这样的新兴工具，但是无法游刃有余地运用它们。这就导致了游牧民族和汉民族的沟通差距不能完全拉平。所以，应该提高游牧地区的教育水平，重视对游民民族儿童的基础教育，这样对他们的生产、生活都会起到至关重要的作用。

（五）资费较高

我们国家移动通信运营商主要有中国移动、中国联通、中国电信等一些国有的大型公司，而竞争往往就只存在于他们之间。因而手机资费的基本上就由这些大的公司之间相互协商、平衡所决定。对比国外质量更好的通讯服务，我们国家现有的手机资费水平着实较高，对于牧民来说，他们最迫切的愿望就是手机资费能够下调。

手机作为一个文化载体对游牧民族的影响

文化是一个广为社会学家和人文学者使用的概念。学界对于文化的界定有上百种之多，然而至今仍没有一个公认的定义。在社会科学领域所讨论的学术意义上的文化有一个较有影响力的定义：从外延上来划分，文化可以分为广义的文化和狭义的文化。广义的文化是指自然物质以外的一切，换言之，凡是打上人的或者社会的印记的存在均为文化——即人类创造的物质财富和精神财富的总和；而狭义的文化则是指人类的精神现象和产物，其具体内涵包括风俗习惯、伦理道德、文学艺术、知识学问、宗教信仰等。

一、关于手机文化载体的界定

我们在“手机作为文化载体对于游牧民族生活方式的影响”这一议题下所讨论的文化，显然是上文提到的社会科学领域所界定的狭义文化。在明确了本文所讨论的文化的范围之后，手机作为一个文化媒介对于游牧民族文化的影响研究也有了一个清晰的学术视野。我们将在下文具体探讨手机对于游牧民族的语言文字、生活方式、服饰文化、风俗习惯等方面的影响。

手机自20世纪90年代进入中国以来，首先在广东等沿海地区建立了稳定的用户群，继而向内陆和西部地区推广，手机已成为当下大多数国人生活中不可或缺的一部分。与数量巨大的手机使用者和“乱花渐欲迷人眼”的各项手机功能密切相关的是一种新兴的亚文化——手机文化。

手机文化与游牧文化有着天然的结合点，手机压缩空间、移动性强的特点正好与牧区地广人稀的地理环境和草原民族以游牧为主的生活方式相适应。所以手机甫一进入草原就得到了广大牧民的喜爱和支持。一方面，手机移动性强、能够随时随地沟通的特点大大增强了游牧民族的传播能力，促进了游牧民族文化的传播和传承。同时，手机作为一个集通讯、社交、娱乐休闲为一体的多功能文化载体，也时时刻刻在以不同的形式影响和改变着游牧民族的文化传统，不断为游牧民族文化注入新的内涵。另一方面，作为一种有着旺盛的生命力与创造力的文化，游牧民族文化也在无声无息地影响着手机文化。

二、手机对蒙古族文化的影响

（一）手机的使用丰富了蒙古语言文字

按照结构主义语言学的观点，一个人所使用的语言是一个人认识世界的工具，语言的边界也就是这个人所感知到的世界的边界。同样的，一个民族的语言也规定了这个民族认识世界的方法和途径，当大量新鲜的事物已经无法用原有的语言系统加以描述的时候，语言的就必须进行自我调节，而这种新陈代谢式的自我调节以词汇的更新为先导。手机文化大大拓展了蒙语的词汇。手机、短信、蓝牙、3G、CDMA、TD、WiFi……大量和手机相关的新生事物进入到传统蒙古族人的生活，这些伴随着移动通信而大行其道的新生词语也无一例外地被蒙语词汇所吸收。蒙语吸纳这些词汇主要有两种方式，第一种是用蒙语原有的符号加以构造。蒙语具有很强的造词功能，像手机、短信这种蒙语从前没有过的词汇，能够用原有的蒙语符号构造出来。而对于3G、CDMA、TD、WiFi这种专业性强、抽象程度较高的词，则和汉语一样，选择直接借用英文简称。

（二）手机的使用促进了蒙古族民众汉语普通话水平的提高

在调研过程中我们发现一个有趣的现象。在我们调研地之一的呼伦贝尔市陈巴尔虎旗，有很多调研对象是长年没有接触过其他民族、一句汉语都不会说的蒙古族牧民。在我们进行问卷调查和深度访谈过程中，我们刚一提到手机，未等翻译开口，这些牧民便从自己的蒙古袍里掏出手机展示给我们看。这和我们之前所做的使用手机会提升牧民汉语普通话的水平这一假设是一致的。这一结论在后期的问卷分析中也得到了印证。从对1100名使用手机的调查对象的SPSS分析结果来看，觉得自己使用手机之后普通话水平有提高的人占到了59%，远高于认为没有提高的41%。语言的影响是一个潜移默化的过程，许多影响和改变在不自觉中发生。以上数据都是来源于调查对象的自我感知，如果把这一因素考虑进去，这两个数据之间的差值估计还会扩大。

图 24　拥有手机之后普通话水平是否提高

（三）手机促进了牧区民众的沟通方式更新换代

手机作为一种新的沟通工具，不可避免地影响着人们的沟通方式。从我们对 1100 多位牧民的深度访谈与问卷调查的反馈来看，现在呼伦贝尔草原上的手机用户所使用的手机绝大多数的系统语言里都没有蒙语这一选项，这就使得许多不认识汉字的蒙古族同胞不得不面对手机屏幕上那些看不懂的汉字菜单、操作提示和不知所云的短信。可能正是由于这一原因，蒙古族牧民手机用户经常使用的手机功能排序上，发短信、上网、订阅手机报等这些需要面对较多汉字的功能的使用频率要远远低于不受语言限制的打电话、看时间和听音乐。语言是一个民族保持自己特点的最重要的文化特征。在被调查者中间，多数人希望使用蒙文手机。在对当地移动、联通公司进行深度访谈时我们获悉，蒙文手机在技术层面早已不成问题，只需要在手机出厂前置入一个语言包就行。

目前蒙文手机得不到推广主要存在两个方面的原因。其一是市场因素，蒙文手机实际市场规模较小，使得手机制造商的开发动力不足。这是造成蒙文手机难以普及的直接原因。2000 年人口普查资料显示，蒙古族总人口为 581.39 万人，其中占总人口 32.70％的城镇人口手机需求已趋于饱和，加之手机的主要消费者——接受汉语教育或者蒙汉双语教育成长起来的年青一代在对手机的选择上有较大的自由度和多元取向——如果让一位懂汉语的蒙古族青年在价位相同的两台手机间做一个选择——一台是新潮时尚、功能强大的名牌手机，一台是置入蒙语的山寨机——蒙语手机估计没有多大胜算。其二是现有手机与蒙文手机不兼容造成的排斥性。蒙古族人口的手机需求已经趋于饱和，现在绝大多数人使用的是汉语系统的手机，这些没有置入蒙语的手机接到蒙语信息后只能显示一堆乱码。这种与现有手机的不兼容性又会抑制甚至打消大多数人的蒙语手机购买欲。在调查中不少蒙古族民众也很担忧——离这种便捷实用的现代科技产品越近，他们离自己的母语就越远。开发推广蒙文手机，在享受现代便捷通讯的同时尽可能多地保留本民族语言文字，是多数蒙古族同胞向我们传达的共同愿望。

三、手机作为文化载体的多元表现形式

手机作为一个文化载体，不仅表现在电话、短信等沟通方式上，同时也体现在更加鲜明的娱乐休闲功能上。现在一台普通价位的手机除了能够提供电话、短信、蓝牙等沟通传播功能之外，往往还置入了收音机、MP3、视频播放、拍照录像等令人眼花缭乱的功能。而眼下备受推崇的智能手机、商务手机更是将微博、QQ等社交网站和电子邮件、文档处理等商务应用搬到了自己的平台上。手机制造商们还推出了电视手机、导航手机、游戏手机、影音手机等新概念手机，令手机购买者应接不暇。一台高端手机往往整合了通讯、上网、商务、游戏、影音等多种功能，大大提高了手机使用者获取和传递信息的能力和效率，同时也给使用者带来了更加丰富的娱乐体验。

（一）作为牧区民众手机使用第三功能的音乐播放和欣赏

1. 手机为能歌善舞的蒙古族牧民插上艺术的翅膀

蒙古族是一个能歌善舞的民族，其传统的歌唱艺术“呼麦”于2009年入选世界非物质文化遗产名录，蒙古族传统舞蹈“筷子舞”、“摔跤舞”也在国内外享有盛誉。手机的休闲娱乐功能在“会说话就会唱歌，会走路就会跳舞”的草原儿女手中得到了淋漓尽致的发挥。我们调研期间曾在陈巴尔虎右旗旗政府驻地阿拉坦额莫勒镇短暂停留，在我们的住地附近有全国第一座知青博物馆。

与内地许多城市一样，每到傍晚当地居民都会自发地聚集在博物馆前的广场上跳集体舞。不同的是，除了内地常见的保健舞、交谊舞，这里的居民通常还会跳一些蒙古族的传统舞蹈。伴奏的音乐除了其他地区经常能听到的舞曲，还有许多蒙古族的民族音乐。坐在广场周围的石凳上围观的群众，通

常也会把手机的外放喇叭打开放音乐，自得其乐的同时又与广场上的背景音乐相映成趣。从后期的SPSS数据分析来看，听音乐是牧民们除了打电话、发短信、看时间后使用频率最高的手机功能。

2. 音乐功能的文化零边界

在某些不会使用短信功能的牧民手中，手机音乐的功能会受到更多的重视。据SPSS数据分析，在接受调查的836名蒙古族牧民中，完全不用手机听音乐的只占10.5%，听音乐的人群中只有55.3%的手机使用者听音乐的时间在30分钟以内，听音乐的时间在1～2小时之间的手机使用者占7.9%，2～5小时之间的占11.8%。甚至听音乐时间在5小时以上的还有1.3%的人群。蒙古族牧民使用手机听音乐的时间要大大长于内地。

协助我们此次调研的陈巴尔虎旗旗电台的一位女士给我们介绍了这样一个情况：呼伦贝尔草原上的蒙古族主要的经济形式是牧业，其农忙季节主要是春季的接羔保育和夏季的剪羊毛。在农忙季节间大量的农闲时节里，牧民的主要娱乐休闲方式就是听收音机，而电台里播放的主要内容就是音乐。过去牧民外出放牧的时候也会随身携带一台装电池的收音机，靠听收音机来打发时间。这与我们后期SPSS的统计结果也是一致的。在被问到“没有手机之前放牧主要靠什么来打发时间?”这一问题时，选择听收音机的人占51.9%，达到了一半以上（见图25）。但是现在随着越来越多的牧民拥有了带有收音机和音乐播放器功能的手机，牧民放牧时打发时间的主要工具就成了手机。

表1　牧民年龄和每天听音乐时间交叉分析表

		年龄				合计
		20岁以下	20岁至40岁	40岁至60岁	60岁以上	
平均每天使用手机听音乐时间	30分钟以下	12	201	129	0	342
	30分钟至1个小时	12	56	12	0	80
	1个小时至2个小时	0	56	0	0	56
	2个小时至5个小时	0	56	33	0	89
	5个小时以上	0	11	0	0	11
	不听音乐	0	22	55	11	88
合计		24	402	229	11	666

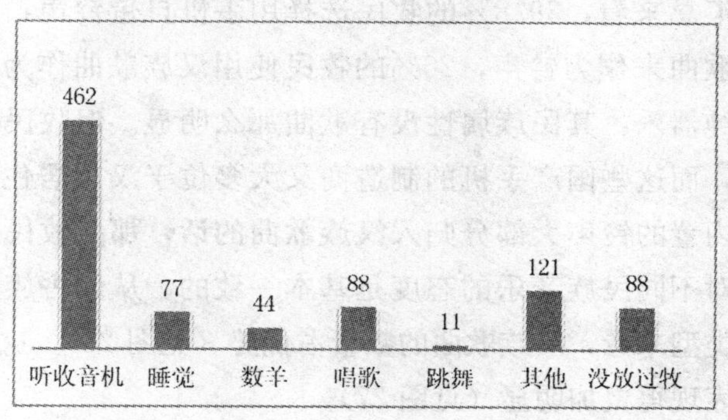

图 25　没有手机之前放牧时主要靠什么打发时间

3. 带有牧区民族特色的音乐播放功能

音乐没有国界和民族界限，却不可避免地会打上本民族文化基因的印记。蒙古族的歌唱艺术和民族乐器在国内外均占有一席之地。手机作为一个非理性工具，在推动蒙古族传统音乐繁荣的同时，必然也会促进其他民族音乐在蒙古族人群中的传播。那么当今的蒙古族牧民在使用手机听音乐的时候，对于本民族音乐和汉族音乐的态度又是怎样的？在被问及“您手机中的音乐类型最主要是?”42％的被调查者选择了“汉族歌曲”，40.7％的被调查者选择了“本民族歌曲”，甚至还有2.5％的牧民选择了“其他民族歌曲”。一个值得注意的现象是，有7％的被调查者选择了“其他”。蒙古族是一个极具艺术创造力的民族，不少牧民的手机里还存放着自己录制的歌曲。藏传佛教在蒙古族的宗教信仰体系中居于核心地位，因此不少牧民的手机中还会存放一些佛教歌曲和活佛讲经的录音。这两者一起构成了占样本总数7％的人群。

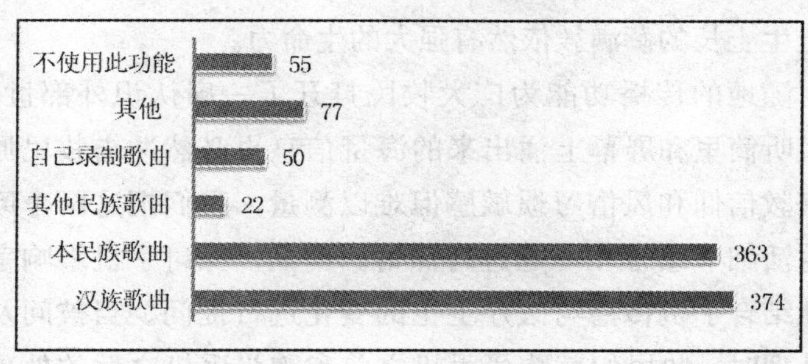

图 26　牧民手机中主要的音乐类型

蒙古族牧民对于不同民族音乐的态度同时还体现在手机铃声的选择上。

从后期的数据汇总来看，39.8%的牧民选择用手机自带铃声，29%的牧民选择使用蒙古族歌曲来作为铃声，26%的牧民使用汉族歌曲作为铃声。因为手机铃声一般是纯器乐，其民族属性没有歌曲那么明显。但牧民使用的手机以国产品牌居多，而这些国产手机的制造商又大多位于汉族居住区。如果将这一部分手机里内置的铃声大部分归入汉族歌曲的话，那么牧民对于不同铃声的选择态度和对不同民族音乐的态度是基本一致的。从蒙古族牧民的手机音乐类型和铃声类型来看，汉族歌曲的数量占优势（见图26）。这一优势在手机铃声这一方面表现得更加明显（见图27）。

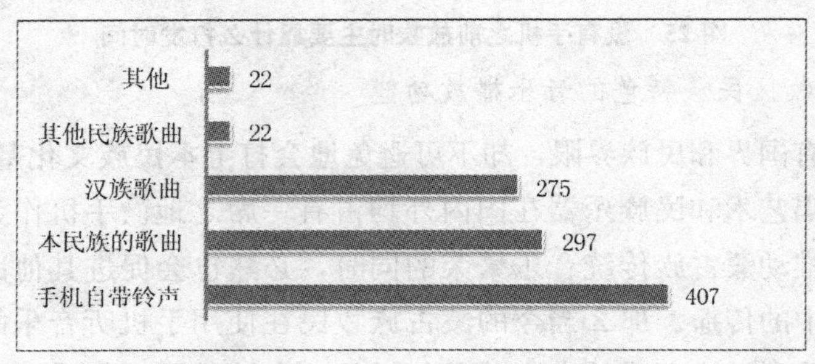

图27　牧民手机使用的铃声

（二）手机成为牧区民众宗教信仰和风俗习惯的新中介

从21世纪初手机在呼伦贝尔草原大规模普及以来，手机已经成为多数牧民生活中不可缺少的一部分。手机在影响蒙古族语言文字、音乐舞蹈的同时，也深入影响到了牧民精神生活层面，最为突出地表现在宗教信仰和风俗习惯上。蒙古族的宗教信仰以藏传佛教为主，伊斯兰教、基督教在牧民中也有一定的信众，土生土长的萨满教依然有强大的生命力。

手机随时随地的传播功能为广大牧民打开了一扇认识外部世界的窗口，从小小的手机听筒里和屏幕上涌出来的海量信息也必然冲击牧民原有的信仰体系。由于宗教信仰和风俗习惯敏感但难以测量，我们把这两个问题与牧民其他的一些生活细节结合在一起进行探讨。例如，探讨手机影响宗教信仰的问题，我们就结合手机传播与医疗卫生的变化进行提问。当被问及家人生病的时候怎样处理时，牧民们就购买手机之前和购买手机之后的处理方式作了不同的回答，而这种不同的处理方式之间的数据变化是颇值得玩味的。选择“医生巡诊”、“到乡镇卫生所或医院看病”等接受医疗救助的人数之和占到了样本总容量的75.6%，在剩余的24.4%的“其他”中，许多人提到请当地的法师或者萨满念经的作法。而拥有手机之后，选择接受医疗救治的人数的百分比陡升至89.5%，选择“其他”方式的人数则大量下降。这一数据变化不仅反映出手机所提供的便捷的沟通方式大大提高了牧民的就医率，也在一定程度上反映出现代技术到来后牧民们信仰的微妙变化。

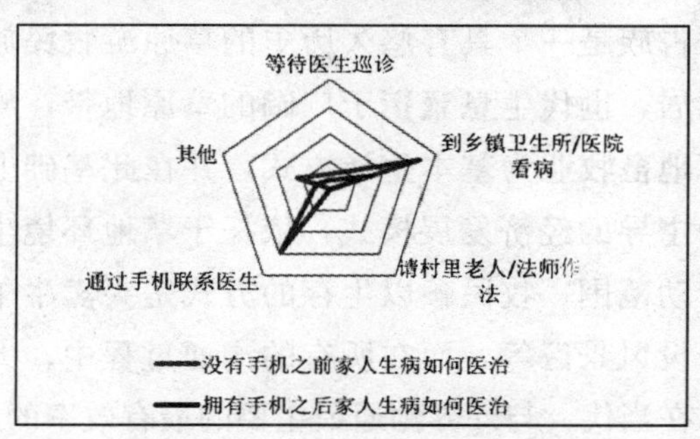

图28　拥有手机前后家人生病如何医治对比

手机对于蒙古族风俗习惯的影响表现在传统节日上最为突出。手机改变了牧民的沟通方式，同时也相应的改变了牧民之间节日问候的方式。拜年电话、节日祝福短信也在牧民中悄然流行起来。同时在遇到红白喜事时，牧民通知亲友的方式也发生了变化。但多数牧民在接受问卷调查和访谈时也表示，对于老人、长辈该有的礼数还是不能少，毕竟礼多人不怪嘛。

结　论

通过上文所述，我们已经对手机媒介在牧区的影响力现状有了一定了解，也从文化、经济、政治等角度分析了手机对牧区民众生产、生活方式所产生的影响，以及手机在牧区发展及其与传统媒体竞争中的积极或消极的因素。在这个基础上，我们将对手机未来在牧区的发展以及对牧区可能产生的更为深远的影响进行大略的展望。

一、手机媒体对牧区的影响面越来越广

本次调查范围集中在内蒙古呼伦贝尔市牧区，采取随机抽样的方法，共发放问卷1345份。其中一类问卷总计发放1100份，二类问卷总计发放245

份。也就是说，手机在牧区的普及率约为82%。而随着移动数据业务的发展，手机媒体的用户在牧区手机用户群体中将会占有越来越高的比例。究其原因有如下几点：

（一）牧区民众生产、生活的流动性促进了手机普及

众所周知，蒙古族是一个具有悠久历史的草原游牧民族，牧区民众的生活习性是逐水草而居，世代生息繁衍于广阔的草原地带，族源以及分布区域决定了蒙古族以草地畜牧业为基本生计方式，并在此基础上形成了以草原畜牧经济文化类型为主导的经济发展模式，依托于草地环境生产，这种生产方式决定了牧民的活动范围。牧民赖以生存的方式是买卖牛羊、向牧区以外的地区提供牛奶、开设风景区等，而在所有的沟通过程中，大多数情况下都是要与外界沟通的，在当代，与外界沟通最主要的最有效率的工具无疑是手机。

（二）政策层面上促进手机在牧区普及的措施不断

从国家宏观政策上看，2007年10月党的“十七大”报告中明确提出，要“坚持扩大国内需求特别是消费者需求的方针，促进经济增长由主要依靠投资、出口拉动向依靠消费、投资、出口协调拉动转变”。

扩大消费特别是农村消费，是当前我国经济工作中的一项重要任务，财政补贴家电下乡政策，有利于调动农民购买家电的积极性，改善农民生活条件，也有利于引导企业建立适合农村消费特点的生产流通体系，扩大内需并改善农村消费环境，是建设社会主义新农村的一项重要惠农措施，2007年12月我国开始以山东、河南及四川三省为试点的“家电下乡”工程，其中就包括“手机下乡”，从试点实践结果来看，成效显著。2008年10月，财政部和商务部决定在上述三个省继续实施“家电下乡”的同时，增加内蒙古等共计14个省、自治区、直辖市及计划单列市，并对实施地区农民购买财政补贴家电下乡产品——彩电、冰箱、洗衣机、手机按产品销售价的13%给予补贴。

同时，在2007年10月，国家实施长达9年的“手机牌照”制度取消，技术壁垒的倒地，让一些山寨企业摇身一变成了正规军，一时间各方资本都涌入这个市场，山寨手机生产厂家不计其数，鱼龙混杂。一条分工明细的山寨手机产业链也逐渐形成，山寨机以快速多变的外观和功能，低廉的价格争夺了低端市场的很大一块蛋糕。我们的调查结果显示，牧民使用的手机品牌

大多围绕以下几种国外品牌：诺基亚、三星、摩托罗拉以及步步高、华为、天语等几种国内品牌。

（三）移动媒体技术的发展推动了手机的普及

随着运营商重组的进行，中国3G商用进程也在加快，移动宽带化和宽带移动化的趋势已经越来越明显，牧区手机媒体的发展在此大潮流下，呈现出以下特性：

1. 互动性和内容的个性化

随着手机媒体对个性化需求的响应，内容消费市场重心也会越来越多地向“长尾”化偏移。决定牧区手机媒体发展的最大因素，就是如何更好地把握牧区用户的需求。

2. 新闻信息的重要载体

调研中我们发现，虽然只有不多的牧区手机用户养成了通过手机阅读时政、财经、体育等新闻信息的习惯，不过年青一代牧民所透露出的使用习惯以及喜好可以从侧面印证手机媒体在不久的将来会成为牧区新闻信息的重要载体之一。

3. 媒体与用户充分融合

当手机媒体在牧区迅速普及之后，牧区手机用户将会扮演双重角色，既是内容的消费者，也是内容的制作者。作为内容生产者，用户可以随时随地拍摄照片、录制声音、输入文字；作为内容消费者，用户也可以随时随地下载视频、播放音乐、访问各种各样的移动互联网站。这是手机媒体发展的技术优势所在，也是业务的发展趋势，这种优势同样适用于牧区的手机媒体。

4. 手机媒体将成为一个分享平台

身处广阔草原的牧区用户对分享、交流的渴求可以说甚于一般用户，微博、即时通讯工具等互联网业务都将在手机媒体平台上让牧区民众的此种渴望得到充分实现。手机平台即将成为移动的互联网平台，牧区民众的自我分享欲望能得到更好的实现。

二、手机的普及有利于填平牧区的数字鸿沟

在我国，牧区通常又是少数民族贫困人口聚居的地区，其形成的原因，

有其特殊的地理和历史因素。首先，牧区民众多集中在新疆南疆沙漠边缘、青藏高寒牧区、宁夏的宁南山区等，这些地区要么山高沟深，要么处于干旱荒漠地带，要么处于高寒牧区。这些地方自然条件恶劣，土地贫瘠，不利于开展农业和畜牧业活动。其次，从社会历史发展阶段来看，生活在牧区的少数民族的贫困人口，其经济、教育、卫生条件极为落后。现代社会所应具有的基础设施是一片空白，交通不便也造成了这些地区与现代社会基本处于隔绝状态，因此与沿海发达地区相比，两者之间存在巨大的数字鸿沟，而数字鸿沟的长期存在无疑会拉大两者之间发展的差距。然而手机的出现及普及却有助于填平这一巨大的数字鸿沟。

（一）手机的无文化障碍有助于填平数字鸿沟

手机最妙的地方在于，它对于持续性电力的要求不高，即使是不会阅读、不会写字的文盲也能使用。在孟加拉国的农村，手机的租用非常普遍。农民和渔夫用手机联系不同地区的市场，为自己的产品寻找最高的价格，小商贩们用手机寻找货源。在赞比亚和其他一些非洲国家，手机成为支付手段。在赞比亚的首都卢萨卡，一整车可口可乐的价值是1000万克瓦查（赞比亚货币），约合2000美元。这笔钱是当地人年收入的10倍，全部现金要是拿在手里非常麻烦，也容易招来小偷，所以可口可乐告诉它在赞比亚的300个经销商不要用现金支付，而是通过手机，整个过程只需要30秒钟，由运货的司机出示发票，还有远程电脑记录整个交易过程。除了可口可乐公司以外，一些小干洗店允许顾客用手机来支付账单。赞比亚的加油站，很多大商店，甚至还有饭店也采取同样的做法。

（二）手机能够增加牧区民众的信息量

数字鸿沟的根源在于社会经济结构的不平衡，要想改变数字鸿沟，不解决“经济”上的问题，不从收入上缩小贫富之间的差距，只改变“数字”或者是媒介的状况，只能是一句空谈。贫困地区的人们是渴望信息的，但他们首先渴求的是包含有经济价值的信息，或者说是能解决他们实际生活困难的信息。对于他们来说，“信息就是财富”这句话是非常具体的，即信息能够为他们增加收入，而手机的普及恰恰能给牧区民众带去大量的有助于发展生产的信息。

（三）手机比互联网门槛低

缩小整个社会的数字鸿沟无非是要在两个方面采取对策：一是在硬件方面，必须对不发达地区或低收入阶层制定特殊的扶持政策，例如对一定收入以下的家庭或地区实行价格优惠，以推进硬件在全社会的普及程度。但是，仅有硬件的普及还不够，因为新媒介的使用伴随着一定知识和技能的要求。所以第二在软件方面，必须提高全体社会成员的“媒介使用能力”。以前我们的定势思维认为，这两个方面都是针对互联网的。而实际上，从媒介选择的角度来说，手机比互联网更具有价格上的优势和接触门槛低的特点。穷人使用手机比使用互联网成本要低得多，而且只要具有听说的能力，不用过多的学习就能掌握。这些都使得手机能给在贫困中挣扎的人们带来实实在在的好处。

三、手机本身在牧区的“游牧化”

手机本身的“游牧化”。牧区与非牧区区别明显，如从自然环境上说地广人稀，从人文环境来讲基础设施相对薄弱、通信信号较弱，当然，不可忽略的还有牧区民族的特殊历史文化习惯。这就决定了牧区民众使用的手机在性能上应该具备一些特殊的亮点，如电池的续航能力较强，接受信号的能力较强，外观设计应该豪放些等。这里说的手机的“游牧化”可以从两方面理解：一是手机设备制造商为了占领牧区市场份额而设计特殊的更适合在牧区使用的手机，这可以称为主动游牧化；另一方面是牧区用户自发的、具有共同特点的选择，也就是说，多数牧区用户选择的手机都具有游牧的特点，这可以称为被动游牧化。

蒙古族文化是一种有生命力的民族文化，当手机作为一个文化载体裹挟着现代科技之威到来的时候，蒙古族文化吸收了手机文化中的许多有益成分，并对自己做出了调整和改变。另外，蒙古族游牧文化又依据自身特点，改造了自己所吸纳的手机文化。蒙古族游牧文化对其所吸纳的手机文化的改造和丰富主要表现在手机的硬件和软件服务上。

手机作为一个文化载体，不仅表现在手机所承载和传达的文化符号上，同时也表现在手机的外观设计和内在价值上。现在琳琅满目、价格各异的手机产品不仅是一件件设计精美的工业产品，同时也是一个个特色鲜明的文化象征物。手机自身作为一个物质文化实体，本身就传达出使用者的审美情趣、文化品位、经济状况等信息。眼下琳琅满目各种新型手机，也体现出当代人差异化的审美取向和多元化的价值判断。手机要想获得牧民的青睐，必须要迎合牧民的审美趣向和实际需求。

（一）牧区手机以大为美

在草原上进行问卷调查和深度访谈的时候所见到的手机，都有一个鲜明的特点——大。蒙古族是一个以壮、大为美的民族，这一审美趣向也表现在他们所选择的手机的外形上——手机整体的尺寸和手机屏幕的尺寸都很大。蒙古族女性有“把财富穿在身上”的习惯。蒙古族传统的女性盛装上往往镶嵌着金银等贵金属和宝石，十分名贵。随着手机进入传统牧民的生活，越来越多的蒙古族女性拥有了手机，其中不少人把手机当成服饰以外的第二件饰品佩戴在身上。即便是在城镇里，许多换上汉族服装的妇女还是将手机用手机套固定在手腕上当一件特殊的饰品。蒙古族的审美趣向和服饰文化赋予了手机全新的功能，也丰富了手机文化的内涵。

（二）无垠的牧场需要强大的电池续航能力

草原民族逐水草而居，流动性强，这就对手机电池的续航能力和手机的耐用度提出了很高的要求——一些电池强劲、待机时间长的“山寨机”往往比名牌手机更受欢迎（多数牧民的经济状况完全能够承受购买高端名牌手机）。当我们在草原腹地进行田野调查的时候，发现那些没有电缆供电的夏季营地通常都会有太阳能电池或者小型风力发电机，而这些设备主要是为手机充电之用。这些都是在汉族居住区见不到的景观。

少数民族村落的边缘化社会生活与现代媒介的影响

——以湖北省长阳土家族自治县万里城村为例

陈俊妮

湖北省长阳土家族自治县万里城村由万里城、后坪两个小村合并而成，位于资丘镇东部，西至凉水寺村，南与丰脊岭接界，北接火烧坪黍子岭村，全村版图面积 14.8 平方公里，海拔在 400～1400 米之间，辖 5 个村民小组，460 户 1520 人 1002 个劳动力，耕地面积 2818 亩，村“两委”班子 3 人，村党总支下设两个党支部，3 个党小组，共 50 名党员，村组干部共 8 人，万里城村以蔬菜、种植、养殖三大经济为支柱产业格局已基本形成。村人年均纯收入 2300 元。[①] 我国推行的退耕还林区多属于自然环境恶劣、交通不便的山区或半山区。退耕区的经济状况一般都较差。万里城即是退耕还林地区之一。2011 年暑期“985”三期项目“少数民族村落的边缘化社会生活与现代媒介的影响”即以该村为研究对象。

前　言

媒介注定是与城市文明结合在一起的，这种结合是一种珠联璧合、水到渠成式的，虽然也有磨合。媒介文化与城市文化相互选择，这种人性化的体现就在于两者之间的选择与被选择。从某种意义上说，媒介文化模仿的所谓人的感知模式和认知模式是城市文明人的感知模式和认知模式，媒介文化从来不是为农村人的感知模式和认知模式开放的。

---

① http：//www.hbjcqz.gov.cn：84/quyu _ view.aspsmallclassid ＝ 1324&bigclassid ＝ 186&quyuid＝106。

精英文化、大众文化都是城市文明的一部分，即使是像东北二人转，本来属于乡间文化的一部分，可是一旦进入媒介文明进程中，就被其滚滚车轮带到城市的空间，它的改良既是适应媒介文化的结果，也是城市文明的结果，这时它虽然也是二人转，但已经是按照城市人的感知和认知模式改良过的大众文化了。乡土文明与乡土文化是顺应和依照乡村人的感知模式和认知模式而来，与其特定的空间和时间相对应。媒介文明将其中一部分带走，比如二人转，进行改良和包装的同时，也以技术的形式将媒介形态留在乡村。

城市对于媒介技术的接受是一个循序渐进的过程，这一过程与每一种媒介都是补偿性媒介相吻合。保罗·莱文森提出媒介演化的“人性化趋势”（anthropotropic）理论，① 它超出了麦克卢汉的媒介决定论和后麦克卢汉主义（post－McLuhanism）。它仿效达尔文的选择理论，认为人好比是自然环境，人们选择技术和媒介，用以维持生存、发展自我、认识世界、改造世界，突出人的主观能动性，认为人类技术开发的历史说明，技术发展的趋势是越来越人性化，技术在模仿甚至是复制人体的某些功能，是在模仿或复制人的感知模式和认知模式。“补偿性媒介证明，技术决定论要逆转。我们不愿意忍受偷窥者汤姆的冲击，所以发明了窗帘。我们不甘心让电视屏幕上我们喜欢的形象飞逝而去却手足无措，所以发明了录像机。我们不愿意在文字的沉重压迫下洒汗挥毫，让语词从构思那一刻起就被拴死在纸面上，于是我们就发明了文字处理机。拉开距离看，这些逆转无疑可以被看成是媒介自动的、必然的突变……然而，实际上，它们是人的有意为之，使用人类理性煽起和完成的逆转。”②

从报纸到电影、广播、电视、手机、互联网，从纸质媒介到电子媒介再到网络媒介，都市对于这一顺序了如指掌，这就是他们接受媒介的顺序，媒介在功能上从未断代。后来的媒介是对前一种媒介的补偿，虽然技术开发并不是由所有的都市人掌握，但是对技术的更新既是由部分都市人来完成，同时也是依据都市人的需求来完成。这使得作为都市人的大众对于任何一种新的媒介可以没有丝毫距离感，可以将专门为其设置的功能发挥到极致——对技术的使用是需要与之相匹配的社会条件和环境的。媒介维持人类生存、发

① 在其博士论文《人类历程回顾：媒介进化理论》中首次提出。

② 保罗·莱文森著、何道宽译：《数字麦克卢汉》，社会科学文献出版社，2001 年，第 287～288 页。

展自我、认识世界、改造世界的作用已成为有目共睹的事实，万里城也不例外。英尼斯说："一种新媒介的长处，将导致一种新文明的产生。"万里城经历的媒介变迁史断断续续，没有一种是按照他们的感知和认知生成的，于是万里城人选择用自己的感知和认知去理解媒介。在这个过程中，媒介的形态也不可避免地对万里城这个小小山村的社会形态、社会心理产生深重而微妙的影响。

一、媒介选择的偏向——大众媒介断代史

万里城现有的大众媒介中最重要的是电视和手机，还有广播和电影。互联网是空缺。报纸、杂志、书籍是空白。

相对电子媒介而言，印刷媒介受到的空间限制更大，这使得它只能在交通便利和人口密集的地方发挥作用。万里城自古就没有这样的条件。深凹在大山中间，要出万里城有水路和旱路两条，若是赶上下大雪或者下大雨，进出山就变得危险而困难。从凉水寺（在万里城与所属资丘镇之间）开始的水泥路有 22 里，通车只有两三年时间。从资丘镇到凉水寺、从水泥路的尽头即村委会到村户，两头都是一路颠簸的土路，供一辆车通过。这条让外面的人提心吊胆的土路对于本村人而言，按他们的说法："这样的路还不够好?!"这样的交通容不下书籍、报纸和杂志甚至一切印刷媒介。

印刷媒介也是对知识水平要求最高的媒介。万里城现有长居的人中间，以初中以及初中以下文化程度为主，村干部以高中生居多。受过大学教育的年轻人无一例外地离开了万里城，选择到大城市去打工。如果再往上追溯，万里城的印刷媒介也仅仅存在于万里城小学学生的课本里。

书籍和报纸对于思想的启蒙作用在万里城由电视来完成。在书籍和报纸之前是漫长的难以溯源的口头传播时期——口头传播迄今也是重要的形式。相比较，电视和其他媒介还不过是它的补偿性媒介。在空白的印刷媒介与电视之间，还有广播和电影。

1975 年左右，亦即毛泽东时代，在广大农村兴起的广播运动也同样在万里城展开。从桃山拉广播线，几十里路一直拉到万里城，一户一个像面盆一样的接收器，早、中、晚自动播放，早上一定是《唱东方红》，除了《东方红》还有国家新闻，即"文化大革命"进展。40 岁以上的万里城人对此记忆

犹新。这种不需要任何实际参与的广播与今天的收音机大相径庭。不需要开关，不需要调台。没有任何选择的余地，同时也省去了选择的烦恼和挑战。这种被动接受的方式是特定时代对特定媒介内容的考虑，也是对特定宣传对象的充分了解和理解。而它是可以考究地出现在万里城的最早的大众媒介形式。1920 年世界第一个广播电台在匹兹堡诞生，1922 年中国第一个广播电台在上海诞生，都是商业电台。从一开始它们就给予了受众选择的权利，但是在中国的农村，人们最早接触的大众媒介在一开始就奠定了顺从和被动的基调。虽然这是为特定的时局所限，但至少对万里城这个封闭的大山里的村庄产生了深远的影响。作为一个集体，跟着大部队走，保持与多数人一致的社会心理在统一时间播放的形式下得到巩固。

在没有经历过印刷媒介启蒙的背景下唱《东方红》的广播将启蒙往后推了很多年。或者从另一个角度来说，它强化了对政权的服从，对保持现状的服从。“文化大革命”结束，广播时代几乎也渐渐淡出了视野。到 20 世纪 90 年代，50 块钱一个的平头收音机没能在万里城兴起。它既不符合既有广播收听的习惯（不需要开关，不需要调台），需要参与的太多，也与有限的交通条件不相符，要出一趟山需要有充分的生产和交换理由，收听外界的大事是一件遥远而无所利益的事情。

用电池的卡带播放机在 20 世纪 90 年代小范围替代广播。曾是村长的田文霜家在 1993 年买了卡带播放机。这在当时并不是普遍的购买行为。他的两个女儿那时十六七岁，虽然比城里晚了三年，反复播放的都是当时正红的歌手杨钰莹的《采茶女》之类。这种广播的替代物之所以没有在万里城风靡，不得不首先回到交通与电的问题上。

万里城直到 2001 年还没有通电。电看不见摸不着，但却是很多媒介的生存土壤，能够依赖电池生存的媒介相当有限。用电池的卡带播放机是其中之一。在城市里电池的使用在很大程度上是对其可移动性功能的发挥，将其作为电源的补充，20 世纪 80 年代穿着喇叭裤的青年提着录音机从大街上招摇而过。可是在没有通电的万里城，电池就要担当媒介的百分百动力。这意味着如果要维持这种媒介的运转，就需要持续的电池供应。而这就必然需要有直达购买地点的便利交通和不计较成本的购买能力和愿意为之付出的心愿。这三个条件对万里城这个到了 2007 年才有一段土路与水泥路混杂的通往外界的大路、2010 年人均年收入只有 2300 元的深山小村庄来说，没有一样是可以满足的。卡带机本身的一大缺陷是它的乐趣完全依赖于磁带的更换。录音机在城市里风靡的时间长达数十年，弥补了之前广播音乐节目的欠缺，同时唱片公司连续不断的磁带供给，能够保证赶得上年轻人在流行音乐上喜新厌旧的周期。万里城的年轻人的数量在20世纪90年代达到鼎盛，但是这批人在那个时代刚好是没有话语表达权和决定权的，相对应的他们在磁带上缺乏城市年轻人之间的探讨和磁带交换的空间，反复听一盘磁带的现实无奈成为导致卡带播放机必然退出舞台的因素之一。卡带机只能与流行音乐联系在一起，这对于万里城的成人村民来说，至少在20世纪90年代是一件绝对可有可无的物件。因此除了村长家，要再找到卡带机就很困难了。即使是对于村长家的女儿，对流行音乐歌手的理解也仅仅限于磁带封面的头像，因为没有报纸和电视，她们无从了解这个歌手更多的内容，甚至磁带附带的歌词也并不重要。与20世纪90年代城里的年轻人不放过磁带上任何一首歌曲，对着歌词一遍遍跟唱相比，她们不挑选歌曲，从第一首放到最后一首，然后翻面，从第一首放到最后一首。

农村似乎从来不缺歌曲，因此像万里城这样的土家族聚居地居民并非个个能歌善舞，也还有跳丧这样的舞蹈方式，以及随之而来的即兴演唱。但是这样的即兴演唱对器乐的要求仅限于唢呐、二胡以及锣鼓，最重要的是它其实也是劳动的一部分，是有特定意义的活动。万里城村民世世代代耕种务农，劳动力是生存的根本，天不亮下地，干到天黑看不见才回家，这样的劳动强度和程序让他们对现实抱以非常现实的理解，以最低需求为标准。所谓有特定意义，在他们看来就是它是风俗的一部分，约定俗成。否则就应该以是否无谓消耗劳动力来衡量。如果以外来者的眼光看，他们绝对没有浪漫的习惯和表现，内敛而节制。流行音乐不符合这样的民族性。卡带机在万里城的出现是昙花一现也就必然。

电视的购买最多不过10年时间，因为万里城的通电历史不过十来年。访谈中的一村民C（46～60岁之间）回忆他家是最早买电视的，是在1998年之后（这一年份与万里城通电的历史有出入）。

在卡带机与电视的空当，或者之前的空当——这意味着从1975年左右的集体广播结束后，经历整个20世纪80年代，到20世纪90年代初的短暂零碎的卡带机，再到1998年（抑或2001年）之间，万里城与大众媒介的唯一接触就是电影。如果从1975年算起，将空当期加在一起，应该有20年历史，但能看到的电影绝对没有 10 部。一村民能回忆起来的是《天仙配》放映时的情景。那是 1955 年严凤英的黄梅戏电影。但是今天看电影的人已经寥寥无几了。

电视的进入既与交通有关，又无关。电视进入万里城的时间早于公路的时间，但是这个机器性的东西一旦进入家庭，剩下的就与交通没有关系。它与之前的任何一种大众媒介都不相同：它给予了万里城人选择的权利，这与拉广播、看电影有所区别，这种选择通过简单的按钮以及遥控器来完成，并且不需要自己去设定节目，因此又在某种程度上依然符合保守的、延续已久的被动接受的万里城人心理特质，这点与卡带播放机或者将来的电脑又有所区别。它在最大限度上提供了家庭内最大群体所需要的媒介内容，这使它经久不衰（关于它的功能和位置，在下面部分将会具体谈到）。

我们可以将到电视之前曾出现的或未出现的媒介在万里城归为两大类：

集体性：广播、电影、电视；非集体性：报纸、书籍、卡带播放机。

集体性包含两种：一种是像拉广播这种由政府控制和强制性收听的媒介，它的集体性不言而喻，它的生命力取决于政府控制时间的长短，依赖的是村民对集体意志的服从；另一种是电影和电视这样服务于集体（包括家庭）的媒介，它的受众不是单一的，它的生命力取决于村民对集体生活的看重，依赖的是村民对群体生活的倚重。非集体性媒介是由单个个体所支配的媒介，无法在同一时间由多人共享，与集体作用相对应。报纸和书籍在万里城的媒介史上从一开始就断掉了，它们也恰好是非集体性媒介的杰出代表。卡带播放机是个特殊的例子，本来它应该是可以共享的，因为它可以放出声音来，这种表征常常会让我们误以为它其实是属于集体性的，但是如果仔细回忆一下，即使是在城市，收听卡带录音机也常常是个人化的行为，很少有一群人或者一家人聚集在一起倾听它，或者专注于它。它没有办法将一群人凝聚在一起。从这点来说，它是非集体性媒介。

如果肯定这些对媒介性质的判断，那么我们可以进一步看出，在万里城，集体性媒介的生命力长于非集体性的媒介——电影虽然是断断续续，但这完全是因为这个媒介光临万里城的时间不由村民自主掌握，能在断断续续的数十年时间里依然延续下来，也正是其生命力的展现——这与大众媒介在万里城的断代其实有一种内在的呼应关系，或者说正是这些媒介的集体性与非集体性特征造成了其断代现象。

在城市，任何一种新兴媒介的产生不会取代旧有媒介，这同时意味着旧有媒介一定是要延续到新兴媒介出现，并保持共存。书籍最早出现，报纸因为内容的特性，不会对书籍造成威胁，它们同属一种介质，而电影的出现并没有使阅读书籍和报纸的人发生根本性转移，广播出现后，阅读报纸的人依然还大量存在，电视出现后广播和报纸、电影、书籍、报纸都依然健在。没有哪一个时代连一种媒介都没有，也没有哪一个媒介的出现真正使另一种媒介濒临灭绝。虽然每一种新的媒介的出现总是会带来对旧有媒介消亡的警告和惊呼，但每一次都不过是“狼来了”的翻版。恰恰是在万里城这个乡村（或者大胆地说“这样的乡村”），媒介的来去看起来波澜不惊，却发生着翻天覆地的命运转折。媒介的命运在几十年里与它的集体性联系在一起，因为万里城人的命运本身与集体性联系在一起。

今天的万里城村由原有的万里城、后坪两个小村合并而成，位于资丘镇东部，西至凉水寺村，南与丰脊岭接界，北与火烧坪黍子岭村连接，全村版图面积 14.8 平方公里，海拔在 400～1400 米之间。从外界前往万里城，就是一个从能看得很开阔逐渐转到越来越身处其中的明显过渡过程，真正到达万里城，就会发现自己已经深深陷到大山中间，不是远远的大山，而是就在眼前的山，仿佛永远只能向上仰望，永远也走不出去。要想一览众山小，除非爬到更远，超出万里城版图的制高点，要想摆脱那种四周望去都是山的感觉，还一种途径就是下山。一个在 1986 年从资丘镇（当时的桃山镇）嫁到万里城的媳妇在新婚后几个月下山，穿山越水到达能俯瞰当时的资丘镇（今天万里城所属的资丘镇实质是过去的桃山镇，资丘镇是在修筑水电站大坝被彻底掩埋到水底之后挪用过去的名）的八十多级台阶时，站在那陡峭的台阶上深吸一口气，感叹还是外面的空气好。那时的资丘镇号称小武汉，繁华可想而知，碎石路汽车呼啸而过，灰尘和浓烟能掀起几米高，久久不散去。在她看来这样的空气里透着开阔和生机，这是当时的万里城没有的。

在这样一个封闭性的山村，集体显得格外重要。它不仅关系到生活得更好的问题，更关系到能否生存下去的问题。在看似按部就班、日出而作、日落而息的农耕生活背后，支撑着它正常运转的是集体的力量。这个集体，既是作为村落的集体，也是作为家庭的集体。南方的山区居住与北方有很大差异，北方农村因为在平原地带，村民房屋通常建筑在相邻的位置，甚至是整整齐齐一排一排的布局，集中而紧凑，而在万里城这样的南方山村，地势决定了不可能有这样的居住规划，往往是因地势独立而建，相互错落，甚至相距甚远，能在目光所及的范围内看到的房屋不会超过5户，这使得相互扶持变得更为重要。万里城所有的房子都没有院子，不仅如此，几乎所有房前的道场都与羊肠小道相连，成为其他人行走的通道。只要屋里有人，堂屋都是大敞开的。这种生活方式与集体性息息相关，每一户都在沿用这样的方式与集体内的其他人保持联系，这种对集体的依赖根深蒂固，而且恰如其分。在生产力低下、所有农活都依赖双手和耕牛（并不是所有人家都有牛，所以到农忙时节还需要借牛）时，村委会组织的职责仅限于收取农业税和合同款，监督计划生育或者派发修路劳动力，因此互助仅仅限于集体中村民之间的相互关系，那么要维持这种关系，首先就需要除了在道场这些方面之外还要尽可能保存那些有利于集体性的东西。在生存的压力面前，非集体性的东西，包括非集体性媒介，也就变得可有可无。书籍、报纸以及卡带播放机都没有这种强大动力的支撑。

二、电、水与公路——解放性媒介

当然不仅仅是集体性特征在产生作用，交通、电、收入甚至水，在乡村生活中交织在一起，都在起着微妙的作用。将他们从繁重的生活中解放出来，可以坐在电视前。电视对时间的占用超过了以往所有的媒介，这些时间必须从其他的劳动时间中抠出来。

电在万里城的10年与之前煤油或松油灯的几百年历史相比在长度上微不足道，但是用颠覆性来解释它的到来所带来的解放意义却一点都不过分。

煤油灯取代松油灯如同报纸和杂志的关系（虽然两者无所谓取代），还属于同一介质，区别在于煤油灯的光亮更恒定，烟味更小，同时也更耗钱。松油是不需要花钱的，自产自用，但是煤油灯只能花钱买，而且不仅仅是花钱，还需要花半天工。所以煤油灯的使用更为节俭，在家庭内强化集体性行为。一家人无论人口多少（在计划生育前，一家六七个儿女是正常的，即使是在计划生育后，三四个儿女也非常普遍），通常至多点两盏煤油灯。活动范围被圈定在灯光可以照到的地方。农活一直干到天黑，回家来妇女做饭需要灯，因此儿女只能也必须在厨房帮忙，否则没有灯的话什么也做不了。在堂屋吃饭时把厨房的灯拿过来，如果要去盛饭，要么就着灶膛里的火光，要不再点一盏，回来就立刻吹熄。吃晚饭的主要活动区域还是在堂屋，因此妇女剁猪草也是在堂屋的角落完成，这样可以与家庭其他成员共用一盏灯。总之绝对没有一盏灯是可以闲着的。在这样环境中长大的一代又一代万里城人习惯于夜晚的生活围绕煤油灯来，早早上床睡觉，一来是本身没有什么消遣；二来任何消遣看起来都是在白白浪费煤油，因为没有任何产出；三来要保证足够的睡眠，第二天的劳作是实实在在的产出，也需要百分百的力气。因此虽然从田里回来的天色很晚，草草吃晚饭后睡觉的时间其实很早。

电的出现最先带来的就是电灯。在电灯面前，煤油灯被彻底打败。以往家庭内的集体行动也被彻底打破。万里城的电由桃山（即资丘镇，电站依然用旧名）水电站供给，但是电费比北京还要高，0.56 元/度（北京 0.48 元/度）。这个价钱无法与之前的煤油价钱相比较，因为它以最小单位的消耗来衡量，与煤油论斤购买的价钱相比，让人觉察不到它的消费更高。同时在 2000 年前后的万里城人看来，五毛六以及多个五毛六是可以承受的数字。

与电费有关又无关的是，家庭成员开始在家庭内分散。因为各个房间都有灯，夜晚不再是以煤油灯为中心的家长制式。与昏暗的煤油灯相比，电灯太亮。昏暗虽然不利于劳作，但是对于家庭成员在晚饭后短暂的闲聊来说却正好。因为灯总是放在家庭核心人物（通常是主要劳动力）旁边，所以虽然灯光昏暗，其他成员依然可以清楚地看到他们的表情，以此揣测他们的态度和情绪变化。电灯是没有聚焦的，它高悬在屋子中央，无论坐在哪里沐浴的灯光都是均衡的，每个人都暴露在灯光之下，不再有中心，核心人物与其他成员之间不再有独享煤油灯光与偷窥表情之间的关系，这既让人从煤油灯的束缚中解脱出来，可以逃离聚集在一起的必需，独处的习惯开始慢慢形成，同时又让人不太习惯明亮的灯光和所有表情都被一览无余，因此独立和私密变得重要，集体性逐渐瓦解。

除了电灯，电视是电带来的重要媒介。电视重新将一家人联系在一起，将权力关系重新塑造起来，同时又注入新的心理和文化特征。

看电视总体来说是一种消遣，因此如前所说，看电视的时间需要从其他的劳动时间里省出来。

万里城人一天的生活从天不亮就开始，男人去割猪草，背两大捆回来，树在猪圈旁边时天刚蒙蒙亮，女人做饭，煮猪食，喂猪。吃完饭下地，中午忙时就不回来，带了蒸熟的洋芋（土豆）和水到田头，就算回来也是随便吃点，下午再去。因为是山区，土质并不好，所有的农活都只能依靠双手和牛。天黑回来，女人做饭，喂猪，吃晚饭剁猪草。至于削一木脚盆一木脚盆的土豆通常是孩子的活（在20世纪80年代土豆是重要的主食，逐渐在20世纪90年代过渡到以“金包银”的饭为主，即白米饭和玉米面混在一起，这样可以只用很少的白米。玉米是当地的主要农作物，而水稻种植面积很小，产量也低，仅供自家食用，现在很多人家都水改旱，不再种植水稻。现在以纯白米饭为主）。

电带来的电灯在延长了可劳作时间的同时，也大大提高了劳动的效率。一家人可以在天亮之前和天黑之后进行分工合作，打破了之前必须独处一室就一盏煤油灯的局促和相应的低下劳动力。万里城人最初对电灯的接受与之有很大关系，“搞事更方便了”。在问卷调查中所有的调查对象都认可“干活更方便”的变化，远远超过其他诸如“晚上睡觉更晚”、“干净”、“家人待在各自屋子时间更长”等电灯带来可能生活变化的其他选项。煤油灯时代的集体性逐渐变成一种形式化的表象，反而是现在的电灯以促进分工合作的方式巩固了万里城人根深蒂固的集体性思想。

电对劳动力的解放不仅仅是在电灯上，更是由此接踵而来的各种机械化农具的使用。玉米脱粒机可以在短短几个小时内将上千斤玉米棒子进行玉米与棒子的分离，这是过去几个通宵都干不完的活。粉碎机替代了过去石磨的作用，将晒干后的玉米粒磨成粉。将稻子脱壳的机器也使石臼和风谷车被完全淘汰。这些主要是对男人的解放，而电带来的电饭锅、磨辣椒酱和打豆腐的打磨机甚至我在一家还算殷实的人家见到的九阳豆浆机和洗衣机将万里城的女人们从繁重的做饭、推豆腐、磨酱的日常家务中解放出来。农村的活儿是一定的，当这些以前完全依靠手工和木质或石质农具才能完成的农活被机械化工具替代了之后，效率提高了，空闲时间便出来了。劳动强度的减弱也使得对恢复体力必需的睡眠的需求相对不那么严格了。

在万里城先有电，后有自来水。因为万里城的自来水是引的高山自然泉水，完全靠地势操作，与有电没有必然联系。背水曾是万里城人生活记忆中最重要的一部分。洗衣服的水是接雨天屋檐滴下来的雨水。牲口喝的水是荡沟（一种非常小的泥塘，挖好后靠下雨积攒下来的水形成）里的浑水。吃的水都是从唯一的一条细细的溪流里背上来的，因此万里城人家家户户有专门用来背水的背篓，底部与一般的背篓无二，但是到上部就是用木板拼成的一个巨大的、实底的、敞口的漏斗式的容器，用来盛水。溪流在山沟里，所以下去是空着背篓，上来是满满当当的水，足有 70 斤到百来斤。崎岖的山路脚步不稳，总会有水荡出来，无论夏冬，从头湿到脚。依据村户与溪流之间的距离，往返一趟少则大半小时，多则 1 个多小时。所以在万里城，水因为费时费力而弥足珍贵。当电出现并带来若干机械化工具解放劳动力的优势显现后，还把劳动力用在背水吃上显得格格不入。于是村里开始商定引水到户。因为地势不同，一般几户在同一垂直线上的村户共用一条水管线，大家协商用水，因为无法满足几家同时用水，当地势高的人家截住水流后，地势低的就没有水了，所以家家户户都不用水龙头，而是在坡里埋线分流的地方自己去转换接线，当家里水放满了，就需要去坡里把管线给别人家接上。虽然这在无形中带来了相互之间的微词甚至矛盾，但毕竟省去了背水的艰辛。

引水需要足够长的塑料管，还需要砌水泥池需要的水泥。这两样都需要到资丘镇去买，需要依赖交通。不仅是对自来水的贡献，当 3 年前水泥路贯通到村委会后，之前卖生猪卖粮食需要花一个白天时间往返，现在谈妥了拖拉机或者摩托车后可以不到半天就运出去。公路也带来了主动到万里城来收购生猪的生意人，交易可以在道场上就谈成。作为基础设施，公路在来来往往之间给万里城带来了机械农具、生意人、水泥和塑料管、拖拉机，在电与水的共同作用下最大限度地提供了可供看电视的休闲时间。

三、休闲时光——电影与电视：从节日性媒介到日常消遣

电影在农村是节日性媒介，而农村的节日大都与集体活动相关。

电影是送上“村”门的服务，一种典型的集体性活动。在没有电的时候主要靠发电机来完成播放过程，而实际上电影在万里城风靡的时代正是煤油灯时代。与煤油灯相呼应的日常消遣的匮乏甚至缺失造就了电影的风靡。

过路村民（根据调查问卷表，为年龄在 45～60 岁之间的男人）：那时一说有电影，胯子（即腿子）都跑得弯。20 世纪 60～80 年代，半年一回，一年两回。半夜下山到资丘。电影到村后，一队一队送，从泉水湾开始。到 90 年代，看电影是连儿都背去了看。一般在学校放，学校有长条板凳，没有板凳了自己搬石头去看。

现在 23 岁的万里城姑娘田凤琴（武汉农业大学毕业后去广东打工）记忆

中的父辈生活就是“我记得没有电视前，我们那里基本上是与世隔绝的，每天就是早上起床种地，晚上一般睡觉都没有超过9点。那时每年基本上说能有一两次放映电影的过来我们村，就感觉像过年一样，全村老老少少都很早就出门赶到学校里去看，就好像过年一样热闹兴奋呢。平时甚至觉得有没有电都没有多大关系，反正晚上部分时间都是在睡觉。”

农村看电影是一件期待性的事情，又因为每年放映的具体时间没有谱，期望值会变得更高。万里城的几乎任何一个节日都不会是绝对的休闲，除了看电影，可以在忙碌中名正言顺地抽出几个小时时间来在光影中获得百分百的休闲。它的集体活动性质也从另一方面保证了全家出动的理由的正当性和必要性。在这时候还守在家里干活，无疑会让村里人抱以猜度和瞧不起，被视为不合时宜的过度的勤劳表现，是不会合理安排农事的结果，要不然就是不合群。一定的透明度在集体性社会里是必需的。让别人知道自己家里的方方面面，才有可能对等地获知别人家的方方面面。电影放映前和散场后的闲聊是难得的机会。大家毫不掩饰对电影以及闲聊的期待。人声鼎沸的盛况即使是在过年也不会出现。过年是家庭内部的事情，在农村遵守习俗更是保证大家在过年时不相往来，而看电影没有节日的习俗规定，因此可以按照随意的方式将它过成最放松的节日状态。它出现的节奏也与万里城的农耕生活完全合拍。放电影通常在夏天农忙差不多结束时（当然也看镇文化站的日程安排），一年最繁重的劳动即将结束的心态最为开放和骚动，电影进驻得恰到好处。

电影从心理上让万里城人有与外界重新续上联系的兴奋。这在几乎完全封闭的深山小村里有着重要的意义。看到山外面的人（放映员）、山外面人看过的电影、通过电影还可以知道外面的人在过什么样的日子，有什么。一场电影能让山里人一下子看到电影之外更多的内容。虽然轮到万里城看电影时电影在山外面已经不再热门，但万里城人对这种迟滞毫不在乎，与隔绝状态相比，这点迟滞算不得问题，也不妨碍万里城人对山外面的偶尔向往和对现状的顺从。这种偶尔源自于万里城人对现实的现实认识：“跟城市的没法比”。

看电影甚至可以化解矛盾。万里城小学有对老师夫妻打死架。一回放严凤英的《天仙配》（20世纪50年代的黄梅戏电影），俩人哭得稀里哗啦，后来再也没有打架了。一场电影让这对夫妻和好。这件十几年前的事情依然是现在村民回忆电影史上的一个重要片段。

电影的节日性持续了数十年，成为乡间生活日复一日、年复一年的单调程序中最为喧嚣的亮点。但是最近几年也有放映电影的来过万里城村，但过去看的人寥寥无几，现在都没有了。电视为集体性的电影形式敲响了丧钟。但是个人性质的电影放映也还有："小儿三爹过生（日），还请人来放了。"这时的电影成为真正节日性的工具，是为生日或者其他重要时刻而放，但却丧失了过去普通日子里电影的节日性特征。不是因为电影而有一个特别的日子，而是特别日子里的一场可有可无的电影庆贺布景。

有了前面种种水、电、交通的铺陈，万里城的电视比城市晚了差不多20年（资丘镇最早一批黑白电视出现在1980年左右）。

电视的位置一般都是放在厢房（即冬天要生火的地方），而不是堂屋（即入门最大的那间待客的房子）。在冬天，电视尤其是最主要的生活用品。夏天来了客人，是不会一起看电视的，需要在堂屋里很长时间来聊天、喝茶。电视是一家人晚上活动的焦点，堂屋的灯会关掉，大家聚在小厢房里。厢房要比堂屋小得多。由于电视的位置，以前在堂屋桌子上吃饭的习惯会转移到狭小的厢房，尤其是在冬天。电视顺应了从篝火到煤炉子的工具过渡。篝火曾是土家人冬天在厢房传统的取暖方式，白天烧水，晚上一家人围着篝火聊天，篝火是中心。木材从自己山林来，源源不断。由于没有排烟系统，生火的浓烟常常呛得眼睛流泪。有了公路，对舞溪的煤炭送过来，篝火逐渐被烧煤的炉子替代。屋里不再有浓烟和熏黑的墙壁天花板。所以即使是在夏天，不生火的煤炉子也一直放在厢房里，与电视一起。

全村最早的电视出现在1998年，14寸黑白电视。之后红梅、熊猫、金立普牌成为万里城人首选品牌（现在康佳居多）。因为是自己在树上扯天线，信号极差，屏幕上全是黑疙瘩看《爱在雨季》、《还珠格格》，"半夜扯天线都感冒了"。现在装的"锅"（买"锅"100多元，再没有其他费用），信号非常好。

参照麦克卢汉对冷热媒介的理解，电视是冷媒介，因为它传递的信息含量少而模糊，在理解时必须动用多种感官的配合和丰富的想象力，参与程度高。无论电视是冷媒介还是热媒介，至少在万里城村，电视是一件全神贯注参与的媒介。并不是因为电视传递的信息含量少，恰恰相反，信息量过大。对信息的理解需要大量现实生活经历的介入，这对于大部分万里城人来说是一件困难的事情。既然没有掌握足够的能辅佐理解电视信息的外在信息，那就必须在极其有限的人生阅历中调动任何细微的部分去尝试理解。这是媒介断代必然的后果之一。

电视里在讲小发明，但是村里 84 岁的老人以为是在讲犯法。——对于村里人犯法是一件大事，在城市里稀松平常的违法的事情在报纸上层出不穷，但是在乡村生活里犯法的事情极少发生，这反而让他们对犯法的事情格外关注和感兴趣。小发明与犯法两件风马牛不相及的信息在老人那里顺理成章地勾连在一起。这可能是比较极端的情况。但是对于大部分人生都是在万里城村度过的村民来说，看电视必然会遇到难以消化的信息（即使是对于城里人来说也常常如此）。要解决这种困境，就必须选择看得懂的节目。

娱乐节目首当其冲。但真正的娱乐节目他们很少看，除了春节晚会。其他各省台的娱乐节目带有极强的都市特征，过于绚丽、招摇、小资、做作。都市言情剧也是一样，其中包含的语言和时尚元素与万里城的生活反差太大，既超出了他们对娱乐能够接受的极限，也超出了他们对信息解读的速度和范畴。

因此具体而言娱乐在万里城，是各种能碰到的电视剧，尤其是带有更多以男性为主角的电视剧。村民知道打仗的电视剧，诸如《亮剑》、《雪豹》，还有《水浒传》。2011 年的夏天正是《水浒传》热播的时候。这是万里城村有大众媒介以来终于与城市保持一致收视进度的时刻。但是这却在无意当中给村民们造成理解上的困惑，导致他们对老版水浒（1998 年版本）评价更高。因为他们不可能掐准时间收看新版，而半中间插入以及情节的改编导致他们无法连贯理解，甚至连人物都难以对应得上。这一点在城市里不成问题，每一次新的改编剧出来之前都有声势浩大的预热期，足以让城里人在还没有看电视前就已经知道哪些演员对应哪些角色，片花或预告片也有助于构成对新版的心理期待。但是万里城村民面对突如其来的新版水浒，还没有来得及形成心理期待。如前所说，媒介是依照城市大众感知模式和认知模式来设置内容和进度的，不是依照农村自然也包括万里城这个深山小村人的感知模式和认知模式。所以他们会在新版水浒的观看中补上老版水浒（恰好新疆兵团卫视重播老版水浒），以熟悉的人物和情节来帮助理解陌生的人物和情节。

虽然也有遥控器，一般坐定后很少调台。即使是广告时间，一家人也端坐在那里继续看。看电视在某种程度上是一件费脑子的事情，但这不妨碍一家人在晚饭后共享的休闲时光。男人会坐在最佳的观看位置，即电视机的正面。女人会坐在电视机的侧面。《水浒传》明显是男人们喜欢看的节目。虽然没有访谈，但是某一户在共同观看水浒的同时，女主人在第一时间逮住家里的小猫，放倒在自己的膝盖上给它捉虱子，观看显然是一种三心二意的行为。因为灯光不是那么明亮或者不是足够用心捉虱子，猫的挣扎和尖叫与电视里的人物对话和其他音响交织在一起，但男人们的观看行为并没有因此变得三心二意，因此也并不介意。

这种观看中的三心二意和不介意还有另一层心理因素，那就是是否要将看电视视为一种完全的消遣活动。前面讲过电对劳动力的解放，但无论哪种媒介，至少对万里城的劳动力的解放都是相对的，也是有限的。在万里城，这些可以带电的机械化农具主要集中在收割之后的阶段，也就是局限在道场和屋里。田里的一切劳作包括收割以及将田里收获的一切作物弄到道场，都需要百分百的人力，几千斤甚至更多的玉米棒子在田里一根根掰下来堆在一起，需要用背篓一点一点背回道场晒干。锄、耙、铲这些在平原地带几乎被遗弃的农具依然是万里城田间主要的劳动工具。连接田间到道场的交通依然是羊肠小道。在这种情况下既因为有了剩余时间可以看电视，又因为纯粹看电视而有浪费时间之嫌，尤其是女性。因此在与家庭其他成员共同看电视的间隙边做些家务活的通常都是女性。调查中问卷都由男性完成，而所有的男性村民都选择“看电视时不做其他事”。这与调研观察保持一致。男性成员坐在最好的观看位置，以保证最佳的参与，并且进行完全的投入，在观看过程中，家庭核心人物还承担剧情预告的角色：“林冲在这一集要气死了。”男性成员即使是一个人也可能会把电视打开。“一般是回来就开着电视。边抽烟边看。中午得空也会看。下雨可以看整天。”不过就算是男性成员，也没有办法保证将整个连续剧看完，电视的消遣终归还是要屈从于劳动进度。女性成员就更不会一个人看电视，那被看成不仅是浪费时间，更是浪费电。这种电视消遣点的差异与电视由家庭中的男主人选择和购买甚至完全做主的权力保持了高度一致。

关于电视对消遣需求的满足，万里城人既不全盘否定也不大肆张扬，保持一种不卑不亢的态度。如果说之前看电影是一种节日性的消遣，那么电视以高频率和可选择性将节日性消遣日常化，直至“那时能看到就有意义。现在不新鲜了，看都不看了。”这与城市对娱乐性电视内容持续高涨的热情形成鲜明的对照。如果说从接收频率和时长来看，视觉疲劳应该首先在出现城市才对，但是反而是更晚参与到观看电视娱乐节目的万里城村人更早丧失了追逐娱乐的热情。这与他们对娱乐的界定不无关系。他们将电视剧看做娱乐的主要表现（其他迎合城市时尚的娱乐节目在一开始就被淘汰了），所以对电视剧的态度就是他们对整个电视消遣的态度。

更重要的是，他们对日常消遣始终报以谨慎的态度。这种谨慎源自世世代代面朝黄土背朝天的宿命感，所以他们会在交流尤其是与外界人的交流中流露出不经意的自我审视和批判。在说到使用手机替代跑路联系时，解释为“人变懒了”。下雨前不施肥，免得冲走，是“有个小资产阶级思想”。办丧事不再请道士，“是唯心思想”。电视进入万里城之初必然是新鲜的，在城市里也一样，每一个节目也是如此。但是电视媒介在城市里会随着城市人的感知模式和口味迅速变换娱乐内容以跟上视觉疲劳的节奏，相对应的，城市人感到视觉疲劳时他们会选择换一种方式继续消遣，而不是进行自我反省。万里城人会在电视的态度上延续他们的自我反省，保持高度的警惕，不是警惕电视的麻痹效果，而是警惕自己。农村的劳动是自由的，没有城市明确的上班与下班的界限，也因此需要高度的自制。这使得他们不会拿着遥控器从第一台翻到最后一台，也不会沉溺于其中无休止地观看。因此电视收看的消遣性质是劳动的一种调剂，看似松散，却在无形中将过去以家庭为单位的集体性重新张扬开来。吃完晚饭后家庭成员会很默契地从堂屋转移到厢房，由男主人选定节目后，通常是某个电视连续剧诸如《水浒传》，看完之后就是相当自觉的睡觉时间，所有人都会散回各屋，很少有家庭成员会单独留下来继续收看。这看起来很像一种公式，有固定的领袖人物和他固定的座次、固定的节目和由他掌握的就寝时间。

“现在电视剧不爱看了，就看新闻联播。”新闻联播是他们继 1975 年拉广播之后时隔近 30 年再次与大众媒介政治信息直接接触。公路交通使得万里城不再是一个与世隔绝的山村，随着在大山内外人员的流动（走出万里城的单向居多）带来外界的气息，促使了解外界的动力萌生。新闻联播的高认知度使它成为万里城人的首选，无论是认同还是否定的村民，都必然要看新闻联播，至少在获知信息方面，新闻联播成为他们的首选。尽管实际上新闻联播的实用价值更多体现在它积攒了对时局的谈资上。这种谈资主要集中在对新闻联播的整体印象与个人现实体会上，总是从极其宏观的方面开始：“胡锦涛发言还是好的，一到下面就搞不好了。”“党的政策还是好的。国家一穷二白没办法。最好的还是改革开放。胡锦涛温家宝上台后有了大的改革。”万里城的作息时间没有办法保证新闻联播的不间断收看，晚上 7 点到 7 点半在夏季正是即将天黑之时，是赶着在收工前抓紧再干会的时候，回来做饭吃饭，错过新闻联播是常态。所以他们在谈资中极少涉及具体的某条新闻，这保证聊天中相互之间还有足够的余地。

如果仅仅是娱乐和谈资，电视在万里城存在的意义就大打折扣了。包罗万象的电视肯定有在日常消遣之外更符合生产性的功能。——万里城人找到了天气预报和致富信息。

调研中所有调研对象都肯定电视在天气预报上的卓越贡献："天气预报是主要的（节目）。"万里城只能收看卫星电视，所有的有线电视都看不到，包括近在咫尺的长阳电视台。因此也看不到离他们最近的天气预报。他们在湖北电视台看恩施和宜昌，在中央电视台看长沙和武汉，以此参考天气变化，并深信不疑。

农业信息主要来自央视的农业军事频道。花生收购价、研制武当山道人练功鞋、新型太阳能可转换成电能、浙江加工海莱苔出口日本……收看时的讨论通常会与万里城的潜在条件联系在一起，比如武当山道人练功鞋，他们会自然联想到万里城人过去总穿的草鞋，在惊呼一双练功鞋能卖到好几百元的同时，也会感叹如果万里城的草鞋卖出去，肯定也是好价钱。而如果实在找不到相交的话题，比如出口海莱苔，他们会保持沉默。

他们给予农业信息高度的评价，"养猪还是管用。知道第四个五年计划、猪肉还要涨价，9 到 12 元。"甚至表示跃跃欲试。一村民表示打算按农业频道说的养蜈蚣，"看了几年一直没有搞。武汉有公司，签合同。准备看看。"但是有趣的是，他们并不因为看了养猪节目而改变多少年的养猪模式，包括饲料都不会改变，猪肉价格的上涨与低迷，不会改变他们来年养猪多少。对待农作物的相关信息也是如此。"种大蒜，去年看电视说 8 元一斤，现在 1 元 1 斤。涨跌都种，不换作物。市场物价估计不准。""种高粱，哪种好，哪种不好，不晓得。先搞一遍，不行明年再来。"

与其说这是一种以不变应万变的豁达，还不如说是对媒介价值判断的偏差。电视在城市是重要的娱乐媒介，下班后的时间本来就是生产性之外的时间，因此看电视是用来放松的，以放松的态度去看，不需要专注于它。这与城市人并不对电视有所高看相一致。电视可有可无，所以城市人更容易成为沙发土豆。但是万里城的农村生活本身没有时段，劳作时间与休息时间的界限是模糊的，电视进入生活，是进入劳作时间还是休息时间的界限也是模糊的。对电视持有谨慎态度的村民会更倾向于在电视中发掘出生产性的价值。这种生产性价值体现在女主人边看电视边给猫捉虱子，也体现在类似于培训的节目选择上，以产生磨刀不误砍柴工的心理价值或者心理安慰。天气预报和农业信息从众多电视节目中脱颖而出。农业信息是万里城人最容易理解的部分，同时在心理上容易有一种亲切感和归属感，但是要将农业信息作为行动的指南又是另外一回事。万里城人对于变动谨小慎微，他们对农业信息在情感上保持认同，在实际上保持敬而远之，这一点也无损于电视的价值。收看的过程既在表层是一种休闲状态，又在潜意识里符合生产性要求的自我克制。

如果把它看做一种媒介使用功能上的偏向，那么这种偏向是以形式的非娱乐掩盖实际的娱乐化，同时以形式的娱乐强化实际的性别与地位的界定，是一种自我认同式的功能需求。类似对待电影这样的需要并心甘情愿赋予极大期待和热情的时代随着电、水、公路以及随之而来的眼界的到来一去不复返。

从电影到电视，是从以村庄为单位的集体性活动转移到以家庭为单位的集体性活动，前者的集体性仅仅附着在娱乐性上，但是万里城人从这种纯粹的娱乐性中找到身处集体的必要性与相互沟通的必要性，与集体保持紧密的关系是在大山里生存的重要法则，由此找到一种不会因为追逐消遣而产生内疚和自省的合法性——纵然也是单纯的消遣，一年一到两次的频率也是可以宽容的；而后者，电视的出现本身就是以村庄为单位的集体性开始瓦解的时候，生存的意识很容易让一个村庄凝聚在一起，彼此保持一致的步调，但是过得更好的竞争意识开始在万里城油然而生的时候，以村庄为中心就逐渐转移到以家庭为中心，所谓的集体性也就缩小到家庭的单位。电影的衰落伴随着村庄集体性的衰落，当娱乐性失去了万里城人在更深意识上的心理依托的时候，对它的兴趣必然要发生转移。电视顺应了集体性转移的方向，电视是适合一家人观看的媒介，“一种家用媒体”①。但与电影一样，纯粹的娱乐性不能支撑很久，万里城人一定要在其中找到具有生产价值的要素。电视这种媒介前所未有地为万里城人套上了一个精神的枷锁，虽然一方面，他们会认为

---

① 尼古拉斯·阿伯克龙比著，张水喜、鲍贵、陈光明译：《电视与社会》，南京大学出版社，2007年，第144页。

“在城市如果不是公务员，还不如农村人。一分钱没有，在农村可以生活。在城市连水都没得喝。房子5万，没有欠债。在城市一天10元都不够。农村生活不要钱，除了电费，水是泉水。坡里有菜，粮食自足。鸡、羊、猪自养自己杀。没有稳定收入，农村比城市好。一年种田，够吃三年。在大城市菜市场还有人捡剩菜叶子回家吃。”但另一方面，这时候的万里城，过去差不多的生活水平渐渐显露出差距，“从前吃糠，一个星期1升高粱面，两斤半，一天3两”很苦，“现在猪吃的都比人吃的好”，可是“生活更好些，但苦恼更大。全是消费品（主要指类似于电视、电饭锅这样的电器）。不苦生活不会好。思想压力更大。（担心）落后于别人，竞争一样。点煤油灯时都差不多。”农村一旦与现代媒介挂钩，它就不再是自给自足就可以的社会。就像电在万里城的出现，它既为消闲提供基础，也人为地延长劳动时间，缩短休息时间。与农业生产距离最近的天气预报和农业信息无论真正的实用指导价值在哪里，有多大，至少满足了其可能具有生产价值的要素，诸如“对于农业频道讲的机械化种高粱很感兴趣”，更多的满足的是一种虚拟的生产价值，因为万里城几乎没有实现机械化种田的地势、地形，“吃粮食还是靠平原。自己种的一般都是猪吃了”，“种田挣不到钱”。

四、补偿性媒介偏向：聊天——跨越座机到手机

保罗·莱文森提出补偿性媒介（remedial medium）理论：任何一种后继的媒介，都是一种补救措施，都是对过去的某一种媒介或某一种先天不足的功能的补救和补偿。补偿性媒介理论用来说明人在媒介演化中进行的理性选择。他说电话的补救性演化进程，的确是一本媒介补偿性运作机制的名副其实的教科书：受话器与听筒的合一、一机带多机、电话录音、无绳电话、待机、转机、来电显示，后一个功能总是对前一个功能的补救或补足。而手机是关于媒介补偿性的一本更加令人眼花缭乱的教科书：振动不响铃既保护自己的隐私，又不使旁人讨厌；单向收费保护消费者权益，促进消费，同时又反过来促进生产；和弦铃声更加人性化、个性化，既悦耳动听，又避免在公共场合多人竞相查看是否是自己手机响的尴尬；彩屏使手机更加逼真、接近自然；上网使手机胜过电脑；动画使手机的魅力追赶电影电视；发短信不用“说话”，既保护自己的隐私，又不“骚扰”别人，还可以省钱，收发电子邮

件的功能使人摆脱个人电脑的束缚；实时通讯能使人刹那间“过电”；摄像功能使你能够抓拍并即时把最美好的形象发送给亲人。[①]

而在万里城不是。万里城是跨越式发展，从口头传播越过座机直接到手机。

调查问卷中只有一户家里有座机（在有手机前最早安装电话用以与外界做生猪生意）。手机的普及在万里城从 2008 年、2009 年开始。从调查问卷的发放回收情况来看，万里城几乎家家都有手机（但据访谈个别人家也没有）。一般是男主人持有手机，也有家庭是爷爷、本人（男主人）、老婆都有手机。这种一个家庭有多部手机的情况比较少。

手机号在万里城分两种，一种是小号，6 个数字的号码，每月 3 元钱的包月，用以村内相互通话。另一种是大号，即 11 个数字的号码，打多少算多少。这说明手机在万里城的两大通讯对象，一是村民之间，一是亲戚子女之间，万里城几乎家家都有人在外务工，其中又以子女居多，尤其是读书出去的子女。

“没有手机之前，通信基本靠吼，一般对门都是靠嗓子，远一点的就是托人带口信，或者自己亲自去传达。与外面交流无非就是靠信件，发电报等等，往往要花费一天的时间去镇上弄。那时候获得的新闻基本上都是道听途说的，而且时效性很差，就连邻村的一个消息，也是要好久才能传开，而现在足不出户就可以，有时甚至是农忙时节，请人帮忙就是一个电话，尤其是对于这些出门在外打工的人来说，家里的电话可以说是唯一掌握家里信息的来源，现在基本上每家都有一部手机。”

手机在万里城充当了座机的角色。在城市里，手机以它的移动性弥补了座机的不足，但是在万里城，大部分村民的生活按部就班，移动性极小，所以手机在城市里的优势功能反而在万里城给消弭了，这几乎从根本上抹杀了手机的价值和意义。除了移动性，手机在城市作为座机的补偿性媒介呈现出来的所有补偿性功能，包括振动、彩屏、短信、手机报、上网、摄像等，在这里一并给抹杀了。所以如果说手机是一种补偿性媒介，那它顶多是补偿了隔山吆喝和托人口信。手机，就是接听对方的声音，并且以传递信息为核心。尤其是在村民之间，红白喜事可以用手机告知。平均每个月 50 元左右的手机

① 保罗·莱文森著、何道宽译：《手机》，中国人民大学出版社，2004 年。

费用在万里城是普遍的开销。这个开销里几乎不包含聊天。

万里城人没有串门的习惯，这既与彼此相距甚远不无关系，同时串门在天不亮就起来到坡里干活的万里城人看来如同不务正业，所以即使是连在一个屋檐下的两户人家（两家共用一个屋檐的情况在万里城很少见，除非是两户分了过去的地主家），串门也是对别人的打扰。所以过去在万里城，如果有人登门，那一定是要通知某件事情，并且是近期的，比如结婚和丧事，或者小儿满月打喜、老人大寿。如果是个人的事情，无外乎这四件。这种登门通常会伴随着聊天，如果天色还早的话去看下一户。

另外一种就是路过的偶遇式聊天。万里城人对聊天的热衷由来已久，可以看做自由选择的印刷媒介的缺失带来的一种补偿。万里城大部分人家的道场都与羊肠小道相连，是乡间公共交通的一部分，任何人都可以随便经过。即使不认得，进来讨一杯水喝都非常正常。如果是认得的人，从门前经过更是不能悄无声息走过，于是聊天开始。无论坐多久，一定要泡茶，随着聊天的时长，不断地续杯。聊天在堂屋进行，而不是在电视厢房。来的村民通常都是坐在堂屋大门口，主人一家坐在堂屋里侧。聊天通常是主人家全家上阵，儿女旁听，男女主人主聊。聊天几乎包罗万象，信息量极大，比较集中的主题是双方家近况、各自儿女近况、生猪价格、打药水、粮食价格、村里其他人及其儿女的去向动静以及打听帮忙带麦麸。借用别人家道场暂时堆自己掰的玉米棒子的村民可以在如此忙碌的间隙在主人家聊上差不多两个小时。如果赶上饭点，吃完饭还要接着聊。

这样的聊天方式在万里城的过去是主要的方式，但现在越来越少。主要是因为万里城的人口越来越少。万里城 9 个生产队，以前八九百人，现在 400 来人。不是老死就是迁走。以前一个队七八十人甚至百把人，现在二三十人。比如 4 队以前 130 人，现在减到百把人，剩下的也都是四五十岁，这么多年只新添两个娃。5 队四五年里只添了一个娃娃（东升家）。6 队 50%～60%没有成家，10 年只添了一个娃娃。2 队没成家的有约十个。以前一家人十口人，现在只剩一个人的也大有。四队的一村民有 5 兄弟、6 姊妹，现在只剩他一个了。因为水改旱，很多万里城人不再种米。有些万里城人到凉水寺（邻村，有代销点）买米，都是打电话要求送米，肥料也是一样。人越来越少，越来越少的人也因为手机而可以待在自己的田地不走出去，当道场上时不时有村民经过的场景不再，他们也深深意识到“万里城以后就是老山林了。再过二十年，就没了。死一个少一个。人越来越少是自然规律。发展是搞不好了"，对于任何经过的村民，彼此之间都有聊天的欲望和需要。电视将人圈在家庭的厢房，手机被定在一个通知性的功能上，而相应的，村落的集体性逐渐瓦解为家庭集体性，各家的变动不再有一个集体的场所展示和交流，在各奔前程的这个时候更需要有一个自然的途径来相互沟通和交流信息，有一个参照。这样的场景是手机无法实现的，只有面对面的聊天，并且是不经意的方式，才可以实现。在欷歔、感叹、发愁、愤世、满足中间，无论是来者还是主人，都会在万里城这个逐渐隐去的集体影子中间再次确认自己家庭的位置，找到差距。无论这种差距是来自农事、儿女的前途、村委会选举的波动。对集体生活的倚重方式从过去的依赖于集体生存变成将其他人看做一个参照物，这是大势所趋，也让万里城人在洗衣机、冰箱、电视等现代化物质面前感到更沉重的包袱，感到更心虚，偶遇式的聊天是将心虚落实或者暂时一扫而空的最好的方式，既可以获得有切身体会的心理满足，又可以在其中迸发无穷的动力，还原了万里城生活最初的集体性特征，虽然是竞争性的。在它面前，电视和手机都不堪一击。所以手机在万里城找到了自己最佳的角色，或者万里城人像赋予电视一样赋予了手机最佳的定位。

本来手机是非集体性的媒介，它具有典型的私密性和一对一性，但是在万里城手机是座机的角色，所以男主人在家时手机放在桌上，或者窗棂上，供家人随时接听。这样手机就变成了以家庭为单位的集体性的媒介。手机构成的是户与户之间的关系，它顺应或者强化了家庭集体性。打给某一村民，其实很大程度上并没有明确的对象指向，其妻子或者儿女或者父母都是信息预定的接收者，比如婚丧嫁娶的通知。在外务工的子女打回来，爹或妈接也没有本质的区别。

麦克卢汉认为人对技术即自己的延伸浑然不知，麻木不仁；莱文森认为，人可以对技术进行理性选择，能够主动去选择和改进媒介——无论是技术悲观主义还是技术乐观主义，都是针对城市文明人而言，万里城人没有办法去对技术进行选择，他们也没有办法去改进媒介，他们只是以一种偏执的方式来诠释和界定媒介在自己生活中的角色和位置，这种偏执源自一种极其朴素的劳动价值观，这使得他们对待媒介是以一种比城市人更为功利的态度。

五、万里城的时间——模糊的自然时间到精确的媒介时间

说到时间，这是另一个很有趣的问题。万里城祖辈没有时间的概念，这种时间的概念指的是我们以钟表为标准的概念。回忆过去，不知道到底几点睡觉。在万里城极少能看见墙上有挂钟或者桌上有闹钟，但是这并不妨碍他们对每日生活的安排，甚至那种井井有条一点不亚于城市里在钟表指引下的生活秩序。他们将时间内化到一种自然的状态，天亮到某种程度自然会醒，在田里干多久就是中午，天黑成几分该是收工时。所以他们的时间是模糊的，以段来计算，不以点来计算。

电视和手机带来了精准的时间。电视节目总是与相对固定的时间保持一致，新闻联播雷打不动是在 7 点，天气预报是在 7 点半。万里城人对固定的节目的固定收视习惯的形成促使他们对时间有了精准的认识。晚上看完电视剧，电视屏幕边角的时间提示会让他们对自己的睡觉时间有了概念。手机的时间更是随时恭候。但是这个媒介时间的存在依赖于媒介的使用。当关上电视或者手机，媒介时间也就不复存在。哪种时间占据核心取决于万里城人在多大程度上依赖于精准的时间。因此万里城人的时间逐渐分化成两种并存。白天的劳作时间遵循的是传统的模糊的自然时间，劳动时间的结束就意味着自然时间的结束，媒介时间开始被遵循。而决定媒介时间长短的是媒介内容本身的长短。换言之，万里城人作息时间尤其是睡觉时间并不依赖自然时间，也不依赖电视屏幕右上方的时间，而是依赖媒介内容，是媒介内容圈定了他们的睡觉时间。如果两集联播的电视剧到 9 点半结束，那么 9 点半就是睡觉时间，如果到 10 点结束，那么 10 点就是睡觉时间。

手机的时间更是如此。尽管不少万里城人到田里干活都会带上手机，手机的时间并没有任何指导意义。它的第一个意义在于与电视衔接，提供观看电视的初始时间。第二个意义在于走出万里城、需要与外面世界里的车船发生关系时。

与时间相比，万里城人对日历尤其是农历烂熟于心，他们回忆某年的几月发生的事情仿佛历历在目。但同时对于年份的回忆总是要依托于某些标志性事件。如果是几十年前或者十几年前的事情，就需要树立一个在座的人公认的大标杆，比如“某某都 24 岁了”、“我是 1985 年结婚的”，以此来推测或

者佐证自己对某一件事情发生的年份或者某一个人的年龄的判断。如果是某年几月发生的事情，也会从该月前前后后找到一件与在座人切身相关的事情。媒介事件在这个年月的环节几乎毫无作为。

反思：日常生活与媒介：边缘化与反边缘化

2011年中国社科院在《社会蓝皮书：2012年中国社会形势分析与预测》中指出，在2011年，中国城镇人口占总人口的比重超过50%。这意味着中国从一个具有几千年农业文明历史的农民大国进入到以城市社会为主的新成长阶段。在众多研究的目光聚焦于如何平稳进入城市社会的同时，我们是否也应该将一部分研究落脚于那些如万里城村一样的在历史进程当中与国家政策之下沉浮的农村。

万里城的村民和他们日复一日、年复一年的生活在中国农民式的生存中普通、不起眼，但是正如格奥尔格·齐美尔所说："即使是最为普通、不起眼的生活形态，也是对更为普遍的社会和文化秩序的表达。"[①] 时间和空间的变迁为他们遴选了一些能在这个山沟沟里的土家村庄里经过的媒介，显然这个过程里没有他们的主动抉择，但是他们却试图用它来维系和挽留村庄的结构、秩序与心理。

城镇化在中国显然是大势所趋，像万里城这样在土质、面积、交通诸方面都没有战略优势的村庄注定要被边缘化，现在推行的退耕还林政策在很大程度上强化了这种边缘化。家庭中现代性物质日渐增加，外面的生活通过电视和手机变得似乎触手可摸，但无论谈资如何与现代性接轨，在万里城的大部分村民看来，内心的平衡正在逐渐失去，取而代之的是在物质丰富与地域边缘的夹缝中不由而生的焦虑，这种焦虑更具有现代特征，于是他们试图以各种方式在介入的媒介化生活中保留集体性。迪尔凯姆提出文化整体论，认为集体意识是一个社会整体论的重要概念，一个社会因其成员共享集体意识而整合为一体。对于万里城人来说，各种媒介，尤其是大众传播媒介，在无意间缩短和填补了他们与外面的现代社会之间的鸿沟，于是他们向抛离他们的现代社会靠拢，但是越靠拢，实际也就越远离他们自古以来就赖以生存的

---

① 戴维·英格里斯著，张秋月、周雷亚译：《文化与日常生活》，中央编译出版社，2010年，第4页。

集体心理和集体结构。从以村庄为单位的集体退缩到以家庭为单位的集体，而现在年青一代几乎从这个村庄销声匿迹，家庭集体性也岌岌可危，由此带来的心理落差与矛盾显而易见，于是他们习惯于在任何一种媒介中发现能维系任何一种集体性的因素，自觉地将它稳定下来，成为在媒介介入的日常生活中的一条暗线。媒介的人性化演变理论在万里城这样的村庄几乎被彻底颠覆，也使得他们不得不在媒介面前保持一种内敛的态度，并以自己的方式为之投入创造性解读，以获得积极的、富有建设性的心理安慰，从而与边缘化的趋势默默抗争。这个过程看起来波澜不惊，却有着明知不可为而为之的悲壮。

西北少数民族地区网络媒体受众调查报告

赵五星

网络传媒在我国少数民族地区和谐社会构建中发挥着重要的作用。为了全面描述西北少数民族地区网络传媒发展水平和网络媒体受众的基本状况，了解受众对网络媒体的主要意见与态度，“985”课题组成员于2011年7～9月分别赴宁夏、甘肃、青海和新疆进行了大规模的受众抽样调查。此次调查共发放问卷600份，回收有效问卷444份，占总数的74%。

一、调查背景和目的

自20世纪90年代中期以来，网络传播在我国迅速崛起。2011年7月19日，中国互联网络信息中心（CNNIC）发布第28次“中国互联网络发展状况统计报告”。报告显示，截至2011年6月，中国网民规模达到4.85亿，较2010年年底增加2770万人；互联网普及率攀升至36.2%，较2010年提高1.9个百分点。我国手机网民规模为3.18亿，较2010年年底增加了1494万人。手机网民在总体网民中的比例达65.5%，成为中国网民的重要组成部分。[①] 互联网和数字技术的快速发展正在颠覆传统媒体，使得人们获取信息、浏览信息以及反馈信息的方式都在发生相当大的变化。

就目前我国网络传播的总体状况而言，无论其发展速度、发展规模或是传播质量、传播能力、传播方式以及传播效应等都呈现出良好的态势。网络传播媒介传递着极为丰富的信息，满足着人们日益增长的受传需求，同时也以其强大的渗透力覆盖着社会的各个角落，极大程度地影响着人们的物质生

① 来源自中国互联网信息中心，http：//www.cnnic.cn。

活和精神生活。从某种角度来看，网络传播所提供的各种信息，已成为当今人们思维与行为的一种判断依据和参照标准，并且建构着社会环境基础与社会心理定势，这无疑使得网络传播具有一定的权威性和不可替代性，同时也为其自身的生存与发展赢得了坚实的客观基础。

然而，当我们评价和研究我国网络传播发展现状的时候，也应当正视一个客观存在的问题，即我国当代网络传播发展的不平衡性。这种不平衡性明显地表现在地域与地域之间，如东南部发达地区与西部欠发达地区之间，以及汉族地区与少数民族地区之间。显然，这种网络传播发展的不平衡势必会造成信息资源分布的不合理、对于社会生活作用力的不均衡，以及网络传播的投入与效应的不对等这样一系列问题，尤其是在我国广大少数民族地区网络传播的硬件与软件条件相对落后的情况下，这些问题不仅会影响少数民族地区的文化建设，而且会制约少数民族地区社会整体的发展与进步。

随着全球经济一体化以及信息高速公路等高科技手段的勃兴，世界各国之间、各民族之间的相互往来越来越频繁，相互影响也会随之越来越显著，这是人类历史发展的必然趋势。“大众传播如何面对时代的挑战，真正成为社会进步的促动力量，民族文化又如何在国家实现现代化的过程中得以传承与发展，不仅是当今西北地区少数民族大众传播与文化领域必须高度重视的问题，也关系到我国政治稳定、经济繁荣、民族昌盛、边疆巩固的大局。”①

从媒介功能和文化传播方面来看，西北少数民族地区网络传播的研究具有其必要性。作为大众信息传播工具，民族地区的网络媒介既要实现自身的传统社会功能，同时，更为重要的是能够在此基础上充分发挥宣传国家民族政策和调整少数民族地区民族关系以及保持社会稳定等方面的重要作用。由于网络媒介的宽辐射面、强大的影响力，使得其舆论引导和调节民族关系的效果要远远好于政府行政指令的直接介入。从世界文化发展的潮流看，大众传播一直都是促进社会文化发展与繁荣的生力军和主导力量，任何游离在大众媒介体系外的文化传播都不可能获得长远的发展和繁荣。随着生产力技术的不断发展，在当代信息化程度日新月异的大背景下，民族地区的文化建设和推广灿烂的少数民族文化更不能忽视大众媒介的巨大作用和力量。

对西北少数民族地区网络媒体受众的调查是“985”课题“民族地区数字

① 益西拉姆：《中国西北地区少数民族大众传播与民族文化》，兰州大学出版社，2002 年，第 5 页。

媒体研究”的一部分，由于西北少数民族地区网络传播的特殊性，信息源、传媒与受众等构成传播活动的因素往往具有自身的特点，因此我们在对西北少数民族地区网络传播现状进行梳理的基础上，对少数民族网络传媒受众进行了大规模的调查。

西北，习惯上指陕西、甘肃、宁夏、青海和新疆。西北地区地域辽阔，有多个少数民族分布，是一个多民族聚居的地区。西北省区中除陕西的少数民族人口较少外，其他省区都是典型的少数民族地区，也是中国最主要的少数民族地区之一。本次调查的范围是西北少数民族地区，包括宁夏、新疆两个民族自治区和青海省、甘肃省两个少数民族人口较多的省。宁夏回族自治区，是我国五大自治区之一。宁夏处在中国西部的黄河上游地区，东邻陕西省，西部、北部接内蒙古自治区，南部与甘肃省相连，自古以来就是各民族南来北往频繁的地区。根据《宁夏回族自治区 2010 年第六次全国人口普查主要数据公报》，全区常住人口为 6301350 人。汉族人口为 4069412 人，占 64.58%；各少数民族人口为 2231938 人，占 35.42%，其中回族人口为 2190979 人，占 34.77%；宁夏是一个多民族聚居的地方，有回族、维吾尔族、东乡族、哈萨克族、撒拉族和保安族等。新疆维吾尔自治区原有汉族、维吾尔族、哈萨克族、回族、柯尔克孜族、蒙古族、锡伯族、塔吉克族、乌孜别克族、满族、达斡尔族、俄罗斯族、塔塔尔族等 13 个历史悠久的民族。此外还有东乡族、壮族、撒拉族、藏族、彝族、布依族、朝鲜族等几个少数民族。截至 2010 年底，新疆维吾尔自治区常住人口为 21813334 人，乌鲁木齐市常住人口为 3110280 人。全区人口中，汉族人口 8746148 人，占总人口的 40.1%，各少数民族人口 13067186 人，占总人口的 59.9%。青海省为我国青藏高原上的重要省份之一，与甘肃、四川、西藏、新疆接壤，有汉、藏、回、土、撒拉、维吾尔、蒙古、哈萨克等民族。据青海省第六次人口普查工作数据，青海省常住人口为 5626722 人，其中西宁市人口最多，占全省常住人口的 39.25%，果洛藏族自治州人口最少。全省常住人口中，汉族人口为 2983516 人，占 53.02%；各少数民族人口为 2643206 人，占 46.98%。其中藏族 1375062 人，占 24.44%；回族 834298 人，占 14.83%；土族 204413 人，占 3.63%；撒拉族 107089 人，占 1.90%；蒙古族 99815 人，占 1.77%；其他少数民族 22529 人，占 0.40%。甘肃省因甘州（今张掖）与肃州（今酒泉）而得名，全省常住人口为 2557.5254 万人。甘肃有汉族、回族、藏族、东乡族、裕固族、保安族、蒙古族、哈萨克族、土族、撒拉族、满族等民族。其中，东乡族、裕固族、保安族是甘肃特有的少数民族。

随着西部大开发的推进，西北少数民族地区经济社会各项事业已进入一个持续快速稳步发展的时期。为了比较准确、全面地了解西北少数民族地区受众的基本情况，课题组根据社会发展水平，分别在西北少数民族地区的甘肃、青海、新疆、宁夏各选取了一个省会城市、一个地级市、一个民族自治县、一所大学和一个民族村进行抽样调查，不仅要呈现西北少数民族地区网络媒体的受众现状，而且选取民族地区有典型代表意义的个案进行研究，力求能够全面地描述和分析目前西北少数民族地区网络媒体受众的基本状况。

本次对西北少数民族地区网络媒体的受众调查，还针对此地区的特点单列了受众具体地域情况，如城市、牧区、林区等。牧区是西北少数民族的主要聚居区，各族牧民长期逐水草而牧、逐水草而居。畜牧业是中国少数民族地区的主业之一。中国的五大牧区除四川牧区外，其余几乎都在西北的青海、甘肃、新疆、宁夏。改革开放以来，广大牧区普遍推行了草畜双承包责任制，将牲畜作价归户，草场使用权落实到户，加强了草原建设和管护制度。一些牧区还出现了以家庭经营为基础的家庭牧场。由于进行规模化经营和专业化生产，家庭牧场的生产能力和效益都大大提高了。民族地区的城市则集中了大量的经济资源和非农社会经济活动，是民族地区经济发展的“结点”。2000年以来，西北少数民族地区的城市经济加快了发展步伐，民族自治地方的工业企业数目已达上百万，基本形成了大型现代化企业、个体工业、商业、服务业等多种经济形式并存的企业群体。在城市经济的带动下，青海、宁夏、新疆等地的城市化水平已高于全国平均水平，对民族地区经济整体发展起到了很强的推动作用。①

二、受众基本情况

人们的媒介使用行为在很大程度上是由一些相对稳定的社会结构和媒介环境因素决定的。这里的社会结构指的是“社会事实”（social facts），包括教育、收入、性别、居住地、生活圈中的地位等，它们对人们总的态度和行为

① 郑长德：《西北民族聚集区经济发展状况概述》，选自《中国西部经济发展报告 2005》，北京：社会科学文献出版社，2005 年。

具有强有力的决定性影响。[①] 因此，课题组从人口学和社会学两个视角考察被调查人群，总结出西北少数民族地区受众的分布特点。

1. 受众居住地域

在所有被调查的 444 名受众中，甘肃受众 109 人，占总调查人数的 24.5%；宁夏受众 115 人，占总调查人数的 25.9%；青海受众 141 人，占总调查人数的 31.8%；新疆受众 79 人，占总调查人数的 17.8%，见表 1。

表 1 居住地域

		频数	百分比（%）	有效百分比（%）	累积百分比（%）
有效	甘肃	109	24.5	24.5	24.5
	宁夏	115	25.9	25.9	50.5
	青海	141	31.8	31.8	82.2
	新疆	79	17.8	17.8	100.0
总计		444	100.0	100.0	

2. 受众性别比

在所有被调查的 444 名受众中，女性受众 244 人，占总调查人数的 55%；男性受众 200 人，占总调查人数的 45%，见表 2。

表 2 性别

		频数	百分比（%）	有效百分比（%）	累积百分比（%）
有效	女	244	55.0	55.0	55.0
	男	200	45.0	45.0	100.0
总计			444	100.0	100.0

① 丹尼尔著·麦奎尔著，刘燕南、李颖、杨振荣译：《受众分析》，第 85 页，中国人民大学出版社，2006 年。

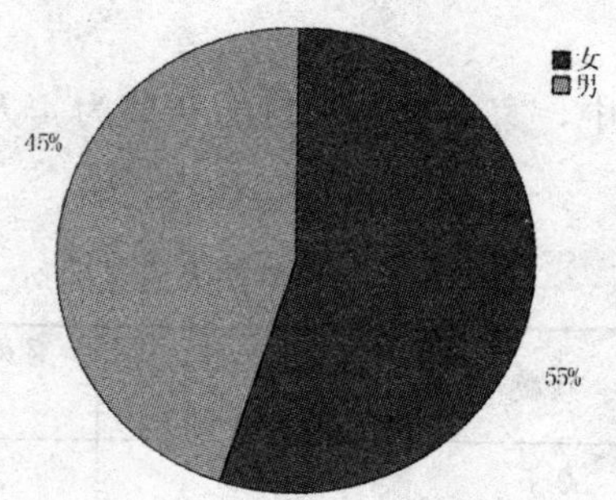

图 1　性别

3. 受众的民族构成

此次调查的 444 位受众中，汉族 238 位，占总样本量的 53.6%；回族 141 位，占 31.8%；藏族 14 位，占 3.2%；哈萨克族 31 位，占 7%；维吾尔族 3 位，占 0.7%；土族 7 位，占 1.6%，其他民族构成见表 3。

表 3　所属民族

		频数	百分比（%）	有效百分比（%）	累积百分比（%）
有效	汉族	238	53.6	53.6	53.6
	回族	141	31.8	31.8	85.4
	藏族	14	3.2	3.2	88.5
	哈萨克族	31	7.0	7.0	95.5
	维吾尔族	3	7	7	96.2
	土族	7	1.6	1.6	97.7
	东乡族	3	7	7	98.4
	蒙古族	2	5	5	98.9
	满族	1	2	2	99.1
	塔塔尔族	1	2	2	99.3
	裕固族	2	5	5	99.8
	撒拉族	1	2	2	100.0
总计		444	100.0	100.0	

4. 家中常住人口

所有被调查的受众中，家中常住人口的众值为4人，均值为3.97人，见表4。

表4　家中常住人口

		频数	百分比（%）	有效百分比（%）	累积百分比（%）
有效	2	0.5	0.5	0.5	
	2	34	7.7	7.7	8.1
	3	153	34.5	34.5	42.6
	4	112	25.2	25.2	67.8
	5	97	21.8	21.8	89.6
	6	30	6.8	6.8	96.4
	7	12	2.7	2.7	99.1
	8	1	0.2	0.2	99.3
	9	1	0.2	0.2	99.5
	10	2	0.5	0.5	100.0
总计		444	100.0	100.0	

5. 家庭年收入情况

在所有被调查的444名受众中，家庭年收入在5000元以下的占16.9%，5000～1万元的占19.1%，1万～3万元的占31.8%，3万元～8万元的占22.7%，8万元～15万元的占6.3%，15万元以上的占2%，见表5。

表 5　家庭年收入

		频数	百分比（%）	有效百分比（%）	累积百分比（%）
有效	5000 以下	75	16.9	17.1	17.1
	5000 到 1 万	85	19.1	19.4	36.4
	1 万到 3 万	141	31.8	32.1	68.6
	3 万到 8 万	101	22.7	23.0	91.6
	8 万到 15 万	28	6.3	6.4	97.9
	15 万元以上	9	2.0	2.1	100.0
总计		439	98.9	100.0	
未选		System	5	1.1	
Total			444	100.0	

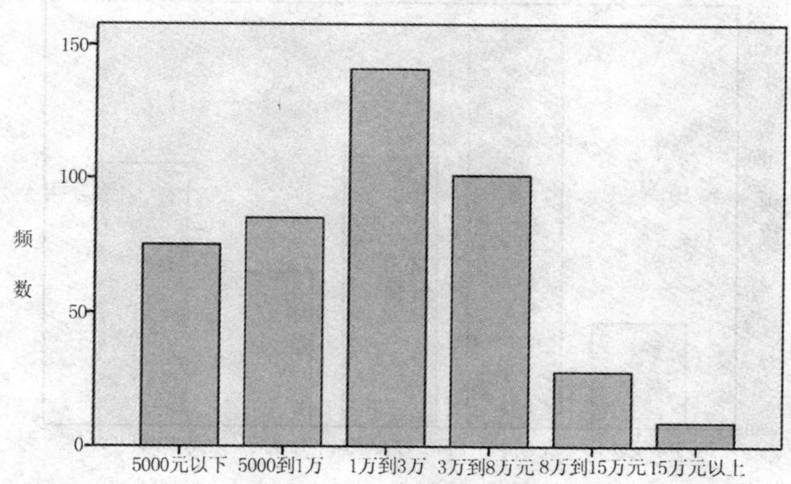

图 2　家庭年收入

6. 受众的文化程度

在所有被调查的 444 名受众中，受众文化程度在小学及以下的占 8.8%，初中的占 33.3%，高中、中专或职中的占 22.5%，大专的占 12.8%，大学本科及以上的占 21.8%，见表 6。

表 6　文化程度

		频数	百分比（%）	有效百分比（%）	累积百分比（%）
有效	小学及以下	39	8.8	8.8	8.8
	初中	148	33.3	33.6	42.4
	高中、中专或职中	100	22.5	22.7	65.1
	大专	57	12.8	12.9	78.0
	大学本科及以上	97	21.8	22.0	100.0
总计		441	99.3	100.0	
未选		System	3	0.7	
总计			444	100.0	

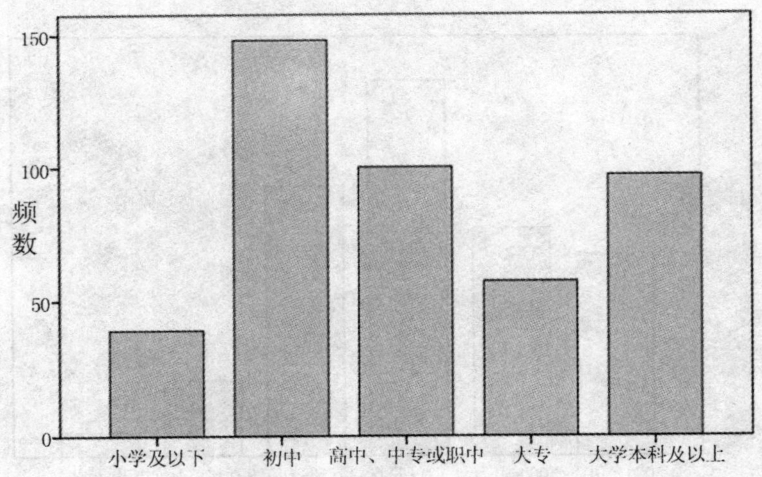

图 3　文化程度

7. 受众的汉语水平

被调查的受众中，汉语水平好的有 33.6%，汉语水平较好的有 25.7%，一般的有 35.4%，而汉语水平较差的有 3.8%，不会汉语的仅有 1.1%，见表 7。

表7 汉语水平

		频数	百分比（%）	有效百分比（%）	累积百分比（%）
有效	好	149	33.6	33.8	33.8
	较好	114	25.7	25.9	59.6
	一般	156	35.1	35.4	95.0
	较差	17	3.8	3.9	98.9
	不会汉语	5	1.1	1.1	100.0
总计		441	99.3	100.0	
		未选	System	3	0.7
总计			444	100.0	

8. 受众居住在城镇还是乡村

在所有被调查的444名受众中，居住地域在城镇的有60.6%，居住在乡村的有38.3%，居住在牧区和居住在林区的各是5%，见表8。

表8 居住地域

		频数	百分比（%）	有效百分比（%）	累积百分比（%）
有效	城镇	269	60.6	60.7	60.7
	乡村	170	38.3	38.4	99.1
	牧区	2	0.5	0.5	99.5
	林区	2	0.5	0.5	100.0
总计		443	99.8	100.0	
		未选	System	1	0.2
总计1			444	100.0	

三、媒介拥有与接触情况

通过对西北少数民族地区受众调查数据的比较分析，我们发现，大众传媒和现代通信手段不断向西北少数民族地区渗透，已深入西北少数民族地区的家家户户，媒介消费已成为西北少数民族地区受众日常生活的重要内容，同时改变着人们的生活方式和生存方式，社会的媒介化成为大势所趋。

1. 媒介拥有情况

在所有被调查的西北少数民族地区444名受众中，76.4%的受众家中拥有电话，95.9%的受众家中拥有电视，32.7%的受众家中拥有收音机，49.8%的受众家中拥有电脑，91.9%的受众家中拥有手机，42.1%的受众家中订阅或购买了报纸，37.4%的受众购买了杂志，50.2%的受众拥有书籍，见图4。

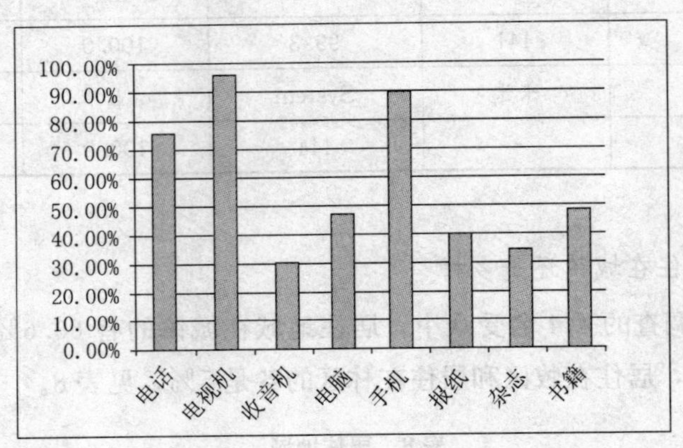

图4 媒介拥有情况

当地的报纸，如《兰州晨报》、《西宁晚报》、《乌鲁木齐晚报》等，而农村中报纸、杂志订户数极少。

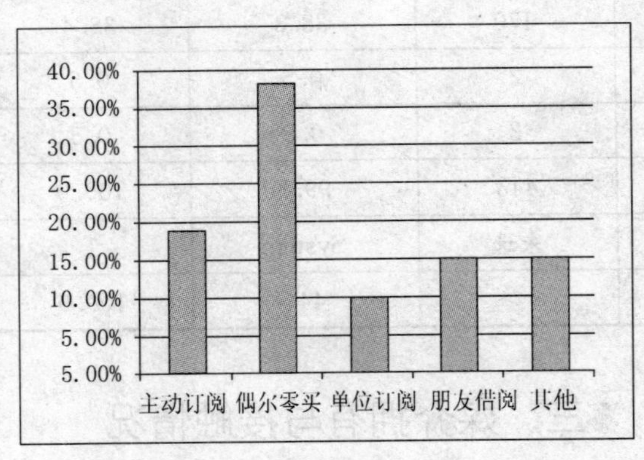

图5 报纸杂志的拥有渠道

2. 媒体接触情况

一种媒介的取向，是受众社会背景和以往媒介经验的综合产物，常表现为对特定媒介的喜好、特殊的偏好和兴趣、媒介使用习惯以及对媒介益处的预期等。西北少数民族地区受众的媒体接触呈现出鲜明的特点。

（1）闲暇时“看电视”居于第一位，网络影响日益扩大，媒介行为正越来越多地替代人际交往。

从受众每天用于闲暇时间活动的时间量看，“看电视”居于第一位，电视还是西北少数民族地区受众名副其实的第一媒体，其次是“上网”，再次是“读书看报”，第四位是“打牌”。闲暇时上网的受众达44.4%，可见网络传播对西北少数民族地区的影响越来越大。闲暇时串门聊天和打牌的比例远远低于看电视、上网和读书看报，随着工业化、城市化、信息化的发展，媒介行为正越来越多地替代人际交往这一社会发展趋势在西北少数民族地区也同样呈现，如图6。具体的比例是，闲暇时串门聊天的占28.2%，打牌的占17.6%，看电视的占75%，读书看报的占37.8%，听广播的占13.5%，上网的占44.4%，做其他事情的占12.8%。

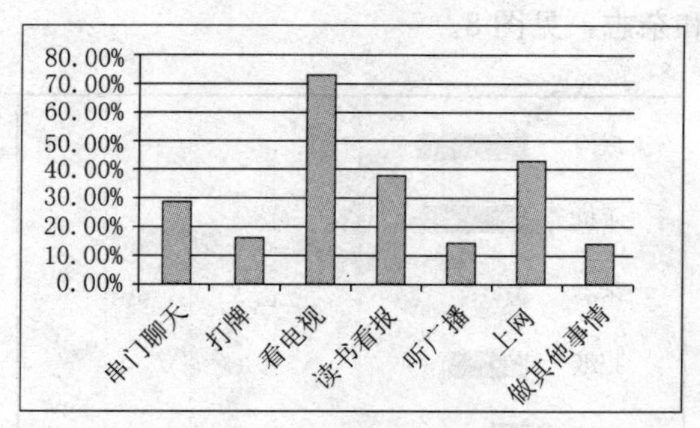

图6　闲暇时间活动

（2）平时获取信息的渠道主要是大众传媒，人际传播降到次要地位。

综合考察西北少数民族地区受众平时获取信息的渠道，最多的是通过媒介了解信息，占82%，充分表现出信息化社会的特点。第二位的是通过与他人聊天获取信息，占44%。农村中通过村干部获取信息的仅占10%，见图7。显然，无论城市还是乡村，西北少数民族地区受众平时获取信息的渠道主要是大众传媒，人际传播已降到次要地位，但人际传播在少数民族地区农村的信息传递中还发挥着一定的作用。

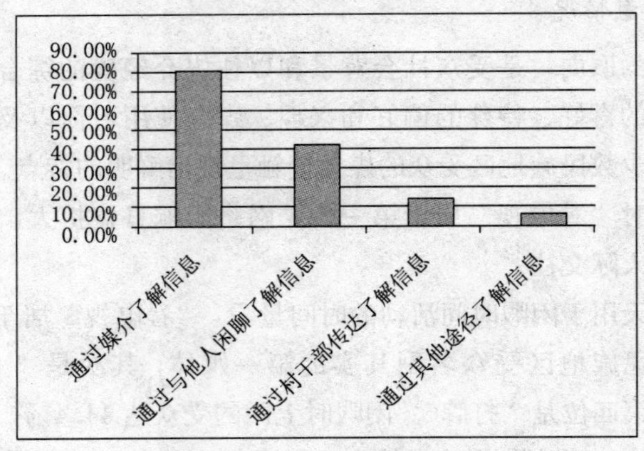

图7　受众平时获取信息的渠道

（3）电视是受众最主要的信息来源，也是最主要的娱乐媒介。

调查显示，作为西北少数民族地区受众最主要的信息来源，电视排在第一位，互联网排在第二位，手机排在第三位，接下来依次是报纸、广播和杂志。其中，大多数受众选择电视为最主要的信息来源，远远高于互联网、手机、报纸、广播和杂志，见图8。

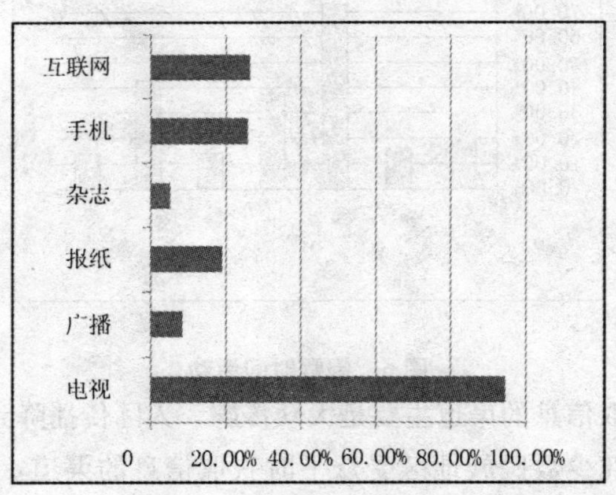

图8　受众的主要信息来源

作为受众最主要的娱乐媒介，看电视同样成为大多数受众的首选，看电视是闲暇时间最主要的文化娱乐活动，互联网排在第二位，手机排在第三位，接下来依次是报纸、广播和杂志。值得注意的是，以互联网和手机作为主要娱乐媒介的受众也占相当大的比例。受众主要娱乐媒介的比例见图 9。

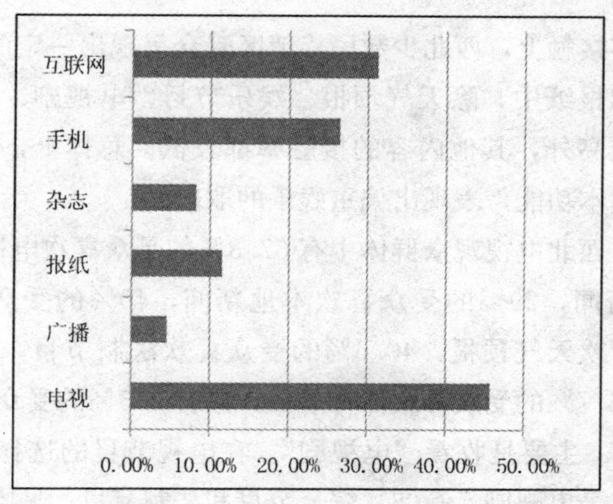

图 9 受众主要的娱乐媒介

(4) 电视还是受众接触频度最高的媒介。

在各种媒介消费活动中，西北少数民族地区受众的时间分配不是平均的，无论城市还是村庄，看电视的时间与参与人数都是最多的，其次是上网，第三位是看报纸，第四位是听广播，而看杂志则位居最后。电视是被访者接触最多的媒介，稳定受众（每周接触 4～6 次以上，平均一天看电视超过两个小时）达 90% 以上，每天都看电视的达 64.2%，非电视观众只有 5.9%，见表 9。

表 9 看电视的频率

		频数	百分比（%）	有效百分比（%）	累积百分比（%）
有效	每天	269	60.6	69.5	69.5
	经常	48	10.8	12.4	81.9
	每周至少一次	10	2.3	2.6	84.5
	偶尔	37	8.3	9.6	94.1
	基本不	23	5.2	5.9	100.0
总计		387	87.2	100.0	
未选		System	57	12.8	
总计			444	100.0	

（5）在媒介内容偏好方面，比较看重媒介传递信息的基本功能，同时有偏重娱乐的取向。

在传媒内容接触上，西北少数民族地区受众呈现出一定的媒介内容偏好。在广播、电视和报纸中，除天气预报、娱乐节目、电视剧、一般新闻、法制报道等接触率较高外，其他内容的接触率都较低。总体上，他们比较看重媒介传递信息的基本功能，表现出偏重娱乐的取向。

具体来看，西北电视观众群体中有57.3%的受众喜欢电视剧，52.70%的受众喜欢一般新闻，29%的受众喜欢本地新闻，40%的受众喜欢娱乐节目，38.8%的受众喜欢天气预报，40.6%的受众喜欢法制节目，18.1%的受众喜欢农业节目，26.7%的受众喜欢体育节目，只有2.5%的受众喜欢广告。就媒介内容选择而言，主要是收看“电视剧”。在电视节目的选择方面，按喜爱程度排在前三位的是电视剧、新闻、综艺节目和法制节目，见图10。

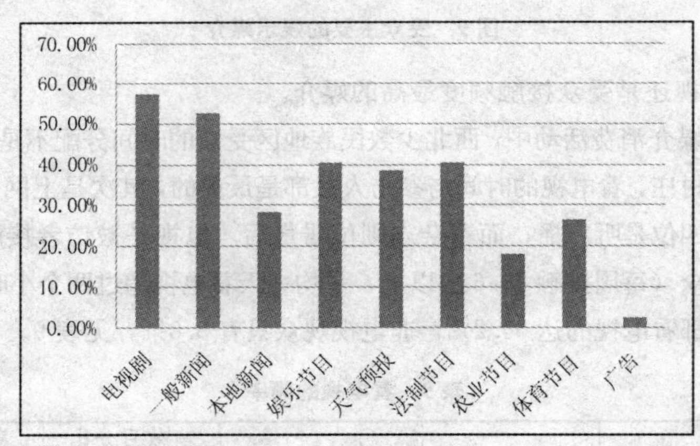

图10　西北地区电视受众喜欢的节目类型

西北广播听众群体在喜欢的广播节目类型上，有24.6%的受众喜欢听一般新闻，15.3%的受众喜欢本地新闻，8.9%的受众喜欢农业节目，29.6%的受众喜欢文艺娱乐节目，21.4%的受众喜欢听天气预报，22.4%的受众喜欢法制节目，14.55%的受众喜欢财经节目，只有2.6%的受众喜欢广告见图11。

（6）媒介日益影响受众的生活，受众对媒介的依赖程度较高。

西北少数民族地区的受访者中，认为媒介影响“大，对学习、工作和生

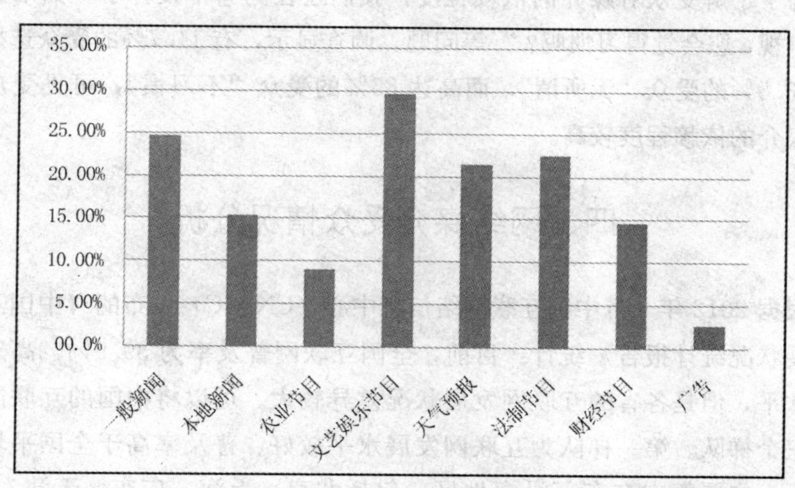

图 11　广播受众喜欢的节目类型

活都有帮助”的有 200 人，占受访者的 45%；认为媒介只是“有一些作用”的有 140 人，占受访者的 31.5%；认为媒介“就是消遣一下，作用不大”的有 53 人，占受访者的 11.9%；认为媒介影响“其他”的有 10 人，占 2.5%，见表 10。

表 10　媒介对你的影响

		频数	百分比（%）	有效百分比（%）	累积百分比（%）
有效	大，对学习、工作和生活都有帮助	200	45.0	49.6	49.6
	有一些作用	140	31.5	34.7	84.4
	就是消遣一下，作用不大	53	11.9	13.2	97.5
	其他	10	2.3	2.5	100.0
	总计	403	90.8	100.0	
未选	System	41	9.2		
总计		444	100.0		

为了了解受众对媒介的依赖程度，我们还在问卷中设计了“如果家中没有了电视，您会觉得习惯吗？”等问题。调查显示，有11.7%的受众选择“习惯”，3.5%的受众“无所谓”，而高达85%的受众“不习惯”，可见受众对电视等媒介的依赖程度较高。

四、网络媒介受众情况分析

根据2012年6月中国互联网络信息中心（CNNIC）发布的《中国互联网络发展状况统计报告》统计：目前，全国互联网普及率为39.9%，高于世界平均水平，但是各省的互联网发展状况差异较大。可以将中国的互联网发展分为三个梯队。第一梯队为互联网发展水平较好、普及率高于全国平均水平的地区，主要集中在东部沿海地区，包括北京、上海、广东、天津、浙江、福建、辽宁、江苏、山西、山东十个省（直辖市）。第二梯队为互联网普及率低于全国平均水平，但是高于全球平均水平的地区，包括海南、重庆、青海、新疆、吉林、陕西、河北、湖北8个省（直辖市）。第三梯队为互联网发展水平较为滞后，网络普及率低于全球平均水平的地区，包括黑龙江、内蒙古、宁夏、湖南、广西、河南、甘肃、四川、云南、西藏、江西、安徽、贵州13个省（直辖市、自治区）。[①] 此次调查的西北少数民族地区中青海、新疆两个省区处于第二梯队，宁夏、甘肃两个省区处于第三梯队，互联网普及率均低于全国平均水平。

（一）网络媒介受众情况

调查显示，西北少数民族地区的网络使用者对于网络媒介具有一定程度的依赖，很多人每天从新闻网站、网络报纸获取信息，收看网络电视、收听网络广播来丰富生活，网络媒介已成为他们生活中不可或缺的重要部分，已初步形成网络化、数字化的生活形态。

1. 受众上网地点

从受众上网的地点来看，在家上网的受众比例最高，为43%；其次是在学校或单位上网，为40%；在其他地方上网的受众比例大大低于前两者，如

① 据中国互联网络信息中心，《中国互联网络发展状况统计报告》(2010年1月)。

在网吧上网的为10.3%，通过移动上网的是8%，在别人家上网的是6%，见图12。西北少数民族地区的互联网还有待进一步普及。

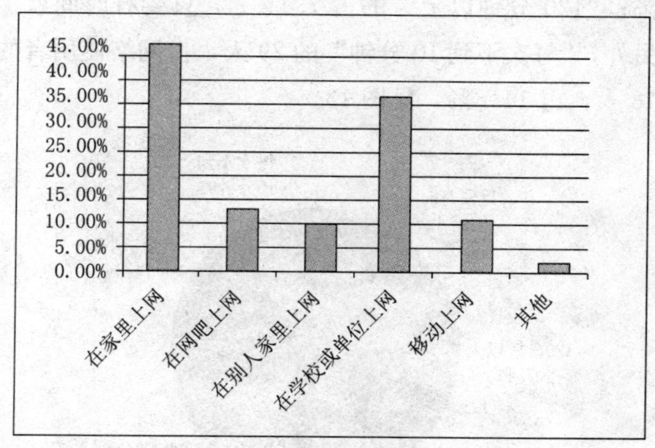

图12 受众上网地点分布

2. 使用网络媒介的频率

受访者中的网络使用者中，使用网媒的频率较高。调查显示，“每天一次”使用电脑的有110人，占网络使用者的24.8%；“每天多次使用电脑”的有79人，占网络使用者的17.8%；“每周2～3次”的有71人，占网络使用者的16%；“每月2～3次”的有16人，占网络使用者的3.6%；“偶尔使用”的有46人，占网络使用者的10.4%；而“每月不到1次”的有4人，仅占网络使用者的0.9%，见表11。

表11 多久使用一次网络

		频数	百分比（%）	有效百分比（%）	累积百分比（%）
有效	每天1次	110	24.8	24.8	24.8
	每天多次（2～3）	79	17.8	17.8	42.6
	每周2～3次	71	16.0	16.0	58.6
	每月2～3次	16	3.6	3.6	62.2
	每月不到1次	4	0.9	0.9	63.1
	偶尔使用	46	10.4	10.4	73.4

从网络使用者每次上网的时间来看，有将近80%的受众每次上网在30分钟以上。其中，“30～60分钟”的112人，占34.6%；“60～120分钟”的38人，占11.7%；“120分钟以上”的占7.4%；“只要有时间就上”的73人，占22.5%。另外，“每次不到10分钟”的29人，占网络使用者的9%；“不到半小时”的48人，占14.8%，见图13。

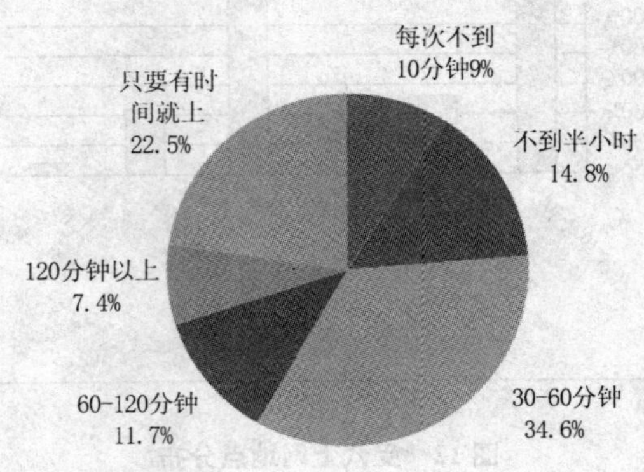

图13 受众每次上网的时间

3. 经常使用互联网的哪些功能

在经常使用的互联网功能调查中我们发现，上网是为了使用QQ工具的受众比例最高，为45.6%；其次是浏览新闻资讯，为39.2%；有33.1%的受众上网是为了欣赏在线电视视频节目，而超过23%的受众上网是为了搜索所需信息和收发电子邮件，其他经常使用的互联网功能依次是用博客和网络日志、阅读电子报纸杂志、用BBS、社交网络、收听网络广播等。具体的比例是，“用博客和网络日志等”的有63人，占受访者的14.2%；“阅读电子报纸杂志”的有45人，占受访者的10.1%；“用BBS”的有41人，占受访者的9.2%；“使用社交网络应用”的有39人，占受访者的8.8%；“收听网络广播”的有22人，占受访者的5%，见图14。

西北少数民族地区的网络使用者经常使用的互联网功能之一是浏览新闻资讯，这是由于互联网即时、便利的特性，网络新闻一直是网民最常使用的网络应用之一。互联网传播的深度和速度都领先于传统媒体。尤其是经过2008年北京奥运会和汶川大地震等重大新闻事件，互联网已经成为人们关注新闻事件最便捷的传媒工具之一。

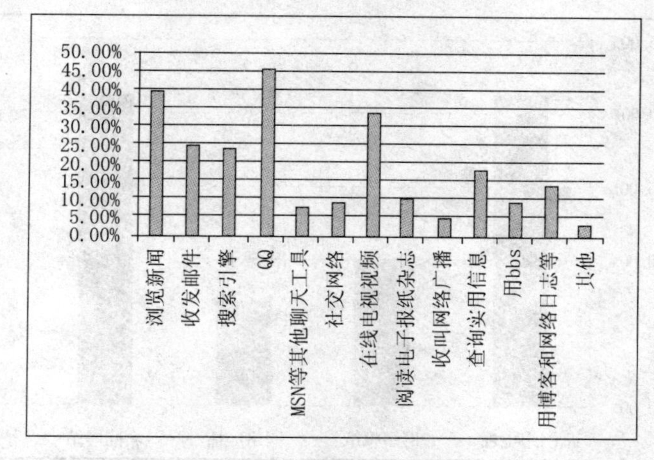

图 14　受众经常使用的互联网功能

4. 网络媒体作为信息来源的情况

在网络电视、网络报纸、网络广播和新闻网站四种网络媒体中，更多的受众选择网络电视、新闻网站作为信息来源，选择网络广播作为信息来源的最少。网络电视是受访者的信息来源的有 95 人，占受访者的 21.4%；新闻网站是受访者的信息来源的有 94 人，占受访者的 21.2%。另外，选择网络广播是信息来源的受访者有 32 人，占受访者的 7.2%；选择网络报纸的有 45 人，占受访者的 10.1%，见图 15。

5. 网络媒体作为娱乐媒介的情况

从网络使用者的总数来看，相对于选择以网络媒体作为信息来源，选择以网络媒体作为娱乐媒介的受众稍少一些。在网络电视、网络报纸、网络广播和新闻网站四种网络媒体中，更多的受众选择网络电视作为娱乐媒介，选择其余三种的都较少。选择网络电视的受访者有 135 人，占受访者的 30.4%；选择网络报纸的受访者有 17 人，占受访者的 3.8%；选择网络广播的受访者有 28 人，占受访者的 6.3%；选择新闻网站的受访者有 39 人，占受访者的 8.8%，见图 16。

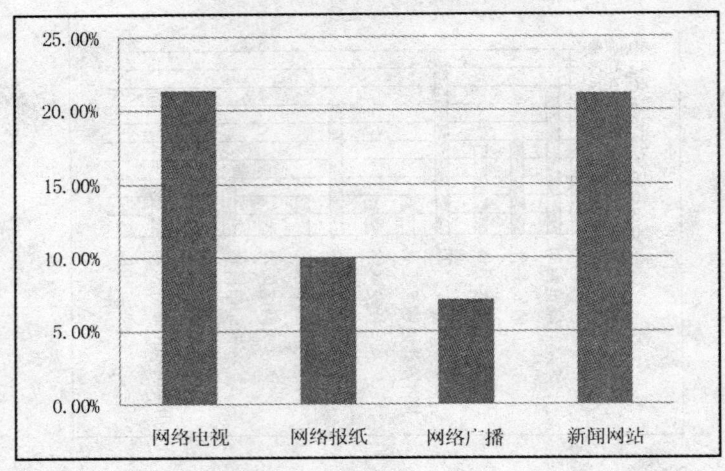

图 15　网络媒体作为信息来源的情况

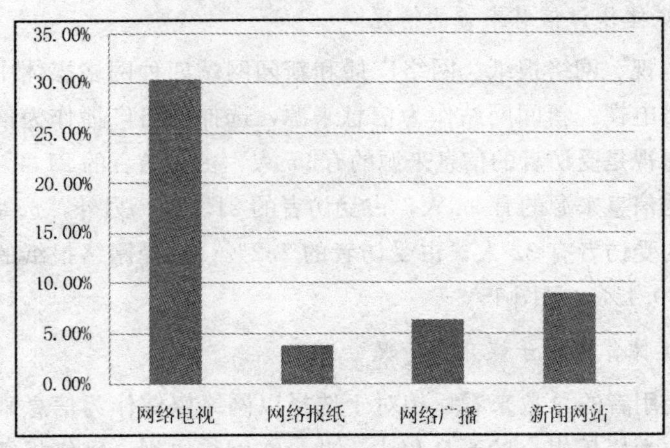

图 16　网媒作为娱乐媒介的情况

6. 受众对使用网络媒介行为的评价

为了调查网络媒介在西北少数民族地区的普及程度，我们设计了“使用网络媒介的行为是否时尚”这样一个问题。调查显示，大多数受访者并不认为使用网媒是时尚的行为（见表 12），这在一定程度上说明网媒使用在西北少数民族地区已较为普及。

表 12　使用网媒的行为是否时尚

		频数	百分比（%）	有效百分比（%）	累计百分比（%）
有效	缺省	137	30.9	31.1	31.1
	很、非常	96	21.6	21.8	53.0
	一般	58	13.1	13.2	66.1
	不太	149	33.6	33.9	100.0
	总计	440	99.1	100.0	
缺失		4	0.9		
总计		444	100.0		

（二）网络媒体接触情况

1. 网络电视接触情况

网络电视兼具电视和网络这两大媒体的传播特点，成为互联网中最具潜力的传播方式之一。网络电视利用宽带有线电视网，集互联网、多媒体、通信等多种技术为一体，向家庭用户提供包括数字电视在内的多种交互式服务。网络电视的出现给人们带来了一种全新的电视观看方法，它改变了以往被动的电视观看模式，实现了电视以网络为基础按需观看、随看随停的便捷方式。

中国互联网络信息中心的统计数据显示，截至 2012 年 6 月底，中国已有 5.13 亿网民，使用网络视频的网民高达 3.25 亿。网络电视同样受到西北少数民族地区受众的普遍喜爱，有相当多的受众经常接触网络电视，呈现出以下接触特点：

（1）对网络电视的接触率与全国卫视的收视率趋同，收视率排名第一的是中国网络电视台，第二是湖南卫视。

来自相关机构的电视收视率调查表明，电视收视率排名第一的是中央电视台，第二是湖南卫视。西北少数民族地区受众对网络电视的接触率与全国卫视的收视率趋同，收视率排名第一的是中央电视台创办的中国网络电视台，第二是湖南卫视。

中国网络电视台（China Network Television，CNTV）是以网络电视传输为主营业务的网络视频互动传播平台，它以视听互动为核心、融网络特色与电视特色于一体，对国际国内重大政治、经济、社会、文化、体育等活动和事件以网络视听的形式进行快速、真实的报道和传播，同时着力为全球用户提供包括视频直播、点播、上传、搜索、分享等在内的、方便快捷的“全功能”服务，成为深受用户喜爱的公共信息娱乐网络视频平台。

湖南卫视是目前中国国内比较有实力的几个地方电视台之一。湖南卫视收视率连续几年居中国省级卫视第一、全国总收视第二的成绩。湖南卫视不仅在本地具有超强的影响力，在外地的观众规模更是遥遥领先于其他卫视。[①]

（2）新闻资讯是受众接触最多的网络电视内容。

从受众喜欢的网络电视节目内容调查来看，新闻资讯排在第一位，第二位是音乐节目，第三位是生活服务内容。喜欢网络电视里的新闻资讯的受众最多，有 142 人，占受访者的 32%；喜欢音乐节目的有 131 人，占受访者的 29.5%；喜欢生活服务内容的有 89 人，占受访者的 20%；喜欢情感类节目的有 81 人，占受访者的 18.2%；喜欢访谈内容的有 71 人，占受访者的 16%；喜欢体育内容的有 70 人，占受访者的 15.8%；喜欢地方特色内容的有 58 人，占受访者的 13.1%；喜欢点播环节的有 29 人，占受访者的 6.5%，见图 17。

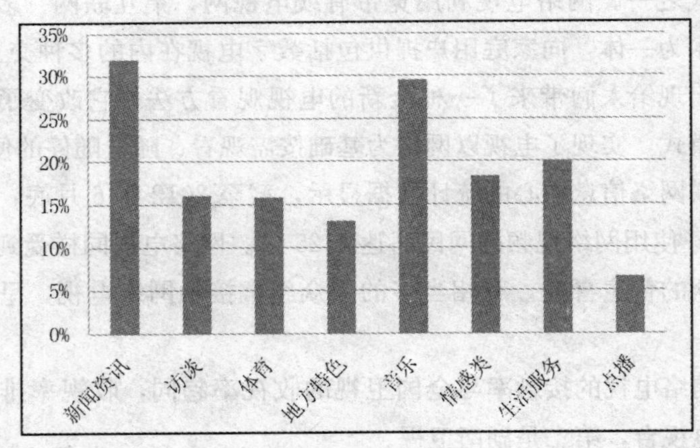

图 17　喜欢的网络电视内容

（3）受众通过多种渠道在线观看网络电视。

网络电视是网络与电视的融合，受众多以宽带方式接入互联网，收听渠道有很强的网络特点。调查显示，通过电视台的官方网站收看网络电视的受

① 《从 CTR 研究报告看湖南卫视品牌与影响》，湖南卫视，2005—09—14。

访者有 158 人，占受访者的 35.6%。通过本地电视台收看网络电视的受访者有 97 人，占受访者的 21.8%。通过网络广播电视网站和博客看网络电视的有 64 人，占 14.4%。通过专业网站或论坛的链接看网络电视的有 58 人，占 13.1%。通过随手点击收看网络电视的有 76 人，占 17.1%，见图 18。

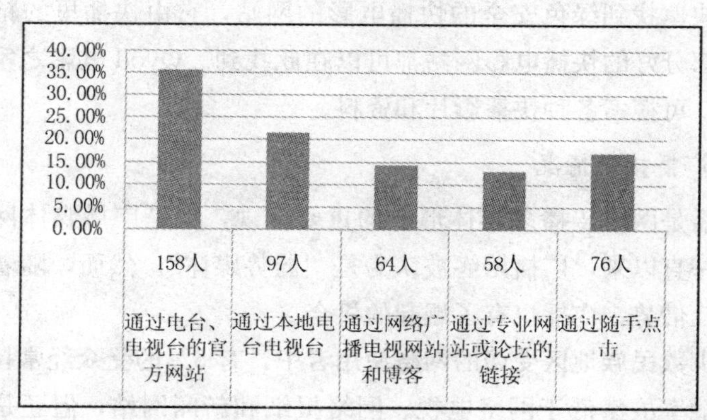

图 18　受众收看网络电视的渠道

调查资料还显示，很多受众通过流行的网络电视软件在线观看电视，网络电视软件中排名第一的是 PPTV，第二是 PPS，第三是 QQLive。PPTV 网络电视是一款 P2P 网络电视软件，支持对海量高清影视内容的“直播＋点播”功能，可在线观看“电影、电视剧、动漫、综艺、体育直播、游戏竞技、财经资讯”等丰富的视频娱乐节目。它通过 P2P 传输，越多人看越流畅，完全免费，因此广受网友推崇。PPS 网络电视是全球最大的网络电视服务商，2010 年 4 月荣获“网民最满意网络视频”奖项。PPS 支持多种文件格式，全面支持视频、音乐、动画，可灵活点播，随点随看，时间自由掌握。QQLive 是一款由腾讯开发的用于通过互联网进行大规模视频直播的软件。它采用了先进的 P2P 流媒体播放技术，可以确保在大量用户同时观看节目的情况下，节目依然流畅清晰；同时具有很强的防火墙穿透能力，为用户在任何网络环境下收看流畅的视频节目提供了有力保障。

（4）受众比较关注网络电视上的电影内容。

我们从调查和深度访谈中发现，网络电视上的电影内容是西北少数民族地区受众比较关注的。受众经常使用土豆、优酷这样专业的视频网站观看电影，也经常使用风行网、Qvod 电影之家（qvod163.com）这样的专业电影网站。

风行网是一个提供高清电影及电视剧的免费在线点播，支持网络电视、在线电影点播、免费电影下载、在线网络电视、边下边看的网络视频网站，采用全球最先进的P2P点播，高速流畅，高清晰度，上万部免费电影、网络电视、动漫综艺，每日更新，拥有全球超过一亿两千万用户。Qvod电影之家是方便网友快速找到绿色安全的快播电影的网站，它由快播里的精彩站点组成网站，大部分好的快播电影网站都可以在此找到。Qvod电影之家也提供快播搜索引擎，可搜索各种快播影片和资料。

2. 网络广播接触情况

网络广播是网络传播多媒体形态的重要体现，也是广播媒体网上发展的重要形式。一直以来，广播始终被认为是“弱势媒体”。然而，随着网络化及传统媒体相互借势，广播也有了崛起的机会。

在西北少数民族地区受访的网络使用者中，有5%的受众经常接触网络广播，这个接触率虽然低于网络电视、网络报纸和新闻网站，但还是说明网络广播在西北的发展有良好的趋向。西北少数民族地区受众在网络广播接触上呈现以下特点：

(1) 网络广播中的音乐节目最受欢迎。

与受众最喜欢新闻网站的新闻资讯不同，受众最喜欢的网络广播内容是音乐节目。调查显示，喜欢网络广播里的音乐节目的有61人，占受访者的13.7%；而喜欢新闻资讯的有43人，占受访者的9.7%。比较受欢迎的网络广播内容还有访谈、体育和点播环节。具体的比例是：喜欢访谈内容的有32人，占受访者的7.2%；喜欢体育内容的有29人，占受访者的6.5%；喜欢点播环节的有26人，占受访者的5.9%。此外，喜欢地方特色内容的有10人，占受访者的2.3%；喜欢情感类节目的有17人，占受访者的3.8%；喜欢生活服务内容的有13人，占受访者的2.9%，见图19。

(2) 青少年是网络广播受众的主体。

网络广播的受众大多数为青少年，调查和访谈显示，收听网络广播的网民年龄大多在18岁至38岁，18岁以下的受众比例远高于39岁以上的受众比例，受众年龄有更加年轻化的趋势。调查中发现，老年受众接触网络广播的基本没有。

在网络广播的受众中，其学历或文化水准相对比较高，大学以上文化者居多。网络广播受众面比较广，有学生、公务员、白领、农民工等，其中大

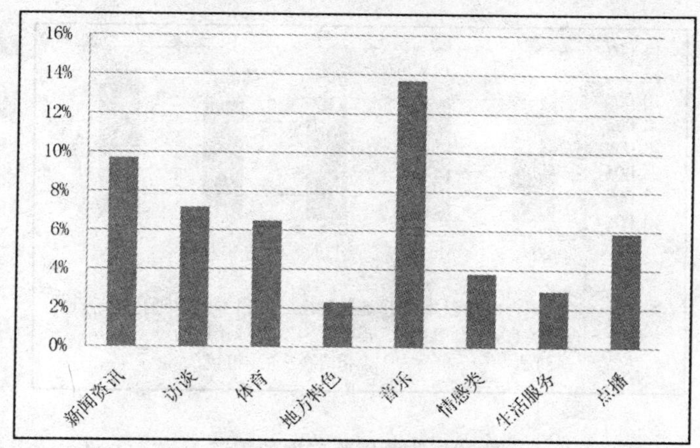

图 19 受众喜欢的网络广播内容

学生是网络广播受众的主体。从网络广播受众的性别比例来看，男性占绝对多数。

（3）网络广播的收听渠道有很强的网络特点。

由于网络广播是网络与广播的融合，受众多以宽带方式接入互联网，收听渠道有很强的网络特点。调查显示，网络广播听众目前主要通过电台的官方网站收听网络广播，而且大多还是收听本地电台。目前，新浪、网易、腾讯、21CN 等很多门户网站都投入巨资试水网络广播，播客运营商如猫扑音频网站、QQ 网络电台等一批播客新势力也正在崛起，所以也有网络广播听众通过网络广播网站和播客收听。此外，还有听众通过专业网站或论坛的链接收听。

调查数据显示，在网络广播的使用者中，选择通过电台的官方网站收听网络广播的有 26 人，占受访者的 5.9%；通过本地电台收听网络广播的有 45 人，占 10.1%；通过网络广播电视网站和播客收听网络广播的有 43 人，占 9.7%；通过专业网站论坛的链接收听网络广播的有 43 人，占受访者的 9.7%；通过随手点击收听网络广播的有 54 人，占 12.2%，见图 20。

（4）网络广播的丰富内容和互动性吸引了受众。

我们从调查中发现了网络广播吸引受众的原因。大多数受众认为相比传统广播，网络广播节目内容更加丰富多彩，互动性特点更强。网络广播的节目内容除了选用传统广播的内容如音乐节目、情感类、访问类、新闻类外，主要增加了 NJ、电影等娱乐类节目以及互动性节目。如银河网络电台的节目

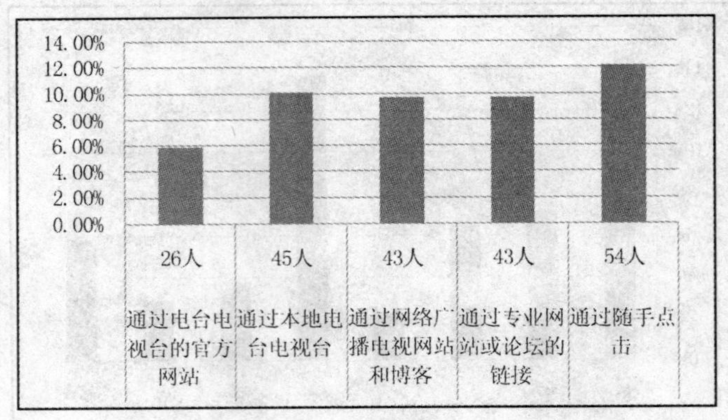

图 20　收听网络广播的渠道

主要以娱乐（内地娱报、港台娱报、环球娱报、最星闻）、访谈和点播为主。青檬网络电台节目主要为音乐、体育和访谈三类，其中音乐以播送流行歌曲并提供最新歌曲排行榜为主。上海网络广播电台、广东青少年网络电台等一些地方网络广播，节目内容除了音乐点播、娱乐和新闻外，还具有一定的地方特色内容。

由于青少年是互联网上最为活跃的群体，他们在运用网络广播方面更加注重参与性和互动性。调查显示，很多受众通过手机短信、QQ/MSN 等方式参与网络广播的互动，对网络广播电视网站开设的 BBS 或博客的关注度较高。具体的数据是：在被访问的网络广播使用者中，有 87 人通过手机短信、QQ/MSN 等方式参与过网络广播的互动，占被访者的 19%；关注网络广播电视网站开设的 BBS 或博客的有 79 人，占被访者的 18%；33 人在网络电台点过歌，占被访者的 7%；16 人表示愿意尝试做 NJ（网络电台节目主持人）或网络电视节目主持人，占被访者的 4%，见图 21。超过 1/3 的受众每天访问网络广播，有相当比例的受众已经形成定时收听、收视的习惯。在使用习惯上，晚上收听/收视率高于上午和下午。

（5）在类别多样的网络广播中，传统电台的网络广播更受青睐。

调查显示，西北少数民族地区受众使用的网络广播涵盖了三种类型：一是传统电台开办的网络广播，内容来源主要是电台的音乐、新闻和其他资讯；二是政府和公共机构开办的网络广播，内容来源大都是传播政府资讯和转播传统电台、互联网和其他传媒体的节目；三是个人开办的网络广播，节目内

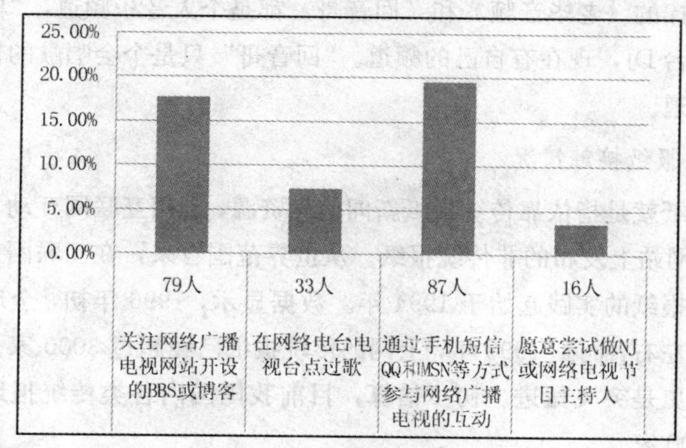

图 21　受众对网络广播电视的参与性和互动性的关注

容除了少量的自制内容外，大多也是链接或转发其他媒体的节目。在西北少数民族地区受众经常使用的网络广播中，既有中央人民广播电台、新疆人民广播电台城市广播（FM929）、BBC 网络广播，也有人人电台、音乐之声、老毕音频、天天听个人音乐博客等。

在类别多样的网络广播中，传统电台的网络广播更受青睐。受众使用率最高的是中央人民广播电台的中国之声，中国之声是中央人民广播电台历史最悠久的第一套节目，是中国国家电台最具权威的新闻综合频率，全天 24 小时不间断播音，全国 2000 多个调频和中、短波频率无缝隙覆盖。

受众使用率第二的是新疆人民广播电台城市广播（FM929），新疆人亲切的称之为 929 广播台。2000 年，新疆人民广播电台在中国西部众多媒体中率先建立了自己的新闻网站“新疆新闻在线”。2002 年抓住国家实施“西新工程”的发展机遇，建成了世界先进、国内一流的数字化播出系统，实现了节目录编审播整个过程的自动化、网络化、数字化，使新疆台在中国省级广播电台中率先进入了数字化时代。2004 年，新疆台的新闻网站通过中国国际广播电台网站向全球传输，同时建立了短信平台，给全疆广播听众提供了利用短信参与和互动的平台，增强了直播节目的互动性。

此外，受众经常接触的还有人人电台、音乐之声、老毕音频、天天听个人音乐博客等。人人电台是人人网（RenRen. com）推出的音乐电台产品，拥有多种公共电台和私人电台，会根据听众的喜好为听众推荐想听的好音乐。

受到听众热捧的《老毕音频》和《回音哥》都是个人音乐频道，“毕加索”是徐州的某电台DJ，现在有自己的频道。“回音哥”只是个会唱歌的普通人，也有自己的频道。

3. 网络报纸接触情况

网络报纸就是指依靠传统报纸新闻信息资源，利用互联网互动、搜索等优势，在媒体网站上发布的非传统报纸。从世界范围看来，在互联网上建立网站发布网络版报纸的实践起始于1994年。数据显示，1996年初，全球上网的报纸为900家左右，而到1998年，上网的传统报纸已经超过3000家。如今网络报纸的发展更是突飞猛进。初步估算，目前我国国内各类传统报纸设立网络版的有近600家。

此次对西北少数民族地区受众的调查显示，受众对网络报纸的接触率较低，只有9%的受众经常使用网络报纸，但受众经常接触的网络报纸比较集中，呈现出鲜明的特点。

(1) 新闻资讯是受众最喜欢的网络报纸内容。

在对网络报纸内容使用者的调查中，喜欢新闻资讯的受众最多，排在第一位，第二是喜欢访谈生活服务内容的受众，第三是喜欢访谈内容的受众。其中，喜欢新闻资讯的有65人，占受访者的14.6%；喜欢生活服务内容的有34人，占受访者的7.7%；喜欢访谈内容的有32人，占受访者的7.2%。另外，喜欢体育内容的有31人，占受访者的7%；喜欢地方特色内容的有26人，占受访者的5.9%；喜欢音乐节目的有18人，占受访者的4.1%；喜欢情感类节目的有18人，占受访者的4.1%；喜欢点播环节的有9人，占受访者的2%，见图22。

(2) 对网络报纸的关注与对现实中的纸质报纸关注具有相似性，受众对口碑较好的报纸关注度较高。

网络报纸只有依托传统报纸的品牌优势，才能具有至高的公信力或权威性。至高的公信力或权威性体现了报纸媒体的协作能力、管理能力等，是报纸媒体在长年累月的运作中逐渐积累出来的。这一点在西北少数民族地区的受众调查中得到了验证。

我们在调查和访谈中发现，西北少数民族地区受众关注的网络报纸有《南方周末》、《环球时报》、《新华每日电讯》、《人民日报》和《经济日报》等，其中《南方周末》（中国发行量最大的新闻周报，南方日报报业集团主

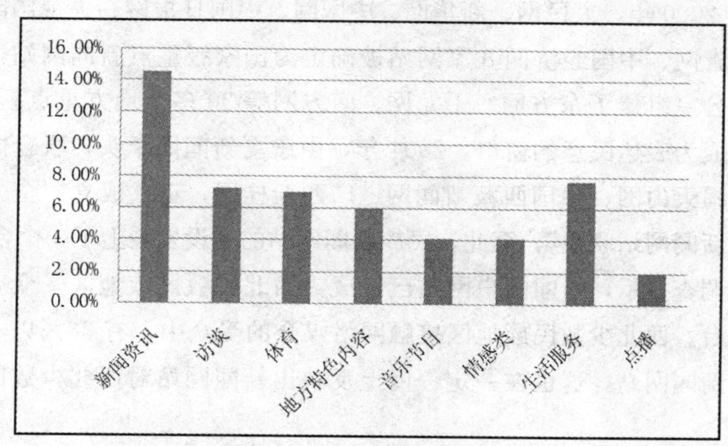

图 22　受众喜欢的网络报纸内容

办）排在第一位，受到受众的普遍喜爱。这与人们对现实生活中的纸质报纸的关注度基本一致。

（3）受众比较关注身边的网络报纸。

接近性是地方报纸的优势，也是办好地方报纸的优势之所在，网络报纸同样如此。西北少数民族地区受众上网浏览较多的是自己所在地域的报纸，如甘肃的《酒泉日报·飞天周刊》、《兰州晨报》、青海的《西宁晚报》等。

《酒泉日报·飞天周刊》是酒泉首家都市报，号称是"酒泉人自己的周刊"。它的宗旨是"用心沟通你我，你关心的就是我们关心的"，用勤奋感动市民，用真诚打动读者。《兰州晨报》是甘肃省第一张面向全省的综合性都市生活报，融新闻性与服务性于一体，通过有效的舆论监督、反映市民要求、组织各类公益活动，在市民中树立起"主流、权威、亲和"的媒体形象。《西宁晚报》是青海省唯一的一张晚报，创刊于 1984 年，坚持"宣传党的主张，反映群众呼声，面向千家万户，传播知识信息"的办报宗旨，以浓郁的晚报风格和地方特色，深受读者欢迎。

4. 新闻网站接触情况

新闻网站是指以经营新闻业务为主要生存手段的网站，包括国家大型新闻门户（如新华网、人民网等），商业门户（网易、新浪等），地方新闻门户（长江网、大江网、大洋网等），还有各种行业门户网站也充当了该行业的新闻网站。[1] 2000 年，人民网、新华网、中国网、中国日报网、央视国际、国际在线、中青网、中国经济网 8 家网站被确定为国家级重点新闻网站，同时各省新闻办公室组建了东方网、千龙网、南方网等 30 多个地方重点新闻网站，新闻网站成为表达民意的窗口。2004 年，由宁夏新闻网牵头，联合内蒙古新闻网、新疆天山网、中国西藏新闻网、广西新桂网，正式成立“全国民族自治区重点新闻网站联盟”，至此，民族新闻网站的建设发展上了一个台阶。

此次调查显示，新闻门户网站已经成为西北少数民族地区受众获取信息的重要平台。西北少数民族地区接触网络媒介的受众中，有 38%以上的受众经常使用新闻网站，这也在一定程度上反映出新闻网站对西北少数民族地区的影响。

西北少数民族地区的网络受众在新闻网站接触上呈现出以下特点：

（1）新闻资讯是受众接触最多的新闻网站内容。

在受众喜欢的新闻网站内容方面，西北少数民族地区受众有明显的内容偏好，新闻资讯是被访者接触最多的内容，远远高于其他内容。这与网络广播明显不同，说明受访者在新闻网站更看重资讯等内容。排在第二位的是体育内容，第三位是生活服务内容，再次是访谈内容、地方特色内容、点播环节，而音乐和情感类节目则位居最后。喜欢新闻资讯的受众最多，有 124 人，占受访者的 27.9%；喜欢体育内容的有 39 人，占受访者的 8.8%；喜欢生活服务内容的有 36 人，占受访者的 8.1%；喜欢访谈内容的有 34 人，占受访者的 7.7%；喜欢地方特色内容的有 27 人，占受访者的 6.1%；喜欢点播环节的有 25 人，占受访者的 5.6%；喜欢音乐节目的有 16 人，占受访者的 3.6%；喜欢情感类节目的有 12 人，仅占受访者的 2.7%，见图 23。

（2）对商业新闻门户网站的使用率远远高于大型传统新闻门户网站。

相对于大型传统新闻门户网站，西北少数民族地区受众使用率较高的都是商业新闻门户网站。在受众使用较多的排在前四位的商业新闻门户网站中，新浪网使用的最多，其次是腾讯网，再次是百度，第四位是搜狐网。受众较常使用的还有网易、雅虎、hao123 等。

在大型传统新闻网站中，受众对凤凰网的使用率最高，接下来依次是新华网、中国新闻网、人民网。这与大型传统新闻网站在网民中的口碑基本一

① 引自百度百科，baike. baidu. com/view/329239. htm，2010 年 9 月 18 日。

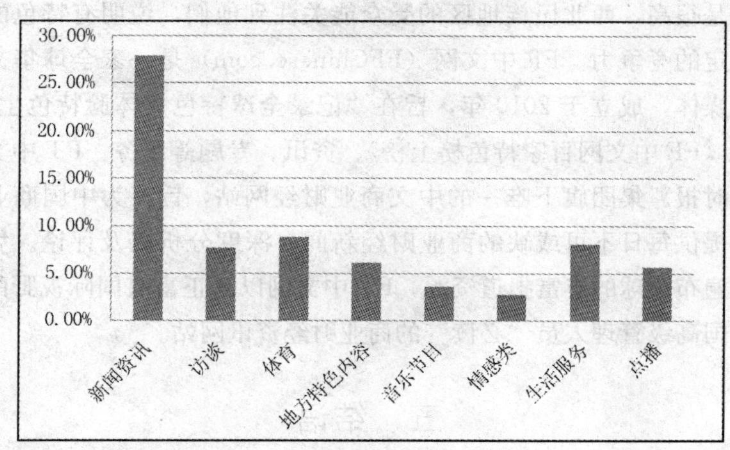

图 23　受众喜欢的新闻网站内容

致。凤凰网在2004年曾被大陆权威杂志《互联网周刊》评为最具影响力的5佳网站之一。2009年，凤凰网的流量已经达到了中国综合门户前五位。作为传统媒体凤凰卫视的官网，凤凰网一直秉承“中华情怀，全球视野，兼容开放，进步力量”的方针，力图在门户竞争中走出一条差异化道路，塑造自己的品牌。

（3）受众对西北地区的民族新闻网站关注度普遍较低。

我们在调查和访谈中发现，在受众经常使用的新闻网站中，有少数受众提及天山网，但就民族新闻网站而言，也就仅此一家。没有受众提及西北少数民族地区的其他新闻网站，如较有特色的宁夏新闻网，声势较大的全国民族自治区重点新闻网站联盟等。可见，民族新闻网的传播力还有待增强。天山网是新疆维吾尔自治区唯一一家重点新闻宣传网站，也是一家媒介理念鲜明的省级民族新闻网站。依据“就地起步，快速成长，争创一流”的发展思路，天山网以服务广大网民为根本，整合区内各类资源，通过提供最权威、最丰富、最及时的新疆新闻，汇集新疆社会、生活、法治等各方面最新信息，塑造开放发展的新疆新形象。目前，该网站已经成为新疆的强势品牌，在网络受众中有一定的口碑。

（4）特色新闻网站受到关注。

在西北少数民族地区受众经常使用的网站中，被访者还提及了FF中文网和FT中文网，这一点值得我们关注。FF中文网和FT中文网在我国内地的知名度不是很高，西北民族地区的受众能关注到他们，说明有特色的新闻网站具有一定的竞争力。FF 中文网（FFChinese. com）是一家全球华文特色文化产业新媒体，成立于 2010 年，旨在“记录全球特色　体验特色生活”，目前主要有《FF 中文网百家特色榜上榜》、资讯、专题等服务。FT 中文网是英国《金融时报》集团旗下唯一的中文商业财经网站，旨在为中国商业精英和决策者们提供每日不可或缺的商业财经新闻、深度分析以及评论。凭借《金融时报》遍布全球的丰富报道资源，FT 中文网以真正富有国际视野的权威报道成为中国高级管理人员“必读”的商业财经资讯网站。

五、结语

通过对西北少数民族地区网络媒体受众调查数据不同方面的分析和考察，我们特提出以下三方面的主要结论和建议，以期网络媒体在西北少数民族地区的社会转型中发挥更大的作用。

一是西北少数民族地区应大力培育和发展网络新媒体。

传播学者钟克勋对川西藏区新媒体的研究值得我们借鉴。他指出，“在民族地区，传统媒体在地区文化传播中受到的许多不利因素的制约，将逐渐被新媒体先进的功能所化解，尤其像地处横断山脉深处的四川省甘孜州，新媒体的快捷方便等对当地的文化传播和交流有着特殊的意义。”[①] 西北少数民族地区与川西藏区的情况相同，相对恶劣的地理环境制约了当地经济和交通的发展，传统的新闻媒体在这种环境下传播效果受到严重制约，但网络和新媒体的发展给传统媒体带来了新的发展机遇。

新兴媒体有超时空的功能，简便快捷，受地理环境的制约相对较小。有电话线的地方就可以拨号上网，虽然比不上宽带，但总比传统媒体传输信息快捷而丰富；能通手机信号的地方也可以上网，就可以看手机报、手机短信以及手机视频等。我们在新疆北部地区的调查证实了这一点。在阿尔泰地区最偏僻、靠近边境的禾木乡，正常的电力供应都不能保障，但很多年轻人利用自己的手机上网，他们通过网络媒体、QQ、MSN 等和外界保持着良好的沟通。

---

① 钟克勋：《对川西藏区新媒体发展的思考》，《新媒体与民族文化传播研究》，中国广播电视出版社，2009 年，第 203 页。

互联网的发展为传统媒体提供了新的传播渠道，西北少数民族地区正好可以利用新兴媒体的优势，构筑良好的信息交流平台，通过互联网、手机报、手机增值业务等新媒体来加快民族地区的文化传播。

二是网络媒体应提高内容的参与性、互动性，吸引更多的受众。

从西北少数民族地区网络媒体受众的调查中，我们可以发现，除了网络广播在受众的互动方面做得较好，网络电视、网络报纸和新闻网站在与受众的互动上都存在不足，受众对互动内容的关注度极低。如果把西北少数民族地区的网络媒体与中东部的网络媒体横向对比，西北少数民族地区的网络媒体大多仍然停留在传统媒体的单向传播层面，远远没有发挥出网络媒体特有的优势，还有很大的提升空间。

网络媒体和传统媒体相比，最大优势就在于其互动功能的提供，及时互动是网络媒体的最大特征。从吸引受众的层面来看，网络的互动是媒体与受众之间重要的沟通渠道，也是受众发表观点的主要途径，只有完善的互动渠道，才能吸引更多的受众关注，进而使他们参与进来。如果网络媒体的发展只是单向传播，没有任何的交流沟通，长此以往必然会偏离受众的需求，致使受众流失。著名传播学者麦奎尔在《受众分析》一书中指出了受众的趋向："所谓被动的收听者、消费者、接收者或目标对象，这些典型的受众角色将会终止，取而代之的将是下列各种角色中的任何一个：搜寻者（seeker）、咨询者（consultant）、交谈者（conversationalist）。"①

网络互动的方式很多，像论坛、留言或评论、聊天室、在线调查、电子邮件、新闻反馈等。网络报纸的交互性功能十分强大，民族新闻网站也可以加强网络互动平台，可通过网络社区、个人博客、网友评论等互动渠道加强网友与媒体、网友与网友之间的交流沟通，以提高受众参与的主动性和积极性。

三是"扬长避短"，做好民族新闻和地方特色内容，增强自身传播力。

要从根本上促进西北少数民族地区网络媒体的发展，必须"扬长避短"。"扬长"即发挥民族地区网络媒体自身所拥有的优势，突出浓郁的民族和区域特色。"避短"就是避免与内地主流网络媒体的优势项目直接对抗，减少不必要的风险。

---

① 丹尼尔·麦奎尔著，刘燕南、李颖、杨振荣译：《受众分析》，中国人民大学出版社，2006年，第158页。

西北少数民族地区的网络媒体有着很好的区位优势。西北地区地域辽阔，风光旖旎，民族众多。那里的政治、经济、文化、教育、卫生、体育以及人们的心理状态、宗教信仰、风俗习惯、人情礼节在长期的历史发展中，形成了自己固有的民族特点。网络媒体可以利用视频、图片、文字等各种表现形式来全面地展现民族地区环境、文化、宗教等丰富的资源，反映民族地区丰富多彩的生活，挖掘独特的民族新闻和地方特色内容，使其成为全国人民了解西北少数民族地区发展的一扇窗口。

西北少数民族地区的网络媒体有着很强的受众优势。对内有广泛的各民族同胞，对外有众多的民族文化爱好者作为其受众，发展前景甚为乐观。西北少数民族地区网络媒体如果能树立良好的形象，它一旦被接受，既能对内部公众产生强大的凝聚力，又能对外部公众产生巨大的吸引力。

微博营销传播：发展现状与趋势
——民族地区现实考察报告

课题组组长　杨　超

课题组成员　陈　易

由于传播环境与生活方式的改变，消费者的购买心理和行为过程也随之变化。营销者（Marketer）需要重新考虑下列问题：在商品认知、理解和比较探讨、购买等不同阶段，消费者的信息来源分别是什么？各自适合的媒体又是什么？

目前的主流理论认为，在互联网（WEB）与移动应用（Mobile）时代，营销者的工作模式正从传统的AIDMA营销法则［Attention（注意）－Interest（兴趣）－Desire（欲望）－Memory（记忆）－Action（行动）］逐渐向含有网络特质的AISAS［Attention（注意）－Interest（兴趣）－Search（搜索）－Action（行动）－Share（分享）］发展。

而实际上，在以生活者为主体的传播逐渐走向主流的未来，消费者行为模式既不是原始的AIDMA，也不完全是AISAS。而是AICAUS［Attention（关注）－Interest（兴趣）－Confirm（确认）－Action（行动）－Use（使用）－Share（分享）］和DSAUS［Demand（需求）－Search（搜索）－Action（行动）－Use（使用）－Share（分享）］两种模式中的一种，要么是企业主动传播到达消费者的认知型，要么是消费者主动寻找企业（的产品）的需求型。

基于这种新型消费者行为模式，企业的营销内容将变得更加具有趣味性和利益性，营销方式将更加人性和柔性，营销服务将更加全面和个性，营销的目标将是与客户之间建立持久稳定的伙伴关系。未来企业营销将步入以感性化、数字化、服务化为特征的微众营销时代。所谓微众营销，是指借助数字化媒体而进行的直接伙伴关系营销。

在这些转变中，作为一种基于用户关系的信息即时分享、传播以及获取平台，微博正成为影响力越来越大的消费者发布型媒体，围绕微博的营销方式也显示出越来越大的多样性和实效性，预示着微众营销时代的到来。

一、微博营销传播的基本现实

（一）微博应用状况

随着近年来网络基础设施的日益完善，互联网普及率不断提高，中国网民规模日益扩大。根据中国互联网络信息中心（CNNIC）的统计数据，截至2011年12月底，中国网民数量突破5亿，达到5.13亿，其中微博用户规模达到2.5亿，社交网站用户规模达到2.44亿，博客用户规模达到3.19亿，即时通信用户规模达到4.15亿，在线视频用户达到3.25亿。

2011年，我国网民的互联网应用习惯发生显著变化，主要是网民通过互联网进行交流互动的习惯和方式与以往相比出现了较大不同，包括新型即时通信、微博等在内的新兴互联网应用迅速扩散，与此同时包括传统交流沟通类在内的一些传统网络应用使用率明显下滑。比如电子邮件使用率从2010年的54.6%降至47.9%，用户量减少392万人；论坛/BBS则由32.4%降至28.2%，用户量也略有减少。

网络新闻使用率也在快速下滑，微博成为网民重要的信息获取渠道，应用比率达到48.7%。相比之下，网络新闻用户规模增速仅为3.9%，使用人数为3.67亿，使用率从上一年的77.2%下降至71.5%[①]。近年来网络新闻使用率一直在下降，这说明网民通过互联网获取新闻信息的渠道正在发生转移。

在中国，平均每个网民拥有3个社会化媒体身份，而微博则成为其中突出的组成部分。在过去的短短两年时间，中国微博用户已超过3亿。这种140个字的娇小身材的互联网产品，已从互联网的新秀跃升为互联网的基础应用之一，以微变革的力量，打开了一个大时代之门。

从2007年5月起，中国本土微博服务开始出现，在此后的三年多时间

① 中国互联网络信息中心（CNNIC）：《第29次中国互联网络发展状况统计报告》，2012年1月。

里，我国微博发展经历了引入期、沉寂期和成长期等阶段。

1. 引入期（2007 年 5 月～2008 年初）

2006 年，Twitter 的横空出世把世人引入了微博世界。在国外大红大紫的 Twitter 也成为国内企业效仿的对象。从校内网起家的王兴于 2007 年 5 月建立了饭否网，开启了中国的微博时代。之后不久，叽歪网、做啥网相继上线，拥有数亿用户的腾讯也于 2007 年 8 月 13 日推出了腾讯滔滔。

从 2007 年 5 月到 2008 年初，是我国微博发展的引入期，这一时期的微博以独立微博网站为主体。

2. 沉寂期（2008 年初～2009 年 2 月）

从 2008 年初开始，微博发展进入了一年的沉寂期。期间，没有新的微博服务商出现，用户规模增幅也不大。

3. 成长期（2009 年 2 月至今）

经过一年的沉寂，从 2009 年 2 月开始，国内微博焕发出新的活力。大量微博网站相继上线，用户规模激增，微博成为我国互联网发展的新的热点。国内微博发展进入了快速成长期，这一时期又分为独立微博二次崛起和全面成长期两个阶段。

（1）独立微博的二次崛起（2009 年 2 月～8 月）

在这半年时间内，嘀咕网、即时客、Fexion 网、9911 微博客、同学网、我烧叨叨、贫嘴、Follow5、雷猴等一大批微博网站上线。这些微博网站以独立微博网站为主体。

（2）全面成长期（2009 年 8 月至今）

2009 年 8 月，新浪微博上线，并迅速成长为中国最具影响力的微博。在新浪微博的带动下，综合门户网站微博垂直门户微博、新闻网站微博、电子商务微博、SNS 微博、独立微博客网站纷纷成立，甚至电视台、电信运营商也开始涉足微博业务，中国正式进入微博时代。

（二）微博营销的特点

作为一种新兴的网络营销方法，微博因其低门槛以及可以打造自由媒体的特性，给企业营销打开了方便之门。微博可以直接发布有关企业的信息，还可以直接和终端的消费者对话，而且能吸引潜在的消费者。除了企业微博营销，还有另一个主体，即个人微博营销，是指一个人是如何以网络营销方式做好自己微博的方法和经验技巧。以企业、团体和专业机构为主体所进行的营销，也即企业微博营销，正是本文探讨的重点。

微博的发展决定了微博营销的发展，微博的价值也决定了微博营销的价值。而微博的商业价值主要体现在如下方面：

1. 体现于客户服务

微博客可以为企业提供用户追踪服务，在追踪模式中，可以利用“品牌”频道开展对产品、品牌的信息传播，并与顾客进行对话，缩短了企业对客户需求的响应时间，网络整合营销4I原则中提到的Interests利益原则强调，对目标用户群开展营销时，要时刻注意营销活动为客户提供了实在的利益，而这正对应了微博实时性、开放性、便利性和互动性的特点。

2. 体现于互动形式

与传统的互动营销相比，微博客的互动形式可以打破地域人数的限制，全国甚至全球的受众都可能成为互动营销的参与者。更重要的是来自不同地区的志趣相投者实时沟通，更加有深度地交流，品牌的烙印会在体验与关系互动中更加深刻。

3. 体现于硬广形式

作为社会化自媒体，微博客事实上是一个兼具收听与广播功能的双向媒体。作为广播媒体，它本身就是一个消息和广告平台，这种主题性能激发起使用者较大的传播热情。而作为收听者，微博客使用者根据自己的喜好选择关注对象，也就是选择广播媒体，并许可对方向自己传播信息，所以每一个微博客使用者都是某些范畴内的目标受众，这种精准性能带来更好的广告效果。

基于微博客的特性，微博营销有如下特点：

（1）门槛低：用140个字发布信息，远比博客发布更加简单便捷。用户可以方便地利用文字、图片、视频等多种展现形式。

（2）多平台：支持手机等平台，可以在手机上发布信息。

（3）传播快：信息传播的方式有多样性，转发非常方便，利用名人效应能够使事件的传播量呈几何级放大。

（4）见效快：微博营销是投资少见效快的一种新型的网络营销模式，其营销方式和模式可以在短期内获得最大的收益。

（5）针对性强：关注企业或者产品的粉丝都是本产品的消费者或者是潜在消费者，企业可以对其进行精准营销。

（三）微博营销的主要形式

1. 品牌及产品曝光：企业经营微博的目标是做品牌，它通过微博与客户建立关系，为品牌服务。

2. 互动营销活动：互动是互联网的精髓，而微博作为简洁的社会化媒体，互动性正是其重要特点和优势之一。

3. 微柜台、电子商务及售后管理：微博的出现给企业产品销售带来了一种全新的渠道。在微博上，传统的价值链条被大幅缩短或替代。公司发出的内容同时就是广告，信息本身也可以直接引导消费。

4. 在线客户服务：微博具备全天候 24 小时、面对面、即时性、一对多等服务特性，利用“客服账号”，企业可以进行顾客售前咨询、售后咨询、产品调查等各种服务。

5. CRM 顾客/用户关系管理：微博相比于传统 SNS、BBS 和博客，传播速度、范围和影响力都要大得多。

6. 硬广形式：硬广的展示是网站最起码的功能。

7. 搜索引擎优化：对于日访问量 10000 次以下的小型网站来说，吸引相同数量陌生访客的成本，微博营销比搜索引擎优化和搜索引擎广告投放都要低很多。

8. 植入式营销：植入式广告可以以多种形式在微博中进行展示，无论是简单的博文还是形式丰富的活动，都可能取得不错的传播效果。

9. 舆情监测：社会化媒体的到来，使得传播由“教堂式”演变为了“集市式”，每个草根用户都拥有了自己的“嘴巴”，微博自然是“品牌舆情”的重要阵地。

10. 危机公关：企业遭遇危机时，可通过微博实现与外部的互动，及时发现不足，及时调整，化解危机，提升自身。

（四）微博营销的主要参与者

1. 主体参与者——企业、团体、机构等组织用户

从概念上讲，所谓营销，就是根据市场需要组织生产产品，并通过销售手段把产品提供给需要的客户。虽然在具有不同的政治、经济、文化的国家，营销的含义有所区别，但是营销的主体与客体都是共同的，也就是说，营销总是产品（或服务）的生产者对产品（或服务）的消费者进行的活动，这种活动建立在获取利益的基础上。基于此，任何能够使得企业接触消费者、对消费者产生影响的方法，都是有意义的，在某种程度上都是能够创造价值和回报的。作为社会化媒体的最新形式，微博进入企业的营销矩阵是必然之举。企业作为财力、物力和人力的集合，拥有无可比拟的运用资源、创造利益的力量，同时也会在这一过程中对社会、对行业、对它涉及的方方面面（包括其营销途径之一的微博）进行多方面的营销。这也就解释了为什么企业一定要参与到微博营销中来，并成为其中绝对主体的参与者。

而事实也正是如此。伴随着微博在互联网中的走俏，越来越多的企业在微博中开辟官方账号，试水微博营销。以新浪微博为例，2009 年 10 月，欧莱雅开通新浪官方微博，并首次将一年一度的“欧莱雅媒体风尚大奖赛”在该微博中进行全程直播。此次活动不仅吸引了大批手机、网络用户的参与，也吸引了众多媒体的关注。为配合品牌推广，欧莱雅围绕历年的风尚大奖开设了“媒体大奖”、“粉丝互动”、“明星大奖”等环节，吸引用户参加有奖互动。

来自新浪的数据显示，截至 2012 年 2 月底，共有 130565 家企业开通新浪微博，其中，餐饮美食类企业独占鳌头，以近 5 万个企业微博账号排名第 1。汽车交通（以汽车经销商为主）（7546 个）、商务服务（7212 个）、电子商务（6594 个）、IT 企业（6047 个）跻身前 5 名。

新浪微博主要分布在 22 个行业，除餐饮美食外，其他本地生活服务类行业的企业微博表现也不错，包括旅游酒店、娱乐休闲、商场购物、便民服务等。

截至 2012 年 2 月底，新浪微博上的企业微博账号粉丝数超过 7 亿（未排重），排重粉丝数近 1.7 亿，平均每个企业微博拥有的粉丝数超过 5000 个，平均每个用户关注 4 个企业微博，56%的新浪微博用户至少关注 1 个企业微博。

2. 呼风唤雨的力量——专业运营团队、机构

在微博的世界中，并不是只有企业用户和个人用户两种角色，还有一些“别有用心”的专业团队和机构，它们是微博的“重度使用者”，而且往往还“玩”得特别好。它们使用微博既不是为了宣传自己（指机构本身），也很少是为了宣传某种思想或理念（即不具有公益性），更不会只是为了欣赏别人的微博作品。它们通过对自己专门化的定位，在某些领域内大量生产和发布微博内容，通过各种方式宣传推广自己，从而获得大量的关注度，也就是“粉丝”，然后基于拥有的“粉丝”资源而获取利益。专业团队和资源投人，使得它们可以同时运营许多微博，并且以突出的生产能力和经营能力遥遥领先于以普通个人用户为主的微博世界。拿新浪微博来说，“草根名博”就是这类机构“制造”的微博最大的战场。

数据显示，新浪草根微博排行榜前50名中，有50%属于蔡文胜的“福建帮”、杜子建的华艺、“酒红冰蓝”（肖俊丽）的山鲁佐德[①]：

（1）蔡文胜的“福建帮”以“冷笑话精选”（粉丝300万，截至2011年4月22日）为代表，控制近1/8的新浪微博用户，两千多万粉丝；

（2）杜子建掌控的北京华艺百创传媒科技有限公司拥有新浪草根微博前50名中的15个；

（3）肖俊丽（酒红冰蓝），扬州山鲁佐德企业管理有限公司创始人，控制“全球时尚”、“爱情物语”等100多个账号，拥有粉丝约700万。

3. 个人传播者——“明星”人物

除了主体参与者的企业、团体、机构用户、重要影响者的专业运营团队、机构外，在微博的众多用户中，仍有一类人显得格外突出和耀眼，那就是拥有广泛知名度的各行业的明星人物，这里的“明星”绝不是指狭隘的电影明星或者歌星，他们中间既包括娱乐明星，也不乏商界、文艺界、体育界等各类名人、高管或言行出众者等，这些人的共同点是大多在某些领域内拥有较为突出的成绩或作为，拥有较高的媒体关注度，因而成为部分支持者吹捧和追随的对象，获得较高的“关注”，即拥有较多的粉丝，也即“意见领袖”，因而具有营销传播学意义上的广泛影响力。

那么到底是什么样的人才算“明星”人物呢？下表是新浪微博名人人气

① 卢旭成：《草根牛博操控者》，《创业家》，2011年（5）。

榜单前50名（截至2012年4月30日）：

表1 新浪微博名人人气榜单

排名	昵称	粉丝数	认证说明
1	姚晨	19898520	演员，代表作电视剧《武林外传》等
2	小S	19249036	台湾知名主持人
3	杨幂	16864071	演员，代表作《宫》、《仙剑奇侠传》三等
4	谢娜	16780065	知名女主持人
5	王力宏	16494399	知名歌手、导演、演员
6	赵薇	16286379	著名演员，代表作《画皮》等
7	蔡康永	16112541	台湾知名节目主持人
8	何炅	15954466	湖南卫视知名主持人
9	李冰冰	14646101	演员，曾获第29届百花奖最佳女主角奖
10	陈坤	14074514	著名男演员，代表作有《云水谣》、《花木兰》等
11	蔡依林	13405404	台湾知名女歌手
12	大S	13361435	台湾知名艺人徐熙媛
13	周立波	13126220	海派清口创始人
14	李开复	12728598	创新工场董事长兼首席执行官
15	林心如	12634944	台湾演员
16	韩庚	12571012	著名歌手、演员
17	罗志祥	12312174	台湾歌手
18	林俊杰	11833768	歌手，代表作《江南》等
19	郭德纲	11753032	著名相声演员
20	舒淇	11421576	香港知名影星
21	郭敬明	11300531	著名作家、出版人、杂志主编
22	苍井空	11260061	日本女星、电影演员、歌手
23	范范范玮琪	11222339	台湾女歌手
24	孟非	10829042	江苏卫视《非诚勿扰》、《非常了得》栏目主持人
25	成龙	10800350	香港知名演员

续表

排名	昵称	粉丝数	认证说明
26	黄健翔	10731995	体育评论员、节目主持人
27	夢想家林志颖	10306251	台湾知名演员、歌手
28	潘石屹	10241517	SOHO中国董事长
29	文章同学	10220738	演员、出演电视剧《奋斗》
30	孙燕姿	10215773	新加坡著名歌手
31	张杰	10099013	歌手
32	蔡卓妍	10070752	香港明星，Twins组合阿sa
33	杨澜	9836347	知名媒体人，阳光媒体集团董事局主席
34	冯小刚	9725052	著名导演，作品有《甲方乙方》等
35	马伊琍	9692460	演员，《奋斗》中饰演夏琳
36	王珞丹	9465367	演员，电视剧《奋斗》中饰演米莱
37	刘若英	9463242	歌手
38	郎咸平	9386795	经济学家
39	黄晓明	9375373	知名演员
40	胡歌	9353370	演员，出演电视剧《仙剑奇侠传》
41	张小娴	9306639	香港著名作家
42	钟欣桐	9267086	香港明星，Twins组合成员阿娇
43	乐嘉	8970632	FPA性格色彩创始人，性格色彩传道者
44	angelababy	8970463	演员、艺人
45	鞍钢郭明义	8932581	全国优秀共产党员、五一奖获得者
46	梁咏琪	8434107	香港演员、歌手
47	潘玮柏	8370671	知名歌星
48	冯绍峰	8276434	演员
49	唐嫣	8165299	演员，《风云2》饰楚楚
50	欧弟	8106884	台湾宋潮星乐娱乐有限公司知名艺人

4. 信息接受者——普通个人用户

虽然前面所述三者是微博的绝对主角和极为重要的影响者，但是谈及微博网站的广告和盈利问题，则主要归因为网站数以亿计的普通用户，没有它们的存在，前三者的存在也就没有了意义。

新浪公司公布的第三季度财务报告显示，截至2011年9月底，新浪微博注册用户超过2.27亿，并于近期突破2.5亿，大力提升了新浪的广告收入。在用户活跃度方面，新浪微博也实现了明显提升。截至2011年9月底，新浪微博用户平均每天发布的微博数，已从7500万条增加到8600万条，上升了15%，与此同时，新浪微博整体流量也实现了23%的上涨。

普通用户大多“默默无闻”，拥有一定的关注人数和粉丝人数，发布着或多或少的微博条目，其中一部分同时有自己的微博交际圈子。虽然从个体来看，每一个普通用户都可以说是微不足道的，但是他们却是企业使用微博、专业机构炒作微博的意义所在，也是明星人物广泛关注度的来源，更是许多话题的发起者和传播者，从内容上支撑起了微博的庞大金字塔。

二、营销传播平台比较：新浪微博与腾讯微博

（一）发展规模

在中国互联网领域，开通微博的门户网站包括新浪网、腾讯网、搜狐网、网易163、和讯网、搜房、人民网、凤凰网等，而其中尤以新浪和腾讯占去大半壁江山。

2010年9月10日，新浪发布《中国微博元年市场白皮书》，这是国内首份针对微博市场的白皮书。数据显示，经过一年时间的发展，新浪微博在知名度、使用率、首选率、满意度、用户黏性、权威性、吸引力、月度覆盖人数、月度总访问次数、月度总浏览时间十项指标上全部位列第一。

白皮书同时披露，2010年底，中国互联网微博累计活跃注册账户数将突破6500万个，2011年中突破1亿，2013年国内微博市场将进入成熟期。

1. 新浪微博用户使用率接近腾讯微博两倍

按照DCCI互联网数据中心的调查，微博用户以及微博潜在用户使用首选微博网站中，新浪微博以69.7%领先于其他主流微博网站，是微博用户及潜

在用户首选率最高的微博网站。在知名度上，59.79%的微博关注者（包括关注或听说过微博的互联网用户和使用过微博的用户）听说过新浪微博，是国内市场知名度最高的主流微博产品。

目前，有60.9%的微博用户使用过新浪微博，是用户使用率最高的主流微博产品，接近腾讯微博的两倍。在新浪微博当前的用户中，超过一半（50.5%）的用户每天都在使用新浪微博，用户黏性最高。在满意度方面，新浪微博也明显强于其他产品。

来自艾瑞IUT的数据显示，2010年3～6月，国内微博市场月覆盖人数从5452.1万增长到10307万。在此期间，新浪微博月覆盖人数从2510.9万增长到4435.8万，同比增长76.7%，最多时占据46.12%的份额，是同期腾讯微博的3.4倍。

2010年3～6月，国内微博市场月度总访问次数从15364万次增长到41，740万次。在此期间，新浪微博月度总访问次数从7164万次增长到21195万次，同比增长近两倍，最多时占据50.78%的份额，是同期腾讯微博的近5倍。

与此同时，国内微博市场月度有效浏览时间从761.07万小时增长到3035.69万小时，新浪微博月度有效浏览时间则从492.45万小时增长到2080.08万小时，同比增长322.4%，最多时占据68.52%的份额，是同期腾讯微博的7.48倍。

2. 新浪微博的名人效应显著

随着社会影响力的不断扩大，越来越多的新闻机构和政府机构开始在新浪微博上发布信息，这让新浪微博的权威性不断提升。截至2010年8月，共有466家主流新闻机构开通了新浪微博，其中包括118家报纸、243家杂志、36家电视台和69家电台。截至2010年8月，有41家政府机构（不含公安系统）开通了新浪微博，通过微博及时发布信息。与此同时，国内公安微博的数量达到了60家，其中广东省公安系统集体开通了微博，形成了一个地区性的微博群。

此外，活跃名人的数量是衡量一款产品是否具有吸引力的重要指标。作为一个强大的社会化媒体平台，新浪微博提供了一个草根与名人、明星沟通的全新渠道。在认证名人的数量和质量上，新浪微博有着明显的优势，拥有其他产品不可比拟的吸引力。

截至2010年7月，有超过2万的名人获得了新浪微博的认证，远超其他微博产品。新浪微博人气关注榜前十名多以娱乐明星为主。截至2012年4月，姚晨和小S的粉丝已经突破1900万。

3. 新浪微博的活跃度颇高

作为国内最早由门户网站推出的微博，新浪微博已成为国内微博的代名词。随着用户数的不断增长，新浪微博上每天都会产生海量信息。目前，新浪微博产生的总微博数已超过9000万，每天产生的微博数超过300万，平均每秒会有近40条微博产生。

每逢社会重大事件，新浪微博的发送量都会在短期内迅速增加，而且会持续一段时间。以南非世界杯为例，2010年7月12日世界杯决赛上演的当天，新浪微博上的原创微博数高达1 904 369条。此后，许多名人针对世界杯的评论被广泛转发，7月28日，新浪微博上的转帖微博数达到199 964条，当天总共产生的微博数随之增长到3 619 603条。在单场比赛两小时期间，新浪微博上的微博数一度突破了300万，峰值超过了3000条/秒。

此外，在社会重大事件中，新浪微博上单条内容的转发和评论数也会出现明显提升。2011年8月19日22点47分，新媒体营销人士梁树新在新浪微博上简单介绍了李萌萌高考招生事件，号召网友进行转发。此后，该微博被原文转发93 396次，收到22 948条评论，李萌萌最终被高校录取。

不难看出，各项指标对比，新浪微博占据绝对优势。简单地说，按用户数衡量，新浪微博市场份额为50%～55%，腾讯微博为9%，按使用率（用户浏览时间）衡量，新浪微博市场份额为87%，腾讯微博为2%，用户在新浪微博上消耗的时间是其他微博的三倍。

但是我们并不能据此认为新浪微博就已经击败了包括腾讯微博在内的所有竞争对手，从而占据了社会化媒体的绝对领袖地位。

（二）产品形式

腾讯采取的是全社交战略（Total SNS），包括博客、IM、邮箱、BBS、SNS以及短信应用微信（Kik）六种形态，目的是提供一站式平台服务，满足网络用户的各种在线需要。

腾讯在BBS和微博上的疲弱表现突出了其与百度、新浪之间的差别。腾讯连接的是人，百度搜索已有信息，新浪则施加影响。

我们认为腾讯全社交战略能够为互联网用户提供各种有效服务，使他们能拓展、维护彼此关系。

而腾讯正试图将各种应用程序并入一个简单的在线社区平台，这个平台极可能为QQ空间。因为在腾讯众多应用程序中，QQ空间与Facebook最为相似。Facebook起始于大学生通过分享照片与朋友们联系，而中国的“Facebook”可能就是学生们一起玩游戏。

从2008年第一季度开始，QQ空间用户数量迅猛增长，从3亿增长至6.37亿，其占有QQ用户比例也快速上涨，达到75%。目前QQ空间用户也正在向腾讯微博、QQ秀、QQ和SNS扩展。

腾讯拥有中国社交网络73%的日活跃用户数，88%浏览时长以及77%的访问次数，而新浪的相关数据分别为6%、2%、3%。

如果按所有用户总浏览量来衡量，腾讯占据即时通信99.3%市场份额，博客94.4%的份额，社交网站（SNS）26%份额，邮箱51%的份额。

按总浏览时间衡量，即时通信拥有53%市场份额，其次为博客（33%）、SNS（8%）、E-mail（3%）、BBS（1.3%）和微博（1.0%）。

当然，2010年，虽然得益于SNS游戏（如QQ农场）的普及，腾讯非游戏增值服务同比增长65%。但QQ空间不存在广告收益，与腾讯2010年总收入增长62%相比，QQ空间的表现也并不突出。因而可以得出结论：QQ空间的市场价值化尚未开始。

新浪微博面临着和QQ空间一样的盈利难题。对新浪来说，如果想不出办法将其名人、明星效应（意见领袖和追随者）转变为众多用户彼此间的影响（朋友对朋友），那么微博流量就无法转化为收益。

所以，复合对比来看，腾讯微博虽是弱项，但在网络社交应用领域拥有“霸权”。也就是说，新浪微博的竞争对手不单单是腾讯微博，而是腾讯全社交产品。

（三）发展模式

1. 没有“规则”的新浪微博

新浪微博的发展模式可以简单概括为“复制博客名人战略”，并以其特有的强执行力，迅速地聚集起网站整体资源。这是一种将微博作为资源驱动产品的发展模式。从目前看来，因为“笼络”媒体人帮忙宣传，并在“僵尸粉丝”上下了“艰苦”的工夫，充分放大了用户对粉丝数的虚荣心，使得用户数激增，的确形成了繁荣景象。

但从媒体人与名人入手，也有一定的风险。饭否被强行关闭除了有危险信息外，还因为用户过度集中在略显小众、政治倾向偏右的人群，让监管部门的压力过大，进而采取了极端的手段与措施。

同时，微博的独立性比博客更强，粉丝增长也是其传播渠道的完善过程。新浪微博对 Twitter 的产品进行了改进，在转发的同时可以评论。这样的产品改进，在实际的运营中起到了增加互动、增进沟通的作用。

新浪微博目前存在大量的经营账户、营销账户，一些公关公司还有专门的团队来为其客户做网络营销、品牌营销。

新浪在发展博客事业时，采用了分成计划。但从实际效果看，除了少数名人获利外，并没有形成规模化效应。这其中的主要原因是，博主具备很好的自主性，公关公司或者广告公司可以绕过运营商本身，直接与博主联络，进行软性植入营销。博客运营商为了避免其广告分成计划被打乱，禁止了 GOOLGE 的 ADSENSE 广告，采用的方法是：禁止 JS（JavaScript）。博客无法在商业上规模化，多用户与多客户的冲突，也很难调和。直接结果就是，少数人获利，大多数人和平台无法获取直接的商业利益。

微博同样存在这样的问题。微博是一种信任关系的价值挖掘。这与 Facebook、人人网、开心网的本质是一样的。人人网、开心网的熟人价值，也没有找到很好的商业模式挖掘其信任价值。

更准确的描述是，人人网、开心网需要用游戏的方式，变相挖掘熟人关系价值。微博则是用讨论与分享，用话题软性植入来挖掘价值。

前期的名人策略，名人传播渠道的自主性以及软性植入可以绕开运营商的方法，都对新浪微博商业价值的挖掘造成了一定的障碍。

2011 年 3 月，新浪宣布斥资 6600 万美元收购麦考林 19%的股权，进军中国电子商务领域，是否会成为微博社区商务化的成功尝试，现在还不得而知。我们可以知道的是，微博偏重信息传播，开心网、人人网更偏重熟人朋友的分享。转发的过程也是分享，但这种分享并不一定是建立在熟人关系网络上，而是在信息兴趣网络上。微博的信任指数远不及开心网等 SNS 的熟人关系网络。

同时，新浪微博的用户构成及用户倾向，有一定的政治风险，遇到敏感的日子和敏感的时期，新浪微博就会限制敏感用户使用，一些用户将无法像往常那样发布微博。即便发了，也只是自己看得到，采用用户识别的方式运作。

所以从某种意义上说，新浪微博是一种没有“规则”或者说规则很容易被利用的微博，运营方可以故意僵尸粉，人为造假。这种方式的强大，起来容易，倒下去也很容易。

2. 作为“竞争品”的腾讯微博

腾讯在 2007 年推出腾讯滔滔后，并没有花精力去运营。2010 年上半年，腾讯滔滔变身为腾讯微博，再战江湖。腾讯微博只是对新浪微博的“竞争产品”，难免会在腾讯内部左右互博。用户在微博这种免费的产品上花费的时间多，就会在 QQ 收费的业务上减少时间。同时，微博业务与腾讯的 IM 本身也有冲突，微博偏重浏览与讨论，IM 偏重沟通与交流。

腾讯微博最开始就绑定了 QQ，这让腾讯微博的用户数很快就成为新浪微博的劲敌。但腾讯微博毕竟只是一个狙击产品，它本身的运营策略，大量模仿了新浪微博的运营模式。腾讯微博的名人最高粉丝数要大于新浪，但用户活跃程度只有新浪微博的五分之一左右。

腾讯微博最大的优势也在于与 QQ 绑定，这种绑定实际上结合了微博与 IM 的两种优势。如果运营策略得当，属于互补短板。既方便浏览讨论，又便于沟通交流。

不同于新浪的是，腾讯的用户群偏年轻，他们的政治诉求不高，更多的是交友和分享。QQ 空间的信息分享，目前仍占据 SNS 分享数据榜的第一名，新浪微博目前排名第二。

腾讯一直以产品见长，但一直是在其他公司的业务商业模式较为清晰的时候切入。比如腾讯棋牌游戏，就是在联众效应凸显时切入，并将其份额压缩至一位数。

从运营模式看，腾讯微博也采用与互联网部各业务部门资源整合，并以腾讯特有的优势在发展。腾讯微博最大的问题也恰恰是产品，新浪微博的产品一直在改进，而腾讯的微博似乎没太大变化。

三、微博营销中的专业机构

（一）专业机构的营销方法

在“三足鼎立”的各大微博门派中，无论是蔡文胜的“福建帮”、杜子健的“华艺百创”还是酒红冰蓝的山鲁佐德，都流传着共同的微博营销江湖秘籍，那就是“养账号”、“兵团作战”和“大号带小号”。

蔡文胜被认为是“中国最早发现草根微博价值的人”。2010 年 4 月，杜子建在收购第一个草根微博“大号”——当时排名前五、拥有十几万粉丝的微博账号时，已经意识到这是一场强者之间的战争。谁有资本，谁就能获得足够多的“大号”。

谁有“大号”，谁就能影响足够多的“小号”，同时将足够多的“小号”养成“大号”。这样才能形成几个“大号”带一堆“小号”群体作战的营销格局。大号带小号，已经是草根微博运营大军的通用战法，对于后进入的创业者来说，没有一个大号会非常难办。尽管大号带给小号的是同一个粉丝群，但是仍具有很强的传播效应，而且小号和大号仍可保持一定细分差异。

目前微博营销公司的收入来源主要是：大公司的年单、单个项目策划案、其他公关公司提供的微博“转发”生意。其中百万元大单并不特别多见，企业客户一般还处于试水阶段，大多数的需求是官方微博维护、短期推广活动等。以维护某企业官方微博为例，维护一个月，更新 500 条跟公司和产品相关的微博，增加 5000 名真实粉丝，组织两次线上活动，收费是两万元（含策划费），平均一个粉丝 4 元。同样的成本，企业自己运营微博的话却极可能效果不佳。

据调查了解，一个粉丝量 60 多万的微博账号，只转发公关公司的广告，每条值 300～500 元，每天 15 条左右，月收入稳定在 15 万元左右。

做一个大账号不容易，做一个微博账号工作室更不简单。多处微博营销公司都是自己维护账号，希望如滚雪球般发展壮大。这需要专人负责账号管理。把握每天微博的热度，并及时跟进调整适应市场需求，这是微博大号管理者每天必做的功课。

热度即活跃度，如某个微博账号发出一条微博后转发量特别低，证明该微博账号或者内容对粉丝吸引力降低，如果转发量特别高则证明吸引力极大，热度很高。管理者据此观察微博的趋势，并做出相应调整和规划。

（二）专业机构存在的意义与影响

专业机构的存在，很难说其对与错、好与坏，但它们在很大程度上推动了微博营销的发展。不得不说，专业机构的存在对于大多数普通用户的认知是一种挑战，并不是那么容易接受的。

毕竟当人们发现在这个标榜自我、交流、互动的平台上，虽然实名制是强制的，但是大家彼此有一种无须言明却心照不宣的默契，那就是大家都是网络世界中的一位个体。虽然姓名可能不是真的，内容可能不是真的，但是这个个体却是真实存在的，不管你在线上是怎样一个人，但你至少是一个网络的“人”，这是底线。

而企业、团体和各种机构，虽然它们不是以个人的身份参与微博活动，但是它们仍然没有公众的认知，是无数个体组成的团体，仍是“有头有脸”的，也确实是其所宣称的团体。归根结底，这两者都是相对真实的，这里的“真实”，是指网络所宣称的身份基本符合本体的性质，他们都在为“自己”发声，做的是“自己”的媒体，也就是我在微博里是个个体，我在网络世界或现实世界里也是个个体，使用微博的“我”就是我所使用的微博里所宣称的“我”，中间没有隐藏身份或隐藏信息；机构亦同理。

但是谈到专业机构及其运营的微博，这条理论就不适合了。因为它们在运营许多名目和主题的微博，使用的目的不是宣传自己，或者说宣传自己不是出于“宣传”本身的需要，而是为了最大限度地获得关注，获得粉丝，而后利用巨大的粉丝数量从事营利性的营销传播活动。使用微博的初衷不同，是专业机构与其他用户使用微博最本质的区别。

专业机构的存在，对微博的发展有积极的一面，也有消极的一面。比如，专业机构运营下的草根名博，确实产生出大量有吸引力的微博作品，不但为自己获得了关注，也为大量用户提供了各行各业各类的有用的、有趣的信息。同时，这种高品质的运营、信息传播和用户互动，也促进了微博本身的发展和兴盛，算是给微博很好的“捧场”。当然，我们也很难定论其利用虚假身份在微博上盈利是否在道德和伦理上站得住脚，而且这种不“真实”的用户会对微博世界造成怎样的影响，还有待未来实践的检验。

四、微博营销在企业层面的应用研究

（一）企业认知的发展

与中国社会化媒体发展历程相对应的是企业对社会化媒体应用的不断深化和多样化。我们可以大致把企业认识和应用微博等社会化媒体的历程分成五个阶段：蛰伏期（1994～2003 年），培育期（2004～2006 年），成长期（2007～2008 年）及爆发期（2009～2010 年），以及预示着社会化商业时代即将到来的变革期（Social Business）。

1. 蛰伏期（1994～2003 年）

1994 年到 2003 年是长达 10 年的蛰伏期。之所以称之为蛰伏期，是因为该阶段，企业基本没有参与社会化媒体。

在此期间最早的一批论坛（西祠胡同、天涯社区等）在校园内外慢慢地聚拢了大量的人气，后来成为中国最有影响力的论坛之一。而 QQ 让网民之间的沟通更加即时，大众点评网则为消费者体验分享提供了专业的平台。不过那时候无论是论坛、IM（即时通信工具如 QQ）还是点评网站都更多是草根网民的互动平台，鲜见企业的身影。

2. 培育期（2004～2006 年）

2004 年开始了 Web 2.0 网络运用的时代，Web2.0 的特征是网民参与创造内容并与他人互动分享。我们能从论坛、博客中发现越来越多的消费者对品牌、产品、服务的投诉或赞许，也能看到他们贡献的创意。同期，视频、SNS、问答百科已经出现，但尚不活跃。

同时，在这段时期，一系列的网络危机的爆发让某些企业逐渐意识到网络口碑的重要性，一些企业推出博客营销策略，直接借力企业官博建立与消费者及媒体的对等沟通渠道，以便能够在危机时快速反应。另外某些企业推出开放式营销策略（Open Source Marketing），发动网民共同参与，并充分集合网民的智慧和创造力从而帮助品牌创意，使得品牌内涵深入人心。

3. 成长期（2007～2008 年）

在这段时期，中国的网络交流分享平台开始趋向多样化，社会化媒体的格局基本形成。论坛依然是网民发表观点、分享热情的核心社区。此外，博客使广大普通网民的个性得以表达，视频分享让每个人过了一把导演、发行人和评论家的瘾，社交网站的实名注册加深了朋友之间的交流和互动。同时，也有越来越多的网民通过手机等移动设备上网，移动互联网的时代随之而来。社会化媒体进入了成长期。

随着中国网络平台日趋多样化以及网络文化涌现，中国的社会化媒体呈现出其复杂性。越来越多的网民活跃在网络上，用“晒”或者“恶搞”的形式表达着对品牌的赞赏或不满，一些意见领袖的言论被大批网民追随，网络上的信息可以更迅速地在不同的平台间传播。品牌意识到他们必须更好地去聆听、理解、参与网民在线上的讨论，并且更主动、积极地利用社会化媒体。同时，企业在社会化媒体上的活跃表现也推动了社会化媒体平台进一步的繁荣与发展。

4. 爆发期（2009～2010 年）

2009 年以后，中国开始迎来社会化媒体的爆发期：先是社交网站热潮迭起，同时伴随视频网站与其他社会化媒体相结合的各类病毒式传播；再是以新浪微博为首的微博类网站崛起，2010 年成为中国互联网的微博元年；与此同时，团购网站遍地开花；接着又是以街旁、玩转四方等为首的 LBS（基于地理位置的服务）类网站在互联网领域掀起一阵“签到”（Check in）狂潮。这一轮爆发关键的意义不仅在于媒体形式的进一步革新，而且是网民更深入的参与，以及伴随着的网民互联网使用习惯的改变。

经历了这段时间的爆发后，互联网受众变得越来越分散，社会化媒体功能变得越来越复杂。品牌、媒体和机构不仅利用不同方式与这些社交平台合作，一些社会化媒体实践的先行企业还建立了内部社会化媒体中心，从而更好地管理和应对社会化媒体带来的影响。

5. 变革期（2011 年起）

在这段时期，各类社会化媒体的跨界整合开始成为一种新的尝试。巨大的商业变革即将来临。社会化媒体的迅猛发展和网络口碑日益提升的重用性开始通过广告、公关、市场、销售、人力资源以及客服务改变着品牌和消费者的关系和沟通方式，它也正在改变企业的商业模式和组织架构。

社会化媒体具有很多传统媒体所不具备的先天优势：庞大的活跃用户群、

极高的访问率和黏性、详细的用户信息，还有很重要的一点是用户间的互动和相互影响力。虽然现在品牌更多的是把它当成一种新媒体，进行公关和品牌宣传。但是行业的领军者已经开始利用其社会化属性进行更广泛更深入的商业化尝试。

一方面，我们看到社会化媒体与电子商务的结合似乎是未来社会化商业应用的发展方向之一：社会化媒体平台负责会聚客户信息和管理客户关系，而电子商务平台则专注于商品管理和供应服务，二者紧密融合。另一方面，社会化媒体尝试通过开放 API 来吸引各种各样的应用，探索新的盈利模式。基于电视时代的媒体广告购买模式也即将随着社会化媒体的时代变革而转变，新的基于社会化媒体的广告购买和效果评估模式即将试水，营销者不再只关注“是否看过”，而更多去关注“是否参与”。

如果所有的企业和组织都需要参与到社会化商业中，那所有企业都会需要一系列的“新服务”、“新技术”、“新应用软件”和“新系统平台”去落实“社会化商业时代”的新组织体系和流程管理。好比过去主流的 ERP 系统的应用能更高效地管理整个组织中的资源，客户关系管理系统能使组织更有效地梳理客户关系，现在企业将需要一整套社会化商业支持系统（SBSS－Social Business Support System）能使企业在整个组织中更有效地利用社会化商务智能。

（二）企业微博营销模式

随着微博营销成为企业的必然选择，下一步要解决的问题就是如何进行微博营销。在微博这个还属于较为新兴的媒体架构内，营销模式、营销方法也多半属于经验性的、短期性的、预测性的，其理论来源仍然基于网络营销的体系之下。

1. 品牌及产品曝光

一些较大企业经营微博的目标是做品牌。它通过微博与客户建立关系，为品牌服务。“@星巴克中国”的微博上一块重要的内容就是星巴克近期的活动以及新品等品牌信息，比如“＃星巴克迎来金秋咖啡季＃”、“＃10 月 18 日亚运期待 星巴克有奖问答获奖＃”、“＃沉醉咖啡体验@北京站招募中＃”。

星巴克非常擅长客户关系维系之道，比如和粉丝的互动：“@张庆微博：咖啡的 7 种香气，品尝不同咖啡时，总有几种香气会强烈地窜出来”、“@星巴克中国：咖啡的七种香气，你能说出几种?”截至 2012 年 5 月 2 日，星巴克中国的粉丝数已达 363587，几乎每一条微博都有 20 余条评论，广州咖啡馆体验转发微博达 800 余条。

2. 互动营销活动

在微博上，公司像个人，公司或者机构与用户进行“朋友式的交流”最重要。进入星巴克的新浪微博，我们看到“脖主”是一个非常有创意的咖啡人，博文都是和咖啡生活相关的图文形式的温情慰问：“#星巴克迎来金秋咖啡季#”、“早上好，星巴克早餐综合咖啡开启清新一天。你的清晨从什么开始?”就像是自己身边朋友的慰问一样。大家的评论、转发热情也非常高。

3. 微柜台，电子商务及售后管理

微博的出现给企业产品销售带来了一种全新的渠道。在微博上，传统的价值链条被大幅缩短或替代。公司发出的内容同时就是广告，信息本身也可以直接引导消费。在 Twitter 上，戴尔公司的@DellOutlet 这个专门以优惠价出清存货的账号已经有了近 150 万名追随者；通过这一渠道宣传促销而卖出的个人电脑、计算机配件和软件已经让戴尔进账 650 万美元。

4. 在线客户服务

微博具备全天候 24 小时、面对面、即时性、一对多等服务特性，利用“客服账号”企业可以实现售前咨询、售后服务、产品调查、客户意见搜集等功能。

5. CRM 顾客/用户关系管理

微博相比于传统 SNS、BBS 和博客，传播速度、范围和影响力都要大得多。在 Twitter 上最成功的营销莫过于奥巴马竞选[①]。而在 B2C 方面，一家美国卖鞋的 B2C 网站 Zappos 较先把微博作为 Web2.0 时代的 CRM（客户关系管理系统），从 CEO 谢家华到每个客服都有属于自己的微博，Zappos 规定所有员工 400 多人都要参与 Twitter，公司提供专门的培训课程，向员工教授如何使用 Twitter。客服每天会把自己的心情和客户分享，客户会跟随自己喜爱的客服，通过微博，企业和客户（或者说是活生生的人而不再是机器）保持

① 在 2008 年美国总统大选期间，奥巴马和希拉里作为候选人都在 Twitter 上建立了个人主页，但最终奥巴马获得了 15 万“跟随者”的支撑，而希拉里仅有 6000 多。美国舆论普遍认为，是 Twitter 让奥巴马登上了总统宝座。

了更亲密的关系。

6. 硬广形式

Twitter允许个人用户通过在个人页面中插入广告获利，用户可以自主邀请广告主购买个人网页的广告位，双方协商投放时间和收取费用。Twitter收取5%作为服务费，这种模式有点像Google Adwords。为了保证广告主的利益，广告播出期间的每一小时，用户都可以按比例获得由Twitter广告部门设定的虚拟账户中的金额，广告完成后，钱才能转入用户真实账户中。如果用户在广告期满前清除了广告，就只能得到部分费用。这种开放的心态，愿意将所得营销费用的绝大部分让利给用户，更大地激发了用户的参与热情。同时以许可式、自主式进行广告营销，营销效果更好。

7. 搜索引擎优化

现在百度已经把新浪微博的内容放到了搜索结果页，说明微博的影响力正在扩大。对于日访问量10000以下的小型网站来说，吸引相同数量陌生访客的成本，微博营销比搜索引擎优化和搜索引擎广告投放要低很多。在有经验的流量优化人员操作下，一篇营销微博可以为客户网站带去之后一周内每天两三千，累计过万的陌生访客访问量，对一个日访问量通常10000以内的小型站点来说，这是一个很可观的数字。

8. 植入式营销

微博将是植入式广告的最好载体之一。LV一款时尚的新包，兰蔻一款新的化妆品，宝马的一款新车，通过一幅照片，一个话题，一个故事，加上代言人的人气，可以立即引起成千上万个粉丝的关注和讨论。

还有一种植入式广告的做法就是做些搞笑创意的图片，打上自己公司的Logo，比如美图秀秀。美图秀秀的营销方式很简单，专门在网上找那些经典有趣且受众面广的图片进行美化，然后打上美图秀秀的Logo。

9. 舆情监测

社会化媒体的到来，使得传播由“教堂式”演变为了“集市式”，每个草根用户都拥有了自己的“嘴巴”，微博自然成为“品牌舆情”的重要阵地。越来越多的公司都在微博平台上追踪对其品牌的评价，监测舆论情况。

（三）企业微博影响力

来自新浪网的统计显示，IT和电子商务企业的微博账号较受微博用户欢迎，这两类企业的粉丝数量垄断了TOP5榜单。此外，商务导购、旅游服务类企业入榜频率高，浙江省的电子商务类企业表现突出。

1. 企业微博粉丝排名

IT及电商企业最受用户关注，UC浏览器排名第一，美丽说、蘑菇街、爱物网等商务导购类网站跻身TOP5（见表2）。

表2　企业微博粉丝排名TOP5

用户昵称	地区	粉丝量
UC浏览器	北京	4206927
美丽说	北京	2810798
魔兽世界	上海	2262843
蘑菇街	浙江	2241601
爱物网	北京	1715588

注：截至统计时间均为2012年2月29日。

2. 活跃粉丝分析

首先，在活跃粉丝方面，北京、浙江两省市企业占据TOP5榜单，电子商务企业在活跃度方面表现依然强劲，美丽说、蘑菇街等新兴团购类商务平台拥有较高的活跃度（见表3）。活跃粉丝，是指企业微博账号的粉丝中有活跃行为的用户，活跃行为包括在最近一段时间内有登录、发博、评论等使用行为。

表3　企业微博活跃粉丝排名TOP5

用户昵称	地区	粉丝量	活跃粉丝量
美丽说	北京	2810798	1911289
蘑菇街	浙江	2241601	1906501
音悦台	北京	1659822	1530993
Weico微博客户端	北京	1204226	1003763
天猫	浙江	1143265	958107

注：截至统计时间均为2012年2月29日。

其次，企业微博的整体平均活跃粉丝比约35%，其中IT企业、酒店旅游类和餐饮美食类企业微博的活跃粉丝比相对较高。86%的账户活跃粉丝比大于20%；647个账户活跃粉丝比大于80%（见图1）。高粉丝量的企业微博账号较难保持较高的活跃粉丝比，与其粉丝基础大有一定关系。

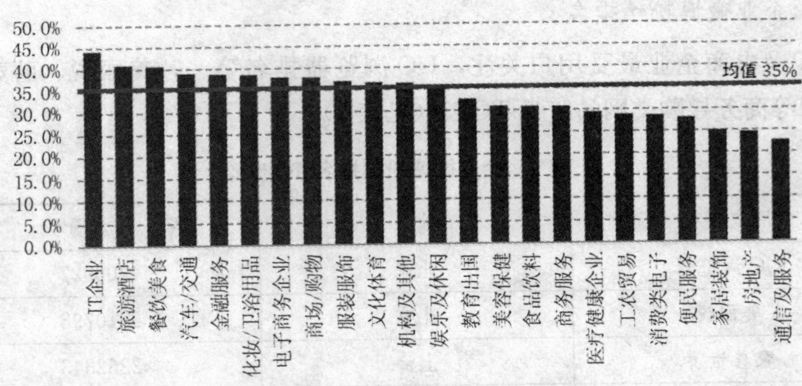

图1　企业微博活跃粉丝比

3. 互动粉丝分析

首先，电子商务网站微博粉丝的互动率最高，占据了互动粉丝TOP5排行的60%，万达广场是唯一进入互动粉丝量前5的商场购物类企业。值得注意的是，音悦台、韩流音悦Tai两个与音乐相关的企业微博账号进入互动粉丝量前五名（见表4）。所谓互动粉丝，是指企业账号的粉丝中有和企业进行了互动行为的用户，互动行为包括在一段时间内有向企业账号进行过评论或转发的使用行为。

表4　企业微博互动粉丝量TOP5

用户昵称	地区	粉丝量	互动粉丝量
蘑菇街	浙江	2241601	563930
音悦台	北京	1659822	404488
万达广场	北京	451900	363110
美丽说	北京	2810798	349093
韩流音乐Tai	北京	458048	154229

其次，从同行业来看，生活服务相关行业的企业微博平均互动粉丝比较高，比如商场购物、娱乐休闲、食品饮料等本地服务行业（见图2），这与生活服务相关的行业具备一定的互动性优势有关。

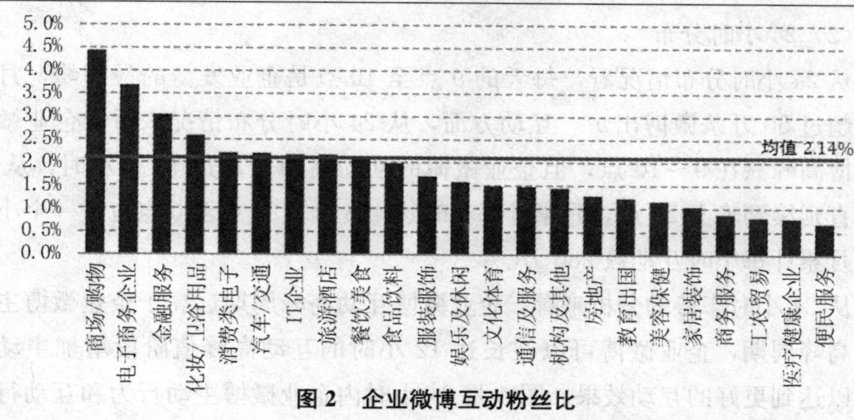

图 2　企业微博互动粉丝比

总体来看，企业微博互动粉丝比可待提升的空间还很大，企业微博可通过提高主动活跃行为，提高用户互动积极性；部分企业微博的内容质量较高，粉丝黏性很强，以@美丽说为例，互动粉丝比为 26%；部分企业微博初期粉丝较少，但积累的都是较为忠实的粉丝，他们更愿意和企业微博进行互动。

（四）企业微博运营现状及分析

1. 企业主动发微博与互动高峰值分布

（1）一周的分布

从企业主动运营方面来看，周一至周五是企业微博发布的集中期，平均每个工作日发出 17.5 万条微博，周二发博数量达到最高峰，当天日均发博数超过 18 万条。互动方面，与企业微博发博高峰值相对应，企业微博互动的高峰时间段依然是周二，日均互动超过 283 万（见图 3）。所谓互动量，是指企业微博被转发加被评论数量。

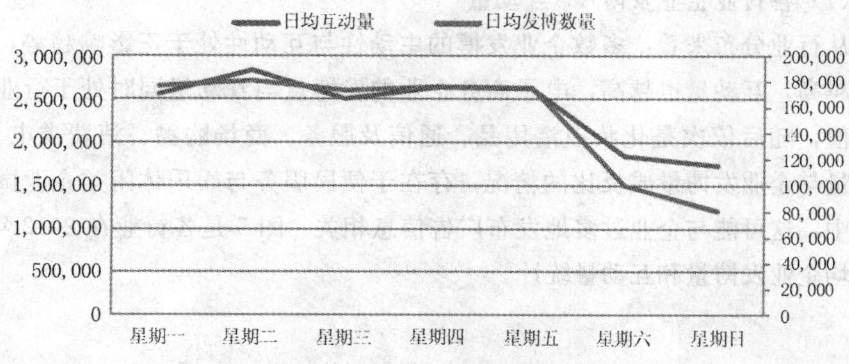

图 3　企业微博发布与互动量周变化情况

(2) 24 小时分布

从 24 小时分布情况看，每天的 9 点至 10 点是企业发博的最高峰，月累计有超过 50 万条微博出炉。互动方面，从 24 小时分布情况来看，企业微博的发博高峰只在 9～10 点，但企业微博的互动高峰值却达 12 个小时，从 10 点一直延续到晚上 22 点，月累计每小时达 438 万。23 点至 0 点也是一个小高峰，月累计每小时互动数 280 万。

从 24 小时态势的分析来看，企业微博互动高峰周期远高于企业微博主动发博高峰周期，企业微博可以在长达 12 小时的互动高峰值阶段增加主动行为，以达到更好的互动效果。图 4 是 24 小时内企业微博主动行为和互动行为的统计：

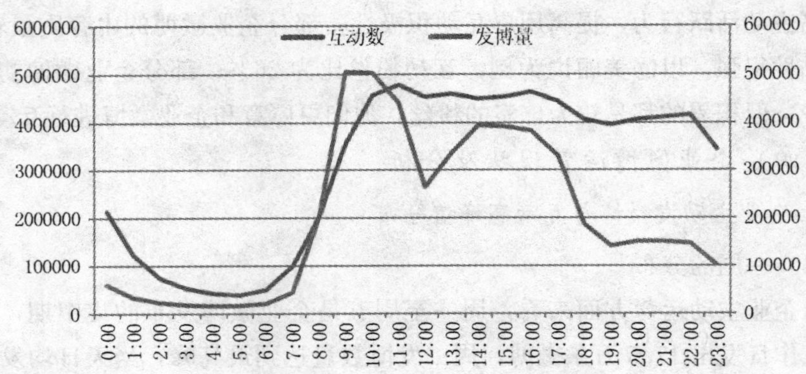

图 4　24 小时企业微博主动行为和互动行为一览

2. 企业发博量 VS 互动量 VS 曝光量

(1) 各行业企业发博 VS 互动量

从行业分布来看，多数企业发博的主动性与互动性处于正影响趋势，发博量越高，互动量也越高，电子商务企业的发博量与互动量同时处于行业的最高值，随后依次是化妆卫浴用品、通信及服务、商场购物、消费类电子。互动量与企业发博量成反比的情况，存在于便民服务与娱乐休闲类企业微博账号中，这可能与企业过多地发布广告信息相关。图 5 是各行业在 2012 年 2 月日均企业发博量和互动量统计。

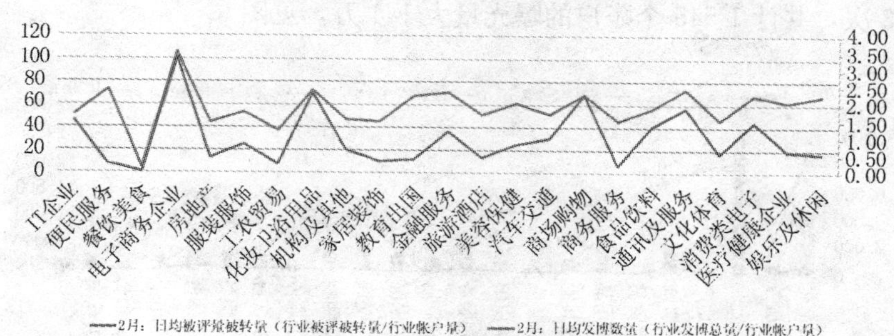

图 5　企业发博量与互动量变化

（2）企业微博日均曝光量

博文曝光量是指企业发布的微博文在当天被展示的数量。这里的曝光仅指页面曝光，不包括手机或客户端，日均曝光量从一定程度上能反映企业微博信息的受欢迎度。其中，电子商务平台的曝光量最多，曝光量最高的是蘑菇街、美丽说及音悦台。从曝光数据来看，导购类网站及京东商城、艺龙旅行网等电子商务平台较受欢迎（见表 5）。

表 5　企业微博日均发博量与曝光量

认证时间	用户昵称	省	一级分类	2月日均发博量	2月日均曝光量
2011/02/28	蘑菇街	浙江	IT 企业	46	11196630
2010/07/07	美丽说	北京	电子商务企业	42	7710092
2010/04/23	音悦台	北京	电子商务企业	24	5508404
2012/02/07	万达广场	北京	商场/购物	6	2438256
2010/12/06	韩流音乐 Tai	北京	电子商务企业	25	2298687
2011/05/19	北美省钱快报	海外	电子商务企业	72	2210531
2011/01/19	堆糖网	上海	电子商务企业	38	1927292
2010/06/30	爱物网	北京	电子商务企业	61	1804380
2010/03/25	京东商城	北京	电子商务企业	8	1443003
2010/01/19	艺龙旅行网	北京	电子商务企业	9	1377802

（3）不同行业企业微博的博文曝光量情况

不同行业的企业微博平均博文曝光量差异显著：电商企业最高，均值为

10 463 次，共计 1 545 个账户的曝光量大于 1 万，见图 6。

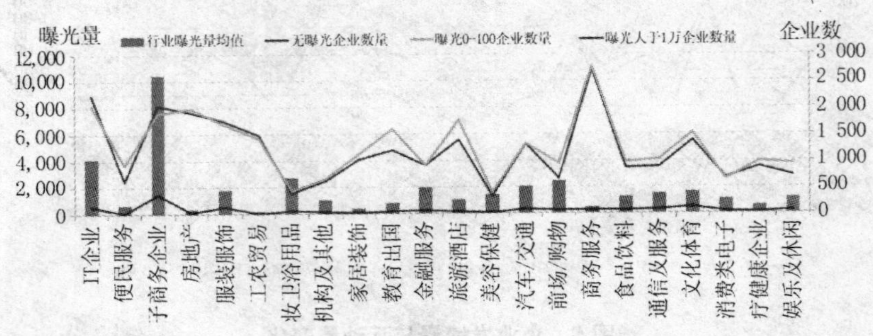

图 6　不同行业企业博文曝光量

整体来看，博文曝光量的数值个体和行业差异非常大，整体平均值为 1348 次，曝光量排名前 100 的企业微博平均被曝光 823 894 次。博文曝光量比较高的主要原因为：企业发博量高，博文质量好，企业微博经常开展活动，吸引用户转发扩散。

3. 企业经营微博的目的

企业主在对企业微博目的选择中，得分最高的选项是品牌建设，随后依次是媒体公关、客户关系管理、销售、招聘以及其他目的。

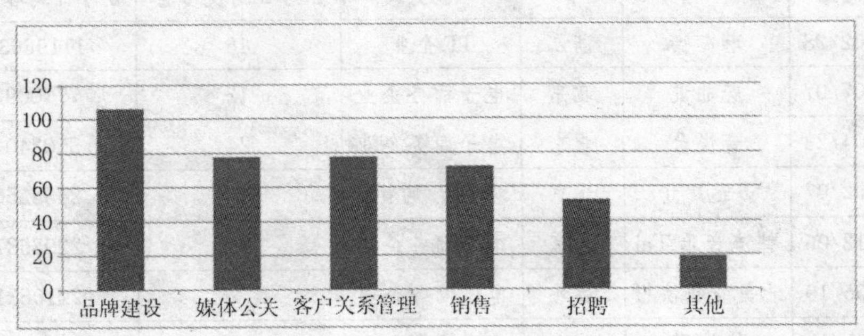

图 7　企业用户经营微博的目的

五、微博营销传播的未来：因消费者行为模式而变

传统的营销学把与消费者的沟通过程总结为“AIDMA”法则：从广告信息引起注意（Attention）到开始感兴趣（Interest），再到消费者产生需求与欲望（Desire）并潜在的在大脑中保留记忆（Memory），最后产生购买行动

(Action)。

这个原则的应用背景是传统的大众传播环境，消费者获得信息的渠道主要是报纸、杂志、广播和电视等大众媒介。这几种媒体的共同缺点是互动性差。受众无法对自己感兴趣的信息进行深度搜索，只能被这些媒体上有趣或者和自己有关的信息吸引，从而产生一定的兴趣和心理认同，继而激发消费者产生需求与欲望，对相关的信息产生记忆，产生购买行为。

然而在信息泛滥的信息时代，人们获取信息的渠道更加多元，人们对消息的接受更加多维。互联网的兴起，特别是 Web2.0 时代的到来，搜索引擎、Wiki、百度知道、BSS、贴吧、微博等为受众获取信息提供了多维的通道，也为分享（Share）提供了大量的渠道。

消费者行为模式也在 Web2.0 后从 AIDMA 转化成了 AISAS。网络特质的“S”——Search（搜索）、Share（分享）的出现，指出了互联网时代下搜索（Search）和分享（Share）的重要性，而不是一味地向用户进行单向的理念灌输，充分体现了互联网对于人们生活方式和消费行为的影响与改变，口碑成为影响消费者购买决策的重要原因之一。

图 8　AIDMA 与 ATSAS 模式对比

而实际上，不管是 AIDMA 还是 AISAS 模式，都是从营销者角度对与消费者沟通过程进行的总结阐释。如果站在受众的角度，不难发现，受众的起点不仅来自于营销者的外在刺激，还可以来自自身的需求。尤其是在社会化媒体的传播环境下，受众扮演营销者的角色越来越普遍。

因此，我们进而将消费者行为模式分为认知型和需求型消费者行为模式两种。

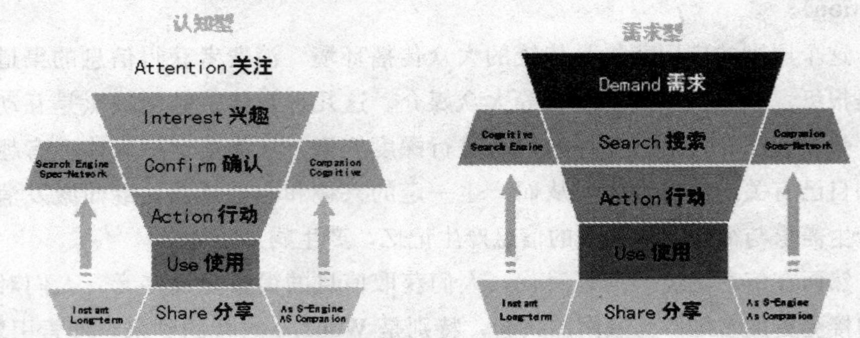

图 9　认知型与需求型消费者行为模式对比

目前主要的消费行为属于以上两种模式之一，要么是企业主动传播到达消费者的认知型，要么是消费者主动寻找企业（的产品）的需求型。这两种模式有着不同的起点，但是殊途同归，具有三个共同的突破点：

突破点一：Confirm&Search（确认和搜索）

由于网络技术（互联网和移动网络）的不断发展和网络应用的不断进步，企业、品牌、产品、服务以空前会聚的方式呈现在消费者面前，由于信息不对称而导致的产品局部过剩不复存在，几乎所有的产品都将在全网络范围内竞争、稀缺或者过剩。消费者不但可以通过网络搜索到产品，更可怕的是可以借此对所有的产品进行挑选、比较和确认，最终付诸行动。

但网络所能提供的仍主要限于搜索引擎和专业化网络的信息，这并不是决策所能依赖的全部途径。这种情况在需求型行为模式中尤为明显，在这里，对品牌的认知成为首先的考量和重要的决策依据之一。当消费者产生了消费需求，他首先会本能地在脑海中进行第一次检索，这意味着有些品牌在此时就已经先入为主了。如当一位消费者有了购买手机的需求，他可能在没有采取任何行动的时候，就已经想到了苹果，或者黑莓。不容否认，这种“未卜先知”的认知，对于最终的决策可能产生根本性的影响。

如果消费者此时对于所需求的品牌和产品并未产生先入为主的概念（可能由于信息缺乏或者一时想不起来），而开始了搜索环节并得到了大量的信息和某些确切的品牌，这时候潜藏在他脑海中固有但不怎么清晰的认知还是会跳出来发挥补充性和确认性作用。除非消费者在此之前对于需求的领域一无所知，否则这种品牌认知在两种模型中都会发生某种作用。

除了依靠自我、依靠技术，我们同样非常重视同伴的建议，尤其是当同伴已发生同类消费行为（具有消费经验）或有更丰富的专业知识时。尤其是当消费者无法从自身和技术手段获取足够或者可辨别的信息时，这种来自可信任的伙伴的信息和建议就变得至关重要。当然，这并不意味着伙伴总在最后才被考虑，事实上伙伴可能就是消费者对某种品牌建立认知或形成某种需求的“始作俑者”，也可能随时出现在互联网、平板电脑、手机等任何一个终端，从头到尾对决策形成干扰。

为什么这是第一个突破点？因为它提供了三个有机会介入消费者决策过程的入口：广告行销（以建立品牌认知）、新技术应用（以提供充分信息）和客户关系维护（以建立持久口碑）。

突破点二：Use

传统的行为模式认为Action购买是一次消费行为的终结，新型模式则加入了富有时代性的Share“分享”环节，这是在原来基础上很好的补充和延展。但是这两种模式都忽略了（或者因为某种原因没有提及）消费行为中最重要、最本质的一环：Use“使用”。消费者对一件产品的使用，才是其实施一次消费行为的最终目的和归宿。使用环节的问题，也是任何一个企业都需要着重关注的问题。使用的感受也就是消费体验如果好的话，新客户就更容易被培养成老客户、忠诚客户，而忠诚客户对于企业来说往往不只是持续的利益点，更是几乎无成本的广告宣传（可以带来更多的新客户），良好的口碑常常来自老主顾的“无私奉献”、主动宣传。反之亦然。

对产品的使用不仅是之前购买的目的，更是之后对其形成评论并予以发散、共享的基础。如果在这个环节把握住了消费者，将产生巨大的边际效益。由于部分产品的日益精密化、专业化和各种层面的信息壁垒，消费者不但会在决策时遇到困扰，更会难以避免地在产品的使用过程中遇到许多问题。解决这些问题超出了消费者的能力范围，这时候消费者继续需要企业提供帮助，交易结束后的继续合作（售后服务）变得必不可少。如电脑行业的情况，能提供良好售后的DELL和Apple是许多消费者难以割舍的考量之一。而对于技术门槛不高、企业可介入度低、消费者自信其判断力的产品，情况可能就变得简单但糟糕。如某品牌的大碗方便面给消费者造成了不良体验，他可能立即将其打入冷宫而不忘进行宣传（取决于时机）。当然随着消费人格的不断成熟，相信部分消费者也会有将自己的使用体验主动反馈给企业的欲望。

这里可把产品分为重度需要售后服务的产品和轻度需要售后服务的产品，

也就是说，几乎所有的产品都需要某种程度的售后服务。产品的价值在于其使用价值（和服务价值），出售一件产品并不只是出售了其物理属性和功能，更意味着售后一切服务的同步出售，购买不是消费行为的结束，而更像是开始。售后服务的说法本身就包含着附加服务的含义，而附加则意味着非正式的、多余的、超值的，所以叫做“使用服务”（待定）似乎更为合适。同理，对消费者来说，当购买一件产品时，要看到这件产品背后所能包含的服务，也就是说，产品即服务，服务即产品。

“使用服务”和由此带来的消费者体验（因为消费体验不再是一个人的事，这种体验具有高度的分享性）变得空前重要，这是第二个突破点。企业要把顾客放在更人性、更个性的位置上重新考量，尽可能地介入产品的使用环节提供即时的、全时的、伙伴式的服务，与顾客建立起尽可能稳定和信任的新关系，在这一过程努力为自己加分。

突破点三：Share

Action行动不是消费的终点，Use使用也不是消费的终点了，因为使用之后还要分享。当分享的欲望和分享的手段二者都具备时，分享就会轻而易举地发生。满意的消费体验会令人乐于分享，而糟糕的消费体验更会使人愤而分享，分享的动机可以如此简单，如纯粹的表达欲望、他人的问询、寻求关注的虚荣心或者出于责任感等。而互联网、移动媒体的发达使得这种欲望很容易被付诸行动，分享的信息可能通过消费者所能接触到的任何个人媒体（个人能发表言论的媒体）上载到整个网络世界，成为“关于品牌的一切”信息的一部分，这种信息理论上是不会消亡的。

但是Share分享也不是消费的终点，因为分享的信息最终会整合到整个网络世界，进入下一个消费行为的Confirm/Search环节，成为其能检索到的众多信息之一。如果被分享的内容被许多人追捧，那么它将成为相对更“有用”的信息而产生更大的影响，同时变得越来越“有用”。所以一条广受认同的很“有用”的分享信息，足以成为决策过程的决定性参考之一。如在亚马逊购物网站上，网友可以对关于某件商品的评论进行是否有用的评价，然后按照商品评论的有用程度进行浏览。豆瓣网的读书频道也可以按照对某一作品的读书笔记的有用程度依次浏览（记得之前是有一个“最佳书评”和“最差书评”出现在其他评论之上）。

分享是与前两个突破点密不可分的，首先它归因于产品的整个使用过程，更重要的是，它会回过头来转化成确认/搜索环节的重要内容，如此无限循环下去。分享可以以确认/搜索环节所需的任何一种媒介出现，可以直接进入搜索引擎阵列被打开，可以收录进专门化的评论网站供人检索（例如大众点评网、巧点网、中关村在线、汽车之家），也可以直接口耳相传扩散到自己的生活圈，并可以在或不在以上方式的影响下为其他消费者建立或巩固品牌认知。所以说，对分享的关注也就是对 Use 使用和 Confirm 确认/Search 搜索的关注。

分享看似是消费者的自主的、企业不可控的行为，但实际上企业仍然可以通过对使用过程的“亲密接触”和对确认/搜索过程的合理介入来施加影响。同时必须看到，在新的营销传播环境下，过度丰富的信息更容易使人无所适从，这时候意见领袖的影响力（分享的信息）会得到某种程度的加强。当所有外在的信息（被分享的信息、消费者获得信息）都无法使消费者下定决心时，那就只能依靠 Cognitive 认知的作用下的本能了。

Share 分享的不可避免性，让企业的品牌建设变得更开放、更感性，也更难以控制。对企业来说，这是一把不折不扣的双刃剑。用得好，事半功倍；用不好，则可能深受其害。如何让分享对自己有利呢？还是要回到“使用服务”环节的功夫和确认/搜索环节的阵法。

消费者消费模式是企业营销方式的依据，以上三个所谓的突破口，其实就是消费者行为模式中相对可控和有实际意义的部分，也是在新的形势下企业营销可以而且必须着力的关键部分。不难看出，现在和未来的消费行为将是数字化的（Search Engine，Specialized Network）、圈子化的（Companion）、感性化的（Cognitive）、服务化的（Use）、开放化的（Share），是工具理性和随意感性的复杂融合。

这个消费者行为模式的假设相应提出了企业新营销的几个要点：感性化、数字化、服务化（伙伴化，最核心）。感性化意味着营销内容的趣味性和利益性，营销方式的人性和柔性。数字化意味着对媒体（尤其是新媒体）及其应用全面、科学的整合，最终使得消费者能够最便捷地找到企业和对企业有利的信息。服务化要求企业放弃短线思维和浮躁心理，最大限度地赋予产品以服务价值，为顾客提供全面而个性的终身服务，最终建立起企业与客户之间互利互信、持久稳定的伙伴化关系。

基于此可以提出微众营销的概念，它是指借助数字化媒体进行的直接的伙伴关系营销。其中，微众是对象，数字化媒体是趋势，直接是本质，伙伴关系是精髓（见表6）。微博营销是其中重要的组成部分。

表6　微众营销结构

消费者行为	营销活动	微众营销
数字化	数字化	数字化＋直接
圈子化	数字化＋感性化	数字化＋伙伴关系
感性化	感性化	微众＋伙伴关系
服务化	服务化	微众＋伙伴关系
开放化	数字化＋圈子化＋服务化	数字化＋伙伴关系＋微众

简单地说，微众营销的过程就是，企业在对数字化媒体进行全面整合的基础上，依靠高质量的个性化服务，建立与消费者之间互利互信、持久稳定的伙伴化关系的过程。这一过程的实现意味着企业把握了营销的本质，更有可能在激烈的市场竞争中分疆拓土，建立起属于自己的具有持续性、稳固性和增长性的未来市场。

（注：文中部分未标明出处的数据和资料，均由新浪、腾讯等微博平台运营商提供。）

第四部分

跨文化语境下的民族文化传播

主流影视在民族地区的传播现状调研报告

课题组组长　吕乐平

课题组成员　尹　锐　凌婉月　马　娴

中国是一个疆域辽阔、民族众多且分布广泛的国家。随着经济全球化进程的加快，不同地区、不同民族间的文化交流越来越频繁。这种频繁的交流使少数民族群众的生活质量提高了，也为中华民族文化增添了越来越多的光彩。但是我们也看到，跨地区、跨民族之间的信息传播和文化交流还存在着不少障碍和"瓶颈"，它们影响着民族团结和社会的和谐发展。众所周知，影视作为文化的载体，同时又是重要的传播媒介，是跨文化交流的有效方式之一。如何利用影视传播主流意识形态、宣传国家政策、减少民族冲突、促进文化交流和民族团结，是当下备受关注的热点。在这样的背景下，关于影视在少数民族地区的跨文化传播研究有着深远的历史意义和现实意义。本次调研的主题是主流影视在民族地区的传播现状。主流影视，主要指在国内院线上映的电影（包含主旋律电影）和在央视及各省级卫视播出的影视节目。此次调研选取了西藏自治区的受众为研究对象，因为西藏属于少数民族聚居区，地理位置较为偏远闭塞，经济发展相对滞后，民族文化差异较大，跨文化传播在这里具有典型的代表性。

一、调研的目的

本次调研的目的是通过对影视在少数民族地区的跨文化传播的调查，考察影视在少数民族地区的传播现状，了解少数民族受众对主流影视的收视情况和对主流影视的评价和反应，从而梳理出少数民族地区受众的收视行为、习惯和需求；了解主流影视在少数民族地区传播过程中遇到的障碍，从而探索影视在少数民族地区实现跨文化传播的有效途径；了解少数民族受众对本民族影视文化传播的态度与想法，从而探求民族影视文化与主流影视文化如何通过有效的平台实现跨文化传播。

二、调研的意义

通过调查，进一步了解主流影视在民族地区的传播现状以及少数民族地区受众影视需求，总结我国主流影视、民族影视的发展和传播存在的问题，为政府和有关部门制定相关文化政策提供一定的数据参考，为影视节目制作者带来一些启示，进而完善我国的文化政策，提高影视节目的质量与水平，减少影视文化在少数民族地区传播的障碍；深度挖掘主流意识形态通过影视文化在少数民族地区实现有效传播的途径，使主流影视文化和主流价值观更好地被各族人民认可和接纳，弘扬民族文化，加强民族团结，增强国家凝聚力，响应国家文化强国的号召。

三、调研地点概况

（一）拉萨市

调研地点：拉萨市。

调研时间：2011年7月28日～2011年7月30日　2011年8月8日～2011年8月11日。

本次调研，我们首先选取了西藏自治区的首府拉萨市。

拉萨市，位于雅鲁藏布江支流拉萨河中游河谷平原，东经91°07′，北纬29°39′，海拔3658米，是祖国西南边陲的重镇，历来是西藏全区政治、经济、文化的中心和交通枢纽，也是藏传佛教圣地。拉萨市于1960年设市，现辖堆龙德庆县、当雄县、尼木县、曲水县、林周县、达孜县、墨竹工卡县和城关区七县一区。全市行政区域东西跨距277公里，南北跨距202公里，总面积29518平方公里。总人口50多万人，有藏、汉、回等十多个民族，藏族人口占87%。拉萨以风光秀丽、历史悠久、文化灿烂、风俗民情独特、名胜古迹众多、宗教色彩浓厚而闻名于世，是国务院首批公布的24个历史文化名城之一，位于城市中心的布达拉宫、大昭寺、罗布林卡被联合国教科文组织列入世界文化遗产名录。随着中国与周边邻国友好关系日益发展，在对外经济、技术合作和文化交流等方面，拉萨将成为沟通中国腹地与南亚次大陆的重要走廊。

拉萨市是西藏自治区宗教工作任务较重的地区之一，现有藏传佛教、伊斯兰教两种宗教。信仰藏传佛教群众占全市总人口的绝大多数。截至 2007 年底，全市共有僧尼 5580 人。寺庙和各种宗教活动场所 266 座，其中清真寺两座。

拉萨市的文化事业蓬勃发展，人民群众精神文化生活更加丰富，道德素质、文化程度和法律意识进一步提高，群众性体育活动得到加强。广播电视综合人口覆盖率均达到 93.2%以上，其中，广播人口覆盖率达到 93.5%，电视人口覆盖率达到 93.4%，广播电视“村村通”比例（行政村）达到 100%。全市共有乡村广播电视台 1066 座，专业艺术表演团体 6 个，文化馆、站 7 个，公共图书馆 1 个，博物馆 1 个。出版报纸 3007.38 万印张，各类杂志 125 万册，图书 1190.4 万册。①

（二）林芝地区八一镇

调研地点：林芝八一镇。

调研时间：2011 年 8 月 31 日～2011 年 8 月 2 日。

林芝地区地处藏东南雅鲁藏布江下游，平均海拔 3000 米左右，海拔最低的地方仅 900 米，是世界上海拔落差最大的地区。由于受地形影响，林芝与西藏其他地区的气候有着显著差别，气候湿润，雨水充沛，植被丰富，素有“西藏江南”之美称。

林芝地区总面积约 11.7 万平方公里，下辖林芝、米林、工布江达、墨脱、波密、察隅、朗县 7 个县，共有乡镇 55 个，行政村 705 个，人口约 18 万。林芝地区是一个以藏族为主体的多民族聚居地区，藏族人口占全地区总人口的 90%以上。除藏族外，还有汉族、回族、怒族、门巴族、珞巴族、独龙族、白族、纳西族、傈僳族 9 个民族和僜人。

林芝地区土地肥沃、降水充沛、自然资源丰富，主要以农牧业为主。依

① http://baike.baidu.com/view/146474.htm，2011 年 11 月 30 日访问。

靠丰富的自然资源和便利的交通条件，在广东、福建两省的对口扶贫下，林芝地区的经济近年来飞速发展，人民生活水平显著提高。

林芝地区的广播电视事业起步较晚，但发展迅速。1985年建立地区电视转播台，1987年地区文化广播电视局和地区电影发行公司正式成立，林芝地区广播影视事业开始走向正规的快速发展轨道。在中央第三次西藏工作座谈会和全国广播影视系统援藏工作会议的推动下，尤其是国家“村村通”工程、“西新工程”和电影“2131”工程的实施和援藏工程的推进，林芝地区广播影视事业飞速发展。

（三）日喀则地区日喀则市

调研时间：2011年8月9日～2011年8月7日。

西藏日喀则地区，位于祖国西南边陲，青藏高原西南部，西衔阿里，北靠那曲，东邻拉萨与山南，外与尼泊尔、不丹等国接壤，国境线长1753公里。全地区国土面积18.2万平方公里，平均海拔4000米以上。整个地区设有一个县级市（日喀则市）、17个县（江孜县、白朗县、拉孜县、萨迦县、岗巴县、定结县、定日县、聂拉木县、康马县、亚东县、仁布县、南木林县、谢通门县、吉隆县、昂仁县、萨嘎县、仲巴县）、1个口岸（樟木口岸）。共有203个乡（区、街道办事处），1760个村（居）委员会。现有耕地125万亩，草场可利用面积1.14亿亩，森林覆盖面积146.2万亩。截至2005年底，日喀则地区总人口为662146人。其中农业人口490534人，牧业人口100130人，非农业人口71482人。藏族人口651828人，汉、回、蒙、土、满、苗、壮等十几个民族人口10318人。2005年全地区出生8881人，死亡3961人，自然增长率7.47‰。①

在整个日喀则地区，电视信号覆盖了每个行政村，包括有线和无线信号的覆盖，能收到50个左右电视频道。其中在日喀则市有一个地区电视台，17个县也有自己的电视台，市里没有单独的电视台，当地电视台通过有线覆盖辖区范围，新闻报道以正面报道为主。当地的藏族同胞主要是收看藏语电视节目，但是他们对央视春晚、奥运开幕式和闭幕式等内地的一些节目也很感兴趣。②

① http：//baike.baidu.com/view/1453619.htm，2011年11月30日访问。
② 2011年8月4日采访日喀则电视台新闻部李主任。

（四）达孜县

调研时间：2011 年 8 月 9 日。

达孜县位于西藏自治区中南部、拉萨河中游。达孜县有优美的山水，田园风光具有很高的旅游观光价值。境内共有寺庙、日追拉康 15 座，其中始建于公元 7 世纪的格鲁派六大寺之首——甘丹寺，在政治、宗教、建筑、艺术等方面都占有重要的地位，1961 年被列为全国重点文物保护单位。另外还有具有 1500 多年历史的叶巴寺，是西藏历史上有名的寺庙之一，也是各界人士观光、旅游、考古的胜地。

达孜县辖 5 乡 1 镇，21 个村民委员会，131 个村民小组。到 2003 年底，全县总人口为 25825 人，人口自然增长率为 4.7‰。①

该县文化、广播、电视、电影事业发展得很不错，开通了有线电视。现全县有广播站 18 个，电视单收站 89 个，文化室 5 个。

四、问卷设计说明

本研究的主题是影视跨文化传播情况调查，而跨文化包括国内不同民族间的影视跨文化和国外影视在中国的跨文化。因为传播包括传者、受众、传播渠道、传播内容和传播效果五个要素，为了能准确地找出影响跨文化传播的因素，也就是找出实现影视跨文化传播的条件，本次调查就从传播的五要素出发进行研究。因此调查问卷的设计也是以传播的五要素为脉络设计的，包括基本情况、传者情况与渠道情况、内容情况、受众情况、传播效果五部分。

另外，此次的调研地点是西藏自治区，调查对象就是居住在西藏自治区的藏族同胞、其他少数民族同胞以及汉族同胞。因此，跨文化传播主要指内地的主流影视及国外影视在藏族地区的跨文化传播，问卷的设计就有一定的针对性，即针对藏族同胞来设计问卷。下面将对每个部分进行简要说明。

（一）被调查对象的基本情况

考虑到受众接受影视节目会受到性别、年龄、民族、文化程度、婚姻状

① http://baike.baidu.com/view/183254.htm，2011 年 11 月 30 日访问。

况、职业、汉语水平等因素的影响。因此问卷的基本情况部分就针对这些主要因素设计了8个题目。

（二）传者情况与渠道情况研究

因为信息的传播受传者、渠道的影响，具体到传播实践中就是电视信号的覆盖情况、电影院的情况和影视资源情况。这部分的问卷就根据电视信号的覆盖情况、电影院的情况和影视资源情况来设计，又因传者情况和渠道情况在传播实践中没有清晰的界限，因此把二者合在一起设计了9个题目。

（三）内容情况

这部分是问卷的主要部分，能反映出受众喜欢观看什么样的影视内容、不喜欢什么影视、为什么喜欢、为什么不喜欢，以及期待看到什么样的影视。这些内容可具体化到影视的类型、节目的类型，具体到语言、民族、宗教、国家等，因此内容比较丰富，共设计了23个题目。

（四）受众情况

受众的观念决定他们的行为，受众情况主要考察受众接受影视节目的观念以及利用媒介传播信息的观念，主要体现为他们对影视商品的消费观念和利用媒体传播信息的自觉性，共设计了6个题目。

（五）传播效果情况

为了更好地反映传播效果，此部分就被具体化到受众是否看过近期比较热播的一些内地的主流影视和比较热映的国外影视以及影视对他们的主要影响，共有5个问题。

为了把主题说清楚，问卷设计得比较长，共有51个题，有的题中还包括几个小题，问卷中不能包含的内容将用深度访谈方式来完成调查。

五、问卷发放和回收情况

本次共发放问卷500份，其中拉萨200份，林芝100份，日喀则100份，达孜县100份。共回收有效问卷为442份，有效问卷回收率为88.4%。

调查对象的基本情况：

在回收的442份问卷中，男女所占比例大致相等，男性比例占40.5%，女性比例占59.5%。从受访者年龄看，15岁以下人群至50岁以上人群均有所包含，但是年龄层次分布不均匀，78.1%受访者属于15～30岁年龄段，15.4%属于30～50岁年龄段，而15岁以下和50岁以上的受访者分别只占5.9%和0.6%。西藏是以藏族为主的少数民族聚居区，因此受访者中75.2%为藏族，汉族为18.6%，其他民族受访者所占比例非常小。从职业分布看，学生和公务员分别占了43.4%和31%，而农牧民所占比例为24%左右，这和我们调查地点选择有很大关系。调查地点主要集中在西藏拉萨市、日喀则和林芝、达孜县四个地方，由于各方面条件限制，我们没能深入农牧区，所以能接触到的调查对象有限，多为城镇本地居民。从受访者的汉语水平看，42.8%的人完全无听说障碍，25.6%的人汉语较流利，能听懂但常常不能准确表达（见表1）。在实际的调查中我们发现，一部分人虽然完全无听说障碍，但是对汉语却不能读写，他们的汉语很多是靠日常生活中和内地游客交流自学的。因此有很多能听能说汉语的藏族受众，但看不懂汉语，这也是我们调研中遇到的一个困难。

表1　被调查对象的基本情况表　　总人数：442人

性别	男	179	40.5%
	女	263	59.5%
年龄	15岁以下	25	5.90%
	15～30岁	345	78.10%
	30～50岁	68	15.40%
	50岁以上	3	0.60%
民族	藏族	332	75.20%
	维吾尔族	2	0.30%
	回族	14	3.20%
	哈萨克族	1	0.10%
	汉族	82	18.60%
	其他民族	11	2.50%

续表

性别	男	179	40.5%
	女	263	59.5%
文化程度	初中以下	61	13.80%
	高中及职校	68	15.40%
	专科	92	20.80%
	本科	197	44.60%
	本科以上	24	5.40%
婚姻状况	未婚	315	71.30%
	已婚	112	25.30%
	离异	10	2.30%
	丧偶	5	1.10%
职业	农民	17	3.80%
	牧民	8	19.00%
	公务员	137	31.00%
	学生	192	43.40%
	个体户	11	2.50%
	公司职员	21	4.80%
	其他	56	12.60%
家庭月收入	1000 元以上	90	20.80%
	1000～2000 元	107	24.20%
	2000～4000 元	155	35.10%
	4000 元以上	88	19.80%
汉语水平	完全无听说障碍	189	42.80%
	基本无听说障碍	103	23.30%
	较流利，能听懂但常常不能准确表达	113	25.60%
	不太流利，需要母语和肢体语言的辅助表达	37	8.30%
	完全不懂	0	0%

六、深度访谈的对象和实际完成情况

（一）深度访问的对象

1. 拉萨市

（1）西藏大学文学院张国都院长、西藏大学传播系老师次旺卓玛、达瓦次仁、索南措及学生（学生主要采用座谈会的形式展开）；

（2）西藏电视台藏语卫视主任巴珠、总编室主任次仁多吉；

（3）西藏自治区电影公司；

（4）中国西藏广播电影电视藏语节目译制中心——西藏电视编译部伦珠巴桑主任；

（5）中国西藏广播电影电视藏语节目译制中心——西藏自治区电影公司译制科主任普坤次仁。

2. 达孜县

（1）达孜县广电局主任邓玉芳；

（2）达孜县德庆镇百纳村村民巴桑达瓦、巴珠。

3. 日喀则地区

日喀则地区电视台新闻部李主任。

4. 林芝地区

（1）林芝地区广电局科长杨小林；

（2）林芝地区电视台台长王军。

（二）实际完成情况

1. 在拉萨市调研期间，正逢西藏自治区电影公司放假，故未能如愿采访到西藏自治区电影公司的相关人员；在西藏大学调研期间，也正逢学生放假，故未能开展座谈会。其他的深度访谈均顺利完成。

2. 在日喀则调研期间，由于日喀则地区广电局局长出差，未能采访到他本人，采访了日喀则地区电视台新闻部主任。

3. 在林芝地区的采访顺利完成。

调研获得的主要成果

一、传播渠道现状

传播渠道是实现跨文化传播的先决条件，只有在传播渠道通畅的情况下，传播才能得以进行。少数民族聚居地区由于地理位置、经济水平等因素的制约，文化环境一般相对封闭和独立，与外界交流相对较少。要了解影视文化在少数民族地区的传播情况，首先必须了解传播媒介的普及情况，受众接收影视的渠道和方式，从而有针对性地扫除跨文化传播中的障碍。

西藏地区属于西部边疆少数民族地区，国家为了支持西部地区的经济、文化建设和发展，出台了许多具有针对性的扶持政策，比如广播电视“村村通”工程、“电影下乡”工程和针对西藏、新疆两地的“西新工程”等。从本次调查的情况看，这些政策在西藏的实施都取得了不错的效果，极大地推动了民族地区广电事业的发展，使影视文化在少数民族地区有了相应的传播渠道。

（一）西藏地区影视文化的传播渠道情况

1. 电视的覆盖率高，是少数民族地区受众最主要的影视接收渠道

为了解决边疆少数民族地区人民听广播、看电视难的问题，1998年国家开始实施了广播电视“村村通”工程，投入大量的人力、物力、财力，进行广播电视网的建设。经过十几年的努力，在当地政府的配合下，西藏地区的广播、电视覆盖率都达到了90％以上，基本实现了行政村全部通广播、电视的目标。2000年，国家又推出了针对西藏、新疆等边疆少数民族地区的广播电视覆盖工程（简称“西新工程”），进一步拓宽和完善影视文化在少数民族地区的传播渠道。

据我们调查，在西藏地区，有将近半数的家庭通过有线电视网收看电视节目，另有三分之一的家庭通过卫星接收器收看电视。这两种接收方式在调查中占了绝大的比例。由此可见，西藏的电视覆盖率极高，是少数民族地区受众最主要的影视接收渠道。

在西藏调研期间，达孜县广电局邓玉芳主任向调查组成员介绍，国家对西藏地区广电事业的支持力度非常大，每年投入大量的资金进行广电网的建设和维护，不但为每家每户安装卫星接收器或者有线电视机顶盒，甚至给一些贫困农牧民家庭发放电视机，基本上解决了当地群众的电视接收设备问题，保证每一个家庭都能收看到电视。

深访实录：

访谈对象：达孜县广电局主任邓玉芳

问：达孜县的广播电视覆盖率怎样？

答：在我们这，广播的覆盖率达到98%。老百姓家里都有政府发的收音机，在田间地头也能通过广播收听新闻和关于农业方面的技术等信息。电视方面的覆盖主要是靠“户户通”工程，给每家每户都安装“锅盖”，目前我们已经解决了6900多户家庭的“锅盖”，已经覆盖了90%以上，还有一些正在建。“户户通”工程基本解决了农牧民看电视的问题，但是我们不能说是百分百解决，因为每年都有一些新增户，比如说成家后分家了，一家变两家。这一部分新增用户，需要一个上报的过程，然后才能解决，这样一批一批地来。另外，我们在“户户通”工程之后有一个“电视进万家”工程，就是直接给贫困的农牧民家庭赠送电视机。这个工程是结合“户户通”工程的，因为家里有了锅盖，如果没有电视机，还是等于零。“电视进万家”工程实施后，每个家庭至少有一台电视机，有的家庭甚至有两三台。

问：这些电视机都是政府赠送的吗？

答：对，政府赠送的。有的家庭稍微富裕的，还会自己再去买电视机，所以会有两三台。

问：电视进万家工程是从什么时候开始的？

答：这个好像挺早的，在2008年之前就开始了。

2. 电影院和银幕数量极少，远远不能满足受众需求

电影院是电影得以传播的最主要的途径，是电影业得以发展的基础。随着人们生活水平的提高，精神文化需求的日益增长，作为影视文化主要传播媒介的电影院也得到了极大发展。近年来，国外大片的大量引进和国内电影的发展，吸引了越来越多的人走入电影院观看电影，我国电影院的数量和银

幕数量呈现不断增长的良好趋势，如图 2 所示：

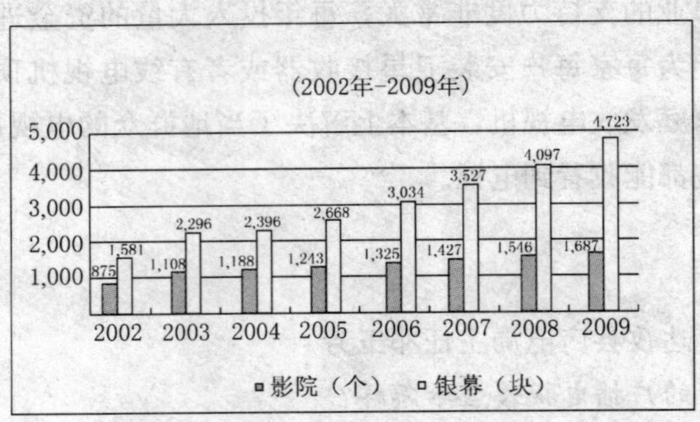

图片资料来源：范馨雷《2010 年影院发展报告》。

图 2　中国历年影院和银幕数量变化

虽然我国的影院数量和银幕数量一直在增加，但是就总体而言，还是远远不能满足受众的需求，尤其是在少数民族地区，电影院和银幕更是极度匮乏。在西藏调研过程中，调查组了解到，即使是像拉萨市这样的自治区首府，也只拥有 3 家正规的电影院，整个林芝地区只有 1 家电影院，许多市、县甚至找不到一家电影院。在西藏接受调查的 442 人中，44％的人表示自己所在地方只有 1 家电影院，有 3 家及以上电影院的只占 17％（见图 3)。

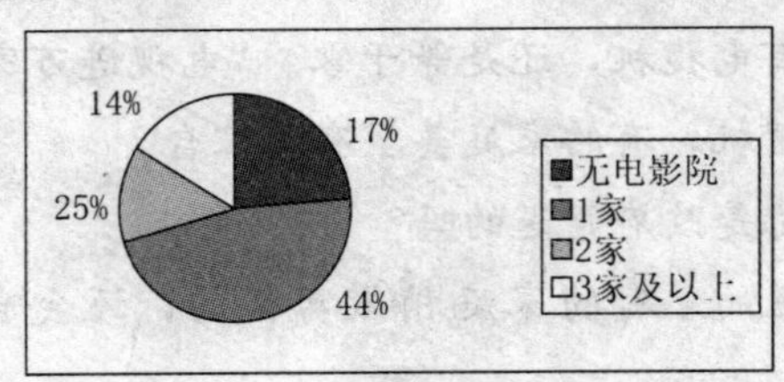

图 3　你所在地方有几家电影院？

深访实录

访谈对象：林芝地区文化广电局广电科科长杨小林

问：林芝地区有几家电影院？

答：林芝地区有一家数字电影院，但这是西藏地区最好的影院。

问：到电影院看电影的人多吗？

答：看电影的人还算多，上座率 3D 厅达到 90％以上，其他两个厅至少也达到 60％或 70％的上座率，这主要是因为林芝地区人口太少，城镇人口只有2万多，所以不可能都爆满。

问：观众到电影院一般都看什么片呢？

答：国外大片看得比较多，像《阿凡达》、《变形金刚》、《加勒比海盗》很受欢迎，国内的大片像《唐山大地震》和《让子弹飞》这类也是比较受欢迎的。

问：电影院里放映藏语译制电影吗？

答：没有。基本都是汉语或外语片。藏语译制片目前还达不到要求，人才、设备都不行，都还跟不上。

综合以上数据可发现，西藏地区的电影院，无论是规模上还是数量上都远远落后内地和沿海的城市，根本无法满足当地受众的观看需求。这种状况极大地限制了影视文化在该地区的传播。相对于电视非常高的普及率，少数民族地区电影院数量和银幕数量匮乏主要有两个原因：一是受经济水平限制，又得不到国家政策的支持。电影院的建设需要投入大量的资金，而少数民族地区的经济水平一般都比较落后，影院建设投入大，成本回收慢，当地政府或者企业一般都不愿意也比较难以负担影院建设的经济压力。国家的“村村通”工程和“西新工程”等扶持政策主要是针对广播电视事业，并没有把电影院建设纳入支持的范围。而电影下乡工程、“2131电影工程”这样的政策则是以流动电影放映队入乡、进村的方式进行的，并不涉及电影院建设的问题。然而调查组在调研过程中了解到，实际上许多受众是愿意也希望到电影院观看一些新片或大片的，但是电影院数量的紧缺，限制了他们收看途径的选择。二是受众市场狭小，无法吸引相关企业来进行电影院建设投资。少数民族地区人们生活水平有了很大提高，文化消费也不断增长，但是电影消费对于广大群众而言，并不是一个经常性的、必需的消费项目。正如西藏自治区电影公司译制科主任普坤次仁介绍：在西藏地区，去电影院看电影的一般都是受过高等教育的人或者从事影视工作的人，以及一小部分谈情说爱的年轻人，但是这部分人群数量并不是很多。大部分的人还是通过电视，或者购买光碟观看电影。此外，由于语言差异，限制了部分受众到影院观看电影。西藏地区受众市场相对狭小，在这样的市场环境中建设影院需要承担较高的风险，因此无法吸引企业来投资建设电影院。

3. 网络传播深受年轻人欢迎，但尚未成为影视文化传播的主渠道

随着互联网技术的应用和发展，网吧在城市甚至乡镇上遍地开花，加上个人电脑价格的逐渐平民化，越来越多的普通家庭购置了个人电脑。电脑的普及是对大众传播媒介技术的一次革命，它不但集合了报纸、广播、电视这些传统媒介的优势，还具有传统大众媒介无法企及的迅捷性、海量性、互动性等优势。在内地和沿海地区，网络已经成为影视文化最重要的传播渠道。由于网络传播对受众的知识水平和技术能力有一定的要求，因此，在少数民族地区，网络传播的对象一般是年轻人或掌握相关电脑知识的人。年轻人思维活跃，易于接受新事物，而且通常比较注重影视的时效性和随意性，网络上随时更新的海量的影视资讯能让他们更自由地选择自己所喜欢的影视节目，因此网络甚至成为许多年轻人首选的影视接收方式。

在“你最经常通过哪种方式观看电影”这一题中，16.9%的人选择了网络，超过到电影院观看（6.7%）、通过家用DVD/VCD观看（10.8%）和通过手机、MP4/MP5等其他方式（13.7%）。由于电影院发展受制约、影视光碟市场萎缩，通过网络收看影视的受众越来越多。但是，这个比例还远远不及通过电视收看的方式（51.8%），如图4所示。

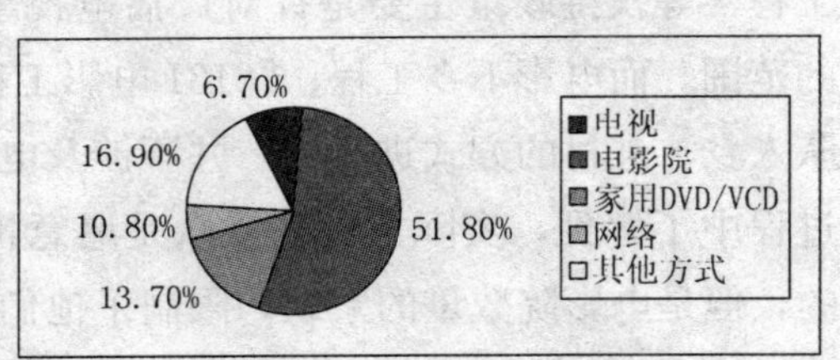

图4 你最经常通过哪种方式观看电影？

以上数据表明，少数民族地区的受众主要还是通过电视收看影视节目，网络传播在少数民族地区尚未成为主要的传播渠道。

4. 民族语言频道偏少，少数民族语言影视节目传播渠道狭窄

如图5所示，西藏地区用户普遍能接收到30个以上的电视频道。在受调查者中，超过一半的家庭能收到50个以上的电视频道，数量上与内地和沿海地区的情况相差无几。

虽然能接收到大量的电视频道，但是基本上都是汉语电视频道，民族语言频道极少。如图6显示，在受调查者中，46%的人家里能接收到3～5个民

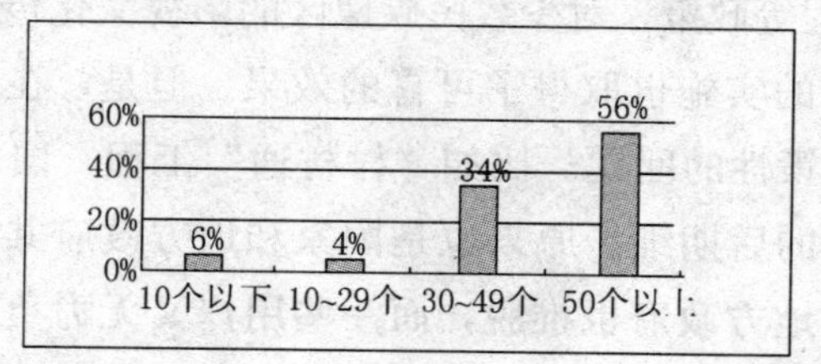

图 5　你家能收到几个电视频道?

族语言电视频道，29%的人家里只能接收到1～2个民族语言电视频道，仅有4%的人表示家里能接受到10个以上的民族语言频道。

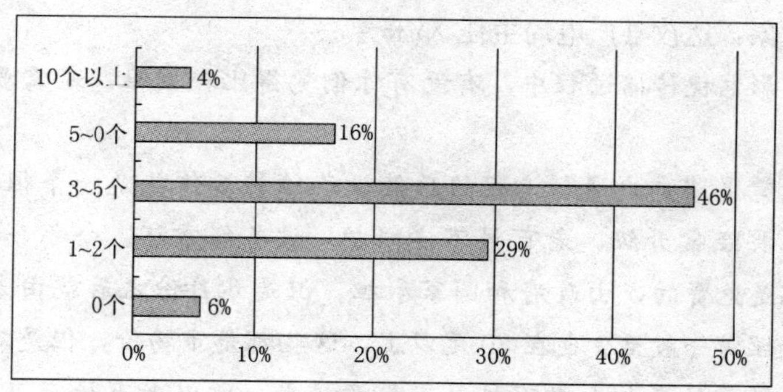

图 6　你家能收到几个民族语言电视频道?

从频道的分布看，汉语电视频道的远远多于民族语言电视频道。这从侧面反映出民族语言影视节目的传播渠道狭窄，相对于占有大量传播渠道资源的汉语影视节目而言，在跨文化传播中，民族语言影视节目的传播处于弱势地位。这也就意味着，西藏的受众可以通过电视接收到大量的汉语影视节目，了解内地的主流影视文化信息，但是却仅能接收到少量的本民族语言影视节目。

总体而言，主流影视在西藏地区的传播渠道较为多元化，形成了以广播电视为主、辅以电影院、网络、手机等媒介的全方位传播渠道。可以说，主流影视在西藏地区有着系统的传播路径，但是由于受到经济、政治、文化、语言等因素的影响，影视传播渠道存在一些问题，仍需进一步完善。

（二）西藏地区影视文化传播渠道存在的问题

1. 扶持政策存在缺陷

不可否认，国家出台的一系列扶持政策，比如“村村通”工程、“西新工程”、电影下乡工程等政策，对少数民族地区的影视文化传播起到了巨大的促进作用，这些工程的实施也取得了可喜的效果。但是，在此次调查中，调研组也发现了一些政策性的问题。比如“村村通”工程，国家给用户安装各种设备后，对于设备的后期维护原来也是国家和地方政府共同承担的，但是现在国家不再承担，地方政府也推脱，而一些用户又无力负担，这就导致国家政策扶持的后续效应得不到保证。另外，国家对于西藏广电事业的监管体制也对影视节目的传播有一定影响。

深访实录：

访谈对象：达孜县广电局主任 邓玉芳

问：电影电视传播过程中，有没有你们觉得比较困难，还需要解决的问题呢？

答：我觉得“户户通”工程的后续设备维护工作就是一个很大的问题。就是接收机要经常升级，老百姓不懂维护，设备经常坏。今年6月份之前，设备修理都是免费的，由政府和国家承担。但是6月份之后就由老百姓自己负担了。修理费一般至少也在80元以上，这些都是市场价，但是对于老百姓来说是个比较重的负担，老百姓也不愿意接受，所以老百姓宁可不看电视，也不愿意花钱维修。这样就会影响收视率。上面也会说我们的广电覆盖工作做得不好。设备升级我们可以免费，但是我们县里也没有钱负担庞大的修理费用。这是我们工作的一个难点。

问：这个情况有没有向市里或区里反映？

答：当然有反映，我们上次到市里开会就反映过，可是市里就说让县里自己解决。

问：咱们县里能自己解决这个问题吗？

答：不能！

问：是技术问题呢还是资金问题呢？

答：主要是资金问题，技术也跟不上。

问：市里让县级自己解决，那县里关于这一块的预算资金是否有所增加呢？

答：没有增加。县里的意思是由老百姓自己负责。可是这个费用不是几块钱的问题，像机顶盒出故障的话就要几百块钱的维修费，老百姓干脆就不修了。没有机顶盒就看不了电视，看不了电视就无法接受新事物，这之后老百姓还会去市里上访说看不了电视。我们最近也在进行家家户户的巡查，就怕老百姓看不上电视，这是个大问题。现在市里不包修也不包退了。我们这儿有 6000 多户，每个月都有十几户的设备要维修，这样的量我们根本负担不起。国家花了很多的钱做这些前期工作，接着后面的问题也出现了，却不理会了。目前还没有一个很好的解决方案。

2. 资金投入不够

由于地理位置及政治因素，西藏地区的广电事业并不是走市场化经营的道路，既没有广告收入也没有其他创收产业，主要是靠政府财政拨款和对口支援省份的援藏经费。虽然国家和援藏省份都投入了大量的扶持资金，但是，面对西藏民众日益增长的文化需求，西藏广播电视事业的资金缺口仍然非常大。据林芝电视台台长王军介绍，西藏地区省级卫视的经费相对充足，市级或县级广播、电视台的经费极度紧张，没有钱制作节目，设备破损了也没有钱更换，有时候甚至连工作人员的工资都难以保证，这在很大程度上限制了西藏广电事业的发展，影响影视文化的传播。

深访实录：

访谈对象：林芝电视台台长王军

问：能给我们介绍一下林芝地区电视台的基本情况吗？

答：（前面无关部分略）人才和设备设施等硬件方面，当地投入非常少，基本上是靠援藏投入。节目运转和转播的经费也主要靠当地财政，但是总量非常小，这制约了电视台的发展。

问：台里的广告收入能支撑起电视台的运转吗？

答：完全不能。西藏广播电视的体制还没有完全放开，还不是走市场化经营的道路。广告收入实行的是收支两条线政策，就是电视台所有的广告收入要全部上缴上级财政，需要支出了再打报告跟财政要。因此目前只能把它当做一个附带的业务来做，电视台的运转和发展主要还是靠当地财政拨款。西藏整个地区都是这样的，没有说哪个地方的电视台能靠广告收入养活整个台的，包括西藏电视台，光靠广告收入的话也养不活现有的员工的。

问：那我们台一年的广告收入大概有多少？

答：一年也就二十来万这样。因为受几个方面的因素制约：一个是地域限制。林芝地区人口也少，市场面规模小，城市人口也少。第二是受传播途径的限制。我们节目既没有上卫星，又没有并入西藏广电网。市场加上传播渠道的影响，八一镇就这么大，广告收入确实是做不上去。

问：电视台播放的影视剧，片源都来自哪里？

答：我们基本上没钱买影视剧，所以只能从其他渠道筹措影视节目。整个西藏的地市级电视台的情况基本都是这样。每年的上海电视节、四川电视节等，我们都没有去参加，别人也不邀请我们地市级电视台参加。西藏地市级的电视台很少有被邀请的。因为电视节上除了产品展示，就是买节目嘛，但是我们没有钱。西藏电视台经费相对充裕一点，影视节目可能一部分是买的，一部分是靠别人送的。

问：你们不能自主购买节目吗？

答：能，但是我们没有钱啊。比如我，一年的公务经费不到十万块，已经包括全部的业务经费。而且超编人员的公务费还是按照80%核拨的。

国家和地方政府应该继续加大对西藏地区广电事业的资金投入，引导对口支援省加强对广电事业的援助，以满足西藏地区受众的需求。与此同时，西藏地区媒体也应该主动寻找出路，寻求和发展与之相关的创收产业，增加自给自足的能力。

3. 专业技术人员缺乏

国家的支援项目主要集中在对硬件设施的建设和改造，比如广电网的搭建、为农牧区的用户免费安装机顶盒、安装卫星接收器，甚至配送电视机等等，但是，对于专业技术人员的培训却很少。西藏自然环境相对恶劣，不但难以吸引内地人才，甚至连本地人才都很难留住。

深访实录

访谈对象：林芝电视台台长王军

问：电视台的播音员或主持人都有专业培训的经历吗？

答：几乎没有。

问：学历上达到要求吗？

答：都不是科班出身的，都是其他专业的，但是普通话说得比较好，我们就把他们调过来，或者是说挖过来，边培训边上岗。其他的工作人员也很少有专业出身的。

问：台里不能自己培养一些才人吗？

答：怎么培养呢？我们调人都调不进来，编制没有名额。而且现在我们这里已经严重超编了，实有干部职工有25个，编制22个，超编了三个。超编的这三个人，财政部门同意给的经费只有正常的80%，其他的我们台里自己补，可是台里没有钱。另外，即使这样我们台里也留不住人。台里培训出来的稍微好点的人才经常就被区台挖走了，区台从我们这挖走了三个优秀播音员。本地人才留不住，外面的人才也招不进来。内地或沿海城市，即使是镇级的广播电台或广播站，招聘播音员或者记者，给的年薪就是十万到十五万元。我们这儿一个月不到3000元，一年最多也就3万多，加上又是高寒地区，这方面的专业人才根本不愿意来。只有一些没有基础的毕业生，他们来了，把这儿当成一个跳板，在这里锻炼个一两年，稍微有点基础后就走了。这是西藏的一个通病。

要保证传播渠道的畅通，离不开专业技术人员的维护。但就目前来看，西藏地区不但缺乏优秀的媒体专业人员，媒介设备专业技术人员也非常缺乏。此外，“村村通”工程、电影下乡工程等项目的实现都需要大量的专业技术人员。在采访达孜县广电局主任邓玉芳时，她向调研组介绍道，整个达孜县电视台没有几个人是科班出身的，而且她到台里几年，上级也从未提供过任何人员培训的机会。

深访记录

访谈对象：达孜县广电局主任 邓玉芳

问：除了设备维修方面，我们还有什么其他方面的困难？

答：没有专业技术人员。我们局里没有一个是专门的广播电视专业出来的人，都是半路出家的。他们对这方面的工作也很缺乏专业知识，都是通过在工作中积累经验来提高自己水平的，但是很多方面实际上他们还是跟不上的，所以我们这里很缺乏专业人员。还有就是培训跟不上，我来局里之后还没有受过什么相关的技能培训。

问：对口支援项目中也没有人才培训或者人员交流这一方面的机会吗？

答：没有。因为之前广电局是隶属宣传部的，偶尔有一些人员交流项目。今年文化局和广播电视局分开了，广播电视局就没有这一方面的交流，技能培训项目就更没有了。我也和县里、市里的领导交流过，希望和援藏省份多一些这方面的交流，但是到目前也没有任何答复。现在这一方面的交流非常少，培训也没有。

针对这个问题，国家应该将广电事业的人才培养也纳入援藏的范围，可制定一些人才交流优惠政策，以促使人才往西藏流动。西藏地区积极联合内地发达地区，进行人才培养和培训。

总而言之，国家和地方政府必须相互配合，不仅要在资金上、技术上加大扶持力度，还要完善相关的政策体系，推进各项惠民工程顺利而有效地实施，保证影视艺术在少数民族地区跨文化传播渠道的畅通。

二、受众情况

影视与受众是互为依存的关系，影视的发展离不开受众，也就是我们常说的“受众即市场”，受众的态度直接影响影视的发展与否，另外，受众也离不开影视，作为文化产品的电影、电视是受众获取信息、休闲娱乐的主要方式。为了考察少数民族地区受众的情况，进一步提高影视传播水平、为实现良好的跨界传播提供决策依据，本部分主要从调查西藏地区（拉萨市、林芝地区、日喀则地区、达孜县）的影视受众的基本状况、收视需求、审美取向、传播意愿等方面展开。通过对调查数据的统计及深访的整理，发现西藏被访地区受众主要呈以下特点。

（一）影视在一般受众生活中所占比重

现代社会，看电影、电视越来越成为人们日常生活方式和文化生活的重要构成，根据问卷和深访的结果，被调查地区的普通受众认为影视在自己生活中占10%～30%比重的，位居多数，占总数的36%，认为影视在自己生活中占30%～60%比重的，占总数的30%；认为影视在自己生活中占10%以上比重的，仅占总数的10%；而认为影视在自己生活中占60%以上的仅占总人数的7%。由此可知，被访地区受众认为影视在自己的生活中所占的比重不高，见图 7。

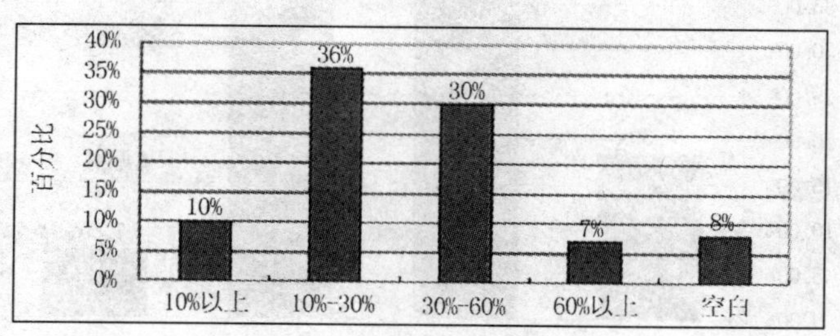

图 7 影视在生活中的比重

（二）影视在不同文化程度的受众生活中所占比重

为了考察影视在受众生活中所占的比重与相关性，我们以影视在受众生活中占 60％以上为标准，考察其与受众文化程度的关系，统计数据如图 8 所示。我们发现，影视在受众生活中所占的比重与受众的文化程度呈弱的正相关关系，即文化程度越高，影视在其生活中所占比重越大。

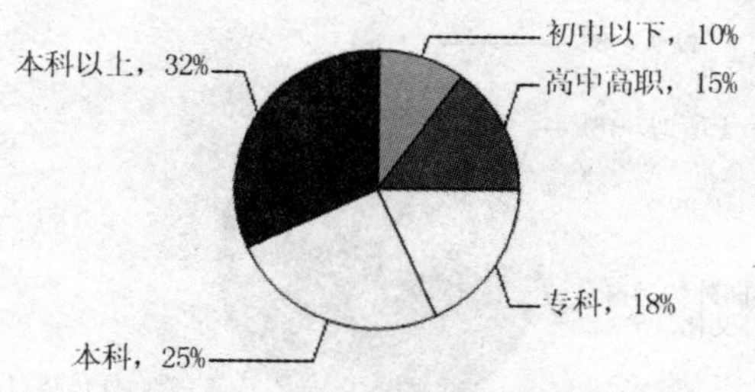

图 8 影视在受众生活中所占的比重与受众文化程度的关系

（三）影视在藏族受众的生活中所占比重

根据问卷和深访的结果，被调查地区的藏族受众认为影视在自己的生活中占 30％～60％的居多数，占 37.30％，认为影视在自己的生活中占 10％～30％的占 36.60％。可见，影视在被访地区的藏族民众生活中所占的比例较高，这与广播电视“村村通”、“西新工程”、“2131 电影下乡”三大工程在西藏地区的实施密切相关，见图 9。

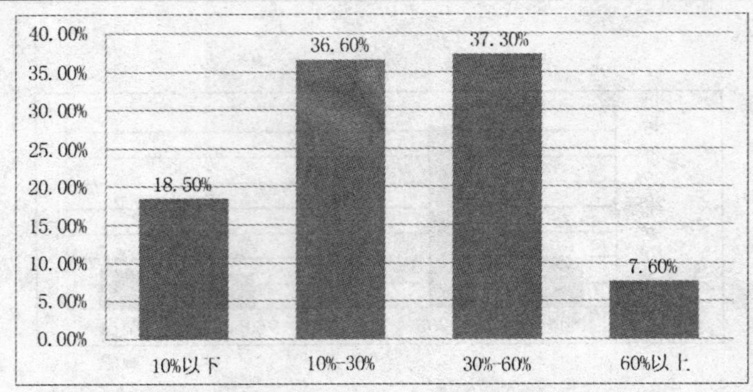

图 9　影视在藏族受众中生活中所在比例情况

（四）受众向外传播自身文化的意愿

文化是民族的灵魂，是一个民族得以延续的核心内壳，从问卷和深访结果可以看出，绝大多数的被访者向外传播自身文化的意愿强烈，占总数的71%，而认为不需要传播自身文化的仅占5%，无所谓传播自身文化的占总数的16%。由此可见，被访地区的受众向外传播自身文化的意愿较为强烈。

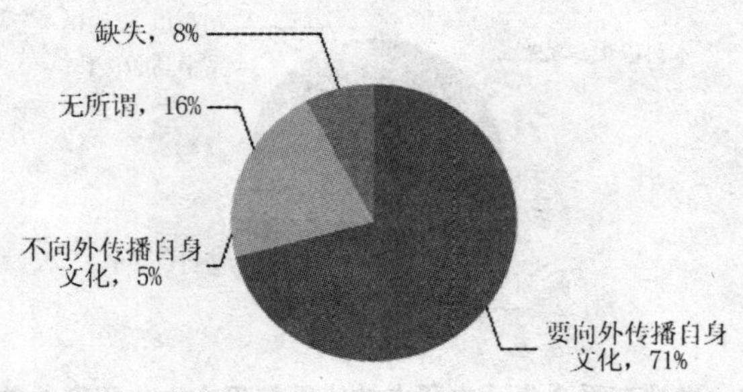

图 10　受众向外传播自身文化的意愿情况

（五）受众希望向外传播多方面的民族文化

语言、歌舞、音乐、服装、建筑风格、节日等作为文化重要的载体，是一个民族生存发展的基础。从该选项的调查数据图 11 中可以看出，绝大多数被访者认为歌舞文化、饮食文化、服饰文化、节日文化、语言等都是向外传播民族文化的重要内容，占总数的 42%，认为需要传播自身歌舞文化的占总数的 24%，认为需要传播自身节日文化的占总数的 16%，认为需要传播自身饮食文化、服饰文化、语言的分别占总数的 3%、5%、5%。综上，被访地区的受众普遍认为向外传播的民族文化应该呈多元化特征。

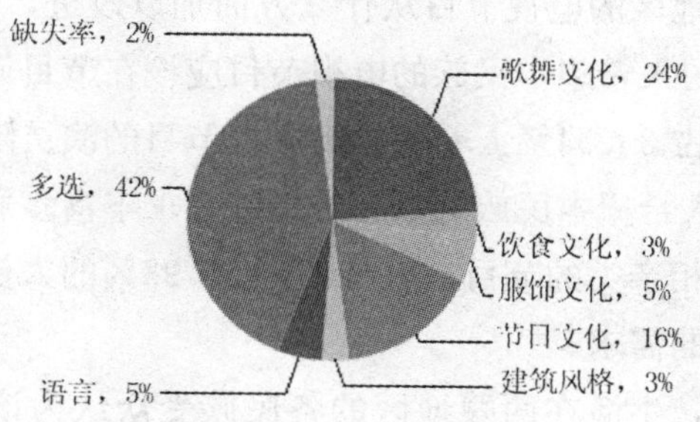

图 11　受众希望传播的文化内容

（六）受众认为电视与网络是传播自身文化的主要媒介

随着广播电视“村村通”工程、“西新工程”、“2131 电影下乡”工程在西藏地区的实施、开展与深入，电视、广播、报纸成为西藏地区受众经常接触的媒介。另外，信息技术在西藏的迅猛发展，也使得传统媒体之外的第四媒体——网络为少数民族地区受众所利用，融入普通人的日常生活中。

从图 12 的数据中，我们可以清晰地看出：电视、网络并驾齐驱，分别占 59％、55％，成为少数民族地区受众向外传播自身文化的首选媒介。而认为本民族文化应该借助广播传播的占 16％，报纸传播的占 11.05％。可见，电视及网络的影响力已经远远超过了报纸与广播。

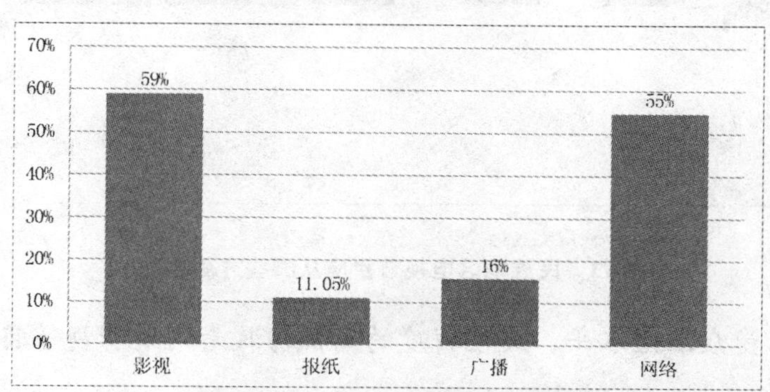

图 12　受众认为传播自身文化应主要借助的媒介

（七）受众对本地区的藏语影视节目的态度

少数民族地区的电视节目与内地的电视节目相比，无论是从节目内容上，还是节目质量上，都或多或少存在着一定的差距，那么，生活在西藏地区的各民族希望本民族地区的电视节目从什么方面加以改进，从图 13 的调查数据可知，占 35.44%的人希望本民族的电视节目应该在节目质量上下工夫，增强节目的视觉效果；占 34.54%人希望提高影视节目的演员阵容，打造少数民族明星；占 23.70%人希望本民族的电视节目应寻求丰富多彩的节目类型，增加选秀类、职场类、相亲类的节目；另外，占 16.93%的人认为应该细化节目类型，满足不同群体的需求。

由此可以看出，生活在西藏地区的各民族受众认为该地区的电视节目质量比较低，缺乏视觉上的冲击力，他们希望电视或电影的制作者能够对本民族的演员进行全方位的包装，多打造少数民族明星：一方面，可以大大地满足受众的视觉需求；另一方面，也可以借助本民族的明星传播自身的文化；另外，受众对内地卫视频道热播的选秀类、职场类、相亲类节目也抱有很大的期待，他们希望本地区的电视节目也增加这种类型的节目，细化节目类型，满足不同年龄阶段受众的收视需求。

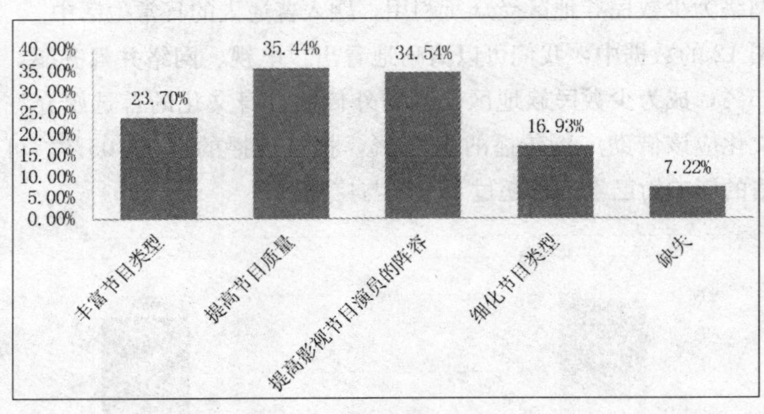

图 13　民族地区电视节目应从哪些方面改进

（八）受众汉语水平、文化程度的高低与收看内地影视节目的关系

通过对西藏大学传播系次旺卓玛 、达瓦次仁两位教师及达孜县广电局主任邓玉芳的采访，我们了解到，居住在城市中、文化程度比较高的少数民族受众（多指藏族）在影视节目的选择上与内地受众在影视节目的选择上差别不大，他们也比较喜欢收看内地的热映电影或热播电视剧；但是对于文化程

度较低、生活在农村地区的少数民族受众（多指藏族），由于他们汉语水平不高，对内地影视节目的理解存在障碍，所以在影视节目的选择上比较单一，他们多喜欢收看西藏卫视等各地区的藏语电视节目。

深访实录 1

访谈对象：次旺卓玛　教师（西藏大学传播系，主要教授传播学理论）

达瓦次仁　教师（西藏大学传播系，主要教授藏语新闻采访与写作）

问：两位老师（次旺卓玛、达瓦次仁）你们平时是喜欢看藏语节目还是汉语节目？

答：可能从选择上来说，汉语还是看得多一点，其实，在节目的选择上我们主要是关注节目好看与否，哪个好看看哪个，不管什么汉语、藏语的。

问：以你们的了解，拉萨市的藏族市民在节目的选择上看藏语多还是汉语多？

答：拉萨市情况比较复杂，比如说从我们住的这个地区来看的话，像我们这样机关的、国家干部、在单位里的可能选择看汉语影视的比较多，但是另外一些土生土长的、或是小、中学文化程度的人，还有流动人口，他们可能倾向于看藏语。

深访实录 2

访谈对象：达孜县广电局主任 邓玉芳

问：据您所知，生活在这里的藏族民众是看电视剧多一点还是看新闻或者其他的娱乐节目多一些？

答：可以说 60％的农牧民是看西藏电视台，西藏的藏语台和拉萨台，但多数是看西藏台。我们到农家时发现基本都是在看藏语台。因为其他的语言他听不懂，所以我感觉实际上其他的 40 多个台是多余的，因为他们不看。

问：农牧民的汉语水平怎么样？

答：不是太好。比较靠近乡镇的，他们的汉语水平可以，越往村组去，基本上他们一句话也听不懂，所以你放汉语节目他们也看不懂，像听天书。

（九）受众虽不能充分理解汉语，也会收看内地的电视节目

根据我们对拉萨市达孜县德庆镇百纳村巴桑达瓦、巴珠两位村民的采访，

生活在农村的藏族民众的汉语水平不高，有些还需要手势语言做辅助，但是由于藏语电视节目、电影比较少，所以受众不得不从内地的电视节目中获取信息，寻找乐趣，即便这样他们还是看得津津乐道。

深访实录

访谈对象：达孜县德庆镇百纳村村民 巴桑达瓦、巴珠

问：你们平时收看内地的电视节目吗？

答：也看，但是是汉语的，我们看不懂，但我们也会看一看，觉得看起来好像很有意思。

问：你喜欢内地哪些电影明星啊？

答：成龙、刘德华、梁朝伟吧。

（十）受众（多指藏族）对译制的经典电视剧、电影百看不厌

通过深访我们了解到，藏族受众对译制的《西游记》、《封神榜》等神话题材的电视剧百看不厌，据多位被访者介绍，走进八角街的茶馆，总能看到正在播放《西游记》、《封神榜》，这些都是应一些前来喝茶的客人的要求播放的，而这些客人以老年人居多，这与我们实地考察的情况基本相符。另外，被访者（藏族）对电影也呈现同样的态度，据电影下乡的放映员介绍，有些译制过来的电影他已经放了六七年了，比如说《太行山上》、《冲出亚马逊》等，之所以还放映这些影片也是应村民的要求。

深访实录

访谈对象：西藏自治区电影公司译制科主任普坤次仁

问：是否存在一些电影放映了一遍又一遍，但是农牧民还是喜欢看的情况？

答：有，经常，比如说电影《太行山上》、《冲出亚马逊》，放了六七年了还在放。放映员都反映让我们多翻译一些片子，他都放了十几年一样的电影了。再比如说电视剧《封神榜》，看了20多年了，还在围着看，进茶馆，客人都会主动说，放姜子牙啊，因为他不知道片名嘛，点个茶就能坐一下午，不信你们到茶馆看，不是《封神榜》就是《西游记》，或者译制的一些藏语印度电影。

小结：

受众是影视传播的重要立足点，了解了受众的基本状况、心理需求、传播意愿等，才能实现更好的传播效果。根据以上的数据统计及深访的调查，我们可以总结出几点受访地区的受众特点：

第一，受众向外传播自身文化的意愿强烈。

第二，受众汉语水平差异大，生活在城市的受众汉语水平明显高于生活在农村地区的受众，而这点直接决定着他们对内地或国外影视的接受情况。

第三，受众对影视的实际需求无论是数量上还是质量上，都未能得到满足。

第四，藏族受众受影视的影响大。

针对西藏地区受众的特点，我们提几点建议与意见：

第一，需要加大资金、人力的支持，拍摄更多、更好的，贴近藏族生活、内心的藏族题材的影片，满足藏族地区受众的精神需求。

第二，影视节目作为文化产品也越来越超越地区、国界自由地流通，成为民族文化向外传播的重要方式。为了让中国及世界的其他民族更加了解西藏、了解藏族，我们应该借助电影、电视向外传播藏族文化，提高影视作品的文化含量。

第三，提高西藏地区受众的媒介素养。

第四，提高藏族受众的汉语水平，实现更好的跨文化传播，另外，也应提高生活在藏族地区的其他民族的藏语水平，实现更好的交流与互动。

第五，政府工作人员应深入西藏地区的受众群体中多了解、多沟通，了解他们的影视所需，真正做到从群众中来，到群众中去，多放映、拍摄一些他们爱看、想看、应看的内容，真正做到“以受众为中心”。

三、受众对影视内容的选择情况

内容为王，是每个媒体都意识到并为之努力的传播理念，为了解少数民族地区的受众喜欢什么样的影视节目，我们在问卷和深度访谈中做了大量的工作，希望了解受众对影视内容的需求。

在被调查的受众中，他们基本上能接触到各种类型、各种题材、各种形式的影视。众所周知，与丰富多彩的影视内容相比，受众的兴趣爱好、注意力是有限的。另外，影视的传播还受文化等很多条件的影响。因此，在受众能接收的影视范围内，受众对影视是有一定的选择倾向的。

（一）受众青睐民族影视，民族影视的整体水平有待提升

1. 受众对民族影视的偏好

在内地影视、民族影视、境外影视和其他的影视当中，较多少数民族地区的受众选择观看民族影视。在442位被调查对象中，有166人倾向于观看民族影视，占被调查对象的38%，其次是内地影视，选择人数为138人，所占比例为31%，再次才是境外影视，比例为18%，都喜欢观看的受众占到5%，如图14所示。

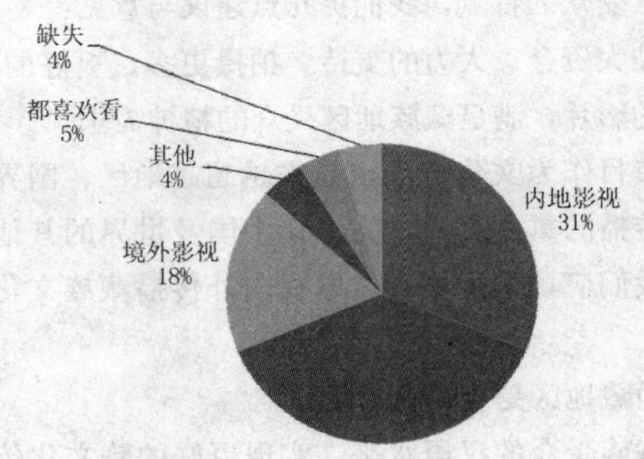

图14 受众对影视类型的选择

从受众的选择上不难看出，他们的选择符合接近性原则，即受众比较喜欢选择在地理上、心理上或者文化上与自己接近的影视来观看。正如西藏电视台总编室主任伦珠主任介绍的那样，藏族同胞很喜欢看《西游记》、《封神榜》等类型的影片，尤其是翻译成藏语的《西游记》，大街小巷都在看。这与他们的宗教信仰有关，他们相信神的存在，影视中的神话故事正好满足了他们对神的向往追求。这些影视剧的藏语翻译水准很高，译成藏语后他们都能听懂，没有语言和理解的障碍，都喜欢看。

2. 民族题材影视的质量、数量都有待提升

在对已经播出或者已经上映的表现少数民族（包括本民族）题材的影视调查中，只有27%的被调查对象认为“非常满意”，他们认为这些影视能够特

别真实地反映少数民族地区的情况。而有超过一半53%的人“基本满意”，认为那些影视基本能反映少数民族地区的情况，还有10%的人表示“不满意”，因为他们觉得那些影视作品比较肤浅和虚假，不能真实地反映少数民族地区的情况。如图15所示。

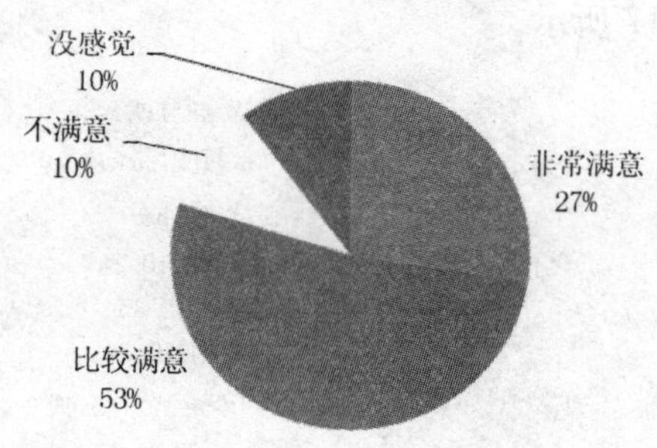

图15　受众对少数民族题材影视的满意情况

在对本民族题材影视的满意情况调查中，只有41%的被调查对象认为影视的数量和时长都满足了自己的需求，大部分的人则表示部分满足或者都不满足，认为数量不够时长满足的有25%，数量满足而时长不够的有20%，而有14%的人认为数量和时长都不能满足自己的观看需求，如图16所示。

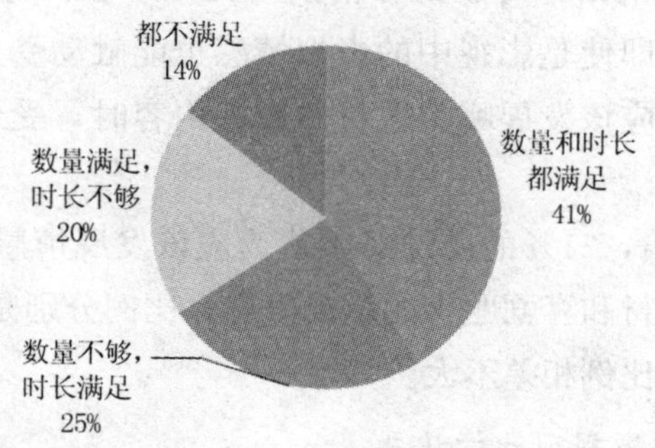

图16　受众对本民族题材影视的满意情况

从图15和图16可直观地看出，受众对民族题材影视的满意度还不是很高，民族题材的影视在节目时长、数量、质量上都还有很大的提升空间。

（二）受众对情感题材影视的态度

1. 大多数受众喜欢观看多种题材的影视

在情感、宗教、谍战、悬疑、励志、科幻、战争、喜剧、动作等题材当中，当被问及他们通常会选择收看哪种题材的影视时，有 262 人，即 59%的被调查对象不仅仅只喜欢一类题材的影视，而是喜欢多种题材。这其中的大半部分是情感题材，在通常观看多种题材的 262 人当中，有 156 人的选择中有情感题材影视。另外，有 11%的人只选择观看情感影视，在所有单选的题材当中排第一，如图 17 所示。

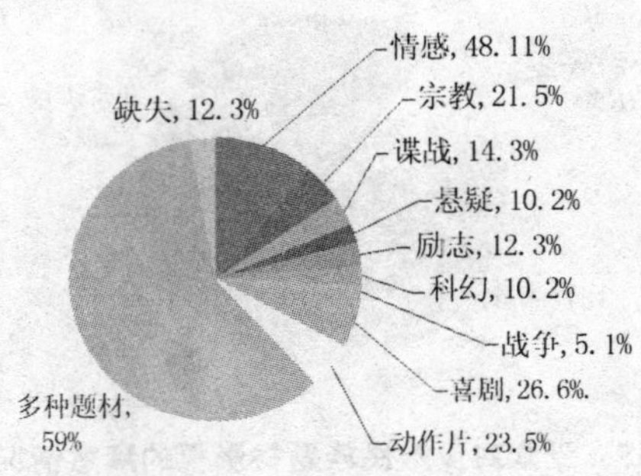

图 17　受众对影视题材的选择

2. 情感题材影视受到欢迎

爱情、亲情、友情、师生情等都是看不见、摸不着的情感，却编织和维系着整个社会的情感网络，可以说“情网”无处不在，每个人就是“情网”中的一个结点，因此即使是影视中的虚拟情感也能触动受众的神经，引起他们的关注。当被问及应该发展哪类题材的影视内容时，受众首推情感题材的影视，如图 18 所示。

从图 18 可以看出，21%的受访对象认为应该发展情感题材的影视内容，紧跟其后的是悬疑题材和喜剧题材的影视内容，比例分别是 17%和 15%，选择这三种题材的受众比例相差不大。

3. 受众对情感类影视现状的认知

如图 18 所示，受众对情感类影视题材的需求比较显著，然而他们对情感题材影视内容的现状并不满意。其中最主要的感受是情感类影视剧的泛滥。

如图 19 所示，在众多的影视题材中，认为情感影视泛滥的人最多，有 136 人，在总人数中占 38%，有 58 人认为谍战片泛滥，占 16%，排第三位的是喜剧题材的影视，有 34 人认为它泛滥，占 9%。和图 18 比较一下就会发现一个很奇怪的现象：大多数受众希望大力发展的情感影视，也是被认为泛滥的影视；排在应该发展影视题材中第三名的喜剧恰恰也是排在第三位泛滥的

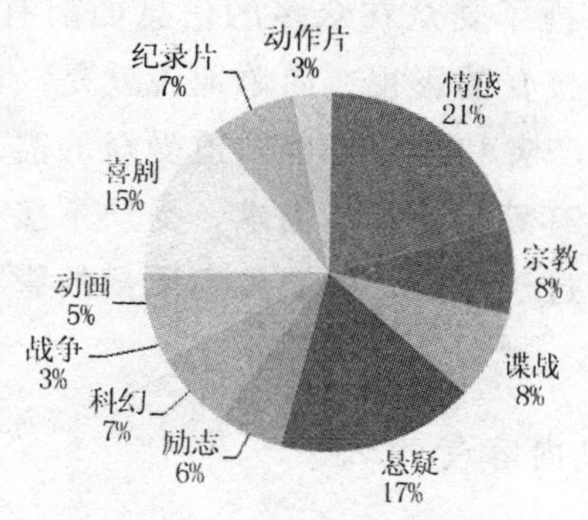

图 18　受众觉得应该发展的影视题材

影视。统计结果显示了这一看似矛盾的现象，体现的正是目前影视传播的尴尬局面——为迎合受众而生产的情感题材影视剧数量过多，但质量普遍不高。

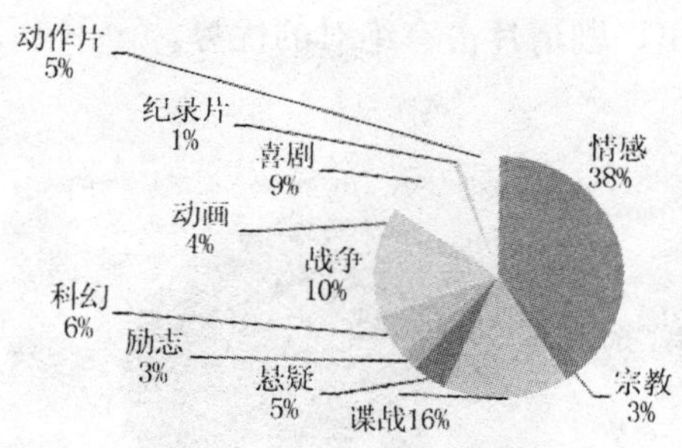

图 19　受众觉得泛滥的影视题材

20 世纪 70 年代末 80 年代初，在改革开放政策的带动下，很多产业开始迈开市场化步伐。21 世纪初，中国加入世界贸易组织（WTO）以来，国内、国际的市场都打开了，市场经济在经济发展中占据主导地位，各行各业迎来了发展的春天。同时，国内、国际的竞争也更加激烈，行业为在竞争中取胜，就不断地占领市场、发展经济。因此，市场和经济也就成了行业发展的首要目标，影视传播业也如此，为了占领收视率和票房，只有不断地迎合受众。也就是说，传播者早就知道受众喜欢看情感题材和喜剧题材的影视，所以就大量生产这些题材的影视以满足受众的需求，抓住受众的眼球和注意力。但是在数量提上去的同时，影视的生产者却忽略了一个问题，为了片面地迎合受众而忽视了影视的质量，生产了大量低俗、恶俗、媚俗的影视。他们也忽视了受众在众多的信息面前有选择性接受的能力，因此生产了很多受众不接受的影视。简单地说就是：虽然受众需要情感影视和喜剧影视，影视生产者和传播者也知道受众的需求，但是他们生产和传播的影视在质量上没有满足受众的需求，受众不接受。因此这些情感影视和喜剧影视在数量上过于泛滥，但缺少高质量的影视作品，这是当前影视行业面临的共同问题。

（三）虚构类影视内容受欢迎

1. 剧情片在影视中占优势

在纪录片、剧情片、科幻片等片种当中，很多被调查对象表示喜欢观看虚构类的剧情片。如图 20 所示，在被调查对象中，有 195 人喜欢观看剧情片，占 44％的比例，其次是科幻片，有 92 人选择观看，占 21％的比例。从下面的图 20 中明显看出，剧情片占有绝对的优势。

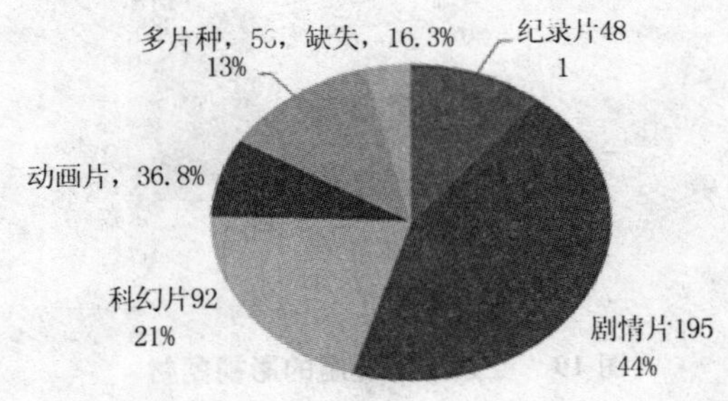

图 20　受众对片种的选择

2. 电视剧在各类影视节目中最受欢迎

在众多的影视节目中，受众都喜欢看什么呢？

人们的物质和文化生活都在不断地丰富和发展，人们对信息的需求在种类和数量上也在不断扩展。为了满足受众日益增长的物质和精神文化生活需求，影视节目的种类也在不断地发展变化。然而，从图 21 中不难看出，在 24 种影视节目选项中，除了有较多的受众喜欢电视剧、音乐类节目、综艺节目以及较多的人讨厌广告之外，对其他 20 个节目很多受众都是持不喜欢也不讨厌的“一般”态度，也就是说，很多节目的存在与否对大多数受众来说影响不大。同时还可看出，喜欢电视剧的人数是最多的，有 201 人，讨厌广告的人数是最多的，有 130 人讨厌广告，这也解释了为什么广告通常被插在电视剧中播放、一到广告时间受众就上厕所的原因。

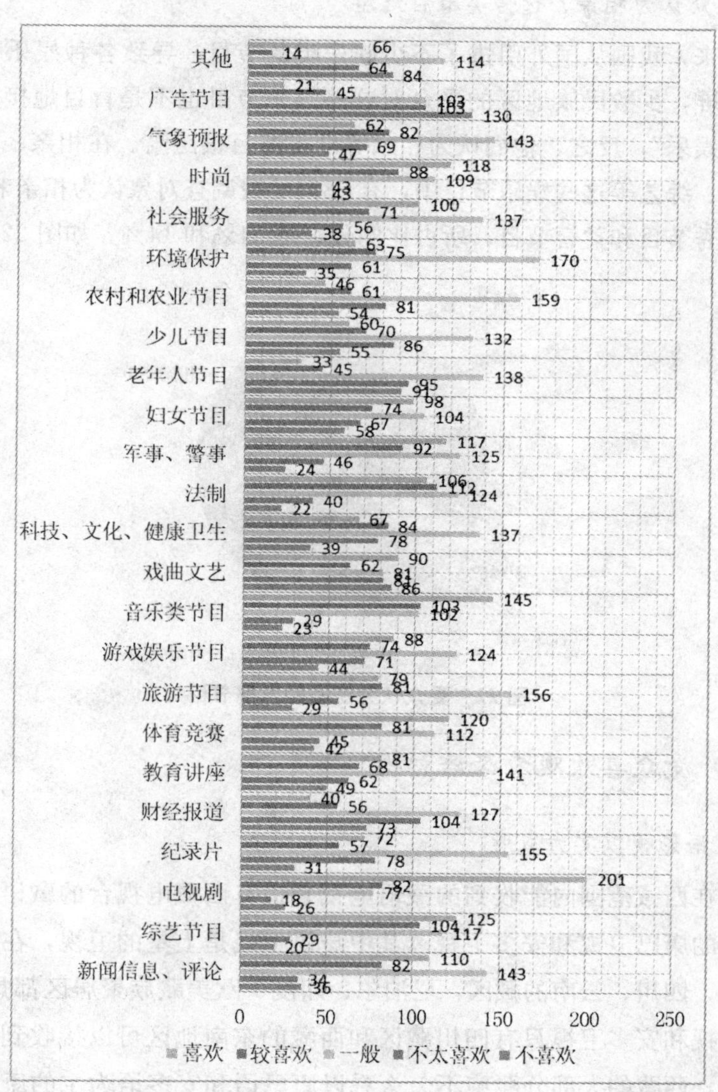

图 21　受众对各类电视节目的喜爱度

总之，从片种的选择人数和电视节目的选择人数都可知道，被调查对象是很喜欢看有剧情的影视节目的，情节跌宕、扣人心弦的电视剧对他们的吸引力远超过其他类型的影视节目。

3. 受众认为相亲、选秀类节目泛滥

近年来，我国从国外引进了不少娱乐类的节目，导致各种娱乐节目充斥着电视荧屏，少数民族地区的受众对这些娱乐节目也不是盲目地接受，或者主动“被娱乐”，反之，他们认为相亲等电视节目很泛滥。在相亲、选秀、职场、益智、综艺等这些娱乐节目中，有38%的被调查对象认为相亲节目泛滥，其次是选秀节目和益智节目，所占比例分别是24%和14%，如图22所示。

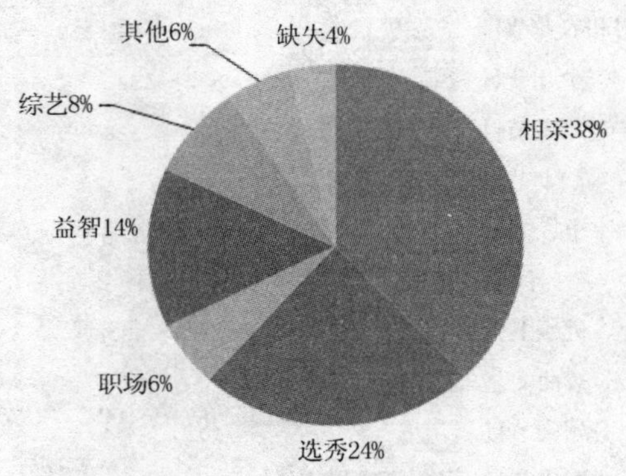

图22　受众认为泛滥的电视节目

（四）受众喜欢观看汉语影视

1. 汉语影视以实力取胜

目前在西藏范围内能收到的藏语电视频道有西藏电视台的藏语卫视、四川电视台的康巴卫视和安多卫视。其中藏语卫视是上星的卫视，在西藏的藏区，青海、四川、云南的藏区，尼泊尔、印度、欧美藏族聚居区都是落地的，而康巴卫视和安多卫视只有四川藏区和西藏的东南地区可以接收到，也因语言的影响，西藏的大部分藏胞不怎么看以康巴语和安多语为主的康巴卫视和安多卫视。因此，要看藏语影视，西藏电视台的藏语卫视是很多藏族同胞的唯一选择。藏语卫视的电视节目只有6个自制栏目，电视剧和电影都是通过西藏电影电视译制中心译制的，目前片源都由国家广电总局提供，不是首播，基本上都是第三轮播出以后的片子。而受众又是那么喜欢观看剧情片，这些片源难免满足不了受众的需求。再加上受经济条件的限制（他们的经费基本来自拨款），自己也没有经济能力拍摄电视剧。另外，由于宣传任务重，藏语卫视的自制栏目多以正面新闻和宣传为主，因此，相对于藏语影视来说，汉语影视有着雄厚的经济实力和人力资源，有首播的影视剧、娱乐性和趣味性很强的各种节目，对受众来说，即使是藏族的受众，丰富多彩的汉语影视对他们来说诱惑力还是很大的。

如图 23 所示，在汉语、藏语等语种的影视中，超过一半，59%的人选择观看汉语影视，22%的人选择观看藏语影视，而有 12%的人则是汉语和藏语的影视都看。正如上面所说的，从影视传播的角度看，汉语影视相对于藏语影视来说有很多的优势，在没有语言等因素影响的情况下，绝大多数的观众愿意选择高质量的汉语影视，优胜劣汰在一定的程度上得到了体现。

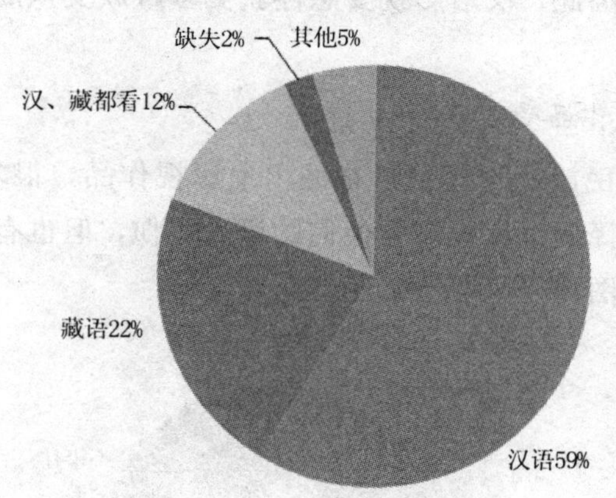

图 23　受众常收看的影视语种

2. 部分人不看汉语影视的原因

从上面分析已知，大多数人喜欢观看汉语影视，但还是有一部分人选择收看本民族语言或其他语种的影视节目，原因包括能否接收到内容丰富全面的汉语影视节目、是否有语言障碍、是否有宗教信仰和生活习惯上的差异，以及汉语影视节目质量等影响因素，如图 24 所示。

不观看汉语节目主要的原因是他们认为汉语影视节目的质量不高，其次

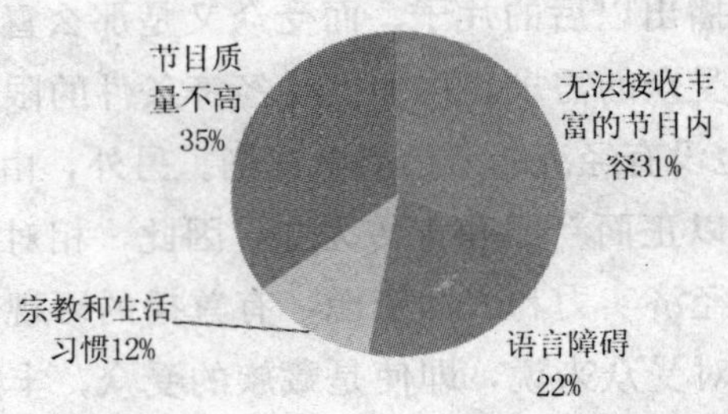

图 24　部分受众不看汉语影视节目的原因

才是接收的障碍和语言障碍，宗教和生活习惯上的因素排在最后。众所周知，硬件方面的问题可以用经济手段解决，比如说增加影视信号的覆盖范围，让更多的藏族同胞接收到汉语的影视节目。语言的障碍也可以通过翻译来解决。但是节目质量和节目的丰富性要求更多的是软性的条件，怎样的节目质量才是受众满意的？从上文也可得知，现在节目的数量不少，但是能够让受众喜欢的节目却不多。因此，汉语影视要想俘获更多藏族受众的心，必须在软件上下工夫。

3. 翻译版影视作品受欢迎

当地电视台用民族语言译制过来的内地影视作品，很多人都觉得不错，不但题材丰富，翻译后也比较符合他们的语言习惯，但也有不喜欢的或是感觉翻译不好的。如图 25 所示。

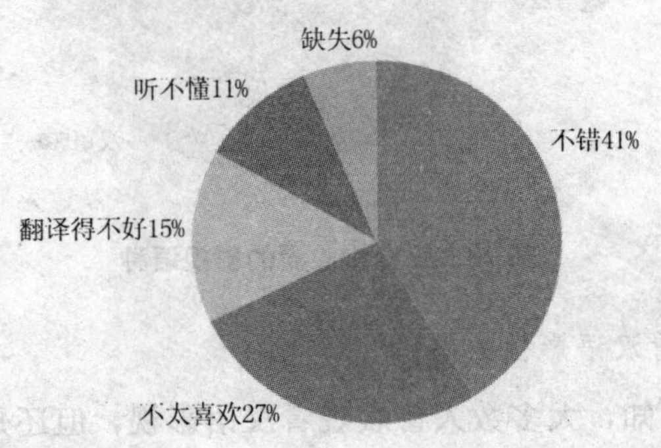

图 25　受众对译制的内地影视作品的评价

对翻译版影视作品的肯定，得益于成熟的译制水平。在西藏自治区的拉萨市，有一个藏语电影电视译制中心，据译制中心主任介绍，这里的民族语言译制水平是全国最高的，除了语言译制技巧外，其语境也被编译得恰如其分，为藏族受众的观看和理解扫清了障碍。

（五）春晚节目中尤喜小品类节目

1. 小品是最好看的央视春晚节目

作为全球受众最多、收视率最高的电视节目——中央电视台的春节联欢晚会早已突破自身单一的文化娱乐功能，逐渐成为全国各族人民乃至全球华人除夕夜一道不可或缺的“精神大餐”。央视春晚节目文化内涵丰富、节目形式多样，作为有着自己独特文化的藏族同胞，他们也很关注央视春晚。

在众多形式的春晚节目中，认为小品是最好看的节目的人数最多，有 140 人，占被调查对象的 36%，这与小品的情节性和趣味性有一定的关系。排在第二好看的是明星演唱，有 22%的人认为它是最好看的节目，紧跟其后的是展现中华民族大融合的民族歌舞节目，然后是相声、魔术、戏曲等节目形式，如图 26 所示。

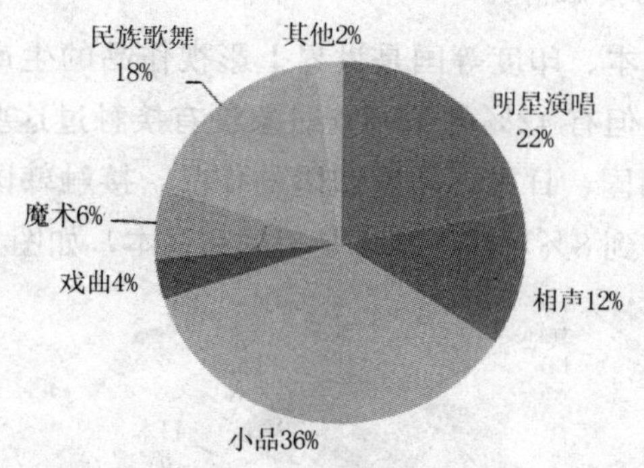

图 26　受众认为央视春晚中最好看的节目

2. 央视春晚应增加小品

如果要改进央视春晚，再多些小品，少些戏曲、歌舞；多些少数民族题材的节目；多些少数民族明星，少些港台明星和内地明星；多些新面孔主持人；选择少数民族的主持人担任主持；少些广告；多些真实反映日常生活的节目，少些华而不实的节目等选项中，有 94 人选择多加些小品，是几个选项中选择的人数最多的，占被调查总人数的 21%，如图 27 所示。选择人数第二多的是多加些民族题材的节目，有 78 人希望这方面有所改进。排在第三的是多加港台和内地明星，有 74 人选择。排在前面几项改进措施的选择人数相差不大，说明这些方面都有待改进。

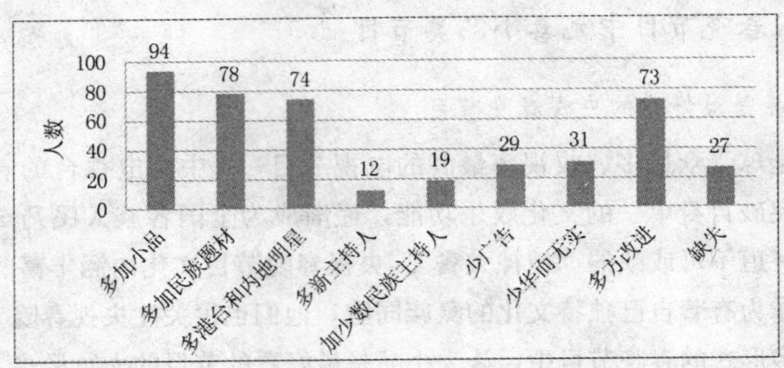

图 27　受众认为央视春晚应改进的地方

（六）对国外影视的接触和评价

1. 对国外影视的接触情况

美国、韩国、日本、印度等国是世界上影视作品的生产大国，他们的作品在国内也很流行，但有 42％的被调查对象没有接触过这些影视作品，18％的人接触过美国、韩国、日本、印度四国的作品，接触韩国影视和印度影视的受众差不多，都占到 8％，接下来才是美国和日本，如图 28 所示。

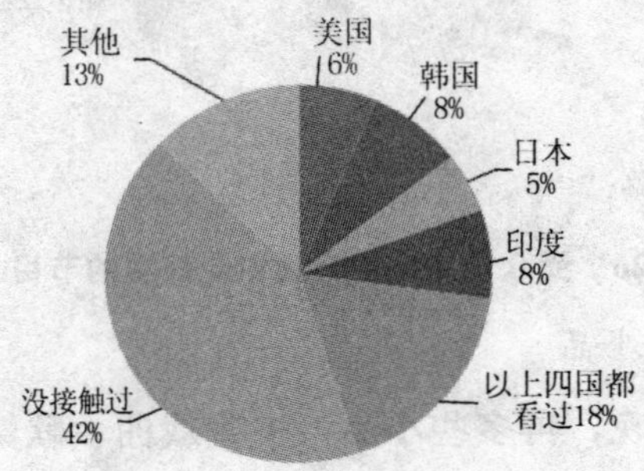

图 28　受众接触国外影视作品的情况

2. 对国外影视的评价

在接触过美国、韩国、日本、印度的受众当中，除了没有接触过土耳其的人数最多外，同一国家的影视给差评的人数都不多，给美国、韩国、印度好评的人数都是最多的。而给日本影视的评价更多的是一般。总体来说，受众对国外影视的评价都较好，如图 29 所示。

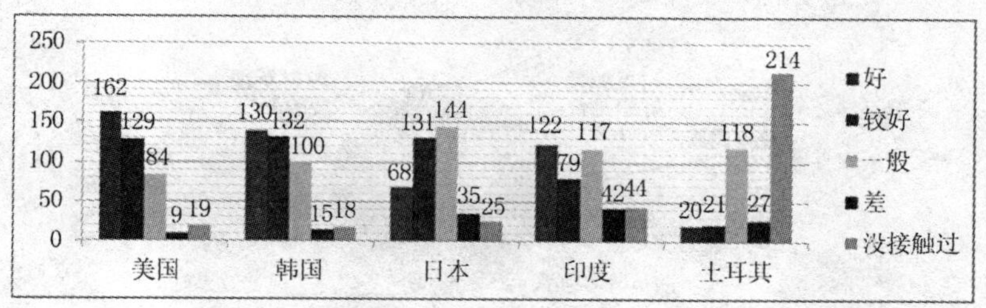

图 29　受众对境外影视的评价

3. 境外影视有吸引力的原因

被调查对象普遍对国外影视的评价不错，他们认为是多方面的因素使他们喜欢上境外的影视，这与国外影视的情节、画面、形象的塑造、演员形象等很多因素相关，受众观看境外影视不仅仅是单方面因素的影响，如图 30 所示。

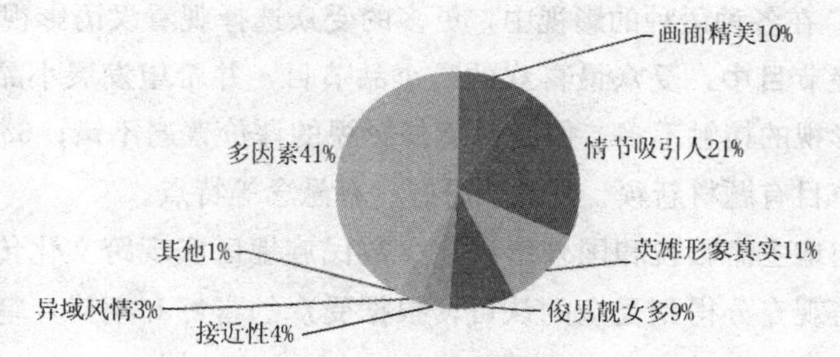

图 30　境外影视吸引受众的主要原因

（七）题材新颖的影视作品最受认可

不管是本民族的影视、还是内地的影视和境外的影视，能够获得被调查对象认可的影视都具备一些相同或相似的特点，这些特点包括：题材新颖，内容健康；情节设置有悬念，而且比较容易看懂；视觉效果好，构图、光线、色彩等制作精美；演员阵容强大；本民族语言播出；在地理上或者心理上有接近性；与自身的兴趣爱好相符合等因素，但是题材新颖是最受认可的节目特点，有 24％的被调查对象认可。紧接着被认可的特点是视觉效果，有 17％的人认可，如图 31 所示。

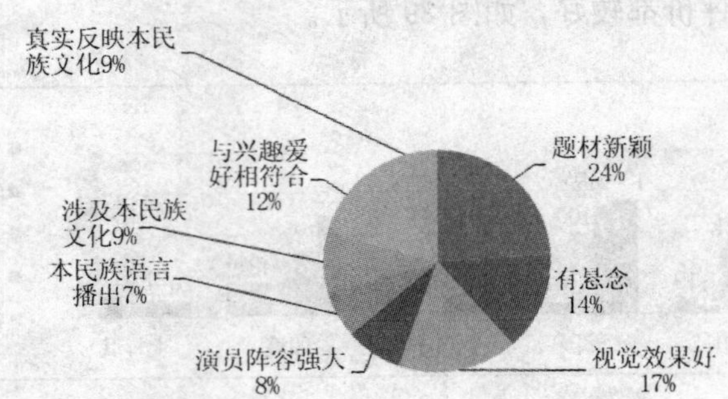

图 31　获得受众认可的影视节目的特点

小结：

受众观看影视节目，很大程度上是观看节目内容，因此业界才会提出"内容为王"的口号。从以上的分析中可以清晰地看出西藏自治区的少数民族受众对内容的选择特点：1. 受众喜欢民族影视，但民族影视的质量、数量和时长都有待提高；2. 受众会观看多种题材的影视，但情感剧和剧情片是他们最喜欢的；3. 在各种语种的影视中，更多的受众选择观看汉语影视；4. 在众多的央视春晚节目中，受众最喜欢的是小品节目，并希望发展小品节目；5. 受众对境外影视的接触不多，但是对境外影视的评价普遍不错；6. 获得受众认可的影视节目有题材新颖、视觉效果好、有悬念等特点。

为了使内地主流影视和国外影视在少数民族地区实现跨文化传播，让主流文化和价值观充分得到受众的认可，根据受众的喜好和期待，笔者提出以下的建议供参考：

第一，增加民族影视的数量和时长，提升民族影视的质量。对于少数民族地区的受众来说，民族影视在心理、习俗、宗教、地域方面都有一定的接近性。民族影视对民族地区的受众来说就是他们自己各种活动的反映和代言，观看民族影视能够让他们"倾诉"和"倾听"的欲望得到满足。其次受众在理解民族影视的时候障碍不是很多，能够轻松地接受影视的内容。但是在全国的影视市场不难看出，与大众类型的影视相比，民族影视从质量到数量和时长都是远远不够的。加上民族地区因为资金和人才的限制，没有能力生产自己所需的影视。因此建议影视作品的生产者在生产影视作品时考虑少数民族地区受众的需求，尽量满足他们对文化的需求，避免把他们边缘化。

第二，控制娱乐节目数量，提升剧情片和情感剧的质量。民族地区的受众生活是丰富多彩的，各种题材的影视能让他们的生活更加丰富。另外，发展各种题材的影视也是媒体竞争的趋势。受众观看的影视节目题材是丰富的，相对而言，他们觉得相亲、选秀等娱乐节目很泛滥，最爱看的是剧情片和情感剧，这一点影视生产者早已明知，因此各种情感剧充斥着电视和影院，所以观众反而觉得情感剧泛滥。满足受众需求并不是一味地迎合，也不是“量”的堆积，而是在明确受众需求的基础上，从“质”这一要素出发，从根本上满足受众的观看需求。

2011 年 10 月 25 日，国家广电总局在其发布的《关于进一步加强电视上星综合频道节目管理的意见》中指出：从 2012 年 1 月 1 日起，包括央视综合频道在内的 34 家上星综合频道要提高新闻类节目播出量，控制娱乐节目。这道“限娱令”一出，湖南卫视等多个省级卫视作出了节目调整，娱乐节目数量减少，有的卫视增加了电视剧的播出量。如果再从质上提升电视剧，“限娱令”无疑也能促进内地影视在少数民族地区的跨文化传播。

第三，发展民族语言的影视。与汉语影视相比，民族语言在题材的丰富性、画面的精美等方面有诸多的不足之处，有较多优势的汉语影视把民族地区的受众吸引过来就在所难免。但是，又会因为语言、生活习俗、宗教信仰等因素的影响，给少数民族受众接受和观看汉语影视带来障碍，导致他们不理解甚至误解汉语影视的内容，这样不利于主流文化和价值观的传播。因此，要解决接受和理解上的障碍，最好的方法就是在民族语言影视方面投入资金、投入人才、发掘资源，发展民族语言的影视。

第四，改善央视春晚的节目构成。承载中华主流文化和价值观的央视春晚不仅在汉族受众中影响较大，从深访中得知，在少数民族受众中，央视春晚的受众群也是很大的。在这个晚会中，被调查对象最喜欢看的是小品，并希望在今后的春晚中多加小品，多加些民族题材的节目。这两个类型的节目在之前的春晚中都有，把生活价值观、民族大团结等元素融入这些节目中，只是每年的出场顺序、节目数量和时长是不一样的。为达到央视春晚“传播主流文化和价值观”的目标，央视春晚这几年来在不断地进行改版，但效果始终不佳。改版中少数民族受众的需求和期待应是不可忽视的，满足他们的收视需求将会改善央视春晚的传播效果，使其事半功倍。

第五，学习境外影视的优点。从调查中得知，被调查对象对境外影视的接触不是很多，但是对美国、印度、韩国的影视评价普遍不错，他们认为境外影视情节吸引人、英雄形象真实、画面精美、俊男靓女多。我们从深访中也得知，由于文化的接近性，印度的影视在西藏是很受欢迎的，尽管政府限制境外影视信号在西藏的接收，但是印度的 MV 在西藏的街边、大巴上还是能经常看到。被调查对象对内地的影视评价不高，但是对境外影视却很期待。所以我们要树立“他山之石，可以攻玉”的理念，学习境外影视的优点，更好地服务于少数民族受众。

第六，多方改进影视内容，实现跨文化传播。要让内地的主流影视在少数民族地区实现跨文化传播，除了上面提出的建议外，我们还可以从其他方面努力改进影视的传播：题材新颖、视觉效果好、情节有悬念、符合受众的兴趣爱好、涉及民族题材、使用民族语言播出等。影视的这些特点是获得受众认可的，认可即意味着接受，为使少数民族地区的受众更好地接受主流影视，从多个方面进行改造是必然的。

四、跨文化传播的效果情况

为了考察国内外影视在少数民族地区的传播效果，我们主要围绕影视对少数民族地区受众的影响，少数民族受众对自身题材的电影、电视剧、国内外热播电影、电视剧的关注程度，少数民族地区受众希望自己的下一代接触何种语种的影视等几个问题展开调查。从调查数据和深访的结果来看，影视在西藏被访地区的传播效果主要呈现以下特点：

（一）影视对受众生活态度的影响较大，而对受众爱情观的影响较小

电视、电影所承载的声画形象和故事内容总会涉及一定的思想、意识、观念、道德等，受众在选择观看的过程中，自身的生活态度、言行举止、人生观、价值观、爱情观等各个方面会受到或多或少的影响，这些影响主要体现为受众看电视或电影发生的自身的人内传播。这一点，布鲁默在[①]“自我互动”理论中进行了详细的阐释，他指出，人也将自己本身作为认识的对象，也就是说，人拥有自己的观念，并能与自己进行沟通或传播，从而对自己采取行动。当电视、电影所承载的信息到达人体时，不同的人就会根据自己的

① 郭庆光：《传播学教程》，中国人民大学出版社，1999 年。

情况进行人内传播，通过“主我”与“客我”的辩证与互动，对影视所传达的信息产生不同的反应，或接纳，或排斥。而受众受影视影响的程度，是衡量电视、电影传播效果的重要指标。

从图32中可以看出，影视对西藏地区的受众影响最大的是对生活态度和生活方式的影响，29%的人选择了该选项；认为影视对个人价值观、人生观有影响的占总数的18%；而认为影视对个人的言行举止有影响的占总数的11%；认为影视对个人的爱情观产生影响的占总数的6%；另外，占10%的人认为自身受到影视多方面的影响。

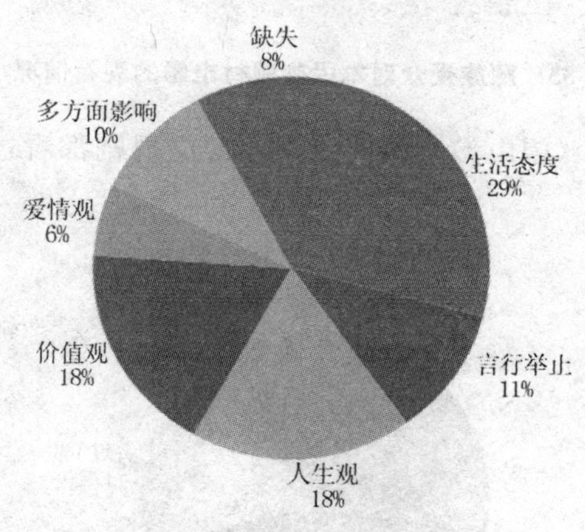

图32　影视对受众影响情况

（二）藏族受众对本民族题材电影、电视剧的认知

为了考察藏族题材电影在西藏地区的传播效果，该问题在选项的设置上选择了17部藏族题材的热播电影，如《农奴》、《红河谷》、《The Cup》、《A Litte Budha》、《喜马拉雅》、《藏北一家》、《古格遗址》、《走进西藏》、《伊西卓玛》、《可可西里》、《静静的嘛呢石》、《喜马拉雅王子》、《康定情歌》、《梦想拉萨》、《这儿是香格里拉》、《冈拉梅朵》、《消失的地平线》等，根据图33的统计，藏民对本民族电影观看程度一般，选择看过3～6部电影的居大多数，占总数的68%，而选择看过12部以上的仅占3%。

另外，从图34我们可以看出，西藏地区藏族受众对本民族题材的电视剧观看程度较好，在4部藏族题材的电视剧中（《今生欠我一个拥抱》、《尘埃落

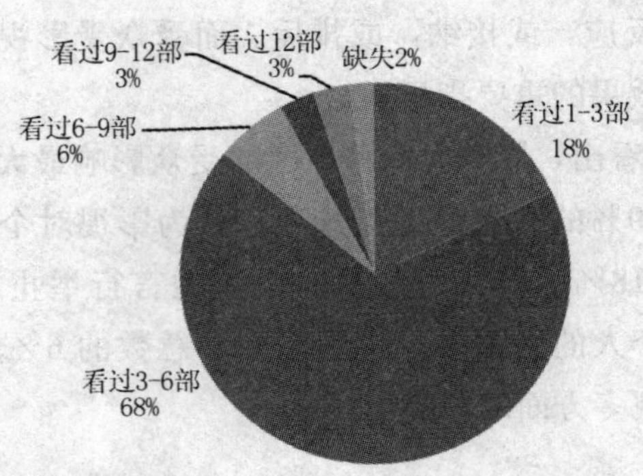

图33　藏族受众对本民族题材电影的观看情况

定》、《茶马古道》、《望山》)，藏族受众四部电视剧都看过的占70%，居大多数。

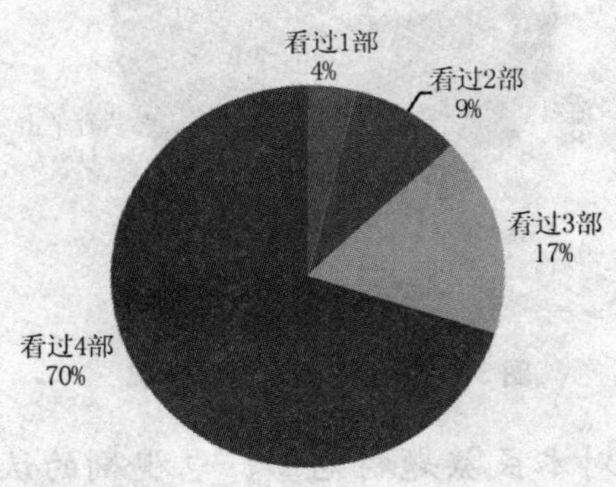

图34　藏族受众对本民族题材电视剧的观看情况

（三）藏族受众对自身题材电影关注少的原因

通过上面的数据及深访（主要是通过对西藏大学大众传播系的老师及中国西藏广播电影电视藏语节目译制中心——西藏自治区电影公司译制科主任的访谈）我们发现，藏族受众对自身题材的电影关注程度一般，总结背后的原因，主要有以下三点：

1. 藏族题材的电影少，受众的选择少。

2. 现有藏族题材的电影质量不高。据西藏大学教授影视鉴赏课的老师索南措介绍，现有西藏题材的电影多偏重于官方话语体系，虽然电影中如服装、场景等元素都是藏族受众熟悉的，但是电影中对情感的表达少，不能走进藏族受众的内心，比较表层。

3. 受众对影视作品鉴赏能力的提高。随着好莱坞大片、日韩片、内地热映电影等对受众眼球的冲击，受众对影视作品所承载的视觉享受、精神内涵等方面要求得越来越高，而现有藏族题材的电影在这些方面表现得比较薄弱，难以满足受众的需求。

深访实录

访谈对象：西藏大学教师　教授影视鉴赏　索南措

问：他们看电影、电视的兴趣点在什么地方？

答：兴趣点我觉得从学生当中可能看得不是很明显。

问：您带的学生当中藏族学生多，他们对藏族题材的电影是不是比较冷淡？

答：也不是冷淡，看不同类型的片子，每个人接受程度不一样，比如像少数民族题材的电影本来就少，虽然学生大多数是藏族，但接触的电影是很少的，很多片子里面表层的东西，比如说服饰啊、场景啊与他们的生活场景比较吻合，所以这种类型的片子还是比较能吸引他们，但也仅仅是表层的吸引。

问：藏族学生对前几年拍的片子，比如说《茶马古道》、《哥达活佛》有什么反应？

答：我也仅仅是带了这一届的学生，所以通过我自己的经验感受，学生对这种题材的片子并不感兴趣，就与我们汉族学生不感兴趣是一样的，因为这些题材的电影多偏重于官方的政治话语体系，对情感和生活的表达少，就不喜欢看。因为大家接触外面的东西多了，眼球已经很飘了，没有兴趣看下去。而且很多藏族题材的电影只是借助一下藏族的元素，如服饰、语言，但不能真正走进观众的内心。

问：能够真正体现少数民族文化价值的电影，在质量上，或者数量上，存在什么问题，大家有没有这样的议论？

答：问题肯定有，但是学生可能对这方面的思考比较少，他肯定就是我喜欢就是喜欢，我不喜欢就是不喜欢。就是这样一种情况，没有耐心把它看完。包括我们自己也没有耐心把它看完，这是一种真实的情况。但是现在少数民族题材的电影本来就少，藏族题材的电影，比如说能让我们记得住的如《红河谷》、《农奴》、《冈拉梅朵》等，也就五六部。学生对电影是否是藏族题材，其实不是很敏感，只是觉得这些电影里有我们生活的环境，有我们的元素，仅仅是表层的认同。

（四）受众对国内热映电影的关注程度

为了调查国内热播电影在少数民族地区受众中的传播情况，该选项设置了近两年内地热映的 6 部影片：《让子弹飞》、《非诚勿扰 2》、《十月围城》、《建国大业》、《风声》、《唐山大地震》，对调查数据的统计如图 35，我们可以看出，西藏地区受众对国内热播电影的观看程度一般，6 部都看过的仅占 4%，看过 1 部的占总数的 64%。

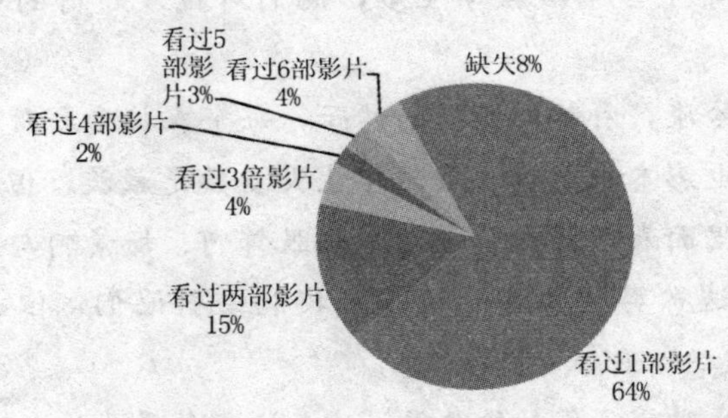

图 35　受众观看内地热映电影的情况

另外，从图 36 的统计数据可知，受众常看的电影以弘扬主旋律及战争题材的电影为主，《建国大业》占 40%，《让子弹飞》占 30%，而主打情感戏的《非诚勿扰 2》、《唐山大地震》分别占 17%、16%。这正好与西藏广播电影电视藏语节目译制中心——西藏自治区电影公司译制科负责人所说的情况相符。

深访实录

访谈对象：西藏自治区电影公司译制科主任　普坤次仁

问：据你了解，藏族受众喜欢看什么题材的电影或电视剧？

答：我们下乡放映电影时会征求藏族受众的意见，我发现老百姓最喜欢看的电影还是生活片、战争片，尤其是农村的受众。因为这个与他们的生活息息相关，再加上我们把这些影片再翻译过来，场景的接近加上语言的接近他们更喜欢看了。比如说《集结号》，反反复复放映很多遍了，藏民们还是喜欢看，可以说是百看不厌。电影与电视是一家，据我了解，电视剧也是这样。

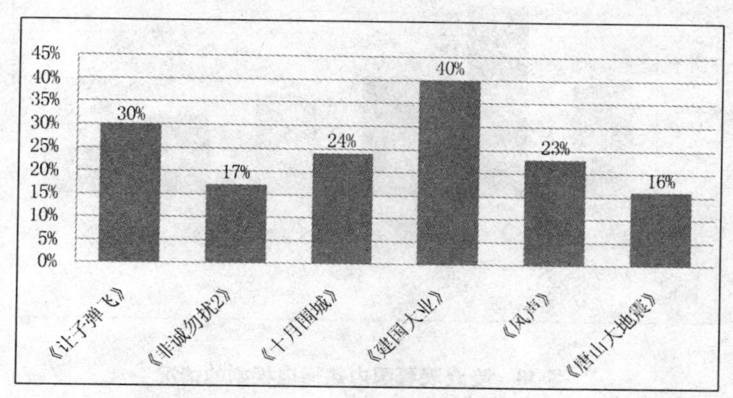

图 36　受众观看国内热映电影的情况

（五）受众对国内热播电视剧的关注程度

在我国，电视剧是广大观众喜欢的电视艺术样式，是人们休闲娱乐的主要方式，根据图 37 可知，西藏被访地区受众看过 1 部电视剧的占总数的

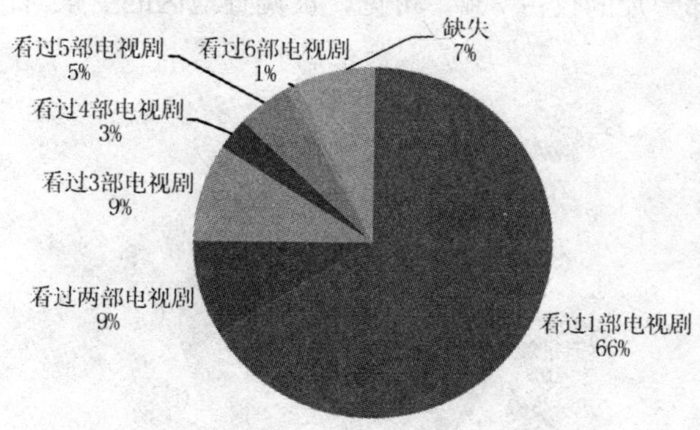

图 37　受众观看国内热播电视剧的情况

66%，6 部电视剧全看过的仅占总数的 1%。另外，我们还可以通过图 38 看出，受众选择收看的电视剧以军旅题材的战争片为主打，选择收看《我是特种兵》的受众占 42%，选择收看《乡村爱情》的受众占 26%，受众喜欢电视

剧的题材以战争片与生活片为主。如上文（深访实录）西藏自治区电影公司译制科主任普坤次仁所说。

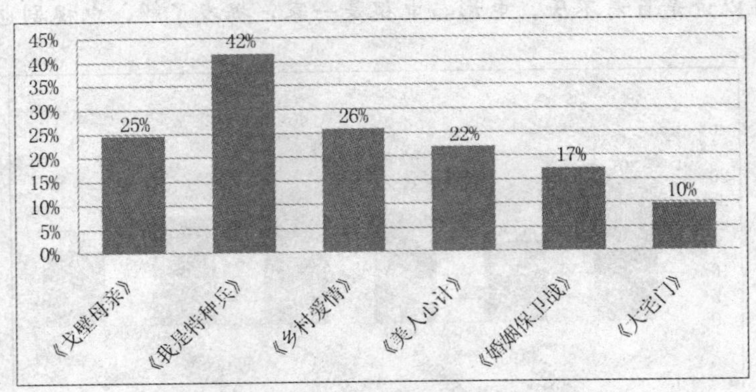

图 38　受众观看国内热播电视剧的情况

（六）受众对国外热映电影关注程度

为了了解西藏地区受众对国外热映电影的观看情况，该选项设置了近两年来 5 部热映的电影：《盗梦空间》、《2012》、《贫民窟的百万富翁》、《功夫熊猫》、《阿凡达》，通过对调查数据的统计，如图 39 所示，看过 1 部影片的占 68%，看过 5 部影片的仅占 3%。可见，被调查地区的受众对国外热映电影的关注程度比较低。

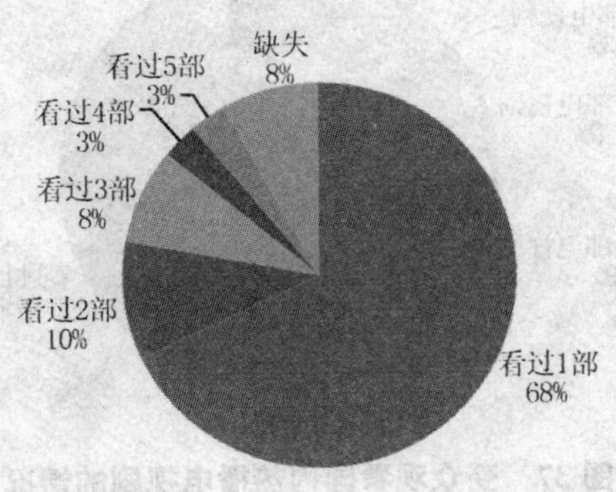

图 39　受众观看国外热映电影的情况

（七）受众对国外热播电视剧的关注程度

近几年，随着国内各大卫视频道对国外电视剧如韩剧、美剧的大量引入及网络的发展，受众能够自主自愿地接触到很多的国外热播电视剧，该选项设置了5个选项，《看了又看》、《妻子的诱惑》、《我的女孩》、《绝望的主妇》、《越狱》，涉及今年热播的韩剧与美剧，如图40所示。70%人看过其中的1部电视剧，5部全看过的占总数的2%。可见，韩剧、美剧在被调查对象中的关注程度一般。

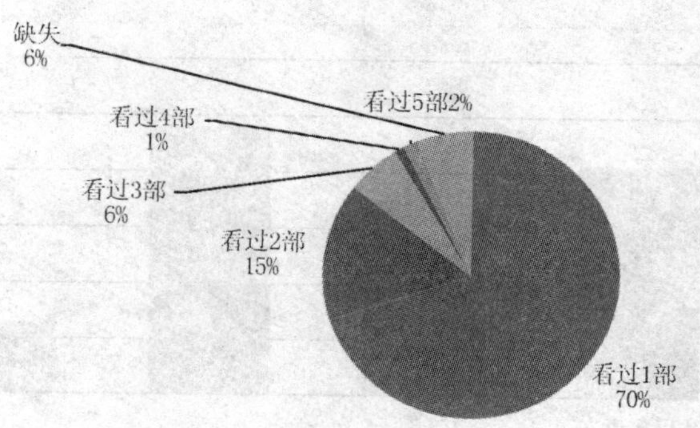

图40　受众观看国外热播电视剧的情况

另外，从图41中可以看出，受众看过《看了又看》、《妻子的诱惑》、《我的女孩》、《绝望的主妇》、《越狱》的比重分别占19.52%、44.82%、30.12%、11.57%、24.34%，其中美剧中以《越狱》最受受众欢迎，韩剧以《妻子的诱惑》最受受众欢迎，两剧相比，被调查对象更喜欢看韩剧的情感戏。

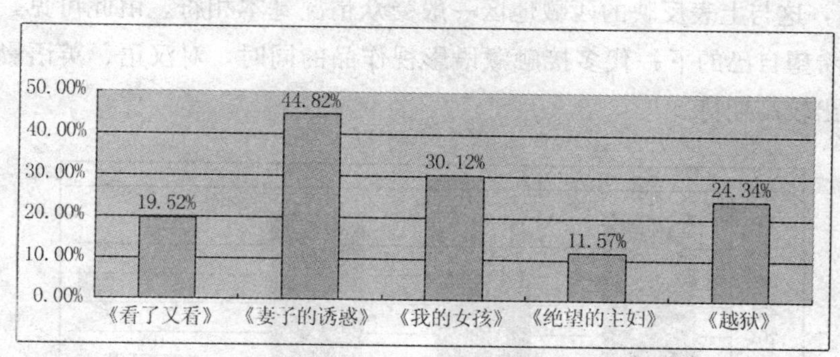

图41　受众收看国外热播电视剧的比重情况

（八）一般受众、藏族受众对自己下一代接触影视作品的不同期待

文化最重要的也是最基本的传承是本民族的语言，从图42中我们可以明确地看出，被访地区的一般受众希望自己的下一代多接触英语语种的影视节

目，占48%，位居榜首，可见随着经济全球化的影响，英语在受众中的影响力也越来越重要；其次，随着外来文化的进入，被调查对象也意识到了传承与保护本民族语言文化的重要性，占42%的受众希望自己的孩子多接触本民族的影视节目；最后，从图42中我们也可以看出汉语在受众中的地位下降，占35%。

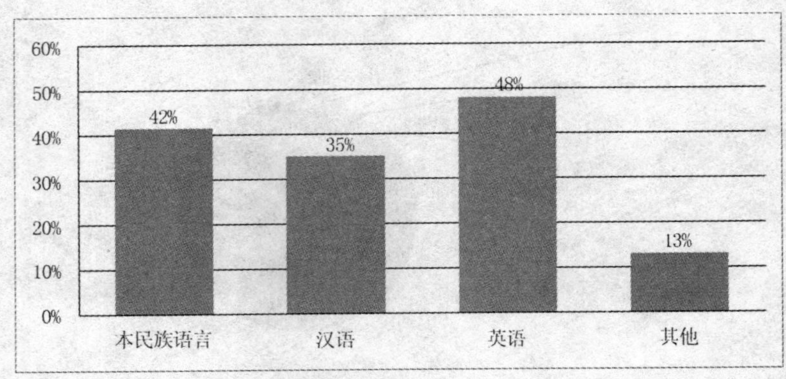

图42　一般受众希望自己下一代接触的影视语种情况

那么被访地区的藏族受众更希望自己的下一代接触何种语种的影视呢，从图43我们可以得知，42%的藏族受众希望自己的下一代接触藏语语种的影视，41%的受众希望下一代接触英语影视，希望接触汉语的占31%，其他的占16%，这与上表反映的西藏地区一般受众情况基本相符。由此可见，藏族受众在希望自己的下一代多接触藏语影视作品的同时，对汉语、英语影视作品表现出较高期待。

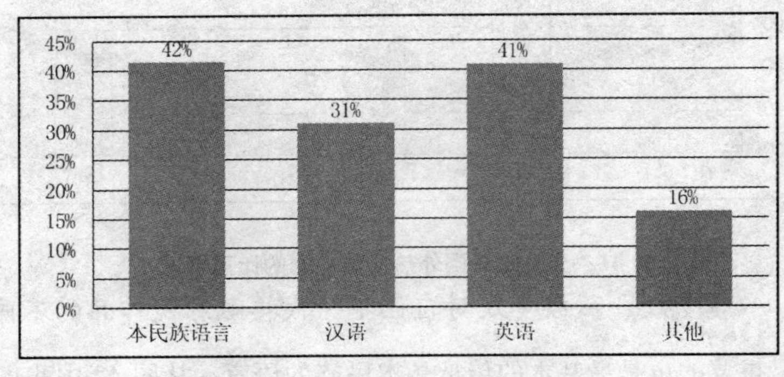

图43　藏族受众希望自己下一代接触的影视语种情况

小结

通过对以上数据的分析及对深访的整理，我们发现西藏被访地区影视的传播效果主要呈以下几大特点：

第一，本民族题材电视剧的传播比本民族题材电影的传播效果好。换言之，被调查对象对本民族题材电视剧的观看程度高于对本民族题材的电影观看程度。

第二，国内外热播电视剧、国内外热映电影在西藏地区的传播效果一般。

第三，战争及生活题材的电影、电视剧在西藏被访地区的传播效果良好。

第四，影视在很大程度上影响了西藏被访地区受众的生活态度，而对受众爱情观的影响较小。

针对上述特点，我们提出以下建议供参考。

第一，受众——市场化运作的中心。以受众为中心，贯穿以人为本的经营理念，应受众的需求改进影视节目。民族的才是世界的，打造本民族电影精品，传播本民族文化。

第二，增加资金、人力投入，丰富片源，增加译制人员，做到准确、全面地传播影视本身想要传达的思想。

第三，提高受众的媒介素养。

第四，深入少数民族受众的生活，了解他们的精神所需，传播他们想看、能看的内容，实现良好的传播效果。

结　论

一、调研的收获

此次调研，我们进行了三个多月的前期准备工作，实地调查时间从 2011 年 7 月 28 日开始，8 月 12 日结束，主要采用调查问卷和深度访谈的方法，对西藏地区的拉萨市、林芝八一镇、日喀则市、达孜县四个地方进行调研。实地调查结束后我们又用了将近 5 个月的时间进行数据分析和资料整理等，通过这些工作我们得出以下一些结论：

（一）少数民族地区的影视传播渠道虽然仍存在一些问题，但是已经初步形成了以广播电视为主导、辅以电影院、网络、手机为辅助的多元化传播系统

虽然受到地理位置、经济发展等因素的限制，少数民族地区的影视传播渠道较为狭窄，但是在调研中我们也发现，国家对民族地区的倾斜性政策扶持，保证了民族地区的影视传播渠道的畅通。电视是受众最主要的影视接触媒介，电影院在逐步发展过程中，网络、手机等新媒体成为备受年轻受众喜爱的传播媒介。可以说，主流影视在民族地区有着全面的传播路径。但是由于受到经济、政治、文化、语言等因素的影响，影视传播渠道存在一些问题，还需要政府的扶持政策、资金投入、引进专业技术人员等。同时，我们也应看到，相对于主流影视多元化的传播渠道，少数民族语言影视节目对外传播的渠道非常狭窄，主要表现在少数民族语言电视频道屈指可数，极少有少数民族电影能在影院上映等，这些成为制约少数民族文化传播的因素。

（二）民族地区受众对于主流影视的传播处于被动接受的状态，对媒介信息的解读能力及媒介的使用能力偏低

调研中我们发现，少数民族受众对于主流影视的传播处于被动接受的状态，电视台播放什么影视剧，他们就收看什么影视剧，没有形成清晰的媒介诉求。少数民族受众对于主流影视的需求还仅仅停留在基本的娱乐消遣上面，并不是为了满足自我的情感需求，或者从中寻找一种认同感，更没有深入思考主流影视所承载的文化意义与价值。这种被动接受的状态实际上是受众媒介诉求处于蒙昧状态的一个表现。另外，对于本民族的影视，少数民族受众虽然也表现出较为强烈的向外传播的意愿，但是，由于语言障碍、文化差异、经济落后等各方面原因，少数民族受众对于媒介的使用能力偏低，民族影视无论在质量上还是数量上，都不尽如人意，更无法通过有效的途径进行对外传播。

（三）主流影视在民族地区呈现出单向传播的姿势

在传播内容方面，传播者更关注的是民族受众应该知道些什么，我们传播了什么；而没有关注受众想知道些什么，他们接受了什么。从大众传播模式来分析，这实际上是一种单向性的传播。在调研过程中我们发现，由于西

藏地区特殊的地理位置和军事战略意义以及宗教信仰等原因，相关部门在对主流影视、境外影视在西藏的传播都有一定的控制。在这样的传播环境下，西藏受众接触到的主流影视，基本是一些在政策体制下必须传播或者可以传播的影视剧，如政策要求必须传播的主旋律影视、带有鲜明政治倾向的爱国主义教育影视等。由于西藏的广播影视体制的特殊性，媒体尚未形成受众市场概念，对受众需求的关注自然有限，现实状况是依据体制来选择传播内容，进行单向性传播。要改善这种情况，一是要创新体制，优化影视传播的媒介环境；二是要了解受众的喜好和期待，实现以受众需求为中心的传播模式。

（四）少数民族受众对主流影视持认可态度，但主流影视对于少数民族受众的行为影响相对较小

主流影视在民族地区的传播效果可从受众对主流影视的认知、态度以及主流影视对其的行为影响三方面考察。通过调研数据分析和访谈，我们发现，大部分的少数民族受众对主流影视都比较乐于接受，喜欢收看多种题材的主流影视，即使有时候语言上存在一些障碍，受众还是愿意选择收看主流影视。并且大部分受众认为本民族影视在数量上和质量上都存在较大的差距，主流影视有许多值得学习和借鉴的地方。这是少数民族受众对主流影视的一种认可态度。但是，主流影视对少数民族受众的影响更多的是生活态度方面的影响，对行为的影响较小。

二、调研中遇到的一些问题

（一）调研对象的样本选择问题

本调研在问卷发放上，设置了各个年龄段（如：A. 15 岁以下　B. 15～30 岁　C. 30～50 岁　D. 50 岁以上），但是在实际操作中发现年龄段在 50 岁以上的藏族人群文化程度有限，无论是在对汉语或藏语的识别能力上还是对问卷的理解能力上都有欠缺，导致问卷在发放的过程中 50 岁以上的被调查者比较少。

（二）调研对象对专业术语的理解问题

由于本次调研是在西藏进行，所以藏族人群在调研对象中占有一定的比例，在实际操作中，我们观察到某些藏族受众对问卷的理解上存在偏差。

（三）调研地区的层次问题

本次调研选取的点多集中在城市、县和乡镇，对村级涉及比较少，原因有二：一是农村地区的不少电影电视受众的受教育水平比较低，在对问卷的理解上可能出现偏差；二是农村地区的不少藏民无论是对汉字的识别上还是对藏文字的识别上都比较困难，导致问卷在农村地区发放的效果受影响。

（四）深访中遇到的问题

在深访对象的选择上，本来预想到西藏大学邀请各个学院的老师、学生开座谈会，但是我们去的时间正逢学生放假，故未能实施。另外，本来预想下村到村民中间去，以座谈会的形式开展，但是在实际操作中发现，村民与我们的沟通有困难。

（五）受访对象做问卷中的问题

为了全面地了解影视在西藏地区的跨文化传播情况，调查问卷的问题设置得比较多，调研对象缺乏耐心，导致某些问卷仅填写了一部分，问卷的有效性下降。

三、下一步的研究设想

本次调研仅选择了西藏的四个地点，拉萨市、林芝地区、日喀则地区和达孜县，调研对象考虑的人群多在城市地区，主要了解了影视跨界传播对生活在西藏地区的藏族、回族、汉族等各个民族产生的影响，传播中遇到的问题，广大西藏受众对接触到的影视信息的评价和收视需求等方面进行了调研。

下一步调研，主要分三步：第一，针对在西藏调研中出现的问题与困境，对调查问卷及深访的问题进行调整，提高调研的科学性、可操作性和针对性；第二步，根据完善的调查问卷，进一步深入到西藏的其他地区，如山南地区、阿里地区等，更加全面地了解影视在西藏地区的跨文化传播情况；第三步，将该课题推广到中国其他的少数民族地区，如对贵州省少数民族影视的跨文化传播情况进行调查，对云南少数民族影视的跨文化传播情况进行调查等，从宏观上认识影视在少数民族地区的跨文化传播情况。

云南少数民族视觉文化素养与传播现状调研报告

郭梅雨

前　言

一、研究背景

民族文化是民族个性特征与独特精神的重要表征，是民族认同的代表性标志。云南地处中国西南边陲，生活着 25 个少数民族，在历史发展的长河中，形成了多样化的、各具特色的优秀少数民族文化，在视觉文化方面，也异彩纷呈，表现出各民族的鲜明特色。

而随着“读图时代”、“视觉形象时代”的到来，特别是在全球化传播及新媒体传播环境下，不同文化与民族都被展现在一个更加开放与交融的平台上，且彼此之间的交流与碰撞日益频繁。云南的各民族也处在同样的环境中，也同样面临着他民族强势文化、商业文化的巨大冲击。一些经济较为发达的少数民族地区开始大兴土木建设工程，使别具特色的少数民族民居建筑，被许多“小洋楼”、“商品楼”所取代；而各主要旅游景点商业化色彩浓重的民俗表演大有逐步取代原汁原味的山乡田野式的对歌、祭祀、乡土文艺表演之势。此外，受市场经济大潮的驱使，许多少数民族青年纷纷走出大山、告别寨子外出打工谋生，离开了学习和继承传统民族文化的环境，更由于这些青年在大城市接受了新的价值观念和生活观念，难以形成传承民族文化的自觉意识，对传统民族歌舞、乐器、服饰的兴趣趋于淡漠。种种冲击与碰撞使云南各少数民族异彩纷呈的民族特色逐步失去了往日的浓烈色彩，且开始出现民族文化同质化的趋势。

如何让云南各民族保持各自文化的鲜明特色，保持各民族间的文化多样性，拒绝民族文化单一化的潜在威胁，是当前云南各少数民族文化保护紧迫的任务。而视觉文化作为民族文化的主要承载形式，在民族文化保护与传承中有着重要的地位和作用。若要保持民族文化的多样性，那么，少数民族文化的生存、发展与传承离不开少数民族自身的作为，离不开少数民族的自我认知和认同，离不开少数民族对自身优秀传统文化的传播。云南各少数民族对本民族视觉文化的认知对于民族文化保护与传承有着重要的意义，同时对本民族视觉文化的对外传播也有助于民族文化的保有与延续，更可强化本民族优秀文化的特质，保持各民族的视觉文化的鲜明特色。

二、研究目的

本研究立足于视觉文化与传播的研究视角，调查云南少数民族在当前新媒体传播影响下民族视觉文化的现状以及各少数民族对本民族视觉文化的认知及传播情况，从文化学、跨文化传播学角度解读云南少数民族视觉文化的表征及民族文化认同，以全面厘清当前民族文化在视觉传播中所面临的问题与发展机遇，探讨图像时代背景下的云南少数民族文化的视觉形象建构，强调少数民族文化视觉素养对于民族文化的保护和创新的重要性。

三、研究综述

（一）关于视觉文化及视觉素养的理论研究

1. 视觉文化的概念界定及其相关研究

视觉文化是较为新兴的重要文化形态或文化发展趋势。对于视觉文化的概念，不同的学者从各自研究的领域和视角给出了各不相同的界定。较早使用视觉文化这一术语的是匈牙利电影美学家巴拉兹，在其1913年的著作《电影美学》中，巴拉兹抽象出了“视觉文化”这个概念，以此表述人们通过视觉体系，以可见的形象来感受、理解和解释事物的能力。但此术语并没有在当时的学术界产生广泛的影响。

尽管早期的研究领域没有普遍采用视觉文化这一术语，但对于相关视觉文化的研究已初见端倪并逐步开始产生影响。早期的视觉文化研究脱胎于欧洲的文化研究领域，对此研究有着重要推动作用的是德国思想家本雅明。他虽然没有直接使用“视觉文化”这一术语，但他以电影为研究对象对于机械复制时代艺术的探讨，渗透了对于视觉文化的深刻洞见。他认为，机械复制时代是人类文明的一次巨大变革，电影作为一种技术上的新发明，把一种新的文化带入人类社会生活。① 视觉效果转向了更为逼真的触觉效果，复制使得艺术的民主化成为可能，也使艺术的革命潜能得以实现②。

随着1950年代电视媒体的迅猛发展，加拿大学者麦克卢汉从传播学角度进一步探讨了视觉文化的问题。他从媒介和传播方式的变革角度，论证了电子媒介文化的到来，这种文化将视觉和听觉文化整合，对受众的效果超过以往任何一种媒介。③ 1960年代，法国思想家德波针对现代社会明确提出了“景观社会”的理论，认为景观社会的基本特征就体现为商品变成了形象，形象成为人们社会关系的新的中介。④

20世纪五六十年代欧洲文化学者对于视觉文化研究的努力与传播，到了1980年代，“视觉文化”这一术语已经在学术界普遍地被接受。文化学者认为视觉文化是高度视觉化的文化，如米尔佐夫认为视觉文化就是后现代文化，后现代的日程生活已经被彻底视觉化了，是一个“世界图像时代”或“景观社会”，是后现代社会或消费社会的文化现象。美国学者斯特肯和卡特赖特从视觉媒介的角度阐述了视觉文化的范围，认为这个术语涵盖了许多媒介形式，从美术到大众电影，到广告，到诸如科学、法律和医学领域里的视觉资料等。而英国艺术史学家布列森认为，所谓的视觉文化意味着种种不同再现形态的“形象史”。而晚近的一些学者更多地强调视觉文化的跨学科属性，具有代表性的学者是米歇尔，他认为视觉文化就是关于“视觉经验的社会建构”，是一个研究规划，它要求艺术史家、电影研究者、视觉技术专家、理论家、现象学者、精神分析学者及人类学家之间的对话，简而言之，视觉文化是一个学科间的研究，是跨越学科边界的交汇与对话的场所⑤。

---

① 周宪：《视觉文化的转向》，北京大学出版社，2008年，第14页。
② 周宪：《视觉文化的转向》，北京大学出版社，2008年，第15页。
③ 周宪：《视觉文化的转向》，北京大学出版社，2008年，第15页。
④ 周宪：《视觉文化的转向》，北京大学出版社，2008年。
⑤ 周宪：《视觉文化的转向》，北京大学出版社，2008年，第17页。

而美国学者詹姆斯·埃尔金斯认为视觉文化主要是一场发生在美国的运动……这一术语可能最早出现在1972年迈克尔·巴克森德尔的《15世纪意大利绘画与经验》这一艺术史文本中，但视觉文化直到20世纪90年代才成为一门学科。[①] 关于视觉文化兴起的第一篇学术论文则由玛格丽特·迪克维兹卡亚作于2001年，它标志着学术圈对于这一新领域的认可。[②]

总之，视觉文化这个概念的含义是非常丰富的，同时它的使用又是充满歧义的，不同的人在不同的语境中侧重于它不同的含义。本文对于视觉文化的界定以文化学及传播学的视角为出发点，主要指具有视觉性及文化特性的产品，如服装服饰、美术、建筑、电影、电视、歌舞等以视觉传播为主的文化形态。

2. 视觉素养的概念界定

同视觉文化的研究一样，针对视觉素养开展研究的领域也是纷繁复杂，对于视觉素养概念的界定众多且各不相同。最早提出视觉素养这一概念的是约翰·德贝斯（1969年），他认为视觉素养是“一个人通过看所获得的一系列视觉能力，并同时将看与其他感觉经验整合。发展这些能力对人类正常学习来说是根本的。当这些能力得到发展时，它们使有素养的人能区分和解释视觉行动、视觉物体以及自然或人造的视觉符号。创造性地运用这些能力，他能理解和享受视觉交流的杰作”[③]。这一术语被广泛使用以后，针对视觉素养的研究从不同领域展开也就有了不同的界定。克里斯托弗森认为，一个具有视觉素养的人应该具备以下技能：一是解释、理解和领会视觉信息的含义；二是通过运用视觉设计的基本原则和概念使交流更有效；三是运用计算机和其他技术制作视觉信息；四是运用视觉思维形成问题解决的方法。[④] 而国际视觉素养学会采用了弗兰基和德贝斯在1972年的定义：视觉素养是人类通过观看以及结合其他感官体验发展出的一种综合的视觉能力，这是人类认知发展的先决条件之一。具备此种能力的人，可以辨别和理解环境中各种自然的或者人工的视觉行为、物体、符号，同时还可以通过创造性使用这种能力，得以更好地与他人沟通，并且通过灵活运用这种能力，在视觉传播中对大师作

① ［美］詹姆斯·埃尔金斯：《视觉研究：怀疑式导读》，江苏美术出版社，2010年，第2页。
② ［美］詹姆斯·埃尔金斯：《视觉研究：怀疑式导读》，江苏美术出版社，2010年，第4页。
③ 徐亚男、张舒予、蔡冠群：《浅论大学生视觉素养培养》，《重庆广播电视大学学报》，2009年(3)，第18页。
④ 任悦：《视觉传播概论》，中国人民大学出版社，2008年，第217页。

品获得更深入的理解和更多的享受。[①]

本文根据研究内容和目的，将视觉素养定义为“以大众传播媒介为主要载体的视觉文化文本的理解解读能力，以及创造性地使用视觉文化符号的能力”。

3. 国内对于视觉传播与视觉素养的理论研究

国内的视觉传播研究20世纪90年代后期才刚刚开始，目前还处于起步阶段，主要是引介国外理论及研究成果，近几年翻译引进了大量的美国及欧洲学者的专著，国内也有学者的研究专著问世，尽管数量非常有限，但已呈现出“星星之火燎原”之势。在学术论文方面，也呈逐年上升趋势，多集中在当代视觉文化和视觉素养的研究上，特别是视觉素养教育的研究相对较活跃，文章略多。如《视觉素养教育：一个亟待开拓的领域》（张倩苇，2002年），《浅论大学生视觉素养培养》（张舒予等，2009年）等，其他研究则散见于视觉设计语言、视觉符号学等方面。目前，国内高校中较早成立并有影响力的研究机构主要有两家，一是复旦大学视觉文化研究中心（2002年成立），2005年曾与国际视觉素养学会联合举办了首届视觉文化传播国际研讨会，该中心承担了《视觉文化传播研究——对一种文化形态的理论阐述》和《2010年世博会：上海对外形象传播战略研究》等科研项目；二是南京师范大学教育科学学院在2004年成立了视觉文化研究所，主要进行以发展视觉素养为目的的视觉文化研究。总之，就国内视觉传播研究总体而言，还比较分散不成系统，在理论的研究及应用上还有很多的空白点。

（二）国内对于少数民族视觉文化及传播的相关研究

本文所涉及的少数民族视觉文化主要指以视觉符号为主要内容的文化形式，如少数民族图形、服饰、美术作品、少数民族题材的影视剧和少数民族网站等。学术界与此相关的研究通常反映在各自的研究领域内，如美术界较多关注少数民族传统图案、纹样或图腾的形式或审美意象的研究，如殷会利的《云南少数民族传统图形中的审美意象的延续与变迁》（2005年），或倾向少数民族题材的美术作品的创作；服装设计学界则关注少数民族服饰的图案特点及创新运用，如《民族服饰中图腾文化的多元化表现和设计应用》（梁惠

① 任悦：《视觉传播概论》，中国人民大学出版社，2008年，第217页。

娥、覃蕊，2008 年）。这些占绝大多数并具代表性的研究均是以各自专业领域的角度为研究出发点，与本文所要尝试的视觉传播学的研究视角差异较大，因而不做观点的评述。

值得一提的是，随着少数民族题材的影视剧在国际电影节上屡获奖项，涉及少数民族题材影视剧的研究也随之增多，尽管大都关注影视剧创作领域，但也有人将目光投向了少数民族文化的传承问题，较具有代表性的如《全球化时代少数民族电影的民族文化境遇》（周根红，2009 年），该文说道："这些少数民族题材的电影很大程度上是自觉靠拢全球化时代的国际语境，满足西方世界对东方的想象和对中国形象的认知，尤其是对中国少数民族（地区）的想象与认知。""少数民族题材电影对少数民族文化的所有策略与表达，都是对少数民族文化身份的一个建构过程。"《民族电影如何从"边缘"走向"主流"》（饶曙光，2011）一文中谈道："不可以把少数民族身份（不管是'血缘身份'还是'文化身份'）作为判断和衡量少数民族电影的前提，更不能成为唯一的、甚至是主要的标准，那样必然会影响和阻碍少数民族电影的多元化发展，造成少数民族电影的单一化和同质化。"同时该文还认为，少数民族题材的电影在面对外来文化的侵袭时"有着不可替代的独特作用"。

涉及少数民族网站的研究，有一篇《互联网与少数民族多维文化认同的建构——以云南少数民族网络媒介为例》（陈静静，2010），从云南少数民族网站考察了少数民族的"自我与族群"、"地域认同与族群关系"及"国家认同"，认为互联网对于少数民族的多维文化认同有着巨大的推动作用。

近几年针对少数民族地区文化传播的研究开始活跃起来。郭建斌在专著《文化适应与传播》（郭建斌 2007 年）中对民族与传播研究进行了三个层次的界定：民族自治地方（及民族乡）的传播研究，以少数民族为对象的传播研究和广义民族概念下与传播相关的研究。这个界定是对学术界一直以来对此问题边界模糊不清的很好回答，对少数民族与传播研究的多元化和深入化可以起到积极的作用。从大众传媒接触角度，以云南少数民族为研究对象的研究案例已有不少，较具代表性的个案研究有，郭建斌的《电视下乡：社会转型期大众传媒与少数民族社区——独龙族个案的民族志阐释》（2003 年），该研究采用民族志的研究方法探讨了"中国社会转型期大众传播媒介在少数民族地区所扮演的角色"这一问题，深度描绘了当地独龙族观看电视的行为及其对电视传递的信息的理解与认同。专著《网络传播与云南少数民族文化的现代建构》（庄晓东，2010 年）也具一定的代表性。该研究以实证调查的方式结合数据理论化地探讨了网络文化模式下云南少数民族文化现代化建构的特点和路径。此外，还有《新媒体与民族文化传播研究》论文集（张志，王晓英，2009）收录了以新媒体与民族文化传播为主题的学术论文。

然而，针对民族文化的视觉传播的学术研究相对较少，仅有个别学者发表了如《论云南文化的视觉文化传播》、《探析广西视觉形象的文化传播》、《利用网络传播构建内蒙古民族文化传承与发展的平台》等学术论文。显然，从视觉传播角度深入研究少数民族文化与传播还是一个较大的空白，也是一个应该引起传播学者重视的问题。

四、研究方法

本次调研主要采用问卷调研的定量分析法及访谈的定性研究方法（详见第一章内容）。

五、研究意义

本研究立足于视觉传播学、文化学、跨文化传播学的研究视角，通过对民族文化及其视觉形象对内、对外传播过程中的现状分析与研究，了解云南少数民族对于自身视觉文化的认知情况，了解云南少数民族的视觉文化素养现状，以全面厘清当前云南各少数民族文化在视觉传播中所面临的问题与发展机遇，对于云南各少数民族文化的保护与传承有着重要的现实意义。

第一章　云南少数民族视觉文化概述

云南是全国少数民族种类最多的省份，全省共有25个少数民族，各民族“大杂居、小聚居”。云南省的汉族人口为3062.9万人，占总人口的66.63%；各少数民族人口为1533.7万人，占总人口的33.37%。其中，彝族502.8万人，哈尼族163.0万人，白族156.1万人，傣族122.2万人。云南有彝、白、哈尼、傣族、傈僳、拉祜、佤、纳西、景颇、布朗、普米、阿昌、怒族、基诺、德昂、独龙等16个世居民族。

云南省先后新创哈尼、傈僳、纳西、景颇、苗、壮、白、瑶、独龙等10个民族的12种民族文字或拼音方案，改进、规范了彝、傣、拉祜、苗、景颇等5个民族的7种民族文字。现德宏傣文、景颇文、载瓦文、哈尼文、拉祜文、川黔滇苗文、佤文7种民族文字方案已成为正式文字。宗教方面，信仰宗教者共有403万人，其中90%以上是少数民族。佛教的合法宗教场所2333处，可统计的佛教信徒约256万余人。另外，回族穆斯林几乎遍布云南全境，共约62万余人，清真寺810处。云南省可统计的基督教徒约53万余人，合法宗教场所2050处。此外，还有道教、天主教、东巴教、本主崇拜等不同信仰。

云南的各少数民族在历史的发展长河中都形成了优秀的传统文化，各民族别具特色的服装服饰、建筑艺术、图形图案等构成了多彩多姿的多样化的民族文化，丽江的东巴文化、宁蒗的母系制文化、大理的南诏文化、白族的本主文化、彝族的毕摩文化、迪庆的藏族文化等在这片大地上异彩纷呈。

一、云南少数民族视觉文化概览

云南是一个多民族的地区，各少数民族在发展中积累和沉淀了许许多多各具特色、多姿多彩的优秀传统文化，从图腾、服饰、绘画雕刻到建筑艺术，展现了各民族不同于他民族的鲜明特色。

（一）图腾

图腾就是原始时代的人们把某种动物、植物或无生物当作自己的亲属、祖先或保护神。图腾文化，就是由图腾观念衍生的种种文化现象，也就是原始时代的人们把图腾当作亲属、祖先或保护神之后，为了表示自己对图腾的崇敬而创造的各种文化。云南各少数民族都有各自的图腾崇拜和图腾文化。

（二）服饰

在云南各少数民族的服饰构成要件中，融进了性别、年龄、地位、用途、季节、材料、色彩、工艺、样式等多方面的因素，从而在装束上形成了各民族鲜明的标志特色，展现了各民族多姿多彩的风貌。

（三）传统工艺美术

传统工艺美术是指工艺雕塑、刺绣和染织、地毯、抽纱花边和编结、艺术陶瓷、工艺玻璃、纺织工艺、漆器、工艺家具、金属工艺和首饰、人造花和工艺画、剪纸、皮影、手工玩具、民族乐器及其他手工艺品种和技术。云南各少数民族在传统工艺美术方面有着悠久的历史和丰富的技艺，云南彝族传统工艺美术有漆器、刺绣、银饰、竹编、雕刻、绘画等；傣族的织锦、木雕、木版画、黑陶、银质饰品具有代表性；白族有扎染、木雕、石雕、银器工艺、铜器工艺等；傈僳族的木器工艺、竹器、织麻工艺等是颇具代表性的传统手工艺。

（四）民族歌舞和竞技

云南25个少数民族均有自己别具特色的节日盛会，群体的民族歌舞竞技活动就在节日中举行。傣族的泼水节，人们要敲象脚鼓跳孔雀舞，丢包、浴佛、泼水、放高升、划龙舟；白族盛大的三月街要举行赛马歌舞表演；彝族的火把节则要跳大三弦、“阿细跳月”、打歌，举行扛杆、摔跤等比赛。还有哈尼族的鹇鸟舞、竹筒舞、采茶舞，布朗族的蜡条舞，纳西族的东巴舞，基诺族的大鼓舞，拉祜族的芦笙舞，景颇族的目瑙纵歌、刀舞等都别具特色。

（五）建筑

由于居住地自然环境的差异，云南各民族的建筑也各具特色，从结构、材料、门窗样式、采光方法、天窗的设置到炉灶类型及位置、火塘的部位及作用等，都各不相同，可谓是五花八门，集中体现了各民族的聪明智慧，外现绮丽的风貌，内含智慧的技艺和文化的灵魂，形成了别具韵味的建筑风格。云南少数民族的民居建筑大体可分为四类：宁蒗纳西族和怒江傈僳族的木楞房、哈尼族的土掌房、傣族、景颇族的竹楼、彝族、白族的重檐瓦房。

二、六个少数民族的视觉文化特色

（一）云南彝族视觉文化

彝族分布于云南、四川、贵州省和广西壮族自治区。彝族传统观念认为万物有灵并崇拜祖先。民间传统节日很多，主要节日有十月年、火把节及区域性的节日和祭祀活动。十月年是彝族的传统年，多在农历十月上旬择吉日举行。每年的农历六月二十四日的火把节是彝族最盛大的传统节日。

彝族除虎图腾外，尚有竹、黄牛、猴、獐、龙、蛇、鸟、梨树、山水、葫芦、青松等图腾崇拜。彝族的女子在未成年前必须在掌背和手臂上文身，文身的图案多为所崇拜的图腾图案，以确认本族的身份。文身所使用的颜料是用嵩叶煮汁后再添加入锅灰和一种黑土后所形成的浓汁，工具是一把单数的铁针。

彝族的民族美术主要是指绘画艺术、雕刻艺术和漆绘、刺绣艺术。

彝族的绘画艺术的特点是：古朴而简明。彝族的绘画多见于经书上，以竹笺为笔，以锅烟或蓝水兑制而成，简洁明了地反映事物最本质的特征，追求“质”的美的艺术风格。

彝族的雕刻艺术多为在金属和竹木上手工刻画，图案以自然界的花草鸟兽和日常用品为主，常见在宝剑、银饰、马鞍、口弦、匕首等的柄把上，使这些器物更具自然美。

漆绘艺术：彝族的漆绘艺术已有1000多年的历史。使用的漆料为过滤后的土漆，再用锅烟、石黄、朱砂调制成黑、黄、红三色。漆绘的图案也都是与生活有关的日、月、山、水、树叶、花草、火镰等，广泛绘制在餐具、酒具、兵器和毕摩神具上。

刺绣艺术：彝族女子喜爱使用多种颜色的丝线，将各种图案绣在男女上衣、妇女手帕、女裙、男裤、荷包、烟袋等处。①

彝族服饰种类繁多，色彩纷呈，是彝族传统文化和审美意识的具体体现。在漫长的历史发展过程中，生活在不同地区的彝族人民，创造和形成了各自不同的服饰习俗，在彝族物质民俗构成中占有重要地位。

根据彝族服饰民俗的地域、支系表现，可将彝族服饰划分为凉山、乌蒙山、红河、滇东南、滇西、楚雄六种类型，各种类型又可分为若干式样。彝族服饰在总体上具有以下 4 个特点：1. 反映了黑之尊、黄之美的审美观；2. 反映了彝族“顾头”的生活习惯和荣誉意识；3. 男子服饰多体现其英勇善战的气概；4. 服饰图案纹样体现了彝族对自然的理解和崇敬。②

歌舞是彝族人民生活中的一项重要内容，其形式丰富多彩，多数是模仿生产劳动时的动作。古老的舞蹈有模拟动物形象的“斗鸡”、“斗羊”，象征战争的“跳钗”、“刀舞”，庆丰收的“大鼓舞”等。“三步弦”——又称“烟盒舞”或“跳弦”，是有一百余套动作的舞蹈。取蜜舞是表现人们在挖地时突遇蜜蜂袭击时的情景；芦笙独人舞则是一种动作临场自行发挥的舞蹈；“锅庄”舞则是由于舞蹈队伍围成锅庄形而得名。

阿细跳月：一种彝族集体舞，分青年舞和老年舞两种。老年舞缓慢轻松，随着笛子的节奏，男子弹起小三弦、月琴，拉起二胡翩翩起舞，女子则双手叉腰起舞，时而旋转摆腿，时而围圈齐跳，时而相对而舞。青年舞则节奏明快，男女青年各成一行，相向起舞。团中央已把阿细跳月作为青年集体舞向全国各族青年推荐普及，还曾经在第三届世界青年联欢节上演出，现在阿细跳月已成为我国和世界青年交谊舞的传统节目。③

（二）云南傣族视觉文化

傣族是一个历史悠久的民族，远在公元 1 世纪，汉文史籍已有关于傣族

① 资料来源：金羊网 http：//www.ycwb.com/gb/content/2005－09/06/content _ 965941.htm，2011 年 6 月 10 日访问。

② 资料来源：金羊网 http：//www.ycwb.com/gb/content/2005－09/06/content _ 965939.htm，2011 年 6 月 10 日访问。

③ 资料来源：金羊网 http：//www.ycwb.com/gb/content/2005－09/06/content _ 965938.htm，2011 年 6 月 10 日访问。

的记载。1949年后，按照傣族人民的意愿，定名为“傣族”。傣族自称“傣仂”、“傣雅”等。傣族普遍信仰小乘佛教，不少节日与佛教活动有关。在每年傣历六月举行的泼水节是最盛大的节日，这一节日傣语称“桑勘比迈”。届时要赕佛，并大摆筵席，宴请僧侣和亲朋好友，以泼水的方式互致祝贺。现在，泼水活动是傣历新年节庆活动的主要内容，这一活动深受各族人民的喜爱。

傣族是西双版纳的主体民族，他们并没有整个民族的图腾崇拜。在历史上曾认为龙为傣族的图腾，而据研究，历史上著名的“九隆神话”中的对龙图腾的崇拜者乃是哀牢夷。其图腾崇拜就多与热带雨林中的一些动植物有关。鸟图腾是傣族古老的原生态图腾之一，其源头可追溯到古越人的图腾崇拜。现今傣族以孔雀为吉祥物，跳孔雀舞，以孔雀为织锦、刺绣、剪纸、绘画的重要主题，以孔雀图样为房屋的装饰或妇女的饰品等。这一切，与早期的傣族祖先——古越人的鸟图腾崇拜密切相关。傣族还以孔雀为文身图案，这显然是希望得到图腾物凤凰的原形——孔雀的保佑，幸福平安，吉祥如意。此外，傣族还有大象、虎、狮子、牛等图腾崇拜。

（三）云南白族视觉文化

白族在云南是历史比较长，经济文化发展水平比较高的少数民族之一。从它的社会发展情况和居住地区而言，大体分为三个支系：1. 以洱海为中心，居住在昆明、元江、邱北、南华一带的民家人；2. 居住在维西、兰坪两县澜沧江沿岸的那马人；3. 居住在怒江、球江两岸的勒墨人。

雄鸡是白族先民崇拜的图腾。大理三月街民族节节徽的图案就是一只振翅欲飞的雄鸡。白族虎氏族认为其始祖为雄性白虎，虎也不会伤害他们。当要出远门时，一定要选在属虎的那天（寅日），认为只有这样，做事才会吉祥如意。有人从远方回来，也一定要算准日期，只有虎日才进门槛。

白族鸡氏族则传说他们的祖先是从金花鸡的蛋里孵化出来的，认为公鸡知吉凶，会保佑他们。在迁徙时，将东西装在背箩里，上面放一只公鸡。到达新驻地后，公鸡在什么地方叫，就在什么地方安家。在他们看来，公鸡叫的地方，就是最吉利的。

白族服饰，各地略有不同。大理等中心地区男子头缠白色或蓝色的包头，身着白色对襟衣和黑领褂，下穿白色长裤，肩挂绣着美丽图案的挂包。大理一带妇女多穿白色上衣，外套黑色或紫色丝绒领褂，下着蓝色宽裤，腰系缀有绣花飘带的短围腰，足穿绣花的“百节鞋”，臂环扭丝银镯，指带珐琅银戒指，耳坠银饰，上衣右衽佩着银质的“三须”、“五须”；已婚者挽髻，未婚者垂辫于后或盘辫于头，都缠以绣花、印花或彩色毛巾的包头。

白族的住宅多为砖木结构的瓦房。平房结构多以“三房一照壁”为主，少数富裕人家也有“四合五天井”的布局。“排架”（以一排柱子为主的屋架叫排架）承重，四柱落地。左右后三方用土基墙围护，前面及中央用木料板为隔，山墙到顶，屋面挑出，有防止邻居火灾波及作用。在“排架”间和楼板照面下面，前后均有一根通穿的枋，当地叫做“穿枋”，是白族木工一项很出色的创造。“穿枋”把整所房子的“排架”联成一个整体。与照面枋、檐口挂枋和落地枋相互作用之后，刚度很大，具有很高的抗震能力。

门、楼装饰的种类通常包括泥塑、木雕、彩云、石刻、大理石屏、凸花砖和青砖等，组成一座中角飞檐、花枋精巧、斗拱重叠、玲挑剔透、雄浑稳重和美观大方的综合艺术的建筑。白族这种门楼，不仅造型富于我国传统的民族特色，而且在建筑的布局结构上也独具风格。如在花坊、照壁、天花板以及门窗上均雕有人物、花卉、山水和鸟兽，组成双凤朝阳、二龙抢宝、百鸟朝凤等图案。

（四）云南傈僳族视觉文化

傈僳族在唐代称为“栗粟”。傈僳族最早生活在四川、云南交界的金沙江流域，后因战争等原因，逐步迁到滇西怒江地区定居下来。1985 年 6 月 11 日，建立云南维西傈僳族自治县。主要节日有阔时节（12 月 20 日，相当于汉族的春节）、火把节、收获节、中秋节、澡塘会、刀杆节等。每年农历二月初八举行的“刀杆节”扣人心弦，据说上刀杆是为了使傈僳人具有“刀山敢上，火海敢闯”的精神。

在傈僳族的宗教观念中，和人具有灵魂一样，自然界的万物也无不具有灵魂，凡是日月、山川、星辰、河流、树木都是人们的崇拜对象，他们把那些主宰一切自然现象的精灵称作“尼”，而且种类非常多，如：“白加尼”（天鬼）、“恒刮尼”（家鬼）、“山鬼”、“结林尼”（路鬼）等等。傈僳族共有虎、荞、雀、木、鼠、猴、熊、蜂、麻、猫头鹰、鸡、叶、竹、谷等 20 多个氏族，每个氏族都有自己的图腾。他们的姓氏名称，也就是他们的图腾崇拜物。

傈僳族的图腾崇拜物分为四种类型：1. 动物图腾崇拜；2. 植物图腾崇拜（野生植物图腾、农作物图腾）；3. 工具图腾崇拜；4. 职业图腾崇拜。

过去大部分地区的傈僳族都穿自织的麻布衣服。妇女的服饰美丽大方，上穿右衽短衣，下着长裙，头上饰以红白色料珠，胸前有彩色料珠串成的项圈。已婚的妇女耳戴大铜环，长可垂肩，头上以珊瑚料珠为饰；有的还喜欢在胸前佩一串玛瑙海贝或银币，傈僳语称这种胸饰为“拉伯里底”。各地人由于衣服颜色的不同，而被分别称为“白傈僳”、“黑傈僳”或“花傈僳”。花傈僳服饰较为鲜艳美观，妇女均喜在上衣及裙上镶绣许多花边，头缠花布头巾，耳坠大铜环或银环，裙长及地，行走时长裙拖曳摆动，显得婀娜多姿。男子一般着短衫，裤长及膝，有的以青布包头，有的喜蓄头发缠于脑后，左腰佩砍刀，右腰挂箭袋。①

傈僳族民居适应山区特点，住房基本有两种结构：一种是木结构，四周用长约一二丈的木料垒成，上覆木板，形状类似一个木匣，内地的傈僳族大都居住这种房屋。另一种是竹木结构，先在斜坡地上竖立二三十根木桩，上铺木板，四周围以竹篾篱笆，顶盖茅草或木板，屋中央置一大火塘。这种房子称之为“千脚落地”，流行于怒江傈僳族地区。

傈僳族的主要节日有新米节、澡塘会、过年节等。德宏傣族景颇族自治州傈僳族最隆重的节日是“拉歌节”，每年农历正月初五起举行三天。到时各地选定场址，塔起台棚，附近村寨的人们都聚集到这里，跳三弦、芦笙或木瓜瓜切舞；举行火枪和弩箭射击比赛；还有连花甲老人也参加的对歌活动。②

过去傈僳族主要信奉多神，崇拜自然，相信万物有灵，现在还有图腾崇拜的遗风。有专门的宗教职业者“尼帕”、“左帕”，从事祭鬼、卜卦等宗教活动。在这些宗教活动中，往往宰杀大量牲口，耗费粮食钱财，影响生产。19世纪中，西方传教士相继进入傈僳族地区，传入基督教和天主教。

（五）云南苗族视觉文化

苗族的音乐舞蹈历史悠久，挑花、刺绣、织锦、蜡染、首饰制作等工艺美术在国际上享有盛誉。苗族的宗教信仰主要是祖先崇拜，敬奉盘古皇为始

① 资料来源：巴蜀网 http：//www.phoer.net/custom/nation/lisu.htm（2011 年 6 月 11 日访问）。

② 资料来源：巴蜀网 http：//www.phoer.net/custom/nation/lisu.htm（2011 年 6 月 11 日访问）。

祖。自然崇拜也占有重要地位，信奉山鬼、海龙公、土地公、灶王公等。1930年以后，苗族部分地区还传入了基督教。

图腾文化是整个苗族文化不可或缺的重要组成部分。世代生活在丹寨这片土地上的苗族同胞以鸟为崇拜图腾，源远流长，历史悠久；还曾有龙、蛇、鱼、蝴蝶等图腾崇拜。

苗族节日较多，除传统年节、祭祀节日外，还有专门与吃有关的节日。苗族有很多节日，但各地区叫法和过法不尽相同，传统节日以苗年较为重要，最为隆重的当属牯藏节（13年一度）。每年二月十六日的芦笙节是苗族人民的传统节日，它既是一个交流生产经验和农贸产品的大会，也是男女青年恋爱社交的盛会。节日期间，还同时举行斗牛、赛马、球赛等活动。

苗族的服饰在各地各有其特点，差异较大。

苗族的挑花、刺绣、织花、蜡染、剪纸等工艺美术瑰丽多彩。用蜡刀蘸蜡在白布上画好图案花纹后，浸入染缸染色，然后用水煮沸，脱去黄蜡现出兰底白纹图案的蜡染工艺，已有千年左右的历史。现在已发展到能染彩色图案，并向国外出口。

（六）云南哈尼族视觉文化

哈尼族有自己的语言，属汉藏语系藏缅语族彝语支。哈尼族没有传统的文字，20世纪50年代国家为其创制了一套拼音文字。

图腾：动物图腾崇拜是哈尼族原始宗教的重要内容和形式。这种原始图腾文化的出现是由哈尼族原始先民当时物质生产、生活条件所决定的。哈尼族历代先民动物图腾崇拜一是出于对动物的依赖感，动物是人们的主要食物之一；二是对动物有畏惧心理，一些凶猛的野兽常常危及人类的生命，于是就讨好它，并举行祭祀礼仪以表敬畏和崇拜。哈尼族的动物图腾崇拜对象有虎、鹰、龙、豹、猩猩（猿猴）、燕子、蛙、蛇、狗、白鹇、熊等，不胜枚举。①

哈尼族认为万物皆有灵，人死魂不灭，于是盛行自然崇拜和祖先崇拜，有丰富的口头文学、民间舞蹈。男女老少都喜欢随身携带巴乌、笛子等乐器。以农历十月为岁首，传统节日主要是“扎勒特”（十月年，即新年）和“矻扎

① 龙倮贵：《试析哈尼族动物图腾崇拜》，《红河学院学报》，2010年（6）。

扎”（五月节）。

哈尼族是一个与音乐歌舞为伴的民族，主要舞蹈有大鼓舞、棕扇舞、木雀舞、罗作舞等。乐器有俄比、扎比、三弦、四弦、把乌、响篾、稻杆、叶号、竹脚铃、牛皮鼓、铓锣等。把乌为哈尼族独有乐器，极有名，金竹制成，状如笛子。吹嘴有簧片，音色宽广浑厚，意蕴悠远缠绵。近年经音乐家改制，音域扩大，音色更为丰富，曾受邀赴欧洲诸国演奏，深受欢迎。

白鹇舞是哈尼族人民最喜爱的一种民间舞蹈，流传在云南省元阳县、元江县等哈尼族地区。因模拟白鹇鸟的生活、姿态、动作起舞，故名白鹇舞。舞蹈时，手执双扇，故民间也叫扇子舞。

哈尼族的服饰，因支系不同而各地有异，一般喜欢用藏青色的哈尼土布做衣服。男子多穿对襟上衣和长裤，以黑布或白布裹头。妇女多穿右襟无领上衣，下身或穿长裤或穿长短不一的裙子，襟沿、袖子等处缀绣五彩花边，系绣花围腰，胸佩各色款式的银饰。

第二章　云南少数民族视觉文化素养与传播研究方法

一、研究内容

本次调研主要包括：云南少数民族的视觉文化素养、媒介接触以及视觉文化传播方面的现状调查，主要分为两个部分展开：

1. 视觉文化素养的调查主要围绕对本民族视觉文化的认知、视觉文化形式、视觉文化的继承和发展等方面展开；

2. 视觉文化传播的调查主要围绕民族地区媒介接触习惯及媒介素养、视觉文化传播的形式等方面展开。

二、研究设计

本次调研属于描述性研究的一次横截面研究（参见表 2-1），以问卷调查和访谈为主。

表 2-1　研究项目及内容

项目	内容
Who	以傣、傈僳、白、彝族等为代表的云南少数民族聚居村村民
What	云南少数民族视觉文化素养及传播现状
When	调查期间 2011 年 8 月 1 日～28 日
Where	云南省四个地区（腾冲、大理、红河、西双版纳）
Why	了解及掌握云南少数民族（傣、傈僳、白、彝族等）在视觉文化素养、媒介接触以及视觉文化传播方面的现状
Way	问卷调查 、人员访谈调查

（一）调研对象和地点的选择

1. 调研对象——少数民族的选择

云南是全国少数民族种类最多的省份，全省共有25个少数民族。各民族分布呈“大杂居、小聚居”的特点。其中云南的世居民族有彝、白、哈尼、傣、傈僳等16个。少数民族人口数共计1533.7万人，占云南省人口总数的33.37%。其中，彝族人口最多，为502万人，占总人口数的10.94%（参见表2-2）。

表2-2　云南少数民族人口数量及分布（排名前9位）

	民族	人口数（万人）	占总人口（%）	聚居地区	备注
1	彝族	502	10.94	楚雄、红河地区	世居民族
2	哈尼族	163	3.55	红河和澜沧江中间地带	世居民族
3	白族	156.1	3.40	大理白族自治州、丽江、保山市等地区	世居民族
4	傣族	122.2	2.65	西双版纳傣族自治州、德宏傣族景颇族自治州、保山市等地区	世居民族
5	壮族	121.5	2.64	文山壮族自治州	非世居民族
6	苗族	120.3	2.61	文山、红河等地区	非世居民族
7	回族	69.8	1.51	巍山彝族回族自治县、寻甸回族彝族自治县	非世居民族
8	傈僳族	66.8	1.45	怒江傈僳族自治州、大理白族自治州、迪庆等地区	世居民族
9	拉祜族	47.5	1.03	澜沧江两岸思茅、临沧两地区	世居民族

数据来源：全国第六次人口普查云南省普查统计，2011年。

综上基本信息，本次调研从人口数量、聚居地区、民族特点出发选择6个云南少数民族作为调研对象，为彝族、哈尼族、白族、傣族、苗族和傈僳族。

2. 调研地点——少数民族聚居村的选择

本研究以云南省少数民族为调研对象，主要以少数民族聚居村为调研基本单位，云南省共有8个民族自治州、29个民族自治县和197个民族自治乡。

调研选择的地点主要考虑两个因素：一是聚居村，另一个在县乡范围内有其他少数民族聚居村的存在。原因是不仅要考察少数民族视觉文化的素养及传播，同时还要了解各少数民族间的民族文化的相互影响。因而，一个县乡范围内同时存在2～3个少数民族自治村是较为理想的考察地点。

基于上述原因，我们选择保山市腾冲县（傣族和傈僳族的主要聚居区）、大理地区（白族和彝族聚居区）、红河地区（哈尼族、彝族和苗族的聚居区）和西双版纳景洪（傣族为主，兼有其他少数民族）。

（二）抽样

1. 针对调研地点的抽样，属于主观非概率抽样。综合考虑当地实际情况（聚居村的规模、经济状况、交通等）、调研时间、人员及经费情况，确定具体的调研地点如下：

表 2-3　本次实施调查的少数民族聚居村

地区	少数民族聚居村	民族	基本信息
腾冲地区	荷花乡民团村	傣族	农户697户，人口2700人，人均纯收入2851元
	界头乡石墙村	傈僳族	农户404户，人口1748人，年人均收入2214元
大理地区	喜洲村	白族	农户910户，人口3474人，人均纯收入4，396元
	吊草村	彝族	农户243户，人口1246人，人均纯收入2876元
红河地区	屏边县邑佰租自然村	彝族	农户71户，人口259人，人均纯收入1931元
	屏边县姑租碑自然村	苗族	农户52户，人口238人，人均纯收入1332元
	屏边东林寨村	哈尼族	农户87户，人口496人，人均纯收入910元
景洪地区	西双版纳傣族园（有5个村寨：曼春满、曼乍、曼听、曼嘎、曼将）	傣族	共有村民326户，1536人，人均纯收入4506元

2. 针对调查对象的抽样：调查对象以聚居村村民为主，但特别选定了大理两个调查点的学校进行了部分抽样，主要作为与村民的比较。根据各村人口数和样本数量确定抽样方式为方便抽样。

（三）问卷的编制

问卷主要包含三个大部分，分别为受访者基本信息、本民族视觉文化认知与民族认同和媒介接触与视觉文化信息。

表 2-4　问卷框架和信息

问卷框架		包含信息
第一部分	受访者基本信息	包括受访者的性别、年龄、文化程度、婚姻状况、职业、家庭收入及精神信仰
第二部分	本民族视觉文化认知与认同	对本民族传统图腾或传统图案的认知和使用；对他民族的图腾或图案的认知；对图腾或图案的使用评价；对民族代表色彩、手工艺品、美术、舞蹈、大型演出活动的认知；文化的影响及民族文化的开发利用的认知
第三部分	媒介接触及视觉文化信息	电视、电影、网络的接触和民族影视作品的观看及评价；手机照相机和摄像机的拥有情况；图像编辑软件的使用情况

（四）问卷的发放

因为调研对象均为少数民族，为聚居村村民，其文化程度普遍不高，语言以当地方言为主，部分年长者只能说本民族语言。因而问卷以访员填答为主，部分受访者自填，自填问卷主要在大理的两所中学进行。

三、调查的实施

2011 年 8 月 1 日～8 月 28 日，进行了问卷的发放和面访调查，共计发放问卷 684 份，回收 677 份。除西双版纳外，每个村进行了 3 次面访，面访对象分别限定年龄为老、中、青，性别不进行限定，得到 24 份面访材料。

表 2-5　各调查村问卷发放及回收具体情况

	调查地点	发放问卷数量	回收问卷数量
腾冲地区	荷花乡民团村（傣族）	100	100
	界头乡石墙村（傈僳族）	80	80
大理地区	喜洲村（白族）	110	108
	吊草村（彝族）	90	90
红河哈尼族彝族地区	屏边县邑佰租自然村（彝族）	60	60
	屏边县姑租碑自然村（苗族）	52	52
	屏边东林寨村（哈尼族）	72	72
西双版纳景洪	傣族园 5 个自然村（傣族）	120	116
合计		684	677

四、数据统计与分析

本调查共回收 677 份问卷，问卷回收率为 98.97%。数据录入之前，对问卷进行了审核，剔除了无效问卷 33 份（填答不到一半或重要信息缺失），有效问卷共计 644 份，问卷有效率为 95.1%。

数据录入前编制了数据编码表，得到数据变量 131 个。

数据的录入和分析采用 SPSS17.0 软件。

第三章 受访者社会人口基本特征

一、受访者社会人口基本特征

（一）受访者的性别构成

受访者中男性为 270 名，女性为 374 名，男女比例分别为男性 42%，女性 58%（参见图 3-1），受访男性少于女性。从受访者的比例构成上看，与云南省男女比例男多女少（51.89%和 48.11%①）有一定的差距，但符合调查地点的实际情况。以荷花乡民团村为例，该村男性为 1485 人，女性为 1405 人，其中常年外出打工的男性为 318 人，实际村中男性为 1067 人，实际在村的男女比例为 43%和 57%②。所以，调查样本中的男女比例构成符合调查地点的实际男女比例构成。

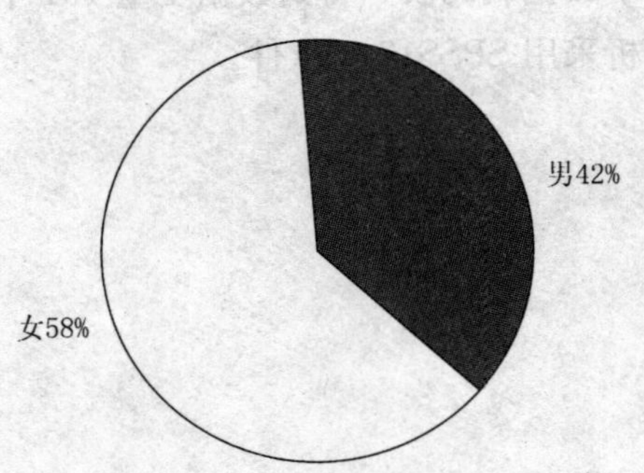

图 3-1 受访者性别构成（N=644）

① 数据为云南省第六次人口普查公布的数据，来源于云南省统计局网站：www.stats.yn.gov.cn/TJJMH_Model/newsview.aspx? id=1698018，2011 年 11 月 5 日访问。

② 数据来源于荷花镇民团村委员会 2010 年调查表：http://ynszxc.gov.cn/szxc/villagePage/vreport.aspx? departmentid=82308，2011 年 11 月 5 日访问。

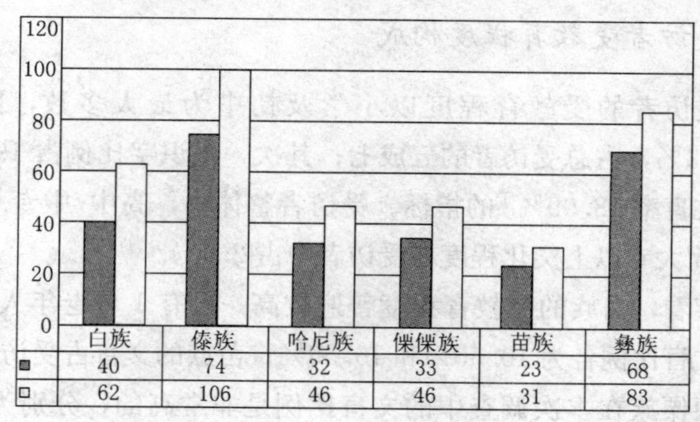

图 3-2 受方各民族男女数量构成（N＝644）

（二）受访者年龄构成

从图 3 -3 可以看出，受访者在 16～25 岁的年龄段为最多，占 29.2%，其次为 36～45 岁（20%）、26～35 岁（19.9%）、46～55 岁（13.8%），56～65 岁、15 岁以下和 66 岁以上分别为 8.7%、5.4%和 3%。受访者中 16～25 岁最多的原因在于在大理的两个聚居村的中学进行了问卷调查，使此年龄段的样本量偏大。受访者中 56 岁以上年龄者合计占 11.7%，也基本符合云南省老龄人口 11%的比例。

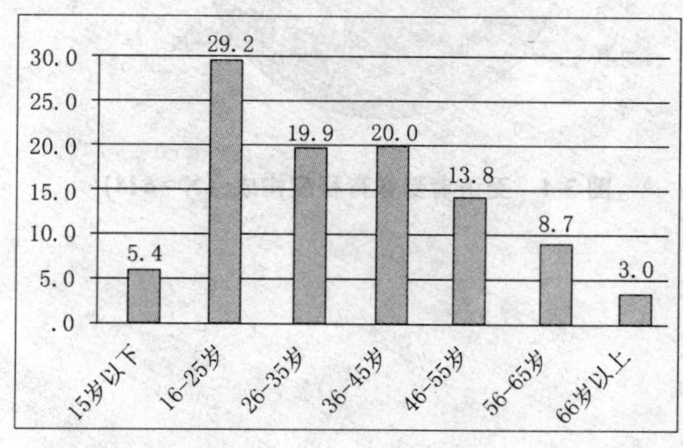

图3-3 受访者年龄构成比例（N＝644）

（三）受访者受教育程度构成

首先，受访者的受教育程度以小学及初中为最大多数，比例分别为22.5%和35.2%，占总受访者的五成七；其次，不识字比例占19.9%，基本符合云南省文盲率18.99%①的指标。受访者整体中，高中/中专/技校的比例为16.8%，而大专以上文化程度在受访者中占2.4%。

从各民族看，白族的受教育程度普遍较高，只有1名老年人为文盲；傣族、彝族的文盲比例各为10.56%和16.56%；苗族的文盲占受访者25.93%；而哈尼族和傈僳族在本次调查中的文盲比例是非常高的，分别为44.87%和43.04%。这两个村子有几个共同点，即位于海拔1600米的山上，经济收入低，属于贫困村。村民文盲较多，并且女性文盲比例非常高，分别占该村文盲总数的80%和64%。

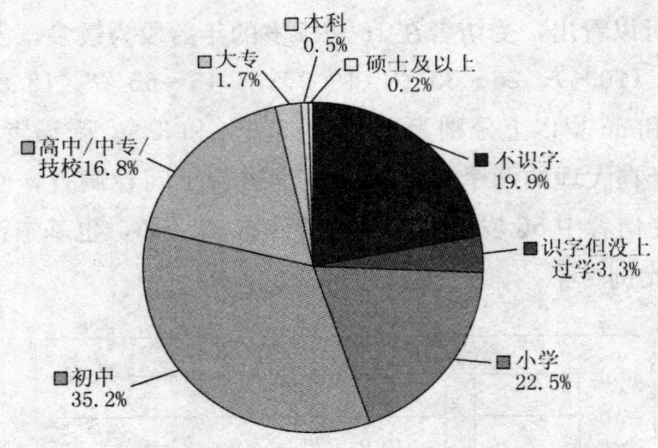

图3-4　受访者受教育程度构成（N=644）

① 数据来源于云南民族网：http：//www.ynethnic.gov.cn/Item/903.aspx（2011年11月5日）。

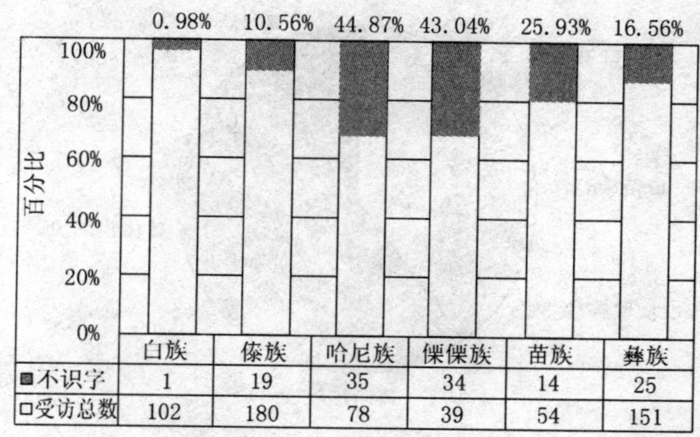

图 3-5　受访各民族文盲比例（N=644）

（四）受访者的职业构成

本次调查的对象主体是少数民族村民，所以农民占总调查人数的 67.9%，另外，调查了两所学校的中学生，学生的比例占 17.7%。其他个体劳动者乡村干部各占 4.7%和 2.6%（参见图 3-6）。

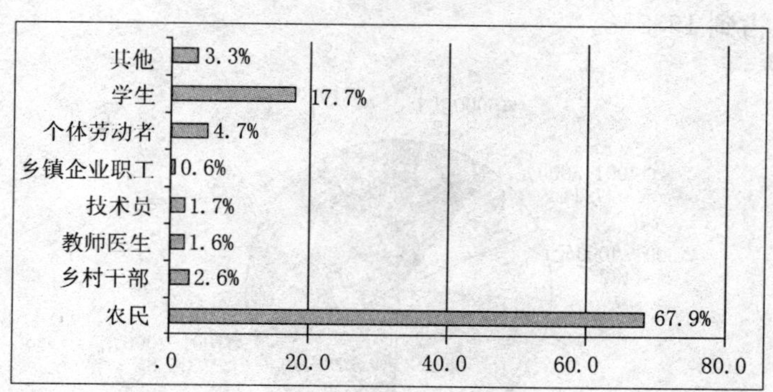

图 3-6　受访者职业构成（百分比）

（五）受访者的民族构成

本次调查傣族所占比例为 28%，彝族为 23.4%，白族、傈僳族和哈尼族分别为 15.8%、12.3% 和 12.1%，苗族所占比例最小，为 8.4%（参见图 3-7）。

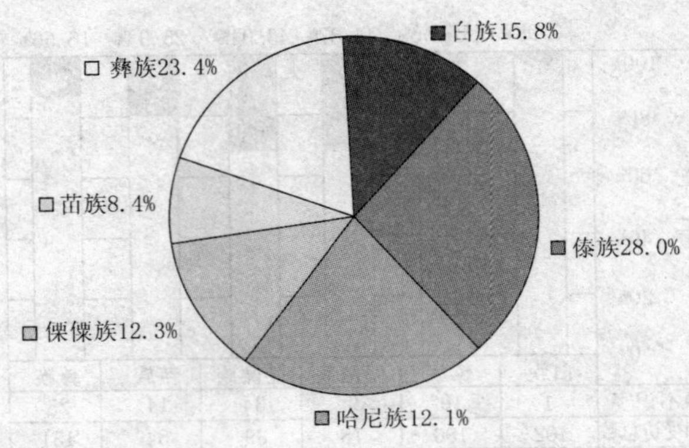

图 3-7　受访者民族构成（N=644）

（六）受访者家庭年人均收入

如图 3-8 所示，受访家庭年人均年收入最高的为 1001～2000 元，占 36.8%，其次是 2001～3000 元，占 23.4%，1000 元以下的占 13.4%。实际上，从整体上看，受访者年人均收入有超过半数在 2000 元以下，收入在 4000 元以上者只占到 15.2%。

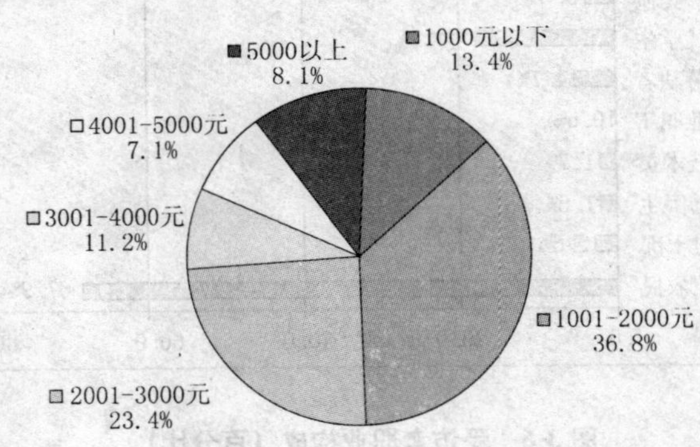

图 3-8　受方者年人均收入构成（N=644）

从图 3-9 可以看出，收入最高的是大理地区，其次是西双版纳，再次是腾冲地区，红河地区的收入最低。大理地区的彝族和白族收入在 3001 元以上者的比例分别占 57.1%和 47.9%，其中大理彝族收入在 4001 元以上者达到 41.7%，白族的占 32.3%；收入低于 2000 元的分别只占 21.4%和 28.1%。西双版纳的傣族收入相对也较高，有 28.4%的受访者收入在 3001 元以上，其中有14.8%的受访者收入在5000元以上；收入在2000元以下的只占37%。腾冲地区的傈僳族和傣族的收入比较接近，3001元以下的傈僳族占71.8%、傣族占74.8%，但傈僳族的受访者中没有收入超过5000元的。红河哈尼族、苗族和彝族的收入均很低，没有超过3000元的，收入在2000元以下的比例分别为95.8%、84.6%和78.3%。

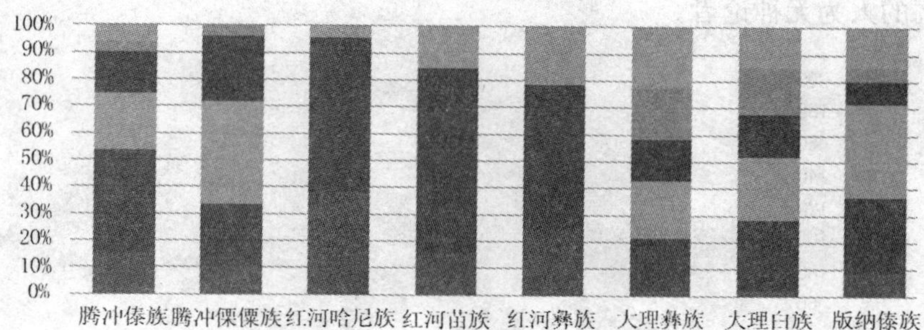

图3-9　受访民族家庭年人均收入比例（N=621）①

受访者的收入水平也正好印证了几个地区的经济发展水平。大理地区所调查的彝族吊草村和白族的喜洲村均位于城市附近，经济较为发达，经商的村民较多，人均收入相对较高。西双版纳地区调查的5个村寨位于傣族园旅游景区内，是当地开发旅游资源重点发展的村落，较多村民转向旅游相关工作，收入来源相对较多，也较为可观。而腾冲地区和红河地区的村民均以种地为收入来源，特别是红河地区的几个村寨均位于海拔相对较高的地带，经济发展相对较为落后。可见，受访者的收入直接反映了各地的经济发展水平。

（七）精神信仰

云南被称为少数民族宗教的“王国”，本次调查结果也可以证明这一点。从佛教、道教、基督教到伊斯兰教，从本主崇拜、祖先崇拜、自然崇拜到保护神崇拜都可以在受访者中找到。这当中，傈僳族基本保持了基督教信仰，95%的受访者信仰基督教，只有4位为无神论者。苗族除1人为无神论者、1人信仰基督教之外，均为祖先崇拜。哈尼族的精神信仰除3人为无神论者外

① 此样本中有意删去了西双版纳傣族园其他民族受访者（包括哈尼族、彝族、傈僳族）23份问卷，只保留了西双版纳的傣族的数据在这部分析中。

均为祖先崇拜。73.3%的傣族信仰佛教，另有12.2%的人为无神论者，8.9%的傣族信仰祖先崇拜，还有两人信仰道教，信仰基督教、动植物崇拜和保护神崇拜的各1人。白族的精神信仰在6个被调查民族中是最具多样性的。有26.5%的受访者信仰佛教，13.7%信仰自然崇拜，6.9%为祖先崇拜，4.9%为本主崇拜，还有两人信仰基督教、1人信仰道教。但在白族的受访者中，40.2%的人为无神论者。

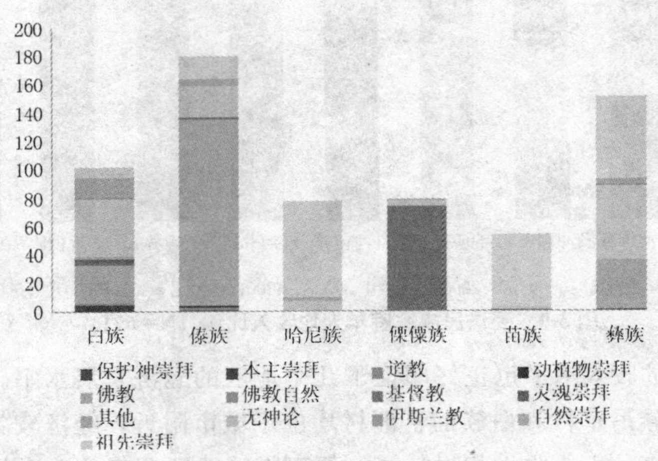

图3-10 受访者的精神信仰

彝族的精神信仰在本次调查中与其他民族的不同之处在于两个调查地表现出明显的差异性。红河的彝族93.3%的受访者信仰祖先崇拜，而大理的彝族只有2.4%。大理彝族有超过一半的受访者（54.8%）为无神论者，39.3%的受访者信仰佛教。这个差异很可能来自于所在的区域及经济发展的不同。大理地区属白族、彝族混居地区，汉族人也相对较多，当地彝族的对外交往也相对丰富；而红河的调查地为相对封闭的山区村寨，在精神信仰上依然保持了原始信仰，并未有所改变。

二、本章小结

本次调查中，傣族所占比例为28%，彝族为23.4%，白族、傈僳族和哈尼族分别为15.8%、12.3%和12.1%，苗族所占比例最少，为8.4%。受访者总体女性（58%）多于男性，16岁～55岁是主体，占到受访者总体的

82.9%。农民是在职业构成中受访者的主体，占到67.9%，受教育程度普遍较低，小学及以下者占到65.6%，文盲比例高达19.9%，特别是女性文盲所占比重更大，为76.6%，可见，少数民族女性在受教育权上存在不平等状况。家庭人均年收入最高的是大理地区，其次是西双版纳，再次是腾冲地区，红河地区的收入最低。

受访者在精神信仰方面呈现多样性的分布，傈僳族（基督教）、苗族（祖先崇拜）、哈尼族（祖先崇拜）、傣族（小乘佛教）基本上保持了本民族的宗教信仰，而彝族和白族具有不同的特点：红河彝族93.3%的受访者信仰祖先崇拜，而大理彝族只有2.4%，大理彝族有超过一半的受访者（54.8%）为无神论者，另有39.3%信仰佛教；白族40.2%为无神论者，26.5%信仰佛教，本主崇拜的只有4.2%。可见，大理地区不论是彝族还是白族无神论者比例都相当高，可能与当地经济较发达、对外交流广泛、人均收入和受教育程度较高有一定关系。

第四章　云南少数民族对视觉文化认知的现状描述

对于少数民族视觉文化的认知我们从民族图腾（图案）、民族代表性色彩、民族传统手工艺、美术、舞蹈及大型演出等几个方面进行调查，了解受访民族对于本民族视觉文化的知晓程度；此外，从服装、文化影响等角度了解民族文化的认同情况。

一、关于本民族图腾或传统图案的认知

（一）是否知道本民族有图腾或传统图案？

在本次调查对象中，知道本民族有图腾的只有165人，占总体的25.6%。总体看来，受访的少数民族对自身图腾文化或视觉文化的认知程度较为贫乏，这可能与受访者所受教育程度和生活的地区有一定的关系①。在知晓者165人中，有97人为傣族，占知道人数的63%，而这97人中有71位是生活在西双版纳的傣族，在腾冲地区的傣族只有26人回答知道，占腾冲傣族的26.3%。白族有34.2%的受访者知道本民族有图腾。傈僳族有22人知道有图腾。此数据表明居住在西双版纳的傣族（63%）对本民族图腾文化的认知相比其他地区受访的少数民族要好，其次生活在大理的白族（34.2%）对本民族图腾图案的认知也相对较好。

① 关于此现象将在后文进一步解析。

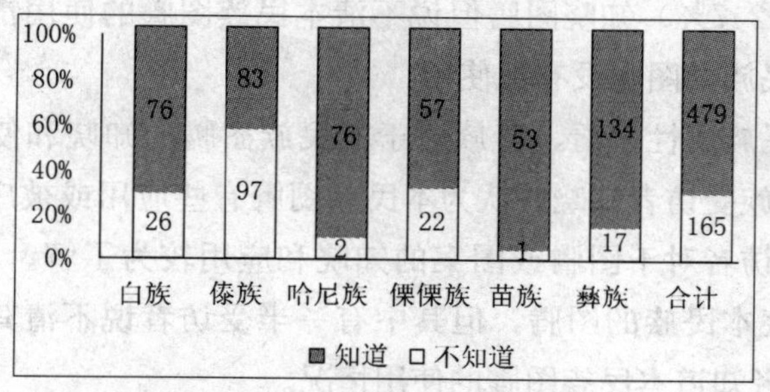

图 4-1　对本民族图腾或传统图案的知晓程度（N=644）

（二）民族图腾的来源

在 165 位知晓自己民族有图腾的受访者中，基本上都能准确回答自己民族的图腾来源。其中傣族回答孔雀是自己民族图腾的有 76.3%，选择蛇的为 25.5%、猴 22.3%、牛 21%；43.4%的白族认为自己民族的图腾是蝴蝶，认为龙是自己民族图腾的有 30.4%；有 68%的傈僳族认为自己民族的图腾为龙；77.7%的彝族受访者认为火是自己民族的图腾。在调查中知道自己民族图腾的苗族和哈尼族均是生活在西双版纳地区的，而在红河地区调查的两个村子中的哈尼族和苗族村民均不知道自己民族的图腾。

（三）本民族图腾或传统图案的应用情况

1. 认为是否广泛使用

表 4-1　本民族的图腾或传统图案是否广泛使用（N=165）

	广泛	有些	没有	说不清	合计
白族	3	20	2	1	26
傣族	23	66	3	5	97
哈尼族	0	1	0	1	2179
傈僳族	2	8	1	11	22
苗族	0	1	0	0	1180
彝族	3	11	0	3	17
合计	31	107	6	21	165

从表 4-1 可以看出，有 107 位受访者认为本民族的图腾有些应用，占知晓本民族图腾受访者的 64.8%；认为广泛应用的有 31 位，占 18.8%；另有 21

位受访者（占 12.7%）知晓图腾但说不清本民族图腾的使用情况，只有 6 位受访者认为本民族的图腾没有被使用。

若从受访民族属性来看，傣族对于本民族图腾的知晓和使用情况最为明确，有 89 位傣族受访者知晓并认为本民族图腾有些应用或被广泛使用；其次有 23 位白族受访者对于图腾或图案的知晓和应用较为了解。尽管有 22 位傈僳族受访者知晓本民族的图腾，但其中有一半受访者说不清其具体应用。有 14 位彝族受访者知道本民族图腾的使用情况。

2. 本民族图腾或传统图案的具体应用情况

从图 4-2 中可以看出，民族图腾或图案最常应用在民族服饰（102 次）上，成为图腾或图案的最常见的载体，其中傣族的图腾在现代服装的应用上被选中的也较多，为 27 次。其次是传统配饰（72 次）及传统手工艺品（53 次）和民族节日活动（41 次）。可见，民族图腾或图案的应用还是与传统的存在及表现形式密切相关的，而较少表现在现代生活中。

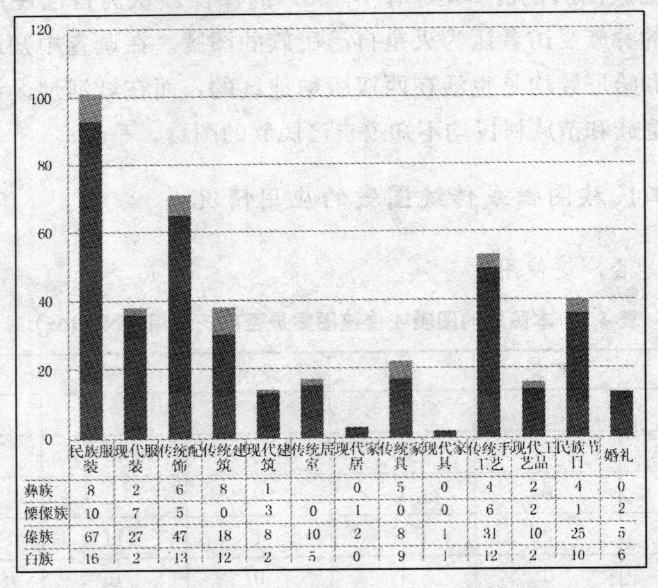

	民族服装	现代服装	传统配饰	传统建筑	现代建筑	传统居室	现代家居	传统家具	现代家具	传统手工艺	现代工艺品	民族节日	婚礼
彝族	8	2	6	8	1		0	5	0	4	2	4	0
傈僳族	10	7	5	0	3	0	1	0	0	6	2	1	2
傣族	67	27	47	18	8	10	2	8	1	31	10	25	5
白族	16	2	13	12	2	5	0	9	1	12	2	10	6

图 4-2　本民族的图形或图案的应用（N=165）①

① 因苗族和哈尼族知晓本民族图腾或图案的样本仅为 1 个和 2 个，该统计未列入本图表中；应用选项中的“其他”项也因只有 2 个被选中而未被列入。

傣族的图腾或图案的主要应用载体分别为民族服装、传统配饰、传统手工艺、现代服装和民族节日；白族的图腾或图案的应用载体分别为民族服装、传统配饰、传统建筑和传统手工艺品；彝族则表现为民族服装、传统建筑和传统配饰；傈僳族为民族服装、现代服装、传统手工艺品和传统配饰。

3. 是否在日常生活中用到图腾（图案）

图 4-3 的统计结果表明，在 165 份知晓图腾图案的受访样本中，83.5%（82 位受访者）的傣族会在日程生活中使用到本民族的图腾或图案，而其他几个少数民族的受访者会用到与不用的比例较为接近，白族 57.7%的受访者会用到，傈僳族为 59.1%，彝族较为不同，52.9%的受访者回答不会在日常生活中用到本民族的图腾或图案。

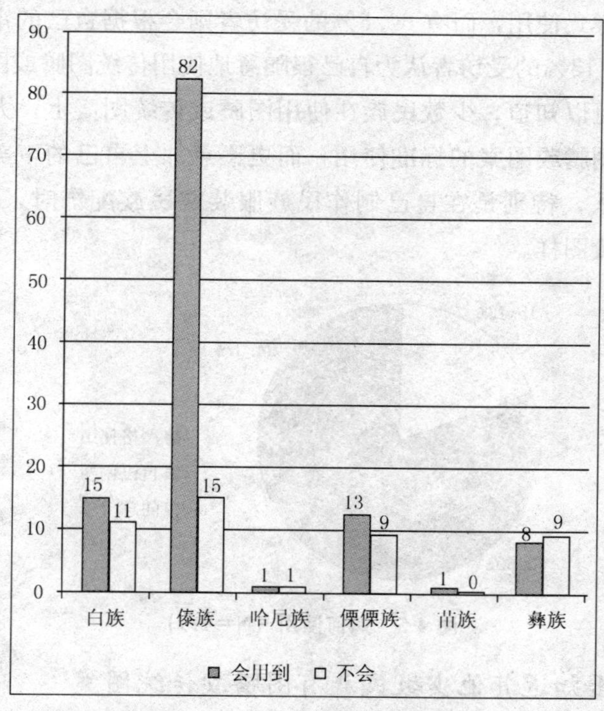

图 4-3　是否会在日常生活中用到图腾（N=165）

4. 在哪些日常生活方面使用本民族的图腾或图案

图 4-4 表明，受访者自己在日常生活中最常将民族图腾或图案使用在缝制本民族服装（50.4%）上和自己制作的服装配饰（49.6%）上，在自家房屋装饰上也有 29.4%的受访者表示会用到。

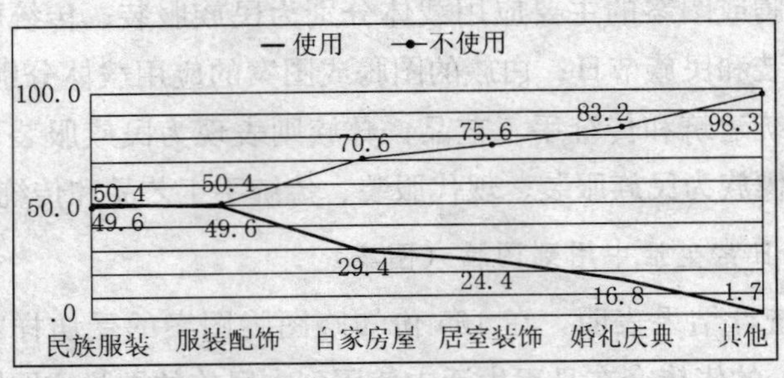

图 4-4　日常生活中在哪些方面使用图腾图案（N=119）

5. 如何使用图腾或传统图案

在如何使用民族图腾或图案的问题上，24.37%的受访者回答会严格按照传统图腾图案样式使用，而有 60.5%的受访者则会根据自己的审美创造性地使用，另有 15.13%的受访者认为自己很随意地使用传统图腾或图案。

从中我们可以知道，少数民族在使用图腾或传统图案上，大多数的人并不会严格按照图腾或图案的标准使用，而更愿意加上自己的审美眼光创造性地使用这些样式，特别是在自己制作民族服装或民族配饰时，会根据位置、大小适宜地修改图样。

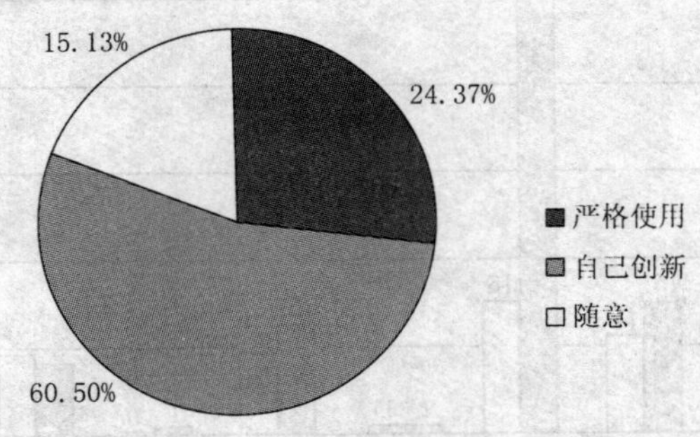

图 4-5　如何使用（N=119）

（四）是否知道其他少数民族有图腾或传统图案

从图 4-6 来看，只有 86 人知道其他少数民族有图腾或传统图案，占被调查者总数的 13.4%，而这其中有 57 名为傣族，占知道人数的 66.3%，这进一步证明傣族受访者对于图腾文化的认知程度较高。傈僳族有 12 人回答知道他民族的图腾，占受访傈僳族的 18%。彝族、白族、哈尼族的受访者知道他民族图腾的都为个位数，苗族的受访者甚至没有人知道他民族是否有图腾。

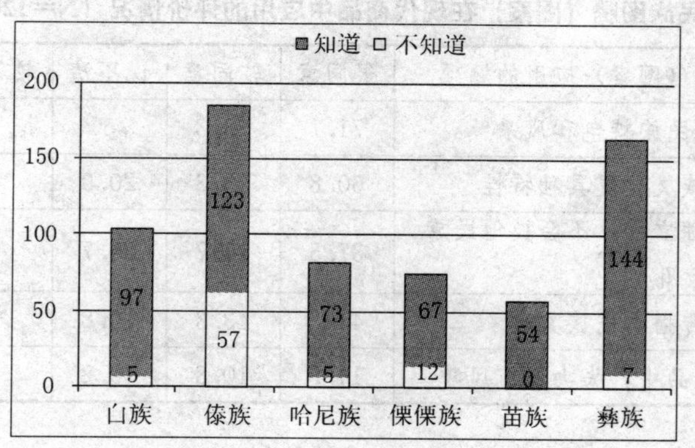

图 4-6 是否知道他民族有图腾或图案（N＝664）

（五）他民族的图腾或图案的应用

表 4-2 其他少数民族的图腾或图案的应用程度（N＝86）（单位：人）

	广泛	有些	没有	说不清	合计
白族	2	3	0	0	5
傣族	23	21	1	12	57
哈尼族	0	3	1	1	5
傈僳族	0	0	4	8	12
彝族	1	4	0	2	7
合计	26	31	6	23	86

在 86 位知道他民族图腾的受访者中，有 26 位认为使用广泛，有 31 位受访者认为有些应用，而有 26.7％受访者（23 人）则表示说不清楚，参见表 4-2。

（六）对图腾或传统图案在现代商品中应用的评价

对于民族图腾或传统图案在现代商品中的应用评价，问卷设置了 5 个题项进行测量，测量指标采用了 5 级量表的形式，以反映受访少数民族对于本民族图腾或传统图案的态度（参见表 4-3）。本次调查中，有 120 位受访者进行了填答。

表 4-3　针对民族图腾（图案）在现代商品中应用的评价情况（N=120）（单位:%）

对本民族图腾（图案）应用的题项	很同意	较同意	说不清	较不同意	很不同意
展现了本民族特色和风采	71.7	23.3	5	0	0
会让本民族文化更具独特性	60.8	28.3	20.9	0	0
会保持本民族独立性，不会被他民族文化同化	37.5	31.7	26.7	3.3	0.8
有助于传播本民族文化	44.2	43.3	10.8	1.7	0
滥用在现代商品中，失去原有风貌	14.2	10.8	19.2	30	25.8

对于“本民族图腾（图案）的应用展现了本民族特色和风采”的说法，有71.7%的受访者选择“很同意”，有23.3%的人选择了“较同意”，二者之和高达95%，说明受访者普遍认同图腾或传统图案是具有民族文化特色和风采的代表事物。只有5%的受访者回答“说不清”。

对于“本民族图腾（图案）的应用会让本民族文化更具独特性”的说法，60.8%的受访者认为“很同意”此说法，28.3%的受访者选择了“较同意”，二者之和也达到79.1%；另有20.9%的受访者认为“说不清”。这说明绝大多数受访者认为本民族的图腾或传统图案是区别于他民族具有独特性的表现形式。

对于“本民族图腾（图案）的应用会让本民族保持独立性，不会被他文化同化”的说法，有37.5%的受访者表示“很同意”，有31.7%的受访者表示“较同意”，有26.7%的受访者“说不清”，只有3.3%的受访者表示“较不同意”。从数据中可以看出，超过六成的受访者认为图腾（图案）在民族身份文化认同上具有重要作用。

对于“本民族图腾（图案）的应用有助于传播本民族文化”的说法，有44.2%的受访者表示“很同意”，有43.3%的受访者表示“较同意”，二者之和高达85.5%，说明受访者普遍认同图腾或传统图案在民族文化传播方面起到积极的作用。另有10.8%的受访者表示“说不清”，只有1.7%的受访者“较不同意”此说法。

对于“本民族图腾（图案）被滥用在现代商品中，失去了原有的风貌”的说法，受访者的观点表现出分散的态势，有14.2%的人同意此说法，有10.8%的人表示“较同意”，二者相加占四分之一；有30%的受访者表示“较不同意”，25.8%的人表示“很不同意”，二者之和达55.8%，另有19.2%的受访者“说不清”。这表明对于本民族图腾（图案）在现代商品中应用或被滥用的评价很不一致，持否定态度者略多于持肯定态度者。

二、对本民族代表性色彩的认知

（一）本民族的代表性色彩是什么？

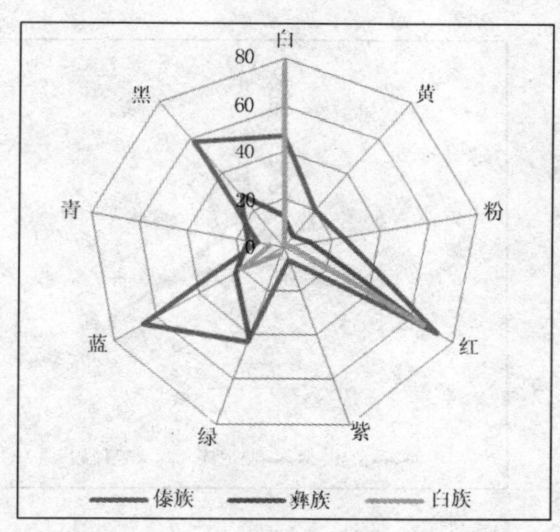

图 4-7 傣族、彝族、白族对自己本民族的色彩的认知

白族对自己本民族的代表性色彩认识最为统一，在色彩的认知上多集中在白色、红色和蓝色，白色被选中的次数达到83次，有36位受访者选择了白色和红色的组合，有15位受访者只单选了白色，有9位受访者选择了红色，有8位受访者选择了白色和蓝色的组合，有7位受访者则选择了白、红、蓝的组合。另有两位受访者不清楚自己本民族的代表性色彩。

傣族的受访者对本民族的色彩认知较为分散，一部分集中在暖色系上，红色被选中73次，其中有12位只选择了红色，其余选择红黄、白红、白红、黄绿等；一部分集中在冷色系上，选择蓝色的有66次，有10位选择了蓝黑色，有16位受访者选择了红、绿、蓝的组合，还有6位只选了白色，5位只选了黑色。此外还有11位受访者填答了“五颜六色”，有13位说不清具体的代表性色彩。

彝族对本民族的色彩认识较为统一，认为黑色、蓝黑或青黑是自己民族的代表性颜色，其中有39位受访者选择了黑色，有18位选择了蓝黑，有9位选择了青黑；有21位受访者选择了红和绿，有11位认为是红色，7位认为是红粉色，有4位认为是红黄色。的确，从彝族的服装上看，黑色或蓝黑色是主色，辅以红色和绿色或黄色的装饰，彝族在本民族色彩的认知上基本是统一的和正确的。但还是有10位受访者填答了“不清楚”，其中9位的受教育程度在小学及以下。

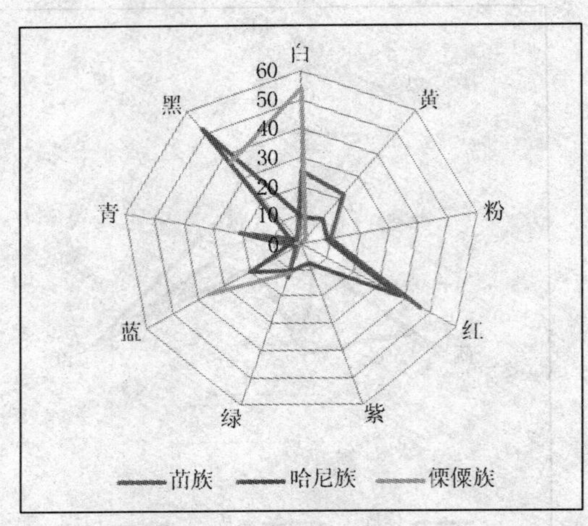

图4-8　苗族、哈尼族、傈僳族对自己本民族的色彩的认知

苗族的受访者认为红色、白和黄色是本民族的代表色，90.7%的受访者选择的色彩中包括红色，46.3%的受访者选择的色彩中包括白色，35.2%的受访者选择的色彩包括红色和黄色，27.8%的受访者选择的色彩中包括红色和绿色。

哈尼族的受访者普遍认为黑色和红色是本民族的代表性颜色，黑色被选中52次，占66.7%，红色被选中38次，占48.8%；78位哈尼族受访者中有22位受访者认为是红紫黑。此外有3位受访者不清楚自己民族的代表颜色。

傈僳族受访者对色彩的认识略显分散，较多认为白色（68.4%）是代表性颜色，选择黑色的占46.8%，蓝色占45.6%，红色占32.9%。有3位受访者表示不清楚代表性颜色。

（二）民族色彩都体现在哪些方面

从图 4-9 中可以看出，517 位受访者认为各自民族的色彩体现在民族服装上，占 83.1%；其次是传统配饰上的使用，有 245 位受访者选中，占 39.3%；再次为民族节日（23.7%）、传统手工艺（18.5%）和传统建筑（17.5%）①。由此可见，各民族代表性色彩的使用多表现在与传统相关的载体上，传统服装、传统配饰、传统手工艺品和传统建筑等，而少见于现代服装、工艺品、建筑等方面。

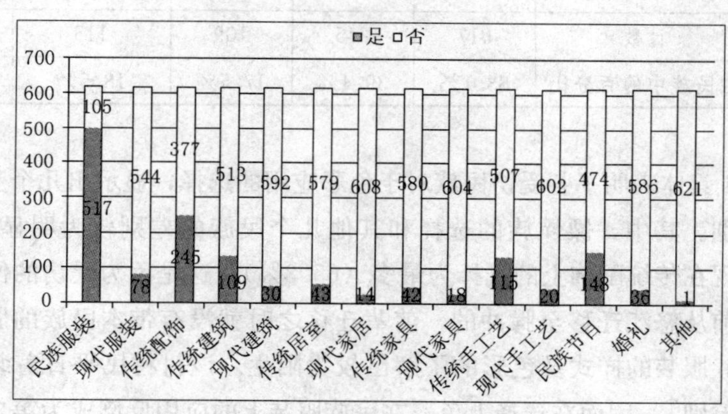

图 4-9　民族色彩体现在哪些方面（N=622②）

表 4-4　各受访民族对于民族代表性色彩应用的选择情况（N=622）

		民族服装	传统配饰	传统建筑	传统手工艺品	民族节日
白族	计数	88	52	55	27	39
	占白族中的百分比	88.0%	52.0%	55.0%	27.0%	39.0%
傣族	计数	134	78	29	31	51
	占傣族中的百分比	77.5%	45.1%	16.8%	17.9%	29.5%
哈尼族	计数	74	4	7	1	4
	占哈尼族中的百分比	98.7%	5.3%	9.3%	1.3%	5.3%

① 此项为多选题，所以百分比之和不等于 100。

续表

		民族服装	传统配饰	传统建筑	传统手工艺品	民族节日
傈僳族	计数	33	49	2	8	7
	占傈僳族中的百分比	44.0%	65.3%	2.7%	10.7%	9.3%
苗族	计数	54	28	7	11	36
	占苗族中的百分比	100.0%	51.9%	13.0%	20.4%	66.7%
彝族	计数	134	34	9	37	11
	占彝族中的百分比	92.4%	23.4%	6.2%	25.5%	7.6%
合计	计数	517	245	109	115	148
	占民族中的百分比	83.1%	39.4%	17.5%	18.5%	23.8%

表4-4具体表明了各受访民族对于色彩应用的选择，显示出几个受访民族的相互差别。其中，傈僳族的选择和其他几个民族的差别较为明显和突出，色彩的体现在传统配饰上的选择为最多（65.3%），这是因为受访的傈僳族村为两三代前从怒江迁移至腾冲的，前辈迁移之时就没有带本民族的服饰，现在对本民族服装的样式及色彩的了解已较为陌生。该村村民平日着装与汉族没有任何差别[①]。因而在选择上色彩在民族服装上的应用反倒成为第二多选择（44%）。

白族的选择中传统建筑列为第二。的确，白族的传统建筑以白色为主，装饰的花纹图案为深蓝色，这是白族传统建筑的在色彩上最典型的表现。

此外，苗族和哈尼在传统服装选择上非常接近，100%的苗族、98.7%的哈尼族受访者认为其是最多选择；而在其他几个选项上却表现出较大的差别，苗族选择民族节日（66.7%）、传统配饰（51.9%）的比例相对也较高，而哈尼族则在其他几个选项上都非常的低，均不到一成。

彝族的选择依次为民族服装（92.4%）、传统手工艺品（25.5%）、传统配饰（23.4%）。

① 此为访谈得到的信息。

三、对于民族手工艺及美术的认知情况

（一）本民族是否有传统手工艺

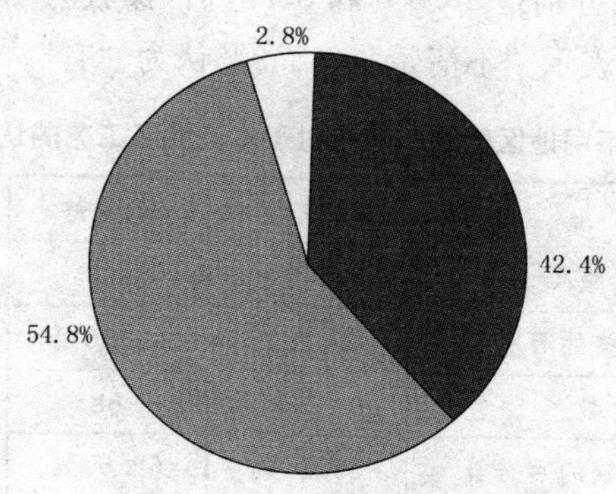

图 4-10　您的民族是否有传统手工艺（N=664）

受访者中有 54.8%表示不清楚本民族是否有传统手工艺，有 42.4%的人表示有，另有 2.8%的受访者认为没有。从这组数据来看，受访民族对于本民族传统手工艺品的认知情况较不乐观，知道者不足一半。

表 4-5　各受访民族对于本民族手工艺的认知情况

		白族	傣族	哈尼族	傈僳族	苗族	彝族	合计
认为“有”	计数	74	77	4	36	21	61	74
	占各自民族中的百分比	72.5%	42.8%	5.1%	45.6%	38.9%	40.4%	72.5%
不清楚	计数	27	94	74	41	33	84	27
	占各自民族中的百分比	26.5%	52.2%	94.9%	51.9%	61.1%	55.6%	26.5%
认为“无”	1	9	0	2	0	6	1	
	占各自民族中的百分比	1.0%	5.0%	0.0%	2.5%	0.0%	4.0%	1.0%
合计	计数	102	180	78	79	54	151	102
	占总体的百分比	100.0%	100.0%	100.0%	100.0%	100.0%	100.0%	100.0%

从表 4-5 中可以看出，白族对于本民族手工艺的认知程度最高，有 72.5%的白族认为有传统手工艺，“不清楚”的占 26.5%，只有一位受访者认

为没有手工艺。其余几个受访民族回答“不清楚”者均超过认为有传统手工艺者，其中，哈尼族有94.9%的受访者“不清楚”，只有4位认为“有”，是6个受访民族中对本民族手工艺认知情况最低的。傈僳族受访者对此问题回答“有”和“不清楚”的较为接近，分别为45.6%和51.9%；彝族受访者回答“有”和“不清楚”的分别是40.4%和55.6%；傣族为42.8%和52.2%。苗族有61.1%的受访者表示“不清楚”，38.9%认为“有”。

表4-6 不同地区傣族、彝族对于本民族手工艺的认知情况

		有	不清楚	无	合计
版纳傣族	计数	48	32	1	81
	占版纳傣族的百分比	59.30%	39.50%	1.20%	100%
腾冲傣族	计数	29	62	8	99
	占腾冲傣族的百分比	29.30%	62.60%	8.10%	100%
大理彝族	计数	45	33	6	84
	占大理彝族的百分比	53.60%	39.30%	7.10%	100%
红河彝族	计数	12	48	0	60
	占红河彝族的百分比	20%	80%	0%	100%

尽管从表4-5可以看出傣族和彝族对本民族传统手工艺的认知都是“不清楚”者超过认为“有”者，但是若从表4-6具体来看，可以得知不同地区的傣族和彝族在此问题上的认知是有所不同的。居住在西双版纳的傣族有59.3%的受访者认为“有”，“不清楚”者不到四成；而在腾冲的傣族“不清楚”者超过六成，认为“有”的只占不到三成。

大理彝族的受访者认为“有”的占53.6%，回答“不清楚”的有39.3%，另有6人认为“没有”；而红河地区的彝族受访者有高达80%者不清楚本民族是否有传统手工艺，只有12位回答“有”。两个地区的受访者表现出非常大的差异，这与生活地区及受教育程度具有较强的相关性[①]。

① 此分析将在下一节的内容中进行具体的解读。

（二）是否有传统美术作品流传？

如图 4-11 所示，有高达 72%的受访者不清楚本民族是否有传统美术作品流传；有 14.6%的受访者知道有，但不知道作品名称；7.9%的受访者回答“有”，另有 5.4%的受访者认为没有。这组数据表明绝大多数受访者对于本民族的美术作品认知较低，只有极少数受访者知道本民族的传统美术。

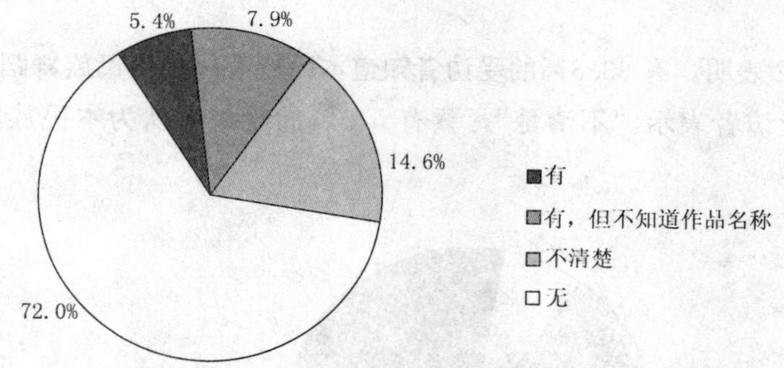

图 4-11　您的民族是否有传统美术作品流传（单位：百分比，N=664）

表 4-7　各受访民族对于本民族传统美术的认知情况

		白族	傣族	哈尼族	傈僳族	苗族	彝族	合计
有	计数	9	33	1	0	0	8	51
	占各自民族中的百分比	8.8%	18.3%	1.3%	0.0%	0.0%	5.3%	7.9%
有，但不知道作品名称	计数	38	46	1	2	0	7	94
	占各自民族中的百分比	37.3%	25.6%	1.3%	2.5%	0.0%	4.6%	14.6%
不清楚	计数	51	99	75	62	53	124	464
	占各自民族中的百分比	50.0%	55.0%	96.2%	78.5%	98.1%	82.1%	72.0%
无	计数	4	2	1	15	1	12	35
	占各自民族中的百分比	3.9%	1.1%	1.3%	19.0%	1.9%	7.9%	5.4%
合计	计数	102	180	78	79	54	151	644
	占总体的百分比	100.0%	100.0%	100.0%	100.0%	100.0%	100.0%	100.0%

从表 4-7 中可以看出，对于本民族传统美术的认知，白族和傣族要明显优于其他几个民族。有 37.3%的白族受访者表示“有，但不知道作品名称”，回答“有”的占 8.8%，二者之和达到 46.1%，是受访的 6 个少数民族中认知度最高的。傣族受访者明确回答“有”的达 18.3%，是 6 个受访少数民族中

回答此选项中最高的，另有 25.6%的受访者知道有传统美术作品。而苗族、哈尼族的受访者基本不清楚本民族是否有美术作品流传，比例分别高达 98.1%和 96.2%。彝族和傈僳族也有绝大部分受访者表示“不清楚”，比例分别为 82.1%和 78.5%，分别有 12 位和 15 位受访者认为没有美术作品流传。

四、关于民族舞蹈

图 4-12 表明，有 63.8%的受访者知道本民族有代表性民族舞蹈，但也有 30.3%的受访者表示“不清楚”，只有 5.9%的受访者认为本民族没有民族舞蹈。

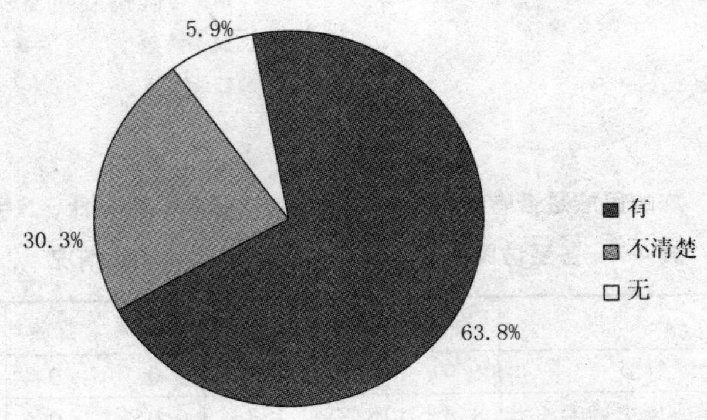

图 4-12　您的民族是否有代表性的民舞蹈（N=664）

表 4-8　各受访民族对于本民族传统舞蹈的认知情况

	白族	傣族	哈尼族	傈僳族	苗族	彝族	合计	
认为“有”	计数	80	153	4	46	26	102	411
	占各自民族中的百分比	78.4%	85.0%	5.1%	58.2%	48.1%	67.5%	63.8%
不清楚	计数	14	17	64	30	28	42	195
	占各自民族中的百分比	13.7%	9.4%	82.1%	38.0%	51.9%	27.8%	30.3%
认为“无”	计数	8	10	10	3	0	7	38
	占各自民族中的百分比	7.8%	5.6%	12.8%	3.8%	0.0%	4.6%	5.9%
合计	计数	102	180	78	79	54	151	644
	占总体的百分比	100.0%	100.0%	100.0%	100.0%	100.0%	100.0%	100.0%

从表 4-8 中可以看出几个受访民族在回答此问题上的差别还是非常明显的。傣族和白族对本民族的传统舞蹈认知情况最好，分别有 85%和 78.4%的受访者认为本民族有传统舞蹈；其次为彝族，有 67.5%的受访者回答“有”，回答“不清楚”的有 27.8%；傈僳族则有 58.2%的受访者回答“有”，有 38%的受访者“不清楚”。苗族对此问题回答“不清楚”者超出回答“有”者，比例分别为 51.9%和 48.1%。在本问题上哈尼族有 82.1%的受访者表示“不清楚”，只有 5.1%的人表示有，是 6 个受访民族中对本民族传统舞蹈认知最低的一个民族。

五、是否有大型的演出活动?

如图 4-13 所示，认为自己的民族有大型演出活动的只占受访者的 33.4%，而有超过六成的受访者不清楚本民族是否有大型演出活动，有 2.6%的受访者认为本民族没有这种活动。可以看出，绝大部分受访者对于本民族的大型演出活动的知晓程度很低。

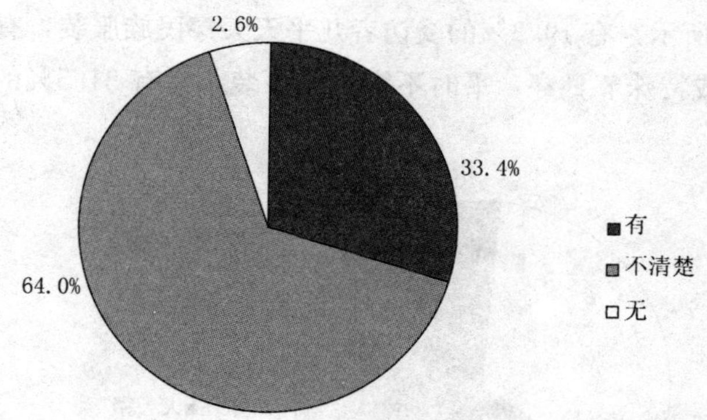

图 4-13　您的民族是否有大型演出活动（N=664）

表 4-9 较为明显地说明傣族、白族与其他 4 个受访民族在对本民族大型演出活动上的认知有差异。傣族和白族分别有 58.3%和 47.1%的受访者知道本民族有大型演出活动，而苗族和哈尼族的受访者几乎不清楚本民族是否有这种演出活动（“不清楚”比例分别为 100%和 97.4%），彝族和傈僳族的比例也达到 72.8%和 65.8%。

表 4-9　各受访民族对于本民族大型演出活动的认知情况

		白族	傣族	哈尼族	傈僳族	苗族	彝族	合计
认为“有”	计数	48	105	0	24	0	38	215
	占各自民族中的百分比	47.1%	58.3%	0.0%	30.4%	0.0%	25.2%	33.4%
不清楚	计数	53	67	76	52	54	110	412
	占各自民族中的百分比	52.0%	37.2%	97.4%	65.8%	100.0%	72.8%	64.0%
认为“无”	计数	1	8	2	3	0	3	17
	占各自民族中的百分比	1.0%	4.4%	2.6%	3.8%	0.0%	2.0%	2.6%
合计	计数	102	180	78	79	54	151	644
	占总体的%	100.0%	100.0%	100.0%	100.0%	100.0%	100.0%	100.0%

六、民族文化认同及影响

（一）是否穿民族服装？

如图 4-14 所示，有 19.3%的受访者几乎天天穿民族服装，有 49.2%的受访者只在婚礼或特殊节日穿，平时不穿民族服装，另有 31.5%的受访者从来不穿民族服装。

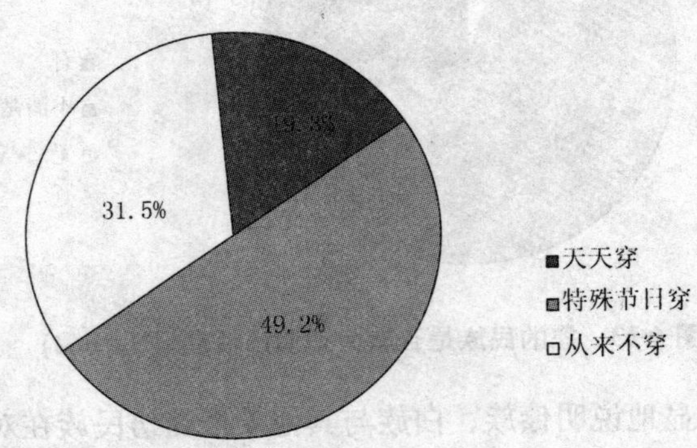

图 4-14　是否穿民族服装（N=664）

表 4-10 反映出 6 个受访民族在何时穿民族服装上的差别。“天天穿”民族服装的受访民族比例最高的为哈尼族，为 34.6%，其次为傣族，有 31.1%，彝族也有 17.9%的受访者几乎天天穿民族服装，其他三个受访民族则不足一

成。绝大部分受访者只在特殊节日穿民族服装，苗族有74%、傣族为62.2%、傈僳族为62%、哈尼族有48.7%、白族有47.1%。“从不穿”的受访民族比例最高的是彝族，有62.3%之多，白族也有近一半的受访者“从不穿”，比例为46.1%，傈僳族有35.4%。苗族、哈尼族和傣族的比例则相对较低，分别为16.7%、16.7%和6.7%。

表 4-10　各受访民族何时穿民族服装的情况比较

		白族	傣族	哈尼族	傈僳族	苗族	彝族	合计
天天穿	计数	7	56	27	2	5	27	124
	占各自民族中的百分比	6.9%	31.1%	34.6%	2.5%	9.3%	17.9%	19.3%
特殊节日穿	计数	48	112	38	49	40	30	317
	占各自民族中的百分比	47.1%	62.2%	48.7%	62.0%	74.0%	19.9%	49.2%
从不穿	计数	47	12	13	28	9	94	203
	占各自民族中的百分比	46.1%	6.7%	16.7%	35.4%	16.7%	62.3%	31.5%
合计	计数	102	180	78	79	54	151	644
	占总体的百分比	100.0%	100.0%	100.0%	100.0%	100.0%	100.0%	100.0%

表 4-11　不同地区傣族、彝族对何时穿民族服装的比较

		天天穿	特殊节日穿	从不穿	合计
版纳傣族	计数	39	40	2	81
	占版纳傣族的百分比	48.1%	49.4%	2.5%	100%
腾冲傣族	计数	17	72	10	99
	占腾冲傣族的百分比	17.2%	72.7%	10.1%	100%
大理彝族	计数	19	23	42	84
	占大理彝族的百分比	22.6%	27.4%	50.0%	100%
红河彝族	计数	8	5	47	60
	占红河彝族的百分比	13.3%	8.3%	78.3%	100%

从表4-11可以看出，不同地区的傣族和彝族在何时穿民族服装上差别相对较大。西双版纳的傣族“天天穿”民族服装的比例最高，为48.1%，这是因为傣族园是以旅游为特色的民族聚居地，部分受访者身份为傣族园的演员，每天需进行民俗活动表演，因此这部分受访者几乎“天天穿”傣族服装。而

腾冲地区的傣族天天穿民族服装的仅有17.2%，他们大部分是在特殊节日才穿上民族服装，“从不穿”民族服装的有10人，占一成，而在西双版纳的傣族“从不穿”民族服装只有两人。

红河彝族从来不穿民族服装的比例最高，为78.3%，大理彝族也有一半的受访者从不穿民族服装。可见，不论是大理还是红河彝族，从不穿民族服装的人数还是比较多的。

（二）本民族文化受汉文化影响的程度如何？

图4-15表明，44.4%的受访者认为受汉文化影响很深，34.5%的受访者认为影响一般，10.1%的受访者认为影响很小，11%的人认为没有影响。从这组数据可以看出，有接近八成的受访者认为本民族文化受到汉文化的影响。

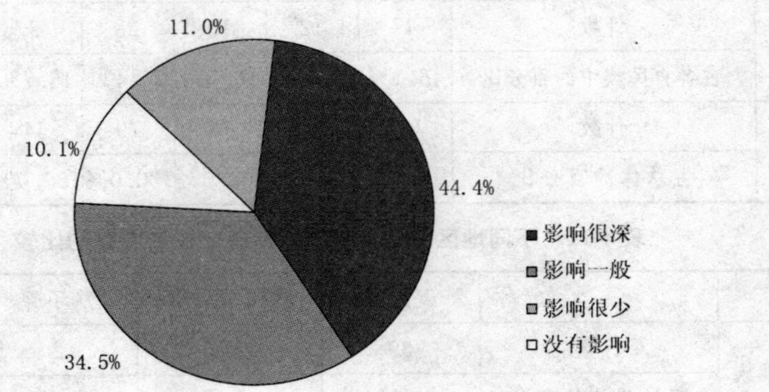

图4-15　本民族文化受到汉文化影响的程度（N=664）

从表4-12可以看出，受访的6个民族在“本民族文化受汉文化影响程度”的问题上表现出比较大的差别。哈尼族有85.9%的受访者认为受“影响很深”，14.1%认为“影响一般”，两者数据之和为百分之百，可见，哈尼族的受访者均认为受到汉文化的影响。傣族有57.8%的受访者认为“影响很深”，32.2%的傣族认为“影响一般”，“影响很小”或“没有影响”的各占5%。苗族有74.1%的受访者认为“影响一般”，认为“影响很深”的有16.7%，两者相加超过九成。白族有一半受访者认为“影响一般”，41.2%的受访者认为“影响很深”，二者之和也超过九成。彝族有39.1%的人认为“影响一般”，有36.4%的人认为“影响很深”，两者相加超过七成，认为影响很小的有21.2%。只有傈僳族的受访者认为本民族文化“没有”受到或“很少”受到汉文化的影响，比例分别为

68.4%和16.5%，两者之和超过八成，不到15%的人认为“有影响”。

表4-12　不同民族对于汉文化对其影响程度的比较

		白族	傣族	哈尼族	傈僳族	苗族	彝族	合计
影响很深	计数	42	104	67	9	9	55	286
	占各自民族中的百分比	41.2%	57.8%	85.9%	11.4%	16.7%	36.4%	44.4%
影响一般	计数	51	58	11	3	40	59	222
	占各自民族中的百分比	50.0%	32.2%	14.1%	3.8%	74.1%	39.1%	34.5%
		白族	傣族	哈尼族	傈僳族	苗族	彝族	合计
影响很少	计数	7	9	0	13	4	32	65
	占各自民族中的百分比	6.9%	5.0%	0.0%	16.5%	7.4%	21.2%	10.1%
没有影响	计数	2	9	0	54	1	5	71
	占各自民族中的百分比	2.0%	5.0%	0.0%	68.4%	1.9%	3.3%	11.0%
合计	计数	102	180	78	79	54	151	644
	占总体的百分比	100.0%	100.0%	100.0%	100.0%	100.0%	100.0%	100.0%

傈僳族对于此问题的回答明显区别于其他几个受访民族，原因是所调查的腾冲傈僳族村是汉化程度非常高的一个村子，村民的生产、生活及居住的房屋与汉族并无两样，因此，在他们的潜意识当中，已不再会认为这样的生活方式是受谁的影响，他们原本就是这样的生活。而其他受访民族的民族文化传统或多或少地保有，有着区别于汉文化的独特的本民族文化，但在现代经济、交通、信息非常发达的环境下，或多或少都受到了汉文化的影响，只是影响的程度不同而已。

（三）是否受到周边其他少数民族的影响？

从图4-16可以得知，绝大多数受访者认为本民族文化很少或没有受到周边其他少数民族的影响，42.4%的受访者认为“没有影响”，31.4%的人认为“影响很小”，两者之和达到73.9%；有18.5%的受访者认为“影响一般”，只有7.8%的人认为“影响很深”。

表4-13显示，苗族和傈僳族认为本民族文化没有受到周边其他少数民族文化的影响的比例非常之高，分别为90.7%和83.5%，认为“影响很少”的分别为9.3%和12.7%；哈尼族认为“影响很少”的比例较高，为70.5%，

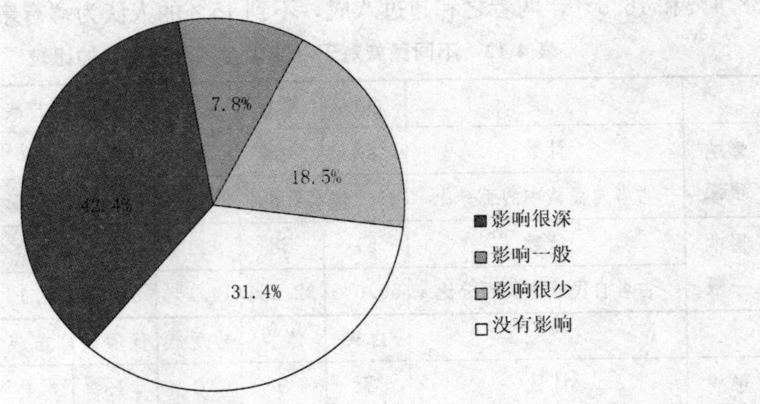

图 4-16　受到周边其他少数民族影响的程度（N=664）

认为“没有影响”的为25.6%；白族、傣族和彝族在“影响一般”、“影响很少”和“没有影响”三个选项上分布较为平均，分别为27.5%/49%/20.6%、21.7%/25%/24.4%、21.9%/24.5%/48.3%。

表 4-13　不同民族对于周边其他少数民族文化对其影响程度的比较

		白族	傣族	哈尼族	傈僳族	苗族	彝族	合计
影响很深	计数	3	34	2	3	0	8	50
	占各自民族中的百分比	2.9%	18.9%	2.6%	3.8%	0.0%	5.3%	7.8%
影响一般	计数	28	57	1	0	0	33	119
	占各自民族中的百分比	27.5%	31.7%	1.3%	0.0%	0.0%	21.9%	18.5%
影响很少	计数	50	45	55	10	5	37	202
	占各自民族中的百分比	49.0%	25.0%	70.5%	12.7%	9.3%	24.5%	31.4%
没有影响	计数	21	44	20	66	49	73	273
	占各自民族中的百分比	20.6%	24.4%	25.6%	83.5%	90.7%	48.3%	42.4%
合计	计数	102	180	78	79	54	151	644
	占总体的百分比	100.0%	100.0%	100.0%	100.0%	100.0%	100.0%	100.0%

（四）本民族文化中最值得开发利用的文化资源有哪些？

如图 4-17 所示，从总体上来看，受访者认为本民族中最值得开发利用的选择前三位是民族服饰（71%）、民族歌舞（63.8%）、民族节日（58.9%）。

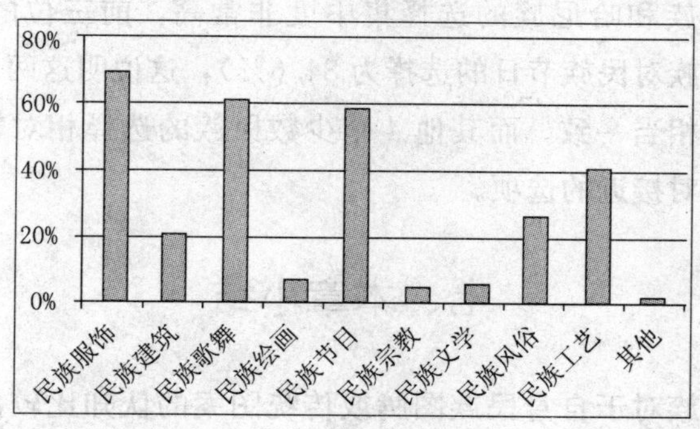

图 4-17　认为本民族文化中最值得开发利用的资源（N=664）

而从表 4-14 具体来看，不同民族对此问题的选择各有不同。白族受访者的选择为民族服饰（71.6%）、民族工艺（68.6%）和民族建筑（64.7%）；傣族受访者的选择是民族歌舞（65.6%）、民族服饰（64.4%）和民族节日（46.7%）；哈尼族受访者的选择是分别是民族服饰（92.3%）、民族歌舞（91%）和民族节日（84.6%）；傈僳族受访者的选择是民族歌舞（69.6%）、民族服饰（64.6%）和民族风俗（55.7%）；苗族受访者的选择是民族服饰（96.3%）、民族节日（94.4%）和民族工艺（90.7%）；彝族受访者的选择是民族歌舞（67.5%）、民族服饰（61.6%）和民族节日（60.3%）。民族绘画、民族宗教和民族文学均没有排到前三位。

表 4-14　不同民族对于民族文化中最值得开发利用的文化资源的选择（N=644）

	白族	傣族	哈尼族	傈僳族	苗族	彝族	合计
民族服饰	71.6%	64.4%	92.3%	64.6%	96.3%	61.6%	71.0%
民族建筑	64.7%	25.6%	10.3%	6.3%	0.0%	18.5%	23.8%
民族歌舞	54.9%	65.6%	91.0%	69.6%	16.7%	67.5%	63.8%
民族绘画	7.8%	16.1%	1.3%	7.6%	1.9%	1.3%	7.3%
民族节日	50.0%	46.7%	84.6%	45.6%	94.4%	60.3%	58.9%
民族宗教	3.9%	5.6%	1.3%	16.5%	0.0%	0.0%	4.3%
民族文学	6.9%	7.8%	2.6%	11.4%	1.9%	1.3%	5.4%
民族风俗	26.5%	34.4%	9.0%	55.7%	3.7%	23.8%	27.6%
民族工艺	68.6%	38.9%	9.0%	31.6%	90.7%	34.4%	42.4%

这其中，苗族和哈尼族的选择集中度非常高，前三位的选择比例均在90%以上（哈尼族对民族节日的选择为84.6%），这说明这两个民族的受访者对此问题的看法相当一致。而其他4个少数民族的选择相对较为分散，至少有四个或五个相对接近的选项。

七、本章小结

受访少数民族对于自身民族图腾或传统图案的认知比较低，明确表示知道者只占受访者总数的四分之一，傣族和白族相对较好，傣族有超过六成的受访者知道本民族的图腾，白族有三成多的受访者知道白族图腾。

对于本民族代表性色彩的认知，苗族和哈尼族的认知最为统一，这两个民族都有超过或接近九成的受访者对代表性颜色进行了统一选择。其次是白族和彝族对色彩的认知也较为统一。傣族和傈僳族对本民族色彩的认知较为分散。

对于传统手工艺的认知普遍不够乐观，从总体上看，只有不到一半的受访者知道本民族的手工艺。但白族对此认知情况最好，有超过70%的受访者知道自己民族的手工艺。居住在西双版纳的傣族和生活在大理的彝族有超过一半的受访者知道本民族的传统手工艺。哈尼族只有4位受访者知道，而有超过90%的受访者不清楚本民族的传统手工艺情况。

对于传统美术作品的认知更不乐观，有超过七成的受访者表示不知道。白族和傣族略好，有接近一半的受访者知道本民族有美术作品流传。

对于民族舞蹈的认知情况相对较好，有63.8%的受访者知道本民族的传统舞蹈。傣族、白族和彝族情况较好，傈僳族也有超过一半的受访者知道，苗族有超过一半者不清楚，而哈尼族的认知最低，有超过八成者不清楚。

只有33.4%的受访者表示知道本民族的大型演出活动，有超过六成受访者表示不清楚，说明对于本民族是否有大型演出活动的认知情况较差。

对于民族服装，有接近一半的受访者只在特殊节日或婚礼时穿本民族服装，31.5%的受访者表示从来不穿本民族服装，其中彝族和白族从不穿民族服装的比例最高；天天穿民族服装的只有19.3%。

绝大多数受访者都认为汉民族文化对自身文化有影响，有44.4%的受访者认为影响很深。只有傈僳族的受访者认为本民族文化没有受到或很少受到汉文化的影响，比例分别为68.4%和16.5%，二者之和超过八成，不到15%的人认为有影响。

绝大多数受访者认为本民族文化很少或没有受到周边其他少数民族的影响，其中苗族和傈僳族受访者中认为本民族文化没有受到周边其他少数民族文化影响的比例最高，分别为90.7%和83.5%；彝族有接近一半的受访者认为没有影响；哈尼族和白族分别有70.5%和49.0%的人认为影响很少；只有傣族有一半的受访者认为他民族对于本民族文化有影响。

从总体上来看，受访者认为本民族中最值得开发利用的选项前三位是民族服饰（71%）、民族歌舞（63.8%）、民族节日（58.9%）。

第五章　云南少数民族的媒介接触与视觉文化信息描述

电视、电影以及互联网是传播视觉文化的主要载体，了解和掌握云南少数民族受访者对视觉媒介的接触情况以及他们对本民族的视觉文化信息的接触现状是解析云南少数民族视觉文化素养的基本要素，同时也可以获知少数民族视觉文化信息传播的有效程度。

一、收看电视及民族资讯节目

（一）平时看电视吗？

如图 5-1 所示，受访者中有高达 94.7％的人平时收看电视，只有 5.3％的受访者（34 人）表示不看电视。这 34 名不看电视的受访者文化程度较低且年龄偏大，其中不识字者有 21 位，小学文化水平的有 11 位，二者之和占不收看电视者的 94.1％，年龄在 46 岁以上者占 70.5％。可见，文化水平和年龄是影响是否收看电视的主要因素（参见表 5-1）。

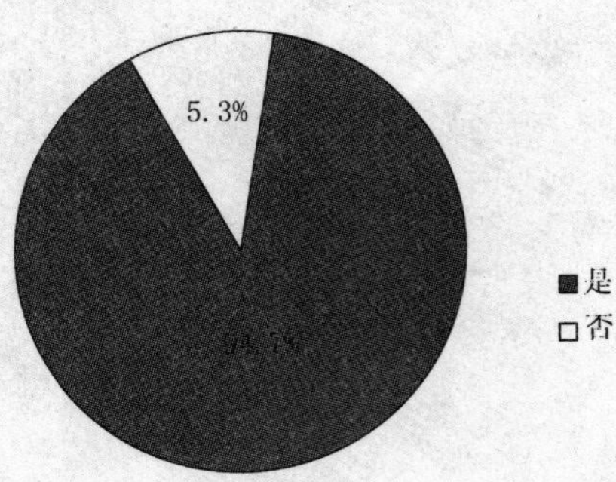

图 5-1　平时是否收看电视（N＝664）

表 5-1　不看电视者的不同文化程度和年龄构成（单位：人）

年龄	文化程度				合计
	不识字	小学	初中	高中/中专/技校	
15 岁以下		2			2
16～25 岁		1	1	1	3
26～35 岁		1			1
36～45 岁	2	2			4
46～55 岁	7	3			10
56～65 岁	6	2			8
66 岁以上	6				6
合计	21	11	1	1	34

（二）在电视节目中是否看到过关于本民族的资讯或节目

图 5-2 表明，有 50.8%的受访者在电视节目中看过关于本民族的资讯或节目，有 49.2%的受访者表示没有看到过关于本民族的资讯或节目。

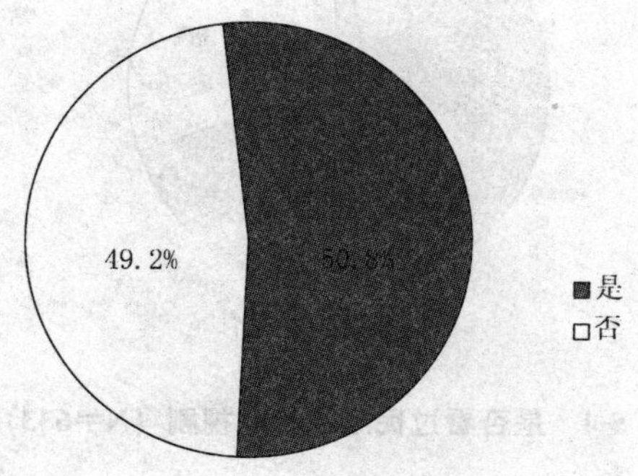

图 5-2　是否看过本民族的资讯或节目（N=664）

（三）在哪些频道或节目中看见过本民族形象？

如图 5-3 所示，在 326 位回答在“电视节目中看过本民族形象”的受访者中，本地新闻（65%）、本省春晚（38.3%）和本省卫视（27.9%）是受访者选择最多的三项。可见，云南省当地电视台及云南卫视在传播民族文化方面起到了重要的作用。

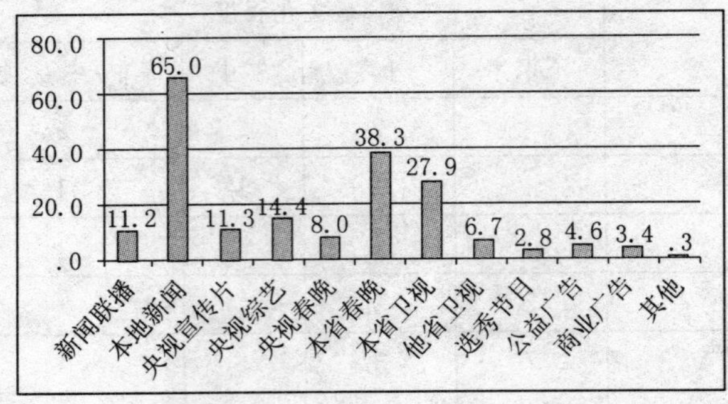

图 5-3　观看过本民族形象的频道或节目（N=326）

（四）是否看过本民族题材的电视剧？

在回答此问题的 633 份样本中[①]，有 29.38％的受访者回答看过本民族题材的电视剧，有 70.62％的受访者没有看过本民族题材电视剧。

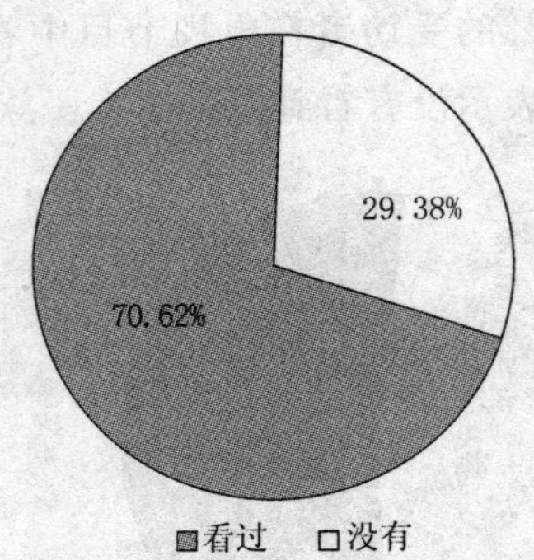

图 5-4　是否看过民族题材电视剧（N=633）

从表 5-2 可以看出，白族有 72％的受访者观看过本民族题材的电视剧，大部分回答看过《五朵金花》、《大理公主》、《阿月和他的情人》等，事实上是传统经典电影《五朵金花》在电视上播放，受访村民很大程度上不太能区分这是电影还是电视剧。

① 有 11 份问卷缺失此题目。

表 5-2　观看过本民族电视剧的受访者民族构成（单位：人，N=186）

	白族	傣族	哈尼族	傈僳族	彝族	合计
看过	73	87	2	9	15	186
占该民族的%	72%	48%	3%	11%	10%	29%

48%的傣族受访者看过傣族电视剧，部分受访者填写看过《傣王》、《孔雀公主》等。《孔雀公主》也是部电影而非电视剧，看来受访者并不在意两者的差别。

有 15 位彝族表示看过民族题材的电视剧，这 15 人均是生活在大理的彝族，其中几位填答了《五朵金花》、《阿诗玛》和《大理公主》。

（五）对电视节目中本民族形象的评价

此题目设置了 5 组 7 级语义差别量表，数值从+3 到−3。

有 298 位受访者回答了此问题，从表 5-3 中可以看出，对于电视节目中本民族形象的评价均较高，题目最大值设定为 3，得到的评价均值 5 组语义分别是 2.43、2.27、2.29、2.30、和 2.17。可以看出受访者均比较认可电视上的本民族形象。

表 5-3　对电视节目中传递的本民族形象的评价

语义	N	极小值	极大值	均值	标准差
正面的/负面的	298	1	3	2.43	0.595
客观的/歪曲的	298	−2	3	2.27	0.763
积极的/消极的	298	−3	3	2.29	0.980
赞扬的/贬低的	298	−2	3	2.30	0.757
准确的/错误的	298	−3	3	2.17	0.950

二、看电影及民族电影

（一）平时看电影吗？

如图 5-5 所示，“经常看”电影人数占受访者 18.3%，“偶尔看”电影的比例为39.3%，“从不看”电影者占42.4%。6个受访民族中，傣族和白族“经常看”电影的比例相对较高，分别为33.9%和25.5%，“偶尔看”的分别有41.1%和65.7%，傣族有25%的受访者“从不看”电影，而白族“从不看”电影者只占8.8%。其他4个民族“从不看”电影的比例相对较高，最高的是苗族，有83.3%的苗族受访者“从不看”电影，其次是哈尼族，有66.7%，傈僳族有46.8%，彝族有45.7%（参见图5-6）。

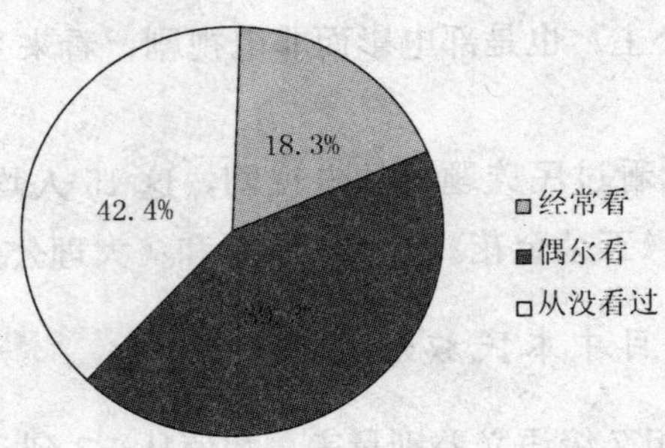

图5-5　您平时看电影吗（N=644）

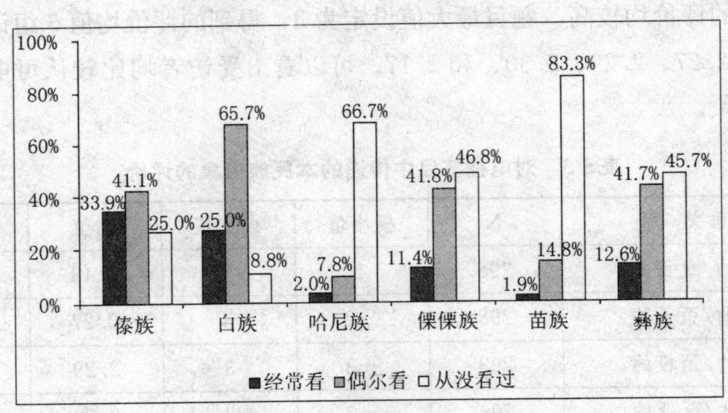

图5-6　各民族平时观看电影的比较（N=644）

（二）在哪里看电影？

如图5-7所示，受访者更多的是通过电视看电影，比例高达72.4%，其次为通过网络视频看电影，比例为21.1%，在电影院和通过露天放映看电影的各占6.8%。本次调查的地区基本是农村或城市郊区的农村，花钱去电影院看电影不是村民娱乐的首选，他们更愿意通过自家的电视看播放的电影；家中有电脑或在网吧上网的受访者通常会通过视频网站看喜欢的电影；早些年的露天放映形式是一些上年纪受访者看电影的主要方式。

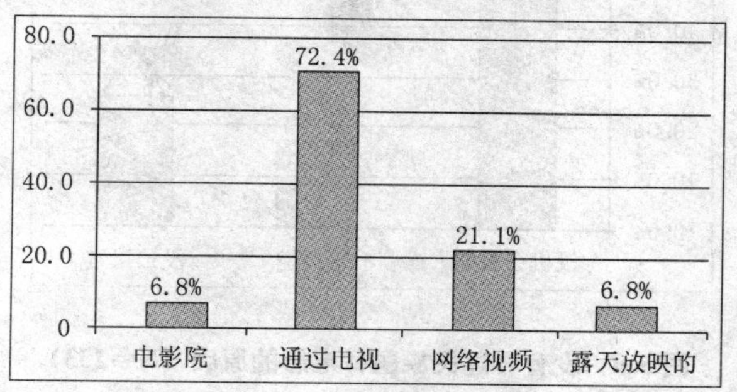

图 5-7　看电影的式方（N=370）

（三）看过本民族题材的电影吗？

如图 5-8 所示，在看电影的受访者中有 40.7%的人表示看过本民族题材的电影，而有 59.3%的受访者没有看过本民族题材的电影。

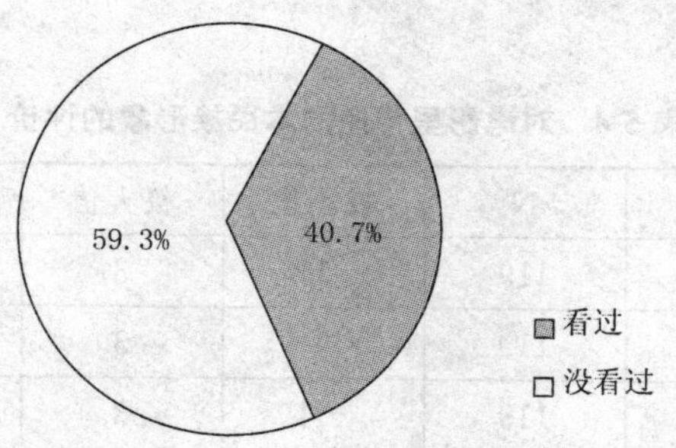

图 5-8　是否看过本民族题材的电影（N=393）

（四）若没看过本民族的电影，是什么原因？

图 5-9 表明，在 233 位没有看过本民族题材电影的受访者中，有 55.4%的受访者认为是因为“没有机会”看到，有 26.6%的受访者表示因为“没有拍摄”过本民族题材的电影，而有 17.9%的受访者表示对民族题材的电影“不感兴趣”。

从这些数据可以看出，民族题材的电影在宣传和放映形式上应做更多的工作，让更多的少数民族群众能够看上民族电影，更好地传播民族文化。

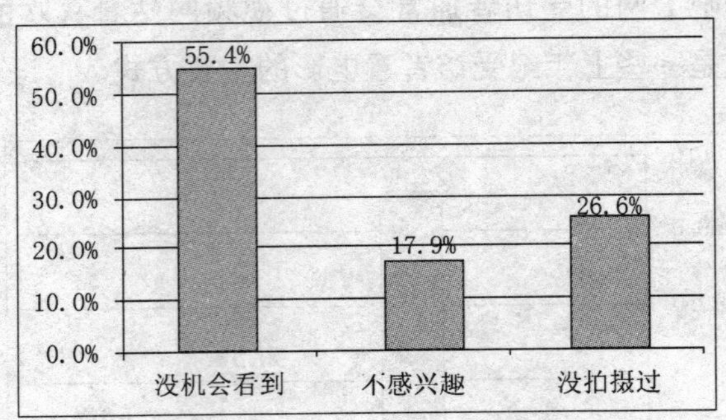

图 5-9　没有看过民族题材电影的原因（N=233）

（五）对本民族题材电影中民族形象的评价

此题目设置了 5 组 7 级语义差别量表，数值从+3 到−3。

有 119 位受访者回答了此问题，从表 5-4 中可以看出，对于电影里本民族形象的评价均较高，题目最大值设定为 3，得到的评价均值 5 组语义分别是 2.48、2.22、2.35、2.36、和 2.27。可以看出受访者均比较认可电影中的本民族形象。

表 5-4　对电影里传递的本民族形象的评价

语义	N	极小值	极大值	均值	标准差
正面的/负面的	119	1	3	2.48	0.622
客观的/歪曲的	119	0	3	2.22	0.761
积极的/消极的	119	−1	3	2.35	0.777
赞扬的/贬低的	119	−1	3	2.36	0.880
准确的/错误的	119	−3	3	2.27	0.936

三、上网及相关民族资讯

（一）平时上网吗？

如图 5-10 所示，有 64.3%的受访者从不上网，有 25.2%的受访者偶尔上网，只有 10.6%的人经常上网。

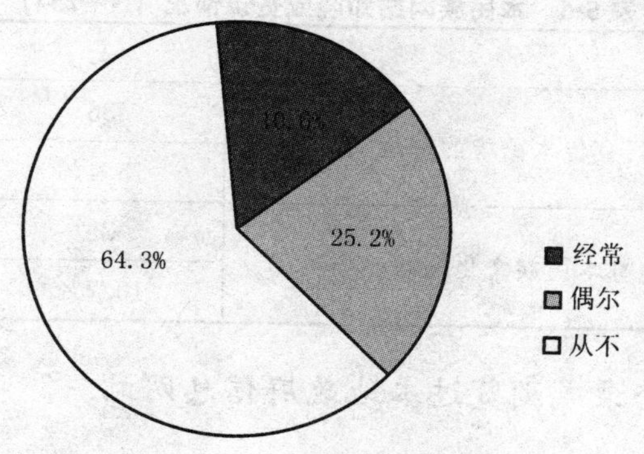

图 5-10 上网情况（N=644）

从不上网者较多与调查对象多为村民密切相关。从表 5-5 可以进一步得知从不上网的 414 人中有 361 人为农民。这些农民家中没有电脑，文化程度也相对较低。从民族上看，白族和傣族从不上网者的比例较低，分别占本民族受访者的 33.3％和 48.3％；苗族不上网者的比例高达 94.4％，其次是哈尼族 88.5％，傈僳族和彝族也有 77.2％和 74.2％的受访者从不上网。

表 5-5 从不上网者的民族和职业构成（N=414）

	农民	乡村干部	教师医生	技术员	个体劳动者	学生	合计	占民族％
白族	25	2			2	5	34	33.3％
傣族	80		2		2	3	87	48.3％
哈尼族	66				2	1	69	88.5％
傈僳族	48			1	1	11	61	77.2％
苗族	49		1		1		51	94.4％
彝族	93	8		1	5	5	112	74.2％
合计	361	10	3	2	13	25	414	64.3％

（二）是否知道有本民族的网站

从表 5-6 可以得知，在 234 位上网的受访者中只有 36 位受访者知道有本民族的网站，而有 198 位、高达 84.6％的受访者不知道有本民族的网站。只有 25 位受访者登录或浏览过本民族的文化网站，有 89.3％的上网受访者没有登录或浏览过本民族的文化网站。

表 5-6　本民族网站知晓或登录情况（N=234）

	是	否
知道有专门宣传本民族的网站	36	198
	15.4%	84.6%
登录或浏览本民族文化网站	25	209
	10.7%	89.3%

（三）是否登录或浏览过本地政府信息网站

图 5-11 表明，经常登录或浏览本地政府信息网站的受访者只有 12 名，占上网受访者的 5.1%，偶尔登录或浏览者有 106 人，占上网者的 45.3%，从不登录或浏览者有 116 人，占 49.5%。可见，有一半的上网者会登录或浏览本地政府的信息网站，说明受访者需要从政府网站上得到一些资讯。

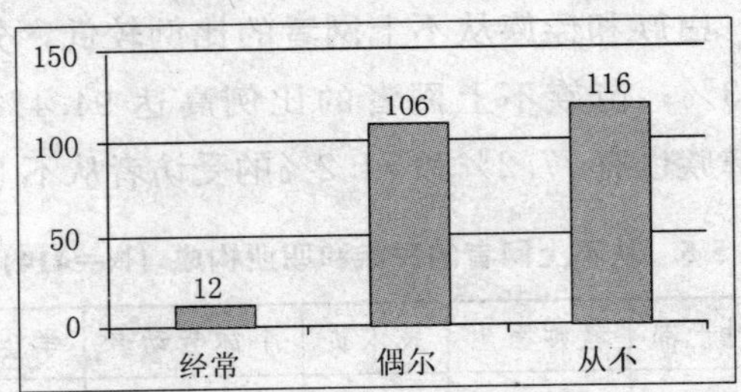

图 5-11　登录政府网站的情况（N=234）

（四）上网时，会主动搜索本民族的文化资讯吗？

图 5-12 表明，主动搜索本民族文化资讯的只有 12 名，占上网受访者的 5.1%，偶尔搜索者有 138 人，占上网者的 58.9%，从不搜索者有 84 人，占 35.9%。

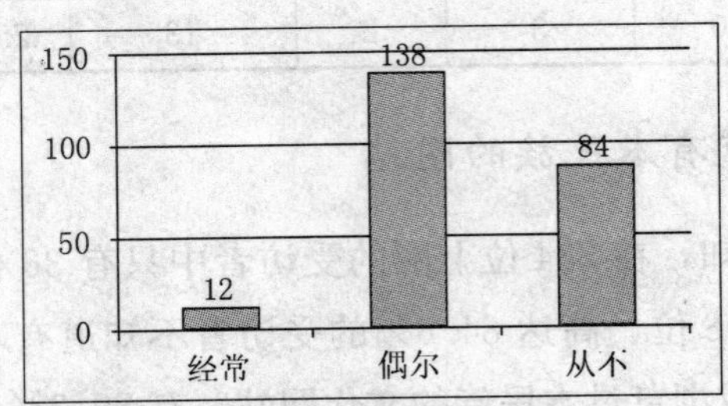

图 5-12　主动搜索本民族文化资讯的情况（N=234）

（五）在网上最常看到哪些本民族文化信息

如图 5-13 所示，上网的受访者最常看到的本民族文化信息是民族歌舞，其次是民族服装，然后是民族节日。可见，这些信息也是少数民族群众相对最为关注的。民族工艺、民族风俗和民族建筑也是受访者经常看到且较为关注的，而民族绘画、民族文学和民族宗教不太受关注。

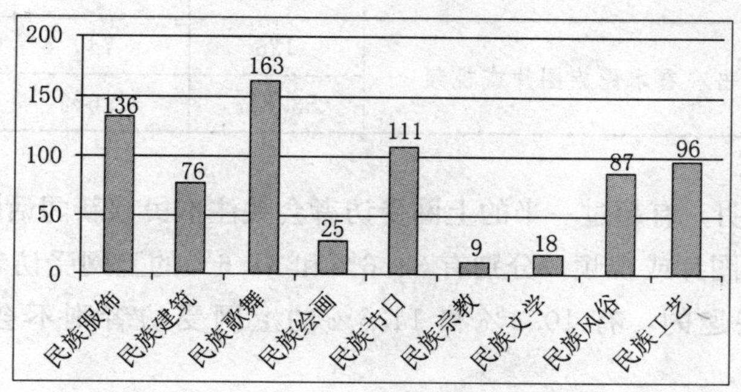

图 5-13　在网上最常看到哪些本民族文化方面的信息（N=234）

（六）网上关于本民族的文化信息与生活中的一致吗？

如图 5-14 所示，有 67.8%的上网受访者认为在网上看到的本民族文化信息与现实生活中的民族文化“基本一致”，有 6.1%的上网受访者认为“一致”，有 5.7%的人认为“差别很大”，有 4.3%的上网受访者认为“完全不一致”，还有 16.1%的上网受访者说不清此问题。由此可见，绝大部分上网者对网上的本民族文化信息持肯定的态度。

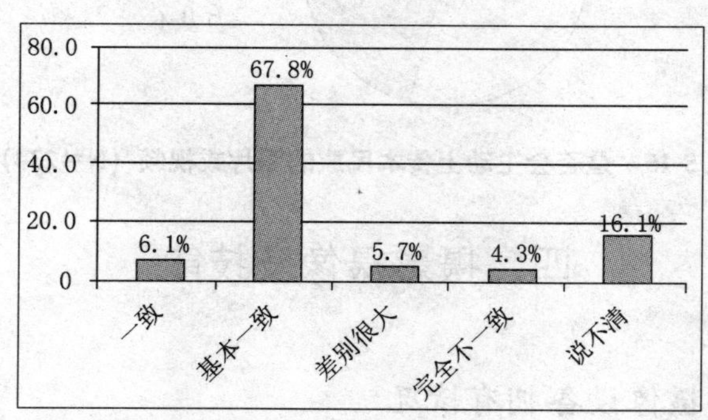

图 5-14　网上的本民族文化信息与现实中的一致的吗？（N=234）

（七）是否会关注本民族的新闻或话题及点击观看本民族图片或视频？

表 5-7　是否关注或主动点击观看本民族文化新闻及图片（N=234）

	会	感兴趣的	不会
是否关注本民族新闻话题	129	81	24
	55.1%	34.6%	10.3%
是否主动点击观看本民族图片或视频	126	74	34
	53.8%	31.6%	14.6%

表 5-7 表明，有超过一半的上网受访者会关注本民族新闻话题或主动点击观看本民族的图片或视频，分别有 34.6%和 31.6%的上网受访者只会关注或点击自己感兴趣的，有 10.3%和 14.6%的上网受访者则不会关注或点击观看。

（八）会主动上传本民族的照片或视频吗？

图 5-15 表明，有 13.5%的上网受访者会在聊天室或论坛或微博主动上传本民族的照片或视频，有 33%的人偶尔会上传，而多达 53.5%的人表示“从不”会主动上传。

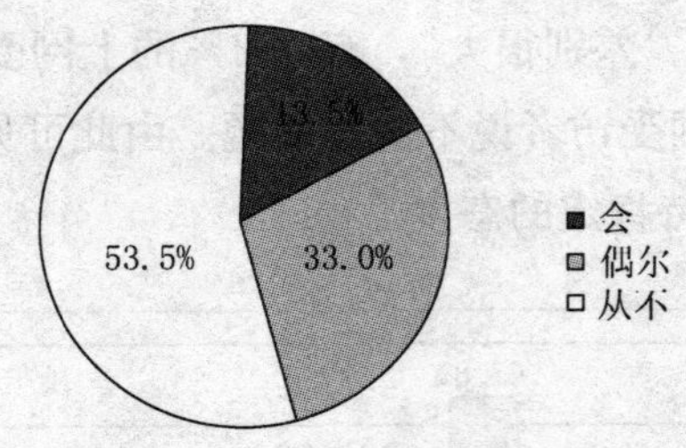

图 5-15　是否会主动上传本民族的图片或视频（N=234）

四、摄影摄像及技能

（一）摄影摄像设备拥有情况

如表 5-8 所示，有 142 位受访者有照相机，占 22%，有 20 位受访者家里有照相机但是本人不会使用，有482位占74.8%的受访者没有照相机。可见照相机在云南少数民族聚居的农村普及率还是相当低的。

表5-8 摄影摄像设备拥有情况（单位：人，N=644）

	有	有，但不会用	没有	没有手机	合计
是否有相机	142	20	482		644
	22%	3.1%	74.8%		
是否有摄像机	71	12	561		644
	11%	1.9%	87.1%		
手机是否有拍照功能	345	20	164	115	644
	53.6%	3.1%	25.5%	17.9%	

有71位占11%的受访者有摄像机，有12位受访者家里有摄像机但不会使用，而有高达87.1%的561人没有摄像机。摄像机在云南少数民族地区的普及率更低。

手机的普及率还是比较高的，有83.1%的受访者拥有手机。有53.6%的受访者的手机带有拍照功能，有3.1%的受访者手机有拍照功能但不会使用，有25.5%的受访者的手机没有拍照功能。

（二）使用电脑编辑图片、视频的技能情况

表5-9 处理图片影像的技能情况（单位：人，N=644）

	会，且很专业	会，但只基础	不会	合计
是否会用电脑修饰照片	7	85	552	644
	1.1%	13.2%	85.7%	
是否会使用视频编辑软件	5	39	600	644
	0.8%	6.1%	93.2%	

如表5-9所示，有高达85.7%的受访者不会使用电脑图像处理软件，这是因为绝大部分受访者都不曾拥有电脑。只有14.3%的受访者会用电脑图像处理软件，这其中的绝大部分只会基础的操作。

对于视频编辑软件更是有高达93.2%的受访者不会使用，会用者仅为44人，其中39位只会基本的操作，只有5位受访者认为自己会专业的操作。

五、本章小结

受访者基本都收看电视，其中有超过一半的受访者看过本民族的资讯或节目，这些大多是在云南当地电视节目、云南省卫视以及央视的节目或频道收看过。只有不到三成的受访者表示看过本民族题材的电视剧，他们对电视上本民族的形象持认可和肯定的态度。

受访者中经常看电影人数占受访者的18.3%，偶尔看电影的比例为39.3%，从不看电影者为42.4%。其中，6个受访民族中，傣族和白族经常看电影者的比例相对较高，而苗族和哈尼都有超过一半的受访者从不看电影。超过七成的人是通过电视看电影的，到电影院看电影的只有6.8%。40.7%的受访者看过本民族题材的电影。在其余没有看过本民族题材电影者中有55.4%的人认为是因为没有机会看到，有26.6%的受访者表示因为没有拍摄过本民族题材的电影，而有17.9%的受访者对民族题材的电影不感兴趣。看过本民族题材电影的受访者大都对于出现在银幕上本民族的形象持肯定和认可的态度。

有超过六成的受访者不上网，因为这些农民家里没有电脑。超过30%的受访者上网，但经常上网的只有10.6%，这些上网者中，绝大多数不知道本民族有专门的文化网站，也从没有登录过这些网站；但他们偶尔会登录政府的信息网站，会主动搜索相关民族文化信息，上网的受访者浏览过的本民族文化信息最多的是民族歌舞，其次是民族服装，然后是民族节日。他们认为网上的少数民族视觉形象和现实生活中的形象基本一致。有超过一半的上网受访者会关注本民族新闻话题或主动点击观看本民族的图片或视频，有多达53.5%的人表示从不会主动上传本民族的图片或视频，只有13.5%的受访者会主动上传图片或视频。

绝大部分受访者没有照相机及摄像机，但是普遍拥有手机，有超过一半的受访者的手机带有拍照功能。对于使用电脑处理图片或视频，绝大部分受访者表示不会，只有不到15%的受访者表示会用电脑处理图片，6.1%的受访者会使用电脑视频软件。

第六章　云南少数民族的视觉文化素养与传播现状的思考与对策

通过调查与走访以及数据的分析，可以看出云南少数民族地区的村民对民族视觉文化的认知普遍较低，所走访的地区受汉文化的影响很深，少数民族村民在日常生产和生活以及文化娱乐活动中保有的民族传统色彩越来越淡弱，特别是青少年对本民族的文化精髓知之甚少，或表示出全然淡漠的态度。众所周知，任何民族的优秀文化一定是要深深扎根在该民族的普罗大众之中才会保持极强的生命力，而不能寄期望于少数文化精英的传承，否则少数民族的优秀文化最终只会成为博物馆的藏品，只剩下收藏与展示的价值，而失去鲜活的生命力。因而，保护与传承优秀的少数民族文化需要从生发这种优秀文化的土壤做起，唤醒这块土地上每一位普通村民的民族自觉意识，同时政府、文化机构也要大力传播优秀的少数民族文化，让少数民族群众对自己的优秀传统文化具有足够的自豪感，强化少数民族群众的文化认同感。

一、少数民族村民视觉文化认知能力亟待提高

从调查数据统计结果看，云南少数民族的视觉文化素养相对较低。对于本民族的传统图腾、图案或纹样的认知普遍较差，只有四分之一的受访者表示知道。所调查的少数民族中白族和傣族的民族视觉文化素养相对较好，这与我们走访调查村寨所观察和记录到的情况比较一致。

1. 图腾或传统图案逐渐淡出少数民族的日常生活

传统图腾或图案通常使用在民居建筑、传统服饰或传统手工艺品上。而当前在少数民族居住的建筑上再看到图腾或传统图案已经不是很多了。我们所到的村寨除大理地区的白族村寨外，其他几个少数民族的民居建筑很少还保持传统的民族特色，基本上为现代的民居建筑风格，像红河地区的许多少数民族聚

居村寨是近些年新建的，是当地政府为居住在山区的特贫困村民整体搬迁而建的。腾冲地区的傣族和傈僳族的建筑式样也基本相同，为砖木结构，基本没有任何装饰。只有白族的民居建筑还保持了传统的风格，还能在民居建筑上见到传统纹样，特别是近两三年大理地区政府对当地民居建筑开展了美化工程，对于临街或主要道路周边的白族建筑政府补贴进行粉刷装饰，在某种程度上起到了传统文化的保护和传承作用。但这种情况并不是很普遍，我们走访的村寨更多的是汉化明显的村寨，建筑与汉族的村子没有任何差别。

各少数民族的传统服装是民族文化的最重要的代表与载体。然而，从调查结果来看，只有不足两成的少数民族村民天天穿民族服装，而这些村民多为上年纪的老人，且女性偏多。有近一半的村民几乎从来不穿民族服装，从穿衣打扮上已与汉族没有分别。可见，少数民族的传统服装只有在重要的节庆日子才能重现往日风采。这其中，最极端的是我们走访的傈僳族村子，整个村子只找到一位老人还有一套民族服装，村民都说自己的祖辈当年从怒江迁移来腾冲时就没有带民族服装，所以整个村子的人在服装上与汉族没有任何差别，喜庆节日也都是穿着汉族的服饰。

从中可以看出，少数民族民居建筑和传统服装、配饰等已逐渐淡出少数民族的日常生活，少数民族的传统手工图案、纹样等也逐步从日常生活中消失，随之而来的是少数民族对传统视觉文化的认知逐渐淡漠，以致全然不知。

比较令人欣慰的是，大理白族和西双版纳傣族村民的视觉素养要好于其他几个民族，原因是大理地区的白族传统文化保持较为完整，最主要体现在建筑上保持了原有的民族特色，当然，也吸收了一些现代装饰的特色。西双版纳地区的傣族主要以旅游业为经济发展支柱，以民族特色吸引各地旅游者是该地区的最大特色，因而傣族的传统文化保留得很好，当地傣族对于本民族的传统文化的认知与了解程度也相对较好，特别是从事旅游工作的傣族群众对于本民族视觉文化的认知是非常高的，视觉文化素养也相对较高。

2. 传统民族技艺逐渐失传

正如传统图腾、图案等视觉形态逐渐淡出少数民族的生活一样，云南少数民族的一些传统技艺也面临着逐渐失传的危险。从调查走访结果看，像著名的傣族织锦技艺，包括傣族的筒帕，筒帕上通常绣有各种传统图案或动植物的图案，代表着傣族的传统文化，在我们所走访的傣族村中只有年龄在60岁以上的老人还会，相对年轻的妇女均已不会。而且从访谈中我们得知，当地村民认为自己做非常费时费事，不愿意花很多时间自己做传统服饰或筒帕，认为直接从集市上买来更方便，而且认为机器制作的服装、筒帕等很漂亮。年轻人对这些手工艺制作技艺更是不感兴趣，家中老人也不强求晚辈要掌握这些手艺，他们更希望自己的孩子能够学些现代生存技能、知识，传统手工艺的传承也面临着严重的挑战。

传统手工艺技艺不再在村民中流传，带来的后果就是对于手工艺品的认知明显偏低。从调查结果看，明确知道自己民族的代表性手工艺的村民只有四成多，而且能准确回答出手工艺是什么。但是有超过一半的受访村民表示不清楚。对于传统美术的认知更低，绝大多数受访者不清楚自己民族有没有传统美术。在我们走访的腾冲傣族村中有一位美术艺人，但他画的是现代农民画，而非传统美术。事实上，云南的传统美术形式很少有纯绘画的形式，基本上是木雕、漆器等造型形式，对于受访者而言存在一定的学习难度，多数受访者不清楚是否有传统美术也就不足为奇了。

二、强化民族认同感，保持鲜明的民族特色

一个少数民族若不认同自己的文化就谈不上传承自己的民族文化，所以，民族认同感对于清醒认识本民族文化、弘扬本民族优秀传统文化起着根源性的作用。然而，从调查看，云南少数民族村民受汉文化影响非常深，日常生活普遍汉化得比较严重，一个非常普遍的现象就是从来不穿本民族服装的人越来越多，特别是年轻人普遍不穿，连节庆日或特殊民族节日都不再穿民族服装。民族服装是民族文化认同感的一个很外在化的表现形式，反映在内心的就是对于本民族的认同意识。在腾冲地区的傈僳族村子我们碰到一位小姑娘，穿着妈妈从集市上买来的白族服装，小姑娘非常喜欢，周围的大人们也不认为有何失当之处，在我们这些外人看来是有些不可思议的，但周围的村民都不以为然。在我们看来，这是民族自我认同弱化的一个表现。

民族语言的使用也越来越少。在傈僳族的村里，年长的人均说本民族的语言，而村中的学生都说着当地的普通话，与父母对话只能讲简单的傈僳语，更多时候说汉语，而父母通常和他们说傈僳语。村里的学生也不会写傈僳的文字，很多村民也不会写傈僳文。特别是村中很多年轻人外出打工，与外界接触需要说普通话。为了将来着想村民自然也不希望自己的孩子不会讲普通

话。最具民族文化代表性的语言和文字现如今已被很多村民抛弃，汉文化已迅猛地侵入少数民族生活的方方面面，很多少数民族村民很少主动收看本民族题材的电视剧或在网上看视频，不少受访者表示对本民族题材的影视剧不感兴趣。他们更喜欢看现代都市题材的剧目，关心的是未来能否走出大山到城市中生活，担心的是能否很快适应城市的生活。受此影响，生活方式也逐渐与汉族接近了。

若要使少数民族保持鲜明的民族特色，那就要在少数民族村民的意识中强化民族认同感、民族文化认同感，强化本民族区别于他民族的文化特色，让本民族的优秀文化始终如一地扎根在其生发的土壤中，才能保持鲜活的生命力，才能具有强大的持续发展动力。

三、加强对民族地区传统文化的对内传播

加强对少数民族地区的优秀传统文化的传播，不仅要对外宣传推广，还要将这些优秀的文化对各少数民族进行对内宣传推广。通过大众传媒、互联网络等形式，从政府、文化机构角度广泛宣传推广，有助于提高少数民族视觉文化素养，提高少数民族文化认同感，

当前的云南少数民族聚居区村民接受外来资讯的最主要手段是电视，他们大多收看央视和云南卫视以及本省的节目。从调查看，有一半的受访者在电视中曾经看过本民族的资讯或形象，本次调查的 6 个少数民族都曾拍过民族电视剧或电影，但是只有不到 30％的受访者看过本民族题材的电视剧。例如，苗族电影《花杆王》就是以红河苗族生活为对象在当地拍摄的，并于 2010 年 4 月在中央电视台影视频道播出。但是在我们走访的屏边苗寨，很多村民都没有看过该电影，并且也不知道拍摄了这部电影。同样，傈僳族电影人仕芙柳拍摄了多部反映傈僳人生活的电影，且带着数部电影参加了国际电影节，受到了广泛的欢迎与好评。但是许多傈僳族人并不知道，也没有看过她的电影。这种情况很值得反思，难道这些电影的拍摄只是为了对外（对汉族或国外）宣传吗？目标受众只是国内汉文化市场和国际市场吗？难道不是拍给自己的民族同胞们看的吗？这些电影对于自己民族的普通人来说不重要吗？

现在很多少数民族地区，特别是以旅游为主的城镇大多有大型原生态的

文艺演出，比如《云南印象》、《希夷大理》、《勐巴拉娜西》等，这些演出的观赏者都是到当地旅游的游客，对于宣传和展示云南少数民族文化和形象起到了很好的作用。其实这些演出对于少数民族来讲，也是很好的民族文化普及教育机会，但是遗憾的是，很多当地的村民很少有机会观看，甚至大多数村民都没有听说过。

这里，除了电影发行单位或文艺演出团体的宣传推广外，当地政府应该承担一部分的电影、文艺演出的宣传责任，应该广泛告知村民电影、文艺演出的时间、地点，让广大村民知道并且有机会看到反映本民族文化的电影或文艺演出，这对于提高少数民族的文化素养、保护民族传统文化都会起到积极的推动作用。此外，政府网站与少数民族文化网站在民族文化宣传与推广上也大有可为。尽管农村地区的上网条件有限，村民上网还不普遍，但是从调查情况看，大部分上网村民会主动搜索本民族的文化信息或资讯，也有一半的上网村民关注本民族的新闻，会点击与本民族相关的图片或视频，对本民族的文化资讯表现出浓厚的兴趣。

四、保护和传承优秀的民族文化，从青少年抓起

从走访的少数民族村寨情况看，不论是在汉族学校还是在村镇的少数民族学校，少数民族的学生在学校接受的是义务教务，用的是全国的通用教材，学习的内容和汉族学生没有任何差别。少数民族的学生接受良好的学校教育，有着高于父辈的文化教育程度，是可喜的事情。但是，如今的少数民族学生对于本民族的传统文化了解得非常少，回家后忙于写作业，家长也很少传授本民族的相关知识。少数民族青少年离自己民族的优秀文化越来越远，民族文化的认知和民族文化的认同感淡化，相较于他们的长辈，明显被汉化了。这种现象直接威胁到少数民族文化的传承。前文已说过，少数民族的文化保护与传承不能仅仅依赖少数精英，像白族的杨丽萍、傈僳族的仕芙柳等，也不能单凭政府的宣传推广，如果没有少数民族自身的参与，特别是未来的继承者的参与，少数民族的优秀文化很难再保有鲜活的生命力，最终的结果只能走进博物馆，成为藏品，只供观赏了。保持民族文化的多样性，拒绝民族文化的同质化，是当前各少数民族文化保护和传承的紧迫任务，从青少年抓起，更是重中之重。

参考文献

专著、论文集：

1. 周宪，《视觉文化的转向》，北京大学出版社，2008。

2. ［美］詹姆斯·埃尔金斯，《视觉研究：怀疑式导读》，江苏美术出版社，2010。

3. 郭建斌，《文化适应与传播》，云南大学出版社，2007。

4. 庄晓东，《网络传播与云南少数民族文化的现代建构》，科学出版社，2010。

5. 杨志明，《云南少数民族传统文化研究》，人民出版社，2009。

6. 王明东，《心智与审美——云南少数民族文化管窥》，云南大学出版社，2010。

7. 周根红，《全球化时代少数民族电影的民族文化境遇》，中国传媒大学第三届全国新闻学与传播学博士生学术研讨会论文集［C］，2009。

8. 张志、王晓英，《新媒体与民族文化传播研究》，中国广播电视出版社，2009。

9. 林庆，《民族记忆的背影——云南少数民族非物质文化遗产研究》，云南大学出版社，2007。

学术论文：

1. 张倩苇，《视觉素养教育：一个亟待开拓的领域》，《电化教育研究》，2002 年（3）。

2. 徐亚男、张舒予、蔡冠群，《浅论大学生视觉素养培养》，《重庆广播电视报》，2009 年（3）。

3. 饶曙光，《民族电影如何从“边缘”走向“主流”》，《中国艺术报》，2011 年 5 月 4 日。

4. 陈静静，《互联网与少数民族多维文化认同的建构——以云南少数民族网络媒介为例》，《国际新闻界》，2010 年（2）。

学位论文：

郭建斌，《电视下乡：社会转型期大众传媒与少数民族社区——独龙族个案的民族志阐释》，复旦大学博士学位论文，2005。

云南腾冲傣族服饰文化现状调查报告

课题组组长　汤文靖
课题组成员　陈　燕

2011年7月至8月，我们云南傣族服饰文化现状调查组一行7人在腾冲进行了为期21天的工作，期间共发放问卷200份，查阅文献60册，深度访谈10个家庭，拍摄影像资料时长8小时，照片400多张。民族服饰文化是一个很大的选题，云南又是一个多民族的省份，所以我们不贪大贪多，准备从傣族服饰入手，先做一些基础工作，为以后其他民族服饰文化的调查积累经验，摸索行之有效的工作方法。

一、调查的缘起

服饰是人类特有的文明成果，它具有双重性，既是物质文明的结晶，又具精神文明的属性。人类社会经过蒙昧、野蛮到文明时代，缓慢地行进了几十万年。我们的祖先在与猿猴相揖别以后，披着兽皮与树叶，在风雨雷电中艰难地行走了难以计数的岁月，终于跨进了文明时代的门槛，懂得了遮身暖体，创造出一个物质文明。然而，追求美是人的天性，衣冠于人，如金装在佛，其作用不仅在遮身暖体，更具有美化的功能。几乎是从服饰起源的那天起，人们就已将生活习俗、审美情趣、色彩爱好以及种种文化心态、宗教观念，沉淀于服饰之中，构筑成了服饰文化的精神文明内涵。

民族服饰指一个民族的传统服饰，不同民族由于生存环境、习俗文化等的差异，其服饰的外观、布料的选择以及发展变化也不尽相同。中国服饰如同中国文化，是各民族互相渗透及影响而形成的，在中国这个广袤的大地上，56个民族劳动创造，生生不息。尤其是近代以后，大量吸纳与融合了世界各民族外来文化的结晶，才得以演化成整体的中国服饰文化。中华民族多姿多彩的服饰，品种之多、款式之奇、色彩之艳、花样之繁，无不让人惊叹，成为中国历史长河中一颗颗璀璨夺目的星星，一直闪闪发光。

随着经济的进一步发展，以科技进步为主要特征的现代文明席卷了全国，这场改天换地的变化给民族地区的社会、生活带来了强劲的发展动力，改善了人民群众的生活水平；但是同时，也让一些世代相袭的民族传统渐渐淡化，其中就包括民族服饰在人们日常生活中的边缘化：牛仔裤、T恤代替了五彩斑斓的民族服装；西装革履成了人们出席各种重要场合的首选；而年轻人甚至对自己的民族服装知之不多或者干脆一无所知。

在这样的情况下，对民族服饰文化的现状进行调查就显得尤为必要，主要原因有：

（一）全面了解我国的民族服饰文化

邓小平同志说过要“两个文明”一起抓，在民族地区，往往是重物质文明建设轻精神文明建设，民族地区相对来说经济水平都比较落后，所以当地政府往往把主要精力都花在发展经济、改善人民群众生活水平上面，而相对的精神文明建设一般比较滞后，服饰文化的保护和发展更是难得提上政府工作的日程，所以，很多民族地区服饰文化严重衰退。随着旅游的发展，民族服饰以一种比较另类的形式出现了：导游们不管是不是这个民族的，都穿着艳丽的、整齐划一的民族服装；旅游景点的歌舞表演，演员们穿戴着风格各异的民族服装；饭店酒馆里，服务员们穿着和工作场景不协调的民族服装在大堂里来回穿梭……这些情况使民族服饰文化的保护和发展前景更加堪忧，加剧了这项工作的复杂性。所以，只有对我国民族服饰文化的现状进行一次全面的摸底，才能使我们做到心中有数，在解决问题时也才能做到有的放矢。

（二）认识民族服饰文化保护的重要性，增强民族认同感

服饰是人类文化的显性特征。人类学家马林诺夫斯基认为，人基本上有两类需要：基本需要（即生物需要）和衍生需要（即文化需要）。他认为，为了满足一些基本需要，人就要用生产食物、缝制衣服、建造房屋等非自然（或人文）的方式。而在满足这个需要的过程中，人就为自己创造了一个新

的、衍生的环境，即所谓文化。[①] 这里比较明确地提出了“缝制衣服”是创造文化的一种方式，各族人民在长期的劳动生活中创造出了有别于其他民族的服饰，这样的衣服穿在身上，具有强烈的识别性。同时，对少数民族服饰文化现状的调查，能够促使当地政府和群众认识到保护和发展民族服饰文化的重要性，增强他们的民族认同感。

（三）寻找保护和发展民族服饰文化的办法

通过对民族地区服饰文化现状的调查，发现民族服饰濒临消亡的症结所在，结合当地的经济、文化发展的具体情况，寻找保护和发展民族服饰文化的“突围之路”。

二、云南、腾冲基本概况

（一）云南省自然条件

云南省位于我国西南边陲，与缅甸接壤。该省纬度低，气候类型复杂多样，降水丰富，地势海拔起伏变化大，包含山地、河谷及盆地等多种地形。因此，云南省的水力资源、生物资源及矿产资源等十分丰富。

云南的地貌，以云南元江谷地和云岭山脉南段的宽谷为界，全省大致可以分为东西两大地形区。云南东部为滇东、滇中高原，称云南高原，属云贵高原的西部，平均海拔在2000米上下。这里主要是波状起伏的低山和浑圆丘陵，发育着各种类型的岩溶地貌，其中有著名的云南石林、罗平多依河、宜良九乡溶洞、建水燕子洞、泸西阿庐古洞等风景旅游区。云南西部为横断山脉纵谷区，高山与峡谷相间，地势雄奇险峻，其中以三江并流最为壮观。一般来说，西北部海拔在3000米～4000米；西南部海拔在1500米～2200米；靠边境地区地势渐趋和缓，海拔只在800米～1000米，个别地区下降至500米以下，是热带和亚热带地区之所在。

在云南全省起伏纵横的高原山地之中，断陷盆地星罗棋布。云南这些盆地又称“坝子”，地势较为平坦，有河流通过，土壤层较厚，多为经济发达区。全省面积在1平方公里以上的坝子共有1445个，面积在100平方公里以

① 庄孔韶主编：《人类学概论》，中国人民大学出版社，2008年，第55页。

上的坝子有49个，最大的坝子在云南陆良县，面积为771.99平方公里。云南名列前10位的坝子还有：昆明坝（763.6平方公里）、洱海坝（601平方公里）、昭鲁坝（524.76平方公里）、曲沾坝（435.82平方公里）、固东坝（432.79平方公里）、嵩明坝（414.6平方公里）、平远街坝（406.88平方公里）、盈江坝（339.99平方公里）、蒙自坝（217平方公里）。

云南也是一个很大的地质博物馆。禄丰县的早期侏罗纪地层中曾出土大量蜥脚类恐龙化石，留存较为完整，现已在县城建成恐龙博物馆供游人参观。另外，澄江县的帽天山更是地质界中的“明星”，因为这里出土了数量多、种类丰富、留存完好的寒武纪多细胞生物化石，有力地证明了“寒武纪生物大爆炸”的存在。昆明市东川区也是全国闻名的“泥石流博物馆”，这里早期因为大规模不科学地开采铜矿，再加上气候、地形等原因影响，形成了较大规模的泥石流频发地段，泥石流现象比较典型。

（二）云南省基本情况

云南，即“彩云之南”，另一说法是因位于“云岭之南”而得名，省会昆明。公元前279年，楚国大将庄硚进入滇池地区，建立滇国。前221年，秦始皇统一六国，在云南东北部设立郡县（今曲靖），并开五尺道联系内地。前109年，汉武帝派将军郭昌人滇征服西南夷，设立益州郡和24个县，郡治滇池县（今曲靖），开辟通往缅甸和印度的商道。225年，蜀国丞相诸葛亮率大军降服“南中”大将孟获。320年，爨（Cuan）氏入滇，爨琛在昆川（今曲靖）称王，爨氏统治维持400年。738年，洱海地区的蒙舍诏部落首领皮罗阁兼并其他五诏，建立南诏国，被唐朝封为云南王。次年建都太和城（今大理市）。902年，南诏国权臣郑买嗣夺位自立，改国号大长和。929年，赵善政灭大长和国，建立大天兴，次年东川节度使杨干贞灭大天兴国，改国号大义宁。937年，白族段思平灭大义宁，建立大理国，都城大理。疆域包括现在的云南省、贵州省、四川省西南部、缅甸北部地区以及老挝与越南的少数地区。1253年，忽必烈派蒙古军队征服大理国，1276年正式建立云南行省。色目人赛典赤任平章政事，省会中庆路（昆明）。在云南开发重要的铜矿和银矿，产量占全国一半以上。大批色目人及少量蒙古人移居云南，形成今天的回族和蒙古族。1381年，明朝洪武皇帝派大将傅友德、沐英率军队攻占云南，灭元朝梁王，汉族移民开始大批进入云南。明朝末年，南明永历皇帝逃亡到云南。

清朝初年，1659年，派平西王吴三桂追捕永历。1662年吴三桂从缅甸抓回永历皇帝，在昆明绞死。吴三桂驻守云南。1856年～1873年，云南回民以大理为中心建立了杜文秀政权。战后，云南回族人口大量减少。晚清时期，英国征服缅甸，法国征服越南，两国势力对云南产生一定影响。边境地区开放了几处通商口岸：腾冲、蒙自、思茅。1910年，法国投资的滇越铁路（中国境内部分今名昆河铁路）通车。1909年，清朝实行新政，云南编立新军，成立陆军讲武堂。1911年10月30日（重阳节），蔡锷、唐继尧率新军发动重九起义，脱离清朝。1915年12月25日，蔡锷、唐继尧又在此发动反对袁世凯的护国运动。民国时期，滇军在云南形成割据局面，先后有唐继尧、龙云（1928年～1945年）等统治云南。

至2010年，云南省面积39万平方公里，下辖8个地级市，分别为昆明市、曲靖市、玉溪市、昭通市、丽江市、普洱市、临沧市及腾冲县所在的保山市，以及楚雄彝族自治州、大理白族自治州、迪庆藏族自治州等8个少数民族自治州。其下管辖的市辖区13个、县级市11个、县76个、少数民族自治县29个。

2010年全国人口普查显示，云南省总人口为4596.6万人。其中，昆明市人口最多，为643.2万；保山市人口数量位列第九，为250.6万。云南省具有大学（指大专以上）文化程度的人口为6015570，具有高中（含中专）文化程度的人口为12422668人。居住在城镇的人口为1618.0万人，占总人口的35.20%；居住在乡村的人口为2978.6万人，占总人口的64.80%。云南是全国少数民族数目最多的省份，全省共有25个少数民族，各民族“大杂居、小聚居”。云南省的汉族人口为3062.9万人，占总人口的66.63%；各少数民族人口为1533.7万人，占总人口的33.37%。其中，彝族502.8万人，哈尼族163.0万人，白族156.1万人，傣族122.2万人。云南有彝、白、哈尼、傣族、傈僳、拉祜、佤、纳西、景颇、布朗、普米、阿昌、怒族、基诺、德昂、独龙等16个世居民族。云南省先后新创哈尼（两种）、傈僳、纳西、景颇（载瓦）、苗（两种）、壮、白、瑶、独龙等10个民族12种民族文字或拼音方案，改进、规范了彝、傣、拉祜、苗、景颇等5个民族7种民族文字。现德宏傣文、景颇文、载瓦文、哈尼文、拉祜文、川黔滇苗文、佤文7种民族文字方案已成为正式文字。宗教方面，全省信仰宗教者共有403万人，其中90%以上是少数民族。佛教的合法宗教场所2333处，可统计的佛教信徒约

256万余人。主要有小乘佛教、藏传佛教和大乘佛教三大教派。另外，回族穆斯林几乎遍布云南全境，共约62万余人，清真寺810处。每个回族村庄高高耸立的邦克楼是云南醒目的景观之一。云南省可统计的基督教徒约53万余人，合法宗教场所2050处。怒江州的贡山县信仰基督教者比重达到85%，可能是中国基督徒比例最高的一个县。此外，还有道教、天主教、东巴教、本主崇拜等不同信仰。

在交通运输上，云南省的机场、铁路、公路等设施有很大发展。航空方面，云南省目前拥有民用机场12个，在建3个，数量位居全国各省区第一位。在建的新昆明国际机场将成为继北京、广州、上海之后第四个国家门户机场，是中国唯一一座面向东南亚、南亚和联结欧亚的门户枢纽机场。腾冲机场为二级机场。铁路方面，100多年前，云南的第一条铁路滇越铁路是当时中国第一条国际铁路。虽然在中国近代史上较早拥有了铁路，但由于地形复杂、地质条件恶劣等原因，新中国成立以来云南铁路发展缓慢，至2010年，云南境内铁路里程2229公里，仅占全国铁路运营里程的4%左右。不过至2020年，云南省铁路里程将达到6000公里，“八入滇四出境”的铁路运输大通道将基本形成，形成布局合理、功能完善、运力强大的铁路运输网络。另外，在云南，出行的主要方式就是公路交通。2008年全省公路总里程达20万多公里，居全国第四位。高速公路、高等级公路以昆明为中心成辐射状，通达西双版纳、德宏等14个州市，至2008年，全省高速公路通车里程达2512公里，位居西部第一，未来规划将超过5000公里。同时，还有7条国道、61条省道连接省内及国内外各大中城市。

（三）腾冲县基本情况

1. 自然条件

腾冲位于滇西边陲，西部与缅甸毗邻，历史上曾是古西南丝绸之路的要冲。腾冲是著名的侨乡、文化之邦和著名的翡翠集散地，也是省级历史文化名城。腾冲在西汉时称滇越，东汉属永昌郡，唐设羁縻州，南诏时设腾冲府。由于地理位置重要，历代都派重兵驻守，明代还建造了石头城，称之为“极边第一城”。

腾冲与缅甸接壤的国境线长达148.7公里，从腾冲到克钦邦首府密支那217公里。特定的区位优势使之成为云南省工商业的发祥地之一。从宋、元以来，这里就是珠宝玉石的聚散地，首开翡翠加工之先河。到了清代，翡翠的加工、销售业已十分兴盛，现在，翡翠的加工、交易空前活跃，商业贸易、旅游等行业日益兴盛，“翡翠城”正以崭新的面貌吸引着海内外的客商。

腾冲属热带季风气候，年平均气温14.8℃，冬无严寒，夏无酷暑，全年适宜旅游观光。腾冲森林密布，到处青山绿水，景色秀丽迷人。境内有傣、回、傈僳、佤、白、阿昌六个世居少数民族，民族风情丰富多彩。其中傈僳族在刀杆节上表演的“上刀山，下火海”惊心动魄，令人叹为观止。

神秘雄奇的高黎贡山和怒江天险属于国家级自然保护区，从三江并流区自北向南逶迤而下，以独特而丰富的生物资源被世界野生生物学会列为具有重要意义的A级保护区。她壮丽而神奇，走进高黎贡山，就像走进了奇山异水的长轴画卷之中。在这个被誉为“天然植物园”和“物种基因库”的地方，你会看到参天的大树杜鹃之王、秃杉之王、银杏之王；你会看到云南山茶的始祖，看到世界上最大的人工秃杉林，还有很多稀有的珍禽异兽……

2. 少数民族情况简介

腾冲是一个多民族散杂居的边疆县，国境线长148.075公里。全县有18个乡镇，221个村委会（社区），县内有傈僳族、傣族等24个少数民族，其中傈僳、傣、回、白、佤、阿昌为世居少数民族，阿昌族为人口较少民族。2010年末统计，全县总人口65.33万人，少数民族人口50367人，占总人口的7.7%，其中傈僳族15187人，傣族14561人，回族7661人，白族2992人，佤族2878人，阿昌族2775人，其他少数民族4313人。有荷花、猴桥两个民族乡镇，14个民族村。少数民族杂散居在15个乡镇、94个村委会（社区）范围内，居住面积占全县总面积40%以上。

（1）腾冲傈僳族

1）源流

聚居在国境线上的近1万多傈僳族，属跨境民族，是该县六个世居少数民族之一，清朝时从怒江两次迁入，第一次是康熙四年（1664年）由泸水迁入腾冲的滇滩水城、横山一带。第二次是乾隆年间由片马迁入腾冲的胆扎，后从这两处逐步分散到猴桥、明光、中和、芒棒等9个乡镇。新中国成立前，腾冲傈僳族经济十分落后，人民生活非常贫困，多过着刀耕火种、赶山打猎、下河捕鱼等形式的原始游耕生活。腾冲傈僳族人口从1953年的3836人发展到现在的15187人，50年间增长一万多人，有一万多傈僳族群众分布在县内绵延148.075公里的国境线上。新中国成立后，党和政府对傈僳族地区以发救济、免公粮、建家园、扶产业的扶持方式帮助傈僳族群众从原始公社末期直接过渡到社会主义社会，被称为“直过区”。目前全县有1个傈僳族乡镇（猴桥镇），5个傈僳族村，66个傈僳族聚居点，傈僳族人口占总人口的2.3%，机关事业单位26人，处级领导1人（调研员），科级领导4人。腾冲傈僳族群众没有一个真正经商办企业者，大多处于自给自足的自然经济、小农经济状态，思想封闭、观念落后是制约傈僳族地区发展的最大障碍。

2）服饰

以颜色鲜艳的为主。男人上身穿麻布或蓝布短衣，外罩白色短衫，腰系长2.3～2.7米的大红、金黄、蜡黄色腰带。下穿蓝、青、黑色短裤（至膝，形似喇叭）。膝下套漆过的藤篾数箍，腿上系白黄色吊筒，膝盖裸露。头上裹深蓝、青、黑色大包头，脖戴成串彩色料珠和漆箍项圈。肩披宽彩带，彩带上钉各色巴子。左肩挂挂包，挂包里装石灰盒、草烟、芦子、撒挤、槟榔。妇女头裹深蓝、青、黑色平包头，或包以头巾，两端系彩布片和淡红棉纱线，用圆形银片、银泡、银链子、巴子做装饰；项戴五彩线串红珠、丝珠项圈，也戴银、铜、锑制项圈。身穿深蓝、黑、青色布衣裙，裙底用红、白、蓝或褐、白、黄3色布片相饰。肩披傈僳族3色宽衣带，衣料由田字形花布拼缝而成，点缀白色的数珠、贝壳；腰系红绿线织成的彩带，彩带两头呈流苏状；下穿蓝、青、黑色短裤至膝。脚系吊筒、漆箍，膝盖裸露。

3）居住

新中国成立前多数住竹木结构草房，经常迁徙，无固定村落，往往是一山一户或一山几户。新中国成立后已形成固定村落。房屋建筑为一正两厢或一正一厢，木结构平瓦房，以竹篱笆或木板装围，户与户相隔10～30米。多数村寨已用上照明电。

4）婚姻

多数自由恋爱，结婚时需父母同意；少数由父母包办，请媒人说亲。自由恋爱成熟后，男家请有名望老人背米酒到女家订婚。双方商定后，媒人向女方全家逐一敬一碗酒，全家接受敬酒，订婚圆满结束。有部分男女情投意合，但父母不同意，男方就采取“偷姑娘”的方式，把姑娘“偷”到家里，再请媒人或有名望的老人去说亲。说成后结婚。结婚时新郎身披彩带，由媒人和伴郎陪同，到女方家娶亲。新娘同伴把新娘藏起来，取闹新郎。第二天由12对男女“高亲”（女方亲属）组成送亲队伍，抬着嫁妆，在鞭炮和火药枪（枪支管理法出台后火药枪取消）声中，将新娘送到男方家。男方在中途设午餐。

5）节日

傈僳族的节日主要有刀杆节和“阔时节”（相当于汉族的春节）。阔时节一般过三天，这三天村子里的男女老少到每家每户互相拜年。大家载歌载舞，喜庆节日。

刀杆节由两个部分组成，即“下火海”（也叫“跳火海”）和“上刀山”（也叫“上刀杆”）。“下火海”也叫“洗礼”，在农历二月初七进行，是“上刀山”的准备阶段。“下火海”之前，傈僳勇士们先供奉神灵，供奉的神灵中有一位“白马将军”，传说“白马将军”是明朝兵部尚书王骥将军。明朝中期，云南西部边疆常有外敌入侵，朝廷派王骥将军镇守边关，屡立战功，使边疆人民得以安宁。后来，王将军回朝廷后被奸臣所害，傈僳族刀杆节就是为了纪念王骥将军。

供奉神灵后，大家把准备好的栗木柴拿到刀杆场上，堆成一排（一排等于5尺长）宽、一人高的柴堆（现在，有几架刀杆、一般要堆几堆），然后将柴堆点燃，熊熊的大火越烧越旺，栗木烧成通红的炭火，柴堆变成了一个大火塘（誉为“火海”），当金黄色的火苗在火塘中跳跃时，勇士中的“戛头”（歌舞活动的头领）带着一排身着蓝色节日盛装的男子，唱一段祝福的调子，边唱边踩着整齐的舞蹈步子。接着，点燃一串长长的鞭炮。在热烈的气氛中几个身着红衣、红裤，头上打着红布包头的勇士（傈僳语叫“尼扒”）依次出场。他们头上和腰间扎有彩纸、甲马做的神符，手中各持两杆红色小旗不断舞动，他们围着火塘跑上几圈后，开始“下火海”。“下火海”一般有五组动作：单脚跨步、双脚踏跳、捧火洗脸、火中打滚、玩铁链子。

在进行“跳火海”的各项活动时，要不断地将准备好的香末撒入火塘，以除邪驱魔。经过火的洗礼，还得进行试上刀杆活动。根据当年要上的刀数（三十六或七十二把），用点燃的香棍排成香路，由勇士们一个个踩过去。据说，如果谁把香棍踩倒而过不去，就得取消其上刀杆的资格。经过洗礼的勇士不能回家，大家围着火塘彻夜歌舞。

“上刀山”在农历二月初八进行，按惯例“上刀山”分为立刀杆、祭刀神、上刀杆三个步骤进行。

立刀杆。根据“小年三十六、大年七十二”的刀把数确定刀杆的长短，一般用近三十公尺的栗树原木杆。用三匹金竹片把左右颠倒三十六或七十二把锋利的长刀捆扎在刀杆上。刀杆上设有三道卡固木和三道剪子口，分别象征王将军建立的三十六道关、七十二道卡和三座城堡。整个刀杆扎有黄、白、红、绿、蓝的各种纸花、甲马和神符小旗。

祭刀神。在竖立好的刀杆下进行，一般供一只猪九只鸡。刀杆脚下供一只猪一只鸡，四方四棵桩各供一只鸡，祭念人是上刀杆的师傅（傈僳族语叫“尼扒”），祭语主要是“火有火神、刀有刀神，祭刀求神灵，保平安生存……”祭语可拜念、歌念、舞念。

上刀杆。是节日的高潮，最精彩的时刻。上刀杆的勇士们各着其衣，有穿红衣红裤、包红包头，有的穿上自己亲爱的人给的节日盛装，还有的穿上傈僳人五彩缤纷的女饰，着装表现了傈僳人强悍、英俊、爱美、上进的志向。

上刀杆开始，着装亮丽的傈僳勇士们一个个勇敢地向上攀登刀梯。他们用双手反扣（或正扣）上面的刀，赤脚踩在刀梯上，用沉着、轻快的步履往上爬。他们毫无畏惧、机灵而轻松的表现，率先攀上的第一位勇士，在杆顶燃放鞭炮祝告，并念四句请神灵保佑的话：“五谷丰登、无病无灾、六畜兴旺、国泰民安”。再把四杆旗往东、南、西、北四个方向丢掷。如果旗端的竹插入土中而站立，即神灵预示那一方太平无事。相反，如果旗子倒了，神灵预示那一个方向会有变故，不是兵荒马乱，就是牛死马遭瘟，得赶紧采取措施除邪解难。另外，根据上刀杆人的技艺还在刀杆端表演各种动作，如倒立等。

上刀杆难，下刀杆更难。勇士们从正面上，从背面下。下刀杆时，脚多着力，易划动，需“轻、拔”高度结合。刀杆的一上一下是一场严峻考验，是一次技巧的表演，是一次民族精神的展现。上下刀杆后勇士们的手脚安然无伤。

为祝贺勇士的成功，在上刀杆表演时进行庄重的“跳嘎”活动。以祝福勇士胜利凯旋，祝贺节日丰收，祝愿朋友平安。

傈僳族崇拜“刀与火”。“刀与火”是千百年来傈僳人民赖以生存和征服大自然的两大武器。在与大自然抗争中傈僳人民用自己的智慧和勇气创造了“刀杆文化”，即以“上刀山、下火海”为主，集傈僳族原始传统祭祀、诗歌、舞蹈文化于一体，融道家、佛家宗教文化精华，形成具有爱国主义美德的综合性文化。刀杆文化是傈僳族民族精神的象征，是傈僳族民族文化的精华，是中华民族文化的瑰宝。

6）语言文字

语言属汉藏语系藏缅语族彝语支。聚居区通讲傈僳语；散居和杂居区汉语、傈僳语混讲。

清宣统三年（1911）外国传教士用拉丁字母及一些倒装字母拼写傈僳文字。1982、1985 年，保山地区民干校举办了两期傈僳文学习班，腾冲有 39 人参加，大部分傈僳族基督教徒熟悉傈僳文字。

7）跨境民族民间艺人

有民族民间声乐艺人蔡付云，民族民间舞蹈艺人李国书，农民画家余海青、余全发、余生旺、麻永春等一大批业余文化艺术人才。其中余海清作品曾获全国少数民族美术作品展优秀奖。

8）宗教信仰

边境一线傈僳族主要信仰基督教，共有信徒 1068 人。

（2）腾冲傣族

1）源流

汉代该县即有傣族聚居。元、明、清时中原汉族不断移居腾冲，傣族逐渐南迁。1985 年傣族主要聚居在荷花羡多、肖庄、囊烟、坝派、上等马、下等马、黄土坡、马元寨，蒲川细鱼沟、那来、上下勐来、黑石河、曼堆、老寨、白花树、老牛圈、曼项，新华河湾寨，五合帕连、碗岭、大新寨、常新寨、邦听、铺田、蚌乃（荷花村）、佟家庄、那线、老桥头、刀京寨，团田汗坝寨、赛弄、老寨、那地、曼弄、小曼弄、曼掠、上帕允等地区。

2）称谓

先秦称百越，后分出僚族。东汉初年大部分僚族称鸠僚。隋唐时称金齿、银齿、黑齿、茫蛮、白衣。唐代后，自称傣。元代称金齿百夷，或金齿、百夷、百衣，明代称百夷。清代称摆夷。新中国成立后称傣族。

3）语言文字

语言属汉藏语系中的壮侗语族傣语支的德宏傣那语。该县傣族懂汉语。文字有老傣文和新傣文，老傣文只有少数老人会用，新傣文有少数青年会用，通用汉文。

4）服饰

新中国成立前傣族妇女购棉花自纺、自织、自裁自缝。新中国成立后多数购买布匹自裁自缝，颜色以白、青、浅蓝、黑色为主。中年男人上穿浅蓝、青黑色无领对襟衣，或大襟小袖短衣，青少年穿白、青色有领对襟短衫，扣银或铜制纽扣。鞋子，在家穿自制木、布拖鞋，外出穿草鞋、胶鞋或赤脚，少数穿皮鞋。老年男人包黑布包头或戴毛头帽，腰挂倒三角形的钱包和烟包。男青年十一二岁时，喜欢在手、背、腹、腰及脚上刺各种动物、花、几何图形或傣文。老年妇女上穿黑色无领大襟小袖短衣，扣布扣或银、铜纽扣，高包头；下着黑色筒裙，腰系围腰；手戴金、银、铜手镯，耳戴金、银、铜耳环。未婚女青年喜穿白色或浅蓝色大襟短衫，长裤，腰上系围腰及长 2 米、宽 6 公分的绣花飘带，束发于顶，系上数根红头绳。

5）饮食

主食大米，喜吃软米和糯米，吃硬米时要掺少量糯米。每年把少量未完全成熟的糯谷制成偏米。逢年过节常用糯米做成粑粑，酿香醇的糯米酒。遇红、白喜事、起房盖屋都要饮酒，有客到家，主人都要敬上一碗糯米酒。菜肴喜吃鱼虾、螃蟹、螺蛳、帕哈、芹菜、香菜、打古菜、蕨菜、酸菜等。喜酸食，如酸腌菜、干腌菜、酸竹笋、酸大笋、酸鱼、酸肉、酸粑菜、酸碴等。上等佳品有“剁生”，即把生肉切碎，调以辣料、酸醋、食盐、香茅草等。农闲时每日 2～3 餐，农忙时 3～4 餐。到田地劳动，多把午饭装在竹制饭盒中，或用芭蕉叶包好，至田地间食用。

6）居住

每个村寨居住 35～50 户，最大的寨子羡多 200 多户。户与户以竹篱、土墙相隔，1 户 1 个院落。住房有土墙抬梁的平草房、木结构土墙平瓦房、木结构楼瓦房等几种。有的成四合院，有的一正两厢，多数一正一厢。厢房楼下养牛、马或猪。

7）婚姻

男女青年自由恋爱，结婚时需得父母同意，有少数贫困家庭因负担不起名目繁多的“开门钱”、“关门钱”、“拜堂钱”、“认亲钱”、“媒人钱”、“奶母钱”等，男女双方感情成熟后实行形式上的“抢亲”和“偷亲”。抢亲后，双方邀请亲友和有威望的人会商，送给姑娘家简单的聘礼，才正式过门成亲。近几年来“抢亲”已经很少。

结婚时，第一天由男方亲朋、寨邻老年男女各两人（需男女双全，儿女孝顺有名望的老人），小姑娘两人，小伙子两人，总理1人，抬嫁妆、挑礼品的青年数人，到女方家迎亲。姑娘家出动男女老年各两人，男青年3人，女青年两人，一同将新娘送往男家。新娘到男家门口时，男家鸣放鞭炮，迎新娘进中堂，拜天地，入新房。当晚新娘请老年妇人漆牙、梳发，在髻上缠尺许长的黑色高包头。

8）丧葬

以土葬为主，死者由亲友浴身更衣，子女把死者生前所有的服饰入棺，棺底铺白布，入棺后再盖白布，一般不出3日出殡。葬后由长子连续送饭3天，第一天送到坟前，二天送到半路，三天送到寨子边。产妇或未成年人死亡，棺木只能停放在寨子边，并于当天安葬。暴病或传染病死亡，在3天内土法火化，把骨灰装于竹箩或土罐内，土葬。和尚和佛爷死后，用薄棺盛殓，火化，骨灰用瓦罐装好，葬于寺后。

9）信仰

信仰小乘佛教。有宗教职业者“波勐”和“师娘”传教。

10）节日

主要节日有“火把节”、“泼水节”，其他节日和汉族相同。

11）禁忌

不是本寨人不得进入寨神庙。客人禁坐火塘上方或右方，横跨火塘，坐门槛方，禁在火塘边烤脚或烤鞋，禁入主人内室，禁背靠正房中柱或在中柱上挂东西，禁随便搬弄火塘中的三脚架。寨边的神树，禁拴马或砍折。

12）特长

擅长种植菠萝、香蕉、芒果、甘蔗、黄果、缅桃等水果。编织竹背篓、竹背篮、鱼箩、饭盒、竹桌子、竹凳子。妇女还擅长织、染土布。

(3) 腾冲回族

1）源流

元时，回族和蒙古族一起进入腾冲，多数从军，少数为官宦、经商。官宦和经商的回族被称为“回回人”、“回纥”、“畏吾儿”。当时的官吏，往往是蒙古族和回族互为正副。清代腾冲回族主要居住在县城和芒棒马家村，共4000多户。民国时期逐步分散于全县各地。现在主要聚居在界头文化村、旧街、大园子；曲石镇尤龙井；滇滩尖嘴山、葫芦坝、金家湾；固东鸡茨坪、高松树、海子边、固东街、里红寨；猴桥石头河；荷花镇肖庄、明郎、甘蔗寨；蒲川下甲；团田乡明乐；五合浪掀；芒棒马家村、麦子田、清水河、大园子坡、张家坡、大板桥、橄榄寨、大水塘、大蒿坪、上营街、腾越寸家寨、中绮罗、下绮罗、龙井、大宽邑、观音塘、元吉、干龙；和顺三大队。

2）语言文字

回族有文字，只有少数人略知一些，不通用。无本民族语言，通用汉语汉文。

3）服饰

平时回族青年、儿童服饰和汉族一样，只有少部分老人穿本民族服饰，男头戴白帽（个别用白布缠头），穿长衫，阿訇则穿短外衣，女戴绒线帽穿白布衣，系银、玉装饰围腰，手带银、玉手镯，耳戴银质耳环，个别戴金戒指。举行宗教仪式（做礼拜）、节日活动和婚丧红白喜事时，则穿戴本民族服饰。

4）饮食

主食大米、玉米、小麦、荞类。食油以植物油为主，兼食鹅、牛、羊油。肉食以牛、羊肉为主，其次是鹅、鸡、鸭、鱼。禁食猪、狗、马、骡、驴和猛兽肉及动物血液和自然死亡动物；忌喝酒、抽烟。宰食动物一般请“阿訇”动手，个别的由不嗜烟酒、会诵经的人宰杀。宰鸡鹅时先开剥，取出五脏，用线缝好，再拔毛、烫洗。

5）居住

住房结构和汉族相同。中堂不供神位或祖宗位，只贴有安拉圣训的阿拉伯文对联。传统的卫生习惯要求室内收拾得井然有序，牛、马、羊厩与人住地隔开。

6）婚姻

新中国成立前由父母包办，在本民族内通婚。新中国成立后自由恋爱结婚，买卖和包办婚姻已基本废除，与其他民族通婚。婚姻需经聘定、订婚、送礼、迎亲四个阶段，请阿訇协助家长主持。阿訇陪同男方到女方家送聘金、聘礼，订婚和议定结婚日期，结婚时请阿訇证婚。

7）丧葬

实行土葬，不用棺木，按伊斯兰教规举行葬礼。人死后，不举哀，不哭丧，肃静诵经。将死者冲洗后，用白布包裹，送清真寺，用公用木棺“金匣”（用藤篾编制而成）送往墓地。安葬前由阿訇念经，把死者由“金匣”取出，放到打好的土坑中，再垒坟。回族提倡速葬，一般当天安葬。安葬当天不请客，到7天、40天再请阿訇念经、请客，祭奠死者。

8）节日

主要节日有“尔代”、“古尔邦”和“圣纪节”。“尔代”即开斋节，回历10月1日。“古尔邦”即宰牲节，回历12月10日。“圣纪节”是纪念穆罕默德的生与逝，回历6月8日，其他节日和汉族相同。

9）信仰

信仰伊斯兰教，在回族聚居的村寨大多建有清真寺。清真寺设神职人员，专管宗教事务。经典有《古兰经》和圣训。

（4）白族

1）称谓、源流

清代前期，白族自称“白人”或写作“僰人”；他称“白子”，或写作“僰子”，也有称“民家”或“民家子”的。部分白族称“那马”或“勒墨”。1956年正式改称白族。

该县白族是民国九年（1920）前由大理、鹤庆、云龙、剑川等地来做木活、石活、教书、做生意后定居的。主要居住在界头镇桥头街、黄家寨，五合乡庐山，团田乡曼弄等地。

2）语言文字

有语言无文字。语言属汉藏语系藏缅语族彝语支。通用汉语、汉文，有少数老人会讲部分本民族语言，多数人不会。

3）服饰

男人上身穿白色对襟衣，黑短褂，头包白色或蓝色布包头，下穿宽裤衩。女青年穿黑色、红色丝绒、灯芯绒小褂，雪白衬衣，蓝色宽裤，腰系绣花飘带，飘带上用黑软线绣上蝴蝶、蜜蜂等图案。褂子右边挂有一串银制三须或九须饰品，脚穿绣花白节鞋，手戴纽丝银制手镯或戒指，耳戴长耳坠，头垂辫或把辫子盘于头顶，用绣花、彩色毛巾相围，也有用小块兰、白绣花布包头，四角收平脑后，用红、蓝头绳扎住，已婚妇女挽髻。

4）饮食

主食大米，喜吃酸、冷、辣味和腌制品。进餐时长辈坐上座（尊席），下辈依次围坐两旁。喜饮土茶罐烤制的香茶，客人来访，总要用此种香茶敬奉。

5）居住

村寨建于平坝或依山傍水山脚地带，与汉族杂居，建筑形式为木结构两层瓦楼房，一正两厢一照面，厢房高度超出正房。院子宽大，采光充足，场院用石板或鹅卵石拼成花格，少数人家在院里砌起花台。多数人家畜厩、厨房与主房分开，建于主房两侧或对面。

6）婚姻

新中国成立前由父母包办，新中国成立后包办婚姻已逐步废除，但订婚前必须合“八字”。订婚时送米酒、猪肉、茶叶、衣料、银手镯、聘礼和聘金，订婚后逢年过节要给女家送礼，直至结婚为止。寡妇一般终身守节，少数改嫁的，男方财产为原夫家所有。和其他民族相互通婚，婚后与父母分居，父母多随幼子居住。

7）丧葬

明代前盛行火葬，明代后实行土葬。成年男人死后，停棺在中堂，举行家祭，选择吉日吉时出殡安葬。已婚妇女死后，须待娘家看后才能安棺埋葬。未成年男女死后即安葬，不祭奠，不择日。

8）节日

主要节日为“火把节”。晚上，各家在院中立1松树，树上扎1火把，全村又共扎1个大火把置于寨中的公共场所中，全村青年男女围着火把，载歌载舞，欢度节日。当天集体杀牛宰羊，分给各户。当晚全村人都要到当年出生第一个孩子的人家祝贺，主人招待米酒，多者达两三百斤。其他节日和汉族相同。

9）信仰

主要信仰“本主”，同时信仰佛教，每村均设本主庙。每年农历正月十五日，家家杀鸡，备菜饭和酒，到本主庙祭献，预祝本年大吉大利。年老妇女农历初一、十五吃两天素食，供奉观音。

（5）腾冲佤族

据2010年末统计，全县有佤族2784人，主要分布在荷花傣佤民族乡的甘蔗寨、汪家寨、羡多村猛洪和清水乡中寨、曼垒等地。佤族公务员有10人，专业技术人员21人，乡科级干部有两人。

1）语言文字

语言属南亚语系。1957年设立了拉丁字母文字。新中国成立前聚居区老人能用本民族语言对话。新中国成立后只有少数老人还能用本民族的少数语言对话，多数青年不会本民族语言，通用汉语、汉字。

2）服饰

除节日期间有少数佤族穿本民族服饰（多像傣族服饰）外，平时已很少穿本民族服饰。

3）饮食

主食大米，兼食麦类、豆类、红薯等。酒是佤族待客佳品，每年秋收后都要酿米酒储备，红白喜事常以小竹筒盛酒待客，俗称“无酒不成礼仪”。每遇佳节，全家都要饮酒。新中国成立前佤族妇女随身携带槟榔、石灰、芦子嚼烟，现嚼烟者已极少。

4）居住

村寨建在半山腰，新中国成立后住一正两厢木结构的3架或5架矮楼房，用土基围墙，用木板或竹篱装围住室。

5）婚姻

男女青年恋爱结婚，不限本民族，无子可招女婿，结婚风俗和汉族相同。

6）丧葬

实行土葬，人死后请老年人洗身、换寿衣寿鞋，安棺时放寿褥，盖长寿被，包上孝白，家中不挂灵牌。每天献饭烧纸，3天内安葬，发葬后3～5天内，每晚子女要送火到坟前，给死者取暖。每年农历7月7日，都要用酒肉迎送祖先。非正常死亡，一般进行火葬。如要土葬，只能另葬一地，对死者不祭献、不烧香、不贡灵。

7）信仰

崇拜“树神”，村头寨尾的保寨树每年要祭祀两次，春末、初夏各一次，各村都建有土王庙、财神庙、山神庙，供村人祭祀。农历6月6日，全村已婚妇女一起祭“娘娘”。

（6）腾冲阿昌族

1）称谓、分布

唐（南诏）时称“寻传蛮”。元代自称“峨昌”，他称“萼昌”（即峨昌）。明、清、民国时期自称“峨昌”、“阿昌”。新中国成立后称阿昌族，主要居住地为新华乡的苍蒲河、大坡、八角、黄叶林等村寨。

2）语言文字

语言属汉藏缅语系，本县阿昌族无本族文字语言，通用汉语汉文。

3）服饰

男人上穿蓝、黑、白布的布扣对襟衣，下穿黑色裤，斜背花挂包，胸前戴红丝线结成的菊花1朵。未婚男子打白包头，已婚男子打藏青色包头，青壮年的包头布留33公分于脑后。未婚女子上穿白色、较短银扣对襟衣，下穿蓝、黑、青色中山装裤，发辫盘髻于头顶，用3指宽红布围于辫子里圈，或用红毛线系于盘辫。已婚妇女穿长袖、窄身对襟银扣衣；下穿筒裙，裹绑腿；用黑、蓝布包成近33公分的高包头，发髻挽于高包头内，包头无装饰。过年过节或走亲串戚，妇女多佩戴各种银饰。青年妇女在胸前并排钉4个银纽扣，银纽扣上挂长长的4根细银链和其他装饰品，腰系银链饰品，头上系有银制小石灰盒，手戴银泡手镯，脖上戴银项圈数圈，耳戴银耳环。青年男子佩戴阿昌刀——户撒刀。

4）食、住

主食大米，兼食薯类、玉米和苦荞，喜酸味，善作米线。居住在山顶和山脊中，住房形式和汉族相同。

5）婚姻

新中国成立前由父母包办，同姓不婚，有“抢婚”习俗。每年二三月，小伙子到姑娘家大门口吹葫芦，姑娘和父母听见后开门，请小伙子到火塘坐，姑娘和小伙子的伙伴在火塘边整夜对歌，互相交流感情，选择佳偶。有的男女相爱后父母不同意，就实行“抢婚”。新中国成立后，“抢婚”和包办婚姻逐步废除，实行自由恋爱结婚，并和其他民族通婚。结婚时，由新郎邀请几位青年男女到女家接亲，新娘到家和新郎拜天地，接受父母祷告，宴请亲朋。

6）丧葬

实行土葬，人死后请佛爷择吉日出殡。出殡时佛爷手牵系于棺木上的长条布，领死者灵魂到天国，死者身上不佩戴任何金属器物，不穿毛料寿衣，不穿寿鞋。非正常死亡者行火葬，另葬一地，有固定地点，不乱葬。

7）节日

主要节日有“进洼节”，节日期间载歌载舞，举行庆祝活动。歌曲自编自唱，随口而成，在不同的场合用不同声调抒发感情，最有民族特色的是传统的“蹬窝罗”，往往一跳几个昼夜。

8）信仰

信仰小乘佛教，部分人信仰鬼神，崇拜祖先和信仰原始宗教，每年春耕和秋收前要祭3天“土主”。全村男女老幼都到田里用鸡血点酒，插鸡毛，祈求有个好收成。

三、傣族历史简介

傣族历史悠久，文化灿烂，其先民有史料记载以来被称为“百越”，“百越”是我国古代东南和南部地区一个分布广泛的族群，在东起今浙江、福建，南至今广西、云南，直至东南亚一带的广大领域内都有他们活动的足迹。其后裔还包括了今天的水族、布依族、侗族、黎族等民族。因其历史上同俗共源、支系发展繁杂、分布地域广阔而被称为“百越”，以示其多。

“百越”一名出现于战国晚期，最早见于《吕氏春秋·恃君》：“扬汉之南，百越之际。”《汉书·地理志》颜师古注引臣瓒曰：“自交趾至会稽，七八千里，百粤杂处，各有种姓。”交趾在今越南北部，会稽在今浙江省绍兴，加上云南省整个南部边沿地区，构成一个半月形的广阔弧形地带，是最早的百越文化区①。自殷商以来，云贵高原上便有越人活动。新、旧石器时代的遗址在傣族地区或邻近傣族的地区多有发现。从20世纪60年代开始，景洪澜沧江沿岸的台地上先后发现了曼蚌囡、曼允、曼景兰、曼厅等新石器时代遗址，清理出石斧、石锛、石刀、渔网坠等石器以及陶器、骨器和贝壳等遗物②。在德宏瑞丽江畔的芒约和陇川曼胆两个新石器时代遗址上也发现了夹沙红陶、夹沙黑陶、印纹陶片、石斧等遗物，其中有肩石斧、石网坠和印纹陶，是古越人文化的典型代表，与我国东南沿海地区新石器时代遗址中出土的同类器物相似，具有明显的百越文化特性。

据《史记·大宛列传》记载：“昆明……其西千里，有乘象国，名曰滇越。”张守节的《史记正义》曰：“滇越、越崔，则通号越，细分而有越、滇等名也。”这是公元前1世纪时关于傣族的明确记载。公元69年，东汉王朝在云南西部越人区域设置永昌郡（郡治今保山），辖永昌徼外的广大傣族先民。在历史发展的演变过程中，傣族先民又以多种族称见于史乘。《后汉书·西南夷传》中称之为“掸”，唐代樊绰的《蛮书》则根据其特征称之为“黑齿”、“金齿”、“绣脚”、“绣面”等，宋代沿称“金齿”、“白衣”，元明时写作“百夷”，清代后多称“摆夷”，自称则一直是“傣”。黑齿、金齿实际上是一

① 黄惠焜：《从越人到泰人》，云南民族出版社，1992年，第5～6页。
② 宋兆麟：《云南景洪附近的新石器时代遗址》，《考古》，1965年（11）。

种装饰牙齿的习俗，现今大部分傣族民众仍以各种植物染黑牙齿为美，或长期嚼食槟榔等导致黑齿，或以金银齿套装饰牙齿。绣脚、绣面即文身，是傣族中仍很盛行的一种习俗；而史料中的“通身裤”、“娑罗笼”即筒裙，是傣族妇女的传统服饰；所谓的“楼居”则一直是傣族的传统建筑——干栏式建筑，这些都是古越人与今天的傣族的共同文化特征。

史书所载的滇越是百越最西的一个族群，活动范围包括今云南西部德宏地区及缅甸南北掸邦的部分地区，《汉书·张骞传》又称之“乘象国”，是云南通往缅甸、印度的必经之路。“乘象”和“役象”是越人的一大特征。《论衡》曾记越人役象说：“书言舜葬于苍梧，象为之耕；禹葬会稽，鸟为之田。”唐代的《蛮书》亦记：“开南以南养象，大于水牛，一家数头养之，代牛耕也”，“象大于水牛，土俗养象以耕田，仍烧其粪”。开南在今景东，是当时南部傣族的腹心地带，辖区及于今西双版纳，说明唐代的傣族社会已经进入了犁耕农业时期。古代傣族养象力役或乘象出行、出战的习俗至600年前的史料中仍有记载。明朝三征麓川（今德宏大部地区）时便遭遇了思伦发叛军的“象战”，据明太祖洪武《实录》记：二十一年（1388年）三月，“时思伦发悉举其众号三十万，象百余只……以万人驱象三十余只逆战，其酋长跨巨象直前……其酋长、把事、昭纲之属皆乘象，象皆披甲，背负战楼若栏木盾，悬竹筒于两旁，置短槊其中，以备击刺。阵既交，群象冲突而前，我军击之，矢石俱发，声震山谷，象皆股栗而奔，思伦发……大败”。云南省博物馆藏有一幅清代时反映傣族生活风俗习惯的绘画作品——《乘象图》，说明傣族乘象的习俗至清代仍有保存。傣族先民自东汉以后又被称作“掸”，掸国就是滇越，云南境内的景颇族、德昂族、阿昌族、布朗族等周边民族至今仍对傣族保留这一称呼。掸国是傣族先民在2000年前建立的早期部落国家，对东汉政府有贡赋，是东汉的边境郡（属国）。《后汉书·西南夷传》对此有载：“永远九年（97年），（永昌）徼外蛮及掸国雍由调遣重译奉国珍宝，和帝赐金印紫绶，小君长皆加印绶钱帛。永宁元年（120年），掸国王雍由调复遣使者诣阙朝贺，献乐及幻人，能变化吐火，自解支，易牛马头；又善跳丸，数乃至千……明年元会，安帝作乐于庭，封雍由调为汉大都尉，赐印绶金银采曾各有差也。”

公元8世纪起，唐代时，南诏地方政权划出十赕、七节度、二都督统辖区内各部，其中的永昌节度辖区包括今德宏全部；开南节度辖区包括今西双版纳全境。至宋代大理国时期，傣族先民“金齿”、“芒蛮”、“白衣”仍归大理国管辖。

公元13世纪，元代在云南西部傣族地区设六路一赕，以德宏为中心设金齿宣抚司，以西双版纳为中心设彻里军民总管府，成为元初云南行省五大区域中的重要部分。

1384年，明代在西双版纳设车里军民宣慰使，在滇西设干崖、南甸、陇川等宣抚司，猛卯、路江等安抚司和芒市长官司等，在怒江以东设耿马安抚司、孟定御夷府等，在滇南景东、元江等地设府。1670年，车里宣慰使刀应勐将辖区划分为12个提供封建负担的行政单位，傣语称之为“版纳”，始有“西双（‘十二’的傣音）版纳”之称。

在这一漫长的历史时期，南部傣族曾以西双版纳为中心建立了景龙金殿国，又称勐泐国。据傣文《泐史》（《勐泐的历史》）记载：“叭真于祖葛历542年（1180年）入主勐泐，遂登大宝，称景龙金殿国至尊佛主……建都于景兰……”《泐史》上卷称车里全境为勐泐；称首邑为景龙，傣语即黎明之都；中下卷则称全境为勐永，意即孔雀之国和孔雀之都。西部傣族以今德宏瑞丽江河谷为中心建立了勐卯地方政权。至11世纪，勐卯与勐生威、勐兴古、勐兴色三个傣族部落政权联合建立“果占壁王国”。至思可法时期，又建立了称雄滇西200余年之久的麓川王国，《百夷传》记其境域云：“景东（今云南景东县）在其东，西天古剌（今缅甸白古）在其北，八百媳妇（今泰国清迈、清线一带）在其南，吐蕃（今西藏）在其北。”

至清代，西双版纳、德宏、孟连、耿马等地仍承袭明朝设置，元江、景东、思茅、普洱等地则设流官治理。民国初年，设置“普思沿边行政总局”。1913年在德宏设置行政区，1925年将西双版纳改设车里、佛海、五福、镇越、象明、普文、卢山等七县。1932年又在德宏设置潞西、瑞丽、盈江、梁河、陇川、莲山等六个设治局。

各朝各代对傣族地区行政区域的设置，确定了祖国西南的疆界，加强和巩固了中原内地与边疆傣族的联系。同时，傣族也在这种历史进程中，与全国其他民族一道，共同抵御外族的入侵，反对民族分裂，为维护国家的统一、领土的完整作出了巨大贡献。

四、工作方法和计划以及实际执行情况

本次工作主要采取调查研究、文献研究和深度访谈三种方法。

调查研究指的是一种采用自填式问卷或者结构式访问的方法，系统地、直接地从一个取自某种社会群体的样本那里收集资料，并通过对资料的统计分析来认识社会现象及其规律的社会研究方式。[①] 我们计划在腾冲的傣族聚居乡或村选择一定规模的随机样本，用结构式访问方法进行调查，考虑到好多傣族群众不识字，并且不一定听得懂普通话，所以准备在当地寻找两名翻译，并且培训几位暑假返乡的大学生作访问员，他们既有知识又能听懂本地语言，让他们带着调查问卷分赴各个调查点，按照调查方案和调查计划的要求，对所选择的被调查者进行访谈，并按照问卷的格式和要求来记录被调查者的各种回答。

文献研究是一种通过收集和分析现存的，以文字、数字、符号、画面等信息形式出现的文献资料，来探讨和分析各种社会行为、社会关系及其他社会现象的研究方式。[②] 我们准备去云南省博物馆、云南省民族博物馆、腾冲市宣传部、图书馆等单位搜集我们所需要的文献，在仔细研读的前提下得出自己的结论。

深度访谈，又称做无结构访谈或自由访谈，它与结构式访谈相反，并不依据事先设计的问卷和固定的程序，而是只有一个访谈的主题或范围，由访谈员与被访者围绕这个主题或范围进行比较自由的交谈。为了保证深度访谈的可行性，我们特地找了两位腾冲籍的民大学生作为我们的访谈调查员。

调研组 2011 年 7 月 28 日到达云南昆明，29 日去云南博物馆查看傣族服饰文化方面的资料。云南省博物馆是一座中国省级综合性博物馆，位于昆明市五一路 118 号，创建于 1951 年 8 月，陈列面积达 2400 平方米。云南博物馆以保护、弘扬民族文化为己任，常年向观众开放。

调研组在这里分成三组，分别参观学习记录一楼、二楼和三楼展厅的内容，共拍摄照片 60 多张，并复印有关资料 20 多份。

30 日全组人员去云南民族博物馆参观学习有关民族服饰方面的展览资料。

① 风笑天著：《社会学研究方法》，中国人民大学出版社，2009 年，第 159 页。
② 风笑天著：《社会学研究方法》，中国人民大学出版社，2009 年，第 233 页。

云南民族博物馆位于昆明海埂云南民族村旁，场馆占地面积13万平方米，建筑面积6万平方米，分为展示区、收藏区和科研办公区。馆内有16个展室，展出面积达6000平方米，还配有设备齐全的报告厅、会议室、接待室等，是中国规模最大的民族博物馆。馆内藏品达12万件，是云南民族历史和民族文化的博览场所。馆内珍藏民族文物40000余套（件），陈列有民族古籍、文化遗产、民族服饰、民间美术、民族乐器、传统生产生活技术等，并不定期地举办临时展览；在馆区开辟了30余个各类动态演示作坊和艺术家工作室；成功组织了10余次国际学术会议；完成了20多项国际国内项目、课题，并与国际组织有着良好的合作关系；同国外多所博物馆建立了长期的合作，开展了多项展览交流、学者互访工作；博物馆将打造民族节日文化广场作为重点工作之一，并为此做了大量卓有成效的工作。几年来，已经有白族、彝族、哈尼族、傈僳族、苗族等在该馆庆祝过本民族的节日，内容包括传统歌舞节目表演、传统工艺展示等。该馆先后被命名为全国青少年教育基地、云南省未成年人思想道德实践示范基地、爱国主义教育基地、科普教育基地以及近40所全国大、中、小学校教学、科研、实习基地。云南民族博物馆目前收藏全省26个民族的文物两万余件（套），为探究和展示云南民族历史文化奠定了基础，为民族文化大省建设提供了强有力的文物资料保障体系，同时积极接受有识之士的文物捐赠，系统征集全国56个民族（包括台湾少数民族）的服装，使云南民族博物馆成为全国范围内民族服饰收藏最集中、最全面的专门机构，形成了自己的特色和优势，为后人留下了一笔宝贵的民族文化遗产。主要展览内容有：

1. 云南少数民族服饰

旨在体现各民族丰富多彩的服饰文化和纺织、印染、刺绣等传统手工工艺。以服饰的发展过程为线索，展示从树皮衣到以火草棉麻为原料的各民族日常服饰；集中展示了具有特定功能、不同角色和年龄的服饰文化，从色彩斑斓的服饰中折射出云南各民族丰厚的文化底蕴。

2. 中国民族服饰艺术

是2000年首届中国民族服装服饰博览会展览的高度浓缩，以西南、东南、东北、西北为单元集中展示了全国56个少数民族的衣饰风采，为同一领域最完整的立体展示。

3. 云南少数民族生态生业

生态生业和环境研究是国内外政府及学界十分关注的一个命题。这组陈列着力展示了云南各民族从采集渔猎到刀耕火种及稻作农业的生产、生业活动状况；再现了各民族民居建筑及榨油、榨糖、碾米、造纸、制陶等各种生活技术。

4. 云南少数民族节日文化

云南民族博物馆节日文化展厅集中展示了云南各少数民族的传统节日文化。这些民族节日普遍具有较强的交际娱乐功能，又普遍与音乐、舞蹈等民间艺术融为一体。云南各民族节日文化内涵丰富，形式多样，从中折射出各民族特定的社会历史、宗教信仰、生活习俗和审美情趣。

5. 云南少数民族乐器

云南高原被誉为“乐器王国”，民族乐器取材广泛，形制多样。这里较全面地展示了云南各民族的古代乐器、传统乐器及民间器乐、乐种。

6. 云南少数民族民间美术

云南少数民族民间美术历史久远，根源于生活的云南民族民间美术内容丰富、乡土气息浓厚，反映了云南各民族千姿百态的审美心理、丰富多彩的造型艺术。此展区分“甲马”、“剪纸”、“织绣挂图”、“故事图画”、“画牌祭图”六个单元。

7. 云南少数民族文字古籍

这是云南民族博物馆的“精品屋”，80余平方米的展区，包含了大量的文化信息。云南各民族自创的文字及用民族文字刻写的碑铭、前文字形态的树叶信及刻木纪事、发现于云南各地的崖画，都在这里得到了完美的展示。

我们在云南民族博物馆用了整整一天的时间，认真参观了所有的展厅，拍摄照片100多张，这些实物使我们对少数民族的生活有了更深的了解，更加感性，比平时书上看到的资料更加形象真切，也让我们对少数民族的历史、文化有了更充分的了解，在这里我们还购买了民族饰品20余件，书籍5本，复印资料20余件。

6日至12日，调研组进入荷花乡民团村进行问卷调研，共发放调查问卷200份，回收200份。

13日，调研组进入荷花乡羡多村进行深度访谈，同时，一个小组跟踪调查一家村民，和他们一起生活，进行近距离的直接观察。荷花乡位于县城南20多公里处，羡多村和永乐村、勐洪村、龙拱山村组成羡多社区，羡多社区位于荷花乡西南部，离乡政府7公里，面积21.4平方公里，平均海拔1200米，年平均气温18度，社区现有农户652户，人口2792人，全是傣族。我们在这里选了三户人家作深度访谈，录音时长9小时，16日离开羡多，和村民一起生活的实地调研组一直到19日才回到腾冲，直接观察日记达一万多字。

五、调查问卷分析及深度访谈分析

（一）调查问卷分析

表1　您的民族

	频率	百分比（%）	有效百分比（%）	累积百分比（%）
有效　　傣族	198	99.0	100.0	100.0
缺失	2	1.0		
合计	200	100.0		
	频率	百分比（%）	有效百分比（%）	累积百分比（%）
有效	198	99.0	99.0	99.0
汉	2	1.0	1.0	100.0
合计	200	100.0	100.0	

这份问卷的发放地是腾冲县荷花乡民团村，这个村隶属腾冲县荷花傣族佤族乡，也是一个傣族聚居的地方。因为我们所做的是傣族服饰文化现状调查，所以选择了一个村子主要做问卷投放，去羡多村做深度访谈。

一共发放200份问卷，收回200份问卷，有效200份。因为是深入到村民家中发放问卷，并协助他们完成（村子里有一些人不识字），所以回收率和有效率都很高。

200位受访人中有198位是傣族，只有两位是汉族，这很符合这个村子的情况，村民基本上都为傣族。但是从图1可以看出，“经常穿”傣族服饰的人只占25.38%，“偶尔穿”的占69.54%，还有5.08%的人是“不穿”的。而从访谈中得知，选择“偶尔穿”这一选项的人穿傣族服饰的频率其实是比较低的，可能就是泼水节等很重要的节日才会穿。

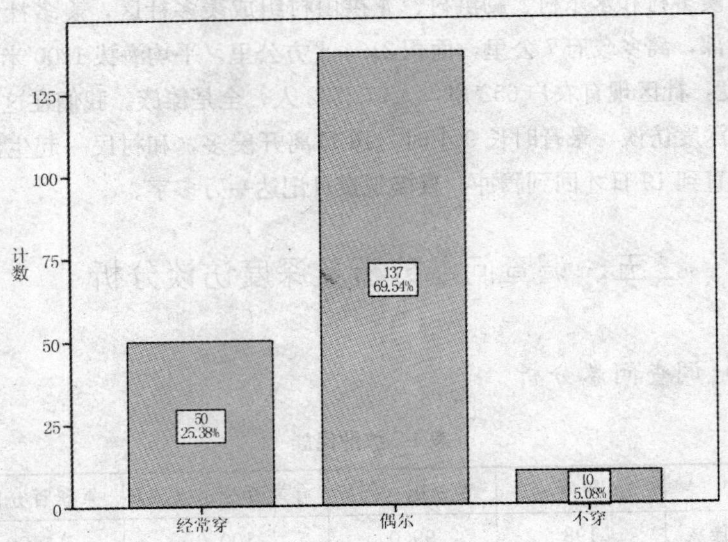

图 1

进入村子之后，我们很明显地感觉到傣族的汉化，在建筑、衣着打扮、食物、语言甚至风俗习惯上，都受到了很大冲击。再加上现在的教育，年轻人从小是学习汉语的，和汉族地区的孩子学一样的东西，他们对本民族的认识更少，对民族服饰的认同也在降低。

下面来具体分析一下问卷反映出来的傣族服饰现状。

1. 性别与傣族服饰

表 2　案例处理摘要

	案例					
	有效的		缺失		合计	
	N	百分比	N	百分比	N	百分比
您的性别 * 平时穿傣族服饰吗	194	97.0%	6	3.0%	200	100.0%

表3 您的性别＊平时穿傣族服饰吗

		平时穿傣族服饰吗			合计
		经常穿	偶尔	不穿	
您的性别	男	5	66	5	76
	女	44	70	4	118
合计		49	136	9	194

表4 您的性别＊您有几套傣族服装

		您有几套傣族服装				合计
		0	1套	2套	3套	
您的性别	男	1	1	0	3	5
	女	0	5	3	14	22
合计		1	6	3	17	27

从SPSS数据分析得出的表格可很直观地看到，女性穿傣族服饰的比重要远远大于男性，其中有44人是经常穿的（表3）。虽然表4的样本量较小，存在一定的偶然性，但也能看出女性拥有的傣族服饰数量多于男性，实地探访的结果也可佐证，我们发现妇女穿着筒裙的情况确实很常见，虽然不是完全的传统傣族服饰，但是依旧保持着傣族服饰的特点。而据文献资料，傣族男性的服饰特点本来就不是很明显，所以他们更容易放弃传统服饰。

2. 年龄与傣族服饰

表5 案例处理摘要

	案例					
	有效的		缺失		合计	
	N	百分比	N	百分比	N	百分比
您的年龄＊平时穿傣族服饰吗	195	97.5%	5	2.5%	200	100.0%

表 6　您的年龄 * 平时穿傣族服饰吗

		平时穿傣族服饰吗			合计
		经常穿	偶尔	不穿	
您的年龄	15 岁以下	0	15	1	16
	16～25 岁	3	33	7	43
	26～35 岁	2	31	0	33
	36～45 岁	8	28	1	37
	46～55 岁	15	18	1	34
	56～65 岁	12	7	0	19
	66 岁以上	10	3	0	13
合计		50	135	10	195

表 7　您的年龄 * 您有几套傣族服装交叉制表

		您有几套傣族服装				合计
		0	1 套	2 套	3 套	
您的年龄	15 岁以下	0	1	0	0	1
	16～25 岁	1	4	1	2	8
	26～35 岁	0	0	0	1	1
	36～45 岁	0	0	1	3	4
	46～55 岁	0	1	1	2	4
	56～65 岁	0	0	1	6	7
	66 岁以上	0	0	0	3	3
合计		1	6	4	17	28

从年龄上来说，45 岁以上的人经常穿傣族服饰的比重比年轻人高很多。但是我们发现，36 岁到 55 岁之间的人是“经常穿”的主要群体，而 60 岁以上的老人反倒穿得少一些（表 6）。但是年长的人拥有的服饰比年轻人更多，从表 7 看，有 9 位 56 岁以上的人拥有 3 套及以上傣族服饰。在与当地老人交流时，他们告诉我们，“现在的衣服方便”。因为传统的服饰比较繁琐，比如盘口、筒裙，这些都可能给腿脚不再灵便的老人们造成麻烦，所以老人们更

喜欢穿简单的现代服饰，而把自己的传统傣族服饰收藏在箱子里面。

3. 文化程度与傣族服饰

表 8　案例处理摘要

	案例					
	有效的		缺失		合计	
	N	百分比	N	百分比	N	百分比
您的文化程度 * 平时穿傣族服饰吗	197	98.5%	3	1.5%	200	100.0%

表 9　您的文化程度 * 平时穿傣族服饰吗

		平时穿傣族服饰吗			合计
		经常穿	偶尔	不穿	
您的文化程度	不识字	22	20	1	43
	识字但没上过学	4	3	0	7
	小学	18	37	2	57
	初中	4	62	3	69
	高中/中专/技校	1	3	0	4
	大专	1	3	0	4
	本科	0	1	1	2
合计		50	137	10	197

从理论上说，一般情况下文化程度越高、接触现代文化越多的人，对传统文化越陌生。从表 9 可以直观地看到这个现象：初中文化程度及以下的人，会更多地穿着傣族服饰，不识字的人中间，“经常穿”傣族服饰的人达到了 22 人，占“经常穿”的 44%，这是一个很高的比例。而初中以上文化的人经常穿傣族服饰的情况就少很多，数字也很清晰地表现了“文化程度越高，傣族服饰穿的越少”的情况。

4. 职业与傣族服饰

表10　您的职业＊平时穿傣族服饰吗

		平时穿傣族服饰吗			合计
		经常穿	偶尔	不穿	
您的职业	农民	47	101	5	153
	乡村干部	0	1	0	1
	教师、医生	1	2	0	3
	个体劳动者	1	4	0	5
	学生	1	26	4	31
合计		50	134	9	193

表11　您的职业＊您有几套傣族服装

		您有几套傣族服装				合计
		0	1套	2套	3套	
您的职业	农民	1	2	4	15	22
	教师、医生	0	0	0	1	1
	学生	0	3	0	1	4
合计		1	5	4	17	27

从表10可以看出，农民是穿傣族服饰最多的群体，“经常穿”的有47人，“偶尔穿”的是101人，不穿的仅占5人。乡村干部、教师、医生、个体劳动者的样本较小，不足以说明问题。学生的样本量为31，结果我们发现，学生中“偶尔穿”的人有26人，占“偶尔”会穿的19%，也是一个不小的比例。这主要是因为学校会组织一些活动，要求学生着民族服饰。

而从拥有的套数上来说，还是农民群体中拥有1套以上傣族服装的人比例较大，有15人拥有3套（表11）。

产生这种现象不难理解，一般来说，农民的文化程度是比较低的，接触外面的文化也会比较少，会有更深的民族情结和宗教信仰，他们更愿意保留传统的痕迹。相比之下，其他职业，如教师、医生或者村干部等，都有相对较高的文化程度，并且和外界接触较多，接受了现代文化，传统的东西保留的就会更少。

5. 家庭收入与傣族服饰

表 12　您家每年人均收入＊平时穿傣族服饰吗

		平时穿傣族服饰吗			合计
		经常穿	偶尔	不穿	
您家每年人均收入	1000 以下	9	17	2	28
	1001 元～2000 元	19	43	3	65
	2001 元～3000 元	11	43	3	57
	3001 元～4000 元	6	10	2	18
	4001 元～5000 元	3	14	0	17
	5000 以上	50	135	10	195
合计		50	135	10	195

表 13　您家每年人均收入＊不穿傣族服饰的原因

		不穿穿傣族服饰的原因			合计
			没有	年轻人都不怎么穿	
您家每年人均收入	1000 以下	28	0	0	28
	1001 元～2000 元	66	2	0	69
	2001 元～3000 元	57	0	0	57
	3001 元～4000 元	17	0	1	18
	4001 元～5000 元	17	0	0	18
	5000 以上	10	0	0	10
合计		195	2	1	198

家庭经济收入与是否穿傣族服饰之间可能没有直接的关系，但是，家庭收入和文化程度以及职业情况都是有联系的。农民的收入是比较低的，而教师、医生、村干部、技术员等职业，收入相比农民要高一些，而且这些职业的人文化程度也稍高，与外界的接触更多。从表 12 可以看出，人均年收入在 1000～3000 元这一个阶段的人更会穿傣族服装。这种收入状况在农村来说是

中等偏下的水平，他们会更多地穿傣族服饰，而且他们也有能力去买傣族服饰。

6. 精神信仰与傣族服饰

表 14　您的精神信仰 * 平时穿傣族服饰吗

		平时穿傣族服饰吗			合计
		经常穿	偶尔	不穿	
您的精神信仰	无神论	5	24	7	36
	佛教	38	94	3	135
	基督教	0	2	0	2
	自然崇拜	3	5	0	8
	祖先崇拜	3	6	0	9
	保护神崇拜	0	1	0	1
	动植物崇拜	1	3	0	1
	灵魂崇拜	0	1	0	1
合计		50	136	10	196

表 15　您的精神信仰 * 您有几套傣族服装

		您有几套傣族服装				合计
		0	1 套	2 套	3 套	
您的精神信仰	无神论	0	3	1	0	4
	佛教	1	3	2	13	19
	自然崇拜	0	0	1	2	4
	祖先崇拜	0	0	0	1	1
	动植物崇拜	1	6	4	17	28
合计		1	6	4	17	28

看完文化程度与傣族服饰留存情况之后，精神信仰和傣族服饰的留存情况也有很密切的关系。

傣族几乎全民信仰南传上座部佛教，也称为小乘佛教。所以傣族的传统文化和服饰是与这个民族的传统信仰相联系的。受到汉族文化以及外来文化的影响和冲击，傣族的信仰结构有所变化，佛教的信仰程度变低了，但是依然保持着主要的地位，并依然对傣族人民的思想和行为有很大影响。

信仰佛教的人中有38人选择“经常穿”，占被调查的同类信仰人群总数的28%；有94人选择“偶尔穿”，占同类人群总数的69.6%。可见信仰佛教的人有穿傣族服饰的习惯。

7. 认识和态度

在“经常”或“偶尔”穿傣族服饰的受访者中，通过回答12、13题，可以显示他们对于本民族传统服饰的态度。

12题：您认为穿傣族服饰有哪些不便之处（可多选）？选择“没有不方便”的为46人，占23%；而选择“服饰本身太烦琐，不如大众衣服简便”的有9人，占4.5%；认为“穿傣族服饰并没有太多不便”的人占23%，这个数字并不算高，可见有更多的人认为穿傣族服饰是有不便之处的。

13题：如果我们制作傣族服饰，在以下哪些条件下您会购买（可多选）？6个选项中，选择“以时尚流行元素为主，化繁为简，只加入少数的重点民族风格元素”的最多，有59人，占到29.5%，有7%的人认为应该“在保留重点民族风格元素的基础上加入适当的时尚流行元素”，而认为应该“完全保留少数民族特色”的只占16%。可见更多的人希望融合到流行当中，主张简化传统民族服饰，但在流行当中又不能完全抛弃民族元素。

在羡多村的访谈中，被访者也透露出相同的观点，他们更倾向于选择现代大众服饰的“方便”。因为傣族传统服饰是手工制作，工艺复杂，年轻人完全掌握制作方法的已经很少；而且传统傣族女性服饰为筒裙、短衣，劳作起来很不方便；再加上现在外出上学和工作的人更倾向于选择普通大众服饰，以方便平时工作和生活。

从15题开始，主要考察傣族服饰的现状和趋势。15题：“您在日常生活中什么时候穿傣族服饰？”这是一道多选题。选择“过年过节”和“政府或者村里组织的重大活动”的人数占绝对优势，分别是142人和113人，很明显地表现出来更多村民们只是在重大节日的时候才会穿戴傣族服饰，另外就是在政府组织民族活动的时候才会选择穿戴。

重大节日往往是一个民族的传统和习俗最突出表现的时候，因此这种情境中民族服饰会和其他习俗容易唤起人们对民族文化的想象，这使得人们在重大节日时才穿戴传统的民族服饰。

对于傣族服饰未来的发展趋势，只有8%的人认为"随着经济的发展，傣族服饰会被淘汰"，但有55人认为"会有越来越多的人穿着傣族服饰"，更有123人认为"傣族服饰平时用不着穿，但是不能绝迹，应该作为文化遗产保护起来"，这个比例达到61.8%（如表17）。可见，村民们对于傣族服饰的未来发展还是抱有很大希望的。同时，更多人认识到经济发展和民族融合的现实，完全像祖辈一样完整地保留和传承傣族服饰比较困难，也没有必要，但是作为民族标志，傣族服饰不能绝迹，应该以更时尚、更被大众接受的方式流传和保护下来，帮助后辈们了解本民族的历史和现状。

表17 您认为傣族服饰的发展趋势是什么

		频率	百分比（%）	有效百分比（%）	累积百分比（%）
有效	随着经济的发展，傣族服饰会被淘汰	16	8.0	8.0	8.0
	越来越多的人会穿傣族服饰	55	27.5	27.6	35.7
	傣族服饰平时用不着穿，但是不能绝迹，应该作为文化遗产保护起来	123	61.5	61.8	97.5
	不清楚	5	2.5	2.5	100.0
	合计	199	99.5	100.0	
缺失		1	5		
合计		200	100.0		

（二）深度访谈分析

羡多村虽然是一个傣族聚居村，但是放眼望去也没有我们原先想象的成排竹楼、民族服饰遍眼的情景，这里的房子基本是砖木结构，村民们也不穿傣族服装，我们走访的第一家村民是一户三世同堂的家庭，祖母74岁，小儿子35岁，儿媳32岁，孙女10岁。深度访谈得到的基本信息如下：平时不穿傣族服饰，家里有三套傣族服装，分别是儿子和儿媳妇的，老人和孙女都没有民族服饰。老人以前自己织布做傣族服饰穿，现在已经不做也不穿了，儿子和儿媳妇的三套民族服饰是赶集时买的，平时也不穿，就是觉得好看买的，小时候经常穿母亲做的傣族服饰。小孙女没穿过傣族服饰，也不喜欢穿，觉得太繁琐。以前大家很少到外面去，一直在村里生活，也买不起衣服，所以都是自己做衣服，穿的都是民族服装，现在经济好了，很多人到外面打工，习惯了外面的汉族服装了，也能买得起衣服了，所以很少有民族服装了。原来逢年过节还仪式性地穿一下，这几年这些场合也不穿了。这个村里像他们家这样还保留有民族服饰的家庭已经很少了，最多不会超过三家。第二家是一对夫妇，男主人 53 岁，女主人 52 岁，家里储存有多年前女主人自己织的布匹，但是没有傣族服装，以前自己也做傣族服装，由于这十多年来大家都不穿了，所以旧衣服都扔掉了，就留下了十几匹还没做成衣服的布匹；男主人手上有傣族传统的文身，但是不知道它的含义，只知道是吉祥祝福的话，认为这是迷信，小时候不懂事刺上去的。他们认为傣族服饰穿着不舒服不方便，虽然好看，但是妨碍行走；认为民族服饰是文化瑰宝，但是在日常生活中没必要穿戴，保存在博物馆里就行了。走访的第三家是村里的小学校长，25 岁，大专毕业，后续读本科毕业，女朋友是乡里驻本村的大学生村官，家里没有任何傣族服饰，小时候穿过，对于民族服饰渐渐退出大家的日常生活他认为主要是经济发展的原因，以前经济不发达，也没什么娱乐，农闲时大家会经常走亲访友，或者聚在一起搞些活动，所以大家会穿民族服装，现在经济发展了，大家也忙了，没那么多时间相聚，家里也都有点事，空下来的时间大家都愿意在家看电视。以前一些重大节日如泼水节之类的，乡政府还会组织活动，村民们还会穿上民族盛装去欢度节日，现在乡政府也不组织了，村里也没有了这类活动，就是大家自己小打小闹的活动，也是直接穿着牛仔裤和衬衫直接去泼水了，他认为现代文明的发展必然会导致民族传统文化的式微，所以政府应该在扶植和发展民族服饰文化方面做出更大的努力。

从上面的描述可以看出：

1. 对民族服饰的熟悉程度与年龄成正比，也就是岁数越大，对民族服饰越熟悉

50 岁以上的老人都曾经自己织布做衣服，以前也经常穿民族服饰；30～40 年龄段的基本不会做衣服，但是会去买民族服饰，并且偶尔会穿，小时候都穿过；20～30 年龄段的小时候穿过民族服饰，对民族服饰也没有 30～40 年龄段那样有感情，更不会像 50 岁以上的人那样会做民族服饰，10 岁以下的基本没穿过民族服饰。

2. 经济发展、现代文明的悄然入侵，是民族服饰走向衰亡的主要原因

随着经济的发展，道路交通进一步完善，人们更多地与外界发生联系，

逐渐习惯了现代服饰，生活的富裕，也使人们的空闲时间有了更多的消遣内容，看电视成了各家的主要娱乐项目，而电视里面传播的现代文化因素，节目内容里面人们的穿戴，对傣族服饰衰退也有一定的影响力，看电视代替了以前传统的对歌、小伙子跑到姑娘窗下唱歌的传统活动，而这些传统活动有一定的仪式程序，穿戴民族服饰就是其中的一项要求，但电视机在村庄的普及和电视信号“村村通”工程使这些传统活动式微，甚至一些传统节日比如泼水节，人们都愿意在电视机前看声势浩大的泼水节晚会，而不再像以前那样自己走出家门，拿起水桶，向认识和不认识的人泼去。现代大众传播使世界变成了“地球村”，也使现代文明悄悄地侵蚀着传统的民族文化。

3. 民族服饰文化正处在一个断裂时期，形势相当严峻

30岁以下的人基本不穿本民族服饰，也没有民族服饰，许多饰品都不认识，甚至没见过，对穿衣顺序也不了解。而傣族服饰其实是很丰富的，男装女装都有各种式样，还分青年装、老年装、生活装和节日装，头饰、腰饰、首饰、脚饰丰富多样，女人还盘不同的发髻，穿戴也有一定的顺序，而这些现在却已经远离了傣族群众的日常生活，连上岁数的人都说不清楚了。经济的发展，文明的进步，是否一定要以牺牲民族传统文化为代价？这个问题值得深思。

六、后记

这次调研给我最深印象的是这么一个场景：当我们在云南省民族博物馆花了整整一天的时间参观学习完毕后，突然发现，偌大的博物馆，这一天就只有我们七名参观者，工作人员都比游客多。而在博物馆的对面，隔着一条马路就是昆明的民族园，那里一整天都是人来人往，门口车水马龙，私家车、出租车不断地送往迎来，人们在那里参观人工建起来的民族村寨，在仿造的民族房屋前合影留念，在演员们的民族歌舞中流连忘返。于是，每天这里都上演着皆大欢喜的喜剧：公园卖出了无数门票，演员们拿到了工资，小商小贩们发了财，游客们看到了“人工的民族风情”，而近在咫尺的民族博物馆，虽藏有真正的民族艺术瑰宝，却门庭冷落，在免费参观的前提下都无人问津。强烈的对比，巨大的反差，使我震惊！我们民族文化的保护和发展需要更强有力的措施，需要大家共同努力。

纵观腾冲的傣族服饰文化现状，我们大家需要做的事情很多，比如政府，是否在抓经济建设的时候，也相应地拨出一部分资金加强民族文化的保护；或者能否想出一些和民族文化有关的创意，来带动经济的发展，一举两得，比如利用腾冲的旅游资源，开发原生态的傣族文化旅游项目，而不是让人们去看假的民族景观、表演出来的民族风情。腾冲有温泉湿地、高山大江，如果能够把民族文化和自然景观相结合，肯定能收到良好的经济效益和文化效益，既发展了经济，又保护了民族文化，尤其是服饰文化；我们的宣传部门，能否把宣传民族文化作为一种常规的任务来完成，让人们尤其是年轻人知道自己的民族的文化，知道自己的服装，增强民族认同感；我们各级政府，是不是应该想办法在基层农村恢复一些传统的节日活动，而不是让人们在电视里看城里的人们怎么过泼水节、怎么过火把节，让他们参与到自己的民族节日中去，过自己的节日，穿自己的服装，唱自己的歌曲……

民族服饰保护和发展，任重而道远！